THOMAS A. ANDERSON

WELT
Verschwörung

Wer sind die wahren Herrscher der Erde?

amadeus-verlag.com

Sonderauflage

Amadeus Verlag GmbH & Co. KG
Birkenweg 4
74579 Fichtenau
Fax: 07962-710263
www.amadeus-verlag.com
Email: amadeus@amadeus-verlag.com

Druck:
CPI – Ebner & Spiegel, Ulm
Satz und Layout:
Jan Udo Holey
Umschlaggestaltung:
Amadeus Holey

ISBN 978-3-938656-35-8

INHALTSVERZEICHNIS

Dieses Buch widme ich dem Mann,
der mich sehend gemacht hat.

Vorwort

Nun, da Sie dieses Buch in den Händen halten, möchte ich Ihnen als Allererstes sagen, wie sehr ich mich darüber freue! Für Sie, für Sie alleine, hätte sich die Mühe schon gelohnt! Wir leben in einer so unglaublich wichtigen Zeit, viele Dinge verändern sich mit nie geahnter und nie gekannter Geschwindigkeit und einem unvorhersehbaren Ausmaß. SIE SIND SEHR WICHTIG! Vielleicht sind SIE genau der eine, von dem alles abhängt – der Flügelschlag des Schmetterlings, der in den Tropen für die Auslösung einer Kette von Ereignissen sorgt, die zur Bildung eines Wirbelsturms führen, der dann über das Land fegt! Wir brauchen einen Wirbelsturm! Wir brauchen einen Sturm der Erkenntnis, der Entrüstung, der Neubildung, der Erneuerung. Ich hoffe, ich kann wenigstens zum Ersten etwas beitragen. Viele Ihrer Mitmenschen kümmert dies alles wenig; sie erkennen kaum ansatzweise die Wichtigkeit, sich über fernste Vergangenheit und mögliche Zukunft Gedanken zu machen; sie sind, wie wir auch, nur unbewusst, gefangen in ihrer Realität. Es wird gearbeitet, um Geld dafür zu bekommen, um Dinge zu kaufen, die im besten Fall dem Erhalt des Lebens dienen, im schlechtesten jedoch nur in Folge geschickter Manipulation durch Werbung besorgt werden, um anschließend wegen mangelnder Qualität oder Wirksamkeit vernichtet zu werden oder sinnlos ihre Zeit im Schrank oder Keller zu verbringen. Vielleicht sind Sie diese eine Person, die alles ins Rollen bringt! Auch wenn Sie ebenso wie ich das Gefühl der Machtlosigkeit kennen und verzweifelt nach einem Weg suchen, sich aus den Zwängen dieser gesellschaftspolitischen Krake zu befreien, wenn die Zukunft auf Messers Schneide steht und Sie meinen, dies als Einziger so zu empfinden: Sie sind nicht allein!

Und vielleicht geben Sie sogar den letzten Tropfen Wissen, Wut oder Liebe hinzu, der das Fass endlich zum Überlaufen bringt. Ein (bereits sehr alter) Franzose schrieb 2011 ein kleines Büchlein mit dem Titel „Empört euch!“, welches innerhalb weniger Wochen Millionen Male gelesen wurde. Im Sinne dieses Autors möchte ich Sie dazu aufrufen, die Welt mit eigenen Augen zu sehen, sich eine eigene Meinung zu bilden, über vieles, bisher als „offenkundig“ und „bereits von tausenden von Wissenschaftlern überprüftes“ Bekanntes erneut nachzudenken und sich mit logischem Verstand die richtigen Fragen zu stellen. Sind Sie Jude oder jüdischen Glaubens, werden

Ihnen möglicherweise einige Passagen übel aufstoßen. Bitte seien Sie versichert: Ich habe nichts gegen den einzelnen Menschen, der sich als Religion das Judentum ausgesucht hat. Die meisten Religionen haben interessante, wichtige und richtige Wurzeln. Das Judentum, das Christentum und auch der Islam sind leider allesamt diversen Veränderungen und Potentaten zum Opfer gefallen und werden in jeder dieser Religion von sogenannten Fundamentalisten pervertiert. Momentan sehen wir, dass sich Angst vor Terror im Namen des Islam auf der Welt verbreitet – Terror vom *Islamischen Staat* (IS), so die offiziellen Berichte. Wer wirklich dahinter steht, ist unklar. Der Islam als Religion verbietet ausdrücklich solche Gewalt. Ebenso geschieht es beim oder mit dem Judentum, wobei diejenigen, die das Judentum als Schild für ihre Taten benutzen, diejenigen sind, die dafür Sorge tragen, dass man den Juden als Ganzes alle möglichen Entwicklungen und Schandtaten anlastet.

Ich bin mir sicher, dass die meisten Juden dies ebenso wenig wissen oder erkennen, wie die Moslems oder Christen oder wer auch immer auf dieser Welt. Dies ist so gewollt und Ergebnis einer langen, sorgfältig geplanten und organisierten Entwicklung. Ich bin mir ebenso sicher, dass Juden, Christen oder auch, um einfach einmal andere Gruppen zu nennen, „Weiße", „Schwarze" oder „Gelbe" über die letzten Jahrhunderte allesamt einer Täuschung aufgesessen sind und werde dies im Verlaufe des Buches zum Ausdruck bringen. Sind Sie gläubiger Christ, so werden Sie ebenso möglicherweise an einigen Passagen dieses Buches keine Freude finden. Deshalb möchte ich Ihnen vorab versichern: Ich glaube an einen Schöpfer, an die eine Macht, die sich diese Welt, dies Universum ausgedacht und sie erschaffen hat – dieses perfekte System, das zu durchschauen wir Menschen nur allzu oft schlicht zu dumm sind.

Wenn die moderne Physik bestätigt, dass alles aus verschiedenen chemischen Elementen besteht, die wiederum aus Molekülen, diese aus Atomen, diese aus Protonen, Elektronen und Neutronen, die dann wieder aus Quarks und diese aus Strings, die wieder reine Energie, Photonen, Licht sind, dann erstarre ich beim Gedanken daran jedes Mal innerlich vor Ehrfurcht und Entzücken, wie genial dies alles geplant und aufgebaut ist. Mir geht es darum, Ihren Glauben an den Schöpfer *Gott* zu erhalten; ich möchte, dass Sie Vertrauen fassen und Ruhe finden in einem der Realität möglichst nahen Bilde, was einen Schöpfer oder eine schöpferische Kraft meiner Meinung nach zwingend einschließt, ebenso wie die Einordnung von Göttern der Bibel in einen richtigen Zusammenhang und das Zurechtrücken des Weltbildes abseits religiöser Wahn- oder Wunschvorstellungen. Die Erfahrung hat gezeigt, dass leider sehr viele Menschen sehr verängstigt und instinktiv ablehnend reagieren, wenn man versucht, Ihnen einige dieser Zusammenhänge näher zu erläutern. Sie bekommen Angst, wenn Ihr Weltbild angetastet wird. Ich habe mich zu Beginn oft gefragt, warum dies so ist. Bis ich endlich eine Vermutung formulieren konnte: Menschen bilden während Ihrer Kindheit ihr Weltbild zusammen mit der eigenen Persönlichkeit aus. Je älter sie werden, desto stärker sind sie unbewusst gefangen in der Rolle, die ihnen in diesem Leben zugewiesen wurde – von der Gesellschaft, von der Familie. Erstgeborene weisen andere Persönlichkeitsmerkmale aus als in der Mitte oder Letztgeborene. Einzelkinder sind anders als Geschwister. Kinder aus dem sogenannten „Bildungsbürgertum" wachsen anders auf als Kinder aus Arbeiterfamilien oder von Superreichen. Neben Schule, Lehrern, Freunden und Feinden hat das Fernsehen ganz allmählich immer stärker eine immer größere Rolle übernommen. Und nur in den allerwenigsten Fällen gelingt durch glücklichen Zufall oder seltenes Bewusstwerden ein kleines Kunststück: die eigene Persönlichkeit nicht mit dem eigenen Weltbild zu verknüpfen. Nur die allerwenigsten Menschen kommen vielleicht durch eine Therapie oder (aus welchem sozialen Hintergrund auch immer kommend) hervorragende Erziehung in den Genuss, so in sich selbst zu ruhen, dass ihnen die Zerstörung des eigenen Weltbildes zwar Sorgen, aber keine existenziellen Ängste bereitet.

Der innere Kern ihres Selbst bietet ihnen auch in unruhigen Zeiten die Möglichkeit des Rückzugs, der Besinnung und des klaren Nachdenkens. Ich hoffe, Sie gehören zu denen, welchen dieses Glück zuteil wurde! Wenn Sie das Gefühl haben, dies wäre nicht so, machen Sie sich bitte keine Sorgen oder Vorwürfe und geben Sie auch niemandem die Schuld daran. Ihre Eltern haben mit Sicherheit nach bestem Wissen und Gewissen gehandelt, und: Es ist noch nicht zu spät! Sie allein haben es in der Hand. Sie können Ihr Weltbild nach Belieben ändern. Niemand kann Sie daran hindern! Ihre Persönlichkeit ist vollkommen unabhängig von der Welt, die Sie umgibt! Seien Sie unbesorgt, alle Veränderungen sind nur in Ihrem Kopf.

Sie können nicht verrückt werden, nur weil Ihnen jemand aufzeigt, was so alles um Sie herum im Verborgenen passierte und passiert. Vielleicht tut diese Erkenntnis weh, das gebe ich gern zu, vielleicht wird ein verändertes Weltbild für einigen Kummer in Ihnen sorgen. Ich kann dies nicht verhindern. Und das will ich auch nicht, denn der Kummer wird vielleicht Ihr mahnender Wegbegleiter sein auf dem Wege zur Wahrheit und Wahrhaftigkeit. Die Unwissenheit hingegen werden Sie am Straßenrand zurücklassen. Sie war vielleicht Ihr Begleiter in der Vergangenheit und hat möglicherweise für etliche folgenschwere Fehlentscheidungen gesorgt. Dies für die Zukunft zu verhindern, ist mein Wunsch für Sie. Wenn Sie sich umschauen, werden Sie feststellen, dass für viele, vielleicht die meisten Ihrer Mitbürger jemand schon als „intellektuell" gilt, wenn er *Spiegel* und *FOCUS* liest oder zumindest eine der großen Tageszeitungen. Liest er oder sie dann noch eine *TIMES*, möglicherweise gar auf Englisch, ist das schon fast nicht mehr zu toppen. Solange unsere Gesellschaft solche Freitzeitlektüre-Fachleute als die intellektuelle Crème de la Crème ansieht, stehen die Chancen auf einen geistigen Neuanfang allerdings eher schlecht.

Keine dieser Zeitschriften bietet wirklich Bildung. Allerhöchstens ein Bildungshäppchen hier und da kann aufgeschnappt werden, bleibt aber folgenlos (und damit harmlos), da es ohne Verknüpfung zwar hier und da als Leckerbissen und Beweis für „Bildung" anerkennungsheischend gesprächsweise unter die Leute gebracht werden kann, aber ansonsten schnell der eigenen Vergesslichkeit zum Opfer fällt. Die Verknüpfung der vielen wichtigen kleinen Details wurde wohlweislich unterlassen – aktiv wie passiv. Erst die Verknüpfung der Details, das Zusammensetzen vieler kleiner und größerer Informationen und Themen machen diese erst zu „Wissen", und aus viel Wissen wird nachher vielleicht auch mal eine Bildung in der einen oder anderen Richtung.

Vor ein paar Tagen hörte ich im Radio einen Spruch: „*Wer den Kern haben will, muss die Schale aufbrechen!*" – viel Wahrheit steckt darin!

Nun noch einmal zu den christlichen Lesern: Bleiben Sie bitte bei Ihrem Glauben an einen Schöpfer. Es ist vermutlich sogar egal, wie sie ihn nennen. Beten Sie (Es hilft!), glauben Sie (Es hilft!), und handeln Sie nach Ihren besten Vorsätzen (Es wird Ihnen gedankt!). Dies gilt natürlich auch für alle anderen religiösen Menschen.

Und bitte verzeihen Sie mir, wenn ich an etlichen Stellen aus der Bibel zitieren und diese Inhalte in einem für Sie ungewohnten Licht erscheinen lassen werde. Meine Absicht ist es, Sie zum Denken anzuregen, zu eigenen Nachforschungen, zur Erkenntnis. Möglicherweise kommen Sie zu ganz anderen Ergebnissen als ich. Ich möchte gern von Ihnen hören oder lesen und lernen! Bitte beachten Sie: Ich lerne gern von jedermann, bei dem ich das Gefühl habe, sachlich und ergebnisoffen über Dinge diskutieren zu können. Dogmatismus und bloßes Wiedergeben althergebrachter, schulwissenschaftlicher „Offenkundigkeiten" stoßen bei mir nicht auf Resonanz! Zu viel dort draußen blieb unerklärt, zu viel wird totgeschwiegen, weil die Erklärungsmodelle nicht ausreichen. Zu viele Menschen haben ihre Existenz verloren, weil sie Unerwünschtes oder nach Lehrmeinung Unmögliches und Geschäftsschädigendes veröffentlicht haben. Zu viele Menschen trauen sich nicht, zu „Unerklärlichem" Stellung zu beziehen, weil sie als Angestellter einer Universität, eines Ministeriums oder des öffentlichen Dienstes um ihre wirtschaftlichen Grundlagen fürchten. Das System, in dem wir leben, ist auf Produktivität ausgerichtet, nicht auf Wissen, Gesundheit oder Liebe. Das System werden wir als Einzelne nicht ändern können, wohl aber gemeinsam – vielleicht nicht heute, vielleicht auch nicht morgen, aber übermorgen vielleicht schon und ganz sicherlich sehr bald! Jeder erkennt mit ein wenig Lebenserfahrung im Verlauf der Zeit grundlegende Mechanismen dieses Universums, gegen die unsere Gesellschaft beinahe sekündlich verstößt.

Es ist an der Zeit, unser Bestes zu entdecken, zu nutzen und zu zeigen! Wir haben es uns verdient! Ich möchte Sie dazu aufrufen, auch konträre Meinungen zu lesen, wenn Sie mit diesem Buch fertig sind. Ein Beispiel dazu: Ich las mit wachsender Begeisterung ein Buch von Fritjof Capra: „Das Neue Denken". Capra ist Autor vieler sehr interessanter Bücher über u.a. die Physik und beschreibt in diesem Buch den Wechsel des Denkens in der Physik weg von der Sicht auf Einzelheiten und hin zu ganzen Systemen, dem vernetzten und ganzheitlichen Denken quer über wissenschaftliche Fachgebiete hinweg. Er beschreibt u.a. auch seine Ausflüge in die Forschung über die menschliche Wahrnehmung, auch unter Drogeneinfluss. Es werden Namen und Orte genannt, an denen Gruppen unter Aufsicht von Forschungsinstituten LSD zu sich nahmen und dessen Wirkung erforscht wurde. Ein wirklich spannendes, packendes Buch. Kurze Zeit später las ich von Carol Greene „Der Fall Charles Manson – Mörder aus der Retorte". Hier werden die Experimente beschrieben, die das US-

Militär und der OSS (Vorläuferorganisation des CIA) mit Soldaten und Zivilisten betrieben, um mit Hilfe von Drogen Soldaten dazu zu bewegen, weniger Schmerzen, Kälte und Skrupel zu empfinden, noch schlagkräftiger zu sein, ausdauernder usw. Unter anderem wird eine Gruppe beschrieben, die in Form einer Kommune organisiert war und in der auch Charles Manson lebte, der dann später unter Drogeneinfluss Sharon Tate ermordete, die Ehefrau von Hollywood-Regisseur Roman Polanski. Und siehe da: Es wurden exakt dieselben Orte und Namen genannt. Nur wurde diesmal ein Zusammenhang hergestellt, der alles andere als begeisternd war. Dieselben Personen, die bei Capra eben noch aus der Sicht eines Freundes beschrieben wurden, fand man nun wieder in den fragwürdigsten Zusammenhängen. Als Leser steht man hier vor der Frage: Was ist wahr? Beides? Wenn ja, wie gehe ich mit solchem Wissen um? Wie erkenne ich den (für mich) richtigen Weg? Da ist ein begeisterndes Buch, und man lernt darin genannte Personen zu schätzen, und dann erfährt man, dass genau diese Personen einen ganz anderen Zweck mit ihren Experimenten verfolgt haben bzw. die Forschungen möglicherweise in zwei Richtungen gingen: die eine staatlich und militärisch motiviert, die andere eher privat und wissenschaftlich motiviert. Eine Bewertung von gelesenen Büchern ist also manchmal wirklich schwer, wird aber leichter mit der zunehmenden Anzahl von Büchern, die man liest.

Es entwickelt sich mit der Zeit ein Gefühl für den Wahrheitsgehalt des Gelesenen, und das erleichtert so die Einordnung.

So, und bevor es nun losgeht, möchte ich Ihnen noch verraten, was Sie sich hier eingebrockt haben: In diesem Buch finden Sie neben meinen eigenen Recherchen auch Zitate, Passagen und Zusammenfassungen aus vielen anderen Büchern. All diese Bücher enthalten unglaublich viel mehr an Wissenswertem, als ich Ihnen hier schildern und erklären kann. Wenn Sie nur dieses eine Buch lesen, bekommen Sie zwar einen ziemlich guten Überblick, aber es entgeht Ihnen doch sie einiges, denn der Inhalt erschließt sich Ihnen erst in Verbindung mit den vielen kleinen Fakten, die hier zu zitieren ich nicht in der Lage bin, ohne den Rahmen dieses Buches zu sprengen. Ich bitte Sie also nicht nur darum, dieses eine Buch zu lesen, sondern ganz nach Lust und Laune die zitierten Werke durchzuarbeiten und selber weiter zu forschen – in die eine oder andere Richtung. Der Eros der Erkenntnis wird Sie begleiten und beglücken! Das grob-gerasterte Puzzle wird sich langsam zusammenfügen und Schritt für Schritt, Ebene für Ebene, Schicht für Schicht zu einem Gesamt(welt)bild führen, dessen Ausmaße, Inhalte und Tiefe Ihnen vorher wahrscheinlich unbekannt waren.

Die Welt, in der wir leben, ist so unglaublich viel größer, als wir es je in einem Leben erfahren werden können! Denjenigen Lesern, die Ingenieure, Astronomen oder Physiker sind, möchte ich eines ans Herz legen: Dieses Buch wird in einigen Annahmen Ihren naturwissenschaftlichen Langmut arg strapazieren, meiner ist inzwischen jedenfalls sehr gedehnt. Vieles von dem, was wir als „Wissen" in der Schule und an der Universität aufgenommen haben, bedarf der Überprüfung. Vieles ist überholt, einiges offensichtlich falsch und wiederum sehr vieles wurde von uns schlicht widerspruchs- und gedankenlos hingenommen und „gelernt" und steht nun einer klaren Sicht auf die Dinge mehr im Wege, als dass es von Nutzen ist.

Ich weise jeden Leser gern und ausdrücklich an dieser Stelle darauf hin, dass einige der hier geschilderten Modelle mit heutigem naturwissenschaftlichen „Wissen" nicht erklärt werden können. Ja, sie widersprechen fundamentalen Annahmen der Physik, die wir heute kennen und als gültig erachten. Der moderne Physiker von heute ist der Meinung, man könne die klassische Physik Newtons und die moderne Quantenphysik nicht mathematisch exakt miteinander verbinden. Ein Bekannter von mir hat genau dies in einer brillanten mathematischen Klarheit in nicht einmal ganz fünf Minuten während eines Gespräches auf Skype erledigt. Hier eine Formel, da ein Beweis, dann der Schluss – fertig. Wichtige Dinge sind oft, ja sogar meist, sehr einfach – wenn man sie denn erst einmal begriffen hat.

Ich kann nicht umhin, geschichtliche Überlieferungen zur Kenntnis zu nehmen und mit logischem, nicht „naturwissenschaftlichem" Sachverstand zu versuchen, aus Indizien ein schlüssiges Bild herzuleiten. Dabei kommt man häufig zu Ergebnissen, deren Indizien archäologisch oder geologisch nachweisbar und beobachtbar, nicht jedoch wissenschaftlich erklärbar sind. Ist es „nur" eine historisch-wissenschaftliche Unvereinbarkeit, so ist dies aufgrund der in aller Regel sehr politisch geprägten Überlieferungen noch leicht wieder richtigzustellen. Ist es jedoch eine naturwissenschaftliche Unvereinbarkeit, tun sich die Physiker sehr schwer. Wie soll man auch etwas nachvollziehen, das man nicht versteht? Wenn einem also die grundlegenden Kenntnisse noch fehlen, tut man sich schwerer im Erkennen der geschichtlichen Zusammenhänge, wenn sie denn im Widerspruch zu dem bisher als Wahrheit erkannten Modell stehen. Ob es nun Widersprüche in Bezug auf die sogenannte Evolutionstheorie sind oder Gegenstände, die laut Technikgeschichte zu diesem oder jenem Zeitpunkt nicht existieren konnten bzw. durften oder Beobachtungen und Vermutungen zur Entstehung von Planeten, die so einfach nicht passiert sein können, weil die wissenschaftlich „vorgeschriebenen" Zeiträume, in denen sich planetar etwas verändern kann, die menschliche Geschichte bei weitem übersteigen. Manchmal sprechen die Quellen aus dem Altertum eine ganz deutliche Sprache, weshalb man sie nicht als „Fabelerzählungen" abtun kann, sondern sie ernst nehmen muss, da sie einfach zu viele richtige, nachweisbare Daten und Fakten enthalten. In der Rückschau auf vergangene Jahrhunderte abfällig über fehlende Urkunden aus dieser Zeit beispielsweise zu sagen: *„Die waren eben so schlampig damals…"*, oder im Hinblick auf aus unseren Augen lächerliche wissenschaftliche Vorstellungen die Menschen von damals pauschal als „dumm" zu bezeichnen, geht weit an der Wirklichkeit und dem Angemessenen vorbei. Diese Menschen waren genauso intelligent und fleißig wie wir, ja vielleicht sogar erheblich mehr als wir. Wir sollten ihre Äußerungen, so denn deren Originalität erwiesen ist, sehr ernst nehmen, auch wenn sie nicht in unser heutiges Bild passen. Und wir sollten auf den ersten Blick Unpassendes eben nicht eine „Fälschung" nennen oder ins Reich der Märchen und Sagen verbannen, sondern versuchen, es zu verstehen und die beschriebenen Sachverhalte richtig einzuordnen.

Ich werde Ihnen in diesem Buch vorstellen, was andere Autoren vor mir längst herausgefunden haben: Vor etwa 12.000 Jahren kam ein Komet der Erde aus Richtung Jupiter kommend sehr nahe und sorgte für eine Katastrophe auf der Erde. Vor etwa 4.500 Jahren fing vermutlich der heutige Uranus-Mond *Miranda* an, auf seinem stark elliptischen Lauf um die Sonne in 290 Tagen der Erde nicht nur nahe zu kommen, sondern prallte mindestens zweimal mit ihr zusammen (ob gewollt oder durch Zufall, werden wir noch beleuchten). Anhand von alten Landkarten werde ich Ihnen zeigen, dass die Erdachse dabei gekippt und um einige Grad verschoben wurde. Ich werde Ihnen in Ergänzung dazu einige der verschiedenen Kalendersysteme der Welt erklären und Ihnen aufzeigen, dass sich die Jahreslänge im Laufe der letzten 12.000 Jahre mindestens einmal geändert hat und werde das Datum dieser Änderung in ein recht enges Zeitfenster eingrenzen. Die Entstehung unser heutigen Menschheit als Folge sehr intelligenter Genmanipulation in einem Umfeld zutiefst „menschlicher" Schwächen von „Göttern" wird ebenso Thema sein wie die Richtigstellung der häufig verwendeten Namen „Nibiru", „Phaeton", „Luzifer", „Planet X", „Marduk" usw. Ich werde Ihnen zeigen, wovon in der Bibel oft die Rede ist und werde dies mit Zitaten aus der Bibel verdeutlichen, nämlich moderne Waffensysteme, Raub, Sex, Massenvernichtung und Genozid.

Die Erde wurde mehrfach durch Kriege und kosmische Katastrophen verwüstet, die Zeiträume können weitgehend fixiert werden. Ich werde Ihnen zeigen, wer „der" bzw. „die" Götter der Bibel waren (und möglicherweise noch immer sind) und dass diese nicht gleichzusetzen sind mit dem Schöpfer des Universums, dem nämlich, dem eigentlich unser aller Respekt und Liebe gebührt. Es gab in der Geschichte der Menschheit schon oft Situationen, in denen Menschen angefeindet oder für die Äußerung ihrer Vorstellungen sogar getötet wurden. Ich erinnere an Galileo Galilei oder an Kopernikus. Ich erinnere an die vielen, die sich sicher waren, dass etwas, was schwerer ist als Luft, niemals fliegen kann; an die Überzeugung, man könne nicht schneller als der Schall fliegen, weil man dann zerfetzt werden würde; oder an die These, nichts könne schneller als Licht sein, welches sowohl in irdischen Versuchen wie auch mit astronomischen Messungen längst widerlegt wurde. Ich möchte jeden Wissenschaftler, Physiker und Astronomen, der dieses Buch liest, dazu aufrufen, sich frei zu machen vom dogmatischen Denken und zu versuchen, die Wissenschaft hier zu erweitern und zu erneuern; einen Weg zu finden, diese Zusammenhänge rechnerisch zu erklären. Wenn etwas zu beobachten ist, wiederholbar und sichtbar, messbar, dann werden wir Methoden dafür finden können und müssen, es in einer wissenschaftlichen Art zu erklären. Reicht unsere derzeitige Wissenschaft nicht aus, muss sie erweitert werden. *„Es kann nicht sein, was nicht sein darf."*, war schon immer ein schlechter Leitfaden, darum: *„Es muss sein dürfen, was ist – und was ist, muss erklärt werden!"* Wir müssen die Antworten auf bereits gestellte Fragen finden, damit wir die nächsten Fragen stellen können! Es ist möglich, dass am

Ende ein ganz anderes Modell stehen wird als (an-)erkannte Wahrheit, möglich ist jedoch auch, dass Sie in diesem Buch schon die wesentlichen Inhalte wiederfinden.

Ich habe viele Monate und bei bestimmten Gebieten teilweise Jahre recherchiert, habe mit vielen Menschen gesprochen und korrespondiert, und dennoch bin ich fast (zwar nun faktenreicher) noch immer in derselben Situation wie zu Beginn. Das, was vor mir schon einige andere Autoren beschrieben haben und von denen ich erst hörte, als in meinem Kopf das Modell schon längst gediehen war, möchte ich hier neu zusammenfassen und durch einige neue Gedanken erweitern. Ich bin fest davon überzeugt, dass das Wissen um die genauen Vorgänge im Menschheitsgedächtnis überlebt hat – in Sagen und Mythen, in Reliefs und Keilschriften, Büchern und Schriftrollen. Es auszugraben und unseren technischen und naturwissenschaftlichen Sachverstand mit den neuen Erkenntnissen in Einklang zu bringen, Lösungen zu finden für bisher als unmöglich erachtete Vorgänge, erachte ich als spannendste Aufgabe unserer Menschheit.

Wer nichts lernt, weiß wenig oder nichts.
Wer nichts weiß, versteht nichts.
Wer nichts versteht, hat Angst.
Wer Angst hat, schlägt um sich und bringt Gefahr und Leid.

Wissen bringt die Ruhe, die wir uns alle wünschen.
Wissen ist eine der Quellen von Kraft und Gelassenheit.
Wissen bringt Erkenntnis,
Erkenntnis bringt Gelassenheit und Geborgenheit,
Geborgenheit bringt Liebe.

Und Liebe ist eigentlich das Einzige, was wir wirklich brauchen, um in Gesundheit, Ruhe und Frieden unser Leben führen, genießen und daraus lernen zu können.

2. Wie alles begann – verbotene Bücher

Um Ihnen zu erklären, warum sich ein ganz normaler Mensch plötzlich mit Dingen beschäftigt, die fernab des Blickfeldes unserer Gesellschaft liegen, muss ich etwas weiter ausholen. Auf einer Familienfeier meines guten Freundes Jürgen lernte ich im Jahr 2000 einen älteren Herrn kennen, den ich hier einmal „Mister X" nennen möchte. Das ist nun schon mehr als ein Jahrzehnt her. Jürgen und ich hatten uns an der Universität kennengelernt, und hatten eine Menge Spaß beim gemeinsamen Sport und Quatschen. Er stellte mir diesen Mann vor, und wir unterhielten uns; er war sehr sympathisch und strahlte eine große Ruhe aus. Er war eher zurückhaltend mit seinen Äußerungen, stellte eher Fragen, als dass er Antworten gab, und wenn, dann waren seine Antworten eher diplomatisch. Doch all das bemerkte ich nicht, sondern ich unterhielt mich mit ihm angeregt über alle möglichen Themen. Mister X war, so schätzte ich, in den Siebzigern, vielleicht auch älter. Und, wie es so üblich ist mit Menschen in diesem Alter, kamen wir sehr schnell auch auf das Thema Politik, von dort aus zum Krieg, von dort aus zum Dritten Reich, um schließlich bei „Gott und der Welt" zu enden. Die Feier drum herum wurde fast zur Nebensache, das Gespräch mit Mister X machte mir sehr viel Freude, und die Zeit verging wie im Fluge. An die Feier selbst kann ich mich kaum mehr erinnern, nur noch an den Morgen danach, an ein Frühstück im Grünen, bei der eine der Freundinnen der Braut eine Erdbeer-Mascarpone-Creme darreichte, deren unglaublich guter Geschmack mir bis heute in Erinnerung geblieben ist.

Es vergingen ein paar Wochen, da erhielt ich einen Brief. Jürgen hatte dem Herrn wohl meine Adresse gegeben, und er schrieb mir nun – dass er sich gefreut habe, mich kennenzulernen; dass ihm gefallen habe, wie wir uns unterhalten hatten und noch einiges mehr, dessen Wortlaut und Inhalt mir schon lange entfallen ist. Alles in allem war es ein sehr netter Brief, und ich beschloss, ihm zu antworten. Daraus entwickelte sich ein reger Briefwechsel, in dessen Verlauf wir nun schriftlich unsere Auseinandersetzung über dies und jenes, Politik und Zeitgeschehen und immer mehr auch zur Zeitgeschichte fortführten – bis eines Tages, einige Wochen waren mit regem Briefwechsel vergangen, eine Antwort von ihm kam, in der mir ein Punkt ziemlich übel aufstieß. Wie viele andere auch hatte ich eine „ganz normale" Schulbildung durchlaufen, hatte Abitur gemacht, meine Zeit bei der Armee verbracht und danach studiert. Mein Elternhaus war recht konservativ, alles in allem würde ich sagen, ich genoss eine anspruchsvolle Erziehung mit vielen Möglichkeiten, die mir angeboten oder/und aufgezwungen wurden und war den sogenannten „Linken“ eher skeptisch gegenüber eingestellt. Gleichwohl waren meine Geschichtskenntnisse und mein Weltbild vom breiten Strom der Masse geprägt und keineswegs unnormal. Durch einige berufliche Auslandsaufenthalte meines Vaters lernte ich auch andere Sitten und Sichtweisen kennen. Nun kam also dieser Brief, und da stand etwas drin, was mir richtig übel aufstieß. Natürlich, wie konnte es anders sein, ging es um den Zweiten Weltkrieg und die Vorgeschichte dazu im heutigen Polen. Ich konnte mir einfach nicht vorstellen, dass die von ihm beschrieben Gräueltaten an Deutschen tatsächlich so passiert waren. Die Deutschen waren doch die Grausamen und hatten den Krieg nicht nur angefangen, sondern dies sogar vollkommen grundlos. Das hatten wir doch in der Schule zigmal durchgenommen. Ich dachte mir: *„Mann, wenn der so weiter schreibt, dann muss ich den Kontakt abbrechen. Warum schreibt er mir so etwas? Das ist nicht gut. Warum denkt er so?“*

Ich beschloss, nicht weiter darauf einzugehen und antwortete ihm auf alles andere. Seine Antwort ließ nicht lange auf sich warten. Und er ließ nicht locker. Wieder so etwas. Und noch ein paar weitere Dinge obendrauf.

Ich dachte mir: *„Warum tut er das? Will er mich vergraulen? Unsinn, dann würde er mir nicht schreiben. Ist er einer, vor denen wir in der Schule immer gewarnt worden sind, ein ‚Ewig-Gestriger‘, ein ‚Nationaler‘ oder Sonstwie-Titulierter, von dem man sich besser fernhält? In dem Alter? Aber er ist doch so sympathisch. Vielleicht denke ich ja falsch?“*

Und ich kam zu dem Schluss, dass, wenn *er* Recht hatte, mein Wissen Unsinn war und, wenn *ich* Recht hatte, er jemand war, von dem ich mich fernhalten musste.

Also beschloss ich, mir willkürlich irgendeine Sache aus seinem Brief herauszupicken und sie nachzuprüfen. Zu der Zeit studierte ich in einer deutschen Großstadt. Ich hatte nach meinem Studium etwas gearbeitet, war dann einem Vorstand in ein neues Unternehmen gefolgt und war dort bis auf wenige Tage während vieler Monate völlig unterfordert und gelangweilt. Ich wollte so nicht mein Leben verbringen und stellte Forderungen nach Änderung, nach mehr Arbeit, nach mehr Aufgaben, bekam sie aber nicht, kündigte schließlich und begann mein zweites Studium – und nachdem ich dies beendet hatte und es so ein Spaß gemacht hatte, begann noch ein drittes. Da war ich also in der großen Stadt, besuchte Vorlesungen an verschiedenen Hoch- und Fachhochschulen in ganz unterschiedlichen Fachgebieten. Ein Riesenspaß, viele Eindrücke, und dennoch hatte ich noch genügend Zeit für alle möglichen Dinge nebenbei. Mein Entschluss, eine Sache nachzuprüfen, führte mich als allererstes in die Bibliothek. Ich weiß nicht mehr genau, was ich als erstes nachprüfte, jedenfalls hatte ich das Glück, durch Zufall oder Fügung mit meinen Griffen ins Regal die richtigen Bücher zu erwischen. Ich las alte Zeitungsausschnitte von deutschen Zeitungen, die in Deutschland nirgendwo mehr zu finden waren, jedoch in polnischen Archiven aufbewahrt wurden. Und das Ergebnis war: Er hatte Recht. Das war einerseits beruhigend, denn ich mochte den Briefwechsel und Gedankenaustausch mit ihm mittlerweile sehr gern, es machte mir Freude, mit einem mir bis vor kurzem völlig Fremden, noch dazu weitaus älter als ich selbst, einen solchen Kontakt zu pflegen. Andererseits war es aber auch beunruhigend: Mein Wissen war also Unsinn. Und das, wo ich doch davon ausging, eine gute und vor allem richtige Allgemeinbildung zu haben. Er hatte Recht, ich hatte Unrecht. *„Na dann“*, dachte ich, *„auf zum nächsten Thema.“* Ich nahm mir als nächsten Punkt vor, die Vorbereitungen der sowjetischen Armee für einen Angriffskrieg nachzulesen und auf ihre Echtheit zu überprüfen. Und siehe da: Er hatte wieder Recht. Tatsächlich hatte die russische Führung schon längere Zeit vor Kriegsbeginn damit begonnen, Ihre Streitkräfte in Stellung zu bringen, um ganz Europa zu überrollen.[1] Ich glaube, dass die sogenannten Fakten, die man in der Schule lernt, zwar nicht immer falsch, aber doch in jedem Fall tendenziös in eher politisch gefärbte Bilder eingebettet und vor allem meist zusammenhanglos sind und somit dem Schüler gar kein wirkliches Wissen vermitteln. Echte Geschichten mit nachvollziehbar logischen Entwicklungen sind unglaublich leicht im Gedächtnis zu halten, hingegen scheinen erfundene Geschichten bzw. fehlende logische Zusammenhänge es dem Schüler nahezu unmöglich zu machen, sich auf Dauer die genannten Abläufe, Daten und Personen zu merken; mit der Folge, dass nur für die Klausuren gebüffelt wird und das „Gelernte“ danach sofort wieder vergessen wird. Das ist ein gesunder Reflex einerseits, ein Armutszeugnis für den Wahrheitsgehalt des gelehrten Stoffes andererseits.

Meine nächste Antwort an meinen Briefpartner ging nun also in die Tiefe. Ich schilderte ihm mein Unwohlsein bei seinen letzten beiden Briefen, meine Gedanken dazu und vor allem, was ich in der Zwischenzeit gemacht und herausgefunden hatte. Ich fragte ihn, ob er selbst solche Dinge in seiner Familie oder Verwandtschaft erlebt hatte. Es kam dabei heraus, dass sein Vater tatsächlich sogar selbst in einem Konzentrationslager gefangen war, weil er politisch nicht linientreu war. Wir tauschten viele Gedanken aus über den Zeitgeist und über die Schwierigkeiten, sich ohne politische Färbung über solche Themen zu unterhalten. Er fügte oft ein paar neue Gedanken und Hinweise hinzu. Ich las, prüfte nach und fand wieder heraus: Er hatte Recht. Mit jedem Detail über die politische Weltlage damals und die einzelnen Bestrebungen der einzelnen Staaten wurde mir klarer, dass meine Weltsicht noch lange nicht ausgereift war.

Dann kam der Tag, der mein Leben veränderte...

3. Das Erwachen

„Wer die Wahrheit nicht kennt, ist ein Dummkopf. Wer aber die Wahrheit kennt und sie eine Lüge nennt, der ist ein Verbrecher!“

Bertolt Brecht, dt. Lyriker (1898-1956)

Es war der 1. Juli 1999. Wir hatten noch einige wenige Briefe gewechselt, und er hatte mir vorgeschlagen, dass wir uns einmal zusammensetzen sollten, damit er meine Fragen umfassend und ohne die Gefahr, Mitleser zu haben, beantworten könne. Wir trafen uns in einer kleinen deutschen Stadt mit einem hübschen See, an dessen Ufer wir uns auf einer Bank niedersetzten und uns unterhielten. Manchmal erzählte er, manchmal fragte ich nach, manchmal verglichen wir bereits Erlerntes mit dem, was er als wahrhaftig Geschehenes schilderte. An den genauen Verlauf kann ich mich nicht mehr erinnern, aber ich weiß noch genau, was ich dachte, als ich wieder im Zug saß: *„Wenn das alles wahr ist, dann ist mein Weltbild völlig im Eimer. Es ist unglaublich, unfassbar...“*

Zuhause angekommen, machte ich mich sofort auf die Suche nach den angesprochenen Informationen. Ich kann Ihnen an dieser Stelle, in diesem Buch, nicht alle Titel nennen, die ich gelesen habe. Erstens würde eine Buchliste den Umfang sprengen und zweitens: Ich darf es nicht! Denn in der Bundesrepublik bestehen Gesetze (§ 130 StGB.), gegen die ich nicht verstoßen möchte, denn eigentlich handelt mein Buch von etwas ganz anderem als diesen „verbotenen“ bzw. unerwünschten Schriftstellern und deren Erkenntnissen und Schriften. Ich las auch diejenigen Autoren, von denen man sagte, sie schrieben nur Unsinn, die man verschwieg oder auslachte, weil sie der „Mainstream“-Meinung nicht entsprachen. Das sind solche, die schrieben, was mit einer heutzutage „wissenschaftlich anerkannten Lehrmeinung“ unvereinbar ist.

Da ich kein Zeitzeuge der allermeisten Vorgänge bin, bin ich auf die vorhandene Literatur, auf Quellen, Berichte, Funde, auf Forschungsergebnisse anderer angewiesen, seien es nun „wissenschaftlich anerkannte“ (will sagen: „politisch korrekte“) oder verpönte Wissenschaftler; Leute, die ihren guten Ruf aufs Spiel gesetzt haben und nicht umgeknickt sind, als ein steifer Wind blies und ihnen klarmachte: Universitätskarriere oder Veröffentlichung – entweder, oder. Ich bin also im Grunde dazu gezwungen, Ihnen die Dinge zu zeigen, die man als Ungereimtheiten bezeichnen könnte und andere Dinge, von denen ich glaube, dass es glatte Lügen sind.

Leider sind, wie gesagt, Autoren aus strafrechtlichen Gründen in Deutschland oder auch anderswo gezwungen, bestimmte Dinge wegzulassen. Und da ich möchte, dass Sie dieses Buch lesen können, gehöre ich auch dazu. Ich werde mich redlich bemühen, Sie wissen zu lassen, an welchen Stellen dies der Fall ist. Schreibe ich häufig in der Möglichkeitsform, so ist dies an einigen Stellen erst nach Rücksprache mit dem Anwalt korrigiert worden, damit dieses Buch eine Chance hat, überhaupt gelesen zu werden. Sollten Sie einige der genannten Bücher lesen wollen und sie nicht in Ihrer Bibliothek finden, so ist dies keineswegs erschreckend, sondern die Regel. Wenn Sie diese bestellen, tun Sie sich bitte selbst einen Gefallen und bestellen Sie die Bücher nicht auf Ihren Namen oder zu Ihrer Adresse, sondern richten Sie sich irgendwo ein Postfach ein, oder kleben Sie irgendwo einen Namen an einen Briefkasten, zu dem Sie Zugang haben. Oder kaufen Sie nur gegen Bestellung und Abholung, und bezahlen Sie möglichst in bar. Niemals die Karte benutzen! Sie werden noch erfahren, warum. Manchmal hilft auch die Recherche im Internet, denn manche dieser Bücher gibt es dort zum Herunterladen. Aber auch hier gilt: Nehmen Sie sich lieber einen USB-Stick und gehen Sie in ein Internet-Cafe, als dass Sie sich die Texte und Bücher zuhause herunterladen.

Ich hatte im Verlauf der ersten Monate meiner Recherche zunächst Glück. In einigen Bibliotheken in der Stadt, in der ich wohnte, gab es etliche der alten Bücher, die mir empfohlen wurden, und einige der neuen, teilweise vergriffenen oder verbotenen Bücher gab es im Internet „second hand“. Damals gab es noch keine Abmahnungswelle von Anwälten, die Verkäufer solcher Bücher massenweise mit Abmahnungen überhäuften, für die dann hunderte oder tausende Euro gezahlt werden mussten; alles ganz legal, auch nach heutigem „deutschen“ Recht.[2] Heutzutage ist es ungleich schwerer, solche Bücher im Original zu bekommen, wenngleich es mittlerweile doch einige elektronische Quellen gibt, bei denen man, wenn schon nicht die Originale, so doch wenigstens die elektronische Version der meisten verbotenen Bücher als pdf-Datei herunterladen kann.[3]

In der Schule hatte ich über die jüngere deutsche Geschichte gelernt, dass Deutschland (allein) die Schuld am Ersten und Zweiten Weltkrieg hat. Nun musste ich feststellen, dass dies keineswegs so war. Ich las über die Vorgänge vor dem Ersten Weltkrieg, von den unglaublichen Erfolgen der deutschen Streitkräfte, ich las über die Revolution während des Ersten Weltkriegs und wer die maßgeblichen Kräfte dabei waren, wer wann was finanzierte, ich las vom Zusammenbruch der deutschen Streitkräfte unter den Auswirkungen dieser „Revolution". Es gibt hierzu im Internet ein sehr lesenswertes Buch, „Was jeder Deutsche vom Weltkrieg wissen muss", von Paul Weege und Wolf Ewert.[4] Es handelt vom Ersten Weltkrieg und etlichen Hintergrunddetails, und selbstverständlich steht dieser Titel auf der Liste der „auszusondernden Literatur" und dürfte nach dem Willen der Alliierten und der derzeitigen „deutschen" Regierung nicht mehr existieren.[5] Ich las, was einige Autoren über die finanziellen Hintergründe der Streik-Organisierenden der Revolution geschrieben hatten, nämlich dass die Streiks ohne wesentliche finanzielle Unterstützung von ganz bestimmten Banken und logistische Unterstützung fremder Staaten gar nicht hätten stattfinden können, und wo und auf wessen Kosten mit welcher Zielrichtung die Streikenden oder deren führende Köpfe ausgebildet worden waren – was sie von wo aus steuerten und wer hinter den Kulissen stand und die Fäden zog und heute wie damals alles in eine ganz bestimmte Richtung lenkte. Unter dem Vorwand der sozialen Gleichheit sollten die alten Strukturen zerstört werden, um Platz zu machen, doch nicht etwa für die Freiheit und Gleichheit, sondern nur für einen neuen Unterdrücker: die Hochfinanz.

Bei meiner Recherche stieß ich auf einen bemerkenswerten „Whistleblower": Benjamin Freedman. Seine Ausführungen sind für manche Leser bestimmt irritierend, und das waren sie für mich anfangs auch. Dennoch oder gerade deshalb möchte ich Benjamin Freedman zu Wort kommen lassen. Es handelt sich bei nachfolgendem Text um einen Auszug aus einer Rede, die Benjamin Freedman im Jahre 1961 im Willard Hotel in Washington D.C. hielt. Diese Rede kann im Original im Internet auf Youtube angehört werden. Die deutsche Übersetzung finden Sie nun hier, eingeleitet mit einem Vorwort des Übersetzers:

Vorwort

Benjamin H. Freedman wurde 1890 in den USA als Sohn jüdischer Eltern geboren. Er war sowohl ein erfolgreicher Geschäftsmann als auch ein absoluter Insider der amerikanischen Politik sowie verschiedener jüdischer Organisationen. Zu seinen persönlichen Freunden zählten Leute wie Bernard Baruch, Samuel Untermyer, Woodrow Wilson, Franklin Roosevelt, Joseph Kennedy und viele andere einflussreiche Persönlichkeiten jener Zeit. Nach dem Zweiten Weltkrieg brach Freedman mit dem Judentum und verbrachte den Rest seines Lebens damit, die Amerikaner vor dem übermäßigen Einfluss jüdischer Lobbies zu warnen. Obwohl Freedmans Rede bereits 1961 gehalten wurde, hat sie keineswegs an Aktualität verloren, ganz im Gegenteil: Amerikas Nahostpolitik ist heute fester denn je im Würgegriff jüdischer, proisraelischer Hintergrundmächte. Dies wird nun auch von völlig unverdächtiger Seite, nämlich von zwei renommierten Wissenschaftlern der Harvard University, bestätigt. John Mearsheimer und Stephen Walt weisen in ihrer Studie „The Israel Lobby and U.S. Foreign Policy" nach, dass die Nahostpolitik der USA nicht etwa amerikanische Interessen vertritt, sondern in erster Linie israelische. Diese Pflichtvergessenheit der amerikanischen Außenpolitik, die den USA wenig Sympathien, dafür aber um so mehr Feinde beschert hat, erklären die Autoren damit, dass jüdische Lobbies es meisterhaft verstanden haben, den Amerikanern einzureden, die regionalen Feinde Israels (insbesondere Iran, Irak und Syrien) seien eine Bedrohung für die USA. Die frechen Lügen, die 2003 zum zweiten Überfall auf den Irak geführt haben, sind kaum vergessen und werden nahezu wortgetreu wieder aufgetischt – diesmal gegen den Iran. Vor diesem Hintergrund erscheint der Aufruf „Nie wieder Krieg für Israel"[6] dringlicher denn je. Die deutsche Übersetzung der Freedman-Rede ist im Sinne einer besseren Lesbarkeit leicht gekürzt und editiert, außerdem wurden einige erklärende Fußnoten hinzugefügt. Unter den Google Suchbegriffen: „Benjamin Freedman Willard Hotel 1961" finden Sie sowohl die Tonaufzeichnung als auch den englischen Originaltext dieser Rede.

Die Rede von Benjamin H. Freedman

„Hier in den Vereinigten Staaten kontrollieren Juden und Zionisten alle Bereiche unserer Regierung. Sie herrschen in den USA, als wären sie die absoluten Monarchen dieses Landes. Sie mögen einwenden, dies sei eine recht kühne Behauptung. Doch ich werde Ihnen erläutern, was so alles passiert ist, während Ihr, nein, während *wir* alle schliefen. Der Erste Weltkrieg brach im Sommer 1914 aus. Einige in meinem Alter werden sich daran noch erinnern. Dieser Krieg wurde auf der einen Seite von England, Frankreich und Russland und auf der anderen Seite von Deutschland, Österreich-Ungarn und der Türkei geführt. Innerhalb von zwei Jahren gewann Deutschland diesen Krieg, nicht nur nominell, sondern tatsächlich. Die bis dahin unbekannten deutschen U-Boote vernichteten so gut wie alle alliierten Kriegsschiffe auf dem Atlantik. Großbritanniens Munition und Lebensmittel gingen zur Neige. Der Nachschub reichte gerade mal für eine Woche, danach drohte eine Hungersnot. Zur gleichen Zeit meuterte die französische Armee; sie hatten 600.000 blühende junge Leben bei der Verteidigung von Verdun verloren. Die russische Armee zog sich fluchtartig zurück. Sie sammelten ihr Spielzeug ein und gingen nach Hause; sie wollten nicht mehr Krieg spielen. Auch die italienische Armee kollabierte. In Deutschland fiel bis dahin kein einziger Schuss, und kein einziger Kriegsgegner hatte deutschen Boden betreten. Dennoch bot Deutschland England den Frieden an – einen Frieden, den Juristen „Status quo ante" nennen, was so viel bedeutet wie: *„Lasst uns den Krieg beenden, und alles soll so sein wie vor dem Krieg."* England zog dies im Sommer 1916 ernsthaft in Erwägung. Sie hatten keine andere Wahl. Sie konnten entweder das großzügige Friedensangebot Deutschlands annehmen oder den Krieg bis zur vollständigen Niederlage fortführen. Doch dann wandten sich deutsche Zionisten an das britische Kriegsministerium und sagten: *„Seht her, Ihr könnt diesen Krieg doch noch gewinnen, Ihr dürft nicht aufgeben. Ihr braucht auf das deutsche Friedensangebot nicht einzugehen. Wenn die USA als Eure Verbündeten in den Krieg eintreten, könnt Ihr diesen Krieg gewinnen."* Ich habe dies sehr verkürzt wiedergegeben, aber ich kann das eben Gesagte anhand von Dokumenten nachweisen, falls es jemanden genauer interessieren sollte. Außerdem sagten die Zionisten zu England: *„Wir bringen die USA als Euren Verbündeten in den Krieg,* *wenn Ihr uns versprecht, dass wir nach dem Krieg Palästina bekommen.*" England hatte das gleiche Recht, irgend jemandem Palästina zu versprechen wie Amerika das Recht hätte, den Iren – aus welchen Gründen auch immer – Japan zu versprechen. Es war absolut absurd, dass Großbritannien, das keine Interessen und auch keine Verbindungen zu Palästina hatte, dieses Land als Gegenleistung für den Kriegseintritt der USA anbot. Dennoch gaben sie dieses Versprechen im Oktober 1916. Kurz darauf – ich weiß nicht, wie viele sich noch daran erinnern – traten die USA, die bis dahin fast vollständig pro-deutsch waren, als Verbündete Großbritanniens in den Krieg ein. Bis dahin waren die Vereinigten Staaten pro-deutsch. Auch die amerikanischen Juden waren pro-deutsch, weil viele von ihnen aus Deutschland stammten. Sie wollten, dass Deutschland den Zaren besiegt. Die Juden hassten den Zaren, sie wollten nicht, dass Russland den Krieg gewinnt. Jüdische Bankiers wie Kuhn-Loeb und andere Großbanken weigerten sich, England und Frankreich auch nur mit einem Dollar zu unterstützen. Aber sie pumpten Geld nach Deutschland, denn sie wollten, dass Deutschland den Krieg gewinnt und dass das zaristische Regime untergeht. Doch diese gleichen Juden ließen sich plötzlich auf einen Handel mit England ein, als sie die Möglichkeit sahen, Palästina zu bekommen. Auf einmal veränderte sich in den USA alles, wie eine Ampel, die von Rot auf Grün schaltet. Alle Zeitungen, die bis eben noch pro-deutsch waren, schwenkten um. Es wurde plötzlich behauptet, die Deutschen seien böse, sie seien Hunnen, Barbaren usw. Die Deutschen würden Rot-Kreuz-Schwestern erschießen und kleinen Babys die Hände abhacken. Nun telegrafierten die Zionisten aus London an ihren Gewährsmann in den USA, Richter Brandeis: „*Wir bekommen von England, was wir wollen. Bearbeiten sie Präsident Wilson. Bringen sie Präsident Wilson dazu, in den Krieg einzutreten.*" Kurz darauf erklärte Präsident Wilson Deutschland den Krieg. Auf diese Weise traten die USA in den Krieg ein. Doch es gab absolut keinen Grund, diesen Krieg zu unserem zu machen. Wir wurden hineingetrieben, nur damit die Zionisten ihr Palästina bekommen. Das ist etwas, was den Bürgern dieses Landes noch nicht erzählt wurde. Sie wissen bis heute nicht, warum wir in den Ersten Weltkrieg eingetreten sind. Nach dem Kriegseintritt der USA gingen die Zionisten nach London und sagten: „*Wir haben unseren Teil der Abmachung erfüllt, jetzt seid Ihr dran. Wir sollten schriftlich festhalten, dass uns Palästina zusteht, falls Ihr den Krieg gewinnt.*" Die Zionisten wussten ja nicht, ob der Krieg noch ein, zwei oder zehn Jahre dauern würde. Deshalb wollten sie ihre Abmachung mit der englischen Regierung schriftlich festhalten. Das Schriftstück wurde in Form eines Briefes verfasst, der verschlüsselt formuliert wurde, sodass die Allgemeinheit nicht genau wissen konnte, was dahintersteckt. Dieses Schriftstück ist heute als die Balfour-Erklärung bekannt. Die Balfour-Erklärung war Englands Versprechen an die Zionisten, dass sie als Gegenleistung für den von ihnen herbeigeführten Kriegseintritt der USA Palästina erhalten würden. Damit begann der ganze Ärger. Die USA traten in den Krieg ein, was bekanntlich zur Niederlage Deutschlands führte. Was danach passierte, wissen Sie ja. Nach Kriegsende kam es 1919 zur Versailler Friedenskonferenz. Auf dieser Konferenz nahm auch eine Delegation von insgesamt 117 Juden teil, welche von Bernard Baruch angeführt wurde. Woher ich das weiß? Nun, ich sollte es wissen, denn ich war damals auch in Versailles. Als man auf dieser Konferenz gerade dabei war, Deutschland zu zerstückeln und Europa neu aufzuteilen, sagten die Juden: „*Wir wollen Palästina für uns.*" Um ihrer Forderung Nachdruck zu verleihen, zeigten sie den Teilnehmern die Balfour-Erklärung. Die Deutschen erfuhren erst hier in Versailles von der Abmachung zwischen den Zionisten und den Engländern. Erst in Versailles erfuhren die Deutschen, warum Amerika in den Krieg eingetreten war. Die Deutschen erkannten, dass sie den Krieg nur deshalb verloren hatten, weil die Zionisten Palästina um jeden Preis für sich haben wollten. Zu allem Überfluss wurden die Deutschen auch noch mit irrsinnigen Reparationsforderungen konfrontiert. Als sie diese Zusammenhänge erkannten, nahmen sie es den Juden verständlicherweise sehr übel. Bis dahin ging es den Juden in keinem Land der Welt besser als in Deutschland. Es gab Herrn Rathenau, der im Wirtschaftsleben Deutschlands sicherlich genauso einflussreich war wie Bernard Baruch in den USA. Es gab Herrn Balin, Besitzer der großen Reedereien Norddeutscher Lloyd und Hamburg-Amerika Linie. Es gab Herrn Bleichroder, der damals Bankier der Hohenzollern war. In Hamburg saßen die Warburgs, eine der einflussreichsten Bankiersfamilien der Welt. Keine Frage, den Juden ging es damals sehr gut in Deutschland. Doch die Deutschen empfanden es als einen schändlichen

Verrat, dass die Juden hinter ihrem Rücken dafür sorgten, dass die USA gegen Deutschland in den Krieg eintraten. Die Deutschen waren bis dahin den Juden gegenüber sehr tolerant. Als 1905 die erste kommunistische Revolution in Russland scheiterte und die Juden aus Russland fliehen mussten, gingen sie alle nach Deutschland. Deutschland bot ihnen allen eine sichere Zuflucht. Sie wurden sehr gut behandelt. Doch sie haben Deutschland verraten und verkauft, und zwar aus einem einzigen Grund: Sie wollten Palästina als ihre Heimstätte haben. Kurz nach Ende des Ersten Weltkrieges räumte der Zionistenführer Nahum Sokolow ein, dass der Antisemitismus in Deutschland daher rührte, dass die Juden den Kriegseintritt der USA herbeiführten, was letztendlich zur Niederlage Deutschlands führte. Auch viele andere Zionisten gaben dies offen zu. Von 1919 bis 1923 schrieben sie es für jedermann nachlesbar immer wieder in ihren Zeitungen. Es war nicht so, dass die Deutschen 1919 plötzlich feststellten, dass jüdisches Blut besser schmeckt als Coca-Cola oder Münchner Bier. Es gab keine Anfeindungen, nur weil die Juden einen anderen Glauben hatten. Damals interessierte sich in Deutschland niemand dafür, ob ein Jude abends nach Hause ging und „Shema Yisroel" oder das „Vaterunser" betete – nicht mehr und nicht weniger als hier in den USA. Der Antisemitismus, der später hochkam, war einzig und alleine darauf zurückzuführen, dass die Deutschen den Juden die Schuld für den verlorenen Krieg gaben. Die Deutschen waren nicht Schuld am Ausbruch des Ersten Weltkrieges. Ihre einzige Schuld war es, erfolgreich zu sein. Sie bauten ihre Marine aus. Sie bauten ihre Handelsbeziehungen mit der ganzen Welt aus. Sie müssen wissen, dass Deutschland noch zu Zeiten der Französischen Revolution aus über 300 Stadtstaaten, Grafschaften, Fürstentümern usw. bestand. Von der Zeit Napoleons bis zu der Zeit als Bismarck Kanzler war, also in nur 50 Jahren, wurde Deutschland zu einem einzigen Staat und zu einer der wichtigsten Weltmächte. Die deutsche Marine wurde fast so mächtig wie die britische. Die Deutschen unterhielten Handelsbeziehungen mit der ganzen Welt. Sie waren in der Lage, qualitativ hochwertige Produkte zu absolut konkurrenzlosen Preisen anzubieten. Aus diesem Grund verschworen sich England, Frankreich und Russland gegen Deutschland. Sie wollten Deutschland zerschlagen. Es gibt heute keinen Historiker, der einen anderen nachvollziehbaren Grund benennen könnte, warum diese drei Länder sonst beschlossen hätten, Deutschland von der politischen Landkarte zu tilgen. Im Winter 1918/1919 versuchten die Kommunisten, die Macht in Deutschland an sich zu reißen. Rosa Luxemburg, Karl Liebknecht und eine Gruppe weiterer Juden übernahmen für kurze Zeit die Regierung. Der Kaiser floh nach Holland, weil er befürchtete, ihm würde das gleiche Schicksal widerfahren wie kurz zuvor dem russischen Zaren. Damals hatte Deutschland ca. 80 Millionen Einwohner, davon waren gerade mal 460.000 Juden. Obwohl der Bevölkerungsanteil der Juden bei gerade mal einem halben Prozent lag, beherrschten sie die Presse, das Finanzwesen und große Teile der Wirtschaft. Als Antwort auf den Versuch der Deutschen, den ungeheueren Einfluss der Juden in Kultur, Wirtschaft, Finanzwesen und Presse einzudämmen, organisierte das Weltjudentum im Juli 1933 eine Konferenz in Amsterdam. Hier stellten sie Deutschland ein Ultimatum, in welchem sie verlangten, Hitler müsse als Reichskanzler abgesetzt werden. Die Antwort der Deutschen auf dieses Ultimatum können Sie sich vorstellen. Nach Beendigung der Konferenz hielt der Leiter der amerikanischen Delegation, Samuel Untermyer, eine Rede, die in den gesamten USA über den Radiosender CBS ausgestrahlt wurde. Er sagte: *„Die Juden der Welt erklären Deutschland den Krieg. Wir befinden uns in einem Heiligen Krieg gegen Deutschland. Wir rufen zu einem weltweiten Boykott gegen Deutschland auf. Dies wird sie vernichten, denn sie sind von ihrem Außenhandel abhängig.“* Dazu muss man wissen, dass Deutschland damals zwei Drittel seines Lebensmittelbedarfs importieren musste. Und es konnte nur importiert werden, wenn im Gegenzug etwas anderes exportiert wurde. Wenn Deutschland nichts exportieren konnte, mussten zwei Drittel der deutschen Bevölkerung Hunger leiden. In dieser Erklärung – sie wurde in der New York Times vom 7. August 1933 veröffentlicht – gab Samuel Untermyer bekannt, dass dieser Boykott Amerikas Mittel der Selbstverteidigung sei. Präsident Roosevelt hat dem Boykott im Rahmen der National Recovery Administration offiziell zugestimmt. Obwohl der Oberste Gerichtshof diesen Boykott gegen Deutschland für verfassungswidrig erklärte, hielten die Juden daran fest. Der Handelsboykott gegen deutsche Produkte war so effektiv, dass sie in Kaufhäusern keinen einzigen Artikel mit dem Aufdruck „Made in Germany“ mehr finden konnten. Ein Mitarbeiter von Woolworth erzählte mir, dass Geschirr im Wert von mehreren Millionen Dollar weggeworfen werden musste, weil sonst ihr Kaufhaus boykottiert worden wäre. Falls ein Kunde einen Artikel aus Deutschland fand, gab es umgehend Demonstrationen und Sit-Ins vor den Geschäften mit Transparenten, auf denen „Nazis" oder „Mörder" stand. In einem Laden der R.H. Macy-Kette, deren Eigentümer die jüdische Familie Strauss war, fand eine Kundin Damenstrümpfe aus Chemnitz, die dort seit gut 20 Jahren verkauft wurden. Ich selbst sah die Demonstration vor Macy. Es waren Hunderte von Leuten mit Schildern wie „Mörder" und „Nazis". Bis dahin wurde keinem Juden in Deutschland auch nur ein Haar gekrümmt. Die Juden hatten nichts zu erleiden, mussten nicht hungern, wurden nicht angegriffen oder umgebracht. Doch natürlich fragten sich die Deutschen: *„Wer sind diese Leute, die unser Land boykottieren, unsere Menschen in die Arbeitslosigkeit stürzen und unsere Wirtschaft zum Erliegen bringen?"* Natürlich nahmen sie es den Juden übel. Als Reaktion auf den von den Juden organisierten internationalen Handelsboykott wurden nun in Deutschland jüdische Geschäfte boykottiert. Warum sollte ein Deutscher sein Geld in ein Geschäft bringen, dessen Besitzer einen Boykott gegen Deutschland unterstützt und mit dafür verantwortlich ist, dass das deutsche Volk hungern muss? Die Vorstellung, dass die Juden den Deutschen vorschreiben wollten, wen sie zu ihrem Kanzler zu wählen haben, war einfach lächerlich. Erst 1938, als ein junger polnischer Jude in Paris einen deutschen Konsularbeamten erschoss, wurde die Lage für die Juden in Deutschland ernst. In der „Reichskristallnacht" wurden Schaufensterscheiben eingeschlagen, und es gab erste Tätlichkeiten gegen Juden. Die Ursache für den aufkeimenden Antisemitismus der Deutschen liegt darin begründet, dass sie die Juden verantwortlich machten für (1.) den Ersten Weltkrieg, (2.) den weltweiten Boykott deutscher Waren und (3.) für den sich abzeichnenden Zweiten Weltkrieg. Denn so, wie die Dinge standen, war es unvermeidlich, dass es zu einer ernsten Auseinandersetzung zwischen dem Weltjudentum und Deutschland kommen würde. Im November 1933 haben die USA die Sowjetunion anerkannt. Die Sowjetunion wurde sehr mächtig. Die Deutschen erkannten, dass sie von der Sowjetunion ernsthaft bedroht waren, falls sie nicht ebenfalls aufrüsten würden. Aus diesem Grund hat Deutschland damals wieder aufgerüstet. Heute gibt die Regierung der

USA 83 bis 84 Milliarden Dollar pro Jahr für Verteidigung aus. Verteidigung gegen wen? Es ist die Verteidigung gegen die etwa 40.000 Juden, die erst in Russland die Macht an sich gerissen hatten und nachher mit List und Tücke in vielen anderen Staaten der Welt ähnlich verfahren sind. Wir befinden uns an der Schwelle zum Dritten Weltkrieg. Diesen Krieg kann niemand gewinnen. Wenn wir heute einen Krieg vom Zaun brechen, könnte daraus sehr schnell ein Atomkrieg werden. Dieser Fall wird eintreten, wenn der dritte Akt dieses Schauspiels beginnt. Akt 1 war der Erste Weltkrieg, Akt 2 der Zweite Weltkrieg, Akt 3 wird der Dritte Weltkrieg sein. Die Juden dieser Welt sind fest entschlossen, die USA abermals dazu zu bringen, für Israel in den Krieg zu ziehen. Wie sollten wir uns verhalten? Sie könnten das Leben Ihres eigenen Sohnes retten. Ihre Jungs könnten noch heute Nacht in diesen Krieg geschickt werden. Über die Hintergründe wissen viele heute genauso wenig wie damals, 1916, als die Zionisten mit dem britischen Kriegsministerium eine geheime Abmachung trafen, die Söhne Amerikas nach Europa in den Krieg zu schicken. Kein Mensch wusste etwas über diese Abmachung. Wer wusste Bescheid? Präsident Wilson wusste es. Colonel House wusste es. Einige andere Eingeweihte wussten es. Habe ich es gewusst? Ich hatte eine ziemlich gute Ahnung davon, was da vor sich ging. Ich war Vertrauensmann von Henry Morgenthau, dem Vorsitzenden des Finanzausschusses. Außerdem war ich der Verbindungsmann zwischen ihm und dem Schatzmeister Rollo Wells. Ich war in all den Sitzungen anwesend, als sie Präsident Wilson mit den Ideen der zionistischen Bewegung indoktrinierten. Präsident Woodrow Wilson war so inkompetent wie ein neugeborenes Baby, er hatte keine Ahnung, was vor sich ging. Und so trieben die Zionisten die USA in den Ersten Weltkrieg, während wir alle schliefen. Sie schickten unsere Jungs als Kanonenfutter nach Europa. Warum? Nur damit die Juden Palästina als ihre Heimstätte bekommen konnten. Sie haben Euch so sehr zum Narren gehalten, dass Ihr nicht mehr wisst, ob Ihr gerade kommt oder gerade geht! Was wissen wir über die Juden? Ich nenne sie hier Juden, weil man sie allgemein so bezeichnet. Ich nenne sie nicht Juden, sondern „sogenannte Juden", weil ich weiß, wer sie in Wahrheit sind. Über 90% derjenigen, die sich Juden nennen, sind Abkömmlinge der Ostjuden, also der Khasaren. Die Khasaren waren ein kriegerischer Stamm, der in

Zentralasien lebte. Sie waren so kriegslüstern, dass sie letztendlich von Zentralasien in Richtung Osteuropa vertrieben wurden, wo sie ein Königreich von einer Größe von 800.000 Quadratmeilen gründeten. Der König der Khasaren war von der verkommenen Lebensweise seines Volkes so angewidert, dass er entschied, sein Volk müsse einen monotheistischen Glauben annehmen. Durch ein Los wurde zwischen dem Christentum, dem Islam und dem Judentum entschieden. Das Los fiel auf das Judentum, und so wurde der Judaismus die Staatsreligion der Khasaren. Der König der Khasaren holte Tausende von jüdischen Religionsgelehrten von den Talmudschulen aus Pumbedita und Sura in sein Reich. Synagogen und Schulen wurden gegründet, und sein Volk wurde das, was wir heute Juden nennen. Doch kein einziger Khasare hatte auch nur mit einer Zehenspitze das heilige Land jemals betreten. Dennoch kommen diese Leute zu den Christen und bitten um Militärhilfe für Israel, indem sie sagen: *„Ihr wollt doch sicherlich dem Auserwählten Volk helfen, ihr Gelobtes Land, ihre angestammte Heimat zurückzuerobern. Es ist Eure Pflicht als Christen. Wir gaben Euch einen unserer Söhne als Euren Herrn und Erlöser. Ihr geht sonntags in die Kirche, kniet nieder und betet zu einem Juden. Nun, wir sind Juden!*" Aber sie sind nichts weiter als heidnische Khasaren, die zum Judentum konvertierten, wie die Iren, die zum Christentum konvertierten. Es ist genauso lächerlich, sie als das *Volk Israels* zu bezeichnen, wie es lächerlich wäre, die 54 Millionen Chinesen moslemischen Glaubens als Araber zu bezeichnen. Weil die Juden die Zeitungen, das Radio, das Fernsehen und die großen Buchverlage kontrollieren, und weil unsere Politiker und Pfarrer ihre Sprache sprechen, ist es nicht überraschend, dass ihre Lügen allgemein geglaubt werden. Viele würden auch glauben, schwarz sei weiß, wenn man es ihnen nur oft genug sagt. Wissen Sie, was die Juden an ihrem heiligsten Feiertag, am Tag der Versöhnung (Jom Kippur), machen? Ich war einer von ihnen, ich sollte es wissen! Ich bin nicht hier, um Ihnen irgendeinen Schwachsinn zu erzählen. Ich gebe Ihnen die Fakten! Also: Am Tag der Versöhnung geht man in eine Synagoge. Das erste Gebet spricht man im Stehen. Es ist das einzige Gebet, für welches man sich erhebt. Das Gebet „Kol Nidre" wird dreimal hintereinander gesprochen. In diesem Gebet schließt man ein Abkommen mit Gott, dass jedes Versprechen, das man in den nächsten zwölf Monaten gegenüber einem Nichtjuden macht, null und nichtig ist. Der Talmud lehrt auch, dass man, wann immer man ein Versprechen abgibt, an dieses Gebet denken soll. Dann wird man seine Versprechen nicht einhalten müssen. Kann man sich auf die Loyalität solcher Leute verlassen? Wir können uns genauso auf die Loyalität der Juden verlassen wie die Deutschen 1916. Wir (die USA) werden das gleiche Schicksal erleiden wie Deutschland, und zwar aus denselben Gründen."

„Diese ganze Schreibe stammt von Juden, die sich auf die Weise versuchen zu rächen. In Wirklichkeit sind die Deutschen das einzige anständig gebliebene Volk in Europa."[7]

General George S. Patton (1885-1945)

Nachdem ich Freedmans Rede einigermaßen verarbeitet hatte, widmete ich mich den Anfängen des Nationalsozialismus, von den Hintergründen der Thule-Gesellschaft angefangen über die Anfänge und Hintergründe der NSDAP bis hin zum Aufstieg Hitlers. Ich las einiges über Hitlers Stammbaum, wer ihn finanzierte, wer mitregierte und wer dagegen ankämpfte. Dabei erschien langsam, aber immer deutlicher, das Bild einer Gesellschaft und Regierung, die unabhängig von einzelnen Personen, sehr von außen gelenkt erscheint. Die im Rampenlicht stehenden Personen erschienen mehr und mehr eher wie Marionetten.

Zu viele „Zufälle" und „Ähnlichkeiten", sowohl in der Gesetzgebung als auch in Abläufen, zu denen sich in der aktuellen Gegenwart und jüngsten Vergangenheit Parallelen auffinden lassen. Ich las von den unglaublichen Greueltaten nach dem Ersten Weltkrieg, z.B. von den Polen gegen die deutsche Minderheit in den von ihnen verwalteten Landstrichen; sah mir alte Zeitungen an mit Fotos und Annoncen drin. Ich sah Fotos von zerstückelten Leichen, las die Original-Anzeigen in den Zeitungen, in denen Deutsche aus den polnisch verwalteten Ostgebieten auflisteten, wer, wann von wem nach welchem Vorfall verschleppt, vergewaltigt und auf welch unglaublich bestialische Weise ermordet worden war. Einige dieser Bücher waren so schlimm, dass ich sie ab und zu weglegen musste, weil ich Tränen in den Augen hatte und nicht weiterlesen konnte. (Nur für alle Fälle: Ähnliche „Effekte" können Sie erzielen, wenn Sie sich aktuelle Bilder aus dem

Irak oder aus Afghanistan ansehen; nur, wenn Sie kein Iraker sind, werden Sie davon vermutlich weniger betroffen sein.)

Nach einiger Zeit begann Mister X damit, mir Bücher zu schicken. Die ersten kamen noch an, dann wurde es immer weniger, bis wir schließlich beide zu der Erkenntnis kamen: Hier filtert jemand meine und/oder seine Post. Ich ließ mich dadurch nicht irritieren oder verängstigen, es spornte mich nur noch mehr an. Stattdessen legte ich mir an verschiedenen Plätzen in alten Häusern Briefkästen zu. Das war damals ziemlich leicht. Dieses System funktionierte toll. Aber nur für wenige Wochen. Danach waren nahezu gleichzeitig alle Briefkästen tot. Zur selben Zeit fing mein Fax an, Zicken zu machen. Es kam zu Störungen beim Senden und Empfangen von Faxen, und wenn man den Hörer abnahm, klickte es regelmäßig. Die Telekom konnte nicht weiterhelfen, man teilte mir mit, dass es am Gerät läge (und berechnete mir einen unangenehm hohen Betrag für 10 Minuten Arbeit).

Ich bekam langsam aber sicher den Eindruck, dass ich es hier mit einem mir bisher unbekannten Gegenüber zu tun hatte. Wer kann Post in diesem Ausmaß filtern? Verschiedene Empfänger, verschiedene Absender – und doch verschwand nahezu alles, wertvolle antiquarische Bücher ebenso wie einfache Kopien anderer Bücher sowie Briefe jedweden Inhalts.

4. Recherche, Recherche, Recherche

Ich fuhr für eine Recherche nach Berlin und dort zum Ernst-Reuter-Platz zu einem Hochhaus in die Außenstelle der Universitätsbibliothek und fand dort das „Zentrum für Antisemitismus“. Ich hätte es vielleicht anders genannt, aber nun gut: „für“ Antisemitismus. So stand es dort an der Tür. In den dortigen Regalen fand ich Bücher, die es eigentlich gar nicht geben durfte. Ich las sie, so schnell ich konnte. Ausleihen durfte man dort nichts.

Damit trat auch das Thema „Judenverfolgung“ in mein Blickfeld. Ich las Bücher von Juden für Juden, Bücher von Juden für Christen (es gibt Unterschiede!) sowie Bücher von Menschen, die ihr Schicksal auf eine Reise geschickt hat, von der sie nicht ahnen konnten, wie beschwerlich sie sein würde. Dort gab es etliche Bücher von Autoren, die die Bundesrepublik und auch viele andere lieber für immer in der Versenkung verschwunden haben wollen. Ich möchte Sie anregen, sich ein Bild davon zu machen, damit Sie nachher selber entscheiden können, wer Recht hat. Vielleicht haben Sie in Berlin am Ernst-Reuter-Platz Glück, früher gab es diese Bücher dort.

Dann recherchierte ich in eine andere Richtung. Ich las etliche Dinge über die allgemeine Gesellschaftsentwicklung in der Zukunft, also programmatische Themen, die, aus heutiger Sicht, obwohl damals geschrieben, ein exaktes Bild der heutigen Gegenwart und von bereits Vergangenem beschreiben. Autoren wie z.B. Johannes Rothkranz mit seinem Dreiteiler „City of Man“ im Verlag *Pro Fide Catholica* finden Sie auch nicht an jeder Ecke.

Rothkranz zeigt auf, dass die Entwicklungen wie im Fernsehen mit Sendungen wie beispielsweise „Big Brother“, „Deutschland sucht den Superstar“, „America’s got Talent“ – egal, in welchem Land –, nicht nur vorhersehbar, sondern geplant sind. Eine „15-Minuten-Berühmtheit“ für jeden ist ebenso Programm wie die immer stärker und lückenloser werdende Überwachung. Da gibt es erst Mikrochips für Haustiere, dann für Menschen. Ortung und Abhören von Mobiltelefonen, die heute längst aktuelle Speicherung aller Verbindungsdaten inklusive deren teilweiser Weitergabe (dies ist die offizielle Version der Nachrichtendienste) an die USA – heute alles Standard. Zum Zeitpunkt der Erstellung jener Bücher war dies aber technisch und politisch die reinste Zukunftsvision und damals noch unmöglich. Der Verlust des Bankgeheimnisses, die Abschaffung des Bargeldes (siehe Holland, Griechenland oder Schweden) – alles gehört zu einem klar vorab definierten Programm, das hier systematisch durchgezogen wird! (Holland hat gegen Ende des Jahres 2009 angekündigt, in naher Zukunft komplett auf Bargeld verzichten zu wollen, Griechenland hat im Februar 2010 sämtliche Bargeldzahlungen über 1.500 Euro verboten).

Aufgemerkt: Diese Bücher sind vor ungefähr 30 Jahren im vergangenen Jahrhundert geschrieben worden! Da gab es all dies noch nicht. Das, was wir erleben, gehört zu einem Programm!! Und es geht hier nicht „nur" um ein Programm zur Vernichtung des deutschen Volkes (Sie haben richtig gelesen!), sondern um ein weltweites Programm zur Unterjochung der gesamten Weltbevölkerung in ein perfektes System der Ausbeutung.

Da stellt sich natürlich die Frage, wer dies alles so steuern kann. Doch dazu später mehr. Nach diesem zugegebenermaßen vielleicht etwas schwierigen Einstieg ging meine Recherche gleich weiter mit verschiedenen Autoren und deren Darstellung des systematischen Feldzuges gegen „die Deutschen" bzw. das deutsche Volk. Es ist in der Tat bemerkenswert zu lesen, in welchem Umfang Maßnahmen ergriffen wurden, die sofort ersichtlich oder erst über Umwege (dann aber meist umso härter) gegen das deutsche Volk wirken – und zwar teilweise ausschließlich gegen das deutsche Volk.

Nehmen wir aus heutiger Sicht einmal ein Beispiel heraus: Wer ist der größte Nettozahler der EU? Deutschland. Wer ist der größte Beitragszahler der UNO? Nein, nicht Deutschland. Es sind die USA, Deutschland steht an zweiter Stelle der größten Beitragszahler. Zusatzfrage: Wer zahlt seine Beiträge regelmäßig nicht? Richtig. Die USA...!

So zahlen faktisch also doch die Deutschen den größten Beitrag. Die Deutschen waren bis vor kurzem Exportweltmeister, sie stellen die größte Bevölkerungsgruppe in der EU. Ist Deutsch eine Amtssprache der EU? Nein. Wird in Deutschland oder irgendwo anders die deutsche Sprache besonders gefördert? Nein. Werden im Gegenteil in Deutschland alle möglichen Fremdsprachen und Kultureigenheiten anderer Völker gefördert? Ja. Und das geschieht nicht nur in Deutschland, sondern ebenso in Frankreich, Italien, Griechenland, Spanien usw. Die EU und vor allem der Euro werden von vielen Analysten, Historikern und auch Politikern als „Versailles ohne Krieg" bezeichnet. Warum? Weil Deutschland systematisch über mannigfaltige Kanäle finanziell ausgeblutet wird. Francois Mitterrand hat dies am 30. November 1989 gegenüber Außenminister Genscher dergestalt erläutert: „*Wenn die deutsche Einheit vor der europäischen Einheit verwirklicht wird, werden Sie die Triple-Allianz (Frankreich, Großbritannien, UdSSR) gegen sich haben, genau wie 1913 und 1939... Sie werden eingekreist sein, und das wird in einem Krieg enden, in dem sich erneut alle Europäer gegen die Deutschen verbünden. Ist es das, was Sie wollen? Wenn die deutsche Einheit dagegen geschaffen wird, nachdem die Einheit Europas Fortschritte gemacht hat, dann werden wir Ihnen helfen.*“ (Ulrich Herbert, „Geschichte Deutschlands im 20. Jahrhundert“) Das kann man auch als eine Kriegsdrohung interpretieren...

1992 titelte dann das Staatsblatt Le Figaro und schrieb, dass die EU wie Versailles wäre – nur ohne Krieg.[8] Mitterrand war es auch, der den Euro als Gegenleistung für die Einheit forderte. Der französische Staatspräsident François Mitterrand hatte 1989 für seine Zustimmung zur Wiedervereinigung eine beschleunigte Einführung der Europäischen Währungsunion verlangt. Das ging aus bisher geheim gehaltenen Protokollen hervor, die dem Magazin Spiegel vorliegen. Erst die Bereitschaft der Kohl-Bundesregierung, ihren Widerstand gegen die Einführung des Euro aufzugeben, ebnete den Weg zur Einheit.

Ist Ihnen diese Meinung zu hart? Würden Sie es vielleicht lieber etwas sanfter formulieren wollen? Dann lassen Sie mich bitte einmal einen einfachen kleinen Vergleich anstellen. Auf der Friedenskonferenz in Paris wurden die Reparationen gegen Deutschland im Jahre 1921 auf 132 Milliarden Goldmark festgesetzt, zu zahlen in 66 Jahresraten bis 1987. 1919 noch war die Forderung etwas höher, nämlich bei 100.000 Tonnen Gold. Als dann jemandem auffiel, dass dies mehr war als die seit Christi Geburt insgesamt geförderte Menge Goldes, zeigte man sich gnädig und verringerte die Summe. Nun war Deutschland nur noch die Hälfte des seit Christi Geburt geförderten Goldes schuldig. Die sogenannten Rettungsschirme der EU für Staaten und Banken sind unter Mitwirkung aller EU-Staaten zustandegekommen, und wieder nimmt Deutschland eine bedeutende Rolle auf Seiten der Geberländer ein. Rechnet man die anfallenden Ausgleichszahlungen im Rahmen der EZB und der einzelnen Zentralbanken der EU Staaten mit ein und zusammen – ein paar hundert Milliarden hier, einige

Milliarden dort –, kommen wir auf ca. 2,5 Billionen, die insgesamt irgendwie geschultert werden müssen. Konservativ geschätzt, sollten wir mit mindestens der Hälfte davon für Deutschland rechnen. Rechnen wir dies nach aktuellem Goldkurs um, landen wir wiederum bei etwa einem Viertel der jemals geförderten Goldmenge. So langsam nähern wir uns also wieder der vollen Summe von 1919 an...[9, 10]

Ich versuchte, diese Informationen irgendwie in mein Politikverständnis einzubauen, und es war mir nicht klar, warum ein souveräner Staat Deutschland, eine gesamtes Volk, so mit sich umspringen ließ. Ich befand mich ja noch ganz am Anfang und las u.a. Folgendes: Warum und wie eine Erziehung eines ganzen Volkes, in diesem Falle des deutschen Volkes, stattgefunden hat, kann man hier nachlesen: Es handelt sich um den Befehl zur Umerziehung (*Re-education*) und Entnazifizierung der Deutschen und Österreicher durch die Alliierten Streitkräfte nach dem Zweiten Weltkrieg.

What to do with Germany. 1945 – Distributed by Special Service Division, Army Service Forces, U.S. Army.

„Die Re-education wird für alt und jung gleichermaßen erzwungen und sie darf sich nicht auf das Klassenzimmer beschränken. Die gewaltige überzeugende Kraft dramatischer Darstellung muss voll in ihren Dienst gestellt werden. Filme können hier ihre vollste Reife erreichen. Die größten Schriftsteller, Produzenten und Stars werden unter Anleitung der ‚Internationalen Universität' die bodenlose Bosheit des Nazismus dramatisieren und dem gegenüber die Schönheit und Einfalt eines Deutschlands loben, das sich nicht länger mit Schießen und Marschieren befasst. Sie werden damit beauftragt, ein anziehendes Bild der Demokratie darzustellen, und der Rundfunk wird sowohl durch Unterhaltung als auch durch ungetarnte Vorträge in die Häuser selbst eindringen. Die Autoren, Dramatiker, Herausgeber und Verleger müssen sich der laufenden Prüfung durch die ‚Internationale Universität' unterwerfen; denn sie sind alle Erzieher. Von Beginn an sollen alle nichtdemokratischen Veröffentlichungen unterbunden werden. Erst nachdem das deutsche Denken Gelegenheit hatte, in den neuen Idealen gestärkt zu werden, können auch gegenteilige Ansichten zugelassen werden, im Vertrauen darauf, dass der Virus keinen Boden mehr findet; dadurch wird größere Immunität für die Zukunft erreicht. Der Umerziehungs-Prozess muss ganz Deutschland durchdringen und bedecken.

Auch die Arbeiter sollen im Verlauf von Freizeiten vereinfachte Lehrstunden in Demokratie erhalten. Sommeraufenthalte und Volksbildungsmöglichkeiten müssen dabei Hilfestellung leisten. Viele deutsche Gefangene werden nach Kriegsende in Russland bleiben, nicht freiwillig, sondern weil die Russen sie als Arbeiter brauchen. Das ist nicht nur vollkommen legal, sondern beugt auch der Gefahr vor, dass die zurückkehrenden Kriegsgefangenen zum Kern einer neuen nationalen Bewegung werden. Wenn wir selbst die deutschen Gefangenen nach dem Krieg nicht behalten wollen, sollten wir sie nichtsdestoweniger nach Russland senden. Die ‚Internationale Universität' ist am besten dazu geeignet, die Einzelheiten des deutschen Erziehungswesens, der Lehrpläne, der Schulen, der Auswahl der Lehrer und der Lehrbücher, kurz: alle pädagogischen Angelegenheiten zu regeln. Wir brauchen ein ‚High Command' für die offensive Re-education. Besonders begabte deutsche Schüler erhalten Gelegenheit zur Fortbildung an unseren Schulen; sie werden als Lehrer nach Deutschland zurückkehren und eine neue kulturelle Tradition, verbunden mit internationalem Bürgersinn, begründen. Die Professoren sollen nach Möglichkeit deutsche Liberale und Demokraten sein. Das Eindringen von ‚Fremden' könnte aufreizend wirken und muss auf ein Minimum beschränkt werden; aber das darf nicht dazu führen, dass uns die Kontrolle verloren geht. Jedes nur denkbare Mittel geistiger Beeinflussung im Sinn demokratischer Kultur muss in den Dienst der Re-education gestellt werden. Die Aufgaben der Kirchen, der Kinos, der Theater, des Rundfunks, der Presse und der Gewerkschaften sind dabei vorgezeichnet. Die Re-education tritt an die Stelle des Wehrdienstes, und jeder Deutsche wird ihr zwangsläufig unterworfen, so wie früher der gesetzlichen Wehrpflicht. Uns ist die Aufgabe zugefallen, Frieden und Freiheit zu retten; jene Freiheit, die am Berg Sinai geboren, in Bethlehem in die Wiege gelegt, deren kränkliche Kindheit in Rom, deren frühe Jugend in England verbracht wurde, deren eiserner Schulmeister Frankreich war, die ihr junges Mannesalter in den Vereinigten Staaten erlebte und die, wenn wir unser Teil dazu tun, bestimmt ist zu leben – all over the world!"

Das Re-education-Programm wurde in begeisterter Zustimmung unterschrieben von Truman, Wallace, Nelson, Wichell, Rickenbacker, Sigrid Undset, Rey Stout, Clifton Fadimann, den Senatoren Burton, Pepper,

Capper, Joh. Scheel, Lowell Thomas, Gabriel Heatter, James W. Gerard, Lord Vansittart, Maurice Maeterlinck, Sommerset Maugham, Louis Bromfield, Dean Alfange, Famicie Hurst, Cecil Roberts, Henry Bernstein, Dr. Alvin Johnson, Dr. William Neilson, Gen. Marcel de Baer, Daniel A. Poling, Wallace Deuel, Paul Jordan-Smith, Burnet Hershey, Hugh Cowdin, Edgar Ansel Mowrer, Edwin H. Blanchard, J. H. Jackson, Dr. Melchior Polyi, H. R. Burke und vielen anderen Vertretern des „amerikanischen Geistes".

Ich las über den Morgenthau-Plan, den Kaufman-Plan, den Hooton-Plan, den Lindemann-Plan. Ich bitte auch Sie, sich in diese Themen einzulesen. Diese beinhalten nämlich durchaus bemerkenswerte Gedankenspiele: z.B. den Plan einer Zwangssterilisierung aller Deutschen (Kaufman), damit sich *„das Thema von selbst erledigt"* oder über die viel gerühmten Kredite zum Wiederaufbau Deutschlands. Leider wird beim Lob letzterer als der wohlgemeinten und äußerst erfolg- und hilfreichen Hilfsmaßname der Amerikaner immer vergessen zu erwähnen, dass nicht nur Deutschland, sondern auch andere Länder Kredite gewährt bekamen:

England erhielt:	3,6 Milliarden US-Dollar
Frankreich:	3,1 Milliarden US-Dollar
Italien:	1,6 Milliarden US-Dollar
Westdeutschland:	1,4 Milliarden US-Dollar
Österreich:	0,7 Milliarden US-Dollar

Keinen Anlass zum Tadeln entdeckt? Nein? Ich auch nicht! ...bis ich weiter las:

Zinssatz für England, Frankreich und Italien:	2%
Zinssatz für Westdeutschland:	18%(!)

So wird aus einer Hilfsmaßnahme für die einen ganz schnell ein unglaublich gutes Kapitalgeschäft mit der anderen Seite, wobei die Deutschen in diesem Fall nicht einmal das Recht der Ablehnung hatten. So gibt es viele Beispiele, die unterstreichen, was Konrad Adenauer kurz und knapp zusammenfasste, als er über seine Tätigkeit als Bundeskanzler sprach: *„Wir sind keine Mandanten des deutschen Volkes, wir haben den Auftrag von den Alliierten."* Das ist offenbar bis heute so geblieben.

Die Abhängigkeit, Beauftragung und Bezahlung von Bundeskanzlern durch die USA zeigt sich gerade in jüngster Vergangenheit beim ehemaligen Bundeskanzler Willy Brandt, der nachweislich CIA-Gelder erhielt.[11] Willy Brandt, geboren als Herbert Frahm[12] und Sohn jüdischer Eltern, floh nach dem Vorwurf, er habe den Tod eines Hitlerjungen verursacht, nach Norwegen, wurde dort Autor eines anti-deutschen Hetz-Buches und ausgebildet in Moskau. Nach Kriegsende kehrte er dann als ausgewählter Kandidat der Alliierten nach Deutschland zurück und wurde Bundeskanzler der „souveränen" Bundesrepublik Deutschland. Übrigens hat der in Europa hinlänglich bekannte Dr. Schäuble (im Jahre 2011 amtierender deutscher Finanzminister) in seiner Rede auf dem European Banking Congress am 18.11.2011 ausdrücklich betont: *„Und wir in Deutschland sind seit dem 8. Mai 1945 zu keinem Zeitpunkt mehr voll souverän gewesen. Das wusste übrigens das Grundgesetz, das steht schon in der Präambel 1949 – das Ziel, als gleichberechtigtes Glied in einem vereinten Europa dem Frieden der Welt zu dienen."* Hiermit bestätigt immerhin der deutsche Finanzminister eine der wesentlichen Aussagen sogenannter „Verschwörungstheoretiker" aus den letzten Jahren: **Deutschland ist nicht souverän!** Obendrein sei sogar, so Schäuble, jede Art *„staatlicher Souveränität ad absurdum geführt worden"*.

In Russland wird über dieses Thema offen diskutiert![13] Allgemein wird angenommen und gelehrt, die sogenannte Deutsche Wiedervereinigung sei am 3.10.1990 zustandegekommen. An diesem Tag sei die Deutsche Demokratische Republik, dem Beschluss der Volkskammer folgend, auf Grundlage des Artikels 23 Absatz 2 des Grundgesetzes der Bundesrepublik Deutschland, dem Geltungsbereich eben dieses Grundgesetzes beigetreten, so wie es dieser Artikel vorsah, und sei somit ein Teil der Bundesrepublik Deutschland geworden. Der Artikel 23 des Grundgesetzes war folgendermaßen formuliert:

> *„Artikel 23. [1] Dieses Grundgesetz gilt zunächst im Gebiete der Länder Baden, Bayern, Bremen, Groß-Berlin, Hamburg, Hessen, Niedersachsen, Nordrhein-Westfalen, Rheinland-Pfalz, Schleswig-Holstein, Württemberg-Baden und Württemberg-Hohenzollern. [2] In anderen Teilen Deutschlands ist es nach deren Beitritt in Kraft zu setzen."*

Das Grundgesetz wurde von einigen amerikanischen Anwälten formuliert und vorgelegt, vom Bundestag, Bundeskanzler oder anderen Elementen der Bundesrepublik nicht verhandelt oder ratifiziert, sondern lediglich auf der Insel Herrenchiemsee[14] besprochen und dann später (wie befohlen) angenommen (allerdings nicht von allen: z.B. Bayern, ein „Staat“ ohne Staatsvertrag oder Gründungsurkunde, ein willkürliches Konstrukt der Besatzungsmacht USA, lehnte das Grundgesetz am 19. Mai 1949 ausdrücklich ab).[15]

Die ursprüngliche Präambel spricht den vorübergehenden Charakter dieses Grundgesetzes auch sehr deutlich an:

„*Im Bewusstsein seiner Verantwortung vor Gott und den Menschen, von dem Willen beseelt, seine nationale Einheit zu wahren und als gleichberechtigtes Glied in einem vereinten Europa dem Frieden der Welt zu dienen, hat sich das Deutsche Volk in den Ländern Baden, Bayern, Bremen, Hamburg, Hessen, Niedersachsen, Nordrhein-Westfalen, Rheinland-Pfalz, Schleswig-Holstein, Württemberg-Baden- und Württemberg-Hohenzollern, um dem staatlichen Leben für eine Übergangszeit eine neue Ordnung zu geben, kraft seiner verfassungsgebenden Gewalt dieses Grundgesetz der Bundesrepublik Deutschland beschlossen. Es hat auch für jene Deutschen gehandelt, deren mitzuwirken versagt war. Das gesamte Deutsche Volk bleibt aufgefordert, in freier Selbstbestimmung die Einheit und Freiheit Deutschlands zu vollenden.*“[16]

Die Formulierung „kraft seiner verfassunggebenden Gewalt“ führte allerdings damals schon das deutsche Volk am Nasenring vorbei an der Realität, denn es heißt (bis heute) im Artikel 146 GG: „*Dieses Grundgesetz verliert seine Gültigkeit an dem Tage, an dem eine Verfassung in Kraft tritt, die von Volke in freier Entscheidung beschlossen worden ist.*“

Der juristische Ablauf der „Wiedervereinigung“ war im Detail indes ein anderer. Am 12. September 1990 trafen sich die Außenminister der Alliierten und der beiden deutschen Gebiete in Moskau im Hotel „Oktober“. Dort wurden die sogenannten 2+4-Verträge unterzeichnet. Am 17. September trafen sich dann wiederum die Außenminister der Alliierten in Paris, und in deren Folge machten James Baker (Außenminister der USA) und Eduard Schewardnadse (Außenminister der UDSSR) von ihren Vollmachten Gebrauch. Baker strich in einem Schreiben an die Bundesregierung den Artikel 23 des Grundgesetzes ersatzlos, und Schewardnadse hob in einem Schreiben an die Regierung der Deutschen Demokratischen Republik deren Verfassung auf.

Im Änderungsverzeichnis des Grundgesetzes findet sich ein entsprechender Löschvermerk für den 29.9.1990 September.[17] Auf Grundlage der 2+4 Verträge, und *„mit Wirkung vom 3.10.1990“*[18] wurde dann der Beitritt der Deutschen Demokratischen Republik zum Geltungsbereich des Grundgesetztes der Bundesrepublik Deutschland durchgeführt.

Werfen wir noch einmal im Detail einen Blick auf dieses Vorgehen: Am 12. September 1990 wurde beschlossen, dass die DDR dem Geltungsbereich des Grundgesetzes beitreten soll. Am 17. September wurde die Verfassung der DDR mit sofortiger Wirkung aufgehoben und der Artikel 23 des Grundgesetzes ersatzlos gestrichen, was dann am 29. September auch offiziell so vermerkt wurde. Am 3.10. trat die DDR, ein Staat, dessen Verfassung auf Grundlage des Artikels 23 aufgehoben war (der ersatzlos gestrichen wurde und spätestens seit dem 29. September nicht mehr existiert), dem Geltungsbereich dieses Grundgesetzes bei.

In Anbetracht dieser Lage muss die Frage erlaubt sein, wer oder was denn hier auf welcher Grundlage wem oder was beigetreten ist? Ein Staat, der keine Verfassung mehr hat (in der steht, wo dieser Staat ist, wie er heißt, wer dazugehört usw.), ist mitnichten ein Staat. Ein Geltungsbereich, der nicht geregelt ist, ist kein Geltungsbereich. Ein Artikel, in dem vor der ersatzlosen Streichung dieses Artikels der Geltungsbereich geregelt war, ist ein gestrichener, ersatzlos wegfallender Artikel und somit nicht mehr länger gültig. Ein Grundgesetz ohne Geltungsbereich gilt höchstens noch in einem virtuellen Raum derer, die gedenken, sich daran zu halten.

Mitnichten ist durch einen gelöschten Gesetzestext irgendetwas geregelt. Es ist ja gerade der Sinn der Löschung, das mit diesem Text vormals Geregelte NICHT mehr so zu regeln. Wenn ein Staat, der nicht mehr existiert, etwas anderem, was nirgends mehr existiert, beitritt, auf Grundlage eines Paragraphen oder Artikels, der längst gelöscht wurde, dann stellt sich noch einmal die Frage, was der Sinn dieses Ablaufes war.

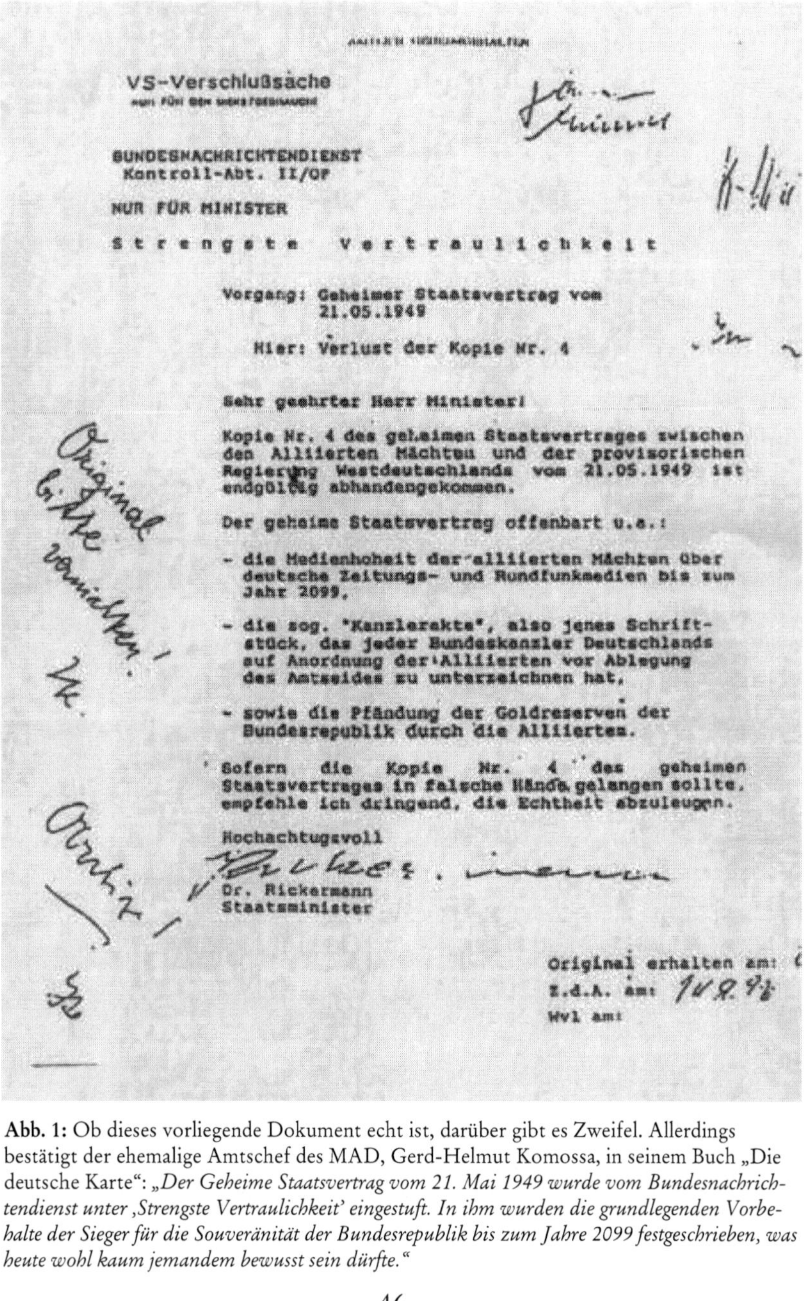

VS-Verschlußsache

BUNDESNACHRICHTENDIENST
Kontroll-Abt. II/OP

NUR FÜR MINISTER

S t r e n g s t e   V e r t r a u l i c h k e i t

Vorgang: Geheimer Staatsvertrag vom 21.05.1949

Hier: Verlust der Kopie Nr. 4

Sehr geehrter Herr Minister!

Kopie Nr. 4 des geheimen Staatsvertrages zwischen den Alliierten Mächten und der provisorischen Regierung Westdeutschlands vom 21.05.1949 ist endgültig abhandengekommen.

Der geheime Staatsvertrag offenbart u.a.:

- die Medienhoheit der alliierten Mächten über deutsche Zeitungs- und Rundfunkmedien bis zum Jahr 2099,

- die sog. "Kanzlerakte", also jenes Schriftstück, das jeder Bundeskanzler Deutschlands auf Anordnung der Alliierten vor Ablegung des Amtseides zu unterzeichnen hat,

- sowie die Pfändung der Goldreserven der Bundesrepublik durch die Alliierten.

Sofern die Kopie Nr. 4 des geheimen Staatsvertrages in falsche Hände gelangen sollte, empfehle ich dringend, die Echtheit abzuleugnen.

Hochachtungsvoll

Dr. Rickermann
Staatsminister

Original erhalten am:
z.d.A. am: 14.9.92
Wvl am:

Abb. 1: Ob dieses vorliegende Dokument echt ist, darüber gibt es Zweifel. Allerdings bestätigt der ehemalige Amtschef des MAD, Gerd-Helmut Komossa, in seinem Buch „Die deutsche Karte“: *„Der Geheime Staatsvertrag vom 21. Mai 1949 wurde vom Bundesnachrichtendienst unter ‚Strengste Vertraulichkeit‘ eingestuft. In ihm wurden die grundlegenden Vorbehalte der Sieger für die Souveränität der Bundesrepublik bis zum Jahre 2099 festgeschrieben, was heute wohl kaum jemandem bewusst sein dürfte.“*

Die Verwirrung könnte kaum größer sein! Was wollten die Alliierten erreichen, was wollte die deutsche Regierung erreichen? Streng nach Gesetzestext müssen wir feststellen, dass das Grundgesetz – ohnehin ein Provisorium für die Übergangszeit der Besatzungszeit – keinen Geltungsbereich mehr hat. Es ist also de facto ungültig auf dem Gebiet, das wir als Staatsgebiet empfinden. Weiterhin müssen wir feststellen, dass das Grundgesetz ganz eindeutig keine Verfassung ist (siehe Artikel 146 GG). Vielleicht müssen wir nun, in üblicher juristischer Vorgehensweise, auf Entdeckungsreise gehen, um zu sehen, was sich unter den nun ungültigen Regelungen als zuletzt davor gültige Regelung verbirgt. Wir finden an dieser Stelle tatsächlich die Weimarer Verfassungen, wobei man sich darüber streiten kann, welche der Verfassungen denn tatsächlich juristisch einwandfrei gültig ist. Jedenfalls finden wir in Bezug auf die Grenzen des Staatsgebietes, des Gebietes, auf dem Deutsche leben, eine eindeutige Antwort, was vorher die Grenzen waren, nämlich die Außengrenzen des Deutschen Reiches nach dem Stande von 1937.

Selbst im Grundgesetz findet sich eine entsprechende Formulierung[19]: *„Art 116 (1) Deutscher im Sinne dieses Grundgesetzes ist vorbehaltlich anderweitiger gesetzlicher Regelung, wer die deutsche Staatsangehörigkeit besitzt oder als Flüchtling oder Vertriebener deutscher Volkszugehörigkeit oder als dessen Ehegatte oder Abkömmling in dem Gebiete des Deutschen Reiches nach dem Stande vom 31. Dezember 1937 Aufnahme gefunden hat."*

Beim Anblick dieser Zeilen darf man sich im Übrigen auch fragen, für wen denn nun „deutsche" Gesetze gelten; für alle „Deutschen" oder für alle „Bundesrepublikaner"? Für wen gelten die deutschen Renten? Für wen die Steuerpflicht, für wen Ausgleichszahlungen? Es gibt viele Fragen, die solch ein einzelner Artikel bewirken kann. Die Frage nach der Souveränität Deutschlands, oder besser, eines deutschen Staates, darf, kann und muss gestellt werden. Zu viele juristische Unklarheiten, Schlampereien und Lügen sind im Umlauf. Dazu kommen noch allerlei Verschwörungstheorien und Fanatiker aus beiden politischen Lagern, die das Bild mehr als unscharf machen. Eine Souveränität der Bundesrepublik war jedenfalls, wie Schäuble so treffend gesagt hat, weder vor der Vereinigung noch danach gegeben. Im Gegenteil: Die Alliierten schalten und walten in Deutschland direkt oder indirekt weiter, als ob ihre Vorbehalte und Privilegien einfach weiterhin in Kraft wären – was sie, so jedenfalls die offiziell bekannt gegebene Lesart, seit 1990 nicht mehr sind.[20] Da wir nun aber schon gesehen haben, dass die sogenannte Wiedervereinigung 1990 juristisch gesehen eher den Charakter einer Luftnummer hat, darf wohl zumindest gemutmaßt werden, ob die Alliierten nicht doch wieder irgendeinen Geheimvertrag ausgehandelt haben, der exakt das Gegenteil davon besagt.

Eine Souveränität Deutschlands war also weder angestrebt, noch besteht eine solche, noch ist eine solche absehbar. Eine Änderung dieses Zustandes erscheint aus meiner Sicht sehr wünschenswert, damit Rechtsunsicherheiten und Zuständigkeiten klar geregelt werden. Dies ist offenbar aber mitnichten das Ziel derer, die hier die Macht ausüben. Gerade die Rechtsunsicherheit bei all diesen Themen ist es ja, die Fortschritt und Loslösung aus deren Machtbereich weiterhin erschwert und unmöglich machen wird. Und mittlerweile ist Deutschland, dem Schengener Abkommen geschuldet, in munterer Gesellschaft der anderen europäischen Staaten wie Frankreich, Italien, Spanien, Griechenland usw., die allesamt ihre Souveränität an die EU abgegeben haben.

Um eines klarzustellen: Maßnahmen gegen das deutsche Volk betreffen mich im Besonderen, weil ich Deutscher bin. Es gibt allerdings auch vernichtende, menschenverachtende Schritte gegen z.B. auch die amerikanische Bevölkerung, die seit vielen Jahrzehnten unter extremer Einseitigkeit zu leiden hat und meiner Meinung nach unter härtester Ausbeutung durch einige wenige Familien, die sich in unfassbarer Gelassenheit den Präsidentschaftsposten über die Jahrzehnte immer wieder gegenseitig zuspielen. Es gibt Leute wie Michael Moore, der sich sehr um bestimmte Dinge hinsichtlich der Amerikaner oder auch Franzosen kümmert. Auf dem „deutschen Auge“ scheint er jedoch blind zu sein; er ist offenbar in seiner Erziehung als Amerikaner so infiltriert worden, dass er hier nichts erkennen möchte. Es gibt Alex Jones aus Texas, einen sehr mutigen Radio-Moderator, der vieles im Zusammenhang mit dem WTC und 9/11 ans Licht gebracht hat und sich auch um die Bilderberger-Forschung sehr verdient machte. Auch Alex Jones scheint auf dem deutschen Auge blind zu sein. Es gibt massive Menschenrechtsverletzungen in Israel, jedoch, was vielen nicht bekannt ist:

auch von Juden (einer ganz bestimmten Gruppierung) gegen Juden (einer anderen ganz bestimmten Gruppierung)! Doch dazu später mehr.

Es gab 60 Millionen tote Russen unter Stalin und 70 Millionen unter Mao – niemand spricht davon und 100 Millionen tote Indianer, Ureinwohner Amerikas – niemand spricht davon. Es gab im Winter 1932/33 in der Ukraine die größte völkervernichtende Einzelaktion der Geschichte, als Stalin im Sommer 1932 durch den Projektverantwortlichen Molotow sämtliche(!) Lebensmittel und alles Saatgut beschlagnahmen ließ. Die Grenzen wurden abgeriegelt, und niemand durfte hinaus. Getreide wurde güterzugweise u.a. nach Deutschland verkauft und nach Amerika, Frankreich und in viele andere Länder. Jeder wusste, wo dieses Getreide herkam, niemand kümmerte sich darum. Als viele Eltern verhungert waren oder durch Erschießung wegen Kartoffel- oder Ährensuche starben, gab es schließlich so viele obdachlose, bettelnde Kinder, dass es Ausländern auffiel und Stalin schließlich die Erschießung aller bettelnden Kinder über 12 Jahren befahl.

Da es für die russischen NKWD(Geheimdienst)-Kommandos pro eingesammelter Hunger-Leiche 100 Gramm Brot gab, wurden viele noch Lebende „eingesammelt", die sich flehend gegen das Weggetragenwerden beschwerten und dann doch lebendig begraben wurden. Zeugen berichten, dass *„sich der Boden bewegte"*. Damals verhungerten insgesamt sieben Millionen Ukrainer!

Und heute gibt es einen ganzen Kontinent (Afrika), dessen Bevölkerung offenbar allergrößten Gefahren für den weiteren Fortbestand ausgesetzt ist (durch die systematische Vernichtung durch Medikamente, die angeblich gegen diese oder jene Krankheiten helfen, dabei aber nur Geld kosten und die Leute tatsächlich offenbar an den Nebenwirkungen dieser Medikamente erkranken. Niemand kümmert sich um die wirkliche Gefahr dahinter. Sollten Sie möglicherweise das Gefühl haben, diese Themen gingen Sie nichts an – weit gefehlt! Jeder ist davon betroffen, auf die eine oder andere Weise.

Dann ging es munter weiter mit der Recherche, diesmal ging es mir um den 11. September 2001.

Resümee

Zwischen den folgenden Kapiteln werden Sie ab jetzt jeweils einen kurzen Abschnitt wie diesen finden. Da die einzelnen Themen dieses Buches Ihnen möglicherweise zusammengewürfelt erscheinen, möchte ich Ihnen in diesen kurzen Erklärungen die Zusammenhänge erläutern. Der Mensch von heute ist meist in ein Berufsleben und eine Fülle von Vorschriften und Regeln eingebunden, die allesamt dazu dienen, ihn an der kurzen Leine zu führen, ohne dass er dies allzu oft merken soll. Dieses Buch soll Ihnen helfen, eine sehr aufwendige Forschungsarbeit und viele Jahre an Zeitaufwand in geballter Form aufnehmen zu können, ohne dass Sie dabei daran gehindert werden, weiterhin für den Lebensunterhalt Ihrer Familie sorgen zu können oder Ihren sonstigen Pflichten nachzukommen. Es ließen sich problemlos noch etliche Kapitel anfügen, mit Details aus allen möglichen Lebensbereichen, da die Auswirkungen und Ursachen des hier Dargestellten so vielschichtig sind, dass sie beinahe alle Lebensbereiche erfasst haben. Doch bevor wir uns hier in diesem Buch mit Themen wie ‚genetisch verändertes Saatgut', ‚alternative Medizintechniken', ‚Nahtoderfahrungen' und allen möglichen anderen sehr wichtigen Themen beschäftigen, die ebenso alle betroffen sind von Manipulierung und Desinformation, möchte ich Ihnen nur einige wenige vorstellen, die aus meiner Sicht und in meiner Herangehensweise von Wichtigkeit waren.

Und wie jeder von Ihnen habe auch ich die Stunden des 11. September 2001 durchlebt. Und wie diese Ereignisse eine Wirkung auf einen jeden Einzelnen gehabt haben, so natürlich auch auf mich. Die Wirkungen dieser Ereignisse sind so vielschichtig, wie es unterschiedliche Menschen gibt. Ich erwähne dieses Thema hier, weil es in entsetzlicher Deutlichkeit für den Missbrauch so vielen guten Willens und so viel an menschlichem Leid steht. Ähnlich, wie nach dem Fall der Berliner Mauer 1989, so führte auch der 11. September viele tausend Amerikaner und andere Menschen weltweit auf Wege eines aufopfernden Kampfes gegen solchen Terror. Viele meldeten sich freiwillig und kamen im Kampf gegen den Terror um. Wie kann ich nun einem solchen Menschen und seinen Angehörigen beibringen, dass dieser Kampf in die falsche Richtung geführt wurde und dass der Tod, die Leiden, die Opfer durch die Verbrecher hinter diesen Anschlägen missbraucht wurden? Diese Erkenntnis als Beteiligter zu durchleben, ist eine der schwierigsten Aufgaben eines jeden Betroffenen.

Ähnlich ist es mit den Ereignissen in der deutschen Geschichte. Auch hier gibt es leider sehr, sehr ähnliche Ereignisse, die in derselben perfiden Art herbeige-

führt wurden und politisch auf verbrecherische Art und Weise ausgenutzt worden sind. Die Geschichtsforschung muss frei sein von jeglichen Einschränkungen. Und jeder muss versuchen, sich bei der Beschäftigung mit diesen Themen so weit es irgendwie geht zu distanzieren. Die wissenschaftliche Distanz zu wahren, ist keine leichte Aufgabe.
Im nächsten Kapitel geht es um den Terror in den Vereinigten Staaten von Amerika. Viele Menschen sind dort gestorben. Viele sind also persönlich betroffen und haben sich bereits eine Meinung gebildet, um die persönliche Betroffenheit, sehr oft verbunden mit Trauer, irgendwie verarbeiten zu können. Ein Aufreißen dieser Wunde ist für sich allein genommen schon schwierig genug. Zusätzlich dann jedoch auch noch im Rahmen einer solchen Forschung eine Neutralität zu wahren und auch vor der Wahrheit und eventuellen Fehlern im eigenen Lager die Augen nicht zu verschließen, stellt für jeden Leser und Forscher eine große Herausforderung dar. Obendrein können Sie sicher sein, dass Sie in jedem Fall bei all diesen Themen einem wahren Bombardement von Desinformation ausgesetzt sein werden. Ob in den täglichen Nachrichten (die dazu da sind, um Ihre Meinung nach-zu-richten), in der Schule oder in Büchern und Nachschlagewerken, die über viele Jahrzehnte oder sogar noch länger der Zensur und dem Meinungsdiktat ausgesetzt waren: Sie können diesem Bombardement nicht entkommen. Aber sie können sich immunisieren!
Sie werden also nun im Folgenden diese Ereignisse noch einmal vor Augen geführt bekommen, und ich werde versuchen, Ihnen so viele Details wie möglich mitzuteilen, damit Sie sich Ihr eigenes Bild machen können. Leider gilt auch hier, dass ich jede Menge Lügen entlarven, aber nicht die Wahrheit dahinter aufdecken kann. Dies steht nicht in meiner Macht. Ich kann Sie lediglich dazu anregen, mit eigenem Verstand und vielen Indizien diesen Denkprozess durchzuführen und sich zum Schluss als Richter Ihrer eigenen Meinung ein Urteil zu bilden.

5. 11. September 2001, New York

Ich war an diesem Tag geschockt, wie jeder andere auch. Ich dachte, nun geht's richtig los: Krieg, Chaos. Ich sah im Fernsehen die herzzerreißenden Berichte von den Menschen, die aus den entführten Flugzeugen heraus ihre Angehörigen angerufen hatten, um sich zu verabschieden. Mir kamen die Tränen. Ein paar Tage später dann dachte ich: Moment mal... Nehmen wir mal an, Sie sind meine Frau und ich Ihr Mann. Ich sitze in einer entführten Maschine, weiß das auch und bereite mich auf meinen Tod vor. In allergrößtem seelischen Schmerz greife ich zum Hörer (was mir die Terroristen erlauben) und rufe meine Frau, Sie, an. Ich erzähle Ihnen, was los ist. In wenigen Worten ist alles klar. Frage: Was tun Sie? Greifen Sie zum Taschentuch? Schreien Sie? Zittern Sie? Werden Sie ohnmächtig? Setzen Sie sich? Was tun Sie? Ganz einfach: Sie drücken als allererstes(!!!) auf die Aufnahmetaste Ihres selbstverständlich bereitstehenden Anrufbeantworters (dem Himmel sei Dank hat ausgerechnet Ihr Modell dieses Ausstattungsmerkmal „Aufnahme/Mitschneiden"), um so den Nachrichten-Agenturen die Möglichkeit zu geben, von Ihrem Schicksal und dem Ihres Mannes zu berichten! Denn NUR SO könnten die Nachrichtensender an diese Aufnahmen gelangt sein. Sie sind härter als James Bond, alle Achtung!

Besorgen Sie sich doch bei Interesse an weiteren Details die kostenlose DVD „Jimmy Walter: 911 – Confronting the evidence" beim *Sabine Hinz Verlag*. Nehmen Sie sich die Zeit. Ich weiß, es ist fürchterlich anstrengend, aber es lohnt sich. Auf der DVD werden Sie u.a. einen Karl Schwarz kennenlernen, der nach seinem Engagement von vielen Tausenden gebeten wurde, für die US-Präsidentschaft 2008 zu kandidieren, und natürlich auch Jimmy Walter, der die DVD herausgebracht und mit einigen Millionen Dollar aus eigenem Vermögen bezuschusst hat. Mit beiden stand ich in persönlichem Kontakt. Beiden wurde in den USA unmissverständlich klar gemacht, dass ihr Engagement weder erwünscht noch gesundheitsförderlich sei. Mordandrohungen und auch Anschläge auf ihr Leben waren die Folge, und beide haben dem Land den Rücken gekehrt. Sie werden auf dieser DVD (und kaum anders im Internet) nichts oder kaum etwas über die Firma *Controlled Demolition Inc.* finden, auch nichts über die offiziell verordnete Ausrüstung aller Wolkenkratzer in Manhattan mit mehr als einer bestimmten Anzahl von Stockwerken mit Sprengsätzen, die eine kontrollierte Sprengung zur Verhinderung eines Dominoeffektes nach einem eventuellen Terroranschlag ermöglichen sollten. Dies war eine direkte politische Folge des ersten Anschlags auf das World Trade Center in 1993, dessen Planer und Organisator stets aussagte, das FBI selbst habe ihn für diese Arbeit beauftragt und bezahlt. Ebenso finden Sie vermutlich sehr wenig über die Voraussetzung für die Erteilung der Baugenehmigung des WTC, dass nämlich eine unter dem Fundament platzierte Mini-Atombombe mit eingebaut werden musste, um überhaupt eine Genehmigung für dieses in seiner Art völlig neue Stahlskelettgebäude zu erhalten.

Ebenso unerwähnt bleibt auf dieser DVD, dass auf der Lichtung des angeblichen Absturzes in Pennsylvania jede Menge Zellulose gefunden wurde, aber nicht ein einziger Teil eines Flugzeugs, und es wird auch nicht gesagt, dass es schon vor Jahren die Entwicklung einer Cruise Missile aus Zellulose (= Papier) gegeben hat. Und Sie werden auf der DVD auch nichts über die wissenschaftlich einwandfrei nachgewiesenen Rückstände von Nano-Thermit im Staub der zusammengestürzten Türme hören.

Nano-Thermit ist ein extrem wirksamer Sprengstoff, der enorm hohe Temperaturen und unglaubliche Reaktionsgeschwindigkeiten aufweist, und der besagte Staub ist genau der gleiche Staub, wie man ihn an der Oberfläche der Stellen findet (und nur dort), wo direkt darunter unterirdisch Atombomben zur Explosion gebracht worden sind. Zwei Dinge sollte man dabei sehr genau beachten: Eigentlich hat nur der amerikanische Militärkomplex Zugang zu diesem High-Tech-Sprengstoff, und die für die Entstehung der festgestellten Rückstände notwendigen Temperaturen konnten nur mit taktischen Atomwaffen erzielt werden, d.h. sehr kleinen Atombomben, aber eben dennoch: Atombomben. Diese kann man sehr wohl auch für zivile Zwecke kaufen, allerdings nur bis zu einer Sprengkraft von 150 Kilotonnen, weshalb im WTC-Komplex nicht eine, sondern drei davon zur Explosion gebracht worden sein dürften. Das klingt unglaublich? Es ist dennoch ganz offensichtlich eine Tatsache.

Überlegen Sie einmal, warum der Platz nach den Anschlägen noch immer „ground zero“ genannt wurde? Dieser Ausdruck wurde in der Vergangenheit ausschließlich und wird auch in der Gegenwart noch von Militärs für das Zentrum des Gebiets einer Atombombenexplosion benutzt! Achten Sie einmal auf die Veränderungen in Wörterbüchern nach dem 11.

September 2001, als in vielen englischen Ausgaben aus der Bezeichnung „ground zero“ (für den Platz direkt unter bzw. über einer Atom- oder Wasserstoffbombenexplosion) auf einmal auch „Ground Zero“ wurde, also ein mit großen Anfangsbuchstaben geschriebener Eigenname für den Platz des WTC nach dem Anschlag. Was Sie allerdings auf der DVD hören und sehen werden, sind die unglaublich vielen „Zufälle“ jenes Tages, z.B. das Manöver in Alaska, zu dem die Abfangjäger beordert wurden, die vielen falschen Radarechos auf den Schirmen, die wiederum Teil einer just auf diesen Tag angelegten Übung waren und vieles mehr.

Oder schauen Sie sich einmal Bild für Bild die Nachrichtenaufnahmen vom Einschlag der Flugzeuge an, die wir alle aus dem Fernsehen kennen. Kurz nach dem Eintauchen der Flügel des Flugzeuges erkennen Sie wieder eine intakte Außenhaut des Gebäudes. Dies könnte zweierlei bedeuten: Entweder das Flugzeug ist „hineingeschmolzen“, oder die Aufnahmen wurden manipuliert. Ersteres ist kaum anzunehmen, Letzteres würde bedeuten: Da waren nicht die gezeigten Flugzeuge, sondern entweder nur Videomanipulation und Pyrotechnik oder z.B. Drohnen, denn es finden sich im Internet auch Aufnahmen, welche Passanten zeigen, die aus großer Entfernung die Szenerie beobachten und sagen: *„Das war keine American Airline Maschine.“* Und bei vielen Aufnahmen, die den zweiten Treffer von der der Explosion abgewandten Seite zeigen, sieht man deutlich, dass Trümmerteile mit hoher Geschwindigkeit aus dem Gebäude herausfliegen, geradewegs in Flugrichtung des einschlagenden Objektes.

Kann ein aus Aluminium gefertigter Hohlkörper in Form eines Flugzeuges ein Stahlskelett wie Butter durchschneiden, wenn dieses Stahlskelett aus Platten von jeweils 2 mal 6,5 cm dickem Stahl gefertigt wurde, wobei solche Träger jeweils 1 Meter breit waren und in etwa einem Meter Abstand zueinander das Außenkorsett des WTC bildeten? Zum Vergleich: Der T34-Panzer aus dem Zweiten Weltkrieg hatte nur wenig mehr als 2 cm Stahldicke, und es gab zuerst gar keine, und dann nur sehr wenig Munition, die diesen Panzer stoppen konnte. Und wie kann es sein, dass bei einigen Fernsehaufnahmen vom Tag des Anschlags mitten in dem Loch, wo das Flugzeug eingeschlagen sein soll und wo so hohe Temperaturen geherrscht haben sollen, dass das Stahlskelett zu Schmelzen begann, eine Frau, die später als Edna Kitren identifiziert werden konnte, um Hilfe winkend zu sehen war?

Sie sehen, die Verwirrung ist komplett! Und das (nach meiner Überzeugung) mit Absicht! Wurden hier absichtlich Bilder von einfliegenden Flugzeugen gefälscht, oder wurde jede veröffentlichte, angeblich rein private und zufällige Aufzeichnung des Ereignisses fingiert?

Was ist mit den „fünf tanzenden Israelis", über die man im Internet lesen kann, die während des Anschlags vor Freude tanzend und mit Kameras den Anschlag aufnehmend auf dem Dach eines Hochhauses nahe der Szenerie gefilmt und anschließend verhaftet (und auf wundersame Weise bald darauf wieder freigelassen) wurden? Ist es nicht ebenso erstaunlich, dass die durch den „Freedom of Information Act" zugänglich gemachten Mitschnitte der Funksprüche und Telefonate der verschiedenen Flugsicherungseinheiten vom 11. September 2001 wichtige Hinweise darauf geben, dass die entführten Maschinen noch nach den jeweiligen Einschlägen in der Luft waren? Ebenso erstaunlich ist, dass ein Standardmanöver der Luftwaffe für False-Flag-Aktionen, nämlich das Anfliegen von Verkehrsmaschinen mit anschließendem Einreihen, Darübersetzen, Austauschen der Radarkennung und anschließendem Wegflug, auf den Radarschirmen für alle der angeblich entführten Maschinen eindeutig nachvollzogen werden kann? Sehen Sie hier die Originalbilder von damals abgebildet.

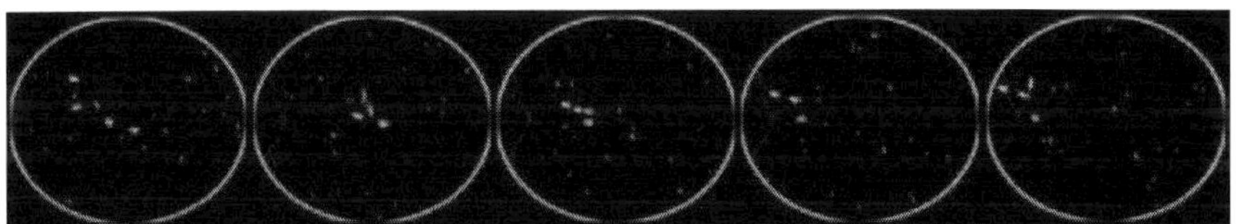

Abb. 2: Links angefangen das Anfliegen an die Linienmaschinen, das Einschwenken in deren Flugbahn, das Darübersetzen, das Austauschen und der Wegflug mit getauschter Identität.

Schauen Sie sich ruhig einmal auf Youtube die entsprechenden Filme „9/11: Intercepted" (englische Dokumentation) und „11. September – Die dritte Wahrheit" an. Und bitte machen Sie sich die Mühe, die angesprochenen freigegebenen Mitschnitte selbst zu suchen, damit Sie sich selber überzeugen können!

Wenn es Ihnen jemand erzählt, ist das etwas ganz anderes, als wenn Sie sich mit eigenem Verstand und unter eigener Anstrengung von der Realität überzeugen. Wer wann welche Desinformation gestreut, fabriziert und „unter der Hand" freigegeben hat, ist und bleibt unklar. Es bleibt am Ende nur die Frage: „*Cui bono?*" („*Wem nützt es?*") Machen Sie sich einmal den Spaß und suchen Sie bei google.com „Larry Silverstein 11. September". Unter anderem werden Sie finden: 24 Juli 2001: Der US-amerikanische Investor und Milliardär Larry Silverstein, der bereits das WTC 7 besitzt, pachtet sechs Wochen vor dem 11. September den gesamten World Trade Komplex für 99 Jahre für 3,2 Milliarden Dollar. Eine Klausel der von ihm am Tag danach neu abgeschlossenen Versicherung deckt Terroranschläge mit einer Summe von 3,5 Milliarden Dollar ab. 6. September 2001: 3.150 Put-Optionen werden auf United Airlines Aktien platziert. Das entspricht dem Vierfachen des durchschnittlichen Tagesumsatzes. Bei einer Put-Option profitiert man vom Fallen der Aktienkurse. Vom World Trade Center werden Sprengstoffspürhunde abgezogen und die Arbeitszeiten des Sicherheitspersonals verkürzt. 7. September 2001: 27.294 Put-Optionen werden auf Boeing-Aktien platziert. Das entspricht dem Fünffachen des Gewöhnlichen.

Am 11. September 2001 wurden auch Datenmaterialien etlicher Bundesbehörden auf Computern und in Archiven im Gebäude 7 des World Trade Centers zerstört, auch in den Etagen 11-13 der Börsenaufsicht SEC. Solche und andere Daten könnten Aufschluss über den 9/11-Insiderhandel geben.

Es gibt übrigens eine Firma, die zur Unternehmensgruppe *Convar* gehört, mit einem Datenrettungszentrum im West-Pfälzischen Pirmasens in Deutschland, die den Auftrag erhielt, solche Daten wiederherzustellen. Erik Kirschbaum von *Reuters* berichtete im Dezember 2001, dass es *Convar* gelungen war, Informationen von 32 Computern wiederherzustellen, „*die den Verdacht unterstützen, dass einige der 9/11-Transaktionen illegal*" waren. „*Convar erhielt die kostspieligen Aufträge – zwischen $20.000 und $30,000 mussten die Firmen, so Kirschbaums Bericht, pro geretteten Computer berappen – insbesondere von Kreditkartenunternehmen, denn: ‚Es gab einen starken Anstieg der Kreditkartentransaktionen, die sich durch einige Computer-Systeme im WTC bewegten, kurz bevor die Flugzeuge die Zwillingstürme trafen. Dies könnte ein kriminelles Unternehmen gewesen sein – bekamen sie in dem Fall eine Vorwarnung? Oder war es nur ein Zufall, dass mehr als $100 Millionen durch die Computer rasten, als sich die Katastrophe entfaltete?'*

Henschel erklärte damals, dass die Unternehmen, für die Convar tätig wurde, mit dem FBI kooperierten. Wenn die Daten rekonstruiert waren, wie aus dieser Information zu entnehmen, dann müssten sie dem FBI übergeben worden sein, und das FBI müsste laut ihrem gesetzlichen Auftrag eine weitere Untersuchung durchgeführt haben, um aufgrund der Daten herauszufinden, wer die Transaktionen durchführte. Henschel gab sich damals optimistisch, dass die Quellen für die Transaktionen noch ans Licht kommen würden. Richard Wagner, ein Convar-Mitarbeiter, sagte gegenüber Kirschbaum, dass es kurz vor und während des WTC-Desasters zu illegalen Finanztransaktionen in Höhe von mehr als 100 Millionen Dollar gekommen sein (könne). ‚Sie (die Kriminellen) dachten, dass die Aufzeichnungen ihrer Transaktionen nach der Zerstörung der Hauptframes nicht nachvollzogen werden könnten.' Die Beobachtung von Wagner, dass es ‚kurz vor und während des WTC-Desasters zu illegalen Finanztransaktionen' gekommen sein könne, passt zu einer Begebenheit, die Mike Ruppert in ‚Crossing the Rubicon' schildert. Ruppert wurde von einem Mitarbeiter der Deutschen Bank kontaktiert, der die WTC-Katastrophe überlebte, indem er den Ort des Geschehens verließ, als das zweite Flugzeug sein Ziel erreicht hatte. ‚Laut dem Mitarbeiter', so Ruppert, ‚wurde das gesamte Computersystem der Deutschen Bank etwa fünf Minuten vor dem Angriff durch etwas Äußeres übernommen, das niemand im Büro erkannte, und jede Datei wurde in Windeseile an einen unbekannten Ort heruntergeladen. Der Mitarbeiter, der Angst um sein Leben hatte, verlor viele seiner Freunde am 11. September, und er war sich sehr wohl bewusst, welche Rolle die Deutsche Bank-Tochter Alex. Brown & Sons im Insiderhandel spielte.'“[21]

Übrigens hat Larry Silverstein nach den Anschlägen die Versicherung verklagt: 2 Flugzeuge, 2 Türme = 2 Terroranschläge = 2 mal die volle Versicherungssumme, also 7 Milliarden US Dollar! Bekommen hat er dann „nur“ 4,5 Milliarden; mehr als 1 Million US Dollar pro Opfer.[22]

Der monetäre Gewinn der anschließend verkauften Put-Optionen kann nur geschätzt werden: vielleicht auf sehr vorsichtig geschätzte einige 100 Millionen Dollar? Wahrscheinlich waren es allerdings eher einige Milliarden. Warum haben die Planungen[23] für ein neues World Trade Center bereits im Jahr 2000 begonnen, wie Silverstein selbst berichtet?

Ich möchte hier vorzeitig mit dieser Bemerkung schließen, denn der „Inside-Job 9/11“ soll nicht zum Hauptthema dieses Buches werden. Sie finden weitere Fakten sehr zahlreich im Internet bei Google und Youtube sowie im Buchhandel. Sie müssen nur danach suchen! Ist es nicht erstaunlich, dass einige Leute im Voraus zu wissen scheinen, was passieren wird und mit gnadenloser Kälte Milliarden daraus ziehen, während andere ihr Leben dabei entweder beenden oder von nun an unter schwersten Krankheiten leiden, weil sie anderen geholfen haben, da heraus zu kommen?

Dies ist aber nur die eine Seite, denn die Regierung bzw. einige wenige Mitglieder der Regierung konnten nun endlich Krieg führen, die USA innerhalb weniger Jahre um das Doppelte mehr verschulden, tausende Tonnen Munition verbrauchen, erst ein, dann noch ein weiteres Land im Nahen Osten vernichten und anschließend halbherzig „wieder aufbauen" – ein Multi-Milliarden-Dollar-Spiel, und die Figuren und Opfer sind wir alle! Sie halten es für unwahrscheinlich, dass eine Regierung einige tausend ihrer eigenen Bürger in tödliche Gefahr bringt, ja, sogar deren Tod in Kauf nimmt? Nun, es ist keineswegs das erste Mal, dass so etwas passiert.

So war z.B. auch im Falle von Pearl Harbor in Washington schon lange vor dem Angriff bekannt, dass dieser stattfinden würde. Man hatte viele Monate zuvor sämtliche japanische Funkcodes knacken können und wusste genau Bescheid. Ja, man zog sogar alle neuen Schiffe aus Pearl Harbor ab und ließ nur die zurück, die schon im Ersten Weltkrieg ihren Dienst getan hatten. Das Kommando vor Ort wurde nicht informiert und wurde stattdessen sogar nachher wegen Pflichtverletzung vor das Kriegsgericht gestellt, obwohl eigentlich Präsident Roosevelt selbst hätte angeklagt werden müssen. Der befehlshabende Offizier vor Ort, Rear Admiral Husband E. Kimmel, hat zusammen mit einem seiner führenden Offiziere, Rear Admiral Robert A. Theobald, alle wesentlichen Tatsachen in einem Buch zusammengefasst, „The Final Secret of Pearl Harbor", das leider viel zu wenig Leser fand. Ein anderes Beispiel ist das Versenken der „Lusitania" am 7. Mai 1915, vor deren Auslaufen bereits klar war, dass sie mit Munition und anderen kriegswichtigen Gütern beladen werden sollte und nicht, wie es offiziell hieß, als Passagierschiff reiste.

Im Februar 1913 ließ der Erste Lord der Admiralität, der Marineminister Winston Churchill, den Reeder, die Cunardlinie, wissen, dass sich die Stunde der Bewährung nähere, denn *„der Krieg gegen Deutschland ist sicher – spätestens im September 1914 wird er ausbrechen"*.

Am 12. Mai kam das Schiff unter größter Geheimhaltung zur Ausrüstung in Trockendocks nach Liverpool.[24] Dort wurden die Bordwände, Schutz- und Oberdecks besonders armiert und zwei Munitionskammern, Pulvermagazine und Halterungen für Granaten sowie 12 x 15 cm Schnellfeuerkanonen eingebaut. Am 17. September 1914 wurde die „Lusitania" als bewaffneter Hilfskreuzer in das britische Flottenregister aufgenommen und war damit offiziell ein Kriegsschiff. Am 24. September 1914 erhielt Kapitän Turner die Befehle, mit seinem Schiff Kriegsmaterial aus den USA nach England zu bringen. Da die Ausfuhr von Kriegsmaterial auf Passagierschiffen in den neutralen USA verboten ist, fälschten die Engländer mehrfach die Ladepapiere, und so transportierte die Lusitania offiziell „Jagdgewehrpatronen".

OCEAN TRAVEL

NOTICE!

TRAVELLERS intending to embark on the Atlantic voyage are reminded that a state of war exists between Germany and her allies and Great Britain and her allies; that the zone of war includes the waters adjacent to the British Isles; that, in accordance with formal notice given by the Imperial German Government, vessels flying the flag of Great Britain, or of any of her allies, are liable to destruction in those waters and that travellers sailing in the war zone on ships of Great Britain or her allies do so at their own risk.

IMPERIAL GERMAN EMBASSY

WASHINGTON, D. C. APRIL 22, 1915

OZEAN-REISEN

ZUR BEACHTUNG!

PASSAGIERE, die beabsichtigen, sich auf eine Atlantikfahrt zu begeben, werden daran erinnert, daß zwischen Deutschland und seinen Verbündeten und Großbritannien und seinen Verbündeten Kriegszustand herrscht; daß die Kampfzone auch das Meer um die britischen Inseln einschließt, daß übereinstimmend mit der offiziellen Bekanntmachung der kaiserlich-deutschen Regierung, Schiffe, die die Flagge Großbritanniens oder seiner Verbündeten führen, in dieser Gegend zerstört werden können und daß Passagiere, die in der Kampfzone auf einem Schiff Großbritanniens oder seiner Verbündeten reisen, dies auf ihre eigene Gefahr tun.

KAISERLICH-DEUTSCHE GESANDTSCHAFT

WASHINGTON, 22. APRIL 1915.

Abb. 3: Zeitungsausschnitt mit der entsprechenden Warnung

Am 22. April 1915, also lange vor dem Ablegen der Lusitania, ließ das Deutsche Reich Annoncen in amerikanischen Zeitungen schalten, die davor warnten, dieses Schiff zu besteigen, da man es versenken würde. Der amerikanischen Regierung war dies nicht nur egal, sie setzte zudem alle Hebel in Bewegung, damit das Schiff mit Passagieren und Munition auslaufen konnte. Es wurde versenkt, und genau wie bei Pearl Harbor war der Ausgang der Situation von vornherein klar und ein umsichtig und sorgfältig vorbereiteter, herbeigesehnter Kriegseintrittsgrund.

Übrigens: Wussten Sie, dass der vielleicht eigentlich viel wichtigere Tag nicht der 11. September 2001, sondern schon der 10. September war? An diesem Tag ließ Donald Rumsfeld auf einer Pressekonferenz verlautbaren, dass die Summe von ungefähr 2,3 Billionen (englisch: „two trillion") Dollar irgendwie im Pentagon verloren gegangen sei. Man wisse zwar, dass das Geld ausgegeben sei, jedoch nicht mehr, wofür. Lassen Sie mich diese Zahl bitte einmal korrekt schreiben: 2.300.000.000.000 US-Dollar!

Eine solche Zahl dürfte dem zuständigen Chef-Buchhalter durchaus aufgefallen sein. Rundungsfehler kommen hier kaum noch in Frage. Der zuständige Buchhalter im Pentagon war damals (Rabbi)[25] Dov Zakheim (seit Mai 2001), vorher leitender Angestellter bei der Firma *System Planning Corporation*, einem amerikanischen Rüstungsunternehmen, das sich auf elektronische Kriegsführung und (Achtung!) ferngesteuerte Flugzeugsysteme (Aaaaaha!) spezialisiert hatte.[26] Im Pentagon kamen trotz des mehr als unwahrscheinlichen Einschlags eines Linienflugzeugs und des unter Renovierungsarbeiten stehenden und deshalb leeren Gebäudeteils 34 Mitarbeiter ums Leben.

Abb. 4: 10. September 2001: Der Verlust von 2,3 Billionen Dollar wird bekannt gegeben.

Diese 34 Mitarbeiter waren allesamt als Buchhalter(!) im Pentagon-Büro mit dem Namen *Ressource Services Washington* beschäftigt.

Offenbar sind 2,3 Billionen Dollar noch nicht genug. Am 26. Juli 2016[27] wurde offenbar, dass im amerikanischen Militärhaushalt weitere 6,5 Billionen Dollar „vermisst" werden, das heißt, es sind für diese Ausgaben keine Belege vorhanden. Niemand kann also sagen, wohin dieses Geld geflossen ist. 6.500 Milliarden = 6.500.000 Millionen= 6.500.000.000.000 Dollar Schwarzgeld.

Resümee

Mir persönlich geht es beim Lesen dieser Zeilen, ob wohl es meine eigenen sind, noch immer so, dass sich meine Seele mit aller Macht sträubt, diese Dinge an mich heranzulassen. Wie können Menschen anderen so etwas antun? Wie kann man die Welt in diesem Ausmaße belügen? Wäre dies alles nicht so ungeheuerlich, müsste man vor einer derart komplexen Planung gar den Hut ziehen. So viele Details wurden aufeinander abgestimmt und das Vorhaben lief fast wie ein Uhrwerk ab. Je tiefer man hier ins Detail dringt, desto schlimmer wird die Erkenntnis, wie menschenverachtend diese Planungen organisiert und durchgeführt wurden. Und sich schämend müssen wir fast alle eingestehen: wie haben die offizielle Version auch noch geglaubt! Der eine länger, der andere weniger lange, alle gemeinsam aber zu lange. Mir ist bewusst, dass derjenige, der diese Fakten zum ersten mal sieht, fassungslos nach Halt sucht und größte Schwierigkeiten haben wird, anzuerkennen, dass hier tatsächlich ein Plan dahinter steht, der ausgeführt wurde und die offizielle Geschichte dazu eine freche Lüge ist. Die meisten von uns haben sich nach diesem Ereignis, dass definitiv fast jeden auf diesem Planeten betroffen hat, in Trauer über die Toten und in Wut über diesen feigen Anschlag ein Bild zurecht gelegt, dass die bösen Islamisten in die Ecke der Schuldigen stellt. Die Furcht vor dem Islam ist gewachsen, eine allgemeine Angst vor Terroranschläge ist in sehr vielen erwacht. Manche schneiden sich selbst einige Alltagsfreuden ab, weil „ja etwas passieren könnte" und viele werden in dieser Furcht noch verletzbarer und manipulierbarer. Stattdessen können wir nun einen Blick hinter die Kulissen werfen, auf die Strippenzieher und vielleicht sogar durch den Bühneneingang entwischen aus diesem Schauspiel und einen Blick in die wirkliche Welt werfen. Leider ist der Anschlag auf das World Trade Center keineswegs in dieser Komplexität eine Ausnahme, sondern eher die Regel. Davon handelt das nächste Kapitel.

6. 7.7.2005, London

Geradezu hellseherische Fähigkeiten wie beim WTC-„Anschlag" finden wir auch im Zusammenhang mit den Organisatoren der Anti-Terror-Übungen in London und Madrid. Ja, Sie haben richtig gelesen. Genau an dem Tag der jeweils durchgeführten „Anschläge" wurden Anti-Terror-Übungen mit genau den Szenarien durchgeführt, die dann auch genau so passiert sind. Unglaublich? Lassen Sie diese Fakten einmal auf sich wirken: Im Jahre 2004 gab es bereits Übungen von Seiten der Sicherheitsbehörden, die exakt diese Art eines Anschlags auf die U-Bahn und Busse simulierten, mit genau den Zügen, Bahnhöfen und Bussen, welche dann tatsächlich zum Ziel des Anschlags geworden sind. Ausgerechnet am 7. Juli 2005 lief dann exakt solch eine Übung ab, mit genau dem Szenario, welches dann in Echtzeit ablief. Welch ein Zufall!!! Die vier sogenannten Attentäter waren offenbar engagiert, um als Schauspieler bei dieser Übung mitzumachen. Sie meinten, sie wären Teil eines Anti-Terrormanövers. In Wahrheit aber war für sie wohl die Rolle des Buhmanns auserkoren. Der Zubringerzug um 7:40 Uhr aus Luton in die City von London fiel an diesem Tag aus, er fuhr also gar nicht, und deshalb konnten die vier „Attentäter" gar nicht mit diesem Zug fahren und die Anschläge in diesem Zug verüben. Sie waren gar nicht in diesem Zug! Die vier fuhren also mit dem nächsten Zug, kamen dadurch zu spät. Die von den Bombenanschlägen betroffenen Züge waren schon weg. Alle Überwachungskameras an allen vier Anschlagsorten sind ausgerechnet an diesem Tag ausgefallen, und es gibt keinerlei Beweise, dass die „Attentäter" überhaupt an Bord waren.[28] Was für ein grandioser Zufall!

Wurden die Kameras bewusst ausgeschaltet oder die Aufzeichnungen vernichtet, um den wirklichen Hergang zu vertuschen? Das einzige, offizielle Bild, welches seitens der Behörden gezeigt wurde, um zu „beweisen", dass die vier „Attentäter" mit genau dieser U-Bahn gefahren sind, ist offenbar recht plump gefälscht worden. Das Original zeigte nur eine Person im Bild, eine zweite wurde später hineinkopiert. Sämtliche Zeugen aus den Zügen berichten, sie hätten keinerlei herrenlose Rucksäcke oder arabisch aussehende Männer gesehen. Die Bodenbleche der betroffenen U-Bahnzüge waren durch den Anschlag nach oben verbogen. Wer im Physikunterricht aufgepasst hat, wird erkennen, dass die Explosionen also UNTER dem Bodenblech stattgefunden haben müssen. Ehrlich, dies ist nicht der Platz, an dem ich herrenlose Rucksäcke vermutet hätte. Und schon gar nicht wie auch immer aussehende Fahrgäste. Die „Attentäter" hatten Rückfahrkarten. Dies spricht sehr dafür, dass sie meinten, sie wären Teil einer Übung und würden danach wieder nach Hause fahren. Selbstmordattentäter würden sich vermutlich eher (wenn überhaupt) nur Fahrkarten für die Hinfahrt kaufen. Als die vier Komparsen merkten, dass es sich um keine Übung handelte, sondern die Bombenanschläge echt waren, wurde ihnen mit ziemlicher Sicherheit schlagartig bewusst, dass sie hereingelegt worden waren. Leider schafften sie es aber nicht mehr, eine Aussage gegenüber den Medien oder Dritten zu machen. Vor dem Reuters-Gebäude wurden sie auf offener Straße von der Polizei erschossen. Später behaupteten die Behörden, sie wären bei der Explosion umgekommen.

Der glückliche Zufall wollte es, dass, genau wie am 11. September 2001, sämtliche Ausweise der „Terroristen" am Tatort völlig unbeschädigt aufgefunden wurden. Einer der Ausweise wurde sogar an zwei oder sogar drei verschiedenen Orten gefunden. Der Ort des vierten Anschlages in einem Bus wurde von dieser Buslinie (Linie 30) nicht angefahren. Außerplanmäßig wurde dieser Bus aber dorthin umgeleitet. Wer konnte davon wissen? Wer konnte dies so regeln? Durch Analyse der Spuren an den Anschlagsorten wurde schnell klar, dass es sich bei dem Sprengstoff um einen militärischen Sprengstoff gehandelt hatte. Wer hat Zugang zu solchem Material?

Wie kommt es, dass der damalige israelische Finanzminister Benjamin Netanyahu eine Stunde vor den Anschlägen gewarnt wurde? Und: WER hatte ihn gewarnt? Scotland Yard verneint dies nämlich ausdrücklich. Und warum hat dieser Herr Zufall nicht auch die Bevölkerung gewarnt?

Zwei Wochen nach den Anschlägen hat der damalige Chef des israelischen Geheimdienstes MOSSAD, General Meir Dagan, gesagt, er habe Netanyahu kurz vor dem Anschlag gewarnt. Wieso wusste der israelische Geheimdienst mehr als die zuständige Polizeibehörde Scotland Yard? Wo hatten sie das Wissen her? Waren sie daran beteiligt? Heißt Herr Zufall mit Vornamen MOSSAD?[29]

Alles sieht so aus, als wenn die 7/7-Bombenanschläge in London vom britischen und israelischen Geheimdienst inszeniert wurden. Ziel war es möglicherweise, den Anschlag den „bösen" Arabern in die Schuhe zu schieben und die britische Bevölkerung in Angst zu versetzen. Hier deshalb das Interview von Alex Jones und Paul Joseph Watson.[30]

„Londoner U-Bahn-Bombenübungen fanden zum selben Zeitpunkt statt wie die wirklichen Anschläge."

Eine Beratungsfirma mit Verbindungen zu Regierung und Polizei ließ eine Übung über eine nicht benannte Firma durchführen, exakt zur selben Zeit und an denselben Plätzen, an denen auch die Bombenanschläge am Morgen des 7. Juli stattfanden. In einem Radiointerview auf BBC Radio 5, das am Abend des 7. Juli ausgestrahlt wurde, interviewte der Moderator Peter Power, den Geschäftsführer von *Visor Consultants*, das sich selbst als „Krisenmanagement"-Beratungsfirma bezeichnet, besser bekannt als PR-Firma. Peter Power ist ein ehemaliger Scotland-Yard-Beamter, der manchmal mit der Antiterror-Zweigstelle zusammenarbeitete. Power berichtete, dass seine Firma zur exakt selben Zeit, als sich die Bombenanschläge in London ereigneten, eine Übung mit 1.000 Personen durchführte, bei der das Verhalten bei möglichen U-Bahn-Bombenanschlägen trainiert wurde, und das an den exakt selben Plätzen, zur exakt selben Zeit, wie es in Wirklichkeit geschah. Die Abschrift lautet wie folgt:

> *„POWER: Um 9:30 machten wir in London tatsächlich eine Übung für eine Firma mit über tausend Leuten, basierend auf dem Szenario zeitgleicher Bombenanschläge präzise an den Stationen, wo es an diesem Morgen geschah. Mir stehen immer noch die Nackenhaare zu Berge.*
>
> *MODERATOR: Um das ganz richtig mitzubekommen: Sie führten eine Übung durch, um zu sehen, wie sie damit klarkommen, und dann passierte das, während Sie diese Übung durchführten?*
>
> *POWER: Exakt, und es war gegen halb zehn, als wir das für eine Firma planten, deren Namen ich aus verständlichen Gründen nicht verraten möchte – sie hören aber zu und werden es wissen. Wir hatten einen Raum voll von Krisenmanagern, die sich zum ersten Mal trafen, und so kamen wir binnen 5 Minuten zum schnellen Entschluss, dass dies der Ernstfall ist und aktivierten die Krisenmanagementprozeduren, um vom Langsam- zum Schnelldenken zu kommen usw."*[31]

Die Tatsache, dass sich die Übungen exakt an den Orten und zur selben Zeit wie die Bombenanschläge ereigneten, ist Lichtjahre von einem Zufall entfernt. Power sagte, dass sich die Übungen auf *„zeitgleiche Bombenan-*

schläge" konzentrierten. Zuerst wurde angenommen, dass sich die Anschläge über eine Stunde verteilten, aber die BBC berichtete am (9. Juli) dass die Anschläge tatsächlich zeitgleich stattfanden. Herr Power und *Visor Consultants* müssen nicht in die Bombenanschläge verwickelt sein. Die britische Regierung oder eine ihrer privaten Firmenableger könnte *Visor Consultants* beauftragt haben, die Übung aus mehreren Gründen durchzuführen. Die Übung erfüllt mehrere verschiedene Ziele. Sie dient als Schutz für die abgeschotteten Regierungsterroristen, damit diese ihren Auftrag erfüllen können, ohne von den Sicherheitsdiensten entdeckt zu werden.

Noch wichtiger allerdings ist: Wenn sie während der Anschläge oder danach aufgrund irgendeines Belastungsbeweises geschnappt worden wären, hätten sie behaupten können, dass sie nur an der Übung teilgenommen haben.

Selbst die Anschläge vom 22. Juli 2011 in Norwegen erscheinen in einem anderen Licht, wenn man bedenkt, dass die Polizei vor dem Bombenanschlag in Oslo genau vor dem Gebäude und auch auf der kleinen Insel jeweils Übungen mit genau dem Szenario abhielt, welches sich nachher auch abspielte.[32]

Und als die Nachrichten am Tage des Anschlags in aller Eile gestrickte Beiträge sendeten, rutschte auch einer durch, in dem Zeugen aussagten, der Attentäter Anders Behring Breivik hätte mehrmals versucht, die Polizei anzurufen und zum Tatort zu bestellen und hätte dann, als diese endlich eintraf, sofort salutierend gemeldet: „*Breivik. Kommandant. Organisiert in der antikommunistischen Widerstandsbewegung gegen die Islamisierung. Operation ausgeführt und will sich Delta ergeben.*"

Diese Meldung verschwand dann allerdings sofort wieder aus den Nachrichtenagenturen.

Resümee

Politik und Terror gehören von Natur aus zusammen. Terroristen, ganz gleich in welches politische Lager sie sich einordnen, versuchen, ein politisches Ziel durchzusetzen. Demnach sind alle Terroristen auch Politiker. Sind aber auch alle Politiker Terroristen? Sicherlich nicht. Aber genau hinschauen sollte man schon. Und die Situation kann sehr schnell für jeden Einzelnen sehr real werden, wenn Sie auf einmal ganz persönlich Leidtragender sind und in einer abgeschossenen Malaysia Airlines Maschine sitzen. Schauen Sie sich das Bild eines Teils des Cockpits der abgeschossenen Maschine an.[33] *Sie erkennen auf diesem Bild deutlich die runden Einschusslöcher, teilweise nach innen, teilweise nach außen gebogen. Das bedeutet, dass die Maschine nicht von einer Rakete getroffen wurde, sondern in der Luft von rechts und links (nicht von unten, also nicht vom Boden aus, was aufgrund der Reichweite solcher Kanonen auch gar nicht möglich gewesen wäre) mit großem Kaliber beschossen worden ist, wie es an Bord von Kampfflugzeugen zu finden ist. Amerikanische Experten(!) haben derweil festgestellt, dass eines der Triebwerke von einer*

Abb. 5: Ein- und Austrittslöcher von Geschossen im Cockpit-Bereich

Luft-Luft-Rakete getroffen wurde. Es ist also keine Frage, ob „Separatisten" das Flugzeug mit einer Boden-Luft-Rakete oder gar mit Gewehren oder Kanonen vom Boden aus abgeschossen haben. Von rechts und links, in der Luft, aus einem Flugzeug, erst eine Rakete ins Triebwerk, dann mit der Bordkanone ins Cockpit – da bleiben als Kandidaten nur Ukrainer oder Russen übrig. Schaut man sich dann einmal ein Flugzeug von Malaysia Airlines an und vergleicht es dann mit der Maschine des russischen Präsidenten, stellt man fest: dieselben Farben, sehr ähnliches Aussehen. Und justament diese Maschine mit Putin an Bord soll zur selben Zeit wie Maschinen der Malaysia Airlines im Luftraum der Ukraine unterwegs gewesen sein. Das heißt, hier besteht die Möglichkeit, dass z.B. ukrainische Jets (von denen zwei nachweislich 3 Minuten vor dem Abschuss in direkter, unmittelbarer Umgebung der Maschine waren) versucht haben, die Maschine des russischen Präsidenten abzuschießen. Die Regierung der Ukraine wiederum lud ein „Beweis"-Video für eine russische Beteiligung zwar sofort und erst NACH dem Absturz bzw. Abschuss ins Internet hoch, am datei-internen „Creation"-Stempel, also dem Erstelldatum dieser Videodatei (welcher sich nicht nachträglich ändern lässt), kann man allerdings sehr leicht und deutlich ablesen, dass dieses Video bereits VOR dem Absturz fabriziert worden war.[34]

Wir sehen also hier etliche Ereignisse vor uns, die uns als „Terror" verkauft wurden, der von „Separatisten", „Extremisten" oder, „Islamisten" geplant und durchgeführt worden sind. Und wir können nun mehr oder weniger genüsslich die uns dargelegten Fakten auseinandernehmen und auf ihre Logik prüfen. Und in grausamer Regelmäßigkeit stellen wir fest, dass die eigentlichen Nutznießer dieser Anschläge ganz woanders zu finden sind, als in irgendwelchen Zeltlagern in arabischen Wüsten oder in der Moschee nebenan.

Wir erkennen mehr und mehr die Verbindung von uns bekannten Politikern und deren Wunschvorstellungen über die Weiterentwicklung unserer Gesellschaft, deren finanzierende Freunde aus der Wirtschaft, die in aller Regel zumindest Anteile an Unternehmen aus dem „militärisch- industriellen Komplex" besitzen, zu den Ereignissen, die uns als ahnungslose und nichtinformierte Menschen wieder und wieder überrollen. Vielleicht ist es also an der Zeit, sich aus einem passiven „Informiert-werden" durch die allgemeinen Medien zu verabschieden, und sie den Zugang zu erarbeiten zu echten Informationen, die einem helfen, die Wirklichkeit zu erkennen. Dies freilich erfordert ein Umdenken, ein neues Handeln im Streben nach Erkenntnis.

7. Politik und Terror

„Das ist genau das, was am Morgen des 11. September 2001 geschah: eine politisch motivierte Terror-Aktion gegen das amerikanische Volk, bis ins letzte Detail ausgetüftelt und optimiert bis hin zur knallharten wirtschaftlichen Ausnutzung durch die eingeweihten Kreise. Die CIA leitete Übungen, bei denen um 8:30 Uhr entführte Flugzeuge ins World Trade Center und das Pentagon fliegen sollten. Es ist klar, dass zumindest fünf, wenn nicht sechs Trainingsübungen in den Tagen bis zum und am Morgen des 11. September durchgeführt wurden. Das bedeutete, dass bei NORAD (Nordamerikanische Luftüberwachung) auf den Radarschirmen 22 entführte Flugzeuge zur selben Zeit zu sehen waren. NORAD war mitgeteilt worden, dass dies Teil der Übung wäre, und dadurch wurde das normale Reaktionsverfahren verhindert und verzögert. Die große Anzahl von leuchtenden Punkten auf den NORAD-Bildschirmen zeigten sowohl angeblich wirklich entführte, wie auch zur Übung entführte Phantom-Maschinen. Das erklärt auch, warum Presseberichte Stunden nach den Anschlägen von bis zu acht entführten Maschinen berichteten.“[35]

Das behauptet der amerikanische Aufklärer Alex Jones. Schauen Sie sich im Internet einmal mehr nach Alex Jones um! Vielleicht möchten Sie auch den sehr detaillierten Bericht von Johannes Rothkranz lesen, in dessen Buch mit Namen und Orten beschrieben wird, wie die entführten Flugzeuge auf abgelegenen Flugplätzen landeten, unter vorgehaltenem Maschinengewehr alle Passagiere die Maschinen wechselten und anschließend in den bestiegenen neuen Maschinen über menschenleerem Gebiet von unwissenden US-Jagdpiloten im Rahmen einer Übung abgeschossen wurden. Sie flogen nicht ins World-Trade-Center, nicht ins Pentagon. Sie wurden offenbar abgeschossen – und dies womöglich vom eigenen Militär.

Was waren die Folgen des „Anschlages“ vom 11. September 2011? Unter anderem fanden die Geheimdienste innerhalb weniger Stunden heraus, dass nur einer dahintersteckte: Osama bin Laden. Käme eine solche Behauptung so schnell nach einem anderen Ereignis aus dem Munde anderer, wäre es auf jeden Fall eine „Verschwörungstheorie“. Mal abgesehen davon, dass ich mir wünschte, die Strafverfolgungsbehörden würden in jedem Fall von „einfachem“ Mord so schnell und erfolgreich arbeiteten, stellt sich natürlich die Frage: Wer ist das eigentlich, dieser Osama bin Laden? Auf ins Internet! Such Sie bei google.com „arbusto oil bush bin laden". *Arbusto* bedeutet *Busch*. Das war offenbar die erste Firma die George jun. von seinem Vater übergeben bekam. Den Rest können Sie selbst im Suchergebnis lesen. Bin Laden soll von der *Arbusto Energy* Aufträge über viele Hundert Millionen Dollar bekommen haben. So viel also zum Thema Bin Laden, Bush und „gemeinsam viele Millionen verdienen". Am Rande sei bemerkt: Ist es nicht erstaunlich, dass Gerüchte besagen, dass der angeblich 2011 in Pakistan gefasste Osama bin Laden, so die offizielle Bekanntmachung in den Medien, möglicherweise schon wenige Monate nach dem ihm angelasteten Anschlag nach langer, schwerer Krankheit ganz in Frieden einschlief und seitdem somit ein Phantom gejagt wurde? Und ist es nicht ebenso erstaunlich, dass die Soldaten der Spezialeinheit der SEALS, Team 6, die Osama bin Laden dort in Pakistan gefangengenommen und getötet haben sollen, nur 6 Wochen nach dieser Aktion in einem Hubschrauber in Afghanistan abgeschossen wurden?[36] Ebenso sollen viele Zeugen des 9/11-Dramas auf merkwürdige Weise ums Leben gekommen sein.[37] Osama bin Laden weilte übrigens zur Zeit der Anschläge und einige Wochen nach dem 11. September 2001 ein einem Krankenhaus in Dubai und ließ sich dort behandeln (wegen der Krankheit, an der er später gestorben sein soll) – alles sehr offiziell und mit großem Hofstaat. Niemand behelligte ihn. Warum ich das weiß? Ich traf nur zweieinhalb Wochen später zufällig im Flugzeug die Dame, die in dem Hotel, in dem Osama bin Laden samt seines Anhangs verweilte, wenn er nicht im Krankenhaus war, als „Executive House Keeper" tätig gewesen ist und mir davon berichtete. Zum Schluss sei bemerkt, dass Osama bin Laden bereits seit seinem siebzehnten Lebensjahr Agent des britischen Geheimdienstes gewesen sein und in London ganze Straßenzüge besessen haben soll, wo er u.a. auch über all die Jahre sein Hauptquartier gehabt haben soll (laut Aussage von Lyndon La Rouche). Und inzwischen gibt es sogar offizielle, wissenschaftliche Aussagen, dass das World Trade Center durch gezielte Sprengung zum Einsturz gebracht wurde, keinesfalls aber durch Feuer.[38]

Eine weitere Folge war – neben den diversen Kriegen „gegen den Terror" mit tausenden von unschuldigen Toten, Milliarden-Umsätzen für die Rüstungsindustrie und Söldner-Dienstleistern wie *Blackwater* u.a. – der so bezeichnete „Patriot Act", also ein Gesetz „zum Schutz der amerikanischen Bevölkerung". Der hatte wiederum zur Folge: weitreichende Vollmachten und Freiheiten für den Präsidenten George W. Bush, Einschränkungen der persönlichen Freiheit der Bürger, steigende Rüstungsausgaben, zeitlich unbeschränktes bzw. erheblich zeitlich ausgeweitetes Festhalten von Verdächtigen, Hausdurchsuchungen auch ohne richterlichen Beschluss aufgrund von „Gefahr“ und die teilweise Entmachtung des Parlaments. Der „Patriot Act“ wurde am 25. Oktober 2001 beschlossen, also nur wenige Wochen nach dem „Anschlag“.

Ich möchte Sie nun zeitlich ein wenig zurückführen, und zwar in das Jahr 1933, genauer gesagt nach Berlin, in die Nacht vom 27. auf den 28. Februar 1933. Der Reichstag brennt! Innerhalb weniger Stunden wird der (selbstverständlich allein verantwortliche) Täter festgenommen: Marinus von der Lubbe. Am 23. März 1933, also wiederum nur wenige Tage später, wurde das sogenannte „Ermächtigungsgesetz“ beschlossen, genauer „Gesetz zur Behebung der Not von Volk und Reich“.

Suchen Sie einmal bei Wikipedia oder in Ihrem heimischen Lexikon nach diesem Gesetz und dessen Folgen. Sie ahnen es vielleicht schon...: weitreichende Vollmachten für den Reichskanzler, Einschränkungen der persönlichen Freiheit der Bürger, steigende Rüstungsausgaben, zeitlich unbeschränktes bzw. erheblich zeitlich ausgeweitetes Festhalten von Verdächtigen, Entmachtung und Umgehung des Parlaments usw. Wiederholt sich hier ein altbekanntes Muster wieder und wieder?

Wenn dem so sein sollte: Wer arrangiert dies? Über so viele Jahrzehnte und sogar Jahrhunderte hinweg? Liebe Leserinnen, lieber Leser, die Gemeinsamkeiten dieser beiden Vorgänge sind so offensichtlich, dass man im Laufe des weiteren Literaturstudiums zwangsläufig zu dem Schluss kommt, dass hier „Hintergrundmächte“ am Werk sein müssen, die um ein Vielfaches stärker als ein „einfacher“ Präsident der Vereinigten Staaten von Amerika sein müssen. Übrigens sind George W. Bush und Blair rechtsgültig wegen Kriegsverbrechen[39] verurteilt worden[40], und wahlweise Bush und Cheney im US-Bundesstaat Vermont[41] in mindestens zwei Städten per Haftbefehl wegen Verbrechen gegen die Verfassung gesucht.

Und falls Sie mir gegenüber inzwischen schon die „Nazi-Keule“ herausgeholt hatten aufgrund meiner Bemerkungen über das Leiden der Deutschen und die Erwähnung einiger Namen, so möchte ich bemerken: Ich bin keinesfalls ein Freund der sogenannten „Nazi“-Regierung. So sehr mir zugegebenerweise einiges imponiert, was damals in nur wenigen Jahren geschaffen und geschafft wurde, so klar muss ich andererseits sagen, dass ich das Verhalten der Regierung in vielen und leider oftmals sehr entscheidenden Fällen für so unglaublich hinterhältig und verbrecherisch dem eigenen Volk und anderen gegenüber halte, dass ich noch immer ratlos dastehe und wieder einmal frustriert feststellen muss, dass ich kein Zeitzeuge bin und mir die letztendliche Sicherheit in der Urteilsbildung mir in Vielem versagt bleiben wird, da ich nicht davon ausgehe, dass die Regierungen der Alliierten ihre als „Streng geheime Verschlusssache" deklarierten Dokumente irgendwann in naher Zukunft offenlegen werden. Das Deutsche Reich ließ früher jedes Jahr im Abstand weniger Jahre alle Dokumente der Politik offenlegen, sodass sich jedermann zeitnah selbst ein Bild von der Lage machen konnte. Heutzutage werden die Unterlagen der Regierung über Generationen hinweg vor der Bevölkerung verschlossen. Warum wohl? Die Parallelen zum aktuellen politischen Tagesgeschehen sind zahlreich und bedeutungsvoll, sodass ich allerdings froh bin, mich mit dieser Vergangenheit außerhalb des von der Regierung bzw. dem „Alliierten Kontrollrat" vorgegebenen Weges beschäftigt zu haben, denn dies führt, wie ich glaube, in keinem Fall zu wahrhaftigen Erkenntnissen.

Nehmen wir einmal US-Präsident Barack Obama, um einen Bezug zur Gegenwart herzustellen. Hierzu empfehle ich das Buch: „Barack Obama: Wie ein US-Präsident gemacht wird". Sie werden erkennen, wer wann und warum diesen Barack Hussein Obama offenbar ausgewählt hat und dass diese Personen offenbar noch heute im Hintergrund der Macht stehen und die Fäden ziehen. Und wenn Sie dann noch weiter im Internet recher-

Abb. 6: Links ein Obama I mit grauem Haar, rechts Obama II mit schwarzem Haar. Links mit deutlich erkennbarer Narbe am Hinterkopf, die rechts nicht zu sehen ist.

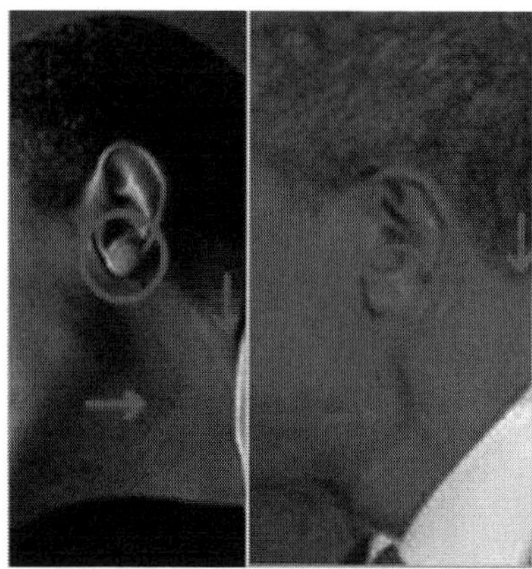

Abb. 7: Wichtig hier: Beachten Sie die Form der Ohren bei Obama I und vergleichen Sie mit Abb. 8!

chieren, werden Sie herausfinden, dass es offenbar mindestens **zwei** Oba-mas geben soll, die sich öffentlich als Präsident zeigen.

Einer von den beiden hat große Narben am hinteren Hals und am Hinterkopf, die auf massive chirurgische Eingriffe schließen lassen, und beide haben deutlich unterschiedliche Ohren, wie man auf Fotos gut erkennen kann. Nun sind Doppelgänger aus Sicherheitsgründen durchaus auch aus der Geschichte bekannt, sowohl von Hitler als auch von zahlreichen Vorgängern Obamas. Dennoch hatte ich bisher den Eindruck, dass die Doppelgänger in der Vergangenheit eher „zum Zeigen", also bei repräsentativen Anlässen genutzt wurden oder um für den echten Präsidenten freie Zeit zu schaffen, um während dieser ein Privatleben zu führen oder geheime Treffen zu absolvieren.

Die zahlreichen Anlässe jedoch, bei denen diese verschiedenen Obamas, oft sogar mit seiner Frau (immer derselben übrigens) gezeigt wurden, scheinen eine neue Qualität im Umgang mit solchen Doppelgängern zu zeigen. Achten Sie auf die senkrechte Narbe am Hinterkopf bei Abb. 7. Wo ist diese bei dem Obama auf dem anderen Bild? Ist statt der scharfkantigen „Geheimratsecken" des einen Obama der vordere Haaransatz bei dem anderen Obama kleiner durch wiedereingepflanzte Haare oder Farbe? Auch sieht man deutliche Unterschiede zwischen den beiden Obamas jeweils am oberen hinteren Rand des linken Ohres. Achten Sie auch auf den unteren Teil des Ohres! Hier sind erhebliche Unterschiede festzustellen!

Abb. 8: ...und hier Obama II

Auch scheint die Hautfalte unterhalb des Ohres von Obama I bei Obama II offenbar durch eine Narbe künstlich nachempfunden, während wiederum die Narbe am unteren Hinterkopf und im oberen Halsbereich hinten von Obama I bei Obama II völlig fehlt. Der eine Obama erfreut sich dauerhaft einer jugendlich-schwarzen Haarfarbe, der andere ist sichtlich ergraut. Und wer ist das auf dem nächsten Foto (Abb. 8)? „Dieser" Obama hat wieder pechschwarze Haare, überhaupt keine Narben und ein wiederum völlig neues linkes Ohr. Wenn Sie dann noch weiter recherchieren, finden Sie vielleicht auch noch heraus, dass nicht nur die offiziell auf seiner Internetseite veröffentlichte Geburtsurkunde eine plumpe Fälschung zu sein scheint, da sie beim Öffnen mit einer Standardsoftware auf dem Computer die nicht gelöschten verschiedenen Bearbeitungsebenen von nachträglich eingesetzten Texten, Stempeln und anderen Inhalten zeigt und obendrein ohne das offenbar erforderliche Siegel des Staates von Hawaii abgebildet wird, sondern sogar offenbar die gesamte Herkunftsgeschichte Obamas samt seines Namens nicht der Wahrheit entspricht und er seine familiären Wurzeln offenbar nicht in Kenia hat.

STATE OF HAWAII — CERTIFICATE OF LIVE BIRTH — DEPARTMENT OF HEALTH
FILE NUMBER 151 — 61 10641

1a. Child's First Name (Type or print): BARACK — 1b. Middle Name: HUSSEIN — 1c. Last Name: OBAMA, II
2. Sex: Male — 3. This Birth: Single [X] Twin [ ] Triplet [ ] — 4. If Twin or Triplet, Was Child Born 1st [ ] 2nd [ ] 3rd [ ] — 5a. Birth Date: Month August, Day 4, Year 1961 — 5b. Hour 7:24 P.M.
6a. Place of Birth: City, Town or Rural Location: Honolulu — 6b. Island: Oahu
6c. Name of Hospital or Institution (If not in hospital or institution, give street address): Kapiolani Maternity & Gynecological Hospital — 6d. Is Place of Birth Inside City or Town Limits? If no, give judicial district. Yes [X] No [ ]
7a. Usual Residence of Mother: City, Town or Rural Location: Honolulu — 7b. Island: Oahu — 7c. County and State or Foreign Country: Honolulu, Hawaii
7d. Street Address: 6085 Kalanianaole Highway — 7e. Is Residence Inside City or Town Limits? If no, give judicial district. Yes [X] No [ ]
7f. Mother's Mailing Address — 7g. Is Residence on a Farm or Plantation? Yes [ ] No [X]
8. Full Name of Father: BARACK HUSSEIN OBAMA — 9. Race of Father: African
10. Age of Father: 25 — 11. Birthplace (Island, State or Foreign Country): Kenya, East Africa — 12a. Usual Occupation: Student — 12b. Kind of Business or Industry: University
13. Full Maiden Name of Mother: STANLEY ANN DUNHAM — 14. Race of Mother: Caucasian
15. Age of Mother: 18 — 16. Birthplace (Island, State or Foreign Country): Wichita, Kansas — 17a. Type of Occupation Outside Home During Pregnancy: None — 17b. Date Last Worked
I certify that the above stated information is true and correct to the best of my knowledge. — 18a. Signature of Parent or Other Informant: Stanley Ann Dunham Obama — Parent [X] Other [ ] — 18b. Date of Signature: 8-7-61
I hereby certify that this child was born alive on the date and hour stated above. — 19a. Signature of Attendant: David A Sinclair — M.D. [X] D.O. [ ] Midwife [ ] Other [ ] — 19b. Date of Signature: 8-8-61
20. Date Accepted by Local Reg.: AUG -8 1961 — 21. Signature of Local Registrar: UKLee — 22. Date Accepted by Reg. General: AUG -8 1961
23. Evidence for Delayed Filing or Alteration

Abb. 9: Obamas angebliche Geburtsurkunde aus dem Internet

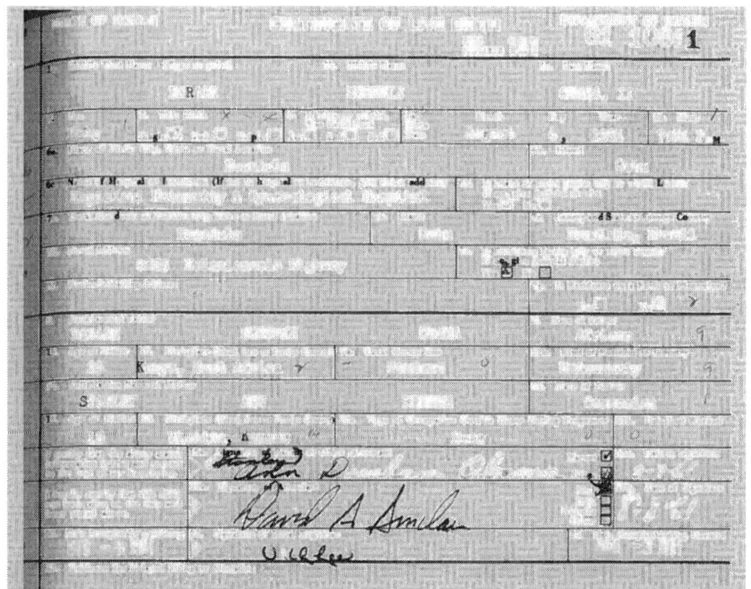

Abb. 10: Kaum zu glauben, aber im originalen Internet-Dokument waren noch die Ebenen sichtbar, mit der die verschiedenen Elemente zusammengesetzt worden waren.

Stattdessen wurde er möglicherweise in Indonesien geboren, und zwar unter dem Namen Barry Soetoro.[42] Und eben dieser Barry Soetoro soll in seinen früheren Jahren im Rahmen eines geheimen CIA-Programms in den Jahren zwischen 1981 und 1983 mehrere Male auf dem Mars gewesen sein. Eine Nachfahrin des ehemaligen US-Präsidenten Dwight D. Eisenhower, Laura Eisenhower, berichtet ausführlich von diesem Geheimprogramm „Alternative 3".[43] Mithilfe der spätestens seit den 1980er-Jahren verfügbaren Teleportation seien dann von sogenannten „Jumprooms" in El Segundo (am Pazifik gelegen, etwa 10 km südlich von St. Monica) viele tausend Menschen auf den Mars geschickt worden.[44] Vielleicht betrifft dies nur einen der aktiven Obamas, vielleicht gibt es noch eine dritte Story – wer weiß? Kennen Sie den Film „Wag the dog"? Wenn nicht: anschauen! Es geht dabei um einen Regisseur, der gebeten wird, Bilder eines Krieges zu produzieren, um als „Vergeltungsmaßnahme" für Gewaltaktionen einen Krieg führen zu können. In allen Einzelheiten und technischen Möglichkeiten werden die einzelnen Schritte nachvollzogen, bis hin zum Tod des Regisseurs als lästigem Mitwisser. Schauen Sie sich mal rückwirkend die

Nachrichtenlage zum Libyenkrieg 2011 an. Die Fehl- und Falschmeldungen bzgl. der aktuellen Lage und des Verbleibs von Muammar al-Gaddafi wechselten manchmal mehrmals täglich und gipfelten in der Erkenntnis, dass offenbar „sicherheitshalber", also nur für den Fall der Fälle, im fernen Qatar eine komplette Kulisse des Grünen Platzes, des Palastes von Gaddafi und von einigen anderen Gebäuden nachgebaut wurde, um dort einige Fernsehbilder zu drehen, während zur selben Zeit in Libyen von der NATO ausschließlich Kommunikationsmittel bombardiert und ausgeschaltet wurden, bis hin zur kompletten Stilllegung des Internet im Großraum Tripolis und einigen anderen Städten.

Lassen Sie uns vom aktuellen „Hoffnungsträger" der Welt, Friedensnobelpreisträger Barack Hussein Obama, den viele Nachrichtensprecher auch schon mal „aus Versehen" Obama bin Laden nannten, zurückgehen zu seinem berühmten Vorgänger John F. Kennedy.

„Das Amt des Präsidenten ist dazu benutzt worden, ein Komplott zu schmieden, das die Freiheit Amerikas zerstören soll. Bevor ich mein Amt verlasse, muss ich die Bürger Amerikas darauf hinweisen."

Präsident John F. Kennedy 1963 während einer Rede an der Columbia-Universität – zehn Tage später war Kennedy tot.

Nur am Rande sei erwähnt, dass, falls Sie immer noch an die These glauben, sein Mörder wäre allein tätig gewesen, Sie bitte folgendes Buch zur Kenntnis nehmen sollten: „JFK – Verschwörung des Schweigens" von Charles A. Crenshaw, Jens Hansen und J. G. Shaw (Erscheinungsjahr 1994). Um eines vorwegzunehmen: Offenbar hat der Fahrer des Präsidentenfahrzeugs selbst den tödlichen Schuss abgegeben (weshalb Jackie Kennedy auch nach hinten aus dem Wagen flüchten wollte, weg vom Schützen); auf den Originalaufnahmen ist sogar eine silbrig glänzende Pistole zu erkennen, die entweder unter der Achselhöhle oder am Oberarm vorbei nach hinten geführt wird, und aus der der tödliche Schuss abgefeuert wurde, der Kennedys Kopf nach hinten explodieren ließ!

J. F. Kennedy's Nachfolger Nixon war der Präsident, innerhalb dessen Amtszeit die Amerikaner auf dem Mond gelandet sind. Dies ist uns allen hinlänglich bekannt. Die Astronauten sind gefeierte Mitbürger der USA und Pioniere der Raumfahrt. Was Richard Nixon damals allerdings genauso wenig wissen konnte wie seine Berater, ist, dass viele Jahre später, nämlich

1995, ein Forscher namens James van Allen einen Strahlungsgürtel entdecken würde, den man auch nach ihm benannte – einen Strahlungsgürtel, der sich u.a. im Raum zwischen Erde und Mond befindet und der so starke radioaktive Strahlung aufweist, dass man mit einem Raumschiff nur dann als Mensch lebend hindurch kommt, wenn man wahlweise entweder einen sehr dicken Blei- oder einen meterdicken Wassermantel um sich herum bzw. um das Raumschiff herum hat. Nun, beides ist mir nicht bekannt, was die berühmten Apollo-Kapseln angeht. Ich habe selbst in Washington das dort ausgestellte ‚Original' besichtigt und hatte eher den Eindruck, dass ich mir zuhause in der Küche mit ein wenig Aluminiumfolie und einem Schweißgerät etwas Ähnliches herzaubern könnte. Sollte Ihnen jemand erzählen, dass laut Gesetz in Deutschland eine Dosis von 400 mSv („Milli-Sievert") pro Jahr erlaubt sei und die Astronauten doch während ihres ca. einstündigen Fluges auf dem Hinweg und noch einmal eine Stunde auf dem Rückflug doch lediglich diese Dosis abbekommen hätten, fragen Sie hier doch Ihren gesunden Menschenverstand: Nehmen wir einmal an, sie säßen auf einem Stuhl und über ihnen würden aus einem schmalen Loch ein Jahr lang kleine Sandkörner im Gesamtgewicht von 400 kg auf Sie herunterfallen. Wäre das dasselbe, wie wenn die 400 kg in einem Block auf Sie herunterfielen...?

Es gibt noch ein Beispiel, welches aufzeigt, dass es Unstimmigkeiten bei der Mondlande-Geschichte gibt (bei der mir aber leider die Dokumente nicht vorliegen): In einem südamerikanischen Land, nördlich gelegen, ich meine es war Peru, gab es eine junge Geologin, die gern promovieren wollte. Und ihr Traum war es, diese Promotion über das Mondgestein zu schreiben. Und so „nervte" sie ihren Doktorvater so lange, bis dieser schließlich alle Hebel in Bewegung setzte und eines Tages ein Paket mit dem wertvollen Mondgestein auf ihrem Tisch lag. Die Enttäuschung war allerdings sehr groß, als sie das Paket öffnete. Sie ging sofort zu ihrem Doktorvater und beschwerte sich und fragte, ob man sie veräppeln wolle, schließlich sei dies das Gestein, über das sie schon ihre Diplomarbeit geschrieben habe, von einem bestimmten Vulkan. Man berichtete mir von enormen Schwierigkeiten, die diese beiden Personen fortan hatten.

Ein weiteres Beispiel, von welchem ich erfahren habe, war, dass jemand sich die offiziellen Zahlen der NASA zur Mondmission einmal angesehen und durchgerechnet hat und dass mit der angegebenen Treibstoffmenge nicht einmal der einfache Weg zum Mond gelungen wäre, geschweige denn der Rückflug. Für mehr Details lesen Sie bitte „Lügen im Weltraum“ von Gerhard Wisnewski, und sehen Sie sich folgenden Film an: „Kubrick, Nixon und der Mann im Mond“.

Dazu noch ein persönliches Erlebnis am Rande: Ich hatte einem Freund von dieser Geschichte erzählt, und er wollte (oder konnte) mir das einfach nicht so glauben. Stattdessen legte er mir einige Zeit später einen Zeitungsartikel vor, in dem eine große deutsche Tageszeitung im wissenschaftlichen Teil den „ewigen Verschwörungstheoretikern“, die noch immer bezweifeln, dass die Mondlandung tatsächlich stattgefunden hat, nahelegt, doch einfach bei einer bestimmten deutschen Sternwarte anzurufen, die tagtäglich mit den von den Amerikanern damals aufgestellten Spiegeln Entfernungsmessungen durchführe. Ich schlug vor, sich dort zu erkundigen – und was kam heraus? Diese Sternwarte führt überhaupt keine Messungen dieser Art durch. Solche Messungen wären aus Deutschland nicht einmal möglich, sondern nur aus einem Land, welches näher am Äquator liegt. Hier wurde also einmal mehr das (sehr erfolgreiche) Manöver durchgeführt und mit einer Dreistigkeit gelogen, dass sich die Balken biegen und einfach eine Lüge so „offenherzig“ verkauft, dass sich der Leser sagt, er müsse dort schon nicht anrufen, wenn man so offensichtlich darauf hinweise. Lernerfolg: Glaube den Medien nichts „einfach so“, sondern prüfe immer nach! Der logische Verstand hilft oft schon sehr weit, der gesunde Menschenverstand noch weiter. Es scheint bei vorliegender Faktenlage sicher zu sein, dass die erste Mondlandung nicht so stattgefunden hat, wie bislang bekannt. Wie wir noch behandeln werden, gibt es neben dem offiziellen Weltraumprogramm auch ein geheimes, welches bereits vor den 1960er-Jahren begonnen hat.

Ob je Menschen oder nur Roboter oben waren, bleibt leider dem Normalsterblichen bis heute verborgen. Die Reisen zum Mond können offensichtlich nicht so, wie geschildert, und auch nicht mit den angegebenen Mitteln gemacht worden sein. Technologisch spricht einiges dafür, dass hier offiziell nicht genannte Technologien zum Einsatz kamen, wenn diese Reisen denn überhaupt zum angegebenen Zeitpunkt stattgefunden haben. Die Berichte über die (Re-)Kolonisierung des Mars ergeben ebenfalls nur dann Sinn, wenn man von dafür benutzten Technologien ausgeht, die weit über das uns offiziell Bekannte hinausgehen.

Ein weiteres Buch fesselte mich: Ekkehard Siekers Werk „Das RAF-Phantom". Folgen Sie mir kurz in eine Zusammenfassung mit kleinen Ergänzungen: Die erste Generation der RAF (Rote Armee Fraktion) entführte und ermordete den Arbeitgeberpräsidenten Hanns Martin Schleyer. Es wurde ein Bekennerschreiben in Buchformat am Tatort hinterlassen. Die nächste Generation der RAF ermordete den Vorstandssprecher der *Deutschen Bank*, Alfred Herrhausen, durch eine Bombe in Bad Homburg. Es wurde ein Bekennerschreiben gefunden: eine DIN-A-4-Seite mit den Buchstaben „R A F" darauf. Dies war das „Bekennerschreiben", das die Ermittler stolz präsentieren. Das vordere Begleitfahrzeug war vorausgefahren, das hintere blieb zurück, eine Bombe traf dann genau an der einzig verwundbaren Stelle des gepanzerten Mercedes die hintere Tür kurz hinter der B-Säule. Die hoch trainierten Spezialkräfte, die zu Herrhausens Schutz jeden Tag mit ihm dort lang fuhren, brauchten mehrere Minuten, bis sie sich von dem Schock erholten – und kümmerten sich dann zunächst um den schwer verletzten Fahrer vorn im Wagen, während Herrhausen hinten auf dem Rücksitz langsam verblutete (er lebte noch und war durch einen nach innen abgeplatzten Teil der Türen-Innenverkleidung an der Oberschenkelschlagader verletzt). Herrhausen hatte wenige Tage zuvor in Zusammenarbeit mit seinem Assistenten Hilmar Kopper (richtig, „Peanuts"-50-Mio-Kopper[45]) den bis dahin größten Unternehmenskauf der Wirtschaftsgeschichte abgeschlossen. Die *Deutsche Bank* hatte die *Chase Manhattan Bank* gekauft. Herrhausen wollte auf dem amerikanischen Markt Fuß fassen. Das war eine strategisch gute Entscheidung, denn die amerikanischen Banken hatten (genau wie die deutschen) sehr unter den drohenden Kreditausfällen der Kredite an die Dritte Welt zu leiden. Im Gegensatz zu den deutschen Banken jedoch hatten die amerikanischen Banken kaum Rückstellungen gebildet und waren akut gefährdet, während Herrhausen mit soliden Guthaben im Rücken in der weltweiten Öffentlichkeit „Sozialpunkte" einsammelte, indem er für Schuldenerlass für die Dritte-Welt-Länder eintrat und so die amerikanischen Banken immer weiter an den Abgrund drängte. Die *Chase Manhattan* gehört zum Hause Rothschild... Der Nachfolger als Chef der *Deutschen Bank*, Hilmar Kopper, hat sich dann nach Herrhausens Tod und seinem eigenen Aufstieg in den Chefsessel offensichtlich lieber um ein funktionierendes innerdeutsches Filialnetz zwischen Dresden und Leipzig gekümmert, als erneut die Nase zu weit aus dem Fenster zu strecken.

Es steht zu vermuten, dass Herrhausen nicht unerwartet vom Tode getroffen wurde, denn einige Wochen zuvor, nach einer Rede in den USA, wo er zum ersten Mal seinen Plan offenlegte, ganz Ostpreußen zu kaufen und so das Deutsche Reich fast wiederherzustellen, und dieser Plan ganz offensichtlich nicht auf Gegenliebe traf, soll er zu seiner Frau gesagt haben: *„Ich glaube, jetzt bringen die mich um!“* Herrhausen war es auch, der offenlegte, er sei Schüler einer NAPOLA, einer jener nationalsozialistischen Eliteschulen, gewesen – ebenfalls etwas, das ihm offenbar in bestimmten Kreisen eher Negativpunkte einbrachte. Die wiederum nächste Generation der RAF ermordete dann Detlef Karsten Rohwedder. Er wurde in seinem Haus erschossen, durch das einzige nicht gepanzerte Fenster, und das mit perfekt platzierten Schüssen: Gleich der erste zerfetzte Lunge und Aorta, mit dem Rest des Magazins wurde im ganzen Zimmer wild umhergefeuert, um die schießtechnische Meisterleistung auf ein ziviles Maß zu relativieren.

Rohwedder hatte eine große Aufgabe. Er war als Sanierer von der *Hösch AG* gekommen. Niemanden hatte er dort entlassen, keine Steuergelder waren dabei draufgegangen, und das Unternehmen schrieb wieder schwarze Zahlen. Nun sollte er die Treuhand führen und für einen Wiederaufbau in den „neuen Bundesländern“ sorgen. Er wollte einen echten Mittelstand, keine zusätzliche Belastung für den Steuerzahler, keine Umweltschäden. Er verkaufte nur wenig, aber dafür in gute Hände. Und er ließ sich Zeit. Dann wurde er ermordet. Nachfolgerin wurde eine Birgit Breuel, geborene Münchmeyer und Tochter des Alwin Münchmeyer, der später persönlich haftender Gesellschafter der 1969 fusionierten Privatbank Schröder, Münchmeyer, Hengst & Co. (SMH) wurde.

Frau Breuel verkaufte schnell und billig. Und der Steuerzahler garantierte für alles. Und der Steuerzahler zahlte und schenkte und bürgte und büßte. So z.B. wurde die *Berliner Stadtbank* für 49 Millionen verkauft an die Berliner Bank. Der Preis hört sich ja zunächst einmal gar nicht so schlecht an. Das Fatale dabei ist, dass die Berliner Stadtbank auf Kreditforderungen von 11,5 Milliarden saß, die fast ausnahmslos erfüllt wurden. So gesehen wird aus dem tollen Verkaufspreis schnell eine bittersüße Tränennummer für den deutschen Steuerzahler.

Der damalige Finanzminister Theo Waigel sah hierin allerdings keinen Grund zur Beanstandung. Man habe alles genau geprüft und niemals unter Preis verkauft. Waigel hatte damals dann übrigens auch einen Freibrief ausgestellt für alle höheren Angestellten der Treuhand: Sie durften nach einem neuen Gesetz nicht für Fahrlässigkeit belangt werden. Die kleineren Angestellten wiederum aber schon... Wenn es also um 1.000 DM ging, dann war der Teufel los, wechselten aber hier und da mal ein paar Milliarden den Besitzer, hielt Waigel seine Hand darüber – nach dem Motto: In der Eile des Geschäfts, passierten schon mal Fehler, wir mussten ja schnell verkaufen. Frau Breuel verkaufte auch gern und viel an (amerikanische) Großbanken (nur die *Chase Manhattan* hielt sich auffallend vornehm zurück) und ließ dem Steuerzahler die Sanierungskosten aufbürden. Sie hinterließ schließlich ein sehr, sehr, sehr tiefes Finanzloch. Um genauer zu sein, waren es erheblich mehr als 300 Milliarden D-Mark, wahrscheinlich eher 500 Milliarden (zu mehr Details lesen Sie bitte das genannte Buch). Frau Breuel ruinierte im Anschluss noch die *Expo2000* in Hannover, die ebenfalls ein finanzielles Desaster wurde. Wer an diesem kräftig verdient hat, kann an dieser Stelle nicht behandelt werden.

Das besagte Finanzloch von einigen hundert Milliarden DM wurde im Finanzministerium ordentlich verbucht. Finanzminister zu der Zeit war Theo Waigel – auch bekannt als der Finanzminister, der das größte Steuerloch aller Zeiten ausgerechnet 3 Monate NACH den Wahlen fand (Zufall, versteht sich – und natürlich auf gar keinen Fall politisch irgendwie beabsichtigt). Nun, ein Finanzminister macht ja die Arbeit bekanntlich nicht allein; er ist u.a. auf die Arbeit seiner Staatssekretäre und die Mitarbeiter des gesamten Verwaltungsapparates angewiesen. Irgendjemand in dieser Hierarchie wird die Informationen über ein paar hundert fehlende Milliarden schon gehabt und sehr wahrscheinlich auch an Waigel weitergegeben haben. Dieses größte, oben angesprochene Steuerloch betraf das Jahr 1990; dies und alles was danach kam, die Treuhand und deren Steuerverschwendung wurde von dem damals zuständigen Staatssekretär im Finanzministerium verantwortet, der seine Arbeiten dann Theo Waigel vorlegte.

Dieser Staatssekretär hieß Horst Köhler (in diesem Amt von 1990 bis 1993) – richtig, der spätere Bundespräsident Horst Köhler!

Volker Pispers, mein Lieblings-Kabarettist, antwortete seinem Publikum auf einen spontanen Zuruf nach der Nennung dieses Namens mit einem: „*Richtig! Ach du Scheiße!*“

In einem Spiegel-Interview im Jahre 1992 sagte dieser Finanzstaatssekretär Horst Köhler: „*Wenn sich ein Land durch eigenes Verhalten hohe Defizite zulegt, dann ist weder die Gemeinschaft noch ein Mitgliedsstaat (der EU) verpflichtet, diesem Land zu helfen... Es wird nicht so sein, dass der Süden bei den sogenannten reichen Ländern abkassiert. Dann nämlich würde Europa auseinanderfallen.*“ (Aaaha...!)

Später dann, wen wundert es, wurde er zum Chef der *Europäischen Bank für Wiederaufbau* befördert, danach dann zum Chef des *Internationalen Währungsfonds* und vom 1. Juli 2004 bis Juni 2010 schließlich sogar zum Bundespräsidenten der Bundesrepublik Deutschland. Der zum „Bundeshorst“ avancierte Köhler setzte dann mit seiner Unterschrift die Gesetze zur „Griechenland-Rettung“ und zur „Rettung des Euros“ in Kraft. Ein paar Tage später trat er (bei der erstbesten Gelegenheit?) zurück, und anstatt dass sich die Medien zumindest wenigstens „auch“ ernsthaft fragten, was den Mann wirklich zu diesem Schritt bewogen hatte, diskutierte die Republik lieber ausschließlich und ausgiebig, wer als Nachfolger die besten Chancen haben würde.

Falls Sie das alles wussten, dann überrascht Sie vielleicht doch noch etwas anderes. Köhler war in seiner Laufbahn u.a. auch der Chefunterhändler, der nach der sog. „Wieder-Vereinigung“ der beiden verwaltungsrechtlichen Provisorien (auf jeweils ungefähr einem Drittel des Staatsgebietes des Deutschen Reiches) BRD und DDR nach Moskau fuhr, um mit der dortigen Führung über den Abzug der russischen Truppen aus Mitteldeutschland zu verhandeln. Nicht überrascht? Warten Sie, die Geschichte ist noch nicht zu Ende... Mit dem Entwurf dieser Verträge war eine süddeutsche Anwaltskanzlei beauftragt. Diese legte nach langer, harter Arbeit Bundeskanzler Kohl ihren Vertragsentwurf vor, der diesen dankend entgegennahm und von dort an alles „selbst in die Hand“ nehmen wollte und die Herren höflich, aber bestimmt verabschiedete. Der von der Kanzlei und den Moskauer Verhandlungspartnern ausgehandelte Vertrag sah vor, 4,5 Milliarden D-Mark an die Russen zu zahlen. Einige Monate später war aus der Kanzlei mit vielen Anwälten ein Einzelkämpfer mit Sohn geworden.

Was war passiert? Bis hierhin darf ich alles ohne Zusatz schreiben. Ab hier setze ich schwärzungssicher lieber hinzu „dem Hörensagen nach": Offenbar wurde der Vertrag in wesentlichen Punkten geändert. Der betreffende Anwalt hatte im Rahmen einer kleinen Konferenz einer vollkommen anderen Organisation über das Erlebte ein einziges Mal berichtet und sprach dabei, dem Berichte eines der Teilnehmer zufolge, von 83 Milliarden D-Mark, die offenbar bis auf ein Minimum verschwanden. Man habe, so der erinnerte Redefluss des Anwalts, durch die *Schweizer Nationalbank* das Eintreffen von ca. 80 Milliarden auf diskreten Konten gemeldet bekommen. Leider wollte mir die Kanzlei, deren Name mir bekannt ist, keinerlei Auskünfte geben (was ich verstehen kann, bei den Erfahrungen, die sie gemacht haben dürfte).

Die Zahlungen sollen übrigens nach meinen Informationen aus der deutschen Rentenkasse getätigt worden sein, die bis 1990 prall gefüllt war und deren plötzliches Erschlaffen spätestens 1991/1992 sichtbar wurde, als man – offenbar zur Tarnung der vorhergehenden Wegnahme des Eigentums des deutschen Volkes – die sog. „versicherungsfremden Leistungen" als angeblichen Grund für das radikale Abschmelzen (in der Größenordnung von etwa 80 Milliarden) des Vermögens der Rentenkassen herbeizauberte.

Und ist es Zufall, dass Russland tatsächlich offenbar nur 4,5 Milliarden bekam? Zu Helmut Kohl soll nicht unerwähnt bleiben, dass dieser nach seinem Ausscheiden aus dem Amt angeblich bei der *Credit Suisse* als Berater tätig geworden sein soll – mit einem angeblich fünfstelligen Monatsgehalt. Und Michail Gorbatschow soll seit den frühen 1990er-Jahren neben einer Pferdefarm in Finnland und einer Villa am Starnberger See auch noch ein Schloss in St. Petersburg besitzen. Seit den frühen 1990er-Jahren – Zufall?

Mal sehen, was passiert, wenn Helmut Kohl begraben wird. Wird er heimlich innerhalb von zwei Tagen in Wien beigesetzt werden? Wer wird wie viel erben? Hinzufügen möchte ich Folgendes: Nehmen wir einmal an, die beiden hätten dieses Geld von den offiziellen Quellen veruntreut, dann bleiben zwei Möglichkeiten für die Mittelverwendung: privat oder geheim. Bei der Größenordnung dieser Summe mag ich nicht entscheiden, welche der beiden Möglichkeiten mir gruseliger erscheint...

Resümee

Nachdem ich einigermaßen verstanden hatte, dass die Realität nicht so ist, wie sie in den Nachrichten des Fernsehens und der Zeitungen erscheint und dass hier offenbar Mächte am Werk sind, die weitaus wichtiger und mächtiger scheinen, als es je ein Präsident eines noch so großen Landes sein könnte, nachdem ich außerdem verstanden hatte, dass Gesellschaften wie der Jesuitenorden, die Freimaurer, die Brüder des Bundes (B'nai Brith), die Bilderberger, Trilaterale Commission und viele, viele mehr gemeinsam in einem Netzwerk zusammen (und gegeneinander) spielen und die Erde als Beute sehen und auch so behandeln, und ich mich angewidert fühlte von solchen menschenverachtenden „Spielchen", ihrer Missachtung jeglicher Moralvorstellungen und Grundwerten, versuchte ich herauszufinden, worin all dies begründet sein könnte. (Gerade zu diesem letzten Punkt lege ich Ihnen folgendes Buch ans Herz: „Die TranceFormation Amerikas: Die wahre Lebensgeschichte einer CIA-Sklavin unter Mind-Control". Mark Phillips und Cathy O'Brien erzählen darin, warum Dick Cheney eigentlich „Dick" heißt, was Bush sen. sehr gern tut und was Herr und Frau Clinton gemeinsam haben. Und zwar sollen sie sehr große Freude daran haben, Mädchen, Frauen und auch Jungen beinahe jeden Alters sexuell zu missbrauchen. „Dick" soll dabei allein durch die Größe seines Geschlechtsteils insbesondere kleinsten Mädchen heftigste Verletzungen zugefügt haben. Man muss beim Lesen dieses Buches manchmal wirklich starke Nerven beweisen. Die Vorliebe für kleine Kinder und deren sexueller Missbrauch ist übrigens auch in Deutschland anzutreffen. Nach den Skandalen in Belgien um Mark Dutroux[46] ist dieses Thema erstmals der breiten Öffentlichkeit bekannt geworden, wobei Teile der alten belgischen Bevölkerung schon oft gesagt haben, dass sie solche Dinge **vor** *der EU nie gehabt hätten, danach jedoch immer häufiger. Und es scheint auch mitten unter uns in Deutschland munter weiterzugehen mit diesen Abscheulichkeiten, wie jüngste Beobachtungen und Berichte aus Berlin, Steglitz, Dreieinigkeitskirche[47] zeigen. Dort werden offenbar in unschöner Regelmäßigkeit jeden Samstag unter Bewachung der Polizei Kleinstkinder an ihre neuen Besitzer verschoben. Sollten Sie als Leser in Berlin wohnen, bitte ich Sie herzlichst, sich davon einmal selbst zu überzeugen.*

Jedoch Achtung: Es ergibt keinen Sinn, über „die Politiker", „die Amerikaner", „die Juden", „die Nazis", „die Deutschen" oder andere Gruppen als Ganzes zu sprechen. Man wird ihnen in keinem Fall gerecht! Man muss tat-

sächlich die mühevolle Kleinarbeit auf sich nehmen und analysieren, wer wann was warum für wen gemacht hat, um aus dem Chaos wertvolle Informationen herauszufiltern. Es gibt genügend Juden, die sich redlich bemühen, ihren Teil dazu beizutragen, dass Frieden in der Welt herrscht. Und es gibt auf der anderen Seite genügend „Deutsche" oder „Österreicher", die sich auf der „Verschwörer"-Seite befinden. Lassen Sie mich noch ein wenig mehr unser Schulwissen beleuchten und das, was uns da so als „wahre Geschichte" verkauft wird. Es geht mir aber vor allem darum, Ihren gesunden Menschenverstand und Ihre Beobachtungsgabe zu erwecken. Denn bei vielem, was man in der Schule so lernt, würden schon einige kritische Fragen über die Logik hinter den Ereignissen das ganze Lügengebäude schnell zum Wackeln, ja vielleicht sogar zum Einsturz bringen. Politik und Geschichte, Imperialismus, Krieg und Terror haben immer etwas mit Geld zu tun, in diesem Fall mit wirklichem Geld, nämlich Gold. Unser Geld ist leider immer weniger, eigentlich sogar gar nichts wert, und die echten Werte sind Gold und Silber und andere Edelmetalle. Kommen wir also nun zu Gold und Silber in Gegenwart und Vergangenheit, den Banken und deren Verknüpfungen mit Politik, Hochfinanz, Terror und Drogen. Ein verdrießlicher Mix, der bei näherem Hinsehen zeigt, dass der Normalbürger in jeder Epoche regelrecht gemolken wurde. Seine Arbeitskraft stand nie in seinen Diensten, sondern immer unter Fremdherrschaft, egal wie selbständig, unternehmerisch oder erfolgreich dieser Bürger auch gewesen sein mag. Die reiche Ernte haben ganz andere eingefahren. Und selbst diese Kreise, in denen jeder Zugang zu unlimitierten Finanzen hat, sind offenbar wiederum nur im Dienste anderer tätig. „There is always a bigger fish!", sagt der Engländer. Es gibt immer einen größeren Fisch, jemanden, der noch mächtiger ist und noch reicher.

8. El Shaddais machtvolle Hand

Suchen Sie sich einmal einen Chart im Internet, der die Entwicklung des Goldpreises über die letzten Jahrhunderte zeigt. Sie erkennen von heute an zurückgerechnet vor rund 30 Jahren – also 1980 – den letzten Höhepunkt beim Goldpreis. Ziemlich genau 30 Jahre davor gab es wiederum einen Höhepunkt der Preisentwicklung. Und ziemlich genau 30 Jahre davor ebenfalls. Etwas weniger deutlich, möglicherweise weil die Märkte damals nicht so „vernetzt" waren wie heute, aber dennoch sichtbar, geht es in einem dreißigjährigen Zyklus zurück in die Vergangenheit. Die Chartexperten unter den Lesern werden immer wieder sog. „W-Formationen" oder

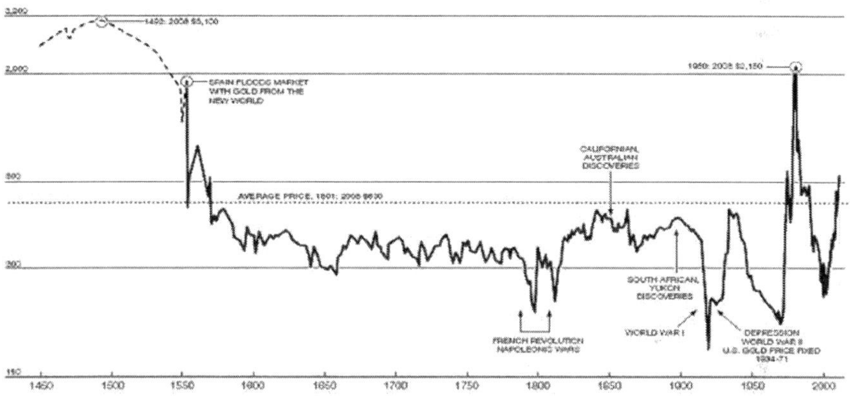

Abb. 11: Der Goldkurs im Laufe der letzten Jahrhunderte.

„Kopf-Schulter-Formationen" erkennen. Was ist der Grund für immer wiederkehrende, gravierende Preisschwankungen, abgelöst wiederum durch Zeiten sehr stabiler, meist erheblich niedrigerer Preise?

Die Wirtschaftstheorie spricht im Zusammenhang mit der Preisbildung für ein beliebiges Gut immer von *Angebot* und *Nachfrage*. Ist ein Gut selten, ist es teurer als ein Produkt vergleichbarer Güte und Beschaffenheit, welches jedoch häufiger vorkommt. Ist ein Gut z.B. aufgrund von Werbemaßnahmen gefragter als ein anderes von gleicher Güte, Beschaffenheit und bei gleich großem Vorkommen, steigt sein Preis ebenfalls. Die Nachfrage kann also dafür sorgen, dass ein Gut im Preis steigt, ebenso wie das Angebot, also die Quantität des Vorkommens dieses Gutes den Preis beeinflussen kann. Auf das Gold bezogen heißt dies: Wenn wir von einer Situation ausgehen, in der das Vorkommen auf der Erde durch Entdecken einer wirklich großen neuen Mine subjektiv ansteigt, kann dies zu Preisnachlässen kommen. Spricht man eher von sinkenden Vorkommen in den Minen und Problemen bei der Förderung, so kann der Preis steigen. Diese beiden Einflüsse sind kleine Einflussfaktoren, denn die jährliche Förderungsmenge ist inzwischen sehr groß und eine Mine allein müsste gigantische Ausmaße haben, um z.B. einen Goldpreisanstieg zu verursachen, wie wir ihn in den letzten Jahren erlebt haben. Nehmen wir an, die Nachrichtenlage ist, wie in den letzten Jahren, mit negativen Wirtschaftsnachrichten durchsetzt, dann sprechen die Börsenprofis von einer „Flucht in den sicheren Hafen" – Gold als Inflationsschutz, als Schutz gegen den Totalverlust des eigenen Vermögens. Gern wird auch über Silber gesprochen. Frage: Warum hört bei gleichbleibender Nachrichtenlage der Goldpreis auf zu steigen, ja, warum fällt er sogar wieder? Gehen wir von einer anderen Seite heran: Nehmen wir an, das Gold-Angebot würde knapper werden. Warum könnte das so sein? Nun, wenn viele Menschen in den „sicheren Hafen" wollen, kaufen viele Menschen Gold, und dieses Gold verschwindet vom Markt und landet in privaten Tresoren. Dies könnte ein Grund für den Anstieg des Preises sein.

Und in der Tat ist die COMEX, die Warenbörse in London, die für den Handel mit Edelmetallen zuständig ist, inzwischen so weit, dass Lieferkontrakte über Gold entweder mit „Papiergold" zum aktuellen Weltmarktpreis ausgezahlt werden oder, wenn physische Ware gefordert wird, diese nur mit einem Aufschlag von mittlerweile 25% veräußert wird, manchmal noch teurer. Das heißt: Die Börse hat kein Gold mehr in ihren eigenen Tresoren liegen, das sie noch ausliefern könnte und verlangt regelrecht „Schmiergeld", wenn der Kunde wirklich noch echtes, physisches Gold geliefert bekommt. Obendrein fand man etliche Tonnen falsche Goldbarren mit Wolfram-Kern, was einen Preisunterschied von nahezu 90% ausmacht, der sich in diesem Fall auf etliche Milliarden summiert.[48]

„Im Oktober kam es in London angeblich zu irregulären Abrechnungen von Goldkontrakten, bei denen JP Morgan und Deutsche Bank nicht liefern konnten und die Hilfe der BoE (Bank of England) suchten. Während dieser Zeit (25. September bis 14. Oktober) kam es ebenfalls zu Unregelmäßigkeiten bei der Auflistung der Goldbestände (Gold ETF). Das Bar-

ren-Inventarverzeichnis von 1.381 Seiten hatte plötzlich weniger als 200 Seiten, dann wieder über 800. In Hong Kong wurden in einem LBMA zertifizierten Lagerhaus falsche 400 oz Goldbarren mit Wolframkern gefunden. So weit die bekannte Story. Das gefälschte Gold wurde China zugeschrieben, doch das scheint nicht zu stimmen. Nach Kirbys Aussagen sind 5.600 bis 5.700 dieser 400 oz Barren, also 60 Tonnen, fragwürdig. Die Chinesen hätten jetzt Folgendes herausgefunden: Vor ca. 15 Jahren wurden zwischen 1,3 und 1,4 Mio. dieser 400 oz Gold-Wolfram-Barren hergestellt, gut 16.000 Tonnen (das entspricht nach heutigem Marktpreis einigen Billionen Euro!). 640.000 dieser Barren wurden an Fort Knox geliefert. Kirby verfügt hier angeblich über Originaldokumente, die diese Lieferung bestätigen. Die restlichen gefälschten Barren wurden an den internationalen Märkten verkauft, sodass diese heute regelrecht von diesen Fälschungen durchsetzt sind."[49]

Das heißt also, die tatsächlich vorhandene Goldmenge ist damit in einer Sekunde möglicherweise um genau diese 16.000 Tonnen geschrumpft. Eine durchaus interessante Menge... Die internationalen Zentralbanken sind ebenfalls mit ihren Verkäufen in den letzten Jahren von ihren einstmals hohen Beständen herunter und können und wollen bald nicht mehr verkaufen. Dies alles aber würde wirtschaftstheoretisch betrachtet nicht einmal ansatzweise erklären, warum der Goldpreis in wenigen Jahren von $ 150 pro Feinunze auf über $ 1.900 anstieg. Lassen wir unseren Blick in die Vergangenheit schweifen: 1980 war der letzte Goldpreisanstieg. An welche Nachrichten aus dieser Zeit können Sie sich erinnern?

Da gab es die RAF, die Roten Brigaden, den ROTEN STERN, die P2-Loge, kurz gesagt: Die Welt war voller Terror, und es gab Morde und Entführungen am laufenden Band. Vergleichen wir das einmal mit heute: George W. Bush kann uns dabei sehr helfen, denn er war es, der zum „Krieg gegen den Terror" aufrief. Die Angst der Menschen im „Kalten Krieg" von damals findet ihre Entsprechung heute, da heute der Nahe Osten, Nord-Korea und andere Staaten zur Angstbegründung herhalten müssen.

Gehen wir den nächsten Schritt in die Vergangenheit: 30 Jahre vor 1980, also 1950. Da hatte die Welt gerade den Zweiten Weltkrieg hinter sich. Die erste Atombombe war abgeworfen worden. Angstbegründer brauchte man nicht – die Angst vor Krieg war wohl begründet. Doch warum hatte dieser Krieg stattgefunden? Oberflächlich gesehen stand Deutschland im Fokus der anderen Mächte und wurde, schuldhaft oder nicht, durch diesen Krieg nahezu ausgelöscht.[50] Japan war ebenfalls beteiligt und unterlegen. Wie nun, wenn dieser Krieg gegen Deutschland und Japan (zumindest teilweise) nur zur Ablenkung diente? Dann werfen wir einen Blick auf den Goldpreis, die Fakten sprechen für sich. Gehen wir erneut 30 Jahre zurück, landen wir am Ende des Ersten Weltkriegs. Auch hier herrschte weltweite Angst und Sorge und Anteilnahme, und wiederum war Deutschland im Fokus.

Geht man wiederum 30 Jahre zurück, sorgten angeblich die großen Minenentdeckungen in Südafrika und Alaska für einen großen Preisverfall (nach vorherigem Anstieg über 30 Jahre). Gehen wir wiederum einen 30-Jahres-Schritt zurück, sehen wir einen radikalen Preisverfall ohne eine auf den ersten Blick erkennbare (politische) Begründung, noch einmal 30 Jahre weiter sind es die Goldfunde in Kalifornien, die den Preisverfall (wiederum nach einem Anstieg über viele Jahre) begründeten. Dann wieder und wieder und wieder dasselbe Bild.

Wir sehen also in einem ca. dreißigjährigen Zyklus den Goldpreis schwanken, meist mit langsamem Anstieg und schnellem Verfall. Man kennt solche Wellenzyklen in der Wirtschaftstheorie auch unter anderen Namen mit anderen Laufzeiten. Da gibt es z.B. die *Kondratieff-Zyklen*, die wechselnde Laufzeiten von 40-60 Jahren haben.

Nehmen wir uns noch einmal den Gedanken einer Angebotsverknappung vor. Gäbe es noch ein anderes denkbares Szenario für eine Goldangebotsverknappung? Ja, die gibt es! Ein knappes Angebot deutet immer auf entweder kleiner werdende Fördermengen oder eine größere Nachfrage hin. Die Goldnachfrage besteht nicht nur aus Schmuck-, Industrie- und Anlagebedarf, sondern auch aus dem Bedarf, Gold tatsächlich als Zahlungsmittel zu nutzen. Insbesondere trifft dies offenbar auf den asiatischen Drogenhandel zu. Und hier gehen einige Autoren so weit, dass geschrieben wird, in Hongkong wäre der zentrale Platz für den asiatischen Drogenmarkt, und die Bezahlung liefe ausschließlich über Gold. Dies wäre auch der Hintergrund, warum in Hongkong ein Vielfaches an Gold gehandelt wird als an anderen Marktplätzen der Welt.

Und so richtig interessant wird diese Sichtweise, wenn man sich Afghanistan anschaut, ein riesiges Drogenanbaugebiet. Seit einigen Jahren sind die Amerikaner dort und lassen sich im Kampf für Schulen, Frauen und saubere Brunnen sowie Demokratie von aller Herren Länder unterstützen. Und seit die Amerikaner dort sind, ist der Drogenhandel dort um ein Vielfaches gestiegen.[51] Und seit die „Schutztruppen" in Afghanistan sind, steigt auch der Goldpreis auf immer neue Rekordhöhen.

Wenn Sie mir jetzt noch einen Blick in die Vergangenheit erlauben, dann kann ich Ihnen zeigen, dass kurz nach dem Einmarsch der Russen (Dez. 1979) in Afghanistan der Goldpreis 1980 sein bis dahin neues historisches Hoch erreichte. Handelt es sich bei diesen Goldpreis-Höchstständen also um die Folge einer Verknappung von Gold als Zahlungsmittel für Drogen am Marktplatz Hongkong, weil aus welchem Grund auch immer nach Einmarsch der Truppen in Afghanistan plötzlich der Drogenhandel um etliche hundert Tonnen anstieg? Wenn tatsächlich der Anstieg des Goldpreises über einige wenige Jahre hinweg jeweils die Folge einer tatsächlichen Angebotsverknappung sein sollte, so muss es für die daraufhin einsetzende Konsolidierung des Preises, also den schnellen Verfall, ebenfalls eine Begründung geben, möglicherweise die eines plötzlichen Nachlassens des Angebotssoges. Das heißt, jedes Mal, wenn der Markt wieder gemolken werden soll, steigt der Preis, wobei man versucht, diesen so lange wie möglich durch geschickte Manipulation zu deckeln. Jedes Mal, wenn der Melkvorgang abgeschlossen ist, entspannt sich die Lage am Markt relativ schnell, und die Preise sinken wieder.

Nachdem wir uns den Rhythmus und die Preisentwicklung angesehen haben, werfen wir noch einen Blick auf die aktuelle Lage am Gold- und Silbermarkt mit einem besonderen Schwerpunkt auf mögliche Manipulationen. Was Gold angeht, so haben die Zentralbanken ein Abkommen geschlossen, soundso viele Tonnen Gold jährlich zu verkaufen. Und jedes Mal, wenn der Goldpreis schneller angestiegen ist, als ihnen lieb war, kündigte man an, wieder einmal 100 Tonnen. Gold zu verkaufen. Allein, man tat es nicht. Nur die Ankündigung sorgte schon für einen Preisrückgang. Denn 100 Tonnen Gold zu einem Marktpreis von $ 1.000 pro Unze ist ein riesiger Haufen Geld, der den Markt sehr wohl beeinflussen kann.

Schauen wir uns nun den Silbermarkt etwas genauer an, denn dort ist die Situation noch dramatischer.[52] Das Bankhaus *JP Morgan* hat im Mai 2008 von der in Insolvenz gegangenen Bank *Bear Sterns* eine marktbeherrschende Silber-Shortposition übernommen.

Das heißt, das Bankhaus *Bear Sterns* war bis dahin dafür verantwortlich, dass der Silberpreis am Boden gehalten wurde. Nach der Pleite von *Bear Sterns* hörte *JP Morgan* dann mit diesem Treiben nicht etwa auf, sondern machte daraus eine so große Position, dass den Fachleuten der Branche regelrecht schwindlig wurde. 1979 hatten die Gebrüder Hunt[53] schon einmal den Silbermarkt auf ähnliche Weise angegriffen. Sie kauften so viel Silber, wie sie nur bekommen konnten und hatten schnell die Hälfte des Weltjahresangebots in ihrer Hand. Im Gegensatz zu *Bear Sterns/JP Morgan* versuchten die Hunt-Brüder „nur" sehr schnell sehr reich zu werden. Die massiven Leerverkäufe der *Bear Sterns* und anschließend *JP Morgan* haben jedoch ein anderes Kaliber.

„Leerverkaufen" heißt, ich verkaufe ein Lieferversprechen für Silber zu einem bestimmten (tiefen) Preis in der Zukunft, welches ich jetzt noch gar nicht besitze. Verkaufe ich unglaublich viele von diesen Lieferversprechen, kann der Preis nicht steigen. Solche Aktionen sind, einfacher ausgedrückt, Manipulationen des Marktpreises. Diese Handlungen unterliegen strengen Vorschriften, und man muss sich fragen, warum die Aufsichtsbehörden trotz massiver Hinweise und wiederholter Prüfungen nichts gefunden haben. Mittlerweile, während der bewusst herbeigeführten Verluste bei tausenden von Anlegern in Silber, hat *JP Morgan* es geschafft, ihre Leerverkaufsposition („Shortposition") komplett abzubauen und stattdessen die größte Position an physischem Silber aufzubauen.

Wenn es nicht so schlimm wäre, würde ich sagen: *„Hut ab!"* Erst manipulieren sie über annähernd 15 Jahre den Preis nach unten, und dann nutzen sie die tiefen Preise und kaufen sich so massiv in Silber ein, dass, ähnlich wie bei den Hunt-Brüdern, niemand mehr an ihnen vorbeikommt. Alles geschieht ganz offensichtlich mit der Rückendeckung der untätigen Aufsichtsbehörden. Bei den Hunt-Brüdern wurden sie tätig und beschlagnahmten alles Silber, bei *JP Morgan* nicht. Im Internet finden Sie jede Menge sehr interessanter Texte dazu, insbesondere im Zusammenhang mit Ted Butler, der beinahe wöchentlich neue Analysen auf höchstem fachlichem Niveau und doch für jedermann verständlich veröffentlicht.

JP Morgan, welch Zufall, gehört zum erlesenen Kreis der 11 privaten Eigentümerbanken der FED (Federal Reserve System), der „staatlichen“ Zentralbank der USA.

Falls Ihnen die Entstehungsgeschichte der FED nicht geläufig sein sollte, möchte ich Michael Morris zitieren, der diese in seinem Buch „Was Sie nicht wissen sollen“ gut komprimiert erklärt:

> *„Doch die Rockefellers waren auch im Bankwesen tätig, und gemeinsam mit den anderen Großbankiers suchten sie nach einem Mittel, den US-Dollar wieder in ihre Hände zu bekommen. Wie konnte es das Kartell anstellen, die Macht zu behalten, ohne dass das Volk es merkte? Alles begann im Geheimen im Jahre 1910, wie G. Edward Griffin in seinem Buch ‚Die Kreatur von Jekyll Island' ausführlich beschreibt:*
>
> > *‚Die Elite der Finanzwelt hatte sich auf eine 800 Meilen lange Reise begeben, die sie nach Atlanta führte, dann nach Savannah und schließlich in die kleine Stadt Brunswick in Georgia. Dieses Brunswick erschien eigentlich als ein eher unbedeutendes Reiseziel. An der Atlantik-Küste gelegen, war es vor allem ein Fischerstädtchen mit einem kleinen, aber lebhaften Hafen, in dem Baumwolle und Nutzholz umgeschlagen wurden. Nur einige tausend Menschen lebten hier. Doch zu jener Zeit waren die Sea Islands, die die Küste von South Carolina bis Florida schützten, bereits bei den wirklich Reichen als beliebte Winterquartiere geschätzt. Eine dieser Inseln, gleich vor der Küste des Städtchens Brunswick gelegen, war erst kürzlich von J.P. Morgan und einigen seiner Geschäftspartnern erworben worden; hierhin kamen sie im Herbst und im Winter, um Enten oder Rotwild zu jagen und der Strenge des kalten Winters im Norden zu entfliehen. Diese Insel hieß Jekyll Island.'*
>
> *Neun Tage berieten sieben Herren unter strengster Geheimhaltung darüber, wie man das Finanzsystem der USA künftig neu strukturieren würde. Dies waren* **Nelson Aldrich** *(Senator und Vorsitzender des Senate Finance Committee, Vertrauter und Geschäftspartner von J.P. Morgan),* ***Abraham Piatt Andrew*** *(Ministerialdirektor des US-Schatzamtes, welches das amerikanische Gold verwaltete),* ***Frank A. Vanderlip*** *(Präsident der National City Bank of New York, auch Abgesandter von William Rockefeller und der Investmentbank Kuhn-Loeb),* ***Henry P. Davison*** *(Mitinhaber der J.P. Morgan Company),* ***Charles D. Norton*** *(Präsident von J.P.*

Morgans First National Bank of New York), **Paul M. Warburg** *(Teilhaber von Kuhn-Loeb und Abgesandter der europäischen Rothschild-Banken und der deutschen Warburg-Bank) sowie* **Benjamin Strong** *(Vorstand von J.P. Morgans Bankers Trust Company) – der später (1914 bis 1928) der erste Vorsitzende der New Yorker FED wurde. Diese Vertreter der Rothschild-, Rockefeller-, Morgan- und Warburg-Clans repräsentierten zusammen etwa ein Drittel des damaligen Reichtums der gesamten Welt! Sie hatten mehr Gold als irgendjemand sich in seinen kühnsten Träumen vorstellen kann!*

Bei den Besprechungen auf Jekyll Island ging es um nichts anderes als die Neuordnung des internationalen Finanzwesens. Es ging um die Frage, wie man die Konkurrenz ausschalten und das Geldwesen völlig in die Hände einiger weniger Großbanken bringen konnte. Von 1900 bis 1910 hatte sich die Zahl der Banken in den Vereinigten Staaten wieder mehr als verdoppelt. Es gab mehr als 20.000 Kleinbanken, vor allem im Süden und Westen des Landes, die den Mogulen in New York City die Suppe versalzten. Es ging aber auch darum, dass die Amerikaner nach wie vor Papiergeld ablehnten und auf Gold- und Silbermünzen bestanden, was den Bankern missfiel. Also erarbeiteten sie ein neues Bankengesetz, das jedoch von der Regierung unter William Howard Taft abgelehnt wurde.

Deswegen brauchte der ‚Geld-Trust' einen anderen Präsidenten, der sich angriffslustig für die Vorlage einsetzen würde, und der erwählte Kandidat hieß Woodrow Wilson, der bereits öffentlich seine Ergebenheit erklärt hatte. Wilsons Nominierung auf dem Parteitag der Demokraten wurde von Colonel House sichergestellt, der eng mit Morgan und Warburg verbunden war. Um Präsident William Howard Taft keine Chance für die Wiederwahl zu gewähren, ermutigte der ‚Geld-Trust' den früheren Republikanischen Präsidenten Teddy Roosevelt, erneut zu kandidieren. Roosevelt gewann die Vorwahlen der Republikaner gegen Taft und trat nun bei der Endwahl gegen Woodrow Wilson an. Wilson und Roosevelt hatten beide während des ganzen Wahlkampfes vehement gegen den ‚Geld-Trust' gewettert, obwohl das Kartell den Wahlkampf beider Kandidaten finanzierte – vielleicht sogar ohne dass sie es wussten?

Wilson gewann die Wahl mit geringem Vorsprung und wurde der 28. Präsident der USA. Doch das Bankenkartell war im Geheimen der eigentliche Sieger!

1913 wurde auf Druck von Nelson Aldrich durch Präsident Woodrow Wilson in einer Nacht- und Nebelaktion der ‚Federal Reserve Act' erlassen, ein Gesetz, das die Macht über den US-Dollar wieder zurück in die Hände der mächtigsten Privatbankiers legte und weitreichende Folgen für die amerikanischen Bürger und letztlich für die gesamte Welt hatte! Dadurch kam es zur Gründung einer neuen, privaten Zentralbank der USA, der Federal Reserve Bank, kurz FED genannt.
Kaum ein anderes Ereignis in der Geschichte hat mehr Kontroversen ausgelöst und zu mehr Verwirrung ums Geld beigetragen als die Schaffung der FED. Im Grunde gibt es bis heute keine hundertprozentige Klarheit darüber, was die Konstruktion, die Machtverteilung und Beziehung der FED zu anderen beteiligten Institutionen, wie der Treasury (Schatzamt), dem Assay Office (Münzprüfanstalt), dem Präsidenten und dem Militär angeht. Der Federal Reserve Act war in seiner, vom Kongress angenommenen Erstfassung so ungenau formuliert, dass niemand wirklich wusste, was er eigentlich aussagte. Er wurde seitdem 195 Mal geändert und erweitert. Ich denke nicht, dass es viele Politiker gibt, die ihn verstehen.

Ich versuche zusammenzufassen, was ich für gesichert halte:
Sicher ist, dass der Federal Reserve Act in den USA von allen 50 Bundesstaaten einzeln hätte genehmigt werden müssen. Fest steht auch, dass dies bis heute nicht geschehen ist. Die FED besteht aus dem Board of Governors, zwölf regionalen Federal-Reserve-Banken und einer Vielzahl von weiteren Mitgliedsbanken und anderen Institutionen. Da die Mitgliedsbanken gleichzeitig die Eigentümer der Federal Reserve sind, das Direktorium aber vom Präsidenten der Vereinigten Staaten ernannt wird, ist das Federal Reserve System teils privat und teils staatlich strukturiert – und somit alles andere als eine ‚Föderale Bank'!"[54]

„Das Geld ist der Gott unserer Zeit, und Rothschild ist sein Prophet."
Heinrich Heine

Wenn Sie an das Märchen der staatlichen Eigentümerschaft und an freie Märkte im Bereich Gold und Silber geglaubt haben, möchten Sie vielleicht zusätzlich folgende Bücher lesen: „Das Silberkomplott" von Reinhard Deutsch und vielleicht auch noch „Die Gold Verschwörung – Ein Blick hinter die Kulissen der Macht von einem Privatbankier aus der Schweiz" von Ferdinand Lips. Der gesamte Goldhandel ist durchzogen von Betrug und Lügen. Der Kurs wird willkürlich festgelegt und je nach Belieben durch Leerverkäufe nach oben oder unten getrieben. Der Leidtragende ist immer der Anleger, die Nutznießer sind immer einige wenige Banken. Privater Goldbesitz wird gern hin und wieder unter Strafe gestellt. Gold ist das einzige Metall, das seit Jahrtausenden als wertstabiles Tauschmittel genutzt wird und im Vergleich zu den wertlosen Papierwährungen, die von Banken in beliebiger Höhe ausgegeben werden (siehe „Quantitative Easing" aktuell auf dem Geldmarkt), die einzige international stabile Währung. Dies darf dem gemeinen Volk aber unter gar keinen Umständen bewusst werden, denn sonst würden sie ja Gold kaufen, statt sich Geldscheine geben zu lassen. Ferdinand Lips ist übrigens kurz nach der Veröffentlichung des Buches überraschend gestorben, und es gibt Menschen, die glauben, dass das kein Zufall war. Fazit: *JP Morgan* hat durch die Übernahme der Short-Position von *Bear Sterns* eine Aufgabe übernommen bzw. übernehmen müssen, die schwieriger kaum hätte sein können. Sie haben es geschafft, die marktbeherrschende Leerverkaufsposition in eine noch nie dagewesene Anhäufung von physischem Silber umzuwandeln.

Es darf davon ausgegangen werden, dass der Preis für Silber (und mit sehr großer Wahrscheinlichkeit auch der für Gold) innerhalb der nächsten Monate explodieren wird. Das Bankhaus *JP Morgan* wird dann zum strahlenden Gewinner dieses dreckigen Spieles werden, und viele, sehr viele Anleger aus den vergangenen Jahren werden dies durch ihre teilweise ruinösen, persönlichen Verluste gegen die Manipulateure ermöglicht haben, weil sie Silber kauften und daran glaubten, dass sie in einem freien Markt agieren, in dem die Fundamentaldaten einen entscheidenden Einfluss auf die Preise haben.[55] *„Sollte der Silbermarkt explodieren, werden sie 100 Milliarden oder mehr machen. Steigt Silber um zwei Dollar, machen sie schon eine Milliarde."*

Betrachten wir uns nun etwas, das Ihnen bestimmt nicht bekannt sein dürfte: Die Finanzmärkte sind dafür prädestiniert, in den nächsten Jahren ein Chaos nach dem anderen zu durchlaufen. Neben dem Vertrag, der für die Gründung der FED im Jahre 1913 für das notwendige Kapital in Form von Gold sorgte, läuft demnächst noch ein weiterer Vertrag aus: Im Jahre 2016 endet die Vertragslaufzeit für die *City of London* als Eigentümer der russischen Zentralbank. Es darf erwartet werden, dass Putin keine Verlängerung anstrebt. Ist dies etwa der Grund für die Verlegung von einigen zehntausend Soldaten beiderseits der Grenze zwischen Russland und EU?[56] Die Sicherheit bzw. das Stammkapital für die FED kam aus China in Form von Gold aus dem Eigentum der *Dragon Family*, also der kaiserlichen chinesischen Familie. Die Zusammenarbeit mit dieser Familie läuft bereits seit langer Zeit. Nach der Gründung der FED kaufte der damalige Finanzminister Henry Morgenthau vom chinesischen Finanzminister Soong 50 Millionen Unzen Silber and leaste weitere sehr, sehr große Mengen an Gold. 1998 sollten Teile dieses Goldes dann zurückgeführt werden (schließlich waren sie ja geleast, nicht verkauft worden). Die USA argumentierten damals, dass das Gold schon längst zurückgegangen sei, weil sie in den 1970er-Jahren den „Großen Vorsitzenden" Mao zu seiner Unterstützung mit Gold beliefert hatten. Die USA kamen mit dieser Argumentation allerdings vor Gericht nicht durch. Sie verloren und mussten das Gold zurückgeben. Das Gold war in unterirdischen Tresoren des World Trade Centers in New York gelagert. Die erste Auslieferung sollte am 12. September 2001 geschehen.

Sie ahnen schon, was passierte...? Das Gold unter dem World Trade Center blieb bis heute verschwunden, eine Rückgabe fand nicht statt. Am 23. November 2011 wurde dann vom Anwalt Neil Keenan, als juristischem Repräsentanten der *Dragon Family*, vor dem *United States District Court* für den südlichen Bezirk von New York eine Klage eingereicht, unter Zusammenarbeit mit (man höre und staune) INTERPOL, CIA, dem japanischen Geheimdienst, osteuropäischen Geheimdiensten, dem Pentagon und den Streitkräften von Russland und China.

Die Klage richtet sich gegen den Generalsekretär der UNO, Ban Ki Moon, die UNO selbst, den früheren italienischen Premierminister Silvio Berlusconi und die italienische Regierung, Giancarlo Bruno und das *Davos World Economic Forum* und andere, unter ihnen die meisten der Eigentümer der FED. Der Vorwurf gegen Sie lautet u.a.: Diebstahl von mehr als einer Billion US-Dollar, internationale Verschwörung, Betrug in diversen Fällen. Das Ganze kam ins Rollen, als am 3. Juni 2009 in Italien zwei japanische Staatsbürger widerrechtlich festgehalten wurden und ihr Eigentum beschlagnahmt wurde – Bonds im Wert von 134, 5 Milliarden Dollar.[57]

Doch selbst das ist noch lange nicht die ganze Geschichte. Gehen wir einige Jahrzehnte zurück in den „Wilden Westen“, so stellen wir fest, dass die amerikanischen Eisenbahnen größtenteils von chinesischen Arbeitern gebaut wurden. Diese Arbeiten wurden zu einem sehr großen Anteil nicht bezahlt und stattdessen Bonds ausgegeben. Ebenso wurden in China für Infrastrukturmaßnehmen viele Arbeiten von Ausländern ausgeführt und in chinesischen Bonds bezahlt. In den letzten Jahren konnte man nun in der ganzen Welt, ganz besonders aber in Zürich, hunderte Bondeigentümer aus aller Welt beobachten, die mit historischen Bonds (z.B. „Government of the Province of Petchili“) versuchten, Milliarden zu scheffeln, da sowohl die chinesische Regierung als auch die amerikanische Seite unter Führung der FED versuchte, diese historischen Bonds, für deren Zahlung noch immer garantiert wurde, unter ihre Kontrolle zu bringen. Zahlungsversprechen in Höhe von mehreren Billionen Dollar wurden gemacht, einige Bondbesitzer flogen zig Mal nach Zürich und gaben tausende Schweizer Franken für Hotels und Anwälte sowie Bankgebühren aus. Doch heraus kam meines Wissens nichts außer Kosten. Die beiden Großen auf dem Feld spielten sich gegenseitig aus. Die Gerüchteküche brodelt noch heute, aber reich geworden sind vermutlich nur die Hotels und Restaurants in Zürich. Jedoch sind diese Papiere möglicherweise doch werthaltig und könnten durchaus als Finanzinstrumente genutzt werden. Und um solche und andere, neuere Finanzinstrumente ging es bei dem oben genannten Diebstahl von mehr als 1 Billion Dollar.

Sie wundern sich vielleicht, dass hier an diversen Stellen illustre Namen auftauchen, wie Bush, Cheney, Berlusconi u.a., die allesamt recht nennenswerter Verbrechen angeklagt wurden. Wussten Sie, dass auch der ehemalige Papst sich in diese Gruppe eingliedern lässt? Der ehemalige Papst Benedikt, Joseph Ratzinger, wird beschuldigt, im Rahmen eines satanistischen Rituals im August 1987 in Holland ein kleines Mädchen ermordet zu haben. Hierfür gibt es mindestens eine Augenzeugin, und eine entsprechende Anzeige wurde erstattet.[58] Da aber der Vatikan ein eigener Staat ist und nicht ausliefert (und schon gar nicht einen Papst), kann sich dieser Mann bis heute erfolgreich vor einer Strafverfolgung drücken. Eine solche Liste legt die Vermutung nahe, dass man nahezu endlos weitere Politiker und sogenannte Würdenträger der schlimmsten Verbrechen überführen könnte – wenn man sie denn alle beweisen kann. Erstaunlich finde ich die Beteiligung der oben genannten Behörden und Dienste. Dies macht überdeutlich, dass es tausende guter Leute dort gibt und (hoffentlich) nur wenige Lumpen und dass es tatsächlich möglich ist, solche Instanzen für ein gutes Werk zu nutzen. Dass sie uns in der Vergangenheit als Teil des Bösen bekannt geworden sind, liegt nicht an der Mehrheit derer, die dort arbeiten. So ist es natürlich auch bei der FED.[59]

Diese betrachten wir uns nun noch etwas näher, da es sich dabei ja keineswegs um eine Bank im Eigentum des Staates, sondern eine exterritoriale Privatbank im Besitz von einigen wenigen Familien handelt, die obendrein durch Heirat miteinander eng verwoben sind.[60]

Andrew C. Hitchcocks Buch „The History of the Money Changers" vom Februar 2006 und das Buch des früheren Kongressbibliothekars Eustace Mullins „The Secrets of The Federal Reserve" geben hier tiefe Einblicke in die Details der Entstehung der FED und deren strategische Ausrichtung. Wer sich als Neuling mit diesen Büchern beschäftigt, dem wird mit allergrößter Sicherheit die Zornesröte ins Gesicht steigen. Banken, wie z.B. die von J.P. Morgan, die einfach ihr eigenes Geld druckten und damit tatsächlich bezahlen konnten, künstlich herbeigeführte Aktienmarktzusammenbrüche, ganz nach Wunsch provozierte Inflation und Deflation, im Rhythmus eines immer währenden finanziellen Melkvorgangs der nichtsahnenden Bevölkerung – es reihen sich unfassbare Details zu einem Bild zusammen, aus dem der Steuerzahler, der für alle diese per Gesetz legalisierten Diebstähle haften muss, nicht entrinnen kann.

Wer steckt hinter diesem (inzwischen nahezu weltweit[61] durchgesetzten) System der staatlich erscheinenden Privatbanken? Wir kommen immer wieder zu der Antwort: Warburg, Schiff, Rockefeller, Lehmann, Goldmann – und letztendlich Rothschild. (Im Internet finden Sie eine Liste von sog. Staatsbanken oder Zentralbanken, die von Rothschild übernommen oder gegründet wurden. – siehe Endnote[61]) Die Strategie dahinter findet sich in einem einfachen Zitat aus dem Hause Rothschild: *„Mir ist egal, welche Marionette auf dem Thron von England für die Verwaltung eines Imperiums sitzt, wo die Sonne nie untergeht. Der Mann, der die britische Geldmenge kontrolliert, steuert das Britische Imperium, und ich kontrolliere die Britische Geldmenge."*

Aber ist das tatsächlich die ganze Wahrheit?

Wer die Rothschilds waren und wo sie herkommen, kann jedermann im Internet nachlesen: dass sie aus Frankfurt stammen, der Gründer Mayer Amschel Bauer hieß, an seinem Geschäft das Zeichen der Khasaren angebracht hatte – ein rotes Schild –, und immense Gewinne durch die Finanzierung von Kriegen machte, vor allem im amerikanischen Bürgerkrieg, als er beide Seiten finanzierte usw. Von ihm stammt auch die Aussage: *„Gebt mir die Kontrolle über die Währung einer Nation, dann ist es für mich gleichgültig wer die Gesetze macht."*

Das Buch „The History of the Money Changers" von Andrew Carrington Hitchcock ist zu diesem Thema ein echter Leckerbissen mit zahlreichen Fakten aus der „verschwörungstheoretischen Ecke" (wobei diese Fakten zweifelsohne der Wahrheit entsprechen und nur gern von gewissen Kreisen in diesem Licht dargestellt werden).

Ich bin der Auffassung, dass hier zwar wirklich Tatsachen berichtet werden, dass jedoch die spontane Schlussfolgerung der Leserschaft, aus den ohne Unterlass genannten jüdischen Namen hierin eine Auflistung „jüdischer Schandtaten" zu sehen, erheblich zu kurz greifen würde. Es ist – davon bin ich fest überzeugt – doch ein wenig anders, als man gemeinhin denkt.

Ich bitte dennoch all diejenigen um Nachsicht, die im Folgenden als Menschen jüdischen Glaubens in einer Formulierung, wie z.B. „die Juden", einbezogen werden. Dies ist, wie immer in solchen Fällen, eine unzutreffende Verallgemeinerung, die zu kurz und daneben greift. Aus Sicht der Moslems sind die Amerikaner „die Teufel", aus Sicht „der Amerikaner" sind es vielleicht momentan „die Taliban", aus Sicht etlicher Europäer sind die Deutschen die Bösen. All dies sind unzulässige Verallgemeinerungen, meist durch die Medien so gelenkt, zielgerichtet, punktgenau und zweckorientiert. Jedermann, der schon einmal in fremde Länder gereist ist, kann sofort feststellen, dass der „kleine Mann" dort meist sehr gastfreundlich, weltoffen und friedlich ist und obendrein, mit etwas Glück, zur Masse der inzwischen weltweit schnell wachsenden Gruppe von Menschen gehört, die sich dank des Internets mittlerweile sehr viel umfassender informieren und eine Meinung bilden können, als dies noch vor wenigen Jahren der Fall war, und somit immer mehr Unwillen und Unverständnis für die Politik der Regierungen weltweit erkennen lassen. Ich möchte hier nun aus Hitchcocks Buch einige Informationen entnehmen, da diese sehr anschaulich darstellen, mit welch raffinierten Methoden die offenbar wirklich herrschende Klasse in diesem Fall „das Volk der Juden" als Bollwerk nutzt und ins Messer derer laufen lässt, die es nicht geschafft haben, den Vorhang zu lüften.

Hitchcocks Buch handelt grob gesagt vom Aufstieg des Finanzimperiums der Familie Rothschild und ihren Helfern. Zunächst einmal geht der Autor auf den grundsätzlichen Unterschied zwischen zwei jüdischen Gruppen ein – den sephardischen und den khasarischen (aschkenasischen) Juden. Die Sepharden sind als echte „Semiten" zu bezeichnen, da deren Vorfahren aus Israel oder der dortigen Gegend stammen. Die zweiten sind die khasarischen, auch als aschkenasisch oder osteuropäisch bezeichneten Juden, die ein ursprünglich nomadisches und später halbnomadisches Turkvolk in Zentralasien waren und von ihrem König Ende des 8. Jahrhunderts n.Chr. einfach per Dekret eine Religion verpasst bekamen – das Judentum. Dies geschah, weil sich der König auf der einen Seite gegen die Moslems und auf der anderen Seite gegen die Christen wehren wollte und listenreich das Judentum als praktische, sofort verfügbare und politisch billige Alternative ansah. Nach den ersten Seiten und der Schilderung, wie, wann, wer aus der Linie der Familie Mayer Amschel Bauer, einem Nachfahren dieser khasarischen Juden, seine ersten großen Geschäfte machte und wie er zu dem Namen Rothschild und dem Baron-Titel kam, kommen eine Menge aus Geschichtsbüchern bekannter Leute mit Zitaten zur Sprache. So u.a. Benjamin Disraeli, ein sephardischer Jude, später britischer Premierminister, der über Nathan Mayer Rothschild sagte: *„(Er war) der Lord und Meister der Geldmärkte der Welt und natürlich Herr und Meister in fast allen anderen Märkten. Er hielt die Einkommen von Süditalien praktisch als Pfand, und alle Monarchen und Minister von allen Ländern hofierten ihn um seine Beratung und wurden durch seine Vorschläge geführt."*

Grob gesagt schildert Hitchcock zunächst einmal die grundlegenden Ideen, wie die Finanzaristokratie ihre ungeheure Macht ausbaute und wozu sie diese nutzen möchte. Hinter großen Worten wie „Freiheit" und „Individualismus" auf ihren Fahnen verstecken sich Vereinzelung und Aufhetzung gegeneinander. Und jedes Mal, wenn sich zwei oder mehr Gruppen bekämpfen, kann man in aller Ruhe aus sicherer Position beide finanzieren und Stück für Stück den Knoten der Schlinge fester und fester ziehen. So können religiöse und gesellschaftliche Strukturen eine nach der anderen zerstört werden, bis Platz ist für ihr Endziel. Das Endziel wird ebenfalls klar formuliert, nämlich die Anbetung Luzifers und das Erreichen seiner Herrschaft in Form einer Weltregierung, die sich als bargeldlose Gesellschaft darstellt und damit endet, dass alle Menschen durch unter die Haut implantierte Mikrochips komplett überwach- und steuerbar werden. Wer hier mit „Luzifer" gemeint ist, wird später in diesem Buch noch klar.

Dies ist im Grunde derselbe Plan, den Adam Weishaupt bereits 1776 mit seinem *Bayerischen Illuminatenorden* aufstellte. Otto von Bismarck hatte dies schon erkannt, vermutlich auch nicht als erster, und sagte damals:

> *„Die Teilung der Vereinigten Staaten in Förderationen von gleicher Stärke wurde schon lange vor dem Bürgerkrieg durch die hohen Finanzmächte in Europa entschieden. Diese Bankiers hatten Angst davor, dass die Vereinigten Staaten wirtschaftliche und finanzielle Unabhängigkeit erreichen könnten, wenn sie ein Block und eine Nation bleiben würden, was zu einer Gefährdung der finanziellen Dominanz der Finanzmächte führen würde. Die Stimme der Rothschilds überwog. Sie sahen eine große Beute für sich selbst voraus, wenn es ihnen gelänge, anstatt einer selbstversorgenden, souveränen, lebenstüchtigen Republik zwei schwache Demokratien zu bilden, welche an die Bankiers verschuldet waren. Deshalb schickten sie ihre Abgesandten, um die Frage der Sklaverei dahingehend auszunutzen, einen Graben zwischen den Hälften der Republik zu bilden."*[62]

Als Vertreter der Gegenseite lassen wir hier einmal Rabbi Reichorn sprechen und wiederholen, was er während der Beerdigung des Grand Rabbi Simeon Ben-Iudah sagte:

> *„Dank der furchtbaren Macht der internationalen Bankiers haben wir die Christen in Kriege ohne Zahl gestürzt. Kriege haben einen speziellen Wert für die Juden, da die Christen einander umbringen und damit Platz für die Juden machen. Kriege sind die Ernte der Juden, die jüdischen Banken verdienen sich fett an den Kriegen der Christen. Über 100 Millionen von ihnen wurden durch Kriege vom Planeten genommen, und das Ende ist noch nicht in Sicht."*[63]

Albert Pike, amerikanischer Brigadegeneral sowie „Souveränen Großkommandeur" des Obersten Rates der *Südlichen Jurisdiktion des Alten und Angenommenen Schottischen Ritus von Nordamerika*, hat damals einen „Meisterplan" für „drei Weltkriege" verfasst, den ich an dieser Stelle gern wiedergeben möchte:

> *„Der* **Erste Weltkrieg** *muss herbeigeführt werden, um es den Illuminaten zu ermöglichen, die Macht des Zaren in Russland zu stürzen und dieses Land zu einer Festung des atheistischen Kommunismus zu machen. Die Zwietracht, die durch die ‚Agenten' der Illuminaten zwischen dem britischen und dem deutschen Reiche verursacht werden, sollen genutzt werden, um diesen Krieg zu schüren. Am Ende des Krieges, soll der Kommunismus aufgebaut und genutzt werden, um die anderen Regierungen zu zerstören und um die Religionen zu schwächen.*
>
> *Der* **Zweite Weltkrieg** *muss unter Ausnützung der Unterschiede zwischen den Faschisten und den politischen Zionisten geschürt werden. Dieser Krieg muss so gesteuert werden, dass das Nazitum zerstört wird und dass der politische Zionismus stark genug sein wird, um einen souveränen Staat Israel in Palästina einrichten zu können. Während des Zweiten Weltkriegs muss der internationale Kommunismus stark genug werden, um eine gleichwertige Gegenkraft für die Christenheit zu sein, die dann zurück- und in Schach gehalten werden kann, bis zu der Zeit, wenn wir es für den endgültigen sozialen Zusammenbruch (Kataklysmus) brauchen.*
>
> *Der* **Dritte Weltkrieg** *muss eingeleitet werden, indem die Differenzen zwischen den politischen Zionisten und den Führern der islamischen Welt ausgenutzt werden, die von den ‚Agenten' der ‚Illuminati' aufgebaut werden müssen. Der Krieg muss so gelenkt werden, dass sich der Islam (die muslimische arabische Welt) und der politische Zionismus (der Staat Israel) gegenseitig vernichten. Gleichzeitig werden die anderen Nationen gezwungen sein, über die dadurch ausgelöste Spaltung sich gegenseitig so zu bekämpfen, bis sie körperlich (physisch), moralisch, geistig und wirtschaftlich völlig verausgabt sind.*
>
> *Wir werden die Nihilisten und die Atheisten entfesseln, und wir werden eine gewaltige soziale Katastrophe provozieren, die in all ihren Schrecken den Nationen deutlich zeigen wird, was das Ergebnis des absoluten*

Atheismus ist, der die Ursache der Barbarei und der allerblutigsten Unruhen ist. Dann werden die Bürger überall gezwungen sein, sich gegen die Minderheit der Revolutionäre zu verteidigen, und sie werden so diese Zerstörer der Zivilisation ausrotten. Und die Menge, die dann vom Christentum völlig enttäuscht sein wird – deren deistische Seelen von diesem Moment an ohne Orientierung oder Richtung sein werden, die verzweifelt nach einem Ideal suchen, aber nicht wissen, wohin sie ihre Anbetung richten sollen – werden das wahre Licht durch die universelle Manifestation der reinen Lehre von Luzifer annehmen, die endlich für die Öffentlichkeit klar dargestellt wird. Diese Manifestation wird eine Folge der allgemeinen Gegenbewegung auf die Vernichtung des Christentums und des Atheismus sein, die beide gleichzeitig erobert und vernichtet werden."[64]

Pike war der einflussreichste Freimaurer seiner Zeit in den USA und blieb 32 Jahre lang in dieser Position. Bitte beachten Sie besonders die Planung Pikes zum Dritten Weltkrieg und seiner moslemischen Stoßrichtung, und vergleichen Sie dies mit der aktuellen politischen Weltlage!

Spätestens hier wird auch für Sie als Leser erkennbar, dass die Machtelite – Rothschild und Konsorten – selbst das eigene Volk, in diesem Fall die „Zionisten", ohne jeden Vorbehalt gegen andere Mächte oder Gruppierungen ausspielte und wie diese Pläne von unfassbar langer Hand vorbereitet wurden. Das ist sehr wichtig zu verstehen, denn diesen Privatbankiers, diesen Clans, ist es egal, wen sie finanzieren und mit wem oder durch wen sie ihr Geld verdienen. Nur weil die meisten dieser international agierenden Bankiersfamilien Juden sind, darf man das nicht auf „die Juden" übertragen und hier über einen Kamm scheren. Die Bezeichnung „jüdisch" führt hier mit größter Wahrscheinlichkeit in die Irre. Wir haben es hier einerseits mit einem Zusammenschluss einer unglaublich mächtigen und äußerst geschickt, man könnte, auf spätere Inhalte dieses Buches vorgreifend, beinahe sagen, „teuflisch genial" agierenden, internationalen Finanzelite zu tun und andererseits mit der Zusammenarbeit verschiedener internationaler Geheimbünde, wie z.B. der Freimaurerei.

Apropos teuflisch: Albert Pike hat recht offen durchblicken lassen, welcher Sinn hinter diesem Plan steht: der Islam soll dazu benutzt werden, um Unfrieden zwischen den Religionen zu stiften. Atheisten sollen mobilisiert werden, um jede Religion zu destabilisieren und zu zerstören, um letzten Endes den Weg frei zu machen für den reinen, puren Satanismus.[65]

Die Betonung muss hier immer wieder auf der *internationalen* Zusammenarbeit liegen. Wir haben es hier mit überstaatlichen Mächten zu tun, die sich nationaler Gesetzgebung oder Buchhaltungsvorschriften, Aufsicht usw. entziehen und im Geheimen operieren, jeweils die offiziell Regierenden als Deckung nutzend. Seien Sie, lieber Leser, also davor gewarnt, voreilig „den Juden" die Schuld an allem Möglichen zu geben. Auch wenn noch so viele jüdische Namen auftauchen – richtig interessant wird es erst, wenn wir die Namen kennen, die *nicht* auftauchen. Ziehen Sie einmal die Parallelen zur aktuellen Entwicklung der *Europäischen Union*: Es wird, trotz aller widerwärtigen Hinhaltelügen in der Vergangenheit, stur nach Plan streng an der Schaffung einer zutiefst undemokratischen, diktatorischen Struktur gearbeitet, die nationalen Parlamente werden Stück für Stück entmachtet und alle Macht in die Hände einiger weniger, von niemandem legitimierten Kommissare gelegt, die wiederum einigen wenigen Bankhäusern nun die komplette Versklavung ganzer Staaten ermöglichen.

Vielleicht kommt ja einer von Ihnen endlich hinter die Beweise, wer wirklich dahintersteckt. Denn der Rothschild-Clan allein ist es sicher nicht. Er ist vermutlich bei all seiner Macht ebenso nur ein Werkzeug. Und keiner von denen ist ein echter Semit.

Kommen wir aber nun wieder zurück zum Bankwesen: Die Entstehungsgeschichte der FED haben wir bereits behandelt und von den Privatbanken erfahren, die dahinterstehen – sie alle gehören direkt oder indirekt zur Rothschild-Gruppe. Und es ist inzwischen auch kein Geheimnis mehr, dass Hitler und die NSDAP maßgeblich durch den Bankier Jakob Schiff als Vertreter der Bank *Kuhn, Loeb & Co.* finanziert wurden. *Kuhn, Loeb & Co.* verdankte übrigens seinen damaligen Triumphzug dem Fremdkapital der Rothschilds.

Mit der Medienlandschaft sieht es ähnlich aus, seien es die Nachrichtenagenturen Reuters, Wolff und Havas oder die Internet-Medien wie Facebook, Yahoo, Google usw. So hat Facebook auch ganz offiziell angekündigt, im Bereich der Zensur eng mit Israel zusammenzuarbeiten.

Hitchcock führt in seinem Buch weitere Handlanger und Erfüllungsgehilfen der Rothschilds auf: Rosa Luxemburg, Karl Liebknecht, Trotzki alias

Bronstein, Lenin alias Vladimir Ilyich Ulyanov. Ebenso findet der Tod von mindestens 60 Millionen Christen und Nicht-Juden Erwähnung, überwacht durch Aron Solts, Yakov Rappoport, Lazar Kogan, Matvei Berman, Genrikh Yagoda und Naftaly Frenkel, die die russischen Konzentrationslager beaufsichtigten, wie Alexander Solschenizyn in seinem Buch „Gulag Archipelago" bestätigt.

Während des Ersten Weltkriegs war das Deutsche Reich leider ein nur allzu leichtgläubiges und willfähriges Instrument in der Hand der großen Manipulateure und half tatkräftig mit, das russische Reich und seinen Zaren auszuschalten – allerdings nur, um kurz danach unter den in denselben Lagern von denselben Leuten trainierten Revolutionären selbst in eine Revolution zu geraten und den Krieg trotz Siege an allen Fronten innerhalb zweier Jahre zu verlieren. Robert Wilson, damals im Jahre 1918 Korrespondent der *Londoner Times*, wusste aus Russland Folgendes über die Zusammensetzung der neuen russischen Regierung zu berichten: von 384 Kommissaren der Regierung sind *„13 Russen, 15 Chinesen, 22 Armenier; und mehr als 300 Juden. Von diesen Juden kamen 264 von den Vereinigten Staaten nach Russland, als das imperiale Regime gestürzt wurde.*"[66]

Sollten Sie dies nicht nachvollziehen können, möchte ich hier noch das Buch „Was jeder Deutsche vom Weltkrieg wissen muss" von Paul Weege empfehlen und vielleicht auch noch General Erich Ludendorff mit seinem kurzen Abriss „Die überstaatlichen Mächte im Ersten Weltkrieg".

Im Gegensatz zu heute war in früheren Zeiten eine große Zahl sehr fähiger Leute in den Führungspositionen der Politik beschäftigt, und man kann, wiederum im Gegensatz zu heute, davon ausgehen, dass jemand, der damals einen so hohen Posten bekleidete, durchaus kompetent eine Lage einschätzen und deren Eckpunkte klar wiedergeben und analysieren konnte. Wie gesagt: im Gegensatz zu heute...

Vielen Lesern wird das *Council on Foreign Relations* (CFR) bekannt sein, ein privater US-Thinktank, dem etliche US-Präsidenten entsprungen sind. Dieses wurde 1921 von Edward M. House und den Bankiers Jakob Schiff, Paul Warburg und Otto Herman Kahn gegründet und arbeitet im Sinne der Rothschilds an der Umsetzung einer Weltregierung. Das CFR sollten wir für den weiteren Verlauf dieses Buches im Hinterkopf behalten.

Deutschland fiel schließlich nach dem Ersten Weltkrieg in die Hände der internationalen Bankiers, und alles, was es damals an echten Werten zu kaufen gab, wurde von diesen aufgekauft. Parallel wurde Hitler als Gegenpol und Gefahr für die Regierung Brüning aufgebaut, und am Ende waren es mehr als 30 Milliarden Dollar zu damaligem Wert, die auf diese Weise für einen Umbau Deutschlands sorgten. Interessanterweise wurde dies über die deutsche August-Thyssen-Bank abgewickelt, die indirekt von Rothschild kontrolliert wurde über den US-Politiker Averell Harriman, den Sohn des Eisenbahnmoguls Edward Harriman.

Die Zusammenarbeit der NSDAP mit dem Weltjudenrat beschreibt Hitchcock, indem er das HA'AVARA-Abkommen von 1933 zitiert, welches den in Deutschland lebenden Juden mitsamt all ihrem Geld die Ausreise nach Palästina erlaubte. Der Autor übersieht dabei allerdings die Tatsache, dass diese Vereinbarung nur unter äußerstem Druck seitens Chaim Weizmann auf diese Weise zustande kam – denn die Deutschen wollten ursprünglich ein Abkommen mit Vermögensmitnahme für die Ausreise in alle Länder, was der Weltjudenrat strikt ablehnte und unter Androhung von Vergeltungsmaßnahmen („*dann gibt es Krieg*") nicht zulassen wollte. Für sie war die strikte Vorgabe: Wer ausreist, bekommt sein Geld nur, wenn er nach Palästina geht. Ein Kollege von Weizmann, *Yitzhak Gruenbaum*, drückte es anders aus: „*Eine Kuh in Palästina ist mehr wert als alle Juden in Polen.*"[67]

Mit der Annahme, dass Hitlers Vater möglicherweise ein illegitimer Spross des Barons von Rothschild gewesen sein könnte, ist Andrew Hitchcock keineswegs allein. Dem Verfasser liegt das Magazin SPIEGEL aus den 1950er-Jahren vor mit einer ausführlichen Diskussion dieser Angelegenheit. Hitlers Vater Alois Hitler war der illegitime Spross der Maria Anna Schicklgruber, einer Hausangestellten im Wiener Palais der Rothschilds, und diese wiederum bekam von dort viele Jahre lang Alimente gezahlt, und Hitlers Vater wurde erst später vom späteren Mann der Anna Schicklgruber als Sohn angenommen. Aber ob dies – wenn es so gewesen sein sollte – einen Einfluss auf seine Politik hatte, bleibt nur eine Vermutung.

1937 rief der zionistische Professor Alexander Kulisher zu einem Massenmord an Deutschen als Priorität des weltweiten Judentums auf:

„Deutschland ist der größte Feind des Judaismus und muss mit tödlichem Hass verfolgt werden. Unser Ziel ist daher eine gnadenlose Kampagne gegen alle Deutschen, eine komplette Vernichtung dieser Nation und eine Wirtschaftsblockade gegen jeden Deutschen, deren Frauen und Kinder.“[68]

Sein Mitstreiter, der berüchtigte Ilya Ehrenberg, Kommissar unter Stalin, wurde noch deutlicher:

„Tötet sie! Tötet sie! Es gibt in der deutschen Rasse nichts als das Böse, weder unter den Lebenden noch unter noch Ungeborenen. Folgt dem Befehl des Genossen Stalin. Rottet diese faschistischen Monster ein für alle Mal aus. Wendet Gewalt an, und brecht den rassischen Stolz der deutschen Frauen. Nehmt sie euch als eure gerechte Beute. Tötet sie! Stürmt vorwärts, ihr tapferen Soldaten der Roten Armee“[69]

Die Zitate mancher jüdischer Politiker sind an Offenheit kaum zu überbieten – so antwortete zum Beispiel Menachem Begin auf die Frage, ob er sich selbst als den Vater des Terrorismus im Mittleren Osten sähe: *„Nein, in der ganzen Welt.“* Sprach er hier nur für sich selbst, oder gab es mehr seiner Sorte? Begin hatte das Attentat 1946 im King David Hotel in Palästina organisiert und durchgeführt, bei dem 91 Menschen starben. Mancher Leser vermutet richtig, dass dieser Begin später Ministerpräsident von Israel wurde. Bei einer besonders wichtigen Information, die nur wenigen bekannt sein dürfte, geht es um die sogenannten „Ringwurm-Kinder“. Im Jahre 1952 beaufsichtigte der israelische Premierminister David Ben Gurion ein sehr spezielles Projekt.

Eine ganze Generation von Kindern sephardischer Juden in Israel wurde auf „Schulausflüge“ geschickt. Bei diesen Reisen wurden sie, angeblich wegen einer Ringwurm-Pilzinfektion, einer radioaktiven Behandlung ausgesetzt. Der maximal zulässige Wert war zu jener Zeit 0,5 rad Röntgenstrahlung, bestrahlt wurden diese Kinder jedoch mit 350 rad, was zur Folge hatte, dass sechstausend dieser Kinder starben. Wohlgemerkt: ausnahmslos sephardische Kinder...[70]

Vor Mord wird demnach weder untereinander zurückgeschreckt, noch wenn es um andere Völker geht. Nochmals betont: Es geht nicht um „die Juden“, sondern eine verschworene Clique, die ein bestimmtes Ziel verfolgt, die ihre eigenen Leute umbringt – sogar jüdische Kinder. Diese Privatbankiers, die das Geld für Waffen und Rüstung zur Verfügung stellen, sind mitverantwortlich für die 60 Millionen Toten in Russland und später – man darf sich fragen, ob man wegen der eher „geringen" Anzahl von Opfern dankbar sein müsste – dann 9-12 Millionen Deutsche im Zweiten Weltkrieg – inklusive der Deutschen, die nach Kriegsende in amerikanischen Lagern auf deutschem Boden zu Tode gehungert wurden.

Sollte Ihnen, lieber Leser, dies alles irgendwie unangenehm positiv (Deutschland gegenüber) vorkommen und sie obendrein Deutscher sein, können Sie jetzt, genau jetzt, spüren, wie unglaublich erfolgreich die Umerziehung in Deutschland gewesen ist! Ich schlage vor, dass Sie Ihre gedankliche Haltung gegenüber diesen Themen zunächst einmal relativieren und dann mit guten Quellen Ihr Wissen auffrischen und dann Ihre Einstellung auf neue, auf der Wahrheit basierende Fundamente stellen!

Neben den Rothschilds ist eine ähnlich mächtige Bankiersfamilie – die übrigens nicht jüdisch sind – die Familie Rockefeller. Und von dem inzwischen 100-Jährigen Oberhaupt des Clans, David Rockefeller, stammt das Zitat:

> „*Manche glauben sogar, dass wir Teil einer geheimen Kabale sind, die gegen die Interessen der Vereinigten Staaten arbeitet, und charakterisieren meine Familie als ‚Internationalisten' und dass wir mit anderen weltweit konspirieren würden (...) Wenn das die Anklage ist, so bekenne ich mich schuldig und bin stolz darauf.*"

Meine Feststellung: Die Welt als Ganzes wird für sehr individuelle Interessen von Kreisen, die in der Öffentlichkeit nahezu restlos unentdeckt bleiben, manipuliert und benutzt. Ob Deutscher, Amerikaner oder Jude: Niemand ist vor ihnen sicher. Je nach Belieben wird die mediale Macht der TV-Konzerne genutzt, um mal die Deutschen als Dämonen, mal die Russen und mal die Moslems als kinderschlachtende Monster darzustellen. Die Frage dahinter: Wem nützt es?

Dennoch stelle ich fest: Man ist untereinander zerstritten, was aus meiner Sicht auf eine höhere Macht hindeutet („*Teile und herrsche!*").

Resümee

Wir haben nun eine Reihe von Kapiteln hinter uns, bei denen es in immer größer werdendem Umfang um politisch motivierten Terror und andere Druckmittel sowie Machtmissbrauch geht, um Lug und Betrug an bestimmten Völkern, einzeln oder an allen gemeinsam. Da werden Personen und Ereignisse erfunden, fabriziert, verfälscht und inszeniert. Es verschwinden Flugzeuge, es stürzen Gebäude ein, es werden Länder überfallen und mit Krieg überzogen. Es gibt ganze Geheimarmeen, von denen der Normalsterbliche noch nie etwas gehört hat (z.B. Gladio). Selbst einen Film wie „Staatsfeind Nummer 1", in dem die Überwachung des Staates sehr anschaulich dargestellt wird, kann man inzwischen nur noch als allerhöchstens ansatzweise Beschreibung der technischen Möglichkeiten auffassen, die heute möglich sind, um die Menschen zu kontrollieren. Von Finanzkrise zu Finanzkrise wird selbst für den Hörigen des „Mainstreams" immer deutlicher, dass das Finanzsystem offenbar ganz anderen Gesetzen (wenn überhaupt) gehorcht, als man uns gesagt hat. Das gesamte System scheint sehr zielgerichtet nach dem Willen einiger weniger Menschen(?) die gesamte Weltbevölkerung auszubeuten. Leider ist dies nur eines von vielen Sklavensystemen, die uns alle – eng miteinander verzahnt – an der kurzen Leine führen. Die Verteilung des Eigentums auf unserem Planeten spricht Bände. Gerade mal 1% der Bevölkerung besitzt zigmal so viel wie alle anderen zusammen. Man ist berechtigterweise entrüstet ob dieser Zustände und der Ausmaße, und fragt sich vielleicht rhetorisch, ob es überhaupt noch schlimmer geht.

Und aus dem Dunkel sprach eine Stimme zu mir, die sagte:
Lächle und sei froh, denn es könnte schlimmer kommen.
Und ich lächelte und war froh.
Und es kam schlimmer.

Und so kam es denn auch hier auf der Erde tatsächlich schlimmer.
Haben wir bis jetzt auf der Erde gespielt, spielen wir nun mit der Erde…

9. Krieg der Welten

Wir alle kennen von der Weltkarte und aus dem Geschichtsunterricht die Einschlagsorte riesiger Kometen, die im Vergleich zu einem Zusammenstoß zweier Planeten allerdings eher wir ein Kindergeburtstag ausgesehen haben mögen. Nie aber wurde uns erzählt, dass die Erde möglicherweise in jüngerer Zeit mit einem anderen Himmelskörper planetaren Ausmaßes zusammenstieß. Eventuell haben Sie schon einmal von dem Planetoidengürtel hinter dem Mars gehört, der mal ein Planet gewesen sein könnte. Vielleicht haben Sie auch schon einmal gehört, dass unser Mond nicht schon immer unser Mond war, sondern erst seit relativ kurzer Zeit der Begleiter der Erde ist. Vermutlich fehlte dem einen oder anderen von Ihnen bisher schlicht der „corpus delicti", also der Beweis, dass dies wirklich alles passiert ist. Lesen Sie hierzu bitte auf jeden Fall das Buch „Zeit für die Wahrheit" von Klaus-Dieter Ewert. Sie werden große Teile dieses Buches möglicherweise für ausgesprochen „gewagt" halten, jedoch bringt der Autor etliche Indizien/Beweise auf den Tisch, die man entweder gar nicht anders oder in anderem Zusammenhang oder in anderen Modellen nur unzureichend erklären kann. Der Autor ist sich sicher, dass die Erde in jüngster Zeit mindestens zweimal von gigantischen, kosmischen Katastrophen heimgesucht wurde (A.d.A.: Ich auch! Kartenmaterial der Einschlagstellen folgt später in diesem Buch!) und ist somit derselben Meinung wie einige bereits vorgestellte Autoren. Ewert legt hier allerdings Fotos und Berechnungen vor, die wirklich einleuchten. Was die Religionsvertreter und die Lehrbuchschreiber strikt ablehnen oder allenfalls in die tiefste Vergangenheit verdrängen, hat stattgefunden: verheerende Katastrophen! Und die großen Katastrophen in unserem Planetensystem fanden vor gar nicht allzu langer Zeit statt, sie wurden von allen alten Völkern beobachtet. Der Planet „Luzifer" (damals der „Morgenstern") bewegte sich auf einer sehr stark elliptischen Bahn, die von nahe der Sonne bis zur Erdbahn reichte. Schon seit langer Zeit beobachteten die Völker der Erde in großer Sorge die Bewegungen dieses Planeten.

Den Überlieferungen der Mayas und anderer Völker zufolge kam er im Rhythmus von 13 Jahren der Erde jeweils bedrohlich nahe, und die Angst war jedes Mal groß, dass dieser Teufel/Luzifer mit der Erde kollidieren würde. Warum dieser Planet im Rhythmus von rund 13 Jahren in die Nähe der Erde kam, lässt sich sehr einfach erklären: Wenn ein Planet auf einer stark elliptischen Bahn die Sonne umkreist, dann umkreist auch seine gesamte elliptische Bahn die Sonne. Wir kennen das insbesondere von Kometenbahnen, aber auch der Planet Merkur verhält sich bis heute genau so, da auch er eine sehr stark ausgeprägte Ellipsenbahn beschreibt.

Der Morgenstern Luzifer hatte vor der Berührung mit der Erde eine Umlaufzeit von 260 Tagen, die Erde benötigte damals für einen Sonnenumlauf exakt 360 Tage (im Gegensatz zu heute, doch dazu später mehr). Diese beiden Rhythmen wurden im Kalender der Mayas wie zwei ineinandergreifende Zahnräder dargestellt. Zum Mayakalender gehörte außerdem ein 13-Jahre-Rhythmus. Dreizehn Erdenjahre mit jeweils 360 Tagen ergeben 4.680 Tage. In derselben Zeit umrundete Luzifer die Sonne 18 Mal. Das bedeutet, dass die Bahn von Luzifer stets nach 13 Erdenjahren in die Nähe der Erde kam. Dies ist auch der Grund, warum die Dreizehn weltweit bei vielen Völkern noch immer als Unglückszahl gilt, denn dieses Geschehen wurde damals mit größter Sorge von allen Völkern der Erde beobachtet.

Zudem findet sich in Überlieferungen der Mayas und der Semiten ein Rhythmus von 4x13=52 Jahren, der als besonders gefährlich galt. Luzifers ehemalige Bahndaten sind klar zu bestimmen, denn sie ergeben sich zwingend aus der Umlaufzeit von 260 Tagen und seiner größten Entfernung von der Sonne, die mit der Erdbahn weitgehend übereinstimmte. Daher bewegte sich Luzifer dann, wenn er sich in der Nähe der Erdbahn befand, mit einer Geschwindigkeit von rund 13 Kilometern pro Sekunde. Die Erde dagegen hat bei ihrem Weg um die Sonne eine Geschwindigkeit von knapp 30 Kilometern pro Sekunde. Luzifer war daher im Bereich der Erdbahn viel langsamer als die Erde. Über einen langen Zeitraum hinweg kamen sich Erde und Luzifer bei ihren Begegnungen immer wieder sehr nahe. Den damals lebenden Menschen wurde klar, dass es irgendwann unausweichlich zu einer ungeheuren Katastrophe kommen musste!

Luzifer bewegte sich im Rhythmus von 260 Erdentagen für kurze Zeit in der Gegend der Erdbahn, das heißt in einer Entfernung von rund 150 Millionen Kilometer von der Sonne. Da die Erde selbst auch keine Kreisbahn beschreibt, war es äußerst schwierig einzuschätzen, wann beide Planeten dieselbe Sonnenentfernung haben würden.

Es kam zu vielen bedrohlichen Annäherungen zwischen der Erde und Luzifer, bei denen der Rhythmus von Erde und Mond jedes Mal gefährlich gestört wurde. Und mit fataler mathematischer Unausweichlichkeit kam es irgendwann zu dem von allen befürchteten Ereignis. Luzifer und die Erde hatten dieselbe Entfernung zur Sonne, Luzifer war langsamer als die Erde und schwenkte vor ihr auf deren Bahn um die Sonne ein, sodass die Erde mit voller Geschwindigkeit auf Luzifer aufprallte.

Beim Zusammenprall zweier Planeten entstehen, ähnlich wie bei einem Autounfall, Schrammen und Kratzspuren. So auch hier, und Ewert legt in seinem Buch Fotos vor, die tatsächlich belegen, dass der heutige Uranusmond Miranda dieselben Spuren aufweist, wie wir sie auf der Erde in einer ganz bestimmten Gegend finden können, nämlich in Saudi-Arabien und dem Iran. Während des Zusammenpralls rotierten beide Himmelskörper. Die Rotationsgeschwindigkeit der Erde dürfte auf diesen Breitengraden bei ca. 300 Metern pro Sekunde gelegen haben. Die Form dieser Schrammen weist außerdem darauf hin, dass die Erde Luzifer nicht frontal, sondern in einem flachen Winkel getroffen haben muss. Da die Erde in Flugrichtung rotiert, also auf ihrer Bahn entlang „rollt", wurde Luzifer von diesem Zusammenprall von der Erde weggestoßen und die Erde leicht abgebremst, wobei ein Teil der Rotationsenergie, des Drehimpulses, auf Luzifer übertragen wurde.

Die Erde traf den anderen Himmelskörper ungefähr auf Höhe des heutigen Himalaya (die genaue Karte zeige ich Ihnen später – Abb. 70). Dort wurden enorme Mengen an Material aufgetürmt, und durch die Kräfte der Rotation um die Sonne und um die eigene Achse einerseits und die Trägheit des anderen Himmelskörpers andererseits kam es in sehr kurzer Folge zu mehreren Abprallern und erneuten Zusammenstößen, wobei auf der Höhe des heutigen Toten Meeres die Erdrinde aufbrach und Wasserstoffgas mit lautem Getöse („Die Posaunen von Jericho!") aus dem Erdinneren ausströmte.

Untersuchungen am Toten Meer haben ergeben, dass unterhalb dieses Meeres nicht etwa solides Gestein zu finden ist, sondern bis in eine Tiefe von 9.000 Metern lediglich Geröllmassen; gleichsam, als ob hier ein Loch hastig gestopft wurde. Das Tote Meer ist demnach ein künstliches Meer, das es dort vorher nicht gab. Dadurch erklärt sich auch der hohe Salzgehalt, da durch die Verdunstung des Wassers der Salzanteil immer höher wird. Die gesamte Gegend von Arabien angefangen bis ans westliche Ende der Sahara ist bis heute ausgetrocknet und als Folge dieses Zusammenstoßes verbrannt. Geologen sind aufgrund ihrer heutigen Forschungen zwar davon überzeugt, dass die großen Wüstenflächen der arabischen Halbinsel um 4000 v.Chr. entstanden sein müssen[71], sie können jedoch nicht erklären, wie.

Wie bereits erwähnt, kommt es mit physikalischer Berechenbarkeit bei einem solchen Zusammenstoß unter anderem zu Energietransfers, d.h. der eine Körper wird schneller, der andere langsamer. So auch hier: Die Umlaufgeschwindigkeit der Erde hat in Folge des „Unfalls“ abgenommen. Fortan waren nicht mehr 360 Tage für einen Umlauf nötig, sondern mehr.

Warum waren es vorher genau 360 Tage mit je 24 Stunden, aufgeteilt in 60 Minuten und 60 Sekunden? Dies mag als Zufall erscheinen, ist jedoch in Wahrheit die Folge unglaublich einleuchtender, einfacher Zahlenverhältnisse im Universum und in unserem Sonnensystem. Diese einfachen Zahlensysteme waren früher für jedermann an der Tagesordnung, der Tag wurde so in Ordnung gehalten. Die deutsche Sprache ist auch hier wunderbar offenbarend...

Die Sumerer rechneten nicht wie wir heute in einem Dezimalsystem, sondern in einem 60er-System. Wir jedoch rechnen gern mit Zehn, Hundert, Tausend, und dementsprechend erscheinen uns Zahlen wie 24 Stunden oder 86.400 Sekunden pro Tag zunächst als „krumme Zahlen“, weil wir den Sinn dahinter nicht mehr jeden Tag vor Augen gehalten bekommen. Unser ganzes Erdsystem ist aus den Fugen geraten, und wir irren darin umher, ohne festen Halt in den von der Natur vorgegebenen Grenzen und Maßstäben. Unsere Zeiteinteilung ist heute auf krumme Zahlen geeicht, statt auf Zahlenverhältnisse. Die Länge der Sekunde wird heute eben nicht mehr definiert als der 86.400ste Teil des Sonnentages, sondern als *„das 9.192.631.770-fache der Periodendauer der dem Übergang zwischen den beiden Hyperfeinstrukturniveaus des Grundzustandes von Atomen des Caesium-Isotops 133Cs entsprechenden Strahlung.“*[72] Ehrlich: Wer kann bei einer solchen Definition noch den tieferen Sinn und die Zusammenhänge erkennen?

Die Sekunde wurde vor gar nicht so langer Zeit in Europa mit einem einfachen Pendelversuch geeicht. Natürlich war auch das Pendel selbst geeicht, nämlich mit einer Länge von einem Meter. In Paris wurde am

1. August 1793 das Längenmaß *Meter* [73] also solches definiert und eingeführt. Es sollte, wie einige Jahre vorher festgelegt, dem zehnmillionsten Teil des Erdumfangs entsprechen. 1889 wurde auch das Kilogramm festgelegt, und seither werden beide Urmaße in Paris aufbewahrt. Im Normbestreben der letzten Jahrzehnte ist man inzwischen neben der Sekunde auch hier bestrebt, diese Einheiten losgelöst von der Erde festzuschreiben und in Zukunft von Kelvin, Ampere und Mol abhängig zu errechnen. Da sich eine Ur-Sekunde schrecklich schwer aufbewahren lässt, ist die Sekunde damals also mit Hilfe einer einfachen physikalischen Messung definiert worden.

Man nahm einen Faden von einem Meter Länge und befestigte ein kleines Gewicht daran. Nun ließ man das Pendel frei schwingen. Der exakte Physiker unter den Lesern wird nun berechtigterweise fragen: Und aus welchem Winkel ließ man das Pendel los? Und da haben wir in dieser Definition tatsächlich einen Fehler gefunden. Der führt zwar für die nächsten Seiten zu keinerlei nennenswerten Änderung, ist aber für das grundsätzliche Verständnis der Physik ganz wesentlich und allgemein vollkommen unbeachtet. Der Fehler liegt darin, dass die Pendelschwingungen immer gleich lang sind, für jedes Material – egal ob ich einen Faden nehme oder einen Stock oder eine Eisenbahnschiene oder eine Kette. Aber nur bis zu einem Winkel von 30 Grad! Alle anderen Winkel darüber sind mit einer Änderung der Pendelschwingungszeiten verbunden.

Wir bleiben hier jedoch bei dem damals durchgeführten Versuch. Sie lassen das Pendel los und messen den Zeitraum, den es braucht, um wieder zu unseren unbeweglich verharrenden Daumen und Zeigefinger zurückzukehren. Dieser Zeitraum ist als eine Sekunde definiert! Vervierfachen wir nun die Länge des Pendels, verdoppelt sich die Schwingungszeit. Verneunfachen wir die Pendellänge, verdreifacht sich die Schwingungszeit. Die mathematische Gesetzmäßigkeit dahinter lässt sich leicht erkennen: Die Schwingungszeit ist gleich der Quadratwurzel der Pendellänge. Oder andersherum: Die Pendellänge entspricht dem Quadrat der Schwingungszeit.

Da es aber keine „Quadratsekunde" gibt, nehmen wir mal lieber die erste Definition. Hätten wir nun nicht den zehnmillionsten Teil des Erdumfangs genommen, sondern stattdessen z.B. 87 Zentimeter, so hätten wir zweifelsohne sehr interessante Ergebnisse erhalten, nicht aber sogleich auch die kosmischen Zusammenhänge dahinter aufdecken können.

Pendel	Länge (Meter)	Zeit (Sekunden)	Länge/Zeit
1	1	1	1/1 = 1
2	4	2	4/2 = 2
3	9	3	9/3 = 3

Bewaffnet mit diesem einfachen mathematischen Rüstzeug, können wir uns nun die nächste Aufgabe vornehmen, die uns die kosmischen Zusammenhänge näherbringt. Schnappen Sie sich gedanklich ein 1 Meter langes, in der Länge verstellbares Rohr von einem Zentimeter Innendurchmesser, und ich zeige Ihnen, wie Sie damit die Entfernung der Erde zum Mond berechnen können! Jetzt warten Sie, bis es Abend wird und schauen durch das Rohr zum Mond. Stellen Sie nun die Länge des Rohres exakt so ein, dass der Mond für Ihr Auge genau den gesamten Innendurchmesser des Rohres abdeckt. Nun können Sie aufgrund des Verhältnisses zwischen Rohrlänge und Rohrdurchmesser genau ablesen, wie viele Monddurchmesser der Mond von der Erde entfernt ist! Man kann leicht errechnen (oder ablesen), dass der Mond im Durchschnitt 115 Monddurchmesser von der Erde entfernt ist, weil das Rohr nach Ihrem Versuch und Ihrer Justierung nun genau 115 cm lang ist. Genau diese einfache Art der Messung kosmischer Entfernungen finden wir in tausenden Bauten weltweit – bei den Mayas, Inkas usw.

Wenn Sie zeichnerisch begabt sind, zu viel Zeit oder Langeweile haben, können Sie sich nun Zirkel und Papier nehmen, alle anderen lesen einfach weiter. Stellen wir uns nun einmal einen großen Kreis vor. Dieser Kreis wird von 720 kleinen Kreisen umrandet. Zum Mittelpunkt hin sehen wir genau 115 kleine Kreise aneinandergereiht. Errechnen wir nun 115 x 4 x Pi = 1.440, so erkennen wir, dass der Mondradius, exakt diesen 1.440sten Teil einer vollständigen Umlaufperiode ausmacht. Und ein Tag hat genau 1.440 Minuten! So erkennen wir, dass ein Zusammenhang zwischen unserem Zeitsystem einerseits und der Entfernung Erde-Mond und der Erdrotation andererseits besteht. Die Erde dreht sich während einer Mondperiode ungefähr 30 Mal um sich selbst. Wie können wir nun einfach errechnen, wie viele Erdradien zwischen Mond und Erde liegen? In diesem Fall dreht sich die Erde als unser Standort mit. Verlängern wir den Radius unserer Erde mit einem gigantischen Stift, so überstreicht dieser Stift einen Kreis bzw. einen Teilkreis. Da wir schon wissen, dass der Mondradius den 1/1.440 Teil seines Bahnumfangs ausmacht und somit ebenso 1/1.440

seiner Umlaufzeit, nehmen wir nun auch 1/1.440 der Zeit einer Erdrotation und erhalten so genau die Zeit, die unser Blickstrahl (der gigantische Erdradius-Verlängerungsstift) benötigt, um – mit der Rotation der Erde – einmal den Radius des Mondes zu überstreichen.

Der 86.400ste Teil eines Tages ist eine Sekunde, geteilt durch 1.440 ergibt die Anzahl der Minuten pro Stunde (60).

Würden wir mit anderen Zeiteinheiten rechnen, irgendwelche „krummen" Zahlen nehmen, erhielten wir niemals diese Ergebnisse. Jetzt schnappen wir uns noch einmal gedanklich das Pendel von vorhin und versuchen zu errechnen, wie lang ein Pendel sein muss, dass für eine Schwingung genau den 60sten Teil der Zeit benötigt, die der Mond braucht, um einmal um die Erde zu laufen. Sie haben korrekt gerechnet: 384.000.000 Meter ist das richtige Ergebnis! Und siehe da: Dies entspricht genau der Entfernung Erde – Mond! Und weil wir ja schon wissen, dass der Mond 60 Erdradien von der Erde entfernt ist, kennen wir nun im Umkehrschluss auch sofort den Radius der Erde, nämlich 6.400.000 Meter. Da die hierzu erforderlichen Werkzeuge, ein Rohr, ein Kreis, ein Stift oder eine Schreibfeder, zweifelsohne auch vor tausenden von Jahren vorhanden waren, dürfen wir davon ausgehen, dass dieses Wissen auch schon damals vorhanden gewesen ist, denn wir sprechen hier nicht von hoher Mathematik, sondern von einfachsten Rechnungen aus der alltäglichen Beobachtung (in einem INTAKTEN System!).

Würden wir solche Messungen heute vornehmen wollen, würden wir schier verzweifeln, denn diese Verhältnisse gibt es so heute nicht mehr, weil die Erde einem interplanetaren Terroranschlag zum Opfer fiel – ob gewollt oder nicht, bleibt an dieser Stelle zunächst offen. Tatsache ist jedoch, dass die Umlaufdauer der Erde um die Sonne keinesfalls 360 Tage beträgt. Dies bedeutet im Umkehrschluss auch, dass unsere Sekunden heute zwar noch den 86.400sten Teil des mittleren Sonnentages darstellen, nicht aber denselben Zeitraum beschreiben wie zu der Zeit, als die Erde noch in 360 Tagen um die Sonne lief. Auch hierzu später mehr Details!

Wir erinnern uns, dass die Quadratwurzel der Pendellänge mit der halben Pendelzeit identisch ist. Wir wissen außerdem, dass dieses Prinzip unabhängig von den verwendeten Zeit- und Längeneinheiten ist. Aber wir haben auch erkannt, dass diese Ergebnisse nur mit dem Meter als Maßeinheit zu errechnen sind, da hier der Naturzusammenhang gegeben ist.

Die Mondumlaufzeit hat uns Folgendes gezeigt: Zwischen der erdgebundenen Pendelzeit und der Umlaufzeit des Mondes steht ein Faktor 60. Das bedeutet, dass der Mond 60 Mal mehr Zeit für eine Umlaufperiode braucht als unser entsprechend langes Pendel für eine Doppelschwingung benötigt. Warum ist das so? Weil der tatsächliche Ort des Mondes 60 Mal weiter vom Mittelpunkt der Erde entfernt liegt als der Drehpunkt unseres Pendels. Läge der Mond 40 oder 90 Erdradien von unserer Erde entfernt, gäbe es diese Zusammenhänge nicht. Demnach wussten diejenigen, die unser Zeitsystem mit 60 Sekunden, 60 Minuten, 24 Stunden, 1.440 Minuten pro Tag, 86.400 Sekunden pro Tag usw. eingeführt haben, SEHR genau Bescheid über die kosmischen Verhältnisse um uns herum. Die Natur offenbart sich und ihre Geheimnisse demjenigen, der sie genau beobachtet und der das Glück hat, sie in unberührtem Zustand zu erleben. Die Folgen einer vorübergehenden oder gar dauerhaften Störung dieser Zustände hat automatisch zur Folge, dass vorher harmonisch aufeinander abgestimmte Verhältnisse nun in Disharmonie liegen.

In unserem vorliegenden Fall, dem Zusammenstoß der Erde mit einem anderen Himmelskörper – gleich welchen Namens –, gibt es neben den mathematisch sichtbaren auch ganz banale physische Folgen. So wie die Schürfwunden am Knie, wenn man mit den Rollschuhen noch nicht umgehen kann, so hat auch die Erde zahlreiche Narben davongetragen, einige davon sind heute noch immer sichtbar und heilen nur sehr langsam – wenn überhaupt. Ein weiteres Beispiel (evtl.) neben dem Toten Meer ist der Monolake in Kalifornien: ein Salzwassersee ohne Zuflüsse in 2.000 Metern Höhe über dem Meeresspiegel. Dies ist ein klarer Beweis dafür, dass dieser See durch eine kilometerhohe Flutwelle aus dem Pazifik entstanden sein muss. Ewert erklärt diesbezüglich:

> *„Die Salzwüsten in Amerika und Asien sind ebenfalls die Folge riesiger Flutwellen. Das Wasser ist inzwischen verdunstet, zurück blieb das Meersalz. Findlinge, riesige Felsbrocken, zum Teil tausende Tonnen schwer, liegen rund um den Globus verstreut. Sie stammen oft von vielen hundert Kilometer entfernten Orten. Das ist nur möglich durch ungeheure Flutwellen. Das Mar Chiquita, der größte See Argentiniens, ist ein rund 5.700 qkm großer Binnensee, der mit Meerwasser gefüllt ist. Sein Salzgehalt schwankt zwischen 3% und 30%, je nach Wasserstand. Große Teile der*

USA, insbesondere die Landschaften von Arizona, zeugen von einer riesigen Flutwelle, die über den Kontinent gefegt ist. Anders sind solche Landschaften nicht zu erklären. In Bolivien gibt es den riesigen Salzsee Salar de Uyuni. Das ist mit über 12.000 qkm die größte zusammenhängende Salzfläche der Erde. Besonders bemerkenswert ist die Lage in 3.700 Meter Höhe. Dort befinden sich schätzungsweise 10 Milliarden Tonnen Salz! Das entspricht einer Meerwassermenge von rund 300 Milliarden Kubikmeter (Tonnen) oder 300 Kubikkilometer. Hier wird besonders deutlich, welche gewaltigen Kräfte nach der Kollision wirkten, welch riesige Wellen über die Kontinente gefegt sind. Salzseen und Salzwüsten gibt es in den Bergen Südamerikas in großer Zahl."[74]

Der nächste Autor, den ich mir zu diesem Themengebiet vornahm, ist Immanuel Velikovsky – viel zitiert, viel kritisiert. In seinem Buch „Welten im Zusammenstoß" fand ich hunderte Hinweise über die irdischen Folgen des Zusammenstoßes und Berichte über diesen Vorfall aus alten Kulturen. Es gibt z.B. bei jüdischen Rabbis eine Geschichte über die „Sieben Himmel und sieben Erden", die geschaffen wurden, wobei *„Eretz, die siebente und am weitesten zurückliegende"*, Adamah die sechste, Arka die fünfte, Harabah die vierte, Yabbashah die dritte, Tevel die zweite und die heutige nun die mit dem Namen Heled ist. Sie sind, so die Überlieferung, jeweils abgetrennt voneinander durch Abgrund, Chaos und Wasser. *„Auf der vierten Erde lebte die Generation des babylonischen Turmes."*[75] In den „Sybillinischen Büchern" wird von neun Zeitaltern erzählt, wobei wir im siebenten leben.[76] Die Bibel berichtet von mindestens einem dieser Vorfälle. Im *Buch Josua* steht: *„Im frühen Morgengrauen fiel er zu Gibeon über seine ahnungslosen Feinde her und jagte sie den Weg entlang, der Beth-Horon zuführt. Als sie flohen, wurden große Steine vom Himmel herabgeschleudert. Am selben Tage (...) stand die Sonne still zu Gibeon und der Mond im Tale Ajalon."* Wenn nun aber hier die Sonne still steht, muss am anderen Ende der Welt die Nacht länger als gewöhnlich anhalten. Und tatsächlich gibt es genau solche Berichte bei den Ureinwohnern Mittelamerikas[77], und obendrein lassen sich in schriftlichen Überlieferungen dort Hinweise finden, dass genau 52 Jahre vor dieser langen Nacht eine weltweite Katastrophe die Erde heimsuchte.[78]

Es wird in der Bibel und anderen alten Schriften von Hagel berichtet, der alles Kraut, alle Pflanzen und alles Korn vernichtete, von rotem Staub und Feldern, die sich an einem einzigen Tag in Ödland verwandelten; von Regen, der 6 Tage und 6 Nächte herunterkam *„wie Wasserbäche"* (Gilgamesch-Epos) und an anderer Stelle davon, wie *„ein dreifacher Tag und eine dreifache Nacht ein Weltalter beschlossen"* (iranisches Buch ‚Anugita').[79]

Die ungeheure Kraft, mit der damals der Lauf der Erde unterbrochen und verlangsamt wurde, wurde in den alten Schriften als *„Hurakan"* bezeichnet. Dies erinnert sehr an die heutige Bezeichnung „Hurrikan" für Wirbelsturm.

In der Schrift des alten deutschen Gelehrten *von Rockenbach*, Professor für Griechisch, Mathematik, Rechtswissenschaft und Philosophie, mit dem Titel „De Cometis tractatus novus methodicus", findet sich folgende Eintragung:

„Im Jahre zweitausend vierhundert und dreiundfünfzig (...) tauchte ein Komet auf, den auch Plinius in seinem Buch erwähnt. Er war feurig, von unregelmäßiger Kreisform (...) zu der Zeit, als die Kinder Israel von Ägypten nach dem gelobten Land zogen."[80]

„Der von der ächzenden Erde erzeugte Lärm hielt an, wurde aber in dem Maße schwächer, wie sich die verlagerten unterirdischen Schichten wieder zurechtrückten, noch jahrelang erschütterten unaufhörliche Erdbeben den Boden. Der Papyrus Ipuwer nennt diese Zeit ‚Jahre des Lärms'. Der Lärm nimmt kein Ende."

Der Herrscher Chinas, in dessen Regierungszeit eine furchtbare Katastrophe die Natur in Unordnung und Verwirrung stürzte, trug den Namen „Yahou". Dieser Kaiser trug den vollen Namen „Fang-heum". Den Beinamen Yahou erhielt er in der auf die Flut folgenden Zeit.[81]

„Das Geräusch hatte wahrscheinlich überall auf der Welt denselben Ton (...). Dasselbe Geräusch war in diesen Jahren auch auf der westlichen Halbkugel zu hören, oder wo sonst immer die Vorfahren der Indianer damals lebten. Diese erzählten, dass einstmals, als das Himmelsgewölbe sehr niedrig über der Erde hing, die ganze Menschheit den Himmel allmählich anhob, indem sie immer wieder den um die ganze Welt hallenden Ruf ‚Yahou' ausstieß."[82]

Es wird berichtet, dass zu Lebzeiten Yaos (Yahous) die Sonne volle 10 Tage lang nicht unterging und das ganze Land von einer gigantischen, beinahe himmelhohen Welle überflutet wurde. Yahou war nun derjenige, der in dieser Situation einen kühlen Kopf bewahrte und dafür sorgte, dass das viele gestaute Wasser aus den Bergtälern abfließen konnte. Brücken und Abflüsse wurden geschaffen, doch Yahou verstarb. Nach vielen Jahren konnte schließlich der Sohn des Ministers, der mit dieser Aufgabe begonnen hatte, diese vollenden. Yu, so sein Name, wurde daraufhin, direkt nach Yahous Nachfolger, Shun, zum Kaiser von China.[83] Yahou war es, der sogleich nach der Katastrophe Boten in alle Richtungen aussandte und seine Fachleute mit Messungen für einen neuen Kalender beauftragte, da der alte nichts mehr taugte.[84] Die Regierungszeit Yahous muss ungefähr 2300 v.Chr. gewesen sein.[85] Gaius Julius Solinus, ein römischer Schriftsteller des 3. Jahrhunderts, schreibt über die Völker im Süden von Ägypten:

> „*Die Einwohner des Landes sagen, sie hätten es von ihren Vorfahren, dass die Sonne jetzt dort untergeht, wo sie früher aufging*“[86] Und weiter: „*Die chinesischen Tierkreiszeichen haben die seltsame Eigenart, in rückläufiger Richtung aufeinander zu folgen, das heißt, entgegen dem Lauf der Sonne.*“ Und an anderer Stelle schreibt er: „*In der syrischen Stadt Ugarit (...) wurde ein Gedicht gefunden, gewidmet der Planeten-Göttin Anat, die ‚die Bevölkerung im Lande der syrischen Küste dahinmordete‘ und die ‚beiden Dämmerungen und die Stellungen der Gestirne vertauschte‘.*“[87]

Wenn nun die Stellung der Gestirne vertauscht wurde, dann kann dieser Eindruck nur gewonnen werden, indem man den Beobachtungspunkt dreht, indem man also die Erde einmal von Nord nach Süd dreht. Man nennt dies auch „Polsprung“. Und dies kam offenbar nicht nur einmal vor, sondern gleich mehrere Male. Wir finden in ägyptischen Aufzeichnungen Hinweise, dass sich die Vertauschung von Ost und West wiederholte: Die Sonne ging im Westen auf, dann im Osten, dann noch mal im Westen und wiederum im Osten.[88] Mexikanische Handschriften berichten: „*Die Sonne wurde von Quetzal-Cohuatl angegriffen; nach dem Angriff dieses schlangenförmigen Himmelskörpers wollte die Sonne nicht scheinen, so dass die Welt vier Tage lang ihres Lichtes beraubt war; eine große Zahl Menschen kam in dieser Zeit um. Anschließend verwandelte sich der schlangenförmige Himmelskörper in einen großen Stern, der den Namen Quetzal-Cohuatl (...)*

behielt und der zum ersten Male im Osten aufging." Quetzal-Cohuatl, auch Quetzalcoatl geschrieben, ist nun aber der Name des Planeten Venus.[89]

Aus diesen Aussagen lässt sich folgern, dass der Planet Venus erst in der ersten Hälfte des zweiten Jahrtausends neu entstanden bzw. an seinen Platz gerückt sein müsste. Sollte dem so sein, wären logischerweise davor nicht vier, sondern drei Planeten zur Sonne hin sichtbar. Und siehe da: Es finden sich exakt solche Karten und Aufzeichnungen in Indien aus dem Jahre 3102 v.Chr., auf denen in der Tat alle Planeten außer der Venus abgebildet sind.[90] In Griechenland war es die Göttin Pallas-Athene, die am Himmel dem Haupte des Zeus-Jupiter entsprang.[91] Die Erde bebte und „schrie" fürchterlich, als die Venus/Pallas-Athene geboren wurde, und Cicero erklärte den Namen der Venus selbst mit dem Wort venire = kommen, „die zu uns Kommende".[92] In Babylonien wurde die Venus als *„ein sechseckiger Stern in der Form des Schildes Davids, als fünfeckiger Stern oder Pentagramm in der Form des Siegels Salomos"* abgebildet.[93]

In der Mitte des zweiten Jahrtausends vor unserer Zeitrechung ist die Venus als Komet geboren worden und kam dann zweimal mit der Erde in Berührung, woraufhin sich ihre Bahn änderte. Den gesamten Aufzeichnungen nach wurde demnach aus dem *Morgenstern Venus*, der *Abendstern Venus* und dies vermutlich auf einer stabilen Bahn seit ca. 800 v.Chr.

Weitere Quellen, wie z.B. Ovid, berichten von den ersten Hütten Roms unter Romulus, die, kaum da sie aufgebaut waren, auch schon wieder durch starke, immer wiederkehrende Erdbeben zerstört wurden[94]; ebenso berichtet Ovid von Polverschiebungen bei Romulus' Tod.[95] Da eine alte chinesische Quelle davon berichtet, dass die Venus danach einmal mit dem Wolfsstern (dies ist der Name für Mars) zusammenstieß, und alte germanische Quellen davon sprechen, dass der Fenris-Wolf (Mars) und die Midgard-Schlange (Venus) sich trafen, dürfen wir wohl davon ausgehen, dass die Venus mit dem Mars zusammenstieß.[96]

Im Grab des ägyptischen Wesirs Semmut finden sich Karten, die den Himmel über Ägypten aus zwei Epochen zeigen. Die eine gibt das Bild vor der Vertauschung der Pole während der Katastrophe am Ende des Mittleren Reiches (Semmut: 2137 bis 1781 v.Chr.) wieder, die andere das Bild des Himmels zu Lebzeiten des Semmut. Die erste Karte verwunderte die Forscher, weil auf ihr Ost und West vertauscht sind. Über die zweite Karte, auf der die Himmelsrichtungen nicht vertauscht sind, urteilten sie folgendermaßen: *„Es ist überraschend, dass die bis in unsere Tage erhaltenen Himmelskarten weder mit der unmittelbaren Beobachtung übereinstimmen noch mit den Berechnungen für die Zeit der Errichtung des Bauwerks.“*[97]

Ich möchte den Leser noch einmal auf die angesprochenen Zeiträume hinweisen. Wir sind es aus Schule, Ausbildung und Universität gewohnt, bei Ereignissen wie kosmischen Zusammenstößen der Erde mit anderen Himmelskörpern an Millionen oder gar Milliarden Jahre zurückliegende Ereignisse zu denken. Forscher bedienen sich dabei gern der genauesten Methoden, so z.B. der C-14-Methode, mit deren Hilfe man das Alter anhand des Zerfalls des radioaktiven C14 angeblich sehr genau bestimmen kann.

> *„Das Journal Science berichtet in der Ausgabe 141 aus dem Jahre 1963 von der Datierung einer Molluske, einem Weichtier. Das Alter wurde mit der Radiokarbonmethode auf 2.300 Jahre festgelegt. Das Unangenehme bei der Sache: Die Schale stammte von einem noch lebenden Exemplar! In einem anderen Fall ergab sich für das Schneckenhaus eines ebenfalls noch lebenden Tieres ein Alter von 27.000 Jahren!“*[98]

Wir sehen: Diese angeblich so genauen Methoden sind keinesfalls genau, sondern führen uns geradewegs in die Irre. Sollen wir die Autoren der vorher genannten Quellen allesamt der Lüge oder der hemmungslos ausufernden Phantasie bezichtigen? Warum hätten sie solch eine Geschichte erfinden sollen? Und dies auch noch an vielen Stellen der Erde – unabhängig voneinander, alle zur selben Zeit?

Wenn wir davon ausgehen, dass diese Ereignisse so stattgefunden haben, dann dürfen wir auch davon ausgehen, dass das kollektive Gedächtnis der Menschheit sie bis heute weder ganz vergessen noch verarbeitet haben dürfte. Denken Sie an die großen Kriege der Geschichte: Wie viele Generationen braucht es, um diese „kleinen“ Ereignisse vergessen zu machen?

Die moderne Wissenschaft lässt nicht einmal ansatzweise Zweifel an der bisherigen Lehrmeinung zu und schiebt all diese Quellen, Karten und Überlieferungen in das Reich der Fabeln ab und beschäftigt sich nicht einmal mit ihnen. Velikovsky erklärt dazu:

„Nach Seneca war der Polarstern im Großen Bären gewesen. Nachdem eine kosmische Umwälzung den Himmel verschoben hatte, wurde ein Stern im Kleinen Bären zum Polarstern. (...) In den Jaiminiya-Upanishaden (indische Quelle; A.d.A.) *heißt es, dass der Mittelpunkt des Himmels, um den sich das Himmelsgewölbe dreht, im Sternbild des Großen Bären liegt. (...) Die Änderung vollzog sich plötzlich; der Große Bär ‚kam herabgebogen'. In den indischen Quellen heißt es, dass die Erde von ihrem gewohnten Platz um 100 yojanas zurückwich, wobei eine yojana acht bis vierzehn Kilometern entspricht. Demnach wurde die Verlagerung auf 800 bis 1.400 km geschätzt".*[99]

Nehmen wir einmal an, die Erde wäre getroffen worden und die Erdachse hätte sich ein wenig geneigt, dann müsste sich die Länge des Tages und der Nacht bei allen Orten auf der Welt leicht geändert haben, denn schließlich standen sie ja nun an einer anderen Position zur Sonne, auf einem anderen Breitengrad. Alte chinesische Quellen sprechen genau dieses Thema an und berichten von Messungen im alten Babylon, *„denen zufolge der längste Tag in Babylonien 14 Stunden 24 Minuten betrug, während heute die Messung 14 Stunden 10 Minuten und 54 Sekunden ergibt. (...) Man ist versucht zu schließen: Entweder stammen die Tafeln des Systems II* (A.d.A.; die babylonische Quelle also) *nicht aus Babylon, oder dieses lag wirklich weit nördlicher (...).*"[100] Plinius berichtet von den Schwierigkeiten der Messungen mit Hilfe der Schattenlängen von Obelisken, weil die Erde lange Zeit keine stabile Position fand.[101] Gehen wir in unserer Annahme noch weiter und sagen, dass sich nicht nur die Erdachse geneigt hat, sondern auch die Rotationsgeschwindigkeit der Erde sich veränderte. Dies hätte zur Folge gehabt, dass sich die Tageslänge an sich geändert hätte, also die Umlaufdauer einer Erdumdrehung. Demnach wären nun die Minuten nach der Katastrophe verschieden von denen vor der Katastrophe. Und auch hierfür gibt es Beweise, denn eine vor der Katastrophe hergestellte Wasseruhr des Amenhotep III., die von Archäologen gefunden wurde, ergab einen Unterschied von 52 Minuten zu unserem heutigen Tag.[102]

Nehmen wir all diese Annahmen und Messungen zusammen, können wir uns ein ziemlich gutes Bild von der Erde vor der Katastrophe machen und den Ort des Nordpols damals auf dem Gebiet des heutigen Baffinlandes (im nördlichen Kanada) lokalisieren.[103] Innerhalb des heutigen Polarkreises wurde 1939/1940 eine ganze Stadt gefunden, deren Alter auf ungefähr 2.000 Jahre geschätzt wurde. Diese Stadt trägt den Namen Iiutak und liegt an den Ufern der Beringstraße.[104] Zahlreiche weitere Zeugnisse werden von Velikovsky in dessen Buch ans Licht gebracht. Es lohnt sich, dieses Werk gesondert zu lesen.

Bis hierhin haben wir nun also eine Menge Fakten kennengelernt, die die Erkenntnis nahelegen, dass die Erde Opfer einer kosmischen Katastrophe war, und dies vielleicht sogar mehr als einmal. Doch: War dies ein Zufall? Oder gibt es vielleicht Hinweise darauf, dass hier jemand, der die Mittel und den Willen dazu hatte, seine Finger im Spiel hatte?

Einen Hinweis darauf finden wir in Martin Heinrichs Werk „Die Venus-Katastrophe". Dieser behandelt darin auch die bereits erwähnten Szenarien. Neu ist seine Betrachtung des Planeten Jupiter. Der ist auf seiner ganzen Oberfläche von einer dichten Atmosphäre umgeben, was an sich nichts Besonderes ist. Nahe seines Äquators gibt es einen sogenannten „Großen Roten Fleck".[105] Was hat es mit diesem „Großen Roten Fleck" auf sich? Über dieses stabile, wirbelförmige Wolkengebilde wird bereits seit 300 Jahren berichtet. Wie kann ein Wolkengebilde mit einer Ausdehnung, die größer als die Erde ist, so lange an ein- und demselben Ort bestehen bleiben? Im Juli 1994 waren wir Zeuge des gigantischen Kometenabsturzes von Shoemaker-Levi-9 auf Jupiter. Aufgrund der starken Gravitationskräfte des Jupiters zerbrach der Komet schon lange vor dem Aufschlag. Die immer noch mehrere Kilometer großen Bruchstücke hinterließen jedoch einen riesigen, von der Erde aus gut sichtbaren Wolkenwirbel. Dieser wurde jedoch schon nach kurzer Zeit schwächer und ist heute nicht mehr zu sehen. Auch der „Große Rote Fleck" wird kleiner, nur sehr viel langsamer.[106] Es ist daher anzunehmen, dass beim „Großen Roten Fleck" etwas anderes, möglicherweise viel Größeres die Ursache war.

Der Jupiter nimmt unter den Planeten unseres Sonnensystems eine Sonderstellung ein. Der Jupiter besitzt so viel Masse, dass er kurz vor der magischen Grenze der Masse steht, die dazu ausreichen würde, dass im Inneren des Planeten unter dem großen Druck der Masse der Wasserstoff zu Helium fusioniert. Dies würde gleichsam bedeuten, dass der Jupiter zu einer Sonne würde.[107] Nehmen wir einmal an, jemand wolle aus irgendeinem Grund zwei Sonnen in dem Sonnensystem seiner Wahl haben. (Ich komme später in diesem Buch noch darauf zurück, welche spezielle Motivation dieser Jemand gehabt haben könnte). Nehmen wir weiterhin an, dieser Jemand verfüge über die Technologie, Himmelskörper, Kometen oder gar Planeten steuern zu können. Dann wäre es ihm eventuell möglich, einen großen Himmelskörper so zu steuern, dass er den Jupiter trifft. Dies würde die kritische Masse des Jupiter erhöhen und so dem Planeten zur Zündung verhelfen – et voilà: Eine zweite Sonne wäre gezündet.

Ein solcher Himmelskörper wäre zweifellos viel größer als der Komet Shoemaker-Levi-9. Insofern hätten wir also beim „Großen Roten Fleck" vielleicht genau die Stelle vor Augen, an der ein riesiger Himmelskörper (in diesem Fall die uns schon bekannte Venus) zwar mit Jupiter zusammengestoßen ist, aber eben mehr auch nicht – Pleiten, Pech und Pannen, nur in großem Maßstab. Es sind auch auch nur... Menschen? Wir werden darauf später noch zu sprechen kommen. Nehmen wir an, die Venus sei tatsächlich für den Versuch benutzt worden, den Jupiter zur „Zündung" zu bringen, dann darf angenommen werden, dass der fehlgeschlagene Versuch dazu geführt hätte, dass die Venus zunächst auf eine ellipsenförmige Sturzbahn in Richtung Sonne eingeschwenkt wäre. Und wie wir schon vom Pendel gelernt haben: Wenn nichts im Wege steht, geht es fast an den Anfang zurück, einmal alle Planetenbahnen kreuzend als Geisterfahrer durchs Sonnensystem – was für ein Ritt![108]

Da ich davon ausgehe, dass die auf der Erde beheimateten Menschen nicht über die für ein solches Manöver notwendige Technologie verfügten, stellt sich automatisch die Frage, wer das denn durchgeführt haben könnte und wo er oder sie oder es herkommt.

Sollten noch einige Leser davon überzeugt sein, dass wir allein Gottes Schöpfung sind und obendrein die Krone derselben, möchte ich hier eine Rechnung Martin Heinrichs wiedergeben, die sehr aufschlussreich ist. Nehmen wir also an, dass von den uns umgebenden Sonnen in der Milchstraße – die nur eine Galaxie von vielen hundert Millionen ist – nur 1% einen Planeten mit einer einigermaßen lebensfreundlichen Umgebung hervorgebracht hat und wiederum nur 1% davon auch tatsächlich Leben beherbergen kann, dann wären dies noch immer 20 Millionen Planeten. Wenn nur 1% davon wirklich intelligentes Leben aufweist, dann gibt es möglicherweise 200.000 Planeten, die von Zivilisationen bewohnt sind.

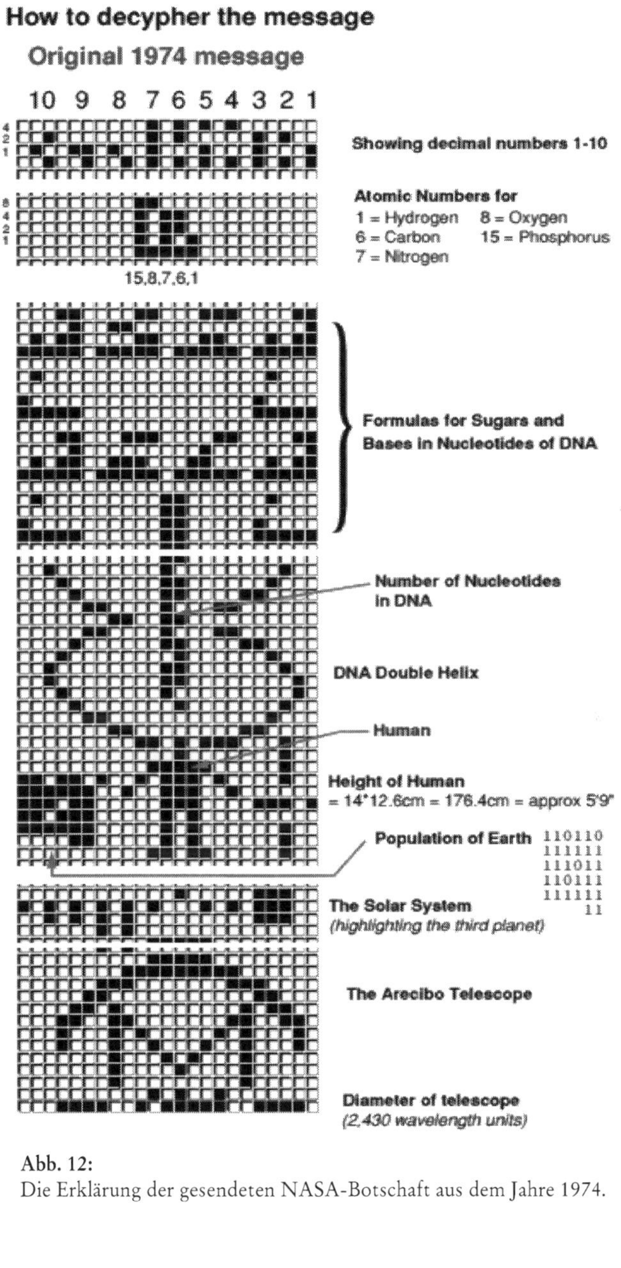

How to decypher the message

Original 1974 message

10 9 8 7 6 5 4 3 2 1

4
2
1

Showing decimal numbers 1-10

8
4
2
1

15,8,7,6,1

Atomic Numbers for
1 = Hydrogen 8 = Oxygen
6 = Carbon 15 = Phosphorus
7 = Nitrogen

Formulas for Sugars and Bases in Nucleotides of DNA

Number of Nucleotides in DNA

DNA Double Helix

Human

Height of Human
= 14*12.6cm = 176.4cm = approx 5'9"

Population of Earth
110110
111111
111011
110111
111111
11

The Solar System
(highlighting the third planet)

The Arecibo Telescope

Diameter of telescope
(2,430 wavelength units)

Abb. 12:
Die Erklärung der gesendeten NASA-Botschaft aus dem Jahre 1974.

Changes in the crop formation

(Applying a 30 pixel radius, 300% contrast boost unsharpen mask filter)

(Photo © Lucy Pringle)

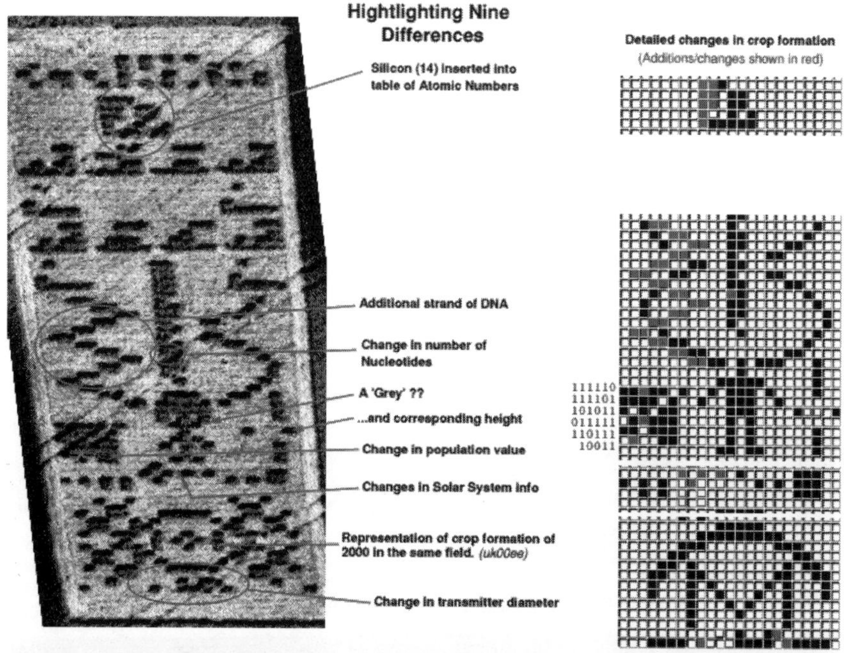

Hightlighting Nine Differences

Silicon (14) inserted into table of Atomic Numbers

Additional strand of DNA

Change in number of Nucleotides

A 'Grey' ??

...and corresponding height

Change in population value

Changes in Solar System info

Representation of crop formation of 2000 in the same field. *(uk00ee)*

Change in transmitter diameter

Detailed changes in crop formation

(Additions/changes shown in red)

111110
111101
101011
011111
110111
10011

Abb. 13: ...und hier die Antwort aus dem All

Nehmen wir jetzt unsere Milchstraßenscheuklappenbrille ab und schau en auf die ungefähr 100 Milliarden anderen Galaxien nur allein in unserem Galaxis-Haufen(!), dann sprechen wir von einer Trillion(!) bewohnter Planeten.[109]

Anmerkung: Warum enthält man uns diese so wichtige Informationen vor, dass ein von der NASA ausgesendetes Signal mit einer Botschaft ganz offensichtlich von einer fernen Zivilisation[110] beantwortet wurde? 1974 hat die NASA am 16. November ein Funksignal ins All gesendet mit einigen Informationen über uns Menschen und die Technik, die zum Senden der Botschaft genutzt wurde, unsere DNS und einige Angaben über unsere Welt. Am 21. August im Jahre 2001 wurde dann ein sogenannter Kornkreis gefunden. In der Nähe des Radioteleskops von Chilbolton in der englischen Grafschaft Hampshire waren auf einem Feld mit der gleichen Systematik der gesendeten Botschaft Symbole zu sehen, die sich nach der Dekodierung als Antwort einer fernen Zivilisation lesen lassen. Die Zeilen der Botschaft unterschieden sich in einigen wesentlichen Details über z.B. die DNS, die zum Senden genutzte Technik, die Unterschiede des heimatlichen Sonnensystems und einiges mehr. Wenn man es sich leicht machen möchte, tut man diese Sache als Fälschung ab.

Nehmen wir einmal an, Menschen hätten dieses Bild in das Feld irgendwie eingebracht. Dann bliebe die Frage offen, welche den Menschen zugängliche Technik bei der Herstellung eines solchen Bildes die im unteren Bild gezeigten magnetischen Nanopartikel nutzen könnte. Diese Partikel wurden in den dortigen Kornkreisbildern gefunden. Bleiben wir weiter bei der Annahme, es sei alles eine raffinierte Fälschung. Die Frage „Cui bono?“ bliebe dann allerdings unbeantwortet.

Abb. 14: Nanopartikel auf Kornkreisen

Wer nimmt sich die Zeit und gibt so viel Geld aus, um eine solche Aktion zu planen, nutzt hochmoderne magnetische Nanopartikel und verfügt über Gerätschaften, diese zu manipulieren und malt damit ein Bild in ein Kornfeld, das den Menschen dann etwas zeigt, von dem eigentlich niemand auf der Erde einen Vor- oder Nachteil hat. Die hier angesprochenen Lebensformen stellen offenbar weder eine Bedrohung dar (denn sie schicken Bilder anstelle von Raketen; sind also offenbar genauso wissenschaftlich interessiert wie ein Großteil der Menschen auf der Erde), noch muss man ihre Erscheinung als bedrohlich oder zu fremdartig empfinden. Ihre technische Überlegenheit scheint als gegeben vorausgesetzt werden zu können.[111] Die Antwort auf die NASA-Botschaft geht detailliert auf ein anderes Sonnensystem ein, und die zum Senden der Antwortbotschaft genutzte Mikrowellentechnik unterscheidet sich vollkommen von der von der NASA genutzten Technik. Die Platzierung der Antwortbotschaft hätte nicht besser gewählt werden können: direkt neben einem Radioteleskop. Man scheint also einen recht genauen Eindruck vom technischen Entwicklungsstand der Menschheit zu haben, was auf längere, intensive Beobachtung schließen lässt. Hierzu gibt es hunderttausende von Hinweisen weltweit, die entweder in die „verschwörungstheoretische Ecke“ geschoben werden, oder deren Verbreiter werden der Lächerlichkeit preisgegeben. Seriöse Wissenschaftler dürfen sich nun einmal nicht so weit aus dem Fenster lehnen – dennoch geht Frank Drake, Gründer des SETI-Instituts (*Search for Extraterrestial Intelligence*), bei seiner nach ihm benannten Gleichung aber immerhin noch von 10.000 Zivilisationen allein in unserer eigenen Galaxis aus.[112]

Abb. 15: Detailerklärung der Kornkreisantwort

In einem 1927-1970 durchgeführten Versuch mit Radiowellen im Kurzwellenbereich[113] wurden unerklärliche Echos empfangen, und viele sehr namhafte Wissenschaftler noch berühmterer Institute untersuchten diese Phänomene und kamen immer wieder auf dasselbe Ergebnis. Bei Vergrößerungen rund um das Doppelsternsystem *Epsilon Bootes*, welches 101 Lichtjahre von der Erde entfernt ist und schon des Öfteren im Zusammenhang mit den unterschiedlichsten Spekulationen erwähnt worden war, fand Duncan Lunan, Präsident der *Schottischen Vereinigung für Technologie*, diese Echos und konnte sich seine Ergebnisse nach umfangreicher Prüfung nicht anders erklären, als dass sich seit 12.500 Jahren(!) *„ein Satellit in einer Mondumlaufbahn befindet"*.[114]

Doch zurück zu unserem Pleiten-, Pech- und Pannen-Desaster (wenn es denn ein solches war). Die Venus könnte also als Geisterfahrer durchs Sonnensystem vagabundiert sein und dabei allerlei Katastrophen ausgelöst haben. Besonders interessant dabei ist zweifellos die 550 Millionen Kilometer große Lücke zwischen Jupiter und Mars, innerhalb derer eigentlich ein Planet hätte sein können (und sogar müssen, wie wir später in diesem Buch noch sehen werden). Stattdessen finden wir hier nur Millionen von Gesteinsbrocken bzw. Asteroiden. Dieser Trümmergürtel zieht sich von 300 bis 500 Millionen Kilometer Entfernung zur Sonne durchs All. Berechnet man das Gesamtvolumen dieser Trümmer, kommt man zu einem ernüchternden Ergebnis: Es sind viel zu wenig für einen wirklich großen Planeten. Nur wenn man Ewerts Hypothese wieder aufgreift und annimmt, dass jeder Planet ein gasgefüllter Hohlkörper ist, ergibt dieser Trümmergürtel zwischen Mars und Jupiter wieder einen Sinn: Denn für eine zertrümmerte Außenhülle eines Planeten reichen die Asteroiden allemal aus.[115] Sollten die Trümmer tatsächlich die Überreste einer zerborstenen Außenhaut sein, die vielleicht nur wenige zehn Kilometer dick war, so müsste man an deren ehemaliger Außenseite Einschlagskrater von Asteroiden erkennen können, an der ehemaligen Innenseite jedoch per Definition nicht. Und genau solch einen Anblick bietet uns auf einer Aufnahme aus dem Jahre 1993 der Asteroid Eros, der gerade einmal 34 km lang und je 13 km breit und dick ist. Auf zahlreichen Aufnahmen ist klar zu erkennen, dass nur eine der beiden großen Flächen viele Krater aufweist, die andere nicht.[116]

Der Wittenberger Forscher Abraham Rockenbach berichtete um 1600, in einer Zeit, in der die eigentlich für eine solche Beobachtung notwendigen Himmelsbeobachtungsinstrumente noch nicht vorlagen, von 2 Marsmonden und wusste auch sehr genau Bescheid über deren Abstände zum Mars, nämlich 9.380 und 23.460 km. Erst 1877 „entdeckte" dann Asaph Hall diese beiden Himmelskörper und benannte sie – ausgerechnet mit den griechischen Worten Phobos und Deimos (Furcht und Panik).[117]

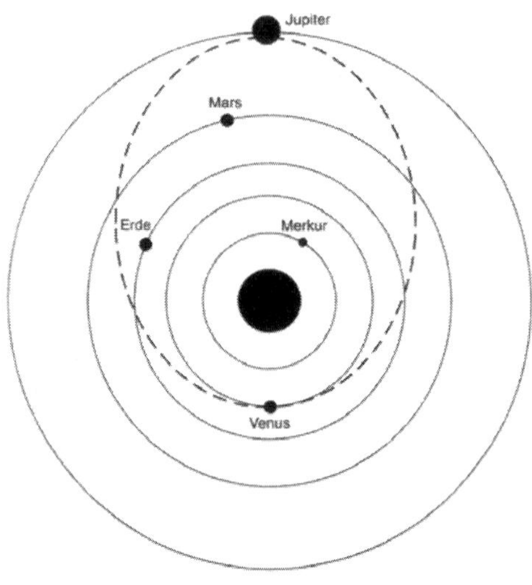

Abb. 16: Die von Heinrich vermutete Venusbahn.

Zurück zur Venus: Sollte diese kosmische Geisterfahrt (siehe Abb. 16)[118] also zu einer Kollision mit dem auf dieser Position zwischen Mars und Jupiter befindlichen Planeten geführt haben, und sollte dieser Planet, wie angenommen, tatsächlich ein mit Wasserstoff gefüllter Hohlkörper gewesen sein, so dürfte eine ganz spezielle Eigenschaft der Venus hier einen katastrophalen Einfluss gehabt haben. Die Venus ist nämlich heiß – wirklich heiß. Die Oberflächentemperatur beträgt noch heute satte 465° Celsius. Dies ist auf der heutigen Position der Venus in Sonnennähe tatsächlich ungewöhnlich, denn Merkur, der ungefähr nur halb so weit von der Sonne entfernt ist, nämlich nur 58 Millionen Kilometer, bringt es gerade einmal auf eine Tagesdurchschnittstemperatur von 350° Celsius. Normalerweise kühlt jeder Planet während der Nacht ab, also jeweils auf der sonnenabgewandten Seite. Aber obwohl die Venus-Nacht 243 Erdentage dauert, kühlt die Venus kaum ab, während die Durchschnittstemperatur des Merkur auf dessen Nachtseite bei -170° Celsius liegt.[119]

Als Beweis für seine Theorie legt Heinrich einen Literaturfund vor:

„Das finnische Kalevala-Epos zählt zu den großen Epen der Menschheitsgeschichte und wird gern mit der germanischen Edda verglichen. Der

Handlungsbogen des Kalevala ist weit gespannt: Er reicht vom verheerenden Weltenbrand, vom letzten großen Kampf, von der Sintflut bis zur großen Finsternis. (...) Ukko ist der höchste Gott des Kalevala, mitunter mit Jupiter personifiziert. Im 47. Gesang erfährt man ein prägnantes Beispiel für die These, dass Jupiter als zweite Sonne erstrahlen sollte: Ukko, der Herr der Höhe, wundert sich über die Dunkelheit am Himmel und schlägt Feuer zu einem neuen Mond und einer Sonne. Als er das Feuer geschlagen hatte, verbarg er den Funken in einer silbernen Dose. Er gab ihn der Jungfrau zu wiegen, der Töchter der Lüfte, dass ein neuer Mond und eine neue Sonne daraus entstehen sollte. (...) An anderer Stelle erfährt man wiederum den Wechsel vom Quartär zum Quintär: Dann entzündete Ukko-Jupiter an der Sonne ein Feuer, um damit eine neue Sonne und einen neuen Mond anzuzünden, und damit hob ein neues Weltenalter an. (...) Eine neue Sonne und ein neuer Trabant sollten entstehen, und anschließend begann ein neues Weltzeitalter."

Konnte mit dem „*an der Sonne ein Feuer anzünden*" vielleicht gemeint sein, dass der solare atomare Umwandlungsprozess auf den Jupiter übertragen werden sollte? Im 49. Gesang kommt dann der große Knüller. „*Ilmar schmiedete einen neuen Mond und eine neue Sonne, brachte sie aber nicht zum Leuchten.*"[120] Hier haben wir also in alten Überlieferungen den Beweis für genau das, was zu befürchten war: Es handelte sich bei diesen kosmischen Katastrophen keinesfalls um naturgegebene Vorfälle, sondern um ganz bewusst provozierte. Inwieweit das Ergebnis dem Gewünschten entsprach, bleibt weiterhin offen.

Wie wir bereits gelernt haben, hat sich aufgrund der Zusammenstöße mit der Erde deren Kalender grundlegend geändert. Statt in harmonischen 360 Tagen einmal um die Sonne zu gleiten, waren es auf einmal ungerade Zahlen. Die alten Kalender, die bis zur Katastrophe galten, waren von so unglaublicher Genauigkeit, dass sie den heute bei uns geltenden gregorianischen Kalender bei weitem übertrafen. Einer dieser Kalender sticht besonders hervor, nämlich der Maya-Kalender. Dieser war auf die Umlaufzeiten der damals vorhandenen Planeten abgestimmt und war so genau, dass er sogar ein Ablauf- bzw. Rückstelldatum aufwies. Dies führte dazu, dass der eine oder andere von uns vor dem 21. Dezember 2012 auf den Weltuntergang wartete, wobei doch nur der Tag erreicht war, den die Mayas in einer Rückwärtsrechnung als Ausgangsposition der Planeten ihres Kalenders angesetzt hatten.

Andere Völker, andere Kalender, andere Feiertage – die Dogon, ein Stamm im Sudan, feiern z.B. alle 50 Jahre ein Fest zur Feier eines vollendeten Umlaufes des Stern Digitaria um den Sirius. Dieses Fest wird bei den Dogon bereits seit Jahrhunderten gefeiert. Ebenso wissen die Dogon schon lange Bescheid über die genauen Bahnbewegungen des Sirius-Doppelsternsystems und sogar über einen (unseren modernen Wissenschaftlern) bis 1989 unbekannten dritten Stern in diesem System. Das Merkwürdige dabei ist, dass die Dogon nicht über Satelliten und Raumschiffe verfügen!

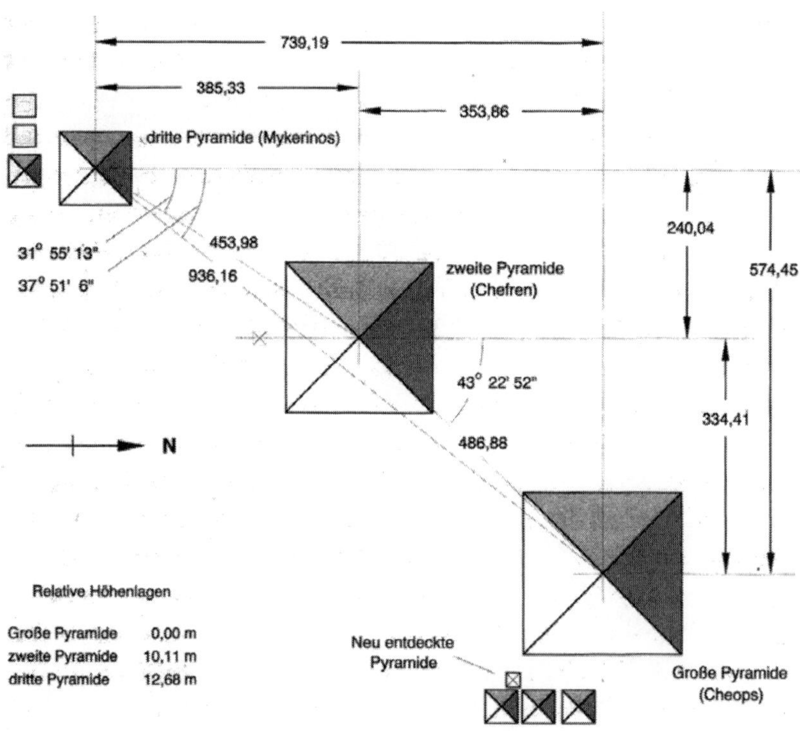

Abb. 17: Die Positionen der Gizeh-Pyramiden.

Um über Sirius Bescheid zu wissen, müssten sie aber eigentlich solche Werkzeuge haben – denn Sirius ist von der Erde aus nicht zu sehen…[121]

Co-Autor des Buches von Martin Heinrich ist Dr. Hans Jelitto, der sehr spannende Zusammenhänge zu den Pyramiden beigetragen hat. Jelitto geht es um die Frage, was uns – neben den vielen unglaublichen bekannten mathematischen Zusammenhängen – die geographische Lage und Positionierung der Pyramiden verraten kann. Zum besseren Verständnis hier zunächst eine Skizze der Lage der Pyramiden (Abb. 17).[122]

Anhand von Königslisten haben Ägyptologen das Baudatum der Pyramiden auf ungefähr 2600 bis 2500 vor der Zeitwende angesetzt. Eine Radiokarbon-Messung ergab, dass sie auch 400 Jahre älter sein könnten.[123] Da die Pyramiden exakt nach Himmelsrichtungen ausgerichtet sind, ja sogar die inneren Gänge teilweise genau auf Sternenpositionen zeigen, stellt sich die Frage, warum die Pyramiden nicht genau in einer Reihe nebeneinander stehen. Wie wir auf Abb. 17 sehen können, stehen sie in der Tat weder nebeneinander noch hintereinander, sondern seitlich versetzt, und dies sogar obendrein noch mit einem kleinen Versatz. Eine Antwort auf diese Frage wäre, dass die drei Pyramiden so angeordnet sind wie die drei Sterne aus dem Gürtel im Sternbild des Orion, *„Alnitak (Große Pyramide), Alnilam (zweite Pyramide) und Mintaka (dritte Pyramide)"*.[124]

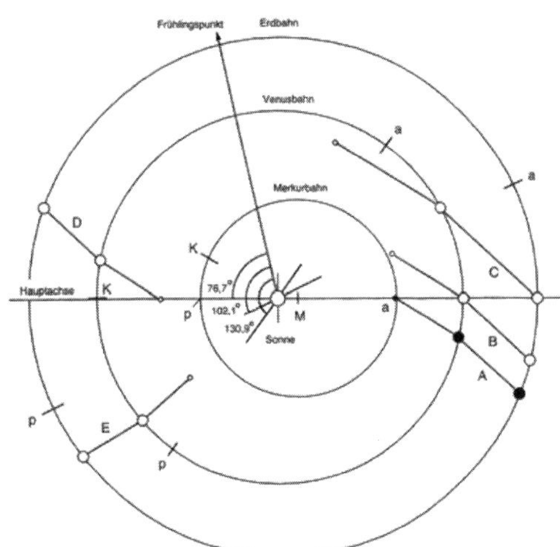

Abb. 18: In Frage kommende Ort/Zeit-Positionskombinationen der Planeten und den Pyramiden.

Nimmt man jedoch genau dieses Sternbild und die Position der einzelnen Sterne zueinander als Grundlage der Positionierung der Pyramiden, so ergibt sich rechnerisch ein Fehler von immerhin 4%, was im Vergleich zu den ansonsten in extremer mathematischer Präzision gebauten Pyramiden ein erstaunlich großer Fehler ist. So stehen beispielsweise das Volumen der

Sonne und das der Erde im Zusammenhang mit Kantenlänge und Höhe der Pyramiden, mit einer Ungenauigkeit von nur 0,03%.[125] Mit einem einfachen Dreisatz kann man die Cheops-Pyramide mit der Erde, die Chefren-Pyramide mit der Venus und die Mykerinos-Pyramide mit dem Merkur in Verbindung bringen, mit nur kleinsten mathematischen Abweichungen.[126] Könnte es sein, dass die Position der drei Pyramiden zueinander womöglich eine Stellung der drei Planeten zueinander repräsentiert?[127]

Mit Hilfe der Bahndaten und der genauen Positionsdaten der Pyramiden und ihren genauen Höhenlagen können einige Zeitpunkte errechnet werden, die einerseits der Position entsprechen, andererseits aber die entsprechenden Zeitpunkte darstellen, an denen die Planeten so zueinanderstanden, wie es der Position der Pyramiden entspricht. Von diesen Daten sticht der 12. März 2876 v.Chr. besonders heraus. „*Die Skizze der Bahnverhältnisse der genauesten Konstellation*“ zeigt „*die Pyramidenspitzen und die transformierten Planetenpositionen*“ mit einer Ungenauigkeit von nur „*0,008%*“.[128] Dieselbe Stellung der Planeten wiederholt sich alle 3800 Jahre und 2 Monate.[129]

Da die Positionen der Pyramiden mit dieser Stellung der Planeten sehr gut übereinstimmen, wäre es schon ein extrem großer Zufall, wenn dies nicht gewollt wäre. Da auch der Zeitpunkt sehr gut in die bisherigen Daten passt (Sintflut etc.), spricht einiges dafür. Die daraus resultierenden Schlüsse sind dann allerdings wiederum sehr ernst zu nehmende Indizien, die in ein Modell mit eingebaut werden müssen. War die Venus bereits auf ihrer festen Umlaufbahn als die Pyramiden gebaut wurden (vorausgesetzt, dass alle drei Pyramiden zum selben Zeitpunkt erbaut wurden)? Wurden die Pyramiden um den 12. März 2876 v.Chr. fertiggestellt?

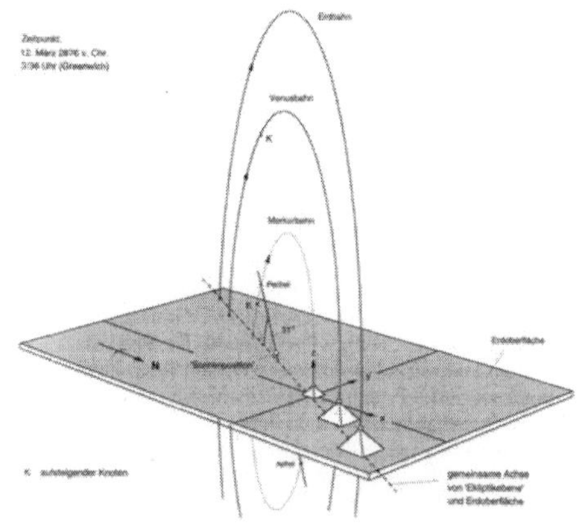

Abb. 19: Planetenpositionen auf eine Ebene projiziert

Die verwendeten Steinblockgrößen im Außen- und Innenbereich lassen auf Bautechniken (sprich Levitation oder Ähnliches) schließen, die heute unbekannt sind oder aber auf Bauleute, die es heute auf der Erde nicht mehr gibt (sprich Außerirdische). Fand die oder eine der Sintflut(en) ebenfalls in bzw. vor den Jahren um 2876 v.Chr. statt? Eine Erdachsenverlagerung und eine Erdbahnverlagerung sowie eine damit einhergehende Jahreslängenveränderung muss demnach ebenfalls um dieses Datum herum stattgefunden haben.[130] Eine der inzwischen vergessenen Bautechniken scheint zu sein, dass die Außenhaut der Pyramiden nicht etwa gemeißelt, sondern gegossen wurde. Nur so erklärt sich die glatte Außenhülle der Pyramiden. Prof. Davidovits, Direktor für angewandte archäologische Wissenschaft von der *Universität Miami*, hat bei seinen Untersuchungen unter dem Mikroskop menschliche Haare in(!) Gesteinsproben der Außenverkleidung der Pyramiden gefunden. Ein für diesen Guss nötiges „Rezept" wurde auf einer Stele in Assuan gefunden und beschreibt die Herstellung gegossener Steine.[131] Bei weiteren Untersuchungen durch Dr. Klemm, einen Gesteinsmechaniker, wurde festgestellt, dass die Blöcke der Pyramiden wesentlich mehr Luftblasen enthalten und dichter sind als natürliche Steine. Bei wiederum anderen elektromagnetischen Messungen wurde festgestellt, dass die Pyramidensteine mehr Feuchtigkeit enthalten als natürliches Gestein.[132] Dies lässt darauf schließen, dass zumindest die äußere Verkleidung möglicherweise gegossen und nicht behauen worden ist. Die von den Steinen abgehauenen Kanten und Ecken hätten sich zu einem doppelt so großen Haufen wie die Pyramiden selbst angehäuft.

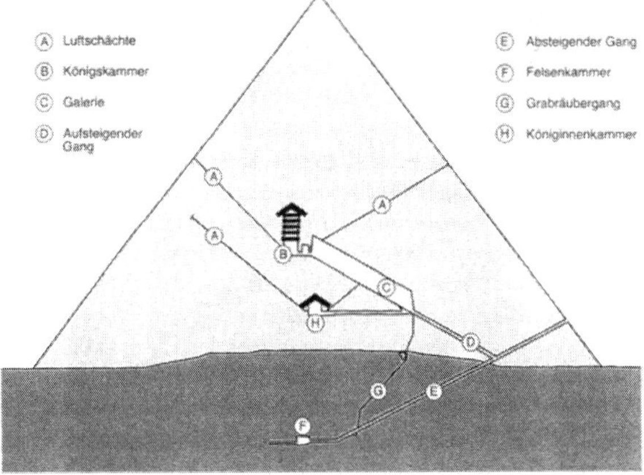

Abb. 20: Die innere Struktur der Cheops-Pyramide.

Dementsprechend gibt es eine Theorie, dass das Innere der Pyramiden möglicherweise zu recht großen Anteilen aus aufgeschüttetem Bauschutt bestehen könnte, da man den Abraum vor Ort nirgends finden konnte.

Auf einer Skizze, die die innere Struktur der Cheops-Pyramide zeigt (Abb. 20), sehen wir u.a. einen „Luftschacht" mit der Bezeichnung A. Bitte merken Sie sich diesen Schacht für später.

Zum Baudatum der Pyramiden gibt es eine weitere, sehr interessante Quelle. Der jüdische Historiker Flavius Josephus schrieb, dass *„die Große Pyramide zum Gedenken an eine gewaltige kosmische Katastrophe errichtet wurde, die unsere Erde mit Feuer und einer Sintflut heimsuchte"*.[133] Eine andere Quelle, der arabische Gelehrte Ibrahim Ben Ibn Wassuf Schah, berichtet, dass die Pyramiden in nur 6 Jahren Bauzeit durch König Saurid errichtet wurden.[134] Wir werden später noch einmal im Detail auf die Pyramiden zurückkommen.

Meine Suche nach Hinweisen auf den Hergang dieser Katastrophen ging weiter. Die Sintflut, oder besser die Sintfluten haben in etlichen historischen Quellen ihre Spuren hinterlassen, aber nicht nur dort, sondern auch ganz physisch in unserer Umgebung. So kennen wir z.B. alle schöne, weiße Strände mit viel Sand. Solche Ablagerungen von Sand an der Küste kennt fast jeder Mensch, weil er sie schon mit eigenen Augen gesehen hat. In Städten z.B. sieht man solche Strände eigentlich nicht, ebenso wenig auf Bergen. Würden wir einen Strandverlauf in den Bergen vorfinden, würden wir uns fragen, wie der wohl hingekommen ist und vermuten, dass da wohl mal ein Meer oder zumindest ein See gewesen sein muss. Nun findet sich ein solcher Strandverlauf mit viel Wasser in den Bergen in 2.000 km Entfernung von der Küste und obendrein in 5.000 Meter Tiefe – nämlich vor den Azoren.[135] Auch hier sollten wir uns also die Frage stellen, wie der Strandverlauf dort entstanden sein kann. Die nahezu einzig verbleibende, logische Erklärung lautet, dass der Strand, die Berge und der dazugehörige Kontinent wohl früher einmal wesentlich weiter oben lagen. Sehen wir also hier die Überbleibsel eines versunkenen Kontinents, vielleicht sogar die vom sagenumwobenen *Atlantis*? Wenn dieser Kontinent schnell gesunken ist, dann muss es dafür einen geologischen Grund gegeben haben. Die Sintflut allein reicht nicht aus, zumal die Sintflut, die wir aus der Bibel kennen, nicht die älteste Quelle ist. Die Wahl sollte hier eher auf das Gilgamesch-Epos fallen. Dieses Epos wurde auf 30.000 Tontafeln in Ninive von George Smith im Jahre 1872 gefunden.[136] Liest man diese Geschichte, gewinnt man den Eindruck, dass die in der Bibel erwähnte Sintflut ein geplantes Ereignis war und keinesfalls durch Zufall geschah.[137] Sie war möglicherweise zur Vernichtung der Menschheit bzw. des überwiegenden Anteiles dieser gedacht. Gab es für den kleinen Teil, der nicht vernichtet werden sollte, möglicherweise Schutzeinrichtungen? Erich von Däniken hat in Ecuador und Peru riesige unterirdische Höhlen entdeckt und berichtet von kilometerlangen *„großen Hallen über mehrere Etagen, Wände und Decken wie aus Beton gegossen.(...) Am Ende mehrstöckiger Hallen fanden sich Schottentore aus riesigen Felsplatten, acht Meter hoch, fünf Meter breit und zweieinhalb Meter dick. Trotzdem konnten die Türen gedreht werden, denn sie lagen auf Steinkugeln in einem Wasserbett.“*[138]

Die Sintflut kam also vermutlich mit Vorwarnung und entsprechenden Schutzbauten daher und es überlebten einige Tausend, vielleicht sogar einige Zehn- oder Hunderttausend diese Katastrophe. Immer wieder stoßen wir in den Quellen auf den Namen „Enlil“, der die Sintflut verursachte. Auch wird deutlich, dass es sich um eine Abfolge mehrerer Katastrophen gehandelt haben muss, teilweise recht kurz hintereinander. Ein Forscher namens *von Brasseur de Boubourg* übersetzte den „Codex Troano“, und dort findet sich u.a. Folgendes:

> *„Im sechsten Jahre Cans, am elften Muluc des Monats Zar, ereigneten sich furchtbare Erdbeben und dauerten bis zum dreizehnten Chuen. Das Land der Lehmhügel Mur und das Land Mound waren ihre Opfer. Sie wurden zweimal erschüttert und verschwanden plötzlich in der Nacht. Die Erdkruste wurde an verschiedenen Stellen von den unterirdischen Gewalten gehoben und gesenkt, bis sie dem Druck nicht mehr standhalten konnte, und viele Länder wurden durch tiefe Risse voneinander getrennt. Schließlich versanken beide Länder mit 64 Millionen Einwohnern im Ozean. Es geschah vor 8.060 Jahren.“*[139]

Die Bücher von Martin Heinrich berichten von so unglaublich vielen Fakten und Details, und dies auf eine so humorvolle und kurzweilige Art, dass ich Ihnen nur empfehlen kann, auch diese Bücher im Ganzen zu lesen.

Das nächste Buch aus seiner Feder mit dem Titel „Jakobs Himmelsleiter war ein Weltraumlift" faszinierte mich, weil es sich sofort als weiterer Puzzlestein meiner Suche offenbarte. Nur wenige Tage, bevor ich dieses Buch in die Hände bekam, las ich im Internet, dass sich die kanadische Firma *Toth Technology* ein Patent für einen solchen Himmelsfahrstuhl gesichert hat und diesen auch tatsächlich zu bauen plant.

„Ein kanadisches Raumfahrtunternehmen, Thoth Technology Inc., hat ein Patent für einen Weltraumlift eingetragen bekommen. In der heutigen USPTO's Official Gazette wird berichtet, dass dieser frei stehende Himmelsturm[140] *bis in eine Höhe von 20 km über der Erde reichen wird, mehr als 20mal so hoch wie bisherige Bauten auf der Erde, und mit einem pneumatischen Antrieb ausgestattet sein wird. Er soll genutzt werden zur Wind-Energie-Erzeugung, Kommunikation und Tourismus. Da die benutzte Transporttechnologie wieder verwendbar ist, wird hierdurch eine neue, aufregende Art des Zugangs zum Weltraum eröffnet, und dies bei einer Ersparnis von 30% im Vergleich zu einer normalen Rakete."*[141]

Ziel ist es, in dieser Höhe eine Start- und Landebahn für den erdnahen, orbitalen Flugverkehr bereitzustellen. Die Idee zu einer solchen „Himmelsleiter" wurde 1895 vom russischen Raketenpionier Konstantin Ziolkowski entwickelt und in neuester Zeit auch von der NASA wieder aufgenommen und weitergesponnen. Vor allem mit der jüngst ins Gespräch gekommenen Nano-Technologie sind Bauteile wie Kohlenstoff-Nano-Tubes denkbar geworden, die ein solches Bauwerk in gar nicht allzu weite Ferne heranrücken lassen.[142]

Doch ist diese Idee tatsächlich neu? Wir finden in der Bibel z.B. folgende Stelle. (1. Mose, 28,12): *„Und ihm träumte; und siehe, eine Leiter stand auf der Erden, die rührte mit der Spitze an den Himmel, und siehe, die Engel Gottes stiegen dran auf und nieder."*[143] (A.d.A.: *„Herr, der Du bist im Himmel wie auch auf Erden."*) An anderer Stelle (Apokalypse des Adam 19/3) steht dann: *„Wie er noch sprach, taten sich die Flächen auf, und unter mir war der Himmel."* und weiter *20/3*: *„Beschau doch von oben die Sterne, die unter dir sich befinden."* – es öffnete sich also eine Art Glasboden, und man konnte sich die Sterne unter seinen Füßen anschauen: Wenn das nicht die Beschreibung von einem Schaufensterbummel in der Schwerelosigkeit auf einer Raumstation am oberen Ende eines solchen Fahrstuhls ist...

Lassen Sie uns noch tiefer eintauchen in diese Thematik und die alten Quellen dazu. Im Talmud finden wir sogenannte „Schechina“[144], deren „Haupt bis zum Himmel“ reicht und auf denen „göttliche Boten“ auf und nieder steigen.[145] In der Bibel finden wir bei Henoch, in den Apokryphen, (4. Teil, Kapitel 87, Abs. 2): *„Da erhob ich abermals meine Augen gen Himmel und sah im Gesichte, wie aus dem Himmel Wesen, die weißen Menschen glichen, hervorkamen, einer von ihnen kam aus jenem Ort hervor und drei mit ihm... und wenn sie wollen, erscheinen sie wie Menschen. Jene drei, die zuletzt hervorgekommen waren, ergriffen mich bei der Hand, nahmen mich von dem Geschlechte der Erde hinweg und brachten mich hinauf an einen hohen Ort und zeigten mir einen Turm hoch über der Erde, und alle Hügel waren niedriger.“*[146] Dort finden wir auch den Hinweis, dass die Engel, die an dieser Leiter auf- und niederstiegen, keine Flügel hatten, sondern sich bei Bedarf welche nahmen(!).[147] Dies klingt nach einem sehr modernen Fluganzug, wobei wir aktuell durchaus schon Schritte in diese Richtung sehen können. Uns allen bekannt sind *Skydiver* oder auch *Basejumper*, also Fallschirmspringer mit speziellen Fluganzügen, den sogenannten Wingsuits[148], die eine Art Schwimm- oder besser in diesem Fall Flughaut zwischen den Armen und Beinen haben und damit sehr gut über weite Strecken fliegen können. Ebenso gibt es Anzüge, die sogar mit eigenem Düsenantrieb ausgestattet sind.[149]

Abb. 21: Der Gryphon, ein Fluganzug des deutschen Unternehmens ESG.

Der Schweizer Yves Rossy ist hier einer der bekanntesten Vorreiter, der mit solchen Fluggeräten bereits sehr weit und schnell geflogen ist. Flüge über den Ärmelkanal und quer über den Grand Canyon sind damit bereits aktueller Stand der Technik.[150]

Im Buch *Baruch* finden wir folgenden Text: *„Und er nahm mich und brachte mich dahin, wo der Himmel befestigt ist... Und er nahm mich und brachte mich zum ersten Himmel und zeigte mir ein gewaltiges Tor. Und er* *sprach zu mir (...)*". Dann geht es in den zweiten und dritten Himmel, jeweils durch ein Tor, und dann folgt dieser Text: *„Und er zeigte mir auch dort eine Ebene, und sie war angefüllt von Menschen, deren Aussehen dem von Hunden glich und die Hirschfüße hatten. Und ich fragte den Engel: ‚Ich bitte dich, Herr, sage mir, was das für Leute sind.' Und er sprach: ‚Das sind die, die den Rat gegeben haben, den Turm zu bauen...'*"[151]

Auch bei Mohammed findet sich Ähnliches, denn dieser berichtet: *„Mir wurde eine Leiter gebracht, so schön, wie ich noch nie etwas gesehen habe. Der Engel Dschibrail ließ mich auf ihr hinaufsteigen, bis er mich zu einem Himmelstore brachte, das man das Hütertor nennt.*"[152]

Im Gilgamesch-Epos finden wir einen kleinen Beitrag von jemandem, der mit diesem Aufzug selbst gefahren ist und beschreibt, wie die G-Kräfte, die beim rasanten Aufstieg innerhalb der Gravitation der Erde entstehen, auf ihn eingewirkt haben. Die beiden Fahrstuhlfahrer heißen Enkidu und Etana, und sie haben beim Aufstieg das Gewicht ihrer Körper wie das Gewicht eines ganzen Felsens gespürt.[153]

In hurritisch-hethistischen Quellen findet sich eine weitere Bestätigung für diesen riesigen Fahrstuhl, der *„wie ein Turm in den Himmel*" ragte, und er wird dort als eine „Dioritsäule" mit Namen „Ullikummi" beschrieben: *„Der Ullikummi wuchs heran, die starken Götter zogen ihn groß. Als der 15. Tag eintrat, stand er bis an die Knie im Meere wie ein Pfahl... Im Wasser emporgewachsen beträgt seine Höhe 9.000 Meilen.*"[154] Auf einem alten Papyrus sehen wir den ägyptischen Djedpfeiler und die Himmelsschlange (Abb. 22). Aus der Schulwissenschaft gibt es hierüber anmutige Deutungen wie: Der Djedpfeiler ist das Symbol für Dauer und Stabilität, und auch für Fruchtbarkeitsriten musste er herhalten. Auch als Wirbelsäule des Gottes Osiris wurde er gedeutet.

Abb. 22: Der Djedpfeiler

Im Taoismus hingegen ist der Djedpfeiler der Steigbaum, über den man in den Götterhimmel gelangt.[155] Das Symbol des Djedpfeilers findet sich auf ungeheuer vielen Reliefs in Ägypten. Es könnte gleichsam also auch gedeutet werden als: *„Der Träger dieses Symbols hat den Schlüssel zum Fahrstuhl auf die Raum-Station."* Oder aber, ganz im Stolze des Beteiligten: *„Seht her, ich habe diesen Turm mit erbaut."* Oder aber, so wie heute fast jeder Paris-Tourist, der auf dem Eiffelturm war einen solchen in Miniaturausgabe unten bei einem der zahlreichen Händler erwirbt: *„Seht her, ich war oben!"* Dass ein solches Bauwerk von den Bauherren als *„für die Ewigkeit gebaut"* betrachtet wird, erscheint einleuchtend, schließlich wäre es damals wie heute das höchste Gebäude der Welt. Wenn daher in der Ägyptologie die Deutung „beständig" oder „Stabilität" aufkommt, ist dies gar nicht so weit von der Wirklichkeit entfernt – diese Attribute sollte ein solches Bauwerk sicherlich haben! (Waren diese Bauherren vielleicht solche Wesen wie in Abb. 23?)

Offenbar war auf diesem Weltraumlift ein reger Betrieb, und es gab wie auch bei den Menschen sehr häufig – Zank und Streit rund um diesen Bau. So finden wir im Popul Vuh[156], dem Buch der Quiché-Maya in Zentralamerika, eine Geschichte über einen Angriff auf die Götter: *„Zipacná, der Erschaffer der Gebirge, sollte in eine Falle gelockt und dort beseitigt werden. Der erste Anschlag von 400 Jünglingen auf Zipacná misslang, denn dieser hatte Wind von der Sache bekommen, und die 400 Jünglinge mussten das misslungene Attentat mit dem Leben bezahlen."*[157] Noch heute erinnert ein mexikanischer Brauch an diese kleine Revolution, ähnlich wie es bei uns heute den Tag der Revolution (14. Juli) oder in Deutschland die Erinnerung an den Arbeiteraufstand des 17. Juni gibt. Dieser Brauch, der noch heute alljährlich gefeiert wird, sieht folgendermaßen aus: *„So wird heute noch im mexikanischen Chichicastenango eine Zeremonie praktiziert, bei der 400 Jünglinge einen möglichst 30 m hohen Stamm (Allegorie zum Turm?) aufstellen, woraufhin dann zwei als Affen verkleidete versuchen, die Jünglinge daran zu hindern, aber vier von ihnen gelangen immer bis zur*

Abb. 23: Hier eine Darstellung des Gottes Anubis als Relief und Statue.

Spitze und werfen sich kopfüber in den ‚Raum', um anschließend an einem Seil über eine Rolle langsam zur Erde nieder zu schweben.«[158]

Interessant ist, dass hier offenbar ein Attentatsversuch (bei noch bestehendem Weltraumlift) geschildert wird, der möglicherweise dann zum Tode aller Täter geführt hatte, die von affenähnlichen Wesen an ihrem Tun gehindert worden waren. Ein solcher Angriff muss wohl geplant sein. Und da wir davon ausgehen dürfen, dass neben dem Weltraumlift auch noch andere, hervorragende Flugtechnologie zur Verfügung stand (es werden Fluggeräte mit Geschwindigkeiten von bis zu 6.500 km/h genannt[159]), sollten wir die Erbauer dieses Lifts für international mobil erachten. Wenn also ein solcher Angriff oder auch mehrere möglicherweise zeitgleich stattfinden sollten, musste eine internationale Absprache stattfinden. Hierfür wäre es sehr hilfreich, wenn man sich auch tatsächlich in *einer* Sprache verständigen könnte. Und die Bestätigung für diese These finden wir denn auch bei Mose, Buch 1: *„Es hatte aber alle Welt eine Zunge und Sprache*«[160] und ebenso, nachdem sie das Risikopotential erkannt hatten, das Missfallen der Götter ob dieser Tatsache und ihren Änderungswunsch: *„Wohlauf, lasst uns herniederfahren und ihre Sprache verwirren.*"

Man hatte also die Gefahr erkannt und wollte diese taktischen Fehler ausgleichen. In der Folge dieses Angriffs haben dann also die Götter beschlossen, Risikominimierung zu betreiben und haben erst einmal die Sprachen weltweit verwirrt und so die für weitere Attentate notwendige Kommunikation erheblich erschwert. Wir wollen später auf die Beweise für diese Annahme zurückkommen und widmen diesem Thema ein ganzes Kapitel.

Nun stellen wir uns einmal die Frage, wo ein solcher Lift gestanden haben könnte. Aufgrund der halbwegs runden Gestalt der Erde und den verschiedenen Kräften, die auf verschiedenen geografischen Breiten auf einen solchen Lift einwirken würden, dürfte wohl ein Platz direkt auf dem Äquator der am besten geeignete sein. Wir finden zahlreiche Hinweise im heutigen Peru nahe der Stadt Nazca.[161]

Allein: Nazca liegt heute nicht mehr auf dem Äquator...

In Nazca finden wir zahlreiche sehr merkwürdig aussehende Berge, von denen in vielen Fällen ganz unbestreitbar mehrere Millionen Kubikmeter (= mal 5 als Gewicht in Tonnen) Material einfach abgetragen worden und heute verschwunden sind. Und niemand weiß, mit welcher Technik, wohin, und wozu dies getan wurde. Vergleichen wir diese Bilder mit heutigen Flugplätzen, drängt sich der Vergleich förmlich auf.

Abb. 24: Das sieht meiner Auffassung nach wie ein paar Landebahnen und Zufahrtswege aus. Die konisch zulaufenden Formen deuten auf hohe Anfluggeschwindigkeiten und leicht differierende Anflugwinkel hin.

Abb. 25: Bahn mit Bezeichnung „86 APRA“

Die konisch zulaufenden Formen deuten auf hohe Anfluggeschwindigkeiten und leicht differierende Anflugwinkel hin. Möglicherweise ist die auf Abb. 24 zu sehende Bahn vor einer Erdachsenverschiebung entstanden und wurde durch natürliche oder unnatürliche Einflüsse zerstört und dann weiter oben neu gebaut. Leider konnten diese Fotos nicht auf Satellitenaufnahmen wiedergefunden werden, sodass die exakte Himmelsrichtung nicht angegeben werden kann, aber es gibt andere Beispiele, darunter auch einige mit Beschriftung, die gut aus Luftfahrzeugen sicht- und lesbar ist.

Was versucht man heute in einem Krieg so ziemlich als Erstes? Man versucht, die Startbahnen der Luftstreitkräfte zu zerstören... Da allerdings nur ein oder zwei auf eine Zerstörung schließen lassen, war es entweder ein sehr kurzer Krieg oder vielleicht doch ein Treffer kosmischer Herkunft, oder die Bahnen stammen aus unterschiedlichen Zeiten.

Schauen wir uns doch einmal zum Vergleich mit diesen alten „Prozessionswegen" moderne Flugplatzstartbahnen an!

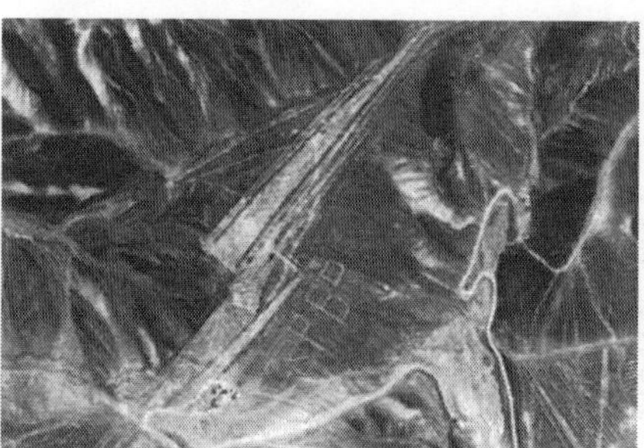

Abb. 26: Bahn mit Bezeichnung „RPB"

Abb. 27: Bahn um ca. 20° verschoben

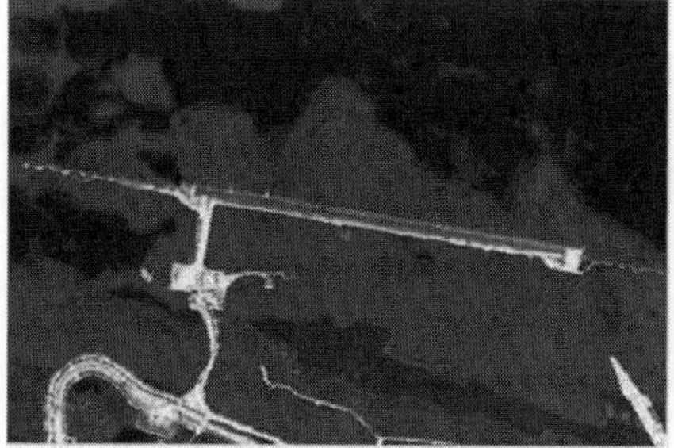

Abb. 28: Moderne Landebahn (In diesem Fall eine Schotterpiste für Flugzeuge bis zu der Größe einer Boeing 737 in Nord-Kanada, am Lac de Gras, einer der größten Diamantenminen weltweit.)

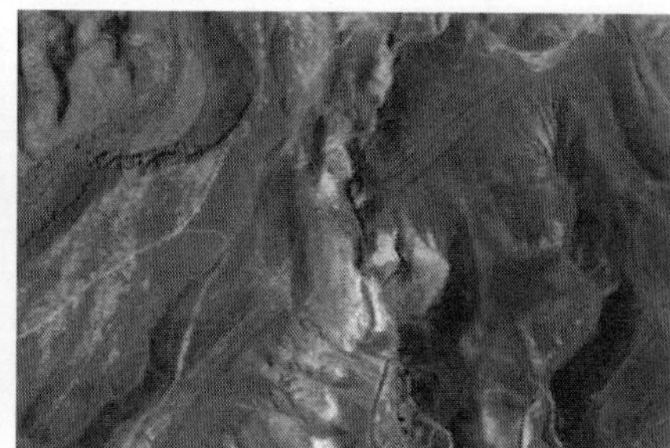

Abb. 29: Bahn mit riesigem Krater in der Mitte

Abb. 30: Im Vergleich dazu hier abgebildet aus Florida die Landepiste der Space-Shuttles.

Wenn Sie über Sprachverwirrung, Namensgleichheiten und Namensähnlichkeiten bei indianischen und hebräischen Göttern und über frappierend ähnliche Bauweisen bei vorzeitlichen Massivsteinmauern in der Türkei und Peru, über Atlantis und Sintflut mehr wissen möchten, empfehle ich Ihnen das Buch Martin Heinrichs. Er wird sie mit einer Fülle von Wissenswerten Details beschenken.

Sollte der vorher beschriebene Angriff der 400 Jünglinge nur ein Teil einer größeren Revolution gewesen sein, und sollten die Sintflut und die Sprachverwirrung danach ganz bewusst von den „Göttern" eingesetzt worden sein, um wieder Herr der Lage zu werden, dann stellt sich die Frage, welche Werkzeuge hier eingesetzt wurden. Ob dabei der bereits beschriebene Versuch, Jupiter als zweite Sonne zu zünden, von vornherein ein wichtiger Bestandteil war oder eher dem Ausdruck einer über das eigentliche Ziel hinausgehenden Strafaktion glich, bleibt offen. Vielleicht müssen wir in einzelnen Geschehnissen ja auch etwas ganz anderes sehen, nämlich einen Angriff von außerhalb auf die auf der Erde weilenden Götter und Menschen.

Zecharia Sitchin liefert in seinem Buch „Die Kriege der Menschen und Götter" wertvolle Hinweise auf eine solche Situation. Beim Propheten Hesekiel, niedergeschrieben auf einer Schriftrolle vom Toten Meer, findet sich dieser Text: *„An diesen Tagen werden die Götter und die Sterblichen Seite an Seite am Kampf und am Blutbad teilnehmen. Die Söhne des Lichts werden gegen die Söhne der Finsternis mit göttlicher Macht kämpfen, in stürmischem Tumult, im Kriegsgeschrei der Götter und der Menschen."*[162] Es gab also nicht nur Kriege der Götter gegen Menschen und untereinander, sondern auch welche mit Menschen gegen andere Parteien. Teilweise betraf dies auch familiäre Bande, wie man erkennt, wenn Gott Mars in einer Erzählung Homers spricht: *„Verübelt es mir nicht, ihr Götter des Himmels (...) wenn ich mich zu den Schiffen der Achäer begebe und den Tod meines*

Sohnes räche (...).“[163] Es waren also von Göttern mit Menschen Kinder gezeugt worden, deren Tod nun direkt von Göttern gerächt sein wollte, mit dem zur Vernichtung des Großteils der Menschheit von Zeus/Jupiter geplanten Krieges von Troja.[164] Die Achäer lebten im heutigen Griechenland[165], die Hethiter jedoch waren vor ihnen dort. Diese sprachen eine aus dem indoeuropäischen stammende Sprache, wie viele indogermanische Völker, die während der Völkerwanderung aus dem Kaukasus nach Kleinasien und Indien kamen. Die teilweise vernichtenden Kriege der Pharaonen und anderer Kriegsherren, die im Auftrag ihrer jeweiligen Götter nicht nur Schlachten gewinnen, sondern ganze Länder verwüsten, sind in den verschiedensten Quellen ausführlich beschrieben.[166] Unter anderem steht auf einem Gedenkstein für den König Sargon, er habe seine Kriege nur mit Hilfe der „Waffe des Gottes“[167] gewinnen können, die ihm sagenumwobene Kraft und Erfolge sicherte. Diese Waffe erhielt den Namen „Marduks große Macht“[168] und wurde bei zahlreichen Gelegenheiten überlegen in Kriegen eingesetzt. Ob im folgenden Fall ebenso, ist fraglich, aber eine Randbemerkung macht die nun geschilderte Szene sehr wichtig. Im Alten Testament, genauer *2. Buch der Könige, Kapitel 18 und 19*, finden wir die Schilderung eines Krieges, den der assyrische König Sanherib im 14. Regierungsjahr des Königs Hiskia gegen die Städte Judäas führte. Einer der gegen Jerusalem gesandten Heerführer griff nicht sofort an, sondern lieferte sich offenbar ein heftiges Wortgefecht mit den Stadtvätern und ließ sich dazu hinreißen, zu verneinen, *„Jahwe habe den Angriff auf Jerusalem verfügt (...) und ging dazu über, den Gott selbst zu beschimpfen.“* Woraufhin König Hiskia ihm wütend entgegnet: *„Dies ist ein Tag der Not, der Vorwürfe und der Gotteslästerung. Möge Jahwe, dein Herr, alle Worte (...) vernehmen, (...) den lebendigen Gott zu verhöhnen.“*[169]

Hieraus kann man einige sehr wichtige Lehren ziehen:

A) Jahwe ist nicht der Schöpfer des Universums, also nicht DER Gott, sondern nur EIN „Gott“.

B) Jahwe ist Heerführer, JHWH ist möglicherweise der Titel des Heerführers, nicht aber sein Name.

C) Jahwe als einer der Götter ist quicklebendig und keinesfalls eine Glaubensfiktion.

In Ihrer Bibel im Bücherregal werden Sie diese Stelle finden, nicht jedoch in einer Wort-für-Wort-Übersetzung der Originalquellen. Wer hier gepfuscht hat, lässt sich nicht sagen. Neben „Marduks großer Macht" gab es noch weitere interessante Waffen, die von Zeitgenossen beschrieben werden, so z.B. eine Glanzwaffe, „Assurs Schrecken einflößender Glanz", von der Assurbanipal schreibt, sie *„blendete den Pharao so, dass er wahnsinnig wurde"*. Diese Waffe strahlte offenbar eine intensive, blendende Helligkeit aus und wurde von den Göttern als Teil der Kopfbedeckung getragen. Es heißt u.a.: (da) *„ließ Istar, gekleidet in göttliches Feuer und ausgestattet mit der strahlenden Kopfbedeckung, Flammen auf Arabien regnen"*.[170] Nimmt man die Quelle wörtlich, konnte dieser Hut wohl mehr als nur Licht aussenden. War es möglicherweise eine Art Laserwaffe?

Vielleicht müssen Bilder wie diese hier schlicht neu gedeutet werden:

Abb. 31: Verschiedene Abbildungen, Statuen, Reliefs u.a. von Pharaonen aus Ägypten

Zeigt das linke Bild (Abb. 31) möglicherweise Gewicht tragende und –verteilende Schulterauflagen, darüber ein Gehäuse für Technik und über der Stirn eine Waffenmündung? Zeigt das Bild rechts möglicherweise eine andere Version einer solchen Waffe und das zweite Bild von rechts möglicherweise so etwas wie eine Kabelfernbedienung oder ein Funkgerät? Das zweite Bild von links zeigt den Krokodilgott Sobek, der sowohl in seiner vermutlich wirklichen Gestalt als auch mit einer möglicherweise einem technischen Zweck dienenden Kopfbedeckung abgebildet ist.

Doch auch diese Waffe war noch nicht der Höhepunkt. Es gab offenbar sogar Roboter. So unglaublich uns dies aufgrund unserer Schulbildung erscheinen muss, so berichten doch die Quellen von Horos, der in Edfu eine göttliche Metallgießerei betrieb, in der einzigartige Waffen aus ‚göttlichem Eisen' geschmiedet wurden. Hier drillte Horos ein Heer von Mesniu – Metallmenschen. *„Auf den Mauern des Tempels in Edfu sind sie abgebildet; mit geschorenem Kopf, kurzem Überwurf und großem Kragen, mit Waffen in jeder Hand. Die Abbildung einer harpunenähnlichen Waffe (...) ist in die Hieroglyphen, die göttliches Eisen und Metallmenschen bedeutet, eingefügt.*"[171] (A.d.A.: Die entsprechende Abbildung war zu klein, um sie hier ordentlich abbilden zu können. Es sieht aus wie ein Strich mit Pfeilspitze mit einer Zieloptik darüber. Horizontal gespiegelt könnte es auch statt einer Pfeilspitze ein Kolben mit einer normalen Mündung in die andere Richtung gewesen sein.)

Man kann aus den Quellen ausführliche und eindeutige Beschreibungen von Fluggeräten und amphibischen Fahrzeugen entnehmen, ebenso wie Schlachtverläufe von Kriegen, bei denen Götter gegen Menschen und Götter mit Menschen gegen andere Götter kämpften. Heinrich Brugsch, ein deutscher Forscher, dessen Ergebnisse heute nahezu totgeschwiegen werden, jedoch im Internet bei Google teilweise zu finden sind (dem Verfasser liegt das gesamte Werk vor), liefert hierzu eine Fülle von Details und Quellen.[172]

Manetho und Herodot berichten übereinstimmend über die Herrschaftsdauer der Götter: Ptah 9.000 Jahre; Ra 1.000 Jahre; Schu 700 Jahre; Geb 500 Jahre; Osiris 450 Jahre; Seth 350 Jahre; Horos 300 Jahre – macht eine Gesamtdauer von 12.300 Jahren!

Die chaotischen Zustände während und nach diesen Kriegen der Götter führten dann zu einem Neuanfang, über dessen Beginn sich die Altertumsforscher seit der Entzifferung der Hieroglyphen, die dem Franzosen Jean Francois Champollion 1822 gelang, nahezu einig zu sein scheinen. Demnach haben die Dynastien der Pharaonen wahrscheinlich im Jahr 3100 v.Chr. begonnen.[173] *„Die Ägypter glaubten, dass in früherer Zeit ein Gott herabgekommen sei und das Land unter Wasser und Lehm vorgefunden habe. Er legte das Land durch schwierige Arbeiten trocken und ließ Ägypten buchstäblich aus dem Wasser aufsteigen (...) Dieser Gott wurde Ptah genannt (...) Er wurde als großer Ingenieur und Handwerksmeister betrachtet.*"[174]

Genau wie heute auch, so reihte sich (auch damals schon) in den sogenannten höheren Kreisen ein Sex-Skandal an den nächsten. Da vergewaltigen Männer andere Männer, Götter Frauen und Männer, Göttinnen nahmen sich, was sie wollten, und all dies wird ausführlich überliefert.[175] Da wird Horos von Seth vergewaltigt, weil Horos den Thron verlangt, auf dem Seth sitzt. Seth will beweisen, dass Horos kein Vorfahre, sondern nur unberechtigter Nachkomme ist (und somit nicht herrschaftsberechtigt), weil sein Same in ihm sei. Doch Horos überlistet ihn, fängt den Samen bei der Vergewaltigung unbemerkt auf und lässt stattdessen seinen Samen auf den Salat des Seth fallen, der den dann isst und so vor versammelter Mannschaft nach Untersuchung zugeben muss, dass nun statt seines in Horos, Horos' Samen in seinem Körper sei und die Nachkommenschaft und Thronrechtsfrage zu Horos' Gunsten geklärt wäre.[176] Mal ist es der unbändige Sexualtrieb des Uranos, der zu Beginn gesunde Kinder zeugt, dann aber Zyklopen, Riesen und fünfzigarmige Ungeheuer zur Welt bringt und deshalb von der ‚vollbusigen' Gaja durch Kastration bestraft wird[177], mal muss der Vergewaltiger Dyaus vor dem sicheren Rache-Auftragsmord auf einen fernen Himmelskörper fliehen.[178]

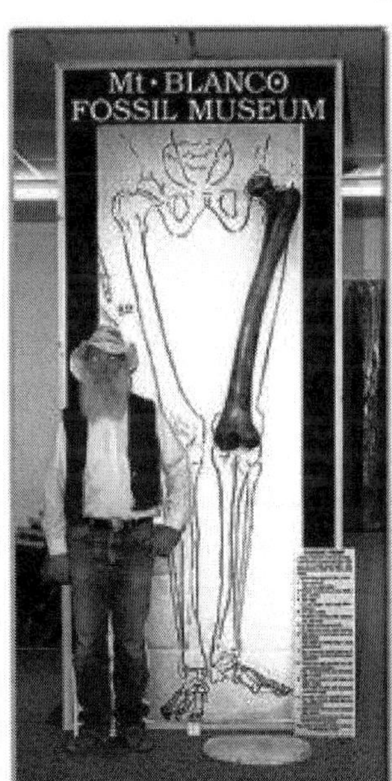

Abb. 32: Riesenskelettfund aus der Türkei

Riesen gab es damals eine Menge, die Bibel offenbart sogar deren genaue Anzahl, nämlich genau 4.090.000.[179] Riesen haben natürlich auch größere Hände als wir Menschen und brauchen dementsprechend größere Waffen. Und genau diese wurden auch gefunden. *„Einzelne Faustkeile waren 32 cm lang, 22 cm hoch und wogen 4,2 Kilogramm. In Syrien wurden ähnliche Exemplare mit einem Gewicht von 3,8 Kilogramm gefunden. Hieraus lässt sich auf Wesen mit einer Größe von 4 Metern schließen.“*[180]

Abb. 33: Riesenbeile als Handwaffe

Es wurden riesige Steinbeile und Faustkeile und auch einige andere Gerätschaften gefunden, die von Menschen unserer heutigen Gestalt und Größe aus Kräftemangel nicht benutzt werden können. Zahlreiche Funde menschlicher Skelette in Größen bis zu knapp 4 Metern[181] und Fußabdrücke mit einer Länge von 130 cm legen reges, aber totgeschwiegenes Zeugnis von der Vergangenheit unserer Vorfahren ab.[182]

Auch Rangfolgen ähnlich militärischen Rängen gab es offenbar. Sumerische Quellen berichten, dass Gott Anu den höchsten Rang hatte, nämlich sechzig, danach kam Enlil (Rang 50), Ea (40) und darunter weitere Götter.[183] Die Sumerer berichten detailliert über die Götter aus grauer Vorzeit, so auch über „Din-Gir", „der Rechtmäßige der Raketenschiffe", und die Geschöpfe, die später von den Griechen „Götter" genannt wurden, die von ihrem eigenen Planeten auf die Erde gekommen waren.[184]

Abb. 34: Michael Tellinger und ein versteinerter Fußabdruck

Die Götter wählten Südmesopotamien als ihren Wohnsitz und nannten das Land Ki-En-Gir, übersetzt „Land der Raketen“. Der akkadische Name Schumer (= Sumer) bedeutet „Land der Wächter“. Im Land der Raketen gründeten sie die ersten Niederlassungen auf der Erde. Die Sumerer stellten demnach ihre Behauptung, dass die ersten Ansiedler auf der Erde von außerhalb des Planeten kamen, nicht leichtfertig auf. Alle Quellen sprechen immer wieder von Din-Gir (dem „Rechtmäßigen der Raketenschiffe“), der 432.000 Jahre vor der Sintflut auf die Erde kam. Sein Planet wird von den Sumerern als der zwölfte unseres Sonnensystems betrachtet, wobei unser Sonnensystem aus der Sonne in der Mitte, dem Mond, den neun Planeten, die wir heute kennen sowie einem Planeten mit einer weitaus größeren Bahn besteht, dessen Umlauf ein ‚Sar' beträgt, nämlich 3.600 Erdenjahre. Auf dieser Umlaufbahn gelangt der Planet von einer weit entfernten Station, zwischen Mars und Jupiter hindurch, in Erdennähe. Wegen dieser Umlaufbahn und deren Weg zwischen unseren Planeten, der auf einer 4.500 Jahre alten sumerischen Zeichnung zu sehen ist, *„wurde er Nibiru (Kreuzung) genannt, und ein Kreuz war sein Symbol“.*[185] Einer der Anführer der Astronauten, die danach vom Nibiru zur Erde kamen, wurde Ea genannt und nahm, nachdem er sich auf der Erde niedergelassen hatte, den Namen Enki (Herr der Erde) an.[186] Seine Aufgabe war es, die Erde zu vermessen und einen Stützpunkt zu errichten.

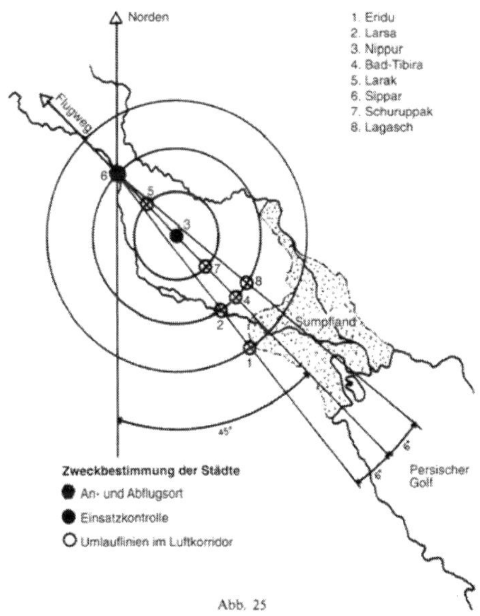

Abb. 35: Strategische Platzierung der einzelnen Landungs- und Stützpunkte

Es wurden Dämme gebaut, Gräben ausgehoben, Gebäude errichtet, Abzugskanäle und Wasserpegelkontrollen erbaut. Enki ist noch heute der „Gott des Süßwassers“ im Irak und im ehemaligen Mesopotamien, dem Zweistromland.[187]

Natürlich dienten diese Arbeiten einem Ziel. Dieses Ziel war das Gold auf der Erde. Dies wurde dringend benötigt, u.a. für ihre Raumschiffe, wie wir aus hinduistischen Textstellen über die mit Gold beschlagenen Himmelswagen wissen.

Gold ist auch heute noch für unsere Raumschiffe und die dazugehörigen Instrumente notwendig. Doch der rein technische Bedarf für Raumfahrzeuge allein kann nicht der Grund für die intensive Goldsuche der Nibiruaner gewesen sein. Gold wurde in großen Mengen in Richtung ihres Heimatplaneten abtransportiert. Dort war es offenbar lebensnotwendig. Möglicherweise füllten sie ihre Atmosphäre mit Goldstaub, um sie vor drohender Auflösung zu schützen.

Ea, nun Enki genannt, wurde die folgende Aufgabe übertragen: *„Er musste dem stillen Wasser des Persischen Golfes und dem Sumpfland das Gold entziehen.“*[188] Leider entsprach die Goldproduktion nicht den Erwartungen, und so wurde das Personal aufgestockt. Immer mehr Astronauten kamen zur Erde, genannt Anunnaki („die vom Himmel auf die Erde kamen“). Sie kamen in Fünfzigergruppen (In der Bibel wird z.B. Jahwe als „Herr der Fünfzigschaft“ bezeichnet, siehe weiter hinten in diesem Buch.) Eine dieser Gruppen wurde von Marduk angeführt, Enkis erstgeborenem Sohn.

Auf dem Heimatplaneten, wo Enkis Vater An (auf akkadisch Anu) herrschte, verfolgte man mit Spannung und großer Erwartung den Fortschritt der Arbeiten auf der Erde. Diverse Verzögerungen und die geringe Ausbeute müssen Ungeduld und dann Enttäuschung hervorgerufen haben. Offenbar missglückte der Plan, durch chemische Prozesse Gold aus dem Meer zu extrahieren. Aber da die Anunnaki das Gold dringend benötigten, musste man sich nun entscheiden: Entweder das ganze Projekt aufgeben oder irgendwie anders zu Gold kommen, z.B. durch Bergbau.[189]

Wohl aufgrund der Schwere der Entscheidung und der Wichtigkeit der Mission kam Anu selbst auf die Erde, und das Projekt lief nach Inaugenscheinnahme und Besprechung und seiner Rückkehr nach Nibiru an. Es wurden zunächst insgesamt 600 Anunnaki auf die Erde geholt, unterstützt von den „Igigi“, den Beobachtern auf einer Station außerhalb der Erde, die ihre Schiffe nie verließen und den Kontakt zu Nibiru aufrechterhielten.[190] Dann wurden Siedlungen errichtet, der erste Bergbau-Schacht selbst, ein Lagerplatz, Landebahnen mit Signalfeuer und ein medizinisches Zentrum.[191, 192]

Durch die streng der Genetik und Erbfolge folgende Rangordnung der Anunnaki und wohl auch durch die lange Zeitspanne bis zum jeweils nächsten Zusammentreffen mit dem Heimatplaneten Nibiru kam es auf der Erde zwischen Enki und Enlil, aber auch zwischen Anu und seinem Vorgänger Alalu zu einem offenen Streit, der in einem Aufstand der Igigi auf der Erde gipfelte.[193] Ninurta, Enlils rechtmäßiger Erbe, wollte die Macht auf der Erde, war jedoch nach dem Gesetz nur auf Nibiru rechtmäßiger Erbe und nicht auf der Erde[194] und stritt erbittert um seinen Vorteil auf diesem Außenposten. Andere Götter wollten ebenfalls ihren Vorteil sichern, erkannten zwar die Oberhoheit Enlils und Ninurtas als dessen Stellvertreter an, aber die Lage war so unsicher, dass Ninurta schließlich mit neuen Waffen ausgerüstet wurde – dem Scharur („überlegener Jäger"), dem Schargaz („überlegener Schläger") und der Ib, eine Waffe mit „fünfzig tödlichen Köpfen".[195] Die Streits und Kampfhandlungen zogen sich hin und flammten immer mal wieder auf, während die Anunnaki vierzig Perioden (Umläufe ihres Heimatplaneten) bzw. 144.000 Erdenjahre lang in den Bergwerken schufteten. Als es wieder einmal krachte und Enlil selbst ins Bergwerk kam, nutzte man die Gelegenheit zum Aufstand. Enlil wurde allein nicht mehr Herr der Lage, fand sich isoliert und rief Anu um Hilfe an. Der kam, hörte zu – und schwieg. (Vermutlich hielt er die Hände vor dem Bauch zu einer Raute geschlossen und ‚merkelte': *„Wir müssen eine gemeinsame Lösung finden"*.)

Die beste Idee kam von Enki, der vorschlug, *„ein Geschöpf, das es bereits auf Erden gab, nämlich eine Äffin, zur Erschaffung des Lulu Amelu, des ‚gemischten Arbeiters' zu benutzen: Diese unterentwickelten Geschöpfe sollten mit den Göttern gemischt werden"*.[196] Gesagt, getan! *„Sud reinigte die ‚Essenz' eines jungen Anunnaki und mischte sie mit dem Ei eines Menschenaffenweibchens. Das befruchtete Ei wurde dann in die Gebärmutter einer Anunnaki-Frau verpflanzt, sodass sie geschwängert war. (...) Der ‚primitive Arbeiter', der Homo sapiens, war entstanden."* Als nach einigen Versuchen das „endgültige Muster" fertig war, wurde die Massenproduktion gestartet: *„Vierzehn Geburtsgöttinnen wurde gleichzeitig das befruchtete Ei eines Menschenaffenweibchens implantiert, sieben Arbeiter und sieben Arbeiterinnen sollten entstehen."*[197] (Eine Google-Suche nach „The Ivanov experiments" zeigt auf, dass ähnliche Versuche vor gar nicht allzu langer Zeit erstmals wieder durchgeführt wurden.) Nach und nach entstanden immer mehr

Arbeiter, die immer mehr Gold förderten bzw. Abraum aus den Minen, der weiterverarbeitet werden musste. Hier waren aber wiederum nur Anunnaki eingesetzt, die zwar zu Beginn weniger, nun aber zunehmend mehr und mehr Arbeit zu tun hatten und nicht einsahen, warum sie keine von den hellhäutigen Arbeitswesen mit dichtem schwarzem Haar („die Schwarzköpfigen") haben durften. Aber die Arbeiter waren ein kostbares Gut, das immer wieder aufs Neue mit einem hohen technischen Aufwand hergestellt werden musste, und Enki weigerte sich, sie einfach für andere Zwecke, als von ihm auserkoren, herauszugeben.

Enlil reagierte ungehalten und nahm die Angelegenheit in die eigene Hand, *„Er durchschnitt das Band zwischen Himmel und Erde"* (Möglicherweise ist hier die Himmelsleiter gemeint und deren Riss durch eine Erdachsenverschiebung) und bohrte mit Hilfe einer neuen Waffe Alani („Axt, die Macht verleiht") die mit einem ‚Horn und einem ‚Erdspalter' versehen war, ein Loch in die Befestigungsanlagen, bis die primitiven Arbeiter schließlich vor seinen Augen standen und er sie staunend betrachtete. Er nahm sich ein paar Arbeiter für seine Zwecke, und fortan gab es den Homo sapiens in beiden Stützpunkten.[198]

Enki aber wollte den Verlust an Personal nicht hinnehmen und ersonn eigenmächtig eine Rationalisierungsmaßnahme: Die Arbeiter sollten sich selber vermehren können (als Personalverlustausgleich sozusagen). Er stattete sie mit „Erkenntnis" aus und ließ sie sich selber fortpflanzen.[199] Dieses Vorgehen wurde bemerkt, Enki verhaftet und das unerwünschte „Modell mit Fortpflanzung" aus dem „Haus des Rechtmäßigen" verbannt, also des Betriebsgeländes (Garten Eden) verwiesen. Fortan streifte der Mensch frei auf Erden umher.[200]

In der Übersetzung eines alten Textes finden wir dieses Volk beschrieben: *„Menschen, die Pflüger waren, was den biblischen ‚Ackermännern' entspricht. Sie werden Amakandu genannt, das heißt ‚Volk, das sorgenvoll umherstreift."* Der mesopotamische Anführer dieses Volkes hieß Ka'in.

A. R. Millard und W. G. Lambert haben in ihrem Werk ‚Kadmos' (Band IV) den Text übersetzt. Die dazugehörige babylonische Urquelle befindet sich im Britischen Museum. Sie wurde etwa 2000 v.Chr. verfasst und ist unter der Nummer Nr. 74329 katalogisiert als „unbekannter Mythos". *„Es könnte jedoch eine babylonische/assyrische Version des fehlenden sumerischen Verzeichnisses von Kains Nachkommen sein."*[201] (Kain war der Bruder von

Abel und beide waren Nachkommen Evas – so die allgemein bekannte biblische Geschichte.)

Die Menschen waren also frei und vermehrten sich auf Erden. Ohne genauere Kenntnisse von Ackerbau und Viehzucht, ohne Anleitung der Anunnaki waren sie der Natur einigermaßen hilflos ausgeliefert, und ihre Probleme nahmen zu. Gleichzeitig wurde auch ihre Zahl immer größer, es waren wohl auch einige Schönheiten darunter: *„Da sahen die Söhne der Götter, dass die Töchter der Erdlinge umgänglich waren, und nahmen sich zu Frauen, welche sie wollten."*[202] (1. Buch Mose). *„Die zunehmende Vereinigung junger Astronauten mit Nachkommen des primitiven Arbeiters missfiel Enlil. (...) (Er) ärgerte sich (...) immer mehr über die Ansprüche der Menschen und ihre Freude an Geschlechtsverkehr und Lust. Die Vereinigung der Anunnaki mit den Töchtern des Erdlings raubte ihm den Schlaf... Und der Herr sagte: ‚Ich will den Erdling, den ich geschaffen habe, vertilgen vom Antlitz der Erde'."*[203]

Als die Anunnaki eine drohende Katastrophe in Form einer Sintflut kommen sahen (oder diese selbst initiierten), wurde die Kenntnis von der drohenden Gefahr unter strenger Geheimhaltung nur den Anunnaki weitergegeben, die sich auf ihre Raumschiffe zurückzogen und die Katastrophe von außen betrachteten und sehr traurig waren über das Ausmaß der Zerstörungen.[204] Als Enlil wieder auf der nun unter Schlamm liegenden Erde landete, stellte er erbost fest, dass die Menschheit in kleinen Teilen überlebt hatte (Noah), konnte aber durch Enki davon überzeugt werden, dass die Götter ohne die Menschen kaum überleben und ihre Ziele erreichen könnten.[205]

Schauen wir uns nun noch einmal die Pyramiden an, die damals gebaut worden sind. Uns wurde ja beigebracht, dass die Große Pyramide in Gizeh von Cheops erbaut wurde. Doch da die Pyramiden schon in der ersten Dynastie, also lange vor Chufu/Cheops, den Königen bekannt waren und in Reliefs festgehalten wurden, darf dies wohl bezweifelt werden. Zecharia Sitchin kann in seinem Buch auf eine persönliche Anekdote zurückgreifen und berichtet uns von einem ihm persönlich zugestellten Brief, den ihm Humphries Brewer geschrieben hatte. Brewer war Maurer und mit dabei, als Oberst Vyse in einer versteckten Kammer der CheopsPyramide den Namen des von ihm auserkorenen Erbauers an die Wand anbringen ließ:

Chufu (Cheops). Da Brewer bei diesem Betrug nicht mitmachen wollte, wurde er verjagt, musste Ägypten verlassen und meldete sich 1983 bei Sitchin persönlich.[206]

Auch Cheops/Chufu selbst hat auf einer zu seinen Lebzeiten errichteten Stele in der Nähe der Pyramiden die Existenz der Pyramiden und der Sphinx festgehalten.[207] Weitere Quellen über die Pyramiden berichten von zahlreichen Namen oder Bezeichnungen, die ihnen gegeben wurden:

> *„Helles und dunkles Haus des Himmels und der Erde, * geschaffen für die Raketenschiffe, * Ekur, spitzes Haus der Götter, * ausgestattet für die Verbindung vom Himmel und der Erde, * Haus, dessen Inneres glüht von rötlichem Himmelslicht, von einem pulsenden Strahl, der weit und fern reicht; * seine Ehrwürdigkeit berührt das Fleisch. * Hoher Berg der Berge, deine Erschaffung ist großartig, * die Menschen können sie nicht verstehen.“* Weiter: *„Haus der Ausrüstung, hohes Haus der Ewigkeit; * Sein Fundament sind Steine, die bis zum Wasser reichen, * sein großer Umfang ist aus Lehm. * Haus, dessen Teile geschickt verwoben sind; * Haus, das die großen Sehenden und Kreisenden zum Ausruhen herabbringt, * Haus, das ein großes Merkmal für die fliegenden Schems ist; * Berg, von dem Utu aufsteigt. * Haus, in dessen tiefes Innere Menschen nicht eindringen können. Anu hat es gepriesen.“*[208]

Übrigens: Ein gewisser Edward Leedskalnin, der nach der dritten Klasse die Schule abbrach und nach Amerika auswanderte, fand dort offenbar heraus, wie die alten Ägypter die riesigen Steine bewegten und baute eigenhändig, allein und meist nachts, einen riesigen Steingarten auf, wobei der größte Stein 30 Tonnen wog, welchen er, so drei Jugendliche, die ihn heimlich dabei beobachten konnten, durch Auflegen einer Hand zum Schweben brachte und mit Leichtigkeit über die anderen stapelte. Dieser Steingarten ist noch heute zu besichtigen (*Coral Castle*, Florida) und gibt u.a. mit einer nahezu widerstandslos drehbaren tonnenschweren Steintür noch heute Rätsel auf. Offenbar hatte Leedskalnin eine ganz eigene Theorie von Strom und Magnetismus entwickelt und konnte in jedem beliebigen Material magnetische Kräfte freisetzen, die so Dinge fast gewichtslos werden ließen.

Den verschiedenen Namen nach, die man den Pyramiden gab, könnte man vermuten, dass sie eine Art Leiteinrichtung für Raumschiffe gewesen sein könnten. Um diese möglichen Kontrollzentren wurden dann anschließend, so Zecharia Sitchin, der Erste und der Zweite Pyramidenkrieg geführt. Im Verlaufe des Krieges kam schließlich Ninurta in den Besitz der Pyramiden und konnte sich offenbar zum ersten Mal in diesen Bauwerken umsehen. Er fand es vor, angefüllt mit Kristallen aller Art, in einem blendenden Licht in allen Regenbogenfarben. Nachdem er sich ausführlich umgesehen hatte, zerstörte Ninurta die meisten Kristalle und ließ die übrigen für eine weitere Verwendung an einem anderen Ort abtransportieren. Er wollte sicherstellen, dass niemals mehr irgendjemand die Funktion wiederherstellen konnte. Leider, so Sitchin, sind die Tontafeln zum Teil zerstört, sodass leider nur von zweiundzwanzig Kristallen die Namen und Funktionen erhalten seien.[209]

Es gibt eine weitere Tafel, auf der von den anschließenden Friedensverhandlungen berichtet wird und einer der Bedingungen, die Enlil stellte, nämlich dass die Söhne Enkis, jene, die den Krieg gewollt und angefangen hatten und auch die Große Pyramide als Waffe benutzten, von der Herrschaft über diesen Komplex und über ganz Unterägypten ausgeschlossen werden sollten. In der Folgezeit gab es dann à la „reich & schön & hinterhältig" eine Verwicklung, in deren Verlauf Marduk schließlich, weil er in Eifersucht den Tod des Liebhabers seiner Frau entweder herbeigeführt oder billigend in Kauf genommen hatte, die Rache seiner Frau zu spüren bekam und, weil niemand ihn hinrichten wollte, schließlich lebendig in der Pyramide begraben wurde. Er wurde dann, ohne Wasser und Nahrung, aber mit Luft versorgt, schließlich durch eine Sprengung befreit und zum Leben wiedererweckt.[210]

Diese Geschichte erscheint vielleicht zunächst unwichtig, kommt aber zu ihrer vollen Bedeutung, wenn der Leser einige Seiten vorher aufgepasst hat. Als *„der Kalif Al Mamum im Jahre 820 n.Chr. beschloss, sich den Zutritt (zur Großen Pyramide) zu erzwingen, befahl er seinen Leuten, ‚das Mauerwerk aufs Geratewohl zu durchbohren'. Erst als sie drinnen einen Stein zu Boden fallen hörten, schlugen sie diese Richtung ein und gelangten zu dem abschüssigen Gang. (...) Sie säuberten den Gang von Geröll, das sich irgendwie dort angesammelt hatte, und krochen weiter hinauf. Schließlich konnten* *sie stehen, denn sie waren an der Stelle angekommen, wo sich der steile Gang, der horizontale Gang und die Galerie trafen (…). Sie erklommen die Galerie und hatten Mühe, nicht auf dem weißen Staub auszurutschen, der den Boden und die Rampe bedeckte (…)*".[211] (War das vielleicht der weiße Staub von der Explosion von Marduks Befreiung, über Jahrhunderte unberührt…?)

Kalif Al-Ma'mún erschuf nicht nur diesen bis heute genutzten Eingang, sondern er fand auch die heute und schon seit sehr langem unter Verschluss liegenden Kammern unterhalb der Pyramide, in denen, so sein Bericht, „Söhne Adams" unter vielen Leichentüchern begraben liegen.[212] Biblische Quellen (*Leben Adam und Evas, Kap. 40*) können weiterhin bezeugen, dass die Götter Adam nach dessen Tod einbalsamiert, konserviert und unter einem hierfür erstellten „dreieckigen Siegel" begruben[213], auf dass ihm niemand etwas anhaben könne. Kalif Al-Ma'mún hat noch weitere Leichname entdeckt, die er detailliert beschreibt und die darauf schließen lassen, dass „wichtige Menschenexemplare"[214] in den Pyramiden aufbewahrt wurden, quasi als Zuchtarchiv der Menschheit. Bei zahlreichen Forschungsprojekten der Neuzeit wurden mit neuesten Methoden der modernen Wissenschaft von Zeit zu Zeit immer wieder neue Hohlräume und Gänge nachgewiesen. Und jedes Mal wurden alle Arbeiten von den lokalen Behörden sofort gestoppt und Erlaubnisse widerrufen, und das meist gefolgt von Sperrungen für den Besucherverkehr „aus Sicherheitsgründen".[215]

Der „aufs Geratewohl" gegrabene Gang ist derjenige, durch den noch heute die Besucher der Großen Pyramide in diese hineingehen… So auch Erwin Wedemann, Autor des Buches „Pechvogel Pyramide", der natürlich selbst auch vor Ort war.

Ich möchte hier nur kurz auf ihn zu sprechen kommen, weil er sehr humorvoll beschreibt, wie er vor dem Fernseher saß und sich eine Reportage über die Cheops-Pyramide ansah und die Schilderung, wie der Pharao nach seinem Tod in einer feierlichen Prozession in einem riesigen Sarkophag aus Stein, von einer ganzen Heerschar begleitet, feierlich in die Pyramide getragen wurde. Dann wurde die Öffnung der Cheops-Pyramide gezeigt, der Haupteingang sozusagen: eine Öffnung von etwa einem Meter in beide Richtungen… Da fragt man sich unweigerlich, wie denn diese feierliche Prozession wohl ausgesehen habe, für den Sarkophag war ja möglicherweise Platz, aber nebendran konnte ganz bestimmt niemand mehr durch. War es also mehr ein „Einwurf" als ein Hindurchmarsch?

Bis jetzt haben wir schon gelernt, dass die Pyramiden beileibe keine Grabmäler waren, mal abgesehen von der Lagerung der bemusterten Prototypen der Menschen und Söhne Adams unter der einen Pyramide. Die Pharaonen wurden neuesten Forschungen und Entdeckungen nach an einer vollkommen anderen Stelle begraben. Als man vor einigen Jahren in Jordanien die Überreste einer Nekropole, eine Garnisonsstadt für 30.000 Mann fand, entdeckte man ganz in der Nähe auch ein im Felsen verborgenes, riesiges Grab.[216] Alexander der Große ist dort begraben, es finden sich aber auch zahlreiche weitere Grabmäler in diesem Berg, u.a. auch von Pharaonen. Dort fand man neben riesigen Edelsteinen aller Art auch Gold in großen Mengen. Zu einem großen Teil sind die Wände aus poliertem Gold, technologisch heute so nicht mehr/noch nicht herstellbar. Diese Entdeckung wurde offenbar aus einem Grund bis heute in den Medien nicht behandelt: Es wurde *die* oder vielleicht besser *eine* der Bundesladen gefunden. Die Untersuchungen an diesem Grab sind in vollem Gange und diverse Nationen streiten sich vorder- und hintergründig um das, was die Veröffentlichung dieses Fundes mit sich bringen wird. Schließlich ist gerade die Bundeslade mit großen Prophezeiungen und Geschichten verbunden.

Bleiben wir bei den Pyramiden. Was für eine Waffe waren sie? Was konnte man damit machen? Joseph P. Farrell hat dies in seinem Buch „Der Todesstern Gizeh" sehr gut beschrieben. Sehr kurz zusammengefasst nennt er die Pyramiden eine phasenkonjugierte elektroakustische Haubitze. Die Pyramiden konnten Bohms ‚Pilotwelle' als überlichtschnelle Trägerwelle benutzen und mittels harmonischer Interferometrie gebündelte, elektromagnetische Gravitations- und Schallenergie auf ein Ziel abfeuern.[217] Dies könnte einer der Gründe sein, warum um diese Pyramiden Kriege geführt worden sind. Wenn Kriege darüber geführt worden sind, dann möglicherweise mit der ‚Ib', der göttlichen Waffe mit „50 tödlichen Köpfen", wie wir sie bereits kennengelernt haben. Diese Köpfe könnten möglicherweise konventionelle oder sogar atomare Sprengköpfe gewesen sein. Bei atomaren, oberirdisch gezündeten Sprengköpfen findet man nach der Detonation etwas sehr Seltsames: grünes Glas. In New Mexico war nach der Zündung der ersten Atombombe die oberste Schicht des Wüstensandes zu grünem Glas zerschmolzen.[218]

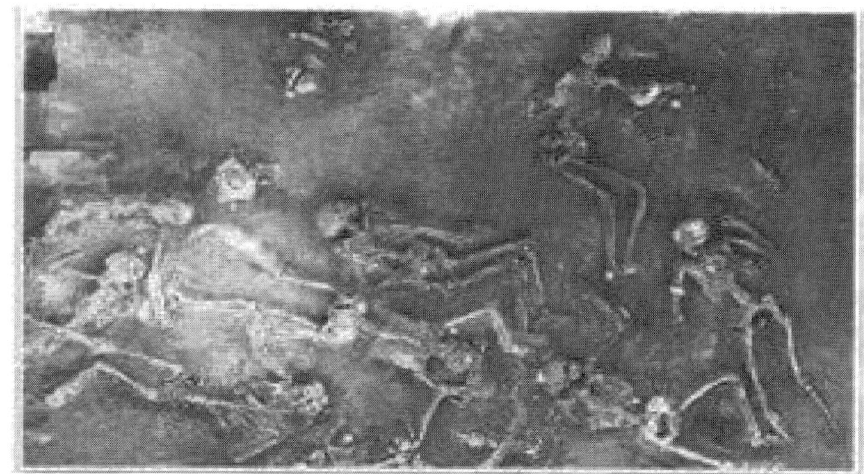

Abb. 36: Skelette auf den Straßen von Mohenjo Daro

Abb. 37: Struktureller Aufbau von Mohenjo Daro, sehr ähnlich dem Aufbau moderner Städte

Merkwürdigerweise findet sich ebensolcher grüner Wüstensand auf sehr großen Gebieten im Euphrattal[219], aber auch in Libyen, Ägypten, Indien und Pakistan.[220] So z.B. in Mohenjo Daro in Pakistan. Es war sicherlich eine auch für heutige Maßstäbe größere Stadt, man schätzt, dass dort bis zu einer Million Menschen lebten.

Es gab in dieser Stadt Toiletten mit Wasserspülung, unterirdische Kanalisation und etliche andere sehr moderne Zivilisationsmerkmale, die in der Folgezeit für Jahrhunderte in Vergessenheit gerieten.

Die Einwohner dieser Stadt wurden offenbar von einer Katastrophe dermaßen überrascht, dass die Leichen überall verstreut in der Stadt herumlagen, teilweise sieht man sogar Pärchen, die sich die Hand halten.[221]

Merkwürdigerweise haben sämtliche dort gefundenen Skelette mehrere Dinge gemeinsam: keine gebrochenen Knochen, und alle waren auf den Straßen, niemand in den Häusern. Auch waren diese Leichen hochradioaktiv verseucht, auf einer Stufe mit denen von Hiroshima und Nagasaki vergleichbar.[222]

Zurück zur Waffenhypothese: Die Pyramidenkriege gingen um die „große Waffe", eine Waffe, die weit vernichtender war als ‚herkömmliche' atomare Sprengköpfe. Die Große Pyramide unterscheidet sich in einem Punkt von allen anderen Pyramiden weltweit: ihre Außenflächen sind nämlich leicht nach innen gewölbt.[223] (Bei einem Kairo-Besuch vor einigen Jahren konnte ich dies verifizieren. Da Farrell hierzu keinerlei Fotos in sein Buch eingefügt hat, möchte ich dies an dieser Stelle tun. Zwar ist die Innenwölbung nur sehr schwer auszumachen, aber sie ist doch zu erkennen.)

Man kann die Innenwölbung leicht erkennen, und, lieber Leser, erinnern Sie sich bitte an die Skizze des inneren Aufbaus der Großen Pyramide (Abb. 38): Die „Luftschächte" aus beiden Kammern (Königinnen- und Königskammer) führen an die Außenseiten genau in den tiefsten Punkt dieser Senken der jeweiligen Seite und in dessen Nähe oberhalb. Farrell lässt in seinem Buch viele Seiten mit anschaulichen physikalischen und mathematischen Rechenbeispielen folgen, die keinesfalls schwierig zu durchschauen sind, sondern zielgerichtet mehr Verständnis für die Technik der Großen Pyramide bringen. Jedoch sind sie schlicht zu umfangreich, um sie an dieser Stelle zu wiederholen.

Abb. 38: Seitenfläche der Großen Pyramide von der Mitte aus nach oben fotografiert.

„Das Nichtlokalitäts-Vernetzungs-Theorem ist eine weitere wesentliche Komponente der Physik, die sich in Gizeh wiederfindet. Denn dort sind offensichtlich zwei nichtlokale Systeme – das Sonnensystem und die Milchstraßen-Galaxie – auf eine Art und Weise harmonisch gekoppelt, dass vermutlich Trägheitsenergie aus ihnen gezogen wurde."[224] „Nicht-Lokal" heißt in diesem Fall also Nicht-in-Gizeh, und die Kopplung könnte durch die Form der Außenseiten geschehen sein, die wie Satellitenantennen Schwingungen auffangen konnten, und bei der Pyramide mit entsprechender Technik durch die sogenannten „Luftschächte" (die keine sind) ins Innere geleitet worden sein.

> *„Wenn tatsächlich eine solche Energie aus den Systemen gezogen wurde, muss auch über die geometrische Anordnung der drei Systeme (Erde, Sonnensystem und galaktisches System) ein unmittelbarer Informationstransfer (Trägheitsenergie) stattgefunden haben."*[225]

> *„Skalar-Interferometrie und phasenkonjugierte Wellen, Ungleichgewichtsthermodynamik und Subquanten-Kinetik sind die nächsten physikalischen Komponenten, die man braucht, um zu verstehen, wie die Große Pyramide als Waffe genutzt worden sein könnte. Diese Bereiche sind erst in jüngs-*

ter Zeit entstanden, und es lässt sich nur darüber spekulieren, wie massiv im Untergrund daran geforscht wird. Doch was veröffentlicht wird, ist spannend genug. (…) In unserer Analogie mit dem Gummiball haben wir gesehen, dass es im Innern einer Sache durchaus Energie geben kann, die von außen nicht sichtbar ist. Stellen wir uns nun vor, dass wir den Ball abwechselnd zusammendrücken und loslassen, dass wir ihn ‚pulsieren' lassen. Dies würde im Innern des Balls eine Welle entstehen lassen, die sich hin- und herbewegt. Wenn der Ball nun das Universum wäre, dann würden alle Elemente des Balls – seine Zellen – unmittelbar auf das Pulsieren reagieren."[226]

Nehmen wir diesen Gedanken auf und stellen uns das Universum vor, das mit all seinen Bestandteilen sofort auf diese Welle reagiert, dann muss diese Reaktion auf jeden Fall mit Überlichtgeschwindigkeit vonstatten gegangen sein, da wir es im Universum mit unendlich großen Entfernungen zu tun haben. Eine leicht abgeänderte Version dieses physikalischen Versuches wurde von dem französischen Physiker Alain Aspect durchführt.

Abb. 39: Seitenfläche der Großen Pyramide nahe einer Ecke nach schräg oben links fotografiert.

Um das Nichtlokalitäts-Theorem von John Bell zu prüfen, wurde ein Experiment mit einem aufgespaltenen Lichtstrahl durchgeführt. Dabei wurden die Wellenlängen der Lichtphotonen polarisiert, also auf eine ganz spezielle Art ausgerichtet. Der aufgespaltene Lichtstrahl wurde dann an verschiedenen Stellen und bei unterschiedlichen Entfernungen gemessen. Dabei wurde festgestellt, dass die Photonen nach wie vor auch nach der Aufspaltung Spuren ihrer ursprünglichen Verbindung aufwiesen und miteinander reagierten. Da es sich hier um einen sich mit Lichtgeschwindigkeit ausbreitenden, aufgespaltenen Lichtstrahl handelt, können die einzelnen Photonen wohl oder übel nur nicht-lokal, nicht-linear miteinander kommunizieren. Der Abstand spielte dabei keine Rolle, was bedeutet, dass man hier möglicherweise ein Phänomen der ‚nichtlinearen optischen Phasenkonjugation' vor sich hat.

Stellen Sie sich einmal eine Taschenlampe vor, die in einem 45-Grad-Winkel auf einen Spiegel gerichtet ist. Ihr Lichtstrahl wird im gleichen Winkel wieder zurückgeworfen, wobei der ein- und der ausgehende Strahl einen Winkel von 90 Grad bilden. Der zurückgeworfene Teil des Lichtstrahls vom Spiegel weg ist diffuser als der von der Taschenlampe kommende Lichtstrahl. Dies ist z.B. darin begründet, dass der Spiegel keine absolut glatte Oberfläche aufweist und deshalb nicht mit dem Lichtstrahl phasengleich ist. Stellen wir uns nun einmal vor, wir könnten einen solchen idealen Spiegel herstellen, der einen eintreffenden Lichtstrahl exakt so zurückwerfen könnte, wie er auf ihn trifft, ohne dass der Lichtstrahl diffuser würde. Ein auf diese Weise reflektierter Lichtstrahl wäre dann nicht dem quadratischen Abstandsgesetz unterworfen, sondern er wäre obendrein das perfekte Gegenstück zum ursprünglichen Lichtstrahl, eine ‚zeitverkehrte' Lichtwelle.[227] Richtet man nun mehrere Lichtstahlen auf mehrere Spiegel und richtet man die Spiegel dann so aus, dass die Phasen aller Lichtstrahlen gleichgerichtet sind, entsteht ein sehr energiereicher Photonenimpuls, ein Laserstrahl.

Da nicht nur Autofahrer wissen, dass jedes Teil eine Resonanzfrequenz besitzt (hat die Felge eine Unwucht, wackelt bei einer bestimmten Geschwindigkeit das Lenkrad), können wir uns vorstellen, was wir alles anrichten können, wenn wir die Resonanzfrequenz von allen Stoffen und Dingen kennen. Mit Hilfe der entsprechenden ‚phasenkonjugierten' Energiewelle könnte man solche Teile zum Zerplatzen oder Explodieren bringen; einfach, indem man genügend Schwingungsenergie durch das Zielobjekt hindurchschickt und es durch vibrieren und/oder kavitieren zerstört.[228] Richtet man nun beispielsweise diesen Strahl mit zeitverkehrten, aufgrund des Abstandsgesetzes nicht der Streuung unterliegenden, phasenkonjugierten Strahlen auf ein Objekt und baut man damit im Ziel seiner Wahl eine stehende Welle auf, dann schwingt das Objekt mit dieser Welle mit, und es kommt zu einem Aufschaukeln dieser Situation – so lange, bis die Energie im Inneren des Zielobjektes die Grenze überschreitet und es zur Zerstörung des Objektes durch Explosion kommt. Dabei ist es vollkommen egal, welches Objekt oder welches Material wir betrachten. Einzig die Kenntnis über die Resonanzfrequenz des entsprechenden Objektes reicht aus. Da jedes Ding, das wir betrachten, für sich IST, aber gleichzeitig auch ein Teil des Universums ist, ist dieses Ding IMMER gekoppelt mit dem Universum. Will man hier etwas berechnen oder zerstören, muss man die harmonische, also die gemeinsame Frequenz beider Systeme mit einbeziehen.

„*Und dies ist genau das, was man bei der Großen Pyramide wiederfindet. Somit könnte die Pyramide ein gigantischer, äußerst hochentwickelter ‚Phasenkonjugationsspiegel' gewesen sein, der die aus dem Äther eingehenden Inertialschwingungen auffing, die in die akustischen, elektromagnetischen, nuklearen und Gravitationsschwingungen der Erde, des Sonnensystems und der Milchstraßengalaxie ‚aufgespalten' waren. Durch diese Schwingungen wurde die ausgehende Energie zu einer tödlichen Trägerwelle von beispielloser, verheerender Kraft moduliert.*"[229]

Da die Pyramide unfassbar viele Zahlen, Zahlenverhältnisse und Kopplungen mit anderen Systemen aufweist, ist es nicht weiter verwunderlich, dass z.B. die Länge einer einzelnen Grundseite der Pyramide 9.131 Pyramidenzoll beträgt und dies wieder in der Einheit Pyramidenelle ausgedrückt 365,24 ergibt, was wiederum einem Erdenjahr entspricht.[230]

„*Bei einer Seitenlänge von 232,805 m war sie ursprünglich 148,208 m hoch. Drücken wir diese Zahlen im Maß der damaligen Zeit, der heiligen Elle, aus, so erhalten wir für die Basis 366 Ellen, die Anzahl der Tage eines Schaltjahres. Wenn wir die heilige Elle der Ägypter mit 10.000 multiplizieren, kommen wir auf fast 100 m genau zu einem Wert, der dem Polarradi-*

us entspricht.«[231] Weiter: *„Die Zahl der Stufen, die zur oberen Terrasse des Sonnentempels, des Tepe des Quetzalcoatl (...) in Yukatan führen, beträgt 364 (...) In derselben Region finden wir die Sonnenpyramide von Teotihuacan, wo sich die Stufenzahl der beiden Treppenaufgänge auf insgesamt 364 beläuft. 364 Schlangenköpfe schmücken die Pyramide des Quetzalcoatl. Der Umfang der Pyramide von Tenayuca ist ein Äquivalent jener 52 Jahre, aus denen ein mexikanisches Jahrhundert bestand.«*[232]

Man beachte: Nicht 365, sondern 364 ist hier die wichtige Zahl. Und es handelt sich durchweg um mexikanische Pyramiden, während bei der ägyptischen Pyramide 366 die wichtige Zahl war, was auf ein aus meiner Sicht früheres und näher an der Katastrophe liegendes Baudatum schließen lässt. Denn direkt nach der Katastrophe war die Differenz am größten, und wir können feststellen, dass die Erde seitdem kontinuierlich ihre Bahngeschwindigkeit erhöht und die Tageslängen verkürzt.

Die sogenannte Große Galerie der Cheops-Pyramide – oder nun im neuen Licht technisch ausgedrückt: „der große Wellenleiter, der zur sogenannten Königskammer hinaufführt" – weist Maße auf, die mit 1.420.405.751,786 Hertz nahe bei der Wellenlänge von Mikrowellenenergie liegen. *„Man könnte auch anders sagen: dass nämlich die Pyramidenbauer ein Bauwerk erschufen, das die Hintergrundstrahlung des Universums einfing.«*[233]

Nicht nur, dass die Pyramide ganz offensichtlich in von uns noch ungeahnt vielen Details mit allen möglichen naturwissenschaftlichen Details gekoppelt ist, bei ihrer Errichtung sind offenbar auch zahlreiche Methoden zur Anwendung gekommen, die uns bis heute verborgen sind. Edward Leedskalnin mit seiner Methode, schwere Lasten zu „ent-gravitieren", haben wir schon kennengelernt. Die Bohrkerne und Löcher in diesen Pyramiden verjüngten sich mit zunehmender Bohrtiefe – wie, ist aus heutiger Sicht ein Rätsel. Am Ende einer jeden Bohrung findet sich ein spiralförmiges Muster, das belegt, dass der Bohrer mit einer Vorschubgeschwindigkeit von 0,30 Zoll pro Umdrehung in den Granit eingedrungen ist.[234] Zum Vergleich: Heutige Bohrer machen bei vergleichbaren Aufgaben gerade einmal 0,0002 Zoll pro Umdrehung...[235]

Die Gesetze der Harmonie, der Töne, Tonleiter und Akkorde stehen allesamt mit der Bauweise der Großen Pyramide in Verbindung.[236] So ist z.B. die Königskammer multi-resonant. Das heißt, sie besitzt nicht nur *eine* Resonanzfrequenz, sondern viele, möglicherweise unendlich viele. Dies erscheint hinsichtlich des eigentlichen Zwecks, der Benutzung als Waffe, die durch Wellen wirkt, auch sehr zweckmäßig. Sollten Sie einmal nach Kairo fliegen wollen, gehen Sie einmal in die Große Pyramide, und summen Sie einfach eine Tonleiter einzeln rauf und runter. Sie werden keinen Ton finden, bei dem diese Kammer nicht mitschwingt.

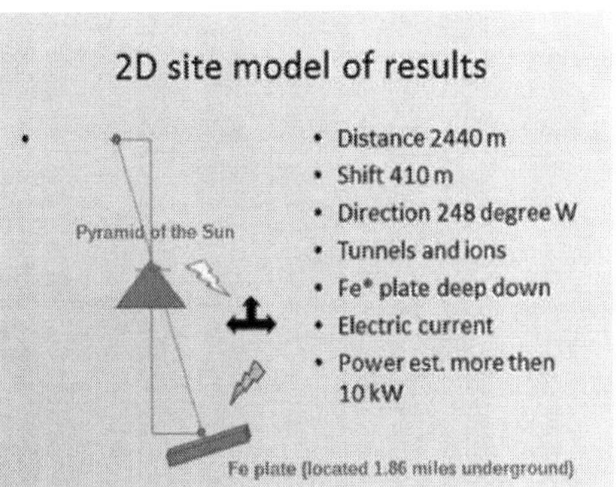

Abb. 40: Aufbau der bosnischen Sonnenpyramide mit der Eisenplatte

Möglicherweise waren die Pyramiden dazu geeignet, die Nullfeld-Energie der Erde aufzufangen, umzuwandeln und gebündelt und zielgerichtet abzugeben. Bei der bosnischen Sonnenpyramide[237], der größten und unbekanntesten aller Pyramiden, hat man folgenden Aufbau festgestellt (Abb. 40): Man fand weit, weit unterhalb der Pyramide eine Eisenplatte nichtnatürlichen Ursprungs und konnte signifikante elektrische Ströme feststellen. Dies, so muss man annehmen, bei einer Pyramide außer Funktion, die wesentlicher technisch notwendiger Teile beraubt worden ist, wie z.B. ihrer Spitze. Die bosnische Sonnenpyramide wurde erst in jüngerer Vergangenheit von vielen Forschern, u.a. Klaus Dona, untersucht.[238] Die bosnischen Pyramiden sind sehr besonders. Nicht nur, weil sie erst um 2005 entdeckt worden sind, sondern weil sie die größten auf diesem Planeten sind, denn die Sonnenpyramide von Bosnien ist noch einmal 73 Meter höher als die Cheops-Pyramide mit 147 Metern.

Die Seiten der Pyramiden in Bosnien haben eine extrem präzise Ausrichtung zum kosmischen Nordpol. Unter ihnen liegen Betonblöcke von viel besserer Qualität verborgen, als heute herstellbare. Ihr Alter wurde auf 29.000 Jahre geschätzt. In den Pyramiden findet man ein umfangreiches Tunnelsystem und u.a. die größten Keramikblöcke der Erde, die weit über 10 Tonnen wiegen. Hier liegt also noch ein weiter, sehr interessanter Erkenntnisweg vor den Forschern, und man darf gespannt sein, was noch alles ans Tageslicht kommt.

Resümee

Nun haben wir viel gelesen von den verschiedenen Katastrophen, den benutzten Waffen, und den oft sehr menschlich anmutenden Streitsituationen der „Götter", die sich als Grund hinter diesen Kriegen verbergen. Verführungen, Vergewaltigungen, Liebeskummer, Zwangsheirat, Sexsucht, Neid und Missgunst herrschten damals bei den Göttern ebenso wie heute bei uns Menschen. Es gibt diese Eigenarten auf jeder Ebene der Lebewesen, je höher man kommt und je intelligenter die Lebewesen werden, desto brutaler werden die angewandten Werkzeuge, so auch bei den Göttern. Wir müssen uns die Frage stellen, warum wir von diesen Ereignissen nicht mehr wissen. Handelt es sich um eine Verschwörung, die solches Wissen vor uns geheim hält? Oder ist es vielleicht eher ein kollektiver Gedächtnisschwund? Vielleicht ist es noch verzwickter. Wir sollen bestimmte Dinge nicht erfahren. Dafür wird offenbar von „ganz oben" gesorgt. Dadurch kommen wir gar nicht erst in die Verlegenheit, uns einiger Dinge und Probleme in unserer Vergangenheit und Psyche gewahr zu werden. Andererseits unterliegen diejenigen, die mit in die Vertuschung eingebunden sind, genauso der Erinnerung. Und da sie sich tagaus, tagein mit dieser Vergangenheit beschäftigen, unterliegen sie einem permanenten Druck, sich diesen Dingen stellen zu müssen. Daraus ergibt sich, psychologisch gesehen, oft eine Art Wiederholungszwang. Die Katastrophe muss von neuem durchlebt, diesmal aber hoffentlich erfolgreich verarbeitet werden. Lassen Sie uns daher kurz einen Blick auf die tiefenpsychologischen Hintergründe werfen.

10. Wie konnten wir das vergessen?

Wir haben als Menschen auf diesem Planeten teilweise recht gravierende Erlebnisse gehabt. Einige wenige davon haben uns alle berührt, davon mit ziemlicher Sicherheit der 11. September 2001. Was auch immer die wahren Hintergründe dieses Terroranschlags sind, dieses Ereignis hatte einen Einfluss auf uns alle. Aber wir waren nicht alle in gleichem Maß betroffen. In den USA gibt es kaum jemanden, der nicht einen direkten oder indirekten Bekannten im World Trade Center verloren hat, im Mindesten kennt jeder irgendjemanden, der dort einen Verwandten oder Bekannten verloren hat. Dieses Ereignis ist uns allen im Gedächtnis, aber es stellt sich die Frage, ob wir uns in tausend Jahren immer noch daran erinnern oder darunter zu leiden haben werden. Zwei Weltkriege hat die Erde in der Neuzeit überstanden, wobei maßgebliche Teile der Welt im Prinzip davon unberührt blieben, während zur selben Zeit Europa in Schutt und Asche gelegt wurde. Diese Ereignisse wirken nach: Durch Verlust des Ehemanns, weil der an der Front war, sind viele Kinder ohne oder mit einem neuen Vater groß geworden. Zigtausende deutsche Frauen sind vergewaltigt worden und haben zu einem großen Teil Kinder aus diesem Ereignis ausgetragen. Viele Millionen Kinder in aller Herren Länder sind ohne Eltern aufgewachsen oder in Pflegefamilien. Mit normalen Verhältnissen hat dies nichts zu tun. Die tiefenpsychologischen Auswirkungen sind in hunderttausenden Familien zu spüren. Da zerbrechen Beziehungen, die Scheidungsrate bei Kindern und Enkeln ist noch höher als in früheren Generationen, da herrscht in vielen Familien Unfähigkeit zu Liebe oder Nähe.

Natürlich hat die Gesellschaft und deren Wandlung zu mehr Individualismus (ob das gut ist oder schlecht, lassen wir hier einmal offen) auch einen Einfluss darauf, als Tatsache hinnehmen dürfen wir jedoch wohl, dass der Krieg gravierenden Einfluss nicht nur auf die Gesellschaft der Kriegführenden hat, sondern auch auf die Gesellschaft von deren Kindern und Enkeln.

Wenn wir uns nun ein Ereignis vorstellen, wie es vorher beschrieben wurde, eines, das über den gesamten Planeten Angst und Schrecken verbreitet, ohne Vorwarnung hereinbricht und die überwiegende Mehrheit der Menschheit einfach auslöscht, dann können wir uns vorstellen, dass dieses

Ereignis einen gravierenden psychologischen Einfluss auf die Psyche der Überlebenden gehabt haben dürfte, und dies über viele Generationen.

Velikovsky, den wir schon kennengelernt haben, ist nicht nur Autor, sondern auch Psychoanalytiker und hat sich dieses Themas angenommen. Auch der Psychologe Sigmund Freud hat sich solcher Themen angenommen. In seinem Buch „Menschheit im Gedächtnisschwund" schildert Velikovsky zunächst einmal die Ausgangslage eines Menschen vor so langer Zeit. Es ist davon auszugehen, dass eine genaue Kenntnis über das Sonnensystem zwar bei den „Göttern", nicht aber bei den Menschen vorlag. Es liegt in der Natur des bisher Geschilderten, dass diese in der Regel keinen Zugang zu Wissen und Technologie erhielten. Daher können wir wohl davon ausgehen, dass die Menschen zuallererst sich selbst, ihre Familie, ihre Gegend und letzten Endes die Erde als Zentrum ihrer Erlebniswelt, ihres Universums ansahen.[239] Wenn nun etwas so unaussprechlich Schlimmes passiert wie ein Weltenbrand, eine Sintflut oder Zusammenstöße der Erde mit anderen Himmelskörpern, dann ist die Folge bei jedem Einzelnen unweigerlich das Aufhören jedweder Gefühlsempfindung. Man „funktioniert", was wir nahezu alle aus dieser oder jener Schrecksituation kennen. Um wie viel stärker diese Wirkung ist, wenn man z.B. über Kriege spricht, wurde ausführlich untersucht, wie z.B. hier im Hinblick auf die Folgen des Atombomben-Abwurfes über Hiroshima. Velikovsky beschreibt:

> *„Die Hauptabwehr der Überlebenden gegen Todesangst und Todesschuld ist das Aufhören der Gefühlsempfindung. Bei unseren Beobachtungen über Hiroshima sprachen wir von diesem Vorgang in seiner akuten Form als einem psychischen Abschalten, und in seiner nunmehr chronischen Form als einer psychischen Abstumpfung. Ich möchte nunmehr vorschlagen, dass eine solche psychische Abstumpfung die gesamte Lebensweise des Überlebenden kennzeichnet."*[240]

Das Erlebte wird verschlossen, um die mentalen Folgen abzuschwächen und um die Verarbeitung auf einen späteren, nicht festgelegten Zeitpunkt zu verschieben, in der Hoffnung, der eigene Geist möge dann zu einer Verarbeitung fähig sein. Sigmund Freud schrieb dazu in seinem Buch „Jenseits des Lustprinzips", das er 1920 veröffentlichte, *„dass der Patient sich nicht alles ins Gedächtnis zurückrufen kann, was er unterdrückt hat – und dass es sehr gut möglich ist, dass gerade der wichtigste Teil auch unterdrückt* *bleibt. (...) Wohl aber verspürt er den Drang, das Unterdrückte zu wiederholen, anstatt es ins Gedächtnis zurückzurufen. Nach Freud ist dieser Zwang zur Wiederholung von ‚triebhaftem, dämonischem Charakter'; ein von ihm Besessener ‚lebt in einer dunklen Angst', er könne etwas aufdecken, was man besser schlafen ließe.*“[241]

Der menschliche Geist schließt also unterbewusst dasjenige weg, was nicht verarbeitet werden kann. Er ist sich dessen unterbewusst bewusst, lässt diese Erkenntnis aber nicht offen ans Bewusstsein dringen, sondern nur als dunkle Ahnung, um die Mahnung zur Verarbeitung aufrechtzuerhalten.

> „*Als Freud bei einem späteren und tieferen Vordringen in die menschliche Seele die dort vergrabenen Kollektiverinnerungen an traumatische Erfahrungen unser Vorfahren erkannte (...) hatte er ‚beinahe Recht' mit seiner Diagnose, ‚dass die Menschheit in einem Zustand der Selbsttäuschung lebe'. ‚Der kollektive Geist vergisst nicht sofort, was er durchgemacht hat.'*“[242]

Eine der traumatischsten kollektiven Erfahrungen der Menschheit ereignete sich, als der sich auf kürzeste Entfernung nähernde Himmelskörper eine Verschiebung der Schichten der Erde verursachte – ein Vorgang, der von schreckenerregendem Kreischen begleitet war. Der frühe griechische Dichter und Kosmologe Hesiod schrieb über das unfassliche Geräusch: „*Die riesige Erde stöhnte; die Erde hallte schrecklich wider und die Weiten des Himmels darüber.*“[243] Sigmund Freud war der Ansicht, dass es im Prinzip nur zwei psychologische Reaktionen auf ein Trauma gibt: eine positive und eine negative. Die „positive“ Reaktion wäre die Bemühung, das Trauma, das vergessene oder ausgeblendete Erlebnis, wieder zur Geltung zu bringen oder sogar, es real zu machen und eine Wiederholung davon immer wieder aufs Neue erleben zu wollen. Die „negative“ Reaktion verfolgt das umgekehrte Ziel, nämlich den Wunsch, dass all dies sich niemals wiederholen möge. Dies äußert sich häufig in Hemmungen, Ängsten, Angststörungen, Phobien etc. Aber natürlich leisten auch diese negativen Reaktionen einen sehr großen Beitrag zum psychischen Schutz und Gesunden des Patienten. Das Problem sieht Freud darin, dass die positiven und negativen Reaktionen auf das erlebte Trauma sich die Waage halten, solange man das Trauma nicht aktiv bearbeitet, und sie insofern einer dauerhaften und schnellen Gesundung des Patienten entgegenstehen.[244]

Ist dann ein Ereignis weit genug zurückliegend, so wird die detailgenaue Erinnerung schwerer und schließlich unmöglich, was zur Folge hat, dass das Zustandekommen des Ereignisses, welches zum Trauma geführt hat, keinesfalls mehr nachvollzogen oder verstanden werden kann.

Die einzelnen Zwischenschritte einer solchen Entwicklung lassen sich bei der Menschheit in Bezug auf die Sintflut und den kosmischen Zusammenstoß durchaus nachvollziehen. Wir finden sie z.B. in der Bibel bei Jesaja (747 v.Chr.), später dann mit einem gewissen Maß an Kodifizierung z.B. bei Aristoteles (384 bis 322 v.Chr.) bis hin zum schlussendlichen Berichten auf der Basis eines Nicht-mehr-Verstehens bei Herodot. Hier setzt die Märchenbildung ein. Jeder, der damals eine andere Meinung vertrat, fiel in die heute als „Verschwörungstheorie" bekannte Falle.

Die verschiedenen Stadien und Schriften zeigen dem Leser, *„wie der Mensch die Vergangenheit entstellt, um sie von allem zu reinigen, was sein Bedürfnis nach Harmonie und Stabilität verletzt, auf dass ‚die Himmel selbst, Planeten und dies Zentrum, sich reih'n nach Abstand, Rang und Würdigkeit'"*[245] Der alte griechische Philosoph Plato (428 bis 347 v.Chr.) war sich hingegen nicht nur der Katastrophen, sondern auch deren Vergessens bewusst und schildert in seinem Buch Timaeus den Besuch Solons aus Athen in Ägypten, zweihundert Jahre vor Plato selbst.

> *„‚Ach Solon, Solon', sagte einer der Priester, ein sehr alter Mann, Ihr Griechen seid immer Kinder; etwas wie alte Männer gibt es in Griechenland überhaupt nicht' ‚Was meinst Du?' ‚Ihr seid alle jung im Geiste,', sagte der Priester, ‚und Ihr bewahrt keine alten, auf lange Überlieferung gegründete Vorstellungen, kein altersgraues Wissen. Der Grund ist folgender: In der Vergangenheit hat es zahlreiche und gewaltige Massenvernichtungen unter der Menschheit gegeben, und es wird sie auch in Zukunft geben, die größten durch Feuer und Wasser, obwohl andere, schwächere ungezählten anderen Ursachen zuzuschreiben sind. So wird auch in Eurem Teil der Welt erzählt, dass Phaeton, der Sohn des Sonnengottes, einst den Wagen seines Vaters bestieg, die Pferde aber nicht auf der festgelegten Bahn halten konnte und dadurch alles auf der Erdoberfläche verbrannte, wobei er selbst von dem Strahl verzehrt wurde.*

Diese Mythe hört sich wie eine Fabel an, aber die Wahrheit, die sich dahinter verbirgt, ist eine Abweichung der Körper, die am Himmel um die Erde kreisen, und eine in großen Abständen wiederkehrende Zerstörung aller irdischen Dinge durch eine gewaltige Feuersbrunst... Jedwede (...) Tat oder sonstiges (...) Ereignis (...) ist in uralten Zeiten in schriftlichen Berichten festgehalten und in unseren Tempeln verwahrt worden; bei Euch hingegen ist das Leben erst in jüngster Zeit mit der Kunst des Schreibens (...) bereichert worden, wenn bereits (...) die Sturzbäche vom Himmel wie eine Welle der Vernichtung herabgefahren und nur die Rohen und Ungebildeten unter Euch übrig lassen (...). Zunächst einmal erinnern sich die Menschen bei Euch nur an eine Sintflut, obwohl es zuvor schon viele andere gegeben hat; weiterhin wisst Ihr nicht, dass das vornehmste und tapferste Geschlecht der Welt einst in Eurem eigenen Lande lebte. (...) von alldem weißt Du jedoch nichts, weil die Überlebenden während vieler Generationen dahinstarben, ohne eine geschriebene Nachricht zu hinterlassen. (...) Die Berichte sagen uns, (dass) ...es (im Atlantischen Ozean) vor der Meeresenge, die Ihr (...) die Säulen des Herkules nennt, eine Insel gab. Diese Insel war größer als Libyen und (Klein-)Asien zusammengenommen. (...) schließlich kam ein furchtbarer Tag und eine furchtbare Nacht, in der alle Eure Krieger buchstäblich von der Erde verschlungen wurden, die Insel Atlantis im Meer untertauchte und verschwand.“[246]

Stück für Stück, Jahrhundert um Jahrhundert, nahm die Kodifizierung, die Veränderung der eigentlichen Geschichte ihren Lauf, man entfernte sich immer weiter von der Wahrheit, und im Laufe der Zeit bildeten sich Religionen und deren Lehren um diese Ereignisse und änderten sie wieder und wieder.

„Im 12. Jahrhundert schrieb Averroes (1126-1198), ein gelehrter Muslim und Arzt in Spanien, aristotelische Kommentare und verschmolz den Islam mit Aristoteles; seitdem ist diese Verschmelzung unzertrennlich geworden. Mosche ben Maimon (...) (1135-1204) (...) schrieb den Führer der Unschlüssigen und verschmolz rabbinerischen Judaismus mit Aristotelismus. Auf diese beiden Zeitgenossen (...) folgte Thomas von Aquin (1224-1274), der Dominikanermönch, der die Summa Theologica schrieb und den Katholizismus mit dem Aristotelismus verschmolz. Diese drei gelten als die größten Autoritäten in der Theologie ihrer jeweiligen Religionen, und zu

ihrer Zeit war es schließlich dahin gekommen, dass die kosmischen Ereignisse aus geschichtlicher Vergangenheit zu reinen Metaphern fehlgedeutet worden waren: Die Schriften wurden zensiert."[247]

In seinem Buch „De Revolutionibus" schrieb Kopernikus, gegen den zuvor Martin Luther gewettert hatte, er sei wohl ein „*neuer Astrologe, der beweisen wollte, dass die Erde sich drehte und bewegte und nicht etwa das gesamte Firmament*"[248] (Luther: Setzen! Ungenügend!): „*Ich kann mir gut vorstellen…, dass manche Leute, sobald sie erfahren, dass ich in diesem von mir über die Umlaufbewegungen der Himmelskörper verfassten Buch der Erde gewisse Bewegungen zuweise, sofort ein Geschrei erheben werden, dass ich und meine Theorie zurückgewiesen werden sollten. Als ich in meinem eigenen Geist erwog, dass das Urteil vieler Jahrhunderte der Ansicht zugestimmt hatte, dass die Erde der unverrückbare Mittelpunkt des Himmels sei, wenn ich stattdessen versichern würde, dass die Erde sich bewegt – als ich alles dies sorgsam erwog, dann brachte mich die Verachtung, die ich wegen der Neuartigkeit und scheinbaren Abwegigkeit meiner Ansicht befürchten musste, beinahe dazu, die Arbeit aufzugeben, die ich begonnen hatte.*"[249] Kopernikus veröffentlichte das Buch schließlich nur wenige Stunden vor seinem Tod am 24. Mai 1543.

Wie wir alle aus eigenem Erleben wissen, werden gewisse Themen manchmal totgeschwiegen. Ob im familiären Umfeld oder in der Politik, immer gibt es Dinge, über die nicht gesprochen wird, an denen man „*nicht rütteln will*". Dinge, die nicht so unschön oder belastend sind, dass man sie nicht wahrhaben will, laufen Gefahr, tatsächlich in der Wahrnehmung unterzugehen. Auch Wissenschaftler sind nur Menschen, und der Mensch neigt dazu, die Existenz von Dingen anzuzweifeln, über die er nichts hört oder sieht, was auch ganz natürlich ist.[250]

Aus seiner täglichen Praxis berichtet Velikovsky: „*Als Psychoanalytiker bin ich viele Male zu dem Problem zurückgekehrt, das vergessene Erbgut vergangener Zeiten im menschlichen Bewusstsein wiederzuerwecken. Die traumatischen Erlebnisse, die die Menschen mit dem Mantel des Vergessens zugedeckt haben, besitzen eine außerordentliche Macht über das Schicksal der Völker. Wenn die Menschheit nicht dazu gebracht wird, ihrer Vergangenheit ins Gesicht blicken zu können, wird das traumatische Erlebnis, das den kulturellen Gedächtnisschwund verursacht hat, eine Wiederholung fordern – und seit dem Beginn des Atomzeitalters hängt das Schwert des Damokles über der Menschheit.*“[251]

Velikovsky entwickelt in seinem Buch eine Liste der großen Kriege der Menschheit und findet eine Wiederholung großer Kriege alle 104 Jahre (2 x 52 Jahre = gleich zweimal der Zyklus der Weltuntergänge der alten Kalender) bzw. mit Fortsetzungen im Rhythmus von jeweils +13 Jahren (= der einfache Zyklus der Himmelskörperannäherungen aus alten Zeiten). Velikovsky findet diese sich wiederholenden Zyklen u.a. in den großen Kriegen von Karl XII. in Osteuropa 1701-1704, dann bei Napoleon 1805 (Schlacht bei Austerlitz), wieder 104 Jahre später dann den Ersten Weltkrieg und zwei kleine Zyklen später den Zweiten Weltkrieg. Man findet auch immer noch kleinere Kriege mitten zwischen den großen, sodass sich die bedeutenden Kriege der Menschheit frappierenderweise alle 52 Jahre wieder aufs Neue in das Leben der Völker schleichen.

Oft entstehen bei dem unterbewusst provozierten Wiederauflebenlassen des Traumas und bei dem Versuch, dieses zu verarbeiten, unlogische Allianzen. Erinnern wir uns an vergangene Jahrhunderte und den Sklavenhandel, der Menschen aus Afrika zu Millionen nach Amerika brachte. Dieser rege Sklavenhandel lief über arabische Märkte und mit jüdischen Händlern und deren Schiffen.[252] Velikovsky führt weiter aus:

> „*Die Nachfahren dieser, mittlerweile in ‚vierten bis zehnten Generation', (...) verspüren ein ‚Wiederaufwallen der Sehnsucht nach Afrika' (...) ‚Aber zusammen mit dieser Zurück-nach-Afrika-Stimmung macht sich eine sehr seltsame, geradezu krankhafte Erscheinung bemerkbar: Gerade die besonders militanten unter den amerikanischen Negern* (A.d.A.: So steht's da!) *blicken auf die Araber als ihre Verbündeten und Ratgeber. Die Nachfahren der Sklaven wenden sich zu denen zurück, die ihnen nachstellten, sie ihrer Freiheit beraubten, sie in Ketten warfen, erbarmungslos durch Wüsten trieben, verdursten oder von den Ruderbänken der Galeeren erschöpft herabsinken ließen. Der Drang, zu ihren Peinigern oder zu deren Kindeskindern zurückzukehren, ihre Religion anzunehmen und sie als Retter zu feiern, ist eine Reaktion, deren Ursache den Psychologen wohlbekannt ist: Die Kinder eines Opfers sind magisch angezogen von dem, der die Peitsche über ihren Vater schwang.*“[253]

Und so sehen wir in der Menschheitsgeschichte genau dies: Diejenigen, die unter der Katastrophe zu leiden hatten, wenden sich an die Strukturen und Organisationen, die Nachfolger derer sind und von denen aufgebaut wurden, die das Ganze verursacht haben. JHWH und sein Gefolge als Retter in der Not? Wohl kaum!

Versuche mit Menschen unter Drogeneinfluss bringen oft die verdeckten Erinnerungen an diese Jahrtausende zurückliegenden Ereignisse ans Licht. Diese tauchen als *„lebhafte und erschreckende Erinnerungen auf*". *„Die Serie von Katastrophen, die dieser Planet durchgemacht hat*" taucht oftmals bereits *„selbst schon in der ersten Sitzung*" und ist von überraschender Heftigkeit und Klarheit. *„Alle diese Erinnerungen sind von Angst und Schrecken erfüllt. Gewöhnlich tritt ein heftiges Zittern und Zucken des Körpers auf (...), dazu visuelle Eindrücke von elektrischen Entladungen, stürmischen Winden, wolkenbruchartigen Regenfällen, Erdbeben und ein Höllenlärm unbeschreiblicher Geräusche.*"[254]

Da wir als Menschen Erinnerungen eher im Zusammenhang mit unserem eigenen Leben kennen, stellt sich die Frage, wie und woher diese kollektiven Erinnerungen in das Gedächtnis des Einzelnen eindringen können. Möglicherweise kennen wir hier schon die Antwort: aus dem *Morphogenetischen Feld*. Wir sind alle vernetzt, und Informationen können über dieses Feld frei fließen. Dies ist in zahlreichen Versuchen erfolgreich bewiesen worden. Und wenn dieses Feld ein unendlicher Datenspeicher ist, bleibt darin alles erhalten, und nichts geht verloren. Jeder Einzelne muss sich also diesem Fundus stellen und damit irgendwie klarkommen.

Insbesondere bei der Frage, wo wir Schutz und Trost suchen, sollte sich dann jeder zur Aufgabe machen, sich sein Modell von Religion gründlich zu überlegen. Ausdrücklich möchte ich anfügen: Religion ist aus meiner Sicht eine Notwendigkeit für den Menschen. Es ist mithin möglicherweise auch die einzig logische Erklärungsmöglichkeit für das Wunder der Schöpfung. Unser Geist ist endlich, die Schöpfung aber unendlich. Wie anders als mit Religion können wir dies akzeptieren und begreifen? Nur die Religion bietet uns die Möglichkeit, Unmögliches schlicht zu glauben, statt es zu wissen. Jedoch sollten wir das, was „wissbar" ist, auch tatsächlich wissen, anstatt jeden Unsinn einfach zu glauben.

Resümee

Nachdem wir uns nun um Psyche und Weltraumterrorismus gekümmert und uns einiges über die Notwendigkeit des Anerkennens von Fakten und deren Verarbeitung angelesen haben, möchte ich nun wieder zurückkommen zu den eigentlichen Fakten, die uns helfen, dies alles ins „rechte" Licht zu rücken. Dies soll bitte keineswegs politisch aufzufassen sein.

Tauchen wir nun also tief ein in die vielen Details, die sich in Geschichte, Quellen, Überlieferungen und Archäologie erhalten haben. Sich bei dieser Betrachtung frei zu machen von den bereits erlernten Mustern, was gewesen ist und sein muss, und was deshalb so oder so nicht oder gerade sein darf und gewesen sein kann, ist wohl die wichtigste Voraussetzung an dieser Stelle. Nur unter freier Betrachtung der einzelnen Details und unter der Möglichkeit, sich aus den vorliegenden Fakten ein logisches Bild machen zu dürfen, kann man der Wirklichkeit näherkommen. So kann sich jeder Einzelne ein Bild von unserer Vergangenheit machen, sich den Ereignissen stellen und sie für sich selbst verarbeiten. Und je mehr man erfährt, desto erstaunter blickt man auf bisher Erlerntes und fragt sich, hier und da, wie man sich so veräppeln lassen konnte oder ein so offensichtlich wichtiges Detail als vollkommen nebensächlich abtun konnte. Eines dieser sehr wichtigen Details ist unser Kalender. Nicht, weil er einfach nur ein „Kalender" ist und uns zeigt, wann wir arbeiten müssen oder wann jemand Geburtstag hat oder wann der Gehaltsscheck kommt, sondern weil er Ausdruck unserer Chronologie und unserer kosmischen Abläufe ist – obendrein, weil er die uns umgebende, kosmische (Un-) Ordnung widerspiegelt und insofern von größter Bedeutung für weitere Erkenntnisse ist. Ob wir nun wollen oder nicht: Wir sind ein Teil des Kosmos und in ihn eingebettet. Wir werden in Zukunft noch lernen, wie sehr wir mit allem vernetzt sind und in welch unglaublichem Ausmaß unser Gesamtbewusstsein Dinge unserer Realität beeinflussen, ja sogar erschaffen kann. Leider leben wir auf einem Planeten, dessen Ordnung gestört wurde. Wir alle leiden darunter. Viele wissen dies nicht einmal und nehmen es als „Normalität" hin, was eigentlich weit davon entfernt ist. Forscher mühen sich ab, weil sie als Spezialisten die Zusammenhänge nicht mehr kennen und weil ihre Lehrer diese auch schon nicht mehr kannten. Und ihre Studenten und Schüler hören sich in Biologie und Physik immer wieder denselben Unsinn an und haben größte Schwierigkeiten, sich diesen zu merken. Kein Wunder... Die Wahrheit ließe sich leicht lernen, denn sie ist logisch.

11. Das Illig'sche Kalender-Problem: gelöst!

Da ich mir nun mittlerweile so viele Fragen selber stellte, auf die ich keine Antwort wusste, versuchte ich mein Glück und suchte nach einigen Autoren, die mir vielleicht auf der Suche nach Antworten weiterhelfen konnten. Ich wollte jetzt mehr über das Kalender-Problem herausfinden und grub mich tief in diese Materie ein. In diesem Kapitel werde ich möglicherweise für Sie zusammenhanglose Fakten nennen, doch seien Sie unbesorgt, ich setze das Puzzle zusammen! Der Titel dieses Kapitels erklärt sich in wenigen Seiten von ganz allein.

Zunächst einmal an dieser Stelle eine kleine Einführung in die verschiedenen Kalender unserer Welt. Wir leben heute mit dem sogenannten gregorianischen Kalender. Der heißt so, weil ihn Papst Gregor eingeführt hat. Davor hatten wir den julianischen Kalender (der so hieß, weil Julius Cäsar ihn einführte), davor den Mondkalender, davor den Sonnenkalender. Parallel läuft seit langer Zeit der chinesische Kalender und der jüdische und viele andere kleine mehr. Ein Kalender wird benötigt, um die Zeit einzuteilen und Ordnung in den zeitlichen Ablauf des Lebens zu bringen. Kalender beziehen sich auf Sonnenauf- und -untergang, Tageslängen und die Dauer eines Sonnenumlaufs oder, im Falle der Mondkalender, um die Zyklusdauer eines vollen Monddurchlaufes. Nach einem Sonnenumlauf fängt der uns bekannte Rhythmus der Jahreszeiten wieder von vorne an, mit mal mehr, mal weniger Regelmäßigkeit, und die Gestirne befinden sich ziemlich genau dort, wo sie vor einem Jahr waren. Doch Jahreszeiten gab es womöglich nicht schon immer, sondern erst seit erdgeschichtlich relativ kurzer Zeit in der uns bekannten ausgeprägten Form. Weil die Einteilung in Tage allein spätestens in der heutigen Zeit nicht mehr reicht, teilt man nicht nur das Jahr in so viele Tage, wie es Sonnenauf- und -untergänge hat, sondern obendrein das Jahr in Monate, die Monate vielleicht noch einmal in Wochen oder Perioden anderer Länge und vor allem: den Tag in Vor- und Nachmittag und Stunden, Minuten, Sekunden und sogar für wissenschaftliche Zwecke in noch viel kleinere Einheiten.

In unserer elektronischen Welt von heute ist eine Abkehr von diesen Rhythmus angebenden Systemen undenkbar. Und auch in der Geschichte war die Erkenntnis, wie viele Tage das Getreide brauchte, um groß zu werden, oder wie viele Stunden die Flut brauchte, um wiederzukehren, oder wie viele Jahre ein Mensch alt wird, werden kann und ist wichtig zur Steuerung alltäglicher, lebensnotwendiger Abläufe, zur Selbsterkenntnis, zum Vorhersagen von Ernten, Wetter, Lebensspannen und Kosten und nicht zuletzt Steuereinnahmen. Wir haben heute eine sehr genaue Definition für die Sekunde, die, im Gegensatz zu früher, nicht mehr der *„86.400ste Teil eines mittleren Sonnentages“* ist, sondern nun als *„das 9.192.631.770-fache der Periodendauer der dem Übergang zwischen den beiden Hyperfeinstrukturniveaus des Grundzustandes von Atomen des Caesium-Isotops 133Cs entsprechenden Strahlung“*.[255]

Das bedeutet, dass seit ca. 1950 die Sekunde nunmehr von dem Sonnensystem und Umlaufzeiten der uns umgebenden Natur abgekoppelt ist und zu einer frei fixierten Einheit wurde, die seither standardisiert in allen elektronischen Geräten eingesetzt werden kann. Dieses Vorgehen ist nachvollziehbar, denn die Änderungen in den Umlaufzeiten sind so langwierig und klein im Vergleich zum Leben eines Menschen oder der Nutzungsdauer eines Computers, dass man hier auf Standardwerte zurückgreift, anstelle einer fortwährenden Anpassung an die Natur, was zwangsläufig andauernde Mengen-, Zeit- und Größenänderungen mit sich bringen würde, was wiederum in der Wirtschaft extrem schwer durchzusetzen wäre. Gleichwohl ist die Abkoppelung von der Natur nicht unproblematisch, wie z.B. der menschliche (und pflanzliche) Biorhythmus zeigt. Vorhersagen zu Sonnenfinsternissen, Planetenstellungen, Ebbe und Flut können nicht ohne astronomische Messungen, Ergebnisse und Zahlensysteme getätigt werden.

Selbstverständlich haben in allen Zeiten Herrscher die Möglichkeit erkannt und genutzt, nicht nur allein zum Wohl der Allgemeinheit Vorhersagen treffen zu können, sondern gewisse Zahlen auch zum Eigennutz zu verändern oder zu verschweigen. Ursprünglich zählte man die Woche in 5 Tagen, jeder Finger einer Hand ein Tag, dann weiter mit der zweiten Hand, was zur „großen Woche“ mit 10 Tagen führte. Die nächste Steigerung war die Beobachtung des Mondes von Neu- bis Vollmond und zurück. Diese Zeitspanne war den alten Überlieferungen zufolge mit 30 Tagen gemessen worden, und so hatte man den ersten „Monat“. 12 Monate à 30 Tage ergibt ein Jahr mit 360 Tagen. Die Wochenzählung mit 7 Tagen wurde ebenfalls recht früh (aber nach den 360 Tagen) eingeführt, wobei als Basis die Beobachtung der mit bloßem Auge sichtbaren Himmelskörper diente: Merkur,

Venus, Mars, Jupiter, Saturn. Ebenso wurde festgestellt, dass ein Viertel der Zeitspanne von Neumond zu Neumond – also z.B. von Neumond bis zum Viertelmond – 7 Tage dauert.

Zum besseren Verständnis einiger Folgekapitel ist es wichtig, zwischen dem Sonnenumlauf in Tagen, Kilometern und Sekunden zu unterscheiden. Oftmals sind die verschiedenen Rechengrundlagen mit Mondmonaten, Sonnenmonaten, Mondzyklen oder Sonnenumläufen etwas verwirrend für den Leser. Zu einem sehr genauen Überblick über die verschiedenen Kalendersysteme empfehle ich das Buch „Wieviel Monde hat ein Jahr?“ von Semjon Issakowitsch Seleschnikow. Ich kann hier nur einen kurzen Überblick geben, um den Leser auf die wichtigsten Aspekte vorzubereiten.

Der gregorianische Kalender[256] wurde nach langer Beratung über etliche Jahrhunderte(!) im Jahre 1582 von Papst Gregor eingeführt. Er galt zunächst nur für die gesamte Christenheit und mehrheitlich katholisch geprägten Länder. Viele andere Länder führten ihn erst nach und nach ein, um sich, nicht zuletzt aus wirtschaftlichen Erwägungen, einer gemeinsamen Grundlage anzuschließen; so z.B. Russland 1918 und die Türkei, die sich 1926 diesem Kalender anschloss. Der gregorianische Kalender bzw. eine Reform des bestehenden Kalenders wurde wegen gravierender Probleme bereits ab 1300 n.Chr. diskutiert.

Der gregorianische Kalender basiert auf den damals gemessenen 365, 2425 Tagen pro Jahr bzw. Sonnenumlauf der Erde. Er beinhaltet eine entsprechende Schaltjahresregel (nach jedem 4. Jahr wird ein Tag hinzugeführt, um die 0,2425 Tage auszugleichen) und weitere Schalttage wurden nach bestimmten Regeln eingeführt. Man wollte mit dieser Reform erreichen, dass man den festgestellten Fehler, nämlich, dass sich z.B. die Frühjahrs-Tagundnachtgleiche immer weiter im Jahresablauf verschoben hatte, ein für alle Male berichtigte. Als Bezugspunkt legte dieser gregorianische Kalender das Jahr „0“ fest; logisch, da dies in der Kirchenhistorie eine wichtige Rolle spielt. Beim bis 1582 geltenden julianischen Kalender[257] hingegen ging man von einer Jahreslänge von 365,25 Tagen aus, er hatte deshalb einfachere Schaltjahresregeln (nach jedem dritten Jahr sollte ein Jahr einen Tag mehr haben). Er wurde 46 Jahre vor unserer Zeitrechnung von Julius Cäsar eingeführt. Dieser Kalender fand viele Anhänger, jedoch war es keineswegs ein „Weltkalender“. Beim Konzil von Nicäa im Jahre 325 n.Chr. wurde dieser Kalender für die „gesamte Christenheit“ übernommen. Der Kalender war keinesfalls fehlerfrei; schon ungefähr 100 Jahre vor Einführung des julianischen Kalenders fand Hipparch heraus, dass sich innerhalb von 150 Jahren die Tagundnachtgleiche um etwa einen halben Tag verschob. Daraus schloss er, dass das Jahr nicht 365,25 Tage lang war, sondern etwas kürzer. Man hörte jedoch nicht auf ihn...

Nebenherlaufend gibt es noch den jüdischen Kalender, der zwar ein Mondkalender ist, eigentlich jedoch dadurch besonders auffällt, dass er als Bezugspunkt für seinen Beginn die Erschaffung des Menschen im Jahre 3761 v.Chr. beinhaltet und sich somit heute (2016) im Jahre 5776 befindet. Der chinesische Kalender, der mohammedanische Kalender, einige kleinere Kalenderprojekte durch verschiedene Wissenschaftler der Alt- und Neuzeit, Revolutionskalender mit jeweiligem Bezugspunkt – alle haben einige Gemeinsamkeiten: Die alten überlieferten Kalender aus der Vorzeit gehen von 360 Tagen beim Sonnenumlauf und 30 Tagen beim Mondzyklus aus, während alle jüngeren Kalender bereits die 365,25 bzw. 365,2425 Tage pro Sonnenumlauf zählen und den Mondzyklus auf ca. 29,5 Tage festlegen.

Dies gilt auch für den fälschlicherweise oft als „ältesten Kalender“ bezeichneten Kalender der Maya. Die nutzten gleich drei Zählweisen bzw., laut Aussage der Maya-Nachkommen selbst, derer gleich siebzehn, für alle möglichen Himmelskörper. Eine alte, überlieferte Zählweise, das „Tun“ geht von einer Jahreslänge von 360 Tagen aus und wurde, so die Forscher, nur für religiöse Zwecke genutzt, während eine zweite Zählweise, die „Haab“ von einer Jahreslänge von 360+5 Tagen ausging. Die fünf angehängten Tage waren „Tage ohne Namen“, Unglückstage. Die dritte und letzte Zählweise mit Namen „Tzolkin“ beinhaltet ein Jahr mit 260 Tagen – 13 Monate mit je 20 Tagen. Warum die Mayas einen solchen Rhythmus verfolgten, beobachteten und für Wert erachteten, einen Kalender nach ihm zu erschaffen, erfahren wir später. Durch die komplizierte Zählweise des Kalenders – die alle drei Zählungen miteinander verknüpft und somit sehr viele verschiedene Kombinationen ergibt, die, im Gegensatz zu unserem heutigen Kalender, nicht einfach fortlaufend gezählt werden, sondern mit sich wiederholenden und in sich miteinander verzahnten Zyklen verschiedene Kombinationen ergibt – kommt es beim Maya-Kalender zu einem Rücksetzen auf den Anfang am 21.12.2012 unserer Zeitrechnung.

Die Mayas haben diese Zeiträume sehr wohl sehr bewusst gewählt und den Beginn der Zeitrechnung ihres eigenen Kalenders viele Jahrhunderte vor ihrem eigenen Auftauchen als Volk gesetzt. Der Maya-Kalender ist jedoch keineswegs der älteste, wie bereits oben erwähnt. Vor ihm gab es die Kalender der Azteken, der Olmeken und noch einige mehr. Und da die Mayas erst n.Chr. ihrer Blütezeit entgegengingen, schauen wir nun noch auf einige Kalender, die lange vor diesem willkürlich gesetzten Bezugspunkt „0“ da waren. Die Chinesen kannten und kennen aber auch noch ein „energetisches Jahr“, welches 360 Tage zählt und in 6 Abschnitte à 60 Tage unterteilt wird. Der chinesische Kalender wurde der Legende nach von Kaiser Huang Di im Jahre 2636 v.Chr. erfunden. Die letzte Anpassung des Kalenders erfolgte dann im Jahre 1645 unter der Qing-Dynastie. Der chinesische Kalender ist ein lunisolarer Kalender mit überlieferten 360 Tagen, der sowohl die Bewegungen der Sonne wie auch die des Mondes miteinander verbindet. Die Sonne legt das Jahr fest, der Mond die Monate.

Es gibt leider zur damals festgestellten Jahreslänge keine Angaben in der chinesischen Quelle; einige Jahre später wurde jedoch unter der Herrschaft YAOs die Jahreslänge auf 366 Tage festgelegt.[258] Yao war der zweite Sohn von Kaiser Kù und Qingdu. Der Überlieferung nach wurde Yao bereits mit 20 Jahren Kaiser, weil er erfolgreich eine das antike China heimsuchende Flutkatastrophe bekämpft und das Land entwässert hatte. Yao starb im Alter von 119 Jahren.

In Ägypten verließ man sich auf einen Mondkalender. Man zählte die Tage von einem Vollmond bis zum nächsten und kam auf 29-30 Tage pro Monat und am Ende auf 360 Tage pro Jahr. Um etwa 2900 v.Chr. wurde ein Kalender entwickelt, der auf 365 Tagen basierte. Am Ende eines Jahres, also Anfang Juli, fügten die alten Ägypter noch zusätzliche 5 Tage ein. Die griechische Bezeichnung dieser Tage lautete die „Epagomenen“ („Herangefügten“). Sie galten als die Geburtstage der Götter Osiris, Haroeris, Seth, Isis und Nephthys.[259]

Heribert Illig schrieb in seinem Buch „Das erfundene Mittelalter“ über ein Problem der Chronologie und viele Fehldatierungen von Kunst- und Bauwerken und erklärte das zugrundeliegende Kalender-Problem wie folgt: Julius Cäsar führte den nach ihm benannten Kalender im Jahre 46 v.Chr. ein. Dieser Sonnenkalender lief bis 1582, also insgesamt 1.628 Jahre. 1582 reformierte Papst Gregor den Kalender, und es läuft nun der „gregorianische Kalender".

Der julianische Kalender geht von einer Jahreslänge von 365,25 Tagen aus mit einem Schaltjahr nach jedem dritten Jahr. Der gregorianische Kalender geht von einer Jahreslänge von 365,2425 Tagen aus, also etwas weniger. Das heißt, Julius Cäsar hat da einen Fehler gemacht. Papst Gregor hat diesen Fehler korrigiert, in dem er vom 4. auf den 15. Oktober 1582 sprang, um somit die Tagundnachtgleiche wieder auf den 21. März zu bringen und den Kalender richtigzustellen. Illig argumentiert nun: Der julianische Kalender mit der falschen, etwas längeren Jahreslänge lief von 46 v.Chr. bis 1582 n.Chr.; also 1628 Jahre lang. Der jährlich auftretende Fehler ist also die Länge des julianischen Jahres abzüglich der Länge des gregorianischen Jahres, also 365,25 - 365,2425 = 0,0075 Tage. Wenn dieser Fehler über insgesamt 1.628 Jahre auftritt, dann muss man einfach multiplizieren und findet heraus, dass wir über einen Fehler von 1.628 mal 0,0075 Tagen sprechen = 12,21 Tage. Papst Gregor sprang vom 4. Oktober auf den 15. Oktober, übersprang also 10 Tage, nicht aber 12,21. Die Differenz von 0,21 Tagen zu überspringen, hätte auch nicht funktioniert, aber wenigstens die 2 hätte er doch eigentlich machen können.

Tatsache ist aber: Papst Gregor machte astronomisch alles richtig! Die Tagundnachtgleiche war wieder am 21. März, und der Kalender war perfekt angepasst. Wenn die Differenz, wie wir oben gesehen haben, nun aber 12,21 Tage beträgt und er nur 10 Tage übersprungen und dabei alles richtig gemacht hat, dann kann in dieser Rechnung nur die Jahreszahl die Fehlerquelle sein – die Laufzeit des Kalenders muss also kürzer sein, nämlich eine Anzahl von Jahren entsprechend einer Jahreslängenfehlersumme von 10 Tagen. Wir haben aber geschichtlich gesehen eine ganze Reihe von Anhaltspunkten, die belegen, dass sehr wohl 1.628 Jahre zwischen den beiden Daten liegen. Es gibt eine durchgehende Reihe von Päpsten und im chinesischen Raum z.B. eine durchgehende Reihe von Herrschern und Dynastien. Illig geht nun her und sagt, er könne anhand von Architektur und Kunstgegenständen deren falsche Zuordnung zu Jahreszahlen beweisen und bezeichnet die dunkle Periode der Geschichte, weil völlig ohne wissenschaftlichen Beleg, als komplette Fälschung. Das bedeutet: 10 Tage sind korrigiert, 12,21 haben wir errechnet. Es dürften aber eben nur 10 sein, stellvertretend für 1.333,33 Jahre, anstelle von 1.628 Jahren. Die Differenz, nämlich 2,21 Tage, stellvertretend stehend für 294,66 Jahre, sei, so Illig, schlicht und ergreifend erfunden. Er legt diese Periode von 294 Jahren in die Zeit zwischen 600 und 900 und führt als Indizienbeweis an, dass in diese Periode z.B. Kaiser Pippin fällt, der Vater Karls des Großen. Dieser hatte, so die gängige Geschichtsschreibung, dem Papst den Kirchenstaat (Vatikan) geschenkt. Leider merkte der Papst das erst 300 bzw. 294 Jahre später, als er Anspruch auf diese Ländereien und Güter mit einem Stapel von u.a., wie heute selbst die anerkannte Wissenschaft weiß, gefälschten Urkunden anmeldete. Wir kommen später auf diese Rechnung zurück.

Mit Recht darf man sich nun fragen, warum die Korrektur von nur 10 Tagen alles wieder richtigstellte, wo doch eine einfache, mathematische Aufgabe dies ad absurdum führt. Warum steht dann vollkommen widerspruchs- und kritiklos in unseren Nachschlagewerken immer wieder dieselbe, falsche Rechnung? Sogenannte Spezialisten behaupten, dass sich Gregor auf das Konzil von Nicäa (325 n.Chr.) bezogen hatte, weil damals der Kalender entweder korrigiert oder zumindest der Frühlingsbeginn auf den 21. März festgeschrieben worden sei. Leider fehlt für diese Behauptung aber jedwede Art von Beleg. Somit könnte der zeitliche Abstand zwischen Cäsar und Papst Gregor XIII. rund 300 Jahre kleiner sein, als bislang gedacht. Für die Zeit dazwischen, die wir dann zwingend *fiktive Zeit* nennen müssten (bei Illig von 614 bis 911 angesetzt), gibt es keinerlei reale Urkunden.[260]

Da diese Jahrhunderte ohnehin als „dunkles Mittelalter“ gelten, weil die geschichtlichen Überlieferungen und passende archäologische Funde extrem selten sind und sich in keiner der heutigen Städte, die römischen Ursprungs sind, eine frühmittelalterliche Besiedlungsschicht finden lässt, die dazu passenden Geschichtsquellen oft erst Jahrhunderte später aufgesetzt worden sind und in dieser Zeit gar einige hundert byzantinische Städte unbewohnt gewesen zu sein scheinen, spricht alles für die These, dass hier ein ganzer Zeitraum in die Geschichtsbücher eingepflegt worden ist, der vorher nicht da war.

Im islamischen Spanien setzen die Funde keineswegs 711 nach der Eroberung ein, sondern erst im frühen 10. Jahrhundert. Sollte sich Illigs These bewahrheiten, dann dürfte nicht ein einziger Fund das Gegenteil beweisen können. Bei seiner Untersuchung der unterschiedlichsten Funde, Urkunden, Bauten und Kunstwerke lässt sich immer wieder feststellen, dass Illig recht haben könnte. In vielen Fällen hat er zwingend recht mit der Feststellung, dass diese falsch datiert sind, hat aber wiederum nicht zwingend *recht* damit, dass dies automatisch der Beweis für erfundene Jahre ist. So zum Beispiel ist die Aachener Pfalzkapelle ohne Bauhütte, ohne direkte Vorläufer und Nachfolger entstanden und stellt somit zwar das berühmteste Bauwerk unserer Zeit dar, lässt sich architekturhistorisch jedoch nicht erklären. Da wollen Bautechniken vorher erfunden und erprobt werden, wozu aber die Belege, Quellen und Bauten fehlen. Die Lorscher Torhalle rückt von 770 oder 870 ins frühe 12. Jahrhundert. Die wenigen anderen Kirchen der „Karolingerzeit" lassen sich zwanglos den ottonischen eingliedern. Auch die karolingische Buchmalerei ordnet Illig als in Wahrheit ottonisch und als aus diesem Grund kaum von den Kunstwerken dieser Zeit unterscheidbar zu.

Die Kaiser Konstantin VII. und Otto III. sowie Papst Silvester II. waren die Urheber der Kalenderreform. Otto (Kaiser 996-1002) wollte als Stellvertreter Jesu Christi nach alter christlicher Rechnung 6.000 Jahre nach Schöpfung den siebten Weltentag einläuten. Der von ihm inthronisierte Papst (999-1003), ein Fachmann in arabischer Astronomie und Mathematik, unterstützte ihn. Da Ottos Mutter eine Nachfahrin des byzantinischen Hofes war, darf die Verbindung zum dortigen Kaiserhaus als gegeben angesehen werden. Die Perser (Byzantiner) hatten 614 die wichtigste Reliquie der Christenheit, das Kreuz von Golgatha, geraubt. Nach Illigs Ansicht erklärt sich von ganz allein, dass sich nur innerhalb einer erfundenen Zeit das Rückgewinnen der Reliquie erzählen und motivieren ließe. Illig sieht in dem Wechsel des Bezugspunktes der Jahreszählungen eine Verschwörung. Die Byzantiner wechselten von 1014 Seleukidenära auf 6508 Schöpfungsära, die Christen im Westen von 419 Märtyrerära auf 1000 n.Chr. Die Juden schlossen sich an und stellten von 1014 Seleukidenära auf 4464 nach Erschaffung der Welt um.

Es erscheint unerklärlich, warum die Kulturträger in Europa ausnahmslos und heimlich neue Zählungen eingeführt haben. Es erscheint außerdem sehr nachvollziehbar, dass bei so vielen verschiedenen Zahlen schnell mal knapp 300 Jahre hätten eingefügt werden können, zumal diese eingefügten Jahre ja schon in der längst vergessenen Vergangenheit lagen, von der nur noch Urkunden herrührten und die Fachleute wussten.[261]

Wir selbst erleben heute immer dann, wenn man von Spezialisten eines Fachgebietes abhängig ist, dass man von diesen nur allzu oft aus irgendwelchen Gründen nicht die volle Wahrheit oder gar dreiste Lügen vorgesetzt bekommt – sei es, um ein Produkt zu preisen, das verkauft werden soll; sei es, um mit irgendwelchen erfundenen Beweisen einen Krieg zu rechtfertigen. Man erinnere sich an: *„Der Irak hat Massenvernichtungswaffen. Wir haben Fotos davon."* Eine Aussage, die so falsch war, dass sie selbst der damals sprechende General Colin Powell als einen Schandfleck auf seiner Karriere bezeichnet.[262]

Was Illig bei diesen höchst wirkungsvoll vorgetragenen Fakten und Thesen allerdings gänzlich unbesprochen lässt, sind die physikalischen Fakten der Jahresentstehung. Wenn wir davon ausgehen, dass die Erde als Planet mit einem Drehimpuls und einer kinetischen Energie in einem Magnet- und Gravitationsfeld unterwegs ist, dann gelten hier u.a. die Gesetze der Impulserhaltung. Mit anderen Worten: Das System versucht, Störungen auszugleichen und wieder den ursprünglichen Zustand herzustellen.

Wird die Drehung der Erde durch den Zusammenprall mit einem anderen großen Himmelskörper gestört, versucht die Natur, das Gesamtsystem, den alten Zustand, wiederherzustellen. Wird also beispielsweise das Jahr von (ursprünglich vor einigen tausend Jahren) 360 Tagen durch eine Störung von außerhalb verlängert bzw. auf nunmehr 365,25 Tage aufgeteilt (bei Julius Cäsar), vielleicht sogar noch mehr (uns liegen leider keine genauen Messdaten vor), versucht das System, das Jahr wieder auf 360 Tage zurückzuführen. Das bedeutet: Das Jahr wird jedes Jahr kürzer (in Tagen gerechnet).

Bisher gingen Wissenschaftler standardmäßig davon aus, dass die Messung der Jahreslänge in früheren Zeiten fehlerhaft war, und je näher man der Moderne nahekommt, immer genauer wird. Im Gegensatz dazu gehe ich davon aus, dass zu beinahe jedem der in Rede stehenden Zeitpunkte die Jahreslängenmessung korrekt war, nur hat sich in der Zwischenzeit die Jahreslänge verändert! Eine interessante Grafik dazu habe ich im Internet gefunden. Sie zeigt die möglicherweise regelmäßige Anpassungsbewegung des Planeten.

Wir sehen dies in unserer heutigen Zeit ganz aktuell durch Verschiebungen der Erdachse durch Erdbeben wie in Indonesien (2004), Chile (2010) oder Japan (2011) bestätigt. Jedes Mal verkürzte sich laut Angaben der NASA der Tag um einige Mikrosekunden.

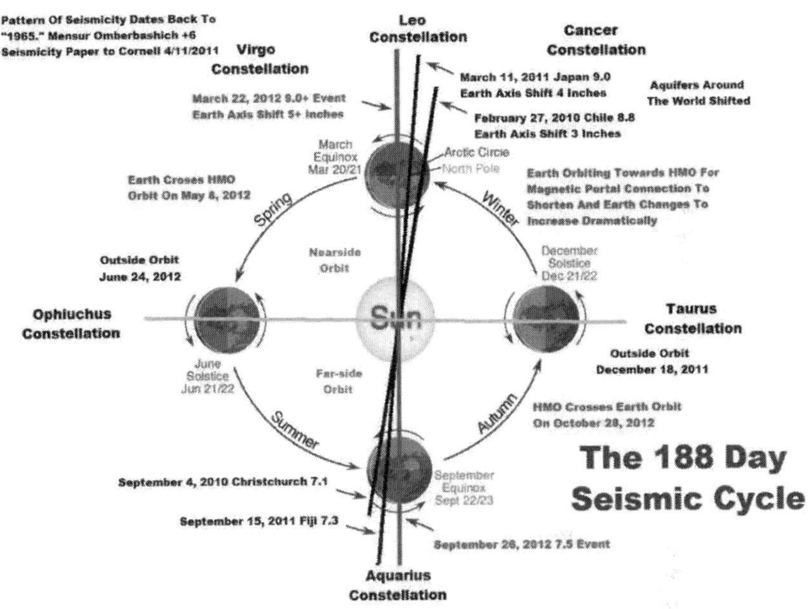

Abb. 41: Der 188 Tage andauernde seismische Zyklus

Gehen wir also davon aus, dass Erdbeben u.a. ein Zeichen für eine Impulserhaltung sind und die mit jedem Erdbeben einhergehende Tageslängenverkürzung auch das Jahr insgesamt verkürzt, können wir nun berechnen, dass der Fehler, den Heribert Illig errechnete, gar keiner ist.

Nehmen wir einmal an, dass die verschiedenen überlieferten Messungen aus der Neuzeit und aus Zeiten Gregors korrekt sind, dann beträgt die heutige Sonnenjahreslänge 365,2421 Tage, und die zu Gregors Zeiten betrug 365,2425 Tage, woraus sich eine Differenz von 0,0004 Tagen ergibt. Diese Differenz hat sich innerhalb der Zeit von 1582-2000 (letzte überall veröffentlichte Messung laut Wikipedia) gebildet. Das macht dann also 418

Jahre. Differenz geteilt durch Laufzeit = 0,0004 : 418 = 0,0000009569377 durchschnittliche Längenabnahme pro Jahr.

Nehmen wir einmal an, die Länge des mittleren Sonnenjahres habe sich im statistischen Mittel über die Jahrhunderte hinweg um eben diesen Betrag pro Jahr verkürzt, dann bedeutet das für die gesamte Laufzeit des julianischen Kalenders von 1.628 Jahren 1628 x 0,0000009569377 = 0,0015579 Tage. Diese zähle ich der gregorianischen Sonnenjahreslänge hinzu und komme auf ein Ergebnis von 365,24406 Tagen für den Beginn des julianischen Kalenders. Dies ist zwar nicht die im julianischen Kalender genannte Länge eines mittleren Sonnenjahres, allerdings ist diese schon damals fehlerhaft bzw. zu lang gewesen, denn schon Hipparch (190-120 v.Chr.) wusste, dass das Jahr kürzer war. Man findet in einem alten Physikhandbuch (Gehler, J. S. T. Physikalisches Wörterbuch) folgende Bemerkung:

> *„Hipparch zu Alexandrien beobachtete nach den Nachrichten des Ptolemäus (Amalgest. L. III.) die Zeitpunkte der Nachtgleichen und Sonnenwenden mit viel Sorgfalt. Er verglich seine Beobachtungen mit denen, welche Aristarch von Samos 145 Jahre vor ihm angestellt hatte, und fand, dass die Sonnenwenden seit dieser Zeit um 12 Stunden früher einfielen. Dieser Bestimmung nach schien ihm die wahre Länge des Jahres (12/145) oder beynahe (1/12) Stunde, d.i. 5 Minuten kürzer, als die kallippische Periode annahm, mithin nur 365 T. 5 St. 55 Min. zu seyn.“*

Das entspricht ungefähr 365,246528 Tagen pro Jahr und kommt einem mit diesem Ansatz zurückgerechneten damals tatsächlichen Wert für die Sonnenjahreslänge von 365,244xx ziemlich gleich.[263]

Wenn wir also berechtigterweise von einer leicht fehlerhaften Festsetzung (wider besseren Wissens bzw. trotz nachweislich vorliegender genauerer Daten) der Länge des mittleren Sonnenjahres unter Cäsar ausgehen und mit der seit der gregorianischen Reform bis ins Jahr 2000 aufgelaufenen Verkürzung des Jahres um jeweils 0,0000009569377 Tage pro Jahr einen sich jedes Jahr leicht verkleinernden Fehler zur julianischen Sonnenjahreslänge aufsummieren, gelangen wir auf eine Summe von 10,7911474 Tagen, was fast schon eine Punktlandung auf den von Papst Gregor korrigierten 10 Tagen darstellt.

Ich möchte an dieser Stelle zu einigen Dingen klar Stellung beziehen: Die von Illig sorgfältig und akribisch belegten und mit Beweisen untermauerten Zweifel an der Echtheit vieler sog. Urkunden der nun auch meiner Meinung nach klar falsch datierten Kunst- und Bauwerke bleiben von dieser Berechnung unberührt. Die Chronologie der Kunst- und Architekturgeschichte sollte hier dringend korrigiert werden. Ebenso bleiben die vielen doppelt in Erscheinung tretenden Herrscher samt ihrer Völker in den Chronologien, die nicht nur Illig, sondern auch Velikovsky und einige andere bemängelten und noch viel mehr angesehene Wissenschaftler in arge Erklärungsnot brachten, ein geschichtsverkürzendes Argument, das dringend der Klärung bedarf. Diese sind aber bei der hier angestellten Rechnung nicht von Belang. Ich bin der Auffassung, dass es keine Phantomzeit gegeben hat, wohl aber eine möglicherweise recht chaotische Phase, die man sich „von ganz oben" zunutze gemacht hat, um massiv zu fälschen und zu betrügen. Diese Phase sieht Illig im Bereich 600-900, und Velikovsky bezieht sich in seinen Thesen u.a. auf eine letzte bzw. jüngste Katastrophe im Jahre 687, womit ein klares Indiz für Fälschungen bzw. den zeitlichen Rahmen des für die Fälschungen in Frage kommenden Zeitraums gegeben ist. Zwar ist in diesem Fall dann die Verschwörung noch immer vorhanden und immensen Ausmaßes, jedoch verliert die Situation den Vorwurf der Schaffung einer „Phantomzeit" – es bleibt der Vorwurf des massiven Betrugs aus geld- und machtpolitischen Gründen. Außerdem bin ich der festen Überzeugung, dass die Länge des mittleren Sonnenjahres in der Vergangenheit mehr Schwankungen unterworfen war, als es heute den Wissenschaftlern recht ist. Dass sich aber das Sonnenjahr mehr oder weniger stetig verkürzt, ist Wissenschaftlern schon spätestens seit dem Jahre 1840 aufgefallen. Da nämlich hat J. H. von Mädler eine Formel aufgestellt und postulierte eine Abnahme der Länge des mittleren Sonnenjahres um 0,595 s pro Jahrhundert (siehe u.a. Wikipedia).

Die geschichtlichen Überlieferungen sind leider nicht immer sehr verlässlich. Oftmals stehen echten Quellen Fälschungen gegenüber, meist aus kirchlichem Umfeld. Mal wurden alle Originale vernichtet und durch Fälschungen ersetzt, um ein gänzlich neues Geschichtsbild zu erzeugen; mal erscheinen Völker gar nicht, mal gar doppelt unter zwei verschiedenen Namen. Das Buch „Die veraltete Vorzeit" von Heribert Illig erweist sich hier als absolut lesenswert. Ein weiterer Hinweis auf Fallstricke in der Chronologie sind oft wie aus dem Nichts auftauchende Technologien oder Bautechniken – oder genau das Gegenteil: nämlich wenn Wissen auf einmal zu verschwinden scheint und den Quellen nach erst hunderte Jahre später wieder auftaucht. Die technologische Entwicklung zwischen 1200 v.Chr. und 500 v.Chr. ging beispielsweise so rasch vorwärts, wie man es ansonsten eher für Zeiträume von mehreren tausend Jahren für möglich halten sollte.[264]

Anstatt sich um die Hintergründe solcher Widersprüche zu sorgen, greifen unsere lieben Schulwissenschaftler nur allzu gern auf die Taktik zurück, dass passend gemacht wird, was passen muss. Dann wird die eine falsche Quelle als Grundlage zur Verifizierung der anderen falschen Quelle genutzt – so etwas nennt man dann „Cross-Dating" – und schon passt alles.

Dass dies natürlich ganz im Sinne derer ist, die vorher tausende von falschen Urkunden fabriziert haben, um ein falsches Vergangenheitsbild zu erzeugen, ist klar. Fälscher mögen keine Zeitzeugen – sie reden und erinnern zu viel. Jeder mächtige Fälscher oder Auftraggeber für solche Fälschungen muss in mehreren Generationen denken, über viele Jahrzehnte und gar Jahrhunderte planen – oder sogar selbst so lange leben...

Anstelle von Urkunden bleibt dann nur der Weg über die naturwissenschaftlichen Fakten und archäologischen Belege. Bei Ausgrabungen finden sich ganze fünf Zerstörungshorizonte in Ugarit und anderen Ausgrabungsstätten in Vorderasien. Die müssen ja irgendwie entstanden sein.[265]

Mars und Venus werden immer wieder als „Erdgefährder" benannt, und von der Venus als heißem Planeten mit langem Schweif gibt es Zeugnisse auch in Megalith-Bauten und -Steinreihen, die offenbar genau diese Venus darstellen sollen – so z.B. die vielen Steinreihen von Carnac mit tausenden(!) Menhiren (das ist heute noch zu besichtigen!), die möglicherweise in mehreren Etappen als Wiedergabe eines sich immer weiter annähernden Himmelskörpers aufgestellt wurden.[266]

Der französische Forscher Pierre Georgelin berichtet von Seefahrern, die oberirdisch lagerndes Roheisen in der Bretagne aufsammelten, in *„einem unfruchtbaren, unbelebten Land mit Notunterkünften (‚Ganggräber')* *und voller Megalithe*".[267] Wir können nur allein schon mit der Annahme von solchen weltweit wirkenden Zerstörungsereignissen eine logische Erklärung für all die kaputten Tempel finden, die – merkwürdig, wie es ist – immer über Jahrhunderte hinweg unangetastet blieben und nicht wieder aufgebaut wurden.

Stellen Sie sich ein ähnliches Vorgehen heute in einer Stadt wie New York vor. Spätestens nach einigen Jahren werden Baulücken geschlossen und Ruinen beseitigt sein. Es muss also einen sehr gravierenden Grund gegeben haben, warum diese Bauten als Mahnmale so lange erhalten wurden.

Joseph Justus Skaliger[268] versuchte mit seinem revolutionären Ansatz, die Schöpfungs- und Entstehungsgeschichte der Erde und der Menschheit darzustellen. Skaliger errechnete ein Schöpfungsjahr von 3949 v.Chr. und nahm als Grundlage den kleinsten gemeinsamen Nenner mehrer Zyklen: den 19-jährigen Mondzyklus, den 28-jährigen Sonnenzyklus und den 15-jährigen römischen Zinszyklus. Er errechnete dann einen Zyklus von 7.980 Jahren, den er am 1.1.4713 v.Chr. beginnen ließ. Später verschob er dieses Datum um einen vollen Zyklus nach hinten, weil er sich mit den Schriften Manethos auseinandersetzte und die Ägypter nicht ohne Welt dastehen lassen wollte, indem er sie schon vor Schöpfungsbeginn Pyramiden bauen ließ. Also lag nun der Schöpfungstermin auf 12.693 v.Chr. Dies war dann vermutlich der Startschuss für immer größere Zahlen, immer ältere Schöpfungsdaten, man übertrumpfte sich in Forscherkreisen, indem man immer größere Zahlen auftischte, die alle nicht minder wackelig dastanden.[269]

Heute sind wir bei einem Erdalter von ca. 4,6 Milliarden Jahren angelangt, inkl. aller Unberechenbarkeiten und Fehleinschätzungen wie Fossilierung, Königs- und Pharao-Listen, Papst- und Kirchengeschichten. Neben der Fossilierung gibt es noch ein weiteres Problem: die Löss-Ablagerungen. Da sollen an manchen Stellen jedes Jahr 0,07 mm Ablagerungen entstanden sein und sich so im Laufe von Millionen Jahren 400 m dicke Schichten gebildet haben – ganz ohne Einschlüsse jedweder Art. Kein Wind, kein Tier, kein lebendiges Wesen zu Lande, zu Wasser oder aus der Luft hat jemals irgendetwas dort hinterlassen. In rund 6 Millionen Jahren...? Wir müssen eingestehen: eine absonderliche Vorstellung jenseits jeder Wahrscheinlichkeit.

Jeder kann sich aus seinen Kindertagen ein viel wahrscheinlicheres Bild ausmalen: Wirft man einen Ball flach in eine Matschpfütze, so wird der Ball auf den Matsch auftreffen, dort ein wenig einsinken, abprallen und erneut noch einige weitere Sprünge machen – je nachdem, wie hart das Material ist. Man kann dann den Abdruck des Balles nach seinem Fortspringen erkennen. In Flugrichtung wird sich eine kleine Wand von Matsch aufgetürmt haben, und die weiteren, kleinen Sprünge danach werden einen flacheren Abdruck hinterlassen. In der Umgebung wird so ziemlich alles mit einer dünnen Schicht Matsch oder zumindest tausenden kleinen Spritzern bedeckt sein. Und das stellen Sie sich jetzt einmal bitte mit einem Planeteneinschlag auf der Erde vor. Es ist die gleiche Situation – nur eben größer.

Natürlich gibt es dicke und dünne Löss-Ablagerungen, aber in jedem Fall gibt es durch Wind und Wetter irgendwelche Partikel, Samen, Pflanzenreste oder auch Auswaschungen durch Regen oder Wasserabflüsse, und nicht zuletzt Spuren von Lebewesen aller Art. Im Laufe von einige Millionen Jahren sollten an jeder Stelle der Erde sichtbare Spuren entstehen und nicht, wie wissenschaftlich anerkannt und hingenommen, meterdicke Ablagerungen aus Äonen vollkommen spurenfrei vor uns liegen.

Die Fossilierungsgeschichte aus der Schule weist somit zahlreiche Lücken und Erklärungsnotstände auf, die erst durch eine völlig neue Sichtweise auf die Entstehungsgeschichte geheilt werden können.

Resümee

Die Erde kann keinesfalls erst vor wenigen tausend Jahren entstanden sein, ebenso wenig wie Pflanzen, Tiere und Menschen. Andererseits liegen genügend Beweise vor, dass die gängige Führung und Deutung vieler Chronologien – historischer wie auch biologischer – kaum haltbar ist. Weder die Evolutionisten haben auf Grundlage der bisherigen Lehrmeinung recht noch die Kreationisten, die durch viele Fakten schnell widerlegt werden können. Wann ist unsere Menschheit entstanden? Wir wissen aus archäologischen Funden, dass die aktuelle Menschheit keineswegs schon immer da war und haben ihr deshalb den Gattungsnamen ‚Homo sapiens sapiens' gegeben. Wo kommt diese Art Mensch her? Seit wann sind wir auf dem Planeten? Warum sind wir entstanden, und wer hat uns warum erschaffen? Wenn wir die Kreationisten über die Menschwerdung sprechen lassen, dann ist für sie ganz klar: Es gab vorher nichts, und dann fing alles mit Adam und Eva an. Nun, das vorher nichts war, lässt sich leicht durch die vielen Ausgrabungen widerlegen, bei denen menschliche Skelette gefunden wurden, die Menschenvorläufer zeigen, wie z.B. den Neandertaler. Aber wann war das? Das Bauchgefühl sagt hier, dass es nahezu unendlich lange her sein muss. Die bereits kennengelernten Fakten aus diesem Buch sagen uns, dass es auf jeden Fall einige tausend Jahre her sein muss. In der professionellen Geschichtsforschung arbeitet man mit Urkunden, Listen und Chronologien, um sich Generation für Generation in die Vergangenheit vorzuarbeiten. Das Ziel ist natürlich die Quelle, weil es von dort an nicht mehr weiter zurück geht. Auch die Ahnenforschung treibt die vielen Menschen, die dies als Hobby betreiben, immer weiter in die Vergangenheit, weil ja dies gerade einen wesentlichen Reiz dieses Hobbies ausmacht. Wo genau komme ich her, wer sind meine Ahnen, und was haben sie so gemacht? So erging es mir auch, und ich muss ehrlich gestehen, dass ich über den Fortgang dieses Projektes mehr als erstaunt war. Nie hätte ich zu Beginn meiner Arbeit das Ergebnis für möglich gehalten. Und selbst beim Erreichen meines vorläufigen Endergebnisses, der Quelle sozusagen, war mir das Ergebnis so suspekt, dass ich es mehrfach mit den verschiedensten Quellen abgeglichen habe, um mich selbst mehr und mehr von Zweifeln zu befreien und stattdessen nach den Fakten zu suchen, die dieses unglaubliche Ergebnis untermauern können. Hatte ich beim ersten Anblick noch gelacht, wurde mir schnell das Ausmaß dieses Ergebnisses bewusst.

12. Ahnenforschung bis zur Menschwerdung

Parallel zu all diesen Gedanken arbeitete ich seit einigen Jahren an einem Teilzeit-Hobby: der Ahnenforschung. Mein Großvater war Maler und Bildhauer und fertigte u.a. einen Stammbaum unserer Familie nach Daten seines Vaters und aus eigener Forschung an. Es war ein Wandbild, recht groß aus meinen Kinderaugen damals, mit allen Ahnen darauf, von denen er wusste. Dieser Stammbaum war mir von frühester Kindheit an ein Begriff, und als ich so um die dreißig Jahre alt war, begann ich selbst, mich damit zu beschäftigen. Ich besorgte mir Daten von meinem Vater, von meiner Großmutter und von meiner Mutter und fing an, diese in ein Programm für Ahnenforschung einzutippen. Irgendwann hatte ich dann alles, was greifbar war, verarbeitet, kam aber nicht mehr weiter.

Weiterkommen hätte geheißen, die Orte aufzusuchen, wo die Kirchenbücher lagen und dort nachzuforschen, wer, wann, wo geboren und begraben wurde. Dies war für mich nicht machbar, und so schlief dieses Projekt ein. Leider war nach einiger Zeit der Computer nicht mehr lauffähig, und ich musste mir einen neuen Rechner zulegen, diesmal mit neuem Betriebssystem, und eine Folge davon war, dass ich die Daten nicht einlesen konnte. So viel Arbeit und alles umsonst. Ich war frustriert und ließ das Projekt sofort wieder einschlafen – bis ich vor einigen Jahren völlig unerwartet ein Programm fand, mit dem ich die Daten korrekt einlesen konnte. Lediglich Umlaute musste ich von Hand korrigieren. Nun fand ich wieder Freude an diesem Projekt, und meine Freude wuchs exponentiell an, als ich merkte, dass mir diese Software die Möglichkeit bot, meine eingegebenen Daten sofort online mit denen anderer Ahnenforscher zu vergleichen.

Ich konnte also, sobald ein Name bei mir auftauchte, sehen, ob jemand anderes diese Person auch schon in seinem Stammbaum hatte. Man glich Namen, Orte und Daten ab und konnte so relativ sicher sein, dass es sich hierbei um eine Übereinstimmung handelte. Ich konnte einige Linien schon durch Daten meiner Eltern sehr weit in die Vergangenheit zurück verfolgen, dies betraf aber nicht meine direkten Vorfahren, sondern die der Ehefrau meines Großonkels. Meine Freude war sehr groß, als ich neben vielen anderen auch Daten meiner direkten Linie in den Daten anderer Ahnenforscher fand, und ich konnte mich durch das Vergleichen von Namen, Orten, Daten, Verwandten und Kindern Generation für Generation in die Vergangenheit durchhangeln. Plötzlich kam ich zurück nach 1600, 1500, in Riesenschritten auf 1100, 800, 600.

Zunächst fand ich die europäischen Königshäuser aus dem mittleren Europa, dann aus dem Norden, dann wieder zurück in den Süden, nach Italien, ins alte Rom und weiter. So wuchs im Laufe mehrerer Monate mein Stammbaum auf stattliche 2.500, mittlerweile weit über 5.000 Personen an, und ich hangelte mich über eine schwedische Vorfahrenlinie bis in den europäischen Hochadel durch die Jahrhunderte, von Schweden über England wieder zurück nach Deutschland, die Schweiz und schließlich nach Italien, und auf einmal hatte ich römische Namen vor mir. Ich glich die meisten dieser Namen mit mehreren Quellen ab und alle in mindestens zweien, sodass ich mir relativ sicher sein konnte, keine Phantasienamen oder falsche Daten mit in meinen Stammbaum einzubauen. Nach vielen Generationen römischer Namen hatte ich dann auf einmal hebräische Namen vor mir!

Nach dem, was ich vorher schon an Wissen angesammelt hatte, war dies nun eine Verbindung, die mir ganz und gar nicht behagte. Aber ich machte weiter, fand griechische Gottheiten und sah, dass diese auch ganz normale Namen hatten, der Göttername also möglicherweise nur ein Beiname war. Ich fand mich in Zeiten der Sintflut wieder, dann zu Zeiten von Noah und wiederum einige Wochen später bei: Adam und Eva. Ich war perplex. Und ich musste lachen.

Solch ein Ergebnis hatte ich nicht erwartet. Meinem Empfinden nach war diesem Projekt dadurch alle Seriosität entzogen. Aber was sollte ich machen? Ich hatte wirklich alle Daten mehrfach nachgeprüft, und ich musste davon ausgehen, dass ich nach dem Stande des aktuellen wissenschaftlichen Fortschrittes alles richtig gemacht hatte und die Daten fundiert waren, so weit man dies von mehreren tausend Jahre alten Daten behaupten konnte. Und als ich nun schon mal bei Adam und Eva und im Bereich des europäischen Hochadels war, machte ich mir den Spaß und baute alle möglichen Leute mit ein, an die ich mich erinnerte. Adam ist mein 116. Urgroßvater, Jesus ein Cousin um 14 Ecken, Richard Löwenherz der Sohn der Frau eines anderen Cousins um x Ecken... Ich fand eine Menge interessanter Daten und Namen und machte mir einen Spaß daraus, einige „einfach so" mit einzubauen, also die Verbindung zu ihnen zu suchen und sie genealogisch korrekt mit einzugliedern.

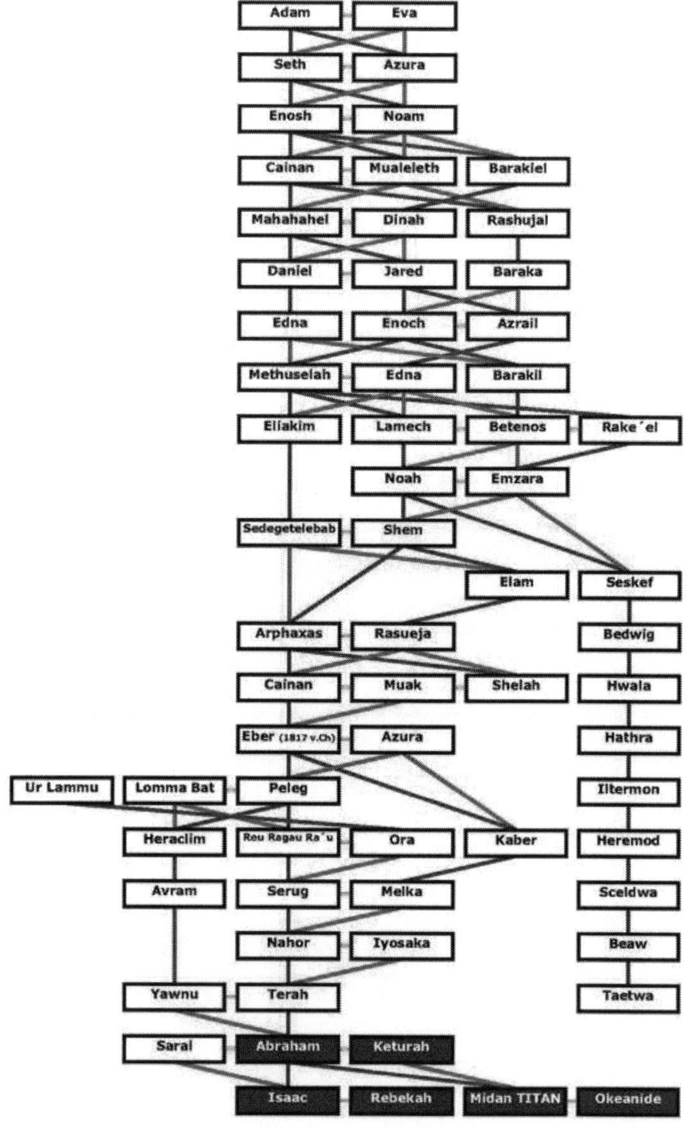

Abb. 42: Stammbaum Tafel I

Allerdings fand ich u.a. einen Namen, der sowohl als „Sohn von" als auch als „Mutter von" in den Verzeichnissen geführt wird. Hier konnte doch nur ein Irrtum vorliegen, dachte ich. Aber vielleicht war es auch keiner... Ich forschte weiter und fand Unglaubliches!

Doch nun erst einmal zu den Wurzeln dieses Stammbaums (Abb. 42). Wir können leider aus der Darstellung der Bibel nicht erkennen, wie die Nachkommenschaft hier erzeugt wurde. Da die Schreiber der jeweiligen Bibel nichts anderes kannten und sich auch nichts anderes vorstellen konnten als eine reguläre paarweise Zeugung von Nachkommen aus einem Familienverband, sind hier die Nachkommen als jeweils aus einem Paar hervorgegangen dargestellt. Sicherlich hatten unsere lieben Vorfahren bei diesem munteren Durcheinander, wer mit wem (auch über Generationen hinweg) ein Kind zeugte, so ihre Schwierigkeiten. Nehmen wir die angegebenen Jahreszahlen ernst, so erreichten diese ersten „Menschen" in diesem Stammbaum sehr erstaunliche Lebensalter. Und obwohl die Menschheit stark gewachsen ist und in der Bibel ausdrücklich erwähnt wird, dass die hier aufgeführten Namen nicht alle Namen sind, sondern nur ein kleiner Teil davon (*„und er zeugte noch viele Kinder danach"*, heißt es dann an solchen Stellen), ist der hier dargestellte Stammbaum vermutlich aus heutiger Sicht, wenn die Daten überhaupt so stimmen, nicht mehr erweiterbar, da die nicht erwähnten Namen nirgends mehr vermerkt sind, sodass diese anderen Vorfahren wohl für immer ungenannt bleiben werden. In der Bibel, im Buch Genesis ist für Methusalem ein Lebensalter von 969 Lebensjahren angegeben, Vorfahren und Nachfahren sind ebenfalls erheblich älter als die Menschen heute (Jered 962, Noah 950, Adam 930, Mahalalel 895 und Henoch 365 Jahre). In Genesis 6,1-4 wird dann gesagt, dass Gott die Lebenszeit schließlich auf hundertzwanzig Jahre (Todesalter des Mose) begrenzte. Die Zeugung von Nachkommen bis ins sehr hohe Alter ist aus diesen Daten ersichtlich. Möglicherweise gibt es auch von den Namen, die hier ohne nähere Angaben geblieben sind, genauere Daten, was das erreichte Lebensalter und mögliche Nachkommen angeht. Wir kommen aufgrund der relativ hohen Lebensalter von nahezu 1.000 Jahren in riesigen Schritten vorwärts und müssen erkennen, dass während dieser Zeit jeder der hier aufgeführten vermutlich weit mehr als hundert Nachkommen hatte. Der biblische Noah, der im Alter von 600 Jahren zusammen mit dreien seiner

Söhne – die er zeugte, als er 500 Jahre alt war (so steht es in der Bibel) –, die Arche, taucht nun schon in diesem Stammbaum auf. Wir erinnern uns, dass kurz nach der Fertigstellung von Noahs Arche eine Sintflut über die Erde hereinbrach. Die beim Bau der Arche helfenden Söhne S(h)em, Ham und Japhet sind nur durch S(h)em in diesem Stammbaum vertreten. Von Ham und Japhet sind keinerlei Nachkommen bekannt. Wie wir auf den nächsten Seiten sehen werden, gibt es mit Eintreffen bzw. Abklingen der Sintflut einige bemerkenswerte Änderungen in diesem Stammbaum. Sie können den Stammbaum ganz einfach verfolgen, indem Sie sich die hintereinander gedruckten Seiten untereinander vorstellen. Die letzten Personentafeln auf einer Seite werden in der jeweils ersten Zeile der nächsten Abbildung wiederholt und sind zum besseren Erkennen grau hinterlegt.

Nehmen wir als Arbeitshypothese einmal an, dass die Sintflut ungefähr zur Geburt von Rasueja einsetzte. Sicherlich wird es einige Wochen, vielleicht sogar Monate gedauert haben, bis sich die Lage einigermaßen beruhigt hatte. Peleg Ben Eber wird seine Aufgabe als König von Babylon sicherlich wahrgenommen haben... Bemerkenswert ist seine sehr kurze Lebensdauer im Vergleich zu den anderen und seinen Vorfahren. Möglicherweise ist dies katastrophenbedingt oder einer sehr rauen und gefährlichen Zeit nach der Katastrophe zuzuschreiben. Sein Sohn Reu Ragau Ra'u hatte da mit einer Lebensdauer von 664 Jahren schon wieder fast Vorgängerniveau erreicht.

Wir sehen an dieser Stelle, kurz nach Ende der Sintflut, auf einmal viele bekannte Namen, die wir hier gar nicht vermutet hätten. Zunächst einmal ist auffällig, dass angeblich ein Epher ben Midan mit einer Pleione verheiratet war. Ich war mir aber sicher, dass der Ehemann von Pleione Atlas hieß, jedenfalls erinnerte mich meine Schulbildung daran. Zudem muss an dieser Stelle bemerkt werden, dass Atlas laut indianischen Sagen der König von Atlantis und ein Riese von Gestalt gewesen sein und die im Atlantik liegende Insel vor einer Sintflut in Richtung Yucatan, Mexiko, verlassen haben soll. Da aber der in dieser Grafik gleich in der ersten Zeile auftauchende Atlas wesentlich später auftaucht als Noah, ist davon auszugehen, dass die Erde zweimal von einer Sintflut heimgesucht worden ist – einmal zu Zeiten Noahs und seiner Söhne, einmal zu Zeiten von Atlas. Ich fand auf dieser Grafik auch, dass ein gewisser Zerah ben Judah der Mann von Electra sei, während ich mir sicher war, Electra wäre mit Zeus verheiratet gewesen. Von dem letzten ganz links zu sehenden Zweig, der mit Judah ben Jacob, König von Goshen, anfängt, stammt übrigens Jesus von Nazareth ab. Wir sehen auf den Tafeln des Stammbaums u.a. auch eine Okeanide, die nicht etwa, wie in der Schule gelernt, mit Poseidon/Neptun verheiratet war, sondern mit einem Midan ben Abraham/Midan ibn Abraham (die arabische oder hebräische Schreibweise wird in den Quellen abwechselnd gebraucht und kann im Prinzip beliebig gewechselt werden, heißt sie doch so viel wie „Sohn von" bzw. „abstammend von").

Nun hatte ich hier also eine Mixtur aus hebräischen/semitischen Namen und griechischen bzw. römischen Göttern vor mir. Die griechische Götterwelt stammt der Lehre nach „aus dem Chaos", was wohl ein ziemlich treffender Begriff für die Zustände nach der ersten Sintflut (Noah) und vor und nach der zweiten Sintflut (Atlas/Epher ben Midan) wäre... War es vielleicht so, dass man von außerhalb der Erde sehr wohl sah, was hier während und vielleicht auch vor der Sintflut auf der Erde los war und schlicht und einfach zur Hilfe herbeieilte? Ist dies der Grund für die vielen Planeten- und Sternbildnamen in diesem Stammbaum, die alle auf einmal kurz nach der Sintflut auftauchen? Uranos, Plejaden, Titan, Saturn, Jupiter? Wurde hier der Grundstein für eine neue Generation von Halbgöttern gelegt, die gleichzeitig der Ursprung für die griechische und römische Götterwelt waren? Und sind die Namensgleichheiten von Midan ben Abrahem mit Titan, Epher ben Midan mit Atlas, Zerah ben Judah mit Zeus/Jupiter eine Ungenauigkeit in der Überlieferung?

Oder können wir an dieser Stelle aufdecken, dass hier Aliasnamen für ein und dieselben Personen benutzt wurden? Schauen wir uns diese Namen und Personen noch einmal genauer an. Midan ben Abraham ist mit einer Meeresnymphe verheiratet. Ihr gemeinsamer Sohn Epher ben Midan ist der Ehemann von Pleione. Pleione von den Plejaden ist die Frau von Atlas, wenn wir uns an unsere klassische Schulbildung zurückerinnern. Demnach sind Epher ben Midan und Atlas ein und dieselbe Person. Zeus und Electra sind ebenfalls ein Paar, an das man sich sicher erinnert. Jedoch steht hier als „bürgerlicher" Name statt Zeus der Name Zerah ben Judah, König von Dardanien.

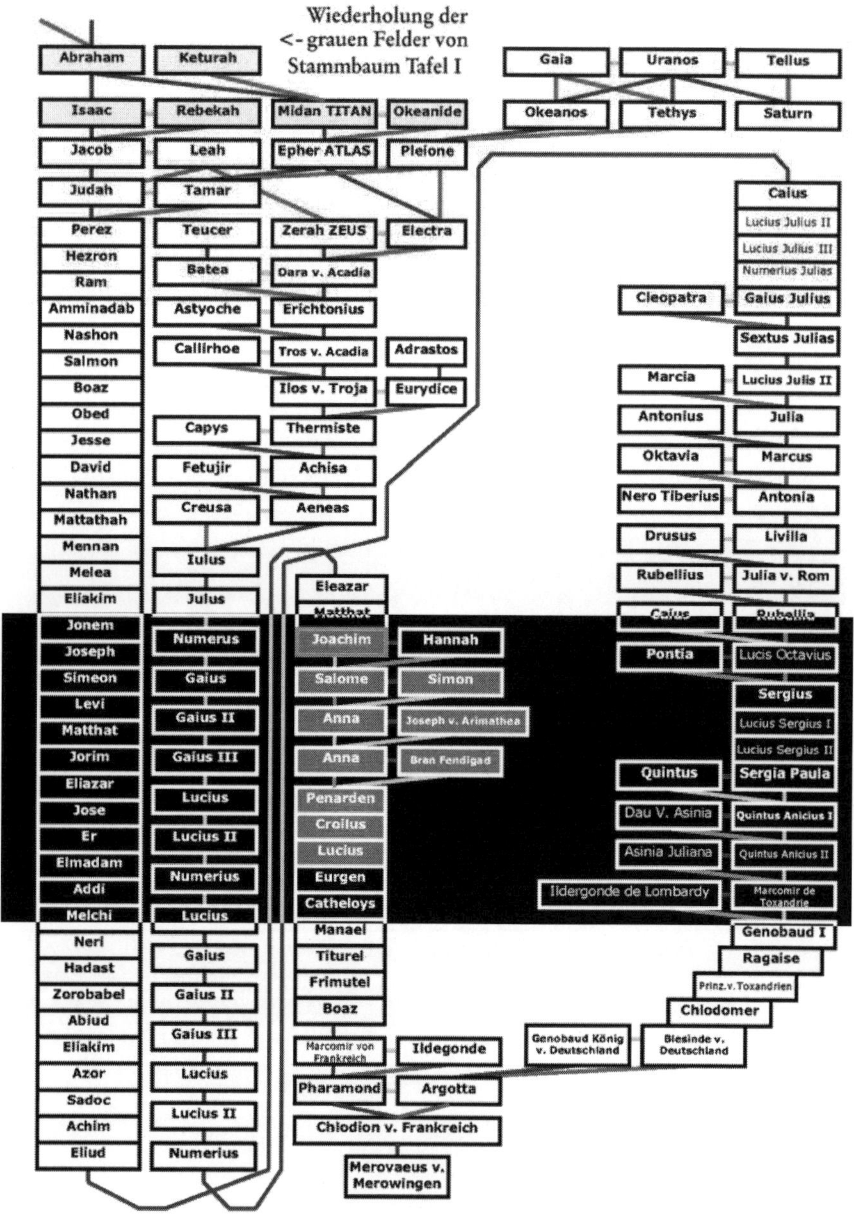

Abb. 43: Stammbaum Tafel II

Tamars Ehemann Judah ben Jacob war der König von Goshen; dessen Sohn Perez ben Judah und dessen Nachfahren bilden eine lange Reihe von Königen von Judah, Hohepriestern und Tempelwächtern, die schließlich viele Jahre später einen Nachfahren namens Jesus von Nazareth haben werden. Die Nachfahren des Zeus bilden die Grundlage der Linie der römischen Kaiser. Beide Linien, die von Jesus und die der Kaiser von Rom, laufen parallel zueinander und bündeln sich wieder im Jahre 380 n.Chr. in der Person des Chlodin I., Chevelu von Frankreich (380-448), Sohn von Pharamond, König von Frankreich (geb. 364 n.Chr. und Nachkomme von Jesus von Nazareth) und Argotta von Frankreich (geb. 366 n.Chr., Tochter von Blesinde von Deutschland, Enkelin von Chlodomer von Deutschland, Urenkelin der Prinzessin von Toxandrien und Nachfahrin der römischen Kaiser in direkter Abstammung von Zeus.

Dies ist die Linie der Merowinger, die Quelle der Visigoten, sämtlicher europäischer Königshäuser und herrschaftlicher Familien (zur besseren Übersicht sind die entsprechenden Felder im Schaubild mit der Farbe grau hinterlegt). In diesen Schaubildern sind aus Gründen der besseren Übersichtlichkeit etliche Ehepartner, Partner, Geschwister, Töchter und Söhne nicht aufgeführt. Ein Schaubild mit all diesen Verbindungen sprengt buchstäblich den möglichen Rahmen eines gedruckten Buches.

Die hebräischen Namen sind aus Gründen der besseren Lesbarkeit verkürzt dargestellt. Ebenso fehlen aus Platzgründen die Verbindungslinien zwischen Feldern. Hier ein Beispiel:

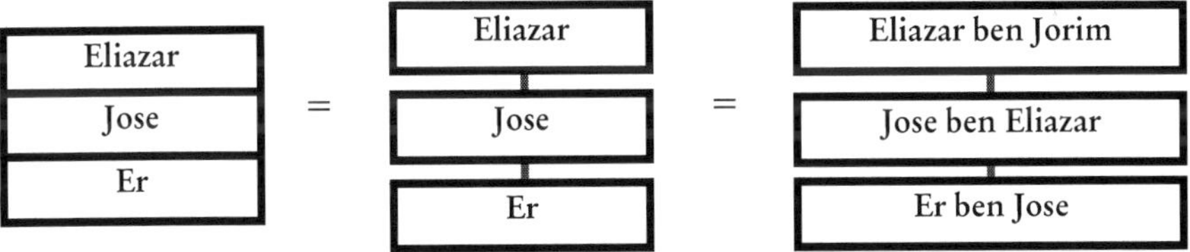

Ebenso fehlen aus Platzgründen bei vielen Namen die dazugehörigen Titel wie Hohepriester, König, Tempelwächter, Zadoc usw.

Unten rechts sehen Sie als Ehefrau von Fredalaf von Troja seine Gattin Beltsa von Sachsen, genannt Beltsa von Asgard. In diesem speziellen Fall wird die Frage aufgeworfen, ob Asgard gleichbedeutend mit Sachsen ist oder war oder ob „von Asgard“ ein zusätzlicher Titel war, der sich auf ein anderes Land namens Asgard bezog. Eine Karte des in Frage kommenden

Gebietes finden Sie im Anhang auf den Seiten 398ff. Der erste der hier dargestellten Teile dieses Stammbaums stellt die Ahnenreihe der Bibel auf. Wir verlassen uns in diesem Fall auf Bibelforschung und andere Quellen, die in den letzten Jahrhunderten ausführlich und unabhängig wieder und wieder erforscht wurden. Nehmen wir einige andere interessante Details hinzu, die den bibelkundigen Lesern bereits ein Begriff sein könnten.

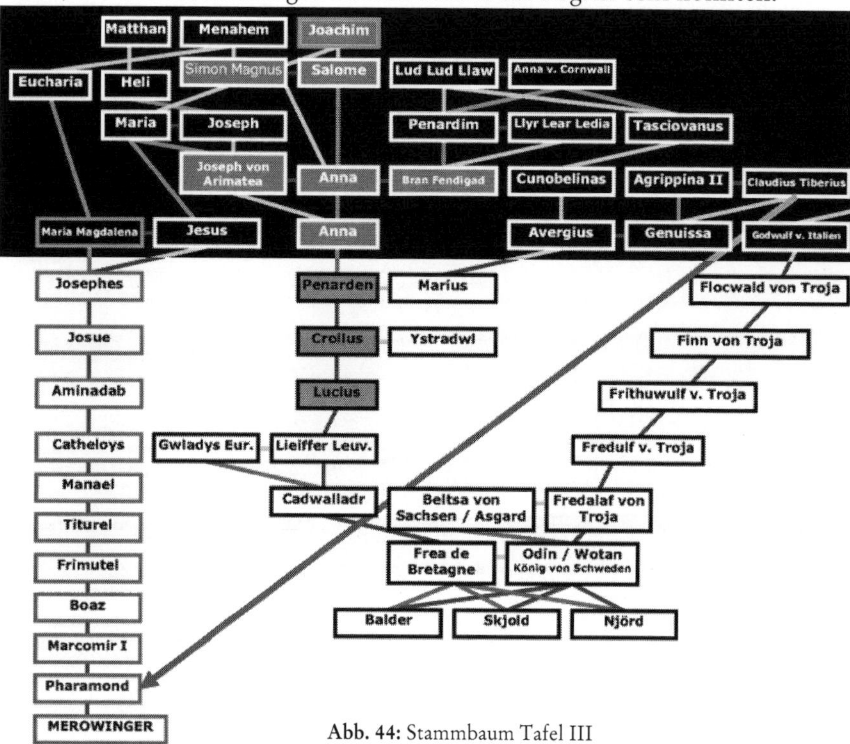

Abb. 44: Stammbaum Tafel III

Die Lebensdauer von Adam und seinen Nachfahren wird in der Bibel wie folgt beschrieben:

„Dies ist das Buch der Geschlechterfolge Adams. An dem Tag, als Gott Adam schuf, machte er ihn Gott ähnlich. Als Mann und Frau schuf er sie, und er segnete sie und gab ihnen den Namen Mensch, an dem Tag, als sie geschaffen wurden. – Und Adam lebte 130 Jahre und zeugte einen Sohn

ihm ähnlich, nach seinem Bild, und gab ihm den Namen Set. Und die Tage Adams, nachdem er Set gezeugt hatte, betrugen 800 Jahre, und er zeugte Söhne und Töchter. Und alle Tage Adams, die er lebte, betrugen 930 Jahre, dann starb er. – Und Set lebte 105 Jahre und zeugte Enosch. Und Set lebte, nachdem er Enosch gezeugt hatte, 807 Jahre und zeugte Söhne und Töchter. Und alle Tage Sets betrugen 912 Jahre, dann starb er. – Und Enosch lebte 90 Jahre und zeugte Kenan. Und Enosch lebte, nachdem er Kenan gezeugt hatte, 815 Jahre und zeugte Söhne und Töchter. Und alle Tage von Enosch betrugen 905 Jahre, dann starb er. – Und Kenan lebte 70 Jahre und zeugte Mahalalel. Und Kenan lebte, nachdem er Mahalalel gezeugt hatte, 840 Jahre und zeugte Söhne und Töchter. Und alle Tage Kenans betrugen 910 Jahre, dann starb er. – Und Mahalalel lebte 65 Jahre und zeugte Jered. Und Mahalalel lebte, nachdem er Jered gezeugt hatte, 830 Jahre und zeugte Söhne und Töchter. Und alle Tage Mahalalels betrugen 895 Jahre, dann starb er. – Und Jered lebte 162 Jahre und zeugte Henoch. Und Jered lebte, nachdem er Henoch gezeugt hatte, 800 Jahre und zeugte Söhne und Töchter. Und alle Tage Jereds betrugen 962 Jahre, dann starb er. – Und Henoch lebte 65 Jahre und zeugte Metuschelach. Und Henoch wandelte mit Gott, nachdem er Metuschelach gezeugt hatte, 300 Jahre und zeugte Söhne und Töchter. Und alle Tage Henochs betrugen 365 Jahre. Und Henoch wandelte mit Gott; und er war nicht mehr da, denn Gott nahm ihn hinweg. – Und Metuschelach lebte 187 Jahre und zeugte Lamech. Und Metuschelach lebte, nachdem er Lamech gezeugt hatte, 782 Jahre und zeugte Söhne und Töchter. Und alle Tage Metuschelachs betrugen 969 Jahre, dann starb er. – Und Lamech lebte 182 Jahre und zeugte einen Sohn. Und er gab ihm den Namen Noah, indem er sagte: Dieser wird uns trösten über unserer Arbeit und über der Mühsal unserer Hände von dem Erdboden, den der HERR verflucht hat. Und Lamech lebte, nachdem er Noah gezeugt hatte, 595 Jahre und zeugte Söhne und Töchter. Und alle Tage Lamechs betrugen 777 Jahre, dann starb er. Und Noah war 500 Jahre alt; und Noah zeugte Sem, Ham und Jafet."

Und als Noah 600 Jahre alt war, baute er zusammen mit seinen Söhnen die Arche. Nun kann man sich darüber streiten, ob die hier erwähnten Jahre tatsächlich unserem „Jahr" entsprechen, ob man Mond- oder Sonnenkalender zugrunde legt und einiges mehr. Dieses Thema und das Problem der durchgehenden bzw. unterbrochenen Zeitreihe hatte ich ja bereits behandelt. Nehmen wir einmal an, mit Jahr ist – und dessen sind sich eigentlich auch alle Wissenschaftler einig – tatsächlich ein Erdumlauf um die Sonne gemeint, dann sind die hier beschriebenen Lebensalter enorm!

930 Jahre, 905 Jahre, 895 Jahre, 962 Jahre, 365 Jahre (jung gestorben), 969 Jahre usw. Wie kommt es, dass diese Menschen damals offenbar länger, erheblich länger lebten als wir heutzutage? Oder sind die Jahresangaben falsch, die Jahreslängen anders? Sind gar statt Jahren nur Monate gemeint? Ebenso fehlen, gleich zu meinem eigenen Beispiel von oben, ganz offensichtlich hunderte von Töchtern und Söhnen in diesem biblischen Stammbaum; es wurde gleichsam nur niedergeschrieben, an was man sich erinnern konnte. Vollständig kann dieser biblische Stammbaum aus mathematischer Sicht keinesfalls sein, da die Weltbevölkerung innerhalb der besagten Zeitspanne massiv gewachsen ist. Innerhalb der enorm von heute unterschiedlichen und langen Lebensdauer von bis zu tausend Jahren (vielleicht sogar mehr) gab es sehr viel Zeit und Gelegenheit für Kinder mit verschiedenen Partnern. Warum hören diese langen Lebensdauern kurz nach der Sintflut auf? Warum lebten die Menschen von diesem Zeitpunkt an eine aus unserer Sicht „normale“ Lebensdauer von ca. 120 Jahren und abnehmend weniger, ja, heutzutage sogar nur noch 70-90 Jahre? Liegt es an der besseren und natürlichen Ernährungsweise?

Viele Hinweise aus der Bibel deuten in diese Richtung. Wenn nun die Bibel uns einige Vorgaben macht, vor der Sintflut andere als nach der Sintflut, dann stellt sich die Frage, wo diese Forderungen herkommen. Wer stellte diese Regeln auf? Waren Menschen eigentlich dazu auserkoren, nur Früchte, Samen und Quellwasser zu sich zu nehmen? Wenn dies ein Gebot wäre, was uns Menschen von großem Nutzen wäre, um uns von Krankheiten zu befreien und somit viel Energie freizusetzen für positive Dinge wie Freiheit und Kultur, wäre es dann nicht sehr merkwürdig, wenn ausgerechnet dies verboten würde? Ein ganz klares Indiz in dieser Richtung ist, dass in der heutigen Zeit große Anstrengungen unternommen werden, eine gesunde Art der Ernährung zu verbieten, ja, sogar den freien Zugang zu Vitaminen und frischem, unbehandeltem Obst und Gemüse vollkommen zu unterbinden. Das hört sich ungeheuerlich an? Das ist es in der Tat! Leider aber ist es dadurch nicht weniger wahr! War die nach der Sintflut geänderte Nahrung tatsächlich der (alleinige?) Grund für die verkürzte

Lebensdauer der Menschen? Woher kommt die Fähigkeit mancher Menschen, sich mit nichts als Lichtenergie zu ernähren und dennoch nicht zu verhungern? Wohlgemerkt: Diese Menschen essen nichts und trinken, wenn überhaupt, nur Wasser und/oder Tee. Nach unserem geschulten Menschenverstand dürften sie also innerhalb sehr kurzer Zeit verhungern. *„Der Mensch braucht 1785 Kilokalorien pro Tag.“* Dieser und ähnliche Fundamental-Lehrsätze geistern durch Medien, Schule und Universitäten.[270]

In der Vergangenheit haben wir gesehen, dass der Mensch sehr wohl mit wesentlich weniger Nahrung sehr gut und sogar gesünder auskommen kann – konnte man doch am Ende des Ersten und auch Zweiten Weltkriegs einen bemerkenswerten Rückgang sogenannter „Zivilisationskrankheiten“ feststellen. Gicht, Rheuma, Arthrose, Verdauungsprobleme: alles verbesserte sich innerhalb sehr kurzer Zeit. Darf man sich heute fragen, warum das so war? Warum belastet viel Essen, und noch mehr, viel Fleisch zu essen, das menschliche Denkvermögen so sehr? Warum kann jeder umgekehrt feststellen, dass nach ein paar Tagen des Fastens sein Gehirn auf wunderbare Weise seine Leistungsfähigkeit vervielfacht hat? Die Bevölkerung ist offensichtlich nicht durchgängig gewachsen, sondern hin und wieder stark geschrumpft. Die Geschichte der Sintflut aus der Bibel und auch aus anderen Quellen und Ländern – alle jedoch für einen sehr ähnlichen Zeitraum und mit Schilderungen eines sehr ähnlichen katastrophalen Ausmaßes – sind uns bekannt. Wenn wir davon ausgehen, dass eine weltweite Katastrophe stattgefunden hat, dann sollte bei dieser auch ein erheblicher Anteil der Menschheit und Tierwelt umgekommen sein, und zwar in sehr kurzer Zeit, wenige Stunden bis zu einigen Wochen möglicherweise.

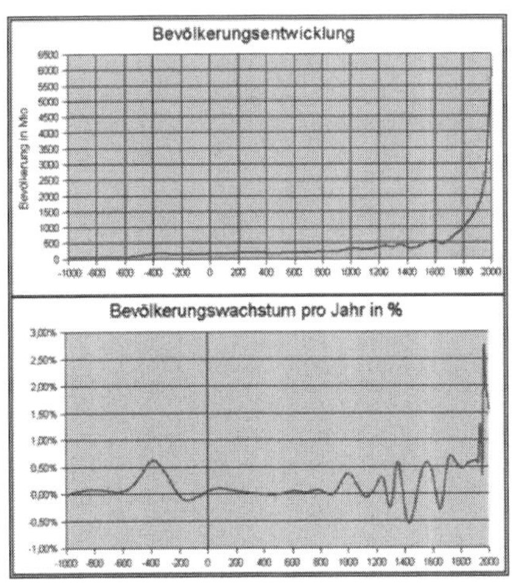

Abb. 45: Bevölkerungswachstum

Betrachten wir die Menschheit heute: 7,39 Milliarden im Jahr 2016. 2011 waren es noch 6,5 Milliarden. Die Bevölkerung wächst so schnell, dass es in zirka 60 Jahren zu einer Verdoppelung der Menschheit kommen wird. 1929, bei der letzten umfassenden Berechnung, lag dieser Zyklus für eine Verdoppelung der Menschheit noch bei 129 Jahren. Wenn sich eine Bevölkerung in der Zukunft verdoppelt, muss sie sich in die Vergangenheit gesehen halbieren. Schauen wir uns hierzu Abb. 45 an und als Ergänzung einen Text aus Wikipedia:

> *„Zur Zeit Christi Geburt gab es etwa 300 Millionen Menschen auf der Erde, im Jahre 1650 waren es rund eine halbe Milliarde. Das Wachstum betrug damals 0,3%, was einer Verdoppelungszeit von etwa 240 Jahren entspricht. Nach den starken Zuwachsraten während der Industriellen Revolution hatte sich die Bevölkerungszahl bis zum Jahr 1900 mit 1,6 Milliarden bereits mehr als verdreifacht. Damals nahm sie um 0,7 bis 0,8% jährlich zu, was einer Verdoppelungszeit von etwa 100 Jahren entspricht. Die Verdoppelung war jedoch bereits im Jahr 1965 mehr als erreicht (Bevölkerung: 3,3 Milliarden, Wachstumsrate: 2%, Verdoppelungszeitraum: 36 Jahre). Damit verlief die Bevölkerungsentwicklung nicht nur exponentiell, sondern, dadurch, dass sich sogar die Wachstumsrate erhöhte, superexponentiell. Grund für diesen Verlauf war vor allem das starke Sinken der Sterberate bei einem nur langsamen Sinken der Geburtenrate. Ermöglicht wurde diese Entwicklung primär durch den großindustriellen Einsatz von Stickstoffdünger seit dem Zweiten Weltkrieg. Seit 1965 bis zum Jahr 2000 stieg die Bevölkerungszahl von 3,3 Milliarden auf 6 Milliarden weiter an. Auffallend seit den 1950er-Jahren ist dabei jedoch das starke Fallen der Geburtenrate (in den 1950er-Jahren gebar eine Frau im Schnitt noch 5 Kinder, in den 1990er-Jahren waren es nur noch 2,7). Das Sinken der Geburtenrate verursachte ein Sinken der Wachstumsrate der Weltbevölkerung von 2,0% auf 1,2%. Der absolute Zuwachs der Weltbevölkerung blieb dadurch seit den 1970er-Jahren annähernd konstant.“*[271]

Versuchen wir einmal, diese Grafik (Abb. 45) in Zahlen wiederzugeben: Die Bevölkerung des Planeten ist in 3.000 Jahren von 100 Millionen auf 6.500 Millionen angewachsen. Somit lautet die mathematische Wachstumsfunktion:

$6.500 = 100 \cdot q^{3.000}$	$6.500 = 100 \cdot e^{3.000\,\lambda}$
$q = \sqrt[3000]{(6.500/100)} = 1{,}0013924$	$\lambda = \ln(6.500/100)/3.000 = 0{,}0013915$ / Jahr
$N(t) = 100 \cdot 1{,}0013924^{\,3.000}$ (in Mio)	$N(t) = 100 \cdot e^{0{,}0013915}$

Zur Erläuterung dieser Formeln hier die Legende:

$f(t) = a \cdot q^t$
$f(t)$: Wert nach der Zeit t
a: Anfangswert
q: Wachstumsfaktor
(bei Wachstum ist $q > 1$,
bei Abnahme ist $q < 1$)

$f(t) = a \cdot e^{\lambda t}$
λ (sprich: Lambda):
Wachstumskonstante
(bei Wachstum ist λ positiv,
bei Abnahme negativ)

Nehmen wir dies einmal als gegeben an und vermuten, dass nur wenige Menschen, gemessen am Anteil der damals überhaupt lebenden Menschen, überlebt haben. Wie viele Menschen haben denn eigentlich damals gelebt?

Mit der heutigen Weltbevölkerung und der soeben entwickelten Exponential-Funktion können wir die Erdbevölkerung einmal in Zahlen darstellen. (siehe die Tabelle auf der nächsten Seite) In der Tabelle ist jeweils die Jahreszahl und daneben die errechnete Bevölkerung in Schritten rückwärts entsprechend der oben genannten Formel angegeben. Wir sehen, dass diese Zahlen in etwa mit den Angaben übereinstimmen: zu Christi Geburt etwa 300 Millionen, in jedem Jahr das errechnete Wachstum, und wenn wir die Tabelle einfach weiter in die Vergangenheit verfolgen, finden wir für die fragliche Zeit von ca. 2500-1800 v.Chr. ca. 30 Millionen Menschen auf diesem Planeten. Diese müssen wir entsprechend der Annahme, dass vorher eine Katastrophe stattgefunden hat, als die Überlebenden bezeichnen und annehmen. Im Zuge der bewusst gesteuerten Panikmache vor einem eventuellen Weltuntergang 2012 war immer wieder die Rede davon, dass nur 10% der Menschheit solch eine Katastrophe überleben könnten.

Gut, bleiben wir mal bei dieser Annahme und beziehen diese auf eine bereits durchlebte Katastrophe: Wenn die 30 Millionen Überlebenden 10% einer vorher da gewesenen Menge darstellen, müssen wir die Rechnung noch einmal durchführen, um zu sehen, ob da etwas Sinnvolles herauskommt. Wenn 10% = 30 Millionen sind, dann sind 100% = 300 Millionen. Und dies sollte vom Anbeginn der Menschheit, also angenommenerweise von der Zeit von Adam und Eva bis zum Zeitpunkt der Katastrophe erreicht worden sein.

Doch um die Gleichung noch einmal aufzustellen, benötigen wir noch ein paar Daten.

2010	6.500.000.000,00	*300*	602.207.159,51
2009	6.493.506.493,51	*200*	523.982.535,15
2008	6.484.477.507,03	*100*	455.919.018,57
2007	6.475.461.075,02	*0*	396.696.717,07
2006	6.466.457.180,05	*-100*	345.167.187,43
2005	6.457.465.804,66	*-200*	300.331.165,22
2004	6.448.486.931,46	*-300*	261.319.187,01
2003	6.439.520.543,05	*-400*	227.374.729,66
2002	6.430.566.622,09	*-500*	197.839.539,76
2001	6.421.625.151,23	*-600*	172.140.868,73
2000	6.412.696.113,16	*-700*	149.780.366,07
1900	5.579.709.097,53	*-800*	130.324.415,26
1800	4.854.924.210,30	*-900*	113.395.725,08
1700	4.224.286.369,72	*-1000*	98.666.013,12
1600	3.675.566.200,52	*-1100*	85.849.639,73
1500	3.198.122.880,87	*-1200*	74.698.068,86
1400	2.782.697.794,90	*-1300*	64.995.048,42
1300	2.421.234.988,82	*-1400*	56.552.416,73
1200	2.106.724.949,38	*-1500*	49.206.453,66
1100	1.833.068.674,80	*-1600*	42.814.705,75
1000	1.594.959.402,52	*-1700*	37.253.223,75
900	1.387.779.700,05	*-1800*	32.414.159,01
800	1.207.511.923,39	*-1900*	28.203.672,02
700	1.050.660.306,59	*-2000*	24.540.112,70
600	914.183.171,58	*-2100*	21.352.437,05
500	795.433.943,73	*-2200*	18.578.829.43
400	692.109.829,32	*-2300*	16.165.503.83

Wie viele Menschen waren es zu Beginn der Menschheit? Bei der Zeitangabe müssen wir uns auf die Bibel und andere alte Zeitrechnungen, wie z.B. die jüdische, verlassen.

Auch die islamische Zeitrechnung kann mit einbezogen werden, die Ergebnisse sind sicherlich alle nicht „punktgenau“, aber sie können Daten für ein gutes Modell liefern. Gehen wir also davon aus, dass wir uns heute, 2016, laut dem jüdischen Kalender im Jahre 5776 der Menschheit befinden. Das heißt, 2.016 + 2.000 (Jahre zurück bis zur Katastrophe) ziehen wir davon ab, macht 5.776 – 2.016 – 2.000 = 1.760 Jahre bzw. 5.776 – 2.016 – 1.800 (wenn wir den jüngeren Zeitpunkt wählten) = 1.960 Jahre, die die Menschheit von Beginn an bis zur Katastrophe durchlebte. Bleibt die zweite Frage: Wie viele Menschen gab es zu Beginn der (heutigen) Menschheit? Die moderne genetische Forschung kann uns hier Hilfestellung geben. Auf der Suche nach der Stamm-Mutter hat man herausgefunden, dass es nicht eine, sondern (die Angaben schwanken leider) zwischen 4 (nur für alle Juden), 7 (für alle Europäer) und 11 (für alle zusammen) Stamm-Mütter gab. Man kann die Anzahl der Männer leider nicht so einfach feststellen. Gehen wir also in unserem Modell davon aus, es gab einen (1) Adam und 11 Frauen und diese Gruppe bildete den Ausgangspunkt unser uns heute bekannten Menschheit des *Homo sapiens sapiens*.

Als gegeben angenommen wird demnach:
Bevölkerung zum Zeitpunkt der Katastrophe = 300.000.000
Jahre vom Beginn bis zur Katastrophe = 1.850 (Mittelwert)
Bevölkerung zu Beginn: 12

$300.000.000 = 12 \cdot q^{1850}$	$300.000.000 = 12 \cdot e^{1850\lambda}$
$q = \sqrt[1850]{(300Mio/12)} =$	$\lambda = \ln(300Mio/12)/1850 =$
1,0092503	0,0092078 / Jahr
$N(t) = 12 \cdot 1{,}0092503^{1850}$	$N(t) = 12 \cdot e^{0{,}0092078}$
(in Millionen)	

Das Bevölkerungswachstum vor der Katastrophe sähe dann so aus, wie in der Tabelle auf Seite 210 dargestellt. Diese Entwicklungskurve mit einem recht hohen Wachstum von knapp 10% ist durchaus realistisch. Die Reproduktionsrate läge in einem Bereich, den wir auch aus unserer Erfahrungswelt kennen, wenngleich hier jeglicher zügelnder Einfluss fehlt, wie z.B. die „Ein-Kind-Politik“ in China oder Abtreibungsmethoden. Diese Grafik kann aber nur unter einem Vorbehalt mit anderen verglichen werden. Denn wenn die Lebenserwartung radikal höher ist als unsere heutige Standard-Lebenserwartung, dann sammeln sich natürlich im Laufe der Zeit erheblich schneller Lebewesen an. Dies wiederum bedeutet, dass die Reproduktionszyklen der heutigen Menschen sich wahrscheinlich gar nicht so gravierend von denen in einem solchen Fall aufkommenden unterscheiden würden: Alle 20-30 Jahre 2 Kinder, nur eben, dass die Älteren auch noch Kinder bekämen.

Während meiner Recherchen für dieses Buch habe ich von einem Professor an einer der Universitäten in Ulan Bator (Mongolei) gehört, der anhand von schriftlichen Quellen einen Stammbaum der Menschheit aufstellte und bei der zeitlichen Darstellung dieser Daten Adam und Eva aus der Bibel sehr wohl einbaute, aber diese in der zeitlichen Mitte platzieren konnte. Nicht etwa, weil die Zeitrechnung der Bibel falsch wäre, sondern weil seine asiatischen Quellen ausdrücklich erheblich weiter in die Vergangenheit reichen als die in der westlichen Welt bekannten. Demnach müsste man diese Berechnungen noch einmal einschränkend auf die nicht-asiatischen Völker beziehen. Dies wiederum ließe uns fragen: Waren die mongolischen Menschen vor Adam und Eva hier? Trifft dies so zu, würde dies die erstaunliche Rolle der kaiserlichen chinesischen Familie in einem anderen Licht dastehen lassen, da diese dann ja möglicherweise über Macht- und Finanzstrukturen zurückgreifen kann, die bereits tausende von Jahren alt sind. Eine so lange und kontinuierliche Machtposition dürfte gewaltigen Einfluss haben. Ich hoffe, dass ich Ihnen eines Tages auch diese Stammbäume werde vorlegen können und bin sehr gespannt auf die Erkenntnisse daraus.

-1900	300.000.000,00
-2000	119.462.758,03
-2100	47.571.168,52
-2200	18.943.276,65
-2300	7.543.386,92
-2400	3.003.846,02
-2500	1.196.159,10
-2600	476.321,55
-2700	189.675,62
-2800	75.530,58
-2900	30.076,97
-3000	11.976,93
-3100	4.769,32
-3200	1.899,19
-3300	756,27
-3400	301,16
-3600	47,75
-3700	19,02
-3750	12,00

Resümee

Verbinden wir nun diese Ergebnisse und schauen uns an, warum dieser Stammbaum so wichtige Daten für uns enthält. Denn tatsächlich wird nun offenbar, dass sehr viele von uns – möglicherweise sogar die Mehrheit – von dieser Linie abstammen. Nicht nur die Deutschen sind hier betroffen, sondern alle „Arier" (welch „schlimmes" Wort!). Ich halte es für extrem wahrscheinlich, dass dies einer der Gründe ist, warum wir seit vielen Jahrzehnten die systematische Kriegsführung in Persien erleben – heute Irak und Iran –, warum Syrien nicht zur Ruhe kommen darf und auch diese Völker dem systemischen Untergang geweiht zu sein scheinen. Denn alle diese Länder werden von Nachfahren aus einer Linie bewohnt. Die Bevölkerung der Erde soll aber ganz offensichtlich in Zukunft (wenn es nach dem Wissen einer kleinen Gruppe Herrschender ginge) nicht mehr aus „Völkern" bestehen, sondern eben nur noch aus einer „Bevölkerung". Dies hätte Vor- und Nachteile. Die Vorteile liegen meist auf der Seite der Herrschenden, die Nachteile in aller Regel ausschließlich bei den Völkern. Die Frage ist also, ob wir als ein Teil dieser noch existierenden Völker in Zukunft individuell ein Teil der Bevölkerung sein möchten oder vielleicht lieber in Gruppen ein Teil der Familie der Völker. Für die Idee der multikulturellen Gesellschaft wurde in der Vergangenheit oft geworben, meist mit „dieser schön bunten Vielfalt". Bewohner der Pariser Vororte in London, New York, Marseille und vielen anderen Großstädten der Welt wissen es inzwischen besser. Die schöne Vielfalt erhält sich ja offenbar nur dann, wenn sie getrennt voneinander und nebeneinander existieren darf. Vermischt man alles an einem Ort, gibt es einen Mix, der weder das eine, noch das andere mehr ist, und vorbei ist es mit der bunten Vielfalt. Gäbe man den Menschen Zeit und Möglichkeit, sich eine eigene Meinung auf der Basis von Fakten bilden zu dürfen, wären die Regierungen dieser Welt längst ganz andere. „Wenn Wahlen etwas ändern würden, wären sie verboten." Wir stecken also fest, weil wir die Fakten nicht oder nur teilweise kennen und sie obendrein falsch deuten (sollen).

Schauen wir uns nun die Vergangenheit unseres Planeten noch einmal etwas detaillierter an und kommen danach erneut auf die ganz besondere Rolle der Deutschen in dieser Geschichte zurück.

13. Geschichten der Menschheit und der Erde

„Fakten, Fakten, Fakten. Und an die Leser denken!“

Dies war ein Werbespruch von Helmut Markwort, dem Chefredakteur des Focus.[272] Ich möchte hier keinesfalls Werbung für dieses Magazin machen, jedoch kam mir dieser Spruch bei der Recherche für dieses Buch immer wieder in den Sinn. Ich bitte Sie daher nun schon im Voraus um ein wenig Nachsicht, wenn die folgenden Seiten Sie mit einer Fülle von einzelnen Geschichten und Bemerkungen über die verschiedensten Themen konfrontieren. Möglicherweise erscheinen Sie Ihnen zu Beginn zusammenhanglos, dies wird sich – versprochen(!) – jedoch im Laufe dieses Buches ändern.

Als Erstes betrachten wir hier eine kleine Einführung in unser Sonnensystem, das, so lernen wir es schon in der Schule, aus der Sonne, Merkur, Venus, Erde, Mars, Jupiter, Saturn, Uranus, Neptun und Pluto besteht. Letzterem wurde 2006 kurzerhand der Status eines Planeten genommen, dennoch ist er natürlich da. Neben diesen allgemein bekannten Himmelskörpern gibt es noch eine Menge anderer kleiner Himmelskörper, so z.B. einen ganzen Ring zwischen Mars und Jupiter, eine Umlaufbahn voller kleiner Objekte von der Größe weniger Meter bis zu einigen hundert Kilometern. Außerdem sind da noch eine Menge Monde zu den einzelnen Himmelskörpern, meist nur einer oder wenige je Planet, jedoch hat z.B. Jupiter gleich 60 Monde. Um Ihnen einmal zu veranschaulichen, mit welchen Größen und Entfernungen wir es zu tun haben, stellen Sie sich bitte einmal vor, Sie wären die Sonne, ca. 180 cm groß und stünden im Zentrum unseres Sonnensystems (am Rande der Milchstraße, mitten im Universum). Im Abstand von etwa 190 m kreist um Sie herum die Erde mit einem Durchmesser von 1,6 cm. Von dort aus noch einmal 820 m weiter weg finden Sie den Jupiter, in diesem Modellmaßstab ca. 18,5 cm groß. Und nun stellen Sie sich einmal auf der Erde (eigentlich 12.700 km Durchmesser, hier nur 1,6 cm) einen Menschen vor…!

Betrachten wir uns jetzt einmal die wirklichen Ausmaße unserer Planeten: Merkur misst in einer Entfernung zur Sonne von 58 Millionen Kilometer nur knapp 4.880 km im Durchmesser, benötigt knapp 88 Erdentage für einen Sonnenumlauf und hat mit 430 °C tagsüber und -170 °C nachts eine sehr große Temperaturschwankung. Er dreht sich nur sehr langsam um die eigene Achse (mehr als 58 Erdentage werden benötigt) und weicht von einer exakten Kreisbahn im Vergleich zu den anderen Planeten relativ stark ab (Exzentrizität 0,2056). Die Venus liegt in einer Entfernung zur Sonne von 108 Millionen km, hat mit 12.100 km fast den gleichen Durchmesser wie die Erde und benötigt für einen Sonnenumlauf ca. 224 Erdentage. Die Venus dreht sich sehr langsam um die eigene Achse (243 Erdentage, das heißt während eines kompletten Sonnenumlaufs dreht sie sich nicht einmal komplett um die eigene Achse) und läuft auf einer nahezu exakten Kreisbahn (Exzentrizität 0,0068). Die Temperaturen sind trotz der großen Entfernung und auch auf der sonnen-abgewandten Seite mit ca. 464 °C sehr hoch. Unsere Erde kennen wir alle, 12.700 km Durchmesser, Umlaufdauer momentan 365,2421 Tage, Temperatur: von -90°C bis +60 °C ist alles dabei, die Bahn ist fast kreisrund (Exzentrizität 0,0167).

Der Mars ist nur etwa halb so groß wie die Erde mit 6.800 km Durchmesser, fliegt auf einer fast kreisrunden Bahn (Exzentrizität 0,0935) in 686 Erdentagen um die Sonne und dreht sich etwas langsamer als die Erde in 24 Std. und 37 Minuten. Dann folgt hinter dem Planetoidengürtel der Jupiter in einem Sonnenabstand von 778 Millionen km und einem Durchmesser von 142.800 km auf einer fast runden Bahn (Exzentrizität 0,0484). Die Temperatur liegt bei ca. -108 °C.

Der Rest der Planeten soll hier zunächst einmal außer Acht gelassen werden, da diese, bis auf eine kleine Randbemerkung, für den Rest des Buches nicht weiter interessant sind. Die kleine Randbemerkung schließt Sedna ein, ein Objekt mit einer stark elliptischen Umlaufbahn (Exzentrizität 0,8478) in einer Entfernung von 13 Milliarden km und einer Umlaufzeit von ca. 11.000 Jahren. Die Temperatur dürfte aufgrund der sehr großen Sonnenentfernung nahe dem absoluten Nullpunkt liegen (-273 °C).

So weit der wissenschaftlich derzeit völlig unproblematische Teil. Es sind alles bekannte Daten, die in jedem Lexikon oder „online“ z.B. bei Wikipedia nachgelesen werden können. Doch fragen wir uns nun einmal, wie das alles entstanden ist und wie und woraus sich die Planeten aufbauen. Die Wissenschaft unterscheidet zwischen Gasplaneten und „erdähnlichen“ bzw. terrestrischen Planeten – die einen ohne feste Oberfläche, nur aus Elementen wie Wasserstoff und Helium bestehend, die anderen als solide Körper aus Gesteinen. Im Studium habe ich mich selbst damit beschäftigt und konnte die Erklärungen, warum die Erde ausgerechnet einen Kern aus Eisen haben soll, einigermaßen nachvollziehen. Ich kann allerdings nicht umhin anzuerkennen, dass noch niemand im Kern war, weder persönlich noch mit Bohrungen. Selbst im extra so benannten „Kontinentalen Tiefbohrprojekt“ (1987-1995) erreichte man „nur“ 9.101 Meter.[273] Man erklärt den Aufbau der Erde schulwissenschaftlich heute so, dass unter der oberen Mantelschicht mit ca. 35 km Dicke zunächst einmal ein sogenannter Oberer Mantel aus zähplastischem Gestein (also sehr heiß) folgt, dann weiter innen eine ca. 500 km dicke Übergangszone und darunter der äußere Erdkern aus flüssigem Eisen und darin der innere aus festem Eisen und ein wenig Nickel. Es gibt durchaus Autoren, die der momentan anerkannten Theorie widersprechen. So z.B. Klaus-Dieter Ewert in seinem Buch „Zeit für die Wahrheit“. Er führt, was die schulwissenschaftliche Erklärung angeht, zunächst einmal Zweifel bezüglich der Abfolge des innen festen, darüber aber flüssigen Eisenkerns der Erde an. Ewert geht davon aus, so übrigens auch die Schulwissenschaft, dass sich zu Beginn im Weltall riesige Gaswolken befanden, die sich im Vakuum (wie es übrigens jedes flüssige oder gasförmige Medium im Vakuum tut) zu runden Gebilden zusammenballten. Auch andere Forscher greifen diese Ansicht auf und stellen einerseits die Gravitation als eine von außen nach innen ordnende Kraft dar, die Fliehkraft im Gegensatz dazu als eine von innen nach außen ordnende Kraft. Durch diese Wechselwirkung muss demnach jeder Planet ein Hohlkörper sein, bei dem sich die schwersten Teilchen in der Mitte seiner Hülle konzentrieren.[274] Ewert zeigt in seinem Buch auf, dass alle Planeten Gasplaneten sind, auch die Erde, die keinesfalls einen Kern aus Eisen in sich trägt. Er zeigt auf, dass der Planetoidengürtel zwischen Mars und Jupiter zwar keinen „Vollplaneten“, also so, wie man sich die Erde heute vorstellt, ergeben könnte, wohl aber die Überreste eines mit Gas (vorzugsweise Wasserstoff) gefüllten Hohlkörpers darstellen, der, aus welchem Grund auch immer, explodiert ist.

Dazu passend nimmt Hans Joachim Zillmer in seinem Buch „Darwins Irrtum“ genüsslich Theorien und Gewissheiten auseinander, die der eine oder andere Leser vielleicht auch in der Schule und an der Universität gelernt hat. Man vertraut nur allzu leicht Dingen, die (angeblich) bereits von hunderttausenden von Fachleuten nachgeprüft wurden, und schließlich ist es ja der Lehrer oder Professor, der diese Dinge zum Besten gibt. Als Schüler ganz besonders, aber auch noch immer als Student ist es auch wirklich schwierig, die Lehren der Respektspersonen zu hinterfragen – einerseits, weil durch die Fülle des Lernstoffes in so kurzer Zeit schlicht dieselbige fehlt, andererseits, weil man sich oft in der Position des Schwächeren sieht, sich keine Blöße geben und nicht dumm erscheinen möchte.

Ein einfaches Beispiel: Gehen Sie heute an einen Strand, an dem es Muscheln gibt. Was können Sie dort finden? Entweder Muschelhälften, einzeln oder noch geöffnet zusammenhängend, tote Muscheln oder geschlossene, lebende Muscheln. Jetzt vergleichen Sie das einmal mit Versteinerungen. Die bei weitem häufigsten Funde sind versteinerte, geschlossene Muscheln. Geschlossen sind aber nur lebendige Muscheln. Das bedeutet also, dass diese Muscheln bei der Versteinerung noch lebendig waren. Sie können nicht lebendig zum Meeresgrund gefallen sein, um dann dort lebendig und geschlossen einige Millionen Jahre auf ihre Versteinerung zu warten. Innerhalb dieser Zeit wären sie mit Sicherheit gestorben, der Schließmuskel wäre erschlafft und die Muschel hätte sich geöffnet – lange vor einer Versteinerung. Herr Zillmer gibt in seinem Buch zu bedenken, dass ein Vulkanausbruch im Jahre 1980 und ein weiterer im Jahre 1983 dazu ausgereicht hatten, innerhalb weniger Stunden eine gigantische Schlammschicht von zwei mal acht Meter, insgesamt also sechzehn Meter, anzuhäufen. Bei Vorfinden einer wie auch immer dicken Schicht sei es also nur sehr schwierig festzustellen, in wieviel Jahren sich diese Schicht angehäuft hat. Diese beiden Details sind wichtig in Bezug auf die Frage, inwieweit wir auf die von Geologen genannten riesigen Zeiträume vertrauen können, denn Geologen sprechen regelmäßig von „geologischen Zeiträumen“ in Bezug auf Sintflut, Eiszeit, Erdverschiebungen etc. und meinen damit immer mindestens einige hunderttausend Jahre, meist aber eher Millionen Jahre. Es besteht also durchaus Grund zum Zweifel an dieser Deutung einiger Details und Anlass zum Nachdenken, ob einige Ereignisse nicht vielleicht zeitlich viel näher an unserer Epoche liegen als uns bisher bewusst ist. Außerdem gibt der Autor mit Recht zu bedenken, warum wir heute, aktuell keinen Prozess von Versteinerungen beobachten können, keinerlei Zwischenprodukte dieses Prozesses in seinen Anfängen. Wenn Versteinerungen regelmäßig ein laufender, ganz normaler natürlicher Prozess wären, müssten wir doch überall auf der Welt diesen Prozess in all seinen Entwicklungsstadien beobachten können.

Ebenso absurd erscheint die Deutung der Wissenschaft über einen Fund, von dem Hans Joachim Zillmer berichtet, bei dem ein nahezu komplett erhaltenes Gerippe eines drei Meter langen Schwimmsauriers gefunden wurde – nicht etwa versteinert oder tief in irgendeiner geologischen Schicht verborgen, sondern schlicht aus der Erde herausragend, ohne nennenswerte Zeichen von Wind und Wetter. Und dies über vermutete einhundertfünfzig Millionen Jahre, die dieser Saurier alt sein soll. Der Leser fragt sich berechtigterweise: Wie soll so was gehen?

Die einzige dem Autor einleuchtende Erklärung ist die, dass ein Himmelskörper auf der Erde eingeschlagen ist, wobei durch die enorme Reibung während des Einflugs und noch viel mehr beim Aufprall selbst so große Temperaturen entstanden sein müssen, dass der Prozess der Versteinerung in Form einer Abfolge des zunächst einmal Schmelzens bei sehr hohen Temperaturen mit sofort anschließendem Backen bei ebenso hohen Temperaturen für die heute nahezu überall auffindbaren Versteinerungen gesorgt haben muss. Je näher dabei ein Ort am Einschlagsgebiet lag, desto höher war die Temperatur – je weiter weg, desto niedriger die Temperatur. Dies führte zu unterschiedlichen Graden von Erwärmung der verschiedenen Gesteine mit den heute aufzufindenden unterschiedlichen Formen von Gesteinen und Versteinerungen.

Naturwissenschaftlich lässt sich die Entstehung eines schnell härtenden Gemisches aus Kalkhydrat + Kohlensäure = Kalkstein + Hydratwasser + Wärme während der Umstände einer örtlich begrenzten oder weltweiten Sintflut gut erklären. Das Verhalten von im Wasser vorhandenen Kalziumhydroxid gleicht dem eines plastischen Gels, sodass mit diesen Grundlagen leicht nachvollzogen werden kann, wie sowohl Dinosaurier als auch Menschen durch abgelagerten Schlamm wandern konnten, was Fußspuren beider Spezies erklären kann, ebenso, wie Lebewesen aller Art von diesem Schlamm eingeschlossen werden konnten, der anschließend in kurzer Zeit aushärtete. Fußspuren von Menschen und Sauriern in ein und derselben Schicht, teilweise direkt nebeneinander, finden sich durchaus in der Natur und lassen sich mit der in der Schule gelehrten Theorie nicht erklären.

Wie im Großen, so auch im Kleinen: Das Element Polonium hat eine Halbwertzeit von nur 140 Tagen, während Granit laut Meinung der Geologen mindestens einige tausend Jahre braucht, um eine Schicht von nur einem Meter zu bilden. Ein so kurzlebiges Element dürfte demnach nicht in Granit zu finden sein. Da man es aber so vorgefunden hat, ergibt sich als logischer Ausweg nur die Annahme, dieser Granit habe sich in sehr kurzer Zeit, also auf jeden Fall in weniger als 140 Tagen, aufgeschichtet.

Ein kleines, später noch wichtiges Detail beschreibt Herr Zillmer in seinem Buch „Kolumbus kam als Letzter": *„In Paraguay wurde eine iberisch-punische Inschrift, in Tennessee (USA) hebräische Buchstaben, in Vermont (USA) eine zweisprachige Inschrift aus Keltisch und Punisch, in Rhode Island (USA) eine iberische Felseninschrift und in Davenport, Iowa die dreisprachige Davenport-Kalender-Stele gefunden."*

Schaut man dann auf die alten Land- und Seekarten des Piri Reis (die in diesem Buch noch gezeigt werden), findet man dort die Antarktis perfekt eingezeichnet, obwohl diese doch vollkommen unbekannt gewesen sein soll. Obendrein ist die Antarktis nachweislich mit Eis bedeckt, auf den Karten jedoch sind die Landmassen abgebildet und zwar EXAKT. Die Karten sind ohne Zweifel echt und stellen nach unangefochtener Meinung der Wissenschaft Abschriften sogar noch älterer Karten dar. Möglicherweise hat Piri Reis (wobei Reis dem Titel eines Admirals entspricht) diese Karten von Alexander dem Großen kopiert, Karten, auf denen detaillierte Angaben über Flora, Fauna, Mineralogie und selbst kleine brasilianische Flüsse eingezeichnet waren.[275]

Das Problem dabei ist offensichtlich: Entweder es wurde moderne Technik benutzt, wie sie uns gerade einmal erst seit wenigen Jahren zur Verfügung steht, oder aber die komplette Gegend war eisfrei. Nun stellt sich natürlich sofort die Frage nach dem Alter dieser Karten (man schätzt, dass Piri diese um 1513 n.Chr. herum angefertigt hat) und des ursprünglichen Ausgangsmaterials.

Uns allen sind Berichte von Mammuts bekannt, die hier und da immer wieder einmal gefunden wurden und werden. Hier ist es ähnlich wie bei den Funden von versteinerten Muscheln. Stirbt heute ein Elefant, um einmal ein Tier ähnlicher Größe zu nehmen, können Sie als Leser sich aufgrund Ihrer Lebenserfahrung ungefähr vorstellen, was im Laufe der nächsten Tage und Wochen mit diesem toten Körper passieren wird. Es werden sich Millionen Fliegen auf ihn stürzen, das Fleisch wird faulen, in der Wildnis werden sich Aasfresser davon bedienen, und am Ende wird nicht viel mehr als ein Gerippe mit einigen Hautresten übrig bleiben, wobei die Haut nach und nach ebenfalls verschimmeln wird. Bei diesen Mammutfunden gibt es durchaus einige Fundstellen, an denen lediglich ein Stoßzahn und einige Knochen gefunden wurden.

Bei den allermeisten Funden handelt es sich jedoch um sehr gut erhaltene Mammuts, teilweise mit unverdauter Nahrung im Magen oder sogar im Maul, mit intaktem Fell, Fleisch und Augen. Oftmals ist das komplette Mammut so gut erhalten, als wäre es lebendig und stünde still vor dem Betrachter. Säbelzahntiger in gleichem Zustand wurden ebenfalls gefunden und *„während Vermessungsarbeiten der Neusibirischen Inseln durch den Arktisforscher Baron Eduard von Toll“* sogar die Überreste *„eines Obstbaumes mit einer ursprünglichen Höhe von 27 m“. „Der Baum war im Eis mit seinen reifen Früchten, grünen Blättern, Wurzeln und Samen als komplette Einheit plötzlich konserviert, praktisch schockgefroren worden.“*[276] Dieser Obstbaum und andere vorgefundene, gefrorene Pflanzen deuten darauf hin, dass die Gegend, wo sie gefunden wurden, früher einmal erhebliche 3.200 km weiter südlich gelegen haben muss. In seinem Buch erklärt Zillmer dies mit einer von ihm vermuteten Erdachsenverschiebung um ca. 20 Grad und zeigt uns eine Grafik (Abb. 46), auf die wir später noch zurückkommen werden.

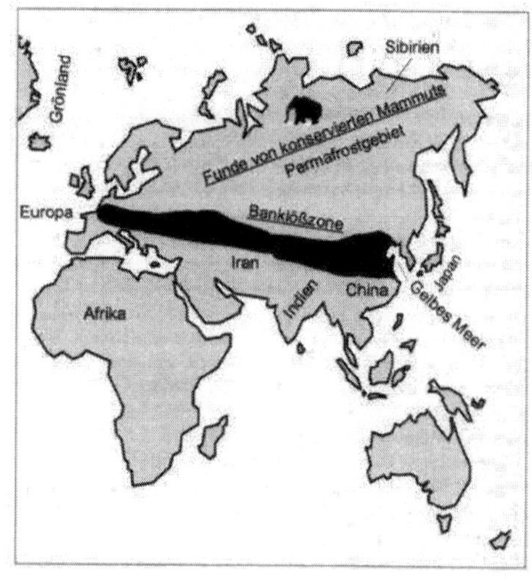

Abb. 46: Diese Grafik bietet Herr Zillmer in seinem Buch zur Erläuterung seiner Ausführungen an. Wir werden später auf diese Karte zurückkommen.

Die genaue Abweichung der Erdachse von der Senkrechten zur Bahnebene der Erdumlaufbahn liegt heute bei 23,5 Grad. Diese Schiefstellung der Erdachse ist die Ursache dafür, dass ei-

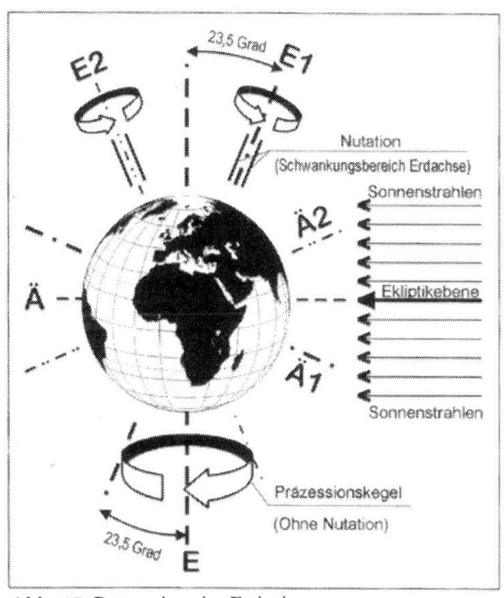

Abb. 47: Präzession der Erdachse

nige Gebiete der Sonne näher sind, während gleichzeitig andere von der Sonne weiter entfernt sind. Dies führt automatisch zu Temperaturschwankungen und wird von uns (und der Natur) als Jahreszeit empfunden. Wenn Sie sich die Erdkugel einmal als Kreisel vorstellen, der sich dreht, können Sie eine andere Naturerscheinung leicht nachvollziehen, nämlich die sogenannte Präzession der Erdachse. Drehen Sie einen Kreisel so schnell an, bis er sich von al-lein, auf der Stelle stehend, dreht. Dann stoßen Sie den Kreisel ganz leicht an. Die Achse des Kreisels wird nun einen aus lauter kleinen Spiralen bestehenden Ring durchlaufen, den man Präzession nennt. Nehmen wir uns nun statt des Kreisels wieder die Erde und ihre Achse vor, können wir feststellen, dass dieser Präzessionskreis nacheinander die zwölf astronomischen Sternbilder durchläuft. Ein kompletter Umlauf dieses Präzessionszyklus dauert ungefähr 25.780 Jahre. Es gibt zu dieser astronomischen Gegebenheit übrigens eine sehr interessante medizinische Parallele: Wenn Sie als Leser dieser Zeilen in Ihrer Umgebung zufälligerweise einen guten Osteopathen zur Verfügung haben, dann lassen Sie sich dort bitte einmal kurz Ihre Hirnachsenschrägneigung korrigieren. Die haben nämlich nahezu ausnahmslos alle Erdenbewohner. Sie kommt auch fast immer von allein wieder. Beide Gehirnhälften sind dabei sowohl rotatorisch als auch in der Neigung gegeneinander verschoben. Als Ursache vermutet man Stress, Toxine, mangelhafte Ernährung und vieles mehr, u.a. auch elektromagnetische Ströme, über deren Herkunft man sich bisher nicht näher geäußert hat. Häufigstes Muster dieses Gesundheitsproblems ist die Kippung nach vorn und Rotation nach rechts, was mehr als 80% der Fälle ausmacht.

Die meisten Babys, vielleicht sogar alle, kommen mit einer Hirnrotation zur Welt, was sich darin ausdrückt, dass sie meist zu einer bestimmten Seite schauen, was sich wiederum in einem schrägen Wuchs der Schädelknochen zeigt und zu einer Verschlechterung der Situation des Nervensystems führt. Sogar auf dem Ultraschallbild ist die Rotation des Gehirns meist erkennbar. Der Winkel der Rotation wird seitens der Fachleute mit ca. 20 Grad angegeben. Durch jede Art von Hirnneigung entsteht ein Druck. Dieser wird über die Menigen und den Duralschlauch als hydraulisches System auf das Sakrum (Kreuzbein) übertragen. Es kommt zu Verschiebungen im gesamten Körper. Organe, Knochen, Blutadern und Nerven werden gezogen, abgeklemmt usw. Der ganze Körper wird schlechter versorgt. Es erscheint also mehr als denkbar, dass alle möglichen negativen Wirkungen auf den menschlichen Körper, inkl. lebensverkürzenden Maßnahmen und auch geistige Verwirrung, dies möglicherweise nur in Teilbereichen des menschlichen Gehirns (so z.B. des Sprachzentrums...?), durch diese Schrägneigung hervorgerufen werden. Wenn nun also diese Neigung der Hirnachse unter genauer Kenntnis deren medizinischer Wirkung mit Absicht herbeigeführt werden sollte, auf einen Schlag bei der gesamten Erdbevölkerung, dann wäre das Mittel der Wahl zwangsläufig eine Schrägstellung der Erdachse. Dies mag auf den ersten Blick zu phantastisch anmuten. Jedoch müssen wir davon ausgehen, dass bei jemandem, der über das Wissen, die Fertigkeit und die Möglichkeit zu solchen Manipulationen verfügt und obendrein noch die Motivation verspürt, in diesem Bereich tätig zu werden, die Wahrscheinlichkeit der Anwendung seiner Kenntnisse mehr als wahrscheinlich erscheint. Wir werden darauf später noch einmal zu sprechen kommen.

Doch zurück zu den klimatischen Auswirkungen der Schiefstellung: Bei gleichbleibenden Klimabedingungen würde es immer Früchte und andere Produkte der Natur im Überfluss zu essen geben. War diese Welt vielleicht das biblische Paradies? Hans Joachim Zillmer behandelt in seinem Buch auch die Dauer der Sonnenjahre. Er beschreibt die ursprünglichen Kalendersysteme der Mayas und der Ägypter mit jeweils nur 360 Tagen, zu denen 5 einfach dazugerechnet wurden, wobei gleichzeitig aber nicht ersichtlich ist, warum man dies getan hatte. Die mathematischen Fähigkeiten beider Gruppen lassen erkennen, dass sie auch hochkomplexe Systeme und die Umlaufbahnen anderer Planeten berechnen konnten. Wozu sollten sie also dann einen Kalender mit 360 Tage festlegen und „einfach so" 5 Tage dazurechnen? Wozu, wenn nicht eine Störung eingetreten wäre, die einem ursprünglichen Jahr von 360 Tagen tatsächlich 5 Tage hinzugefügt hätte? Die damaligen Tage hatten zwar 24 Stunden, jedoch waren diese Stunden länger als unsere heutigen und die Erdrotation hatte sich so beschleunigt, dass jetzt 365 Erdumdrehungen in ein Jahr passten, anstelle von 360.

Nun wird es für den Leser möglicherweise etwas kompliziert, deshalb ein kurzer Einschub: Im Internet kann sich jeder erkundigen und die Information finden, dass dem menschlichen (und tierischen) Biorhythmus eher ein Tag von 25 Stunden Dauer zugrunde liegt als einer mit 24 Stunden. Zum besseren Verständnis muss allerdings gesagt werden, dass das System mit 60 Sekunden pro Minuten, 60 Minuten pro Stunde und 24 Stunden pro Tag seine wohldurchdachte Berechtigung hat, wie wir später noch sehen werden. Gehen wir also von der Annahme aus, dass das Jahr früher 360 Tage hatte, so waren die Tage zwar länger als heute, hatten aber dennoch nicht mehr Stunden. Es ist also die Zeiteinheit der Sekunde, der Minute und der Stunde, die sich in ihrer physikalischen Länge verkürzt hat, weshalb auf die gleiche Zeiteinheit, nämlich den Sonnenumlauf, heute mehr Tage passen als früher. Das bedeutet: Die Eigenrotationsgeschwindigkeit der Erde muss sich geändert haben. Früher drehte sich also die Erde langsamer, es gab 60 Sekunden in der Minute, 60 Minuten in der Stunde, 24 Stunden am Tag, was genau 86.400 Sekunden entspricht und der zehnte Teil davon, nämlich 8.640 war die Anzahl von Stunden pro Jahr – ein perfekt ausbalanciertes System.

Nun wurde durch einen Vorfall die Eigenrotationsgeschwindigkeit der Erde beschleunigt. Es gab mehr Tage pro Umlauf bei gleichbleibendem Umlauf, oder, was zweifelsohne die mit Abstand kompliziertere Variante wäre: Gab es vielleicht stattdessen einen Vorfall, bei dem die Erde in eine etwas größere Umlaufbahn geschickt wurde, weiter weg von der Sonne, und obendrein einen stärkeren Drehimpuls bekam? Jedenfalls müssen wir von einer ursprünglich längeren Sekunde, Minute und Stunde ausgehen, die dann etwas verkürzt wurde, weshalb der Umlauf um die Sonne nicht mehr in 360 Tage, sondern in 365,25 Tage unterteilt wurde. Das Komplizierte daran: Diese Umlaufzeit ändert sich jedes Jahr. Die Anzahl der Tage verkürzt sich jedes Jahr weiter. Statt einer Umlaufdauer von 365,25 Tagen zu Zeiten Julius Cäsars und 365,2425 Tagen bei Papst Gregors Kalenderreform, sind wir mittlerweile bei 365,2421 Tagen angelangt. Doch es ist eben nicht die Jahreslänge, die sich im Hinblick auf den Zeitraum verkürzt, sondern unsere Zeiteinheiten, die wir stattdessen verlängern müssten.

> *„Sonne, bleib stehen über Gibeon und du, Mond, über dem Tal von Ajalon! Und die Sonne blieb stehen, und der Mond stand still, bis das Volk an seinen Feinden Rache genommen hatte.“* (Bibel, Josua 10,12-14)

War dies eventuell der Zeitpunkt, an dem die Erdachse einen Schlag versetzt bekam und sich schief stellte?

> *„Bei den Hopi-Indianern fällt besonders die in den Überlieferungen enthaltene Erinnerung an die Schiefstellung der Erdachse auf. Gemäß den Mythen der Hopi-Indianer leben wir jetzt in der vierten Welt. Die erste Welt wurde durch Feuer vernichtet. Die zweite Welt durch eine Schiefstellung der Erdachse beendet, wobei alles mit Eis bedeckt wurde. Eine Flut vernichtete schließlich die dritte Welt.“*[277]
> *„Unter dem Meeresspiegel liegen antike Städte, und die unter Wasser liegenden Kontinentalsockel zeugen von einem vormals niedrigeren Meeresspiegel. Es gilt daher als gesicherte Tatsache, die auch von konservativen Wissenschaftlern anerkannt wird, dass der Meeresspiegel vor der Eiszeit (Sintflut) mindestens 100, vielleicht auch maximal 200 m tiefer lag als heute. Durch das Schmelzen der Eiskappen während der letzten Eiszeit soll der Meeresspiegel dann auf den heutigen Stand gestiegen sein. Wenn es aber gar keine Eiszeit gegeben hat, sondern erst in jüngster Zeit durch die Verlagerung der Erdachse vermehrte Eisbildung zu verzeichnen ist, stellt sich die Frage: Woher stammt das zusätzliche Wasser in den Ozeanen?“*[278]

Es gibt in der Bibel einige Textstellen, die von anderen Wassern als dem Meer berichten. So wird z.B. von Wasser unter und über dem Gewölbe geschrieben und in *Genesis 7,11*: *„…brachen alle Quellen der großen Urflut auf und die Schleusen des Himmels öffneten sich. Der Regen ergoss sich vierzig Tage und vierzig Nächte lang auf die Erde.“* Dies könnte bedeuten, dass sich neben unserer heutigen Atmosphäre dort zusätzlich eine Art Wassermantel befunden haben müsste. Wir beobachten heute möglicherweise genau solch einen Aufbau beim Saturnmond Titan, von dem die Raumsonde Voyager zwar tolle Fotos schießen konnte, jedoch konnte der blaue Dunstschleier oberhalb einer dicken Dunstschicht nicht durchdrungen werden.

Genesis 1,6-8: „*Und Gott sprach: Ein Gewölbe entstehe mitten im Wasser und scheide das Wasser von Wasser. Gott machte also das Gewölbe und schied das Wasser unterhalb des Gewölbes vom Wasser oberhalb des Gewölbes... und Gott nannte das Gewölbe Himmel.*"

Dazu passt ein Bericht aus der Tageszeitung *BILD* vom 12. August 1997: „*Der deutsche Forschungssatellit Christa-Spas hat in der oberen Erdatmosphäre überraschend Spuren von Wasserdampf entdeckt.*"

Sollte sich auf der Erde einmal ein solcher Wassermantel befunden haben, würde dies ohne Zweifel physikalisch bedeuten, dass der Luftdruck ein ganz anderer, viel größerer gewesen sein muss. Gase oder Luftmassen, die durch einen Wassermantel eingeschlossen sind, dürften einen erheblich größeren atmosphärischen Druck zur Folge haben, als wir ihn heute messen können. Dies könnte die Erklärung für einen sensationellen Fund sein, von dem viele Autoren, so auch Zillmer (und ich) gern berichten. Es handelt sich um einen fossilen Hammer, der in (!) einem Stein gefunden wurde – also ein versteinerter Hammer sozusagen – jedoch nicht, wie bei Lebewesen und Pflanzen üblich aus einer Steinmasse, sondern tatsächlich aus Eisen mit einem Holzstil. Das besondere allerdings ist nun die Kombination der einzelnen Details.

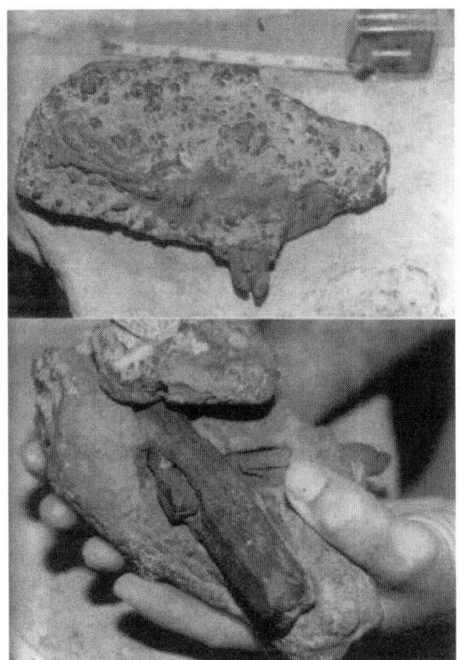

Abb. 48: Der fossile, unmögliche Hammer

Das Alter des den Hammer umgebenden Kalksteins wurde aufgrund der Fundsituation auf einige Millionen Jahre geschätzt. Es ist also in jedem Fall SEHR alt. Und das Eisen an sich ist so rein, dass es in einem Schmelzvorgang unter heute normalem Luftdruck nicht hergestellt werden könnte. Man würde stattdessen mindestens den doppelten Druck benötigen! Der metallische Hammerkopf besteht nach Ergebnissen eines Labors aus 96,6 Prozent Eisen, 2,6 Prozent Chlor und 0,74 Prozent Schwefel. *„Die Chemiker stellten zudem verblüfft fest, dass das Metall keine Spuren einer Verunreinigung aufweist und fast zur Gänze aus reinem Eisen besteht, das nicht rostet.“*[279]

Was wollen wir also lieber annehmen, dass es damals schon so fortschrittliche Technik gab, oder dass die Naturbedingungen andere waren als heute?

Wenn wir der Logik folgen und uns aus den bisher gesammelten Details ein Bild machen wollen, dann kommen wir nun zu dem Schluss, dass es vor der Sintflut eine die Erde umgebende Wasserhülle gab, die dafür sorgte, dass auf der Erde eine Art Treibhausatmosphäre bestanden hat. Jahreszeiten und Stürme gab es nicht, da die Erdachse gerade war und die Luftbewegungen ohne große Temperaturschwankungen im Vergleich zu heute sehr gering gewesen sein dürften. Ob es Regen gab, ließe sich ebenfalls bezweifeln, denn die Entstehung von Wolken darf unter diesen Bedingungen durchaus bezweifelt werden; möglicherweise hat stattdessen eine sehr dunstige Atmosphäre bestanden, in der alles ständig feucht und warm war. Dies könnte darauf hindeuten, dass dies tatsächlich „paradiesische“ Zeiten gewesen sein könnten, denn wir sprechen hier von Gewächshausbedingungen, wie wir sie heute künstlich herbeiführen, um schnelles und üppiges Pflanzenwachstum herbeizuführen.

Genesis 2,5: *„...denn Gott, der Herr, hatte es auf die Erde noch nicht regnen lassen, und es gab noch keinen Menschen, der den Ackerboden bestellte...“* *(...)* und für die Zeit nach der Sintflut heißt es dann in Genesis 8,22: *„Solange die Erde besteht, sollen nicht aufhören Aussaat und Ernte, Kälte und Hitze, Sommer und Winter, Tag und Nacht.“*

Wenn eine Sintflut stattgefunden hat, dann aufgrund einer physikalischen Ursache. Dies kann entweder ein einfliegender Himmelskörper sein oder eine zusammenbrechende Wasserhülle – oder beides. Bei einer Simulation mit Supercomputern ergaben sich für ein Einschlagsszenario Wellen von mehr als einhundert Metern Höhe, 800 km/h schnell und am Ort des Geschehens selbst eine zwanzig Kilometer breite und fünfzig Kilometer hohe Wassersäule. Bitte behalten Sie dieses Bild im Kopf und vergleichen Sie es im Maßstab mit einem Stein, den Sie in eine Matschpfütze werfen. Sie werden dieses Bild später in diesem Buch noch einmal brauchen.

Wirft man einen Stein ins Wasser oder einen Himmelskörper ins Meer, entstehen Wellen. Tsunamis werden sie im großen Maßstab genannt. Diese können auch durch Erdbeben und Erdabsenkungen entstehen. Rutscht also eine große Menge Erde ins Wasser (oder gar eine Insel wie Japan oder gar ein Kontinent wie Atlantis), so ergibt sich daraus ebenfalls eine sehr große Flutwelle, allerdings vermutlich mit weniger Geschwindigkeit, als eine in Folge eines Kometeneinschlags entstehende Welle haben würde.

So konnte man z.B. im Jahre 1913 bei einem Seebeben vor Tokio genau solche Hebungen und Senkungen des Meeresbodens inkl. der zu erwartenden Flutwelle beobachten, und bei den großen Tsunami-Katastrophen vor Indonesien (2004) und Japan (2011) waren ebenfalls Tsunamis die Folge. Zwar soll hier beide Male die Ursache natürlichen Ursprungs gewesen sein, jedoch gibt es gravierende Hinweise auf jeweils künstlich herbeigeführte Erdbeben. Beim Beben vor der Küste Indonesiens stellte die amerikanische Flotte den Ort des Epizentrums an einem anderen Ort fest als die Ingenieure aus Indien. Die Meldung der indischen Behörden stellte fest (und bleibt bis heute bei dieser Aussage), dass das Epizentrum exakt dort lag, wo die amerikanische Flotte war. Merkwürdigerweise wurden bei diesem Tsunami in Indonesien viele tote, zerfetzte Tiefseefische an Land gespült. Eine Tatsache, die nicht ganz einleuchtet, wenn man von einem ganz normalen Erdbeben unter Wasser ausginge... Ebenso gibt es Berichte über die amerikanische Flotte vor der Küste Japans und sogar entsprechende Drohungen, Japan im Meer versinken zu lassen, die im Vorfeld geäußert wurden. Leider wurden so gut wie alle dementsprechenden Berichte aus dem Internet gelöscht. Nur wenige dieser Berichte[280] sind noch zu finden. Die entsprechenden Waffen, so viel dürfte als absolut gesichert gelten, wurden schon vor Jahrzehnten entwickelt.

Berichte von der Sintflut oder einen Weltenbrand oder auch beides gemeinsam gibt es in nahezu allen Kulturkreisen. Die Indianer vom Stamme der Cheyenne berichten von einer viermaligen Flut, wobei die vierte erst viele hundert Jahre nach den ersten drei über die Erde hereinbrach. In China gibt es im „Buch der Schriften" aus dem 6. Jahrhundert v.Chr. Berichte von einer ungeheuren Flutwelle, *„die die ganze Welt überschwemmte und die höchsten Gebirge unter Wasser setzte"*.[281]

Für eine Sintflut sprechen neben diesen Berichten und den bereits besprochenen Indizien weitere physikalische Berechnungen. Allerdings widersprechen diese Berechnungen dann wieder den schulwissenschaftlich gelehrten Inhalten. Ganz konkret geht es dabei um den Salzgehalt der Weltmeere. Der Salzgehalt in den Meeren nimmt (durch ständige Auswaschungen und Erosionen und Einschwemmungen durch Flüsse) ständig zu. Allerdings nur um 0,06% pro 1 Million Jahre. Das ist relativ wenig und spricht für ein ausgewogenes Gleichgewicht.

Stellt man nun das offiziell benannte Alter der Erde von 4 Milliarden Jahren dagegen, so stellt man fest, dass die errechnete Rate 50 mal zu groß wäre, das heißt die Erde bzw. die Weltmeere erheblich jünger sein müssen als 4 Milliarden Jahre. Nimmt man dann noch Ereignisse wie Sintflut und Weltenbrand hinzu, die zweifellos für einen größeren Schub an Mineralien und Salz gesorgt haben müssten, so kommt man auf ein Alter von 62 Millionen Jahren. Sollte die Erde älter sein, muss man sich fragen, wo das Salz geblieben ist. Schaut man sich dann als Geologe die Flussdeltas an, durch die die Flüsse in ihren Mündungsbereichen das Salz und die Mineralien einschwemmen, erkennt man schnell, dass deren heutiges Wachstum darauf hindeutet, dass sie entweder für ihr hohes Alter viel zu klein oder aber die Flüsse und ihre Deltas erheblich jünger sind.

Im Anhang von Zillmers Buch finden Sie eine kurze Übersicht über diverse Funde von Riesenskeletten mit einigen Fotos. Es ist insgesamt ein äußerst lesenswertes Buch mit einer Unmenge an wichtigen Fakten und Überlegungen, die hier nicht einmal ansatzweise genügend zur Geltung gebracht werden können. Die wenigen hier erwähnten Beispiele zeigen für den weiteren Verlauf dieses Buches später ihre Wichtigkeit.

Abb. 49: Weltkartenstein aus Südamerika

Kommen wir nun zu Klaus Dona, der mit seiner Ausstellung „Unsolved Mysteries“ der Wissenschaftskaste den Spiegel vorgehalten und unglaublich viele Fakten und Artefakte von Dingen zusammengetragen hat, die aus herkömmlicher wissenschaftlicher Sicht nicht erklärt werden können. Auch Dona weiß von Riesen zu berichten, und zwar aus Lemuria, wo den Quellen nach die ersten Menschen auf dieser Erde gelebt haben sollen – allerdings 18 Meter groß.[282]

In seinem 2004 erschienenen Buch „Im Labyrinth des Unerklärlichen" stellt er gleich zu Beginn die wichtigste Frage überhaupt: *„Kennen wir unsere Vergangenheit wirklich?"* Er nimmt den Leser mit in einem Schnelldurchlauf über versteinerte Fußabdrücke von Menschen neben solchen von Sauriern im Paluxy-River in Texas, über Steinwerkzeuge in einem Alter von vorgeblich mehreren Millionen Jahren, die in einem Bergwerk gefunden wurden, und über „nicht filmbare" Artefakte, die in einigen Universitäten streng unter Verschluss gehalten werden, weil sie *„nicht ins Bild passen"*.

Die Erkenntnis, dass die Erde eine frei im Raum schwebende Kugel sei, gab es schon vor ca. 4.600 Jahren in China, und viele Maschinenteile und Maschinen finden sich im Zusammenhang mit (herkömmlich gesehen) unmöglichen Zeitaltern. Eine eventuell ägyptische, das Klonen darstellende Papyrusrolle wird ebenfalls besprochen. Ein uralter Weltkartenstein mit verschobenem Äquator aus Südamerika (Abb. 49) kommt ebenso zur Sprache wie flugzeugförmiger Schmuck, der fälschlicherweise als Insektendarstellung klassifiziert wurde (Abb. 50) und stark an Space-Shuttles erinnert. Der Weltkartenstein wurde zusammen mit anderen Artefakten in den achtziger Jahren in Ecuador ausgegraben. Abgebildet sind sehr deutlich alle uns heute bekannten Erdteile, aber auch ein uns heute unbekannter Erdteil – offenbar Atlantis.

Abb. 50: Es gibt in der Natur keine Bauchflügler, sondern nur Schulterflügler.

Die Umrisse sind zwar nicht so genau kartographiert wie auf den Karten von Piri Reis, jedoch offenbart sich in den gewählten Umrissen der Erdteile der Blickwinkel des Betrachters, nämlich so, als ob er die Erde aus dem Weltraum betrachten und skizzieren würde. Heutige Experten kommen zu dem Schluss, dass die Karten des Piri Reis unmöglich ohne Flugzeuge oder Satelliten als Hilfsmittel hätten angefertigt werden können.[283]

Die Position des auf dem Weltkartenstein eingezeichneten Kontinents Atlantis würde dazu passen, dass Atlantis möglicherweise versunken ist und das einzig sichtbare Überbleibsel die Gipfel seiner Berge sind – die Azoren.[284] Ebenso passt dazu, dass man dort in 3700 m Tiefe Täler und Schluchten am Meeresboden finden kann und eine Süßwasseralge, die normalerweise nur in Flüssen gedeiht.[285]

Besonders fällt auf dem Weltkartenstein eine Linie auf, die Babylon mit Ecuador verbindet. Standen also demnach die Sumerer in Verbindung mit Ecuador? Ein Grund dafür könnte eine ganz besondere Quelle sein, in deren Wasser sich kolloidale Edelmetalle (Gold und Silber) finden. Das ist eigentlich eine absolute Unmöglichkeit, aber dennoch nachweisbar. Beim Export einer Wasserprobe erschien dieses Wasser in einem Plastik-Kanister auf dem Röntgenbildschirm völlig schwarz und sorgte mehrere Stunden lang für helle Aufregung beim Sicherheitspersonal, Zoll und bei der Polizei.[286](Für Sachkundige: Bei dem berühmten Heilwasser aus Lourdes sollen ca. 26.000-90.000 Bovis-Einheiten gemessen worden sein, bei dem Wasser aus Ecuador jedoch mehr als 1 Million![287]) Das Trinken dieses Wassers gilt von alters her bei der einheimischen Bevölkerung als Universalheilmittel. Da dies die weltweit einzige Quelle dieser Art ist, wäre es durchaus möglich, dass schon im Altertum lange Reisen dafür unternommen wurden. Klaus Dona stellt natürlich auch Artefakte aus anderen Ländern vor und fährt fort mit einem alten Stein aus Kensington (Minnesota), der von skandinavischen Seefahrern dort im Jahre 1352 berichtet.

So weite Reisen in so grauer Vorzeit, da stellt man sich schon die Frage, welche Verkehrsmittel die denn so benutzten. Und man stellt nach dem Lesen einiger Bücher fest, dass es da möglicherweise hochmoderne Fluggeräte gegeben haben muss – ob allgemein zugänglich, das bleibt erst einmal offen. Etliche Gemälde, Fresken und Inschriften sprechen eine deutliche Sprache, nämlich dass die uns als „UFOs“ bekannten Fluggeräte schon sehr, sehr lange auf der Erde anzutreffen sind (Abb. 51).

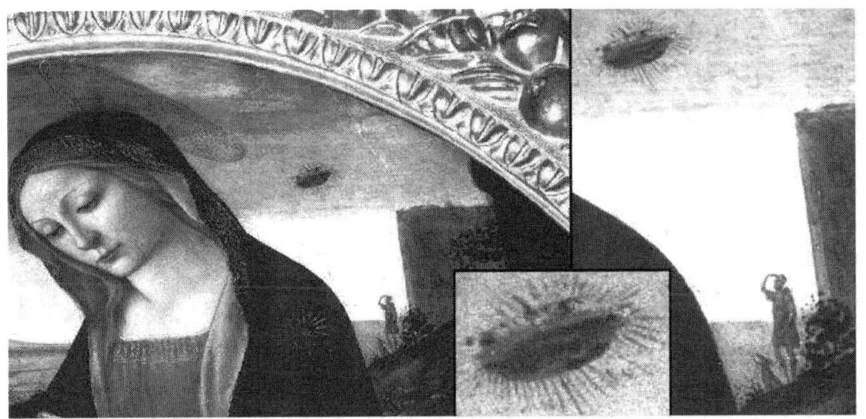

Abb. 51: Ein Ufo auf einem alten Gemälde – dies ist nur ein Beispiel von vielen.

In diesem Kontext möchte ich kurz noch das Buch „UFO – The Secret History" (erschienen 1998) von Michael Hesemann erwähnen. Das meiner Meinung nach für englischsprachige Leser sehr empfehlenswerte Buch möchte ich nur in ganz wenigen Details zur Sprache bringen. Unter anderem berichtet Hesemann über das erste von einem professionellen Photographen aufgenommene Bild eines „UFOs", das aus dem Jahr 1885 stammt. Satelliten fangen in sehr regelmäßigen Abständen sog. „Fastwalkers" ein, die dann in ebenso schöner Regelmäßigkeit von UFO-Sichtungen gefolgt werden. Hesemann stellt unter anderem viele mittlerweile legendäre Sichtungen und Ereignisse im Zusammenhang mit UFOs vor, sichtet zwar veröffentlichte, aber dennoch der breiten Öffentlichkeit unbekannte Patente für alle möglichen „unmöglichen" Flugmaschinen und stellt im Anhang dann eine Geschichte der UFO-Sichtungen vor, die ca. 30.000 v.Chr. mit Felszeichnungen beginnt, die in Süd-Frankreich gefunden wurden. Auch dieses Buch hat leider vor dem Zeitgeist große Verbeugungen gemacht, und so wird der deutsche Hintergrund hinter Rundflugzeugen, also runden Flugmaschinen mit „unkonventionellem Antrieb", die von den deutschen Forschern Schauberger, den Konstrukteuren in Prag, Penemünde und an einigen anderen Plätzen entwickelt wurden, nicht erwähnt. Auch die deutsche Gruppe um Schriever-Habermohl und die Baureihe der „Haunebus", von denen erst 2011[288] wieder Unterlagen aufgetaucht sind, werden bei Hesemann nahezu komplett totgeschwiegen.

Abb. 52: Fliegende Untertasse im Mittelalter

Für mich gehört der Autor somit zu den sehr gut informierten, hochintelligenten, aber leider auch offenbar (noch) fehlgeleiteten Autoren. Sein Buch ist absolut lesenswert, jedoch nur unter der Prämisse, dass man weiß, dass man noch weitersuchen sollte, um ein volles Bild zu bekommen.

Der Name „Haunebu" ist übrigens vermutlich vom menschlichen Sohn des Sonnengottes Hunahpu entlehnt, *„der in den Himmel zurückflog"*, wie uns Homet zu berichten weiß.[289]

Die offiziell vermutlich ältesten Zeichnungen von UFOs stammen aus einer Höhle, die (na klar!) für die Öffentlichkeit verschlossen ist.[290] Dort finden sich mit teilweise recht fortschrittlicher Maltechnik Abbildungen von Wesen mit Helmen und Strahlenkränzen. Die ältesten unter diesen Zeichnungen werden auf 36.000 Jahre datiert. Darunter befinden sich auch Darstellungen von Mischwesen mit menschlichem Oberkörper und dem Leib eines Bisons, ja, manche sogar mit so etwas wie Rollschuhen. Da gibt es Abdrücke eines modernen Schäferhundes neben denen eines Jungen in einer augenscheinlich 25.000 Jahre alten Lehmschicht in einer kaum begangenen Höhle mit den außergewöhnlichsten Motiven. Menschen mit Raumfahreranzügen, Bären, die zu lächeln scheinen und andere Sonderbarkeiten findet man in dieser Höhle. Bilder mit UFOs darauf gibt es aus allen möglichen Epochen, teilweise mit Maria und Jesus, teils als Darstellung eines Apostels und viele andere mehr. Ernst Meckelburg (1927-2008) war der Meinung, dass diese Fluggeräte nicht etwa von anderen Planeten kommen, sondern aus unserer eigenen Zukunft.[291]

Abb. 53: Jesus und UFOs (rechts und links von ihm)

Ein weiterer Autor spannender Bücher, der auch solche zum behandelten Thema verfasst hat, ist Marcel Homet. Sein Buch „Nabel der Welt – Wiege der Menschheit" sprach mich am meisten an. Marcel Homet veröffentlichte dieses Buch 1976 und schrieb ebenfalls von Mischwesen und Riesen und legte dafür zahlreiche Beweise vor. Dr. F. Weidenreich, der in seinem Buch „Apes, Giants and Man" von 1946 insbesondere über den Megathropus palaeojavanicus, den riesenhaften Java-Menschen, Beweise für die Vorfahrenschaft dieser Riesen für den heutigen Menschen bringt[292], ist ein weiterer Fachmann, der in diese Bresche schlägt.

Doch wo sollen solche Mischwesen und Riesen herkommen, und warum gibt es sie heute nicht mehr? Die Antwort ist relativ einfach: Sie wurden ausgerottet. Zwar liefern uns die griechischen Heldensagen und auch die nordischen Heldensagen noch Bruchstücke des Wissens um die Existenz der Riesen, jedoch wird das Thema heute konsequent verneint und von der „modernen Wissenschaft" nicht bearbeitet, ja, sogar ins Lächerliche gezogen. Dies hat zur Folge, dass jedermann, der das nötige Fachwissen hat und an einem beruflichen Weiterkommen interessiert ist, diese Themen meidet, wie der Teufel das Weihwasser, denn jeder weiß ganz genau, dass ein einziger Artikel in einer Fachzeitschrift über dieses Thema seine Karriere sofort beendet. So beweihräuchern sich alle gegenseitig, und keiner wagt es, am Status quo zu rütteln, während draußen ein Riesenskelett nach dem anderen gefunden wird und alle händeringend danach trachten, endlich die Wahrheit darüber zu erfahren.

Dann stellt sich die Frage, ob es wirklich Menschen waren, die die Pyramiden bauten – oder waren es Riesen? Waren die Pyramiden allesamt Waffen, oder gab es auch Wohnungen, Lager oder Tempelbauten in Pyramidenform oder als Terrassenberg?

> *„Im tibetanischen Hochland von Poyul (...) befindet sich der pyramidenförmige Tempel, in dem das tibetanische Volk seinen Ursprung nahm. Das erste Paar war ein Bergaffe und eine Felsengöttin, die sich an einem ‚Zotang' genannten Ort vereinigt hatten. Die Göttin, die ja kein irdisches Wesen war, wurde die Stammutter der ersten Könige des Landes, wohnte aber weiterhin außerhalb der Erde (...) Von diesem anderen Planeten kamen der große tibetanische Gott Lha-Abad-Ri und der erste legendäre König herunter auf die Erde. Der Ort, an dem sie den Fuß auf die Erde setzten, war ein Terrassenberg, also eine natürliche Pyramide."*[293]

Da war übrigens noch ein anderer Gott, Rupati, der ebenfalls vom Himmel herunterkam (...) *„Da der pyramidenförmige Berg nicht bis zum Himmel reichte, waren die Fremden gezwungen, auf einer Leiter herunter und hinaufzusteigen.“*[294] Damit hätten wir einen erneuten Hinweis auf den Himmelsfahrstuhl. Dieser Fahrstuhl, oder besser, einer davon, vielleicht der erste, stand offenbar am „Nabel der Welt“, wie ihn die dort am Vulkan Kapia ansässigen Indianer nennen[295], übersetzt aus der Aymara-Sprache.

Dieser „Nabel der Welt“ liegt nur wenige hundert Kilometer entfernt von den sehr eindrucksvollen „Landebahnen“ von Nazca in Südamerika.[296]

> *„Ein weiterer, überaus zwingender Beweis, dass die Nazca-Linienbauer aus den Heimatländern im Mittelmeer gekommen waren, wird durch eine riesige Inschrift, in phönizischer Schrift, durch Steinhaufen beschrieben. Der Ort, wo es gefunden wird, ist beim Palpa Berg, ungefähr 9 Meilen (14,5 Kilometer) NNW, wo der Hauptteil der Geometrie der Nazca-Wüste beginnt. Die riesige Inschrift ist in der archäologischen Literatur als 300 Meter lang und 20 Meter breit beschrieben und sagt: Dr. Winters Transkription: ‚Kommen (in die Erde) und verbreite diese. Belaste und beruhige das Wasser (in der Region). Komme und verbreite es (innerhalb dieser Region). Anmut. Geht hinaus (in das Land) und werde stark.‘“*

Und ist es nicht merkwürdig, dass sich diese Inschrift in der Nähe vom Berg Palpa befindet und es auch einen Ort und Berg namens Palpa in Tibet gibt? Das liegt zufälligerweise genau auf der gegenüberliegenden Seite des Planeten... Und wie es der „Zufall“ will, gibt es in ungefähr 300 km Entfernung zu diesem Platz einen Berg namens Manaslu.

Das leitet sich ab von „Manasa“ in Sanskrit und heißt so viel wie „Intellekt“ oder „Seele“. Vorher war der Berg unter dem Namen Kutan bekannt, was sich in Tibetisch von „flacher Platz“ ableitet, also möglicherweise einem eigens flachgemachten Landeplatz.

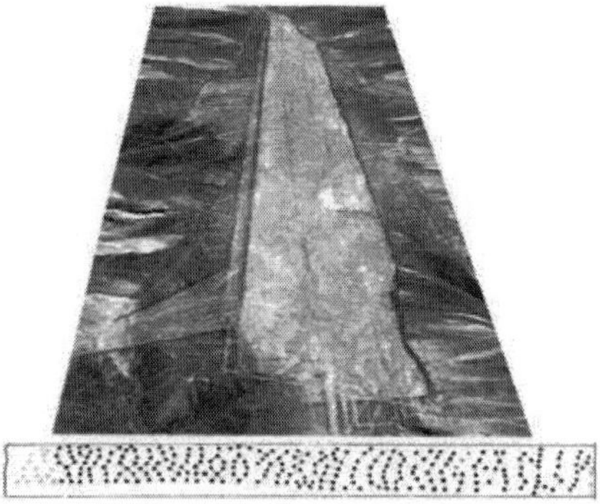

Abb. 54: Landebahn mit phönizischer Schrift

Wir wissen, dass der mexikanische Kalender vier Zyklen zu je dreizehn Jahren vorsieht, was insgesamt 52 Jahre ergibt. Diese Zahl ist uns natürlich bereits wohlbekannt von den Planetenbahnen. Überall finden wir wieder und wieder die wichtigsten Zahlen der damaligen Welt eingebaut. 360 (Tage altes Jahr), 364 oder 365 oder manchmal auch 366 Tage (neues Jahr).

Die Anzahl der vorhandenen Außennischen an der Pyramide von Tajín, die auf sieben Terrassen verteilt sind, ist 364. Teilt man die Anzahl der Nischen durch die Anzahl der Terrassen, erhält man 52, die Anzahl der Schlangenköpfe an der Kukulkan-Pyramide von Chichen-Itzá.

„Diese Zahl entspricht auch der Länge eines aztekischen Jahrhunderts, an dessen Ende das Volk, ergriffen von panischem Schrecken, angesichts des fast sicheren Eintreffens einer totalen Weltkatastrophe, all seinen Hausrat zerschlug und die Sklaven freiließ."[297]

„Am anderen Ende der Welt aber zerschlug auch das palästinensische Volk alle 52 Jahre aus Furcht vor einer Weltkatastrophe seine sämtlichen Gebrauchsgegenstände und gab den Sklaven die Freiheit."[298]

Sämtliche Völker hatten damals offenbar erhebliche Mühen auf sich genommen, um einen möglichst genauen Kalender zu entwerfen. Kein Wunder – niemand wollte erneut von etwas so Furchtbarem überrascht werden.

Die Mayas hatten mit ihrem Kalender einen so hohen Stand erreicht, *„dass sie auf der Grundlage präziser astronomischer Berechnungen (...) einen Mond-Kalender aufstellen konnten, den unsere Astronomen bewundernd ‚die große Rechnung' genannt haben – eine Rechnung, die in 73 Zyklen zu 52 Jahren eingeteilt ist."*[299] (73 x 52 = 3.796 Jahre. Ist dies ein Hinweis auf das Katastrophendatum?)

Wir erkennen bereits jetzt, dass es offenbar auf beiden Seiten des Planeten Stützpunkte gab. Wir wissen außerdem, dass JHWH, der Herr der Fünfzigschaft, in Mesopotamien gelandet war. War er aber auch in Südamerika? Aber ja! Als Marcel Homet bei seinen Reisen zum ersten Mal nach Mato Verde kam, traf er dort hellhäutige Indianer an: 180 cm groß, mit blauen Augen und Adlernasen. Ihr Stammesname: die Javaehs oder Iavahés. Ich bitte den Leser zu beachten, wie nahe diese Silben an dem Namen von Gott JHWH, JAHWE, JEHOVA sind... Er berichtet von der Einzigartigkeit der Stammestätowierung der Iavahés: einem runden Schnitt im Gesicht, der den *„hebräischen Ritus der Beschneidung"* wiedergibt.[300] Ein alter Mann, den Homet traf, erzählte u.a.: „*In der Frühzeit der Erde schien die Sonne, Thiuu, nicht so, wie sie es jetzt tut. Sie war ein wenig verdunkelt. (...) Doch die Sonne vollzog ihren Lauf damals schneller als heute.*"[301] Weiter erzählte der alte Mann von der Hauptstadt der Iavahés, die durch die Feinde des Stammes vollständig zerstört wurde – ihr Name: Canaanan! Und hieß nicht das Land des heutigen Israel ursprünglich Kanaan?[302]

Wir finden wieder und wieder dieselben Geschichten bei den verschiedensten Völkern wieder. So ist die Legende der Tapirapes dieselbe, wie die der Iavahés, und bei beiden finden wir eine Vertreibung aus dem Paradies, die Verteilung der Völker und die Sprachverwirrung – ganz genau so, wie im Christentum. Wir haben also in schöner Regelmäßigkeit auf gegenüberliegenden Orten des Planeten die gleichen Umstände vor uns liegen. Leider werden wir andererseits wieder sehr überrascht, wenn wir Dinge dort finden, wo wir sie nicht vermutet haben. Die 1,80 m großen, blauäugigen Indianer sind da noch relativ harmlos. Homet berichtet beispielsweise von 620 Mumien, die im peruanischen Hochland gefunden wurden, alle hatten eine „*weiße Hautfarbe, blaue oder helle Augen und blonde Haare*".[303] In der spanischen Alpara-Höhle hat man einen Homo sapiens gefunden, der offiziell weder besprochen noch anerkannt wird und der der Vorgänger des Chromagnon-Menschen sein könnte. Dies würde freilich alle bisher aufgestellten Theorien umwerfen.[304] In dieser spanischen Höhle wurden Malereien gefunden, die zwei tanzende Indianer mit Kopfschmuck darstellen, wohlgemerkt: in Spanien! Nicht sehr weit davon entfernt wurde in einer französischen Höhle neben dem Skelett eines Homo sapiens ein skelletierter grönländischer Seehund gefunden. Man darf sich fragen, wie er dahin kam...

In der Nähe der spanischen Höhle wiederum, in Cogull, „*befindet sich ein sensationelles prähistorisches Dokument. Es handelt sich um eine Gruppe von Frauen. Sie sind bekleidet und tanzen um einen nackten Mann herum, der einen monströs großen Phallus besitzt.*".[305] Dieses Detail wird später noch genau besprochen, denn es ist keineswegs eine kultische Übertreibung, was da gemalt wurde. Als Homet in Lima war, machte er sich zu einer Expedition auf, die ihn zu einem Fundort in 6.768 m Höhe führte und zu einem Feld mit Statuen, die ihn in Aufregung versetzten:

„Denn alle diese Statuen trugen einen Turban, ein Kreuz auf der Brust, eine Lanze oder ein Schwert in der Hand, was durchaus dem Typus von Wotan-Odin entsprach, und sie hatten außerdem ein rein semitisches Profil!“[306] Weiter: *„Andere wiederum, ebenfalls vom semitischen Typ, trugen Turban mit Schnur der reinen Araber des Jemen, den man weder in Nordafrika noch selbst in Ägypten antrifft. Dann findet man das heilige grüne Kreuz, auf dem man das mit zwei Kreuzen gezeichnete Antlitz Gottes sieht, dessen Turban von einem dritten Kreuz überragt wird. Und auch da befindet sich Wotan zwischen zwei Sonnenlöwen, genau wie am bereits erwähnten Löwentor von Mykenä. Schließlich gewahrt man noch über Wotans Haupt den großen Phallus, das Symbol der Fruchtbarkeit.“*[307]

Auch die Namen der Götter sind in ihren Ursprüngen aus einer Quelle. Die Götternamen aus dem Mittelmeerraum kann man in Skandinavien wiederfinden, ob nun Thor, Thyr oder Bal oder Beal.[308] Hel oder EL kann man mit „Wohnstätte mit Tür“ gleichsetzen, wie es im Skandinavischen heißt, und Babel lässt sich gut in Bab und El zerlegen, in ein Haus für die Götter, mit einer Tür El. Der mexikanische Gott Quetzalcoatl führt, um die blutigen Bräuche der Einheimischen zu reformieren, das Fest Pacum-Chac ein, was wiederum im Semitischen nichts anderes bedeutet als *„der Ewige, der im Himmel ist“*.[309]

So viele Details, die sich in alten Quellen wiederfinden lassen, passen nicht in unsere heutige Erkenntnislandschaft. Aber trotz der ganz offensichtlich zu erwartenden umwälzenden Erkenntnis, oder vielleicht gerade deswegen, finden sie keinerlei Beachtung. Zu festgefahren ist das Stigma des „wissenschaftlich Anerkannten“ – oder aber des Nicht-Anerkennungsfähigen. Und dazu gehört natürlich auch alles über das Thema Atlantis.

Der schwedische Gelehrte Olof Rudbeck[310] (1630-1702) kam zu dem Ergebnis, dass die schwedische Universitätsstadt Uppsala von Atlantern gegründet worden sei[311] und veröffentlichte in einem riesigen Bild- und Kartenband, der dem Verfasser im Original vorliegt, zahlreiche Daten, Karten und Quellen, die er gefunden hatte.

Beim alten Seefahrervolk der Griechen wusste man sehr genau Bescheid über den Weg und die Entfernung nach Amerika, sprach dabei aber immer auch von vielen Inseln, die dazwischen liegen und einem angrenzenden

„riesigen Kontinent mit großen schiffbaren Flüssen“[312], wohlgemerkt *vor* Amerika.

Zahlreiche andere Fakten zu Atlantis, wie z.B. der unterirdische Strand- und Küstenverlauf rund um die Azoren – aber unten in der Tiefsee – sowie der Weltkartenstein mit dem eingezeichneten Kontinent Atlantis, sind hier bereits benannt worden und nur die Spitze eines Eisbergs immensen Ausmaßes. Doch immer, wenn wir von Autoren wie Däniken oder vielen anderen davon hören, werden wir aufgrund gesellschaftlicher Zwänge dazu genötigt, diese Informationen als Fantastereien abzutun und verfallen erneut dem Vergessen. So bleiben unsere Wurzeln und die Katastrophen unbearbeitet tief verborgen in unserem Unterbewusstsein.

Die alten Griechen waren sich ihrer indes offenbar noch sehr bewusst, denn Homer, der griechische Schriftsteller, der *„neun bis zehn Jahrhunderte vor Christus lebte, spricht davon, dass zwei Monde den Mars umkreisen. Woher wusste er das? Und dann gibt es noch einen etwas neueren Autor, nämlich Herodot, der im 5. Jahrhundert vor Christus lebte. Wer lehrte ihn, dass sich die Erde von Osten nach Westen dreht, niemals in anderer Richtung.“*[313] (Das ist aus unserer heutigen Sicht exakt verkehrt herum.)

Werfen wir einen Blick auf Indien. Ein alter Text verrät uns: *„Die Sonnenstrahlen treffen in der Erdatmosphäre auf Lichtstrahlen. Daher gibt es Licht und Wärme auf der Erde, denn die Erdatmosphäre enthält auch Wärme.“*[314] Blättern wir im RIGWEDA, der 2.500 Jahre vor unserer Zeitrechnung entstand (fast synchron mit dem POPOL VUH der Mayas). Dort wird behauptet: *„Die Sonne ist dunkel. Ihre Hitze macht sich nicht eher bemerkbar, als ihre Schwingungen die Schicht der Erdatmosphäre durchdringen.“*[315]

Ähnliche Kulturen und phallische Riten gibt es in Nordamerika, Timor, Griechenland, Assyrien und an vielen anderen Orten und Ländern der Welt, wo immer wieder Kultgegenstände sowie Nach- und Abbildungen gefunden wurden, die verschämt als „Kommandostäbe“ bezeichnet wurden.[316] Auch Bestattungsrituale ähneln sich über weiteste Entfernungen, so z.B. bei den Kelten und den Indianern vom Nordamazonas, die ihre Toten in einem ausgehöhlten Baumstamm beerdigen.[317] Ich möchte diese kultische Ähnlichkeit erneut als einen Hinweis nicht nur für eine gemeinsame Kultur auffassen, sondern auch für eine gemeinsame Vergangenheit und

Sprache. Auch der französische Ethnologe und Maya-Experte Paul Rivet vertrat diese Ansicht.[318]

Bei einer Expedition auf ein 4.000 m hoch gelegenes Hochplateau im südamerikanischen Marcahuasi fand Homet eine sehr alte bildhauerische Darstellung, unter anderem mit einem 25 Meter hohen Kopf mit semitischem Profil und einem alten ägyptischen Geheimsymbol, der Darstellung eines Quadrates am Hals, das wiederum von 16 kleinen Quadraten gefüllt war. *„Jedes Quadrat bedeutete eine individuelle Seele oder zumindest den Sitz eines besonderen, vom Leib unabhängigen Wesens.“*[319] Neben dem Kopf fand sich eine sechse Meter lange Darstellung einer Froschkröte, *„offenbar eine Darstellung des Sonnengottes Ra“*, und – welch eine große Überraschung – eine zehn Meter lange Darstellung eines Löwen mit einer prächtigen Mähne. Das Problem war eben nur, dass Homet sich in Südamerika in 4.000 Meter Höhe befand. Wo sollten hier Löwen herkommen, die als Vorlage für eine solche Darstellung hätten dienen können?[320]

Die schon an einigen Stellen dieses Buches erwähnte Problematik der Datierung der verschiedenen Völker und Bauten im Korsett des wissenschaftlich anerkannten Rahmens ist regelmäßig ein Thema.

Paul Rivet, ein französischer Maya-Fachmann[321], musste einräumen, dass die Maya-Kultur eigentlich noch recht jung ist und möglicherweise um 3000 v.Chr. begonnen hat[322], während andererseits die von ihm den Mayas zugeschriebenen Pyramiden offenbar 8000 v.Chr. gebaut wurden. Dies könnte dafür sprechen, dass Süd- oder Mittelamerika möglicherweise zuerst von unseren „Fremdplanetfreunden“ besiedelt wurde, denn merkwürdigerweise gibt es offenbar keine einzige ägyptische Mumie, die älter als 6000 v.Chr. ist.[323]

Dies kann daran liegen, dass durch den Zusammenprall mit dem Himmelskörper auf der Erde von Arabien bis über die heutige Sahara alles verbrannte, was da war. Nicht umsonst sitzen die Araber (und vielleicht auch die Afrikaner in der Sahara…?) auf den größten Erdölvorkommen, denn Erdöl besteht ja aus abgestorbenem, organischem Material – recht makaber, wenn man sich nun vor Augen hält, dass wir möglicherweise unsere Autos mit den Produkten aus den Leichen unserer Vorfahren betanken…

Mumien wurden in Ägypten regelmäßig neben, nicht aber *in* Pyramiden gefunden. Einige der Pyramiden waren möglicherweise Wohnstätten und Tempel. Eine Pyramide hieß damals nicht Pyramide, sondern Tepe oder Tepelt, *„wie alle vulkanischen Berge oder mexikanischen Heiligtümer, wo dem Sonnengott Menschenopfer dargebracht wurden"*.[324] Alte Indianer erzählen davon, dass die indianischen Zelte Ti-Pi heißen, weil sie mit der kegelstumpfartigen Form eine Ähnlichkeit zu Vulkanen aufweisen. Ti oder Te bedeutet „Wohnen" und Pe oder Pi „hier".[325]

Schauen wir uns nun einmal die Schöpfungsmythen aus einigen Kulturkreisen an. Wir alle kennen bereits aus der Bibel die Textstellen über die Entstehung des Menschen. Nehmen wir uns von den zweien, die es dort gibt (einmal wurde der Mensch aus Lehm geschaffen, einmal die Eva aus der Rippe des Adam), die erste vor. Genau diese Geschichte finden wir auch in alten mexikanischen Überlieferungen, die auf mindestens 3000 v.Chr. zurückzuführen sind.[326] Bei den Nomoli-Indianern heißt es, dass die ersten acht Menschen, vier Männer und vier Frauen, aus einem „Himmelsschiff" entstiegen seien.[327] Ein alter Mythos der Tapirapes-Indianer berichtet von Folgendem:

> *„Am Anfang der Welt lebten die Tapirapes am Grunde eines großen Sees, durch dessen Wasser nichts hindurch drang als die Strahlen der Sonne, ihres Gottes, durch ein Loch in der Mitte dieses Sees. Doch eines Tages beging einer der Söhne unseres Cacique eine Sünde und wurde krank. Die Tapirapes waren verwundert und verstört, weil sie keine Krankheit kannten. Damals, in einem Zustand der Verzweiflung, geschah es, dass zwei junge Männer, die das Loch in der Mitte des Sees sahen, durch das die Strahlen ihres Wohltäters, der Sonne, drangen, auf den Gedanken verfielen, ihn aufzusuchen und ihn um Rat zu fragen. Gesagt, getan. Sie kletterten durch das Loch nach oben, stiegen aus dem See und begannen, auf Erden zu wandeln. Natürlich hatten sie Pfeil und Bogen mitgenommen."*[328]

Sie sahen einen Hirsch, wollten den schießen, der aber sprach zu ihnen und versprach, ihnen den Weg zu einem Platz und das Mittel zu zeigen, das ihrem kranken Stammesgenossen helfen würde. Sie gingen ihm nach, fanden Honig, kehrten Heim, gaben den Honig, der Kranke gesundete, und sie erzählten von der tollen Welt dort oben. Alle wollten hin, der Oberpriester warnte sie, doch alle gingen und: *„...der Oberpriester war außer sich. Er versuchte, ihnen zu folgen und sie zurückzuhalten. Doch sein Wanst war zu dick. Er konnte nicht durchkommen.“*[329]

Na, kommt Ihnen das bekannt vor, lieber Leser? Die Geschichte endet dann damit, dass die Leute irgendwann alles gesehen hatten und zurück wollten, aber sie konnten und/oder durften nicht mehr zurück. Sie waren aus ihrem Paradies vertrieben.

In südamerikanischen Mythen taucht ein Vogel auf, den man *Wak-Wak* nennt.[330] Dieser Vogel flog eine Jungfrau in einen Garten, wo sie an den Früchten eines verbotenen Baumes schnupperte und von herunterfallendem Speichel dieser Früchte schwanger wurde. In arabischen Mythen wiederum gibt es ebenfalls eine Geschichte über ein Mädchen, das Früchte eines verbotenen Baumes kostet und davon dann auch noch schwanger wird. Der Name der Legende lautet: *Waq-Waq*.[331]

Ein anderer Indianerstamm berichtet von folgender Überlieferung[332]: *„Im Anfang wohnten die Menschen in einer schönen Gegend über dem Himmel. Außer ihnen gab es dort nur Vögel, die ihren jungen Jägern zur Beute wurden. Eines Tages verfolgte Okonorote einen Vogel. Er schoss nach ihm, aber sein Pfeil verfehlte sein Ziel und verschwand. Als er den Pfeil suchte, kam er an ein Loch, durch das er gefallen war. Er sah hinab und erblickte unten ausgebreitet unsere Welt mit Herden von Wildschweinen, zahlreichen Rehen und anderen Tieren, die ungestört weideten und durch die grünen Wälder und die Savannen umherzogen. Da die Öffnung groß genug war, um hindurchzuschlüpfen, beschloss Okonorote, ein Tau oder eine Leiter aus Baumwolle zu fertigen und hinunterzusteigen. Mit Hilfe seiner Freunde wurde die Leiter fertig gestellt, was viele Monate dauerte. Solange sie sahen, dass sie noch zu kurz war, machten sie sie oben immer länger, bis sie schließlich unten in die Bäume einhakte. Dann wurde sie oben mit starken Streben festgebunden.*

Der mutige Okonorote kletterte darauf hinab. Es war ein gefährliches Unternehmen, auf einer so gebrechlichen Leiter, die jeder Wind bewegen konnte, von oben hinabzusteigen. Als er unten angelangt war, sah er sich verwundert um und betrachtete erstaunt das reiche Leben, die sonderbaren Vierfüßler und ihre Größe. Alles erschien seinen Augen wunderbar. Er sah, wie die wilden Tiere ihre Beute verschlangen, und dachte, er könne es auch wagen, eines der großen Tiere zu erlegen und zu verspeisen. So schoss er ein junges Reh. Er machte Feuer mit zwei Stücken Holz und fand das Wildbret eine vortreffliche Nahrung. Dann stieg er wieder zum Himmel hinauf. Das war eine rechte Anstrengung. Der Abstieg war schwer gewesen, nun war der Aufstieg noch viel beschwerlicher. Er brachte Wildbret mit hinauf, nicht viel zwar, aber doch genügend, um es seinen Stammesgenossen zu zeigen. Der Geschmack des Wildbrets und seine Worte versetzten alle in helle Begeisterung. Da sagten sie zueinander: Wir wollen hier nicht bleiben. Die kleinen Vögel um uns her sind wenig nütze, aber dort unten, in dem Lande, das Okonorote für uns gefunden hat, werden wir Tiere zur Nahrung im Überfluss haben. Lasst uns hinabsteigen und dorthin gehen!"

Die Geschichte geht dann noch ein wenig weiter: Sie klettern wieder hinunter, Kinder und Alte zuerst, dann die Frauen, und ganz zum Schluss eine sehr dicke Frau. Die bleibt in dem Ausstiegsloch stecken. Okonorote geht hinauf, versucht zu helfen, es geht aber nicht: die Frau bleibt oben, die Leiter reißt, sie sind unten (bis auf die eine) und können nie wieder in den Himmel hinauf. Dies ist eine Überlieferung der Warrau-Indianer von British Guayana.

Aus dem Buch von Chris Morton und Ceri Louise Thomas mit dem Titel „Tränen der Götter – Die Prophezeiung der 13 Kristallschädel" möchte ich Ihnen einen Auszug aus einem einzigen Kapitel wiedergeben. Auch der Rest des Buches ist extrem interessant und kann eine Menge zu einem besseren Verständnis indianischer Weltsicht und Philosophie und altem, übermitteltem Wissen der Maya und anderer Stämme beitragen und natürlich auch zum Thema der Kristallschädel, von denen u.a. Heinrich Himmler einen sein Eigen nannte. Genau dieser ist erst vor kurzer Zeit, im Jahre 2011, im Nachlass einer Dame in Süddeutschland aufgetaucht, deren Sohn ihn dann gleich von Experten prüfen ließ. Mit dabei waren Kisten mit der Aufschrift *„Öffnen bei Todesstrafe verboten – Der Führer"* und einiges Material über reichsdeutsche Entwicklungen bzgl. Flugscheiben und einiges mehr. Diese Kisten stammten aus einem Zug, der von Alliierten bombardiert wurde und dessen Inhalt dann schleunigst von den diesen Zug begleitenden Offizieren in Sicherheit gebracht wurde. Einer dieser Offiziere brachte diese Kisten seiner Freundin, wo man sie dann nach deren Tod fand. Eine Schweizer Zeitschrift berichtete auszugsweise darüber.

Das nun Folgende wurde vor wenigen Jahren den Autoren des oben genannten Buches von einem Nachfahren der Cherokee und Mitglied der *Twisted-Hair-Society* übermittelt, vermutlich als ersten Nicht-Indianern überhaupt, die jemals diese Geschichte zu hören bekamen.

„Die Ältesten der Twisted Hair sagen, dass es ganz zu Anfang zwölf Welten gab, auf denen Menschen lebten. Das sind Planeten, die sich um verschiedene Sonnen drehen, und die Ältesten trafen sich auf einem Planeten namens Osiriaconwiya. Das ist der vierte Planet vom Hundestern, Sirius. Er hat zwei Sonnen und zwei Monde, und dort trafen sie sich, um über das Elend des ‚Planeten der Kinder' zu sprechen – und dort sind wir heute. Dieses ist Großmutter Erde, in unserer Sprache Eheytoma genannt, aber es steht auch für ‚Planet der Kinder', weil dieser Planet von all denen, auf denen es menschliches Leben gibt, am wenigsten entwickelt ist. Wir gehören also zu einer Familie von zwölf Planeten. (…) Den Ältesten gelang es, sich von ihren eigenen Planeten aus mit den Menschen auf der Erde zu verständigen, und dazu benutzten sie zwei große Kuppeln, eine rote und eine blaue, die unter dem Ozean waren. Und sie halfen den Menschen auf der Erde, vier große Zivilisationen zu gründen, die von Lemuria, Mu, Mieyhun und Atlantis."[333]

(„Osiriaconwiya" ist der Name des Planeten. Es gibt im Indischen einen Vornamen „Vijay", selten auch „Wija"; die ursprüngliche Bedeutung dieses Namens ist „Sieg". Der Name des Planeten könnte also unter Annahme, dass die Sprache sich interplanetar ähnlich entwickelt habe, bedeuten „Siegreicher Osiria" oder „Sieg des Osiria" oder „Sieg dem Osiria").

Eine Bekannte der Autoren, die sie nach diesem Termin aufsuchten – ebenfalls eine Indianerin –, eröffnete ihnen dann eine weitere, sehr wichtige Geschichte zur Entstehung der Menschheit und zum Sinn und Zweck des Hauptthemas des Buches, den Kristallschädeln.

„Wissen Sie, es waren Außerirdische, wie Sie sie nennen, die die Kristallschädel als erste mitbrachten. Aber wir nannten sie ‚Himmelsgötter' oder ‚Himmelsmenschen'. Diese kamen das erste Mal am Ende der Dritten Welt des Wassers auf die Erde. Die Dritte Welt des Wassers existierte vor langer, langer Zeit, noch vor der Kontinentalverschiebung, als die Landmasse der Erde ein Ganzes war, das Schildkröteninsel genannt wurde. Sie kamen

gleich zu Anfang auf die Erde und sind seitdem schon mehrere Male auf der Erde gewesen. Sie sind als große Lehrer bekannt, und man gab ihnen Namen wie Quetzalcoatl in Mittelamerika oder Viracocha in Südamerika. Sie kommen oft zu einer Zeit, wenn die Menschen Schwierigkeiten haben oder wenn wir in unserem Leben gegen Gesetze verstoßen oder uns sonst etwas fehlt. Sie kommen als Helfer, als Lehrer und Heiler, und sie versuchen den Menschen beizubringen, wie man in Frieden lebt. (...) Die Himmelsgötter haben schon immer eine Schlüsselrolle in der Entwicklung der Menschheit gespielt, eine Rolle, die wichtiger ist, als Sie es sich jemals vorgestellt haben. (...) Am Anfang war Frieden auf der Erde. Die Menschen, die damals lebten, waren keine Homo sapiens, wie wir sie heute kennen. Sie waren, was Sie heute als Neandertaler bezeichnen, aber wir nennen sie ‚Erdmenschen'. Es gab ein goldenes Zeitalter, als die Erdmenschen und die Tiere sich miteinander verständigen konnten und einträchtig zusammenlebten. (...) Erst vor kurzem haben Wissenschaftler (...) herausgefunden, dass unsere frühesten Vorfahren praktisch vegetarisch gelebt und überhaupt keine Tiere getötet haben. Das Problem lag darin, dass mit der Entwicklung der Erdmenschen ihre Köpfe immer größer wurden und damit auch ihr Gehirn immer größer wurde, weil sie in ihren Gehirnen alle genetischen Erinnerungen speicherten, die von Generation zu Generation mehr wurden, und darum wurden auch ihre Köpfe größer. Und als ihre Köpfe immer größer wurden, empfanden die Weibchen ihrer Art es immer schwieriger zu gebären. Im Laufe der Zeit starben immer mehr Frauen während der Geburt, und das Überleben der ganzen Art war bedroht. (...) Der Grund ist, dass genau zu jener Zeit, als die Erdbevölkerung in einer Krise steckte, die Himmelsgötter, die Sie ‚Außerirdische' nennen, von den Plejaden, von Orion und Sirius herunterkamen. Sie suchten hier auf der Erde ein neues Zuhause, auf diesem schönen, blau-grünen Planeten. Die Himmelsgötter kamen also und brachten die Kristallschädel als Geschenk für die Menschen auf der Erde mit. Denn in diesen Kristallschädeln war das ganze Wissen dieser Wesen von den anderen Planeten enthalten. (...) Aber die Schädel hatten noch eine andere Funktion. Sie sollten ein Modell für eine neue Art sein. Die Erinnerungen, die wir bis dahin in unserem Gehirn gespeichert hatten, wurden in die DNS übertragen. Unsere Gehirne brauchten nicht mehr zu wachsen. (...) Wissen Sie, als die Außerirdischen hier ankamen, da wussten sie, dass sie in unserer Atmosphäre nicht lange würden leben können. Und darum starben die Himmelsgötter genau so wie die Erdmenschen. Dann gab es einen Austausch. Die außerirdischen ‚Menschen vom Himmel' verbanden ihre Gene mit denen der Erdmenschen, um beiden Arten das Überleben zu ermöglichen, das aber in einer Form, die sich von allen anderen zuvor unterschied. (...) Denn wir haben zwei Linien unserer Herkunft und unseres genetischen Gedächtnisses. Darum hat unsere DNS auch zwei Stränge. Ursprünglich enthielt ein Strang die Erinnerungen von der Erde und der andere die Erinnerungen unserer himmlischen Vorfahren. (...) Und einer der Gründe, warum die Kristallschädel aus Quarz sind, ist der, dass die Himmelsgötter Silizium in unsere genetische Struktur eingebaut haben. Unsere Lebensform basierte völlig auf Kohlenstoff. Aber das Silizium ist jetzt in unserem Blut. Darum tragen wir einen Teil der gesamten kristallinen Matrix in uns, die uns mit dem Rest der Galaxie verbinden kann."[334]

So viel aus den indianischen Überlieferungen. Es ist erstaunlich, welche Parallelen und teilweise sehr genauen Angaben über viele Jahrhunderte überliefert wurden.

Resümee

Lassen Sie uns nun einen Blick auf den kreationistischen Teil der Menschwerdung werfen und auf das, was wirklich in der Bibel steht. Die Bibel wurde im Laufe der Jahrhunderte immer wieder neu übersetzt, dabei wurde die Sprache entweder aus Unwissen oder im vollen Bewusstsein immer wieder den modernen Sprachgebräuchen angepasst und im gleichen Arbeitsgang so weit von der eigentlichen Urfassung entfernt, dass Inhalte nach und nach unsichtbar wurden oder sogar verloren gingen. Die Bibel in einer der alten Fassungen zu lesen, erscheint selbst dem geübten Leser mühevoll. Die modernen Fassungen überwinden dies, jedoch zum Preis der Inhaltsverstümmelung. Die übliche Herangehensweise heutiger Menschen an längst vergangene Zeiten ist die, dass sehr oft dann, wenn etwas unlogisch, dumm, nachlässig oder fahrlässig erscheint, in Bezug auf das Verhalten der damaligen Menschen gesagt wird: „Naja, die waren ja noch nicht so weit wie wir heute, das war eben damals so.“ Dieser Generalverdacht der Dummheit geht indes zu weit. Wir maßen uns an – dem Fortschritt der Technik sei Dank – Probleme des täglichen Lebens heute deutlich besser lösen zu können als vorangegangene Generationen. Wir übersehen dabei, dass die zwischenmenschlichen Probleme in aller Regel exakt dieselben sind wie vor hundert Jahren und davor – die Liebe, das Geschäft, der Arbeitskollege, der Beruf, die Kinder, die Erziehung, die Bildung und das liebe Geld. Selbst bei Technologien müssen wir feststellen, dass offenbar Jahrtausende vor uns bereits Dinge beherrscht wurden, die über unser heutiges Verständnis weit hinaus gehen. Und wenn wir uns die Gesellschaften vergangener Zeiten ansehen, dürfen wir uns fragen: Woher hatten die Familien früher eigentlich das Geld für 10 Kinder, während es uns heute schon schwerfällt, ein Kind großzuziehen? Sprachen damals nicht viele neben ihrer Muttersprache auch Latein und Griechisch? Wie gut ist es also im Vergleich dazu mit unserer Allgemeinbildung bestellt? Dürfen wir uns tatsächlich anmaßen, so herablassend zurückzublicken? Ist das Betrachten eines „Smartphones“ und die Suche nach Informationen im Internet schon Ausdruck von heutiger Bildung? Müssen wir nicht vor Ehrfurcht erblassen und ganz leise werden und uns fragen, was wir heute, mit all der Technik, alles falsch machen, dass wir diese Standards nicht mehr erreichen können?

14. Kreative Menschwerdung und Bibelwahrheit

Gehen wir zurück zu den Schilderungen Zecharia Sitchins aus den sumerischen Überlieferungen, erkennen wir, dass die Menschen offenbar erst als zeugungsunfähiges Muster geschaffen worden waren, dem dann nachher möglicherweise im Rahmen einer „Rationalisierungs- und Optimierungsmaßnahme" die Fortpflanzungsfähigkeit gegeben wurde. Dass Kreuzungen von verschiedenen Arten nicht fortpflanzungsfähig sind, kennt die moderne Wissenschaft von vielen Arten; z.B. von der Mischung aus Tiger und Löwe. Offenbar sollten sich die ersten Menschenmodelle nur von Wasser, Früchten und Samen ernähren. So ist es überliefert. Nach der letzten Sintflut jedoch wurde dann das Ernährungsgebot modifiziert, möglicherweise sogar gleichzeitig mit der Reparatur der Fortpflanzungsfähigkeit, und es lautete fortan: *„Nehmt, was ihr kriegen könnt, es ist ja eh kaum was da nach dieser Flut. Aber bitte verzichtet auf Schweinefleisch."*

Es ist aus unserer Sicht heute schwer festzustellen, ob die stark verkürzte Lebensdauer eine Frage der geänderten Ernährung oder die einer bewussten genetischen Veränderung ist. Die Indizien sprechen eher für Letzteres, wobei hinzuzufügen ist, dass die in der Bibel erwähnte Höchstgrenze eines Menschenalters von 120 Jahren heute von Menschen nur bei ausgesucht guter Ernährung erreicht werden kann und häufig nur wenig mehr als die Hälfte dessen erreicht wird. Da das Funktionsmuster „Mensch" aber ansonsten anscheinend ohne Änderung geblieben ist und wir Menschen heute obendrein nicht einmal die von den Göttern erwähnte Regelaltersgrenze von 120 Jahren erreichen, gehe ich davon aus, dass uns Menschen eine Ernährung mit Wasser, Früchten und Samen wohl erheblich besser bekommen würde als das, was so normalerweise auf die Teller kommt – weltweit wohlgemerkt. Es besteht allerdings der begründete Verdacht, dass die Verschiebung der Erdachse einen gravierenden Einfluss auf die Lebensdauer des Menschen und dessen mentale Verfassung hat – ebenso begründet ist der Verdacht, dass die Verschiebung der Erdachse nicht zufällig, sondern mutwillig herbeigeführt wurde. Das hierzu möglicherweise benutzte Werkzeug könnte ebenfalls eine Pyramide sein. Genau auf dem ehemaligen Äquator liegt am Grund des Titicacasees eine Pyramide mit einem riesigen Topas an der Spitze verborgen, die laut Quellen vor ca.

fünftausend Jahren(!) dazu benutzt wurde, die Erdachse schief zu stellen.[335]

Kommen wir nun zur kreativen Menschwerdung: Thomas H. Fuss stellt in seinem Buch „Spezies Adam“ seine diesbezüglichen Forschungsergebnisse vor. Da die Bibel manchmal widersprüchliche Texte und Aussagen von gleichen Autoren enthält, hat er sie genau untersucht. Beispielsweise kann man aufgrund der Literaturstruktur und Erzählart einen starken Unterschied zwischen den Mosebüchern 2.-4. und dem 5. feststellen. Das bedeutet, dass hier offenbar nicht Mose der Autor war, sondern jemand anderes. 15.000 Tontafeln wurden im Jahre 1975 in Akkad gefunden, mit unglaublich vielen Daten, auch von bekannten Bibelnamen, sodass man davon ausgehen kann, hier einige der Ur-Quellen vorliegen zu haben.[336] Zu solchen Ur-Quellen gehört auch das dem Leser bereits bekannte Gilgamesch-Epos, in dem man z.B. über Noah – genauer im „Mythos von Atrahasis“ – lesen kann, dass Noah in einem Schiff die Sintflut überlebte und davon berichtete, dass *„die Götter“* bereits *„3.600 Jahre auf der Erde arbeiteten, bevor sie den Menschen erschufen“*.[337] Keinesfalls befanden Sie sich dabei über einem „Nichts“ (aus dem die Schöpfung ja laut Bibel entstanden sein soll), sondern *„die Erde war wüst und leer, und der Geist Gottes schwebte über dem Wasser“* – es gab also mindestens Wasser und Land und die Erde als Planeten.[338]

Als die Götter den Menschen erschufen, war diese Technologie damals sicherlich aus Sicht der bereits geschaffenen Menschen Zauberei oder Gotteswerk, aus heutiger Sicht sind wir gar nicht mehr so weit davon entfernt. Stillman und Hall, beides Mitarbeiter der *George Washington State University*, haben am 25. Oktober 1993 erstmals offiziell menschliche Embryonen verdoppelt.[339] Die anfänglichen ersten Gehversuche auf der Suche nach dem richtigen Modell des Menschen können aus heutiger Sicht gut nachvollzogen werden:

> *„Am Ende (...) jedoch herrschte ein regelrechtes Gedränge intelligenter Menschenarten. Dann, scheinbar ganz plötzlich, löste sich die Ballung wieder auf, alle unsere Verwandten verschwanden von der Bildfläche (...), und nur wir blieben übrig. Fraglos wurde genau in dem Zeitraum, in dem die Herrscherrasse aufgetaucht sein soll, erschaffen, experimentiert und ausgerottet, was das Zeug hält.“*[340]

Der deutsche Pathologe Rudolf Virchow sagte bereits:
„Die Vorstellung, dass sich der Mensch aus Tieren entwickelte, ist meiner Meinung nach unannehmbar. Denn wenn ein Übergangsmensch gelebt hätte, so hätten wir Beweise für seine Existenz – die es nicht gibt. Das Geschöpf, das dem Menschen vorausging, ist noch nicht gefunden worden.“[341]

Aus den verschiedenen Überlieferungen können wir bereits erahnen, wo dies alles stattfand: im Paradies, in einem eingezäunten Areal „Eden“. „Paradies“ leitet sich vom griechischen Wort für eben diese Umzäunung ab, und dort gab es Wächter (die „Engel“), die aufpassten, dass keines der wertvollen Muster sich entfernen konnte. Offenbar wurden die Menschen zunächst in getrennten Lagern für männliche und weibliche Exemplare gehalten.[342] Nach Verführung durch einen der Wächter („Satan“) wurden sich die Menschen offenbar schnell ihrer Geschlechtlichkeit und Nacktheit bewusst und versuchten, dies zu verbergen.[343] Dort gab es den Überlieferungen nach eine „Flamme des kreisenden Schwertes“, was eine durchaus technische Beschreibung eines Lasers, der zur Überwachung und zu Kampfzwecken diente, sein könnte.[344] Auch über die dem Leser bereits bekannte High-Tech-Kopfbedeckung findet man in der Bibel Berichte: *„Da schlug die Flamme des Horus-Auges gegen dich, aus dem Auge des Atum.“ (Spruch 137A/32-34)*[345] Neben vielen technischen Einzelheiten, dem Standort der „Götter“ auf einer Orbitalstation, den Fluggeräten („Kerubim“), Raumanzügen in schillernden Farben (u.a. Apokalypse des Adam 11/1,2)[346] findet man in der Bibel und anderen Quellen zahlreiche Beispiele, die klar technische Beschreibungen von Gebäuden, Fahrzeugen, Waffensystemen und anderen Götterwerkzeugen sind.

Wie wir bereits wissen, gab es Streit zwischen den Göttern, und eine „Menschin“, die wir heute Eva nennen, gebar ein Kind von einem dieser Götter. Dieses Kind kennen wir als Kain.[347] Kain tötete laut Überlieferung seinen Halbbruder Abel, wurde dafür aber nicht sonderlich bestraft, sondern nur verbannt. Die fehlende Bestrafung Kains für die Tötung seines Halbbruders Abel lässt sich möglicherweise dadurch erklären, dass Kain eben nicht einfach „nur ein Mensch“ war, sondern direkt von einem der „göttlichen“ Wächter abstammte (laut einer jüdischen Legende „Von Adam und seinem Geschlecht“ ist dieser Wächter Semael = Baal Zebul = Beelzebub[348]). Somit war Kain in den Augen der Wächter etwas Besonderes, und man wollte ihn, möglicherweise wegen größerer Ähnlichkeit oder genetischer Verwandtschaft, nicht einfach umbringen, sondern ihn stattdessen verbannen. Auch die Menschen waren dem Kain nicht wohlgesonnen, denn alle wussten ja, aus welcher Verbindung er stammte.[349]

Die Menschen, wie auch die Wächter und Götter selbst, konnten offenbar leicht, möglicherweise anhand optischer Merkmale erkennen, dass Kain „anders" war als die anderen Menschen. Möglicherweise verfügte Kain aufgrund seiner direkten Abstammung von einem der Wächter auch über besondere Fähigkeiten und wurde dementsprechend von Menschen und Wächtern anders behandelt als die „normalen" Menschen. Möglicherweise war ein herausstechendes Merkmal seine andere Haarfarbe und seine blauen Augen. Denn allgemein bekannt sind ja blaue Augen als Merkmal der Arier. Die neueste Genforschung hat festgestellt, dass alle Menschen mit blauen Augen von einem einzigen anderen Menschen(?) abstammen, und von diesem Menschen(?) stammt das OCA2-Gen[350], das für die blauen Augen verantwortlich ist. Haben wir hier also den Beweis, dass die blauen Augen von einem dieser Götter kamen?

Die Anzahl der insgesamt geschaffenen Menschen war vermutlich nicht eine kleine in Familiengröße, sondern eher eine ganze Schar, denn sonst hätte sich dieses Experiment für die Götter ja überhaupt nicht gelohnt. Man darf annehmen, dass sich bald Hütten, Dörfer und ganze Städte mit diesen Menschen füllen ließen. Und solche Städte und Dörfer finden wir dann auch in der Bibel. Kain selbst baute für seine Nachkommen, die er zuerst mit seiner Halbschwester zeugte, eine ganze Stadt, die er nach seinem ersten Sohn Henoch benannte[351] und die offenbar identisch mit dem heute als Baalbek bekannten Ort ist.[352]

In Baalbek fanden sich lange vor den Römern Steinblöcke von mehr als 1000 Tonnen Gewicht, die irgendwie dorthin bewegt und eingebaut worden sein müssen.[353] Hierzu wären in modernen Zeiten Kransysteme nötig, die selbst bei Gewichten weit darunter stundenlang hochpräzise arbeiten müssten, um bei bestem Wetter eine solche Last zumindest bewegen zu können – von Anpassungen und großen Höhenunterschieden brauchen wir gar nicht zu reden.[354] Damalige Spezialwerkstätten für Metalle, in denen offenbar Schwerter, Panzerhemden und auch Kampfwagen hergestellt werden konnten, von etlichen zehntausenden(!) Arbeitern, entdeckte offenbar der Hildesheimer Ausgrabungsleiter Edgar Pusch vom Roemer-

und Pelizäusmuseum[355] und in der Bibel werden Lehrgänge und Kursinhalte für Metallkunde (Asasel), Sternschauen (Baraqel), Wolkenkunde (Ezeqeel) usw. ausführlich beschrieben.[356]

Unkontrollierte Vermehrung (wegen der mit der Zeit immer paarungswilliger werdenden Wächter, die sahen, wie hübsch das war, was da vor ihren Augen an „Menschinnen" geschaffen wurde) und die Erlangung der Schriftkunde waren schließlich wohl die Gründe für die Absicht der Götter, die Menschen auszuradieren.[357] Ein anderer möglicher Hintergrund könnte sein, dass sich bei der Paarung mit Wächtern nicht die normale Größe der Menschen ergab, sondern Riesen geboren wurden, die „Nephilim". Von denen gab es schließlich am Höhepunkt über vier Millionen.[358]

Von diesen Riesen berichtet die Bibel (1. Mose 6/4), und es gibt zahlreiche Textstellen, aus denen hervorgeht, dass eben diese Riesen in ihrem maßlosen Hunger einfach alles auffraßen, dass für den Menschen nichts mehr übrig blieb und sie schließlich aus Nahrungsmangel sogar die Menschen selbst auffraßen – einen nach dem anderen. Da die Götter dies nicht mit ansehen mochten und es nicht ihrem Plan entsprach, wollten sie die Notbremse ziehen – und alles vernichten.[359]

Die Riesen werden in diesen Quellen mit einer Größe von bis zu 5 m und der Eigenart geschildert, dass sie je 6 Zehen und 6 Finger hatten. Diese Gene sind noch heute in uns Menschen, und ab und zu kommen sie durch – und werden dann als „Missbildungen" bezeichnet.[360]

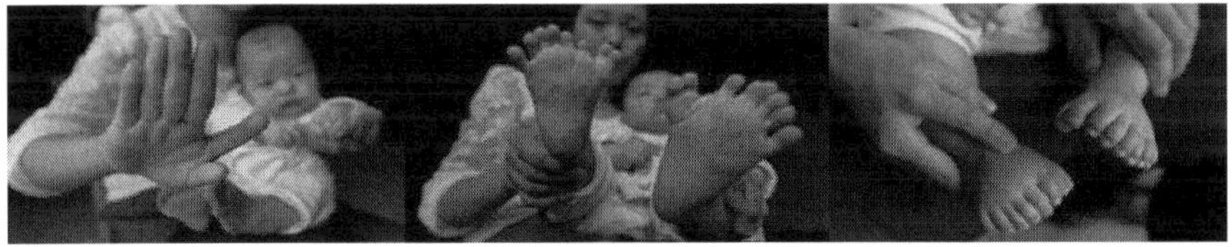

Abb. 55: Mehrgliedrige Hände und Füße bei ansonsten ganz normalen Menschen.

Archäologische Funde, wie z.B. ein Zahn eines solchen Riesen und Doppeläxte, zwar in „typisch minoischer Form", jedoch in einer Länge von unglaublichen 3 m(!) (siehe auch Abb. 33), werden regelmäßig in Museumskellern unter Verschluss gehalten und gar nicht erst diskutiert.[361]

Auch andere Gene blieben bis heute erhalten. So fotografierte Homet auf einer seiner Expeditionen z.B. einen lebenden Menschen (Abb. 56), der

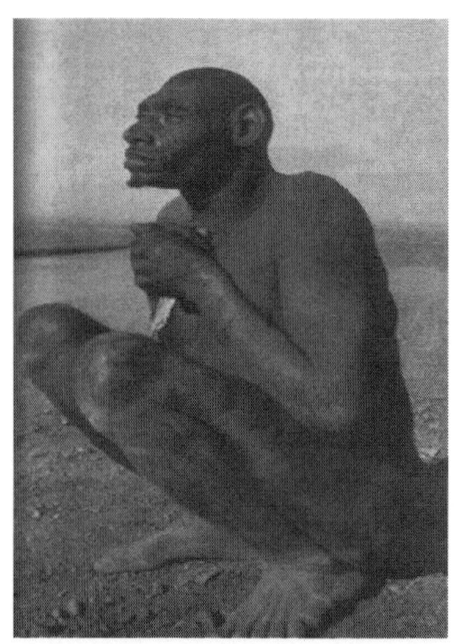

Abb. 56: Dem Neandertaler ähnlicher, lebender Mensch.

ganz offensichtlich genau jenem Genotypen entsprach, den wir heute *Neandertaler* nennen (Abb. 56).[362]

Auch über die Nahrung der Menschen finden wir etliche Hinweise, so z.B. das Manna, das göttliche „Brot“, welches sich nach einigen Forschungsergebnissen als *Caulerpa Taxifolia* identifizieren lässt. Dies ist eine Alge, die sich bereits unter schlechten bis normalen Bedingungen innerhalb von 24 Std. verdoppelt, unter sehr guten Bedingungen jedoch wesentlich schneller, und dies bei ausgezeichnetem Nährstoffgehalt.[363]

Wieder und wieder stoßen wir auf durchaus logische Fakten, die sich naturwissenschaftlich belegen lassen und die, wie beim Manna, möglicherweise sogar die Geschichten der Bibel „beweisen“ können. Andererseits ist die Bibel an sich jedoch nicht gerade ein Garant für Wahrhaftigkeit. Viele Autoren sind unklar, die Erstellungsjahre liegen oft im Dunkeln, und der Inhalt ist durch mannigfaltige Übersetzung ganz im Sinne des jeweiligen Zeitgeistes manchmal beinahe bis zur Unkenntlichkeit verunstaltet. Dennoch ist sie ein Sammelsurium der ältesten Bücher unserer Welt und kann uns sehr wertvolle Hinweise liefern. Bibelstudium nennen es die gläubigen Christen. Lassen Sie es uns nun stattdessen „Genaues Hinsehen“ nennen.

In einer Wort-für-Wort-Übersetzung der alten Original-Bibeltexte eines Bekannten, der sogenannten „DaBhaR“, fand ich ein paar interessante Hinweise.[364] Dort finden Sie in der Schöpfungsgeschichte einige interessante Details. So ist z.B. ausdrücklich die Rede von einer Mehrzahl von Göttern, die auf der Erde weilten und die sich offenbar sehr gut mit Medizin und Gentechnik auskannten. So ist zu lesen: *„Und die Herren des Lichtes ließen Betäubung fallen auf Adam, nahmen eine seiner Zellen, verschlossen die Stelle mit Fleisch und erschufen daraus eine Männin.“* Vergleichen Sie das einmal mit der Bibel, die sie im Regal stehen haben! Dort finden Sie vermutlich eine Übersetzung „nach Luther" bzw. „zeitlich nach" Luther. In diesen Übersetzungen sind, um den Text für das „gemeine Volk" verständlicher zu machen und leider nicht ohne Sendungsbewusstsein, immer wieder Verfälschungen der Originaltexte zu finden.

In den Ihnen zugänglichen Bibeln werden Sie möglicherweise folgende Bezeichnungen für Gott finden: EL, ELOHIM, ZEBAOTH, EL SHADDAI, ADONAI, YAHWEH, JEHOVA, YAHWEH-JIREH, YAHWEH-ROPHE, YAHWEH-NISSI, YAHWEH-M'KADDESH, YAHWEHSHALOM, YAHWEH ELOHIM, YAHWEH-TSIDKENU, YAHWEH-ROHI, YAHWEH-SHAMMAH, YAHWEH-SABAOTH, EL ELYON, ABHIR, KADOSH, SHAPHAT, EL ROI, KANNA, PALET, YESHA, GAOL, MAGEN, EYALUTH, TSADDIQ, EL-OLAM, EL-BERITH, EL-GIBHOR, ZUR, MELEKH.

Diese Liste hat nicht den Anspruch, vollständig zu sein. In neuen Übersetzungen finden Sie diese Namen jedoch kaum noch oder überhaupt gar nicht mehr. Dort heißt es nahezu ausschließlich: „Gott" oder „Herr" oder „Vater" oder „Gott der Herr" oder „Allvater" und natürlich „JHWH". Was nun aber, wenn all diese Namen tatsächlich verschiedene Wesen waren? Die Herren („Elohim") des Lichtes („El") weilten auf der Erde. Vielleicht war das ja ein ganzer Trupp: Oberst Jaweh, General Zebaoth, Major Shaddai usw. Übrigens heißt der alte germanische Lichtgott „Il" also „I" und „L"... Das ist ziemlich nah dran an „El", oder? Was ist also, wenn da ein ganzer Trupp gelandet ist, vielleicht mit Vehikeln, die in irgendeiner Art und Weise durch Licht angetrieben wurden oder bei Bewegung Lichter ausstrahlten? Daher vielleicht die Bezeichnung „Herren des Lichtes"?

Was, wenn es in diesem Trupp nicht immer Friede-, Freude-, Eierkuchen-Stimmung gab, sondern handfesten Streit, bis hin zur Spaltung der Truppe in zwei oder mehrere Lager und sogar Kriege, die untereinander ausgefochten wurden – also z.B. ein durchgeknallter Sadist Major Shaddai, ein zackiger alter General Zebaoth, ein gerissener Oberst Jaweh, der seine Brüder mit dabei hatte? Schauen wir uns einmal an, was so alles in der Bibel steht. Ich werde im Folgenden eine im Internet verfügbare Version der Bibel von Luther aus dem Jahre 1545, eine von 1951 und die Wort-für-Wort-Übersetzung miteinander vergleichen, um zu zeigen, wo hier welche Unterschiede zu finden sind.

Alte Bibelübersetzung	**Moderne Bibelübersetzung**	**DaBhaR**
1. Mose 1.27		
27 VND Gott schuff den Menschen jm zum Bilde / zum Bilde Gottes schuff er jn / Vnd schuff sie ein Menlin vnd Frewlin.	27 Und Gott schuf den Menschen ihm zum Bilde, zum Bilde Gottes schuf er ihn; männlich und weiblich schuf er sie.	27 Und ÄLoHI'M erschuf den Ada'M In seinem Bild, im Bild des ÄLoHI'M erschuf er ihn, männlich und weiblich erschuf er sie.
28 Vnd Gott segnet sie / vnd sprach zu jnen / Seid fruchtbar vnd mehret euch vnd füllet die Erden / vnd macht sie euch vnterthan. Vnd herrschet vber Fisch im Meer / vnd vber Vogel vnter dem Himel / vnd vber alles Thier das auff Erden kreucht.	28 Und Gott segnete sie und sprach zu ihnen: Seid fruchtbar und mehret euch und füllet die Erde und machet sie euch untertan und herrschet über die Fische im Meer und über die Vögel des Himmels und über alles Lebendige, was auf Erden kriecht!	28 und ÄLoHI'M segnete sie. Und ÄLoHI'M sprach zu ihnen: Fruchtet und mehret euch und füllet das Erdland und unterwerfet es. Und waltet gebiets der Fische des Meeres Und gebiets des Flatternden der Himmel und gebiets alljedes Belebten des sich Regenden auf der Erde
29 VND Gott sprach / Sehet da / Jch hab euch gegeben allerley Kraut / das sich besamet auff der gantzen Erden / vnd allerley fruchtbare Bewme / vnd Bewme die sich besamen / zu ewr Speise /	29 Und Gott sprach: Siehe, ich habe euch alles Gewächs auf Erden gegeben, das Samen trägt, auch alle Bäume, an welchen Früchte sind, die Samen tragen; sie sollen euch zur Nahrung dienen;	29 Und ÄLoHI'M sprach; Da! Ich gebe euch alljedes Samen säende Gekräut, das auf dem Angesicht all des Erdlands und alljeden Bäumigen in welchem Samen säende Frucht des Bäumigen ist. euch wird es zum Verspeis.
30 vnd aller Thiere auff Erden / vnd allen Vogeln vnter dem Himel / vnd allem Gewürm das das Leben hat auff Erden / das sie allerley grün Kraut essen / Vnd es geschach also	30 aber allen Tieren der Erde und allen Vögeln des Himmels und allem, was auf Erden kriecht, allem, was eine lebendige Seele hat, habe ich alles grüne Kraut zur Nahrung gegeben. Und es geschah also.	30 Und alljedem Belebten des Erdlands und alljedem Flatternden der Himmel und alljedem sich Regenden auf dem Erdland in welchem eine lebende Seele ist gebe ich alljedes Grünende des Gekräuts zum Verspeis. Und es wurde also.

Wenn man genau hinsieht, steht in der alten *Version „Gott schuf den Menschen als Mann und Frau"* und in der neueren Version als *„ männlich und weiblich schuf er sie"*. Und wiederum in der Wort-für-Wort-Übersetzung steht, im Gegensatz zu den anderen beiden, dass der Mensch nicht zum Bilde, sondern im Bilde der Götter als männlich und weiblich geschaffen wurde. Daraus könnte man ersehen, dass die Menschen eine Art unterentwickelte Kopie der Götter sein sollten und die Götter nicht männlich oder weiblich, sondern männlich und weiblich waren – in einer Person. Missverständlich und unsicher ausgedrückt ist es allemal, leider.

Alte Bibelübersetzung	**Moderne Bibelübersetzung**	**DaBhaR**
1. Mose 2.5		
5 vnd alerley Bewme auff dem Felde / die zuvor nie gewest waren auff Erden / Vnd allerley Kraut auff dem Felde / das zuvor nie gewachsen war. Denn Gott der HERR hatte noch nicht regenen lassen auff Erden / vnd war kein Mensch der das Land bawete /	5 Es war aber noch kein Strauch des Feldes auf Erden, noch irgend ein grünes Kraut auf dem Felde gewachsen; denn Gott der HERR hatte noch nicht regnen lassen auf Erden, und es war kein Mensch vorhanden, um das Land zu bebauen.	5 Und ehe alljedes Gesträuch des Gefilds Im Erdland wurde Und ehe Alljedes Gekräut des Gefilds sprosste – denn nicht hatte JHWH ÄLoHI'M regnen lassen auf das Erdland da war kein Mensch, um die ADaMa'H zu bedienen.
6 Aber ein Nebel gieng auff von der Erden / vnd feuchtet alles Land.	6 Aber ein Dunst stieg auf von der Erde und befeuchtete die ganze Erdoberfläche.	6 Nässe aber stieg auf aus dem Erdland. Und tränkte All das Angesicht der ADaMa'H.
7 VND Gott der HERR machet den Menschen aus dem Erdenklos / vnd er blies jm ein den lebendigen Odem in seine Nasen / Vnd also ward der Mensch eine lebendige Seele.	7 Da bildete Gott der HERR den Menschen, Staub von der Erde, und blies den Odem des Lebens in seine Nase, und also ward der Mensch eine lebendige Seele.	7 Und JHWH ÄLoHI'M formte den Ada'M Staub aus der ADaMa'H, und blies, dass in seinen Schnaubenden Hauch der Lebenden. Und der Ada'M wurde zu lebenden Seele

In manchen Bibeln werden Sie diesen Text finden:
„1,27 Und Gott schuf den Menschen zu seinem Bilde, zum Bilde Gottes schuf er ihn; und schuf sie als Mann und Weib. (…) Es war zu der Zeit, da Gott der HERR Erde und Himmel machte.
2,5 Und alle die Sträucher auf dem Felde waren noch nicht auf Erden, und all das Kraut auf dem Felde war noch nicht gewachsen; denn Gott der HERR hatte noch nicht regnen lassen auf Erden, und kein Mensch war da, der das Land bebaute;
2,6 aber ein Nebel stieg auf von der Erde und feuchtete alles Land.
2,7 Da machte Gott der HERR den Menschen aus Erde vom Acker und blies ihm den Odem des Lebens in seine Nase. Und so ward der Mensch ein lebendiges Wesen. (…)
2,18 Und Gott der HERR sprach: Es ist nicht gut, dass der Mensch allein sei; ich will ihm eine Gehilfin machen, die um ihn sei.
2,19 Und Gott der HERR machte aus Erde alle die Tiere auf dem Felde und alle die Vögel unter dem Himmel und brachte sie zu dem Menschen, dass er sähe, wie er sie nennte; denn wie der Mensch jedes Tier nennen würde, so sollte es heißen.
2,20 Und der Mensch gab einem jeden Vieh und Vogel unter dem Himmel und Tier auf dem Felde seinen Namen; aber für den Menschen ward keine Gehilfin gefunden, die um ihn wäre.
2,21 Da ließ Gott der HERR einen tiefen Schlaf fallen auf den Menschen, und er schlief ein. Und er nahm eine seiner Rippen und schloss die Stelle mit Fleisch. 2,22 Und Gott der HERR baute ein Weib aus der Rippe, die er von dem Menschen nahm, und brachte sie zu ihm.
2,23 Da sprach der Mensch: Das ist doch Bein von meinem Bein und Fleisch von meinem Fleisch; man wird sie Männin nennen, weil sie vom Manne genommen ist."

Ja, Moment mal! In *1,27* wird der Mensch erschaffen und dann noch einmal in *2,7*. Einmal aus Lehm oder Erde, einmal „einfach irgendwie" und dann die Eva aus der Rippe des Adam. Schauen wir weiter!

Alte Bibelübersetzung	Moderne Bibelübersetzung	DaBhaR
1. Mose 2.21		
21 Da lies Gott der HERR einen tieffen Schlaff fallen auff den Menschen / vnd er entschlieff. Vnd nam seiner Rieben eine / vnd schlos die stet zu mit Fleisch.	21 Da ließ Gott der HERR einen tiefen Schlaf auf den Menschen fallen; und während er schlief, nahm er eine seiner Rippen und verschloss deren Stelle mit Fleisch.	21 Und JHWH ÄLoHI'M Ließ Betäubung fallen auf den Ada'M Und er schlief, und er nahm eine von seinen Zellen und verschloss mit Fleisch an ihrer Statt.
22 Vnd Gott der HERR bawet ein Weib aus der Riebe / die er von dem Menschen nam / vnd bracht sie zu jm.	22 Und Gott der HERR baute aus der Rippe, die er von dem Menschen genommen hatte, ein Weib und brachte sie zu ihm.	22 Und JHWH ÄLoHI'M erbaute die Zelle, welche aus dem Ada'M genommen, zu einer Männin und brachte sie zu dem Ada'M.

Hier steht ausdrücklich, dass zu der Zeit, als die Herren des Lichtes (die El Elohim) auf der Erde weilten (wo weilten die denn sonst noch so?), sie „Betäubung" auf den Adam fallen ließen und ihm eine Zelle entnahmen und aus dieser Zelle eine „Männin" für ihn schufen. Möglicherweise haben wir hier also einen ersten Hinweis auf eine möglicherweise sehr alte Überlieferung einer wirklichen Menschwerdung durch den eigentlichen Schöpfergott einerseits (Menschen aus Lehm) und die genetische Veränderung dieses Menschen oder der Vorläufer des modernen *Homo sapiens sapiens* durch die „Herren des Lichts" andererseits. Offenbar war der Mensch zumindest bei der ersten Veränderung nicht fähig, sich selbst zu vermehren, war möglicherweise geschlechtsneutral oder aber einfach schlicht zeugungsunfähig, wie man es auch heute von einigen Kreuzungen kennt, die der Mensch geschaffen hat, wie z.B. vom Liger, einer Mischung zwischen Löwe und Tiger oder von der Schiege, einer Kreuzung zwischen Schaf und Ziege. Auch zur Ernährung finden wir hier eindeutige Vorschriften, die die Herren des Lichts hinterließen: Samen, Früchte und Quellwasser – *„und das ganze Grünzeug ist für die Tiere!"* Kommen wir nun zu der Geschichte mit Kain und Abel. Kain hatte seinen Halbbruder Abel angeblich aus Neid erschlagen. Wenn wir in Betracht ziehen, dass sowohl Menschen als auch „Götter" Kain als Nachkommen eines der Wächter ansahen und jene ihn völlig anders behandelten als die normalen Menschen, möglicherweise eher als einen der ihren, dann wird verständlich, dass die Menschen ihn als übergeordnet, die Götter ihn als schutzbefohlen betrachteten und er selbst die Götter eher als seine Kreise, die Menschen eher als untergeordnete Wesen betrachtete. Möglicherweise hatte Kain gegenüber den Menschen eher eine abfällige Haltung und verhielt sich ihnen gegenüber – den „Göttern" gleich – eher so, wie die meisten Menschen heute gegenüber Tieren: Wenn man sie braucht, hält man sich welche, wenn sie einen Fehler machen oder sie im Wege sind, tötet man sie.

Alte Bibelübersetzung	**Moderne Bibelübersetzung**	**DaBhaR**
1. Mose 4.15		
15 Aber der HERR sprach zu jm / Nein / Sondern wer Kain todschlegt / das sol siebenfeltig gerochen werden. Vnd der HERR macht ein Zeichen an Kain / das jn niemand erschlüge / wer jn fünde.	15 Da sprach der HERR: Fürwahr, wer Kain totschlägt, zieht sich siebenfache Rache zu! Und der Herr gab dem Kain ein Zeichen, dass ihn niemand erschlüge, der ihn fände.	15 Und JHWH sprach zu ihm Daher Alljeder, der Qa'JiN umbringt, wird siebenfach gerächt werden. Und JHWH Legte dem Qa'JiN ein Zeichen an, dass ihn nimmer erschlage alljeder ihn Findende.
16 Also gieng Kain von dem Angesicht des HERRN / vnd wonet im Lande Nod / jenseid Eden gegen dem morgen.	16 Und Kain ging aus von dem Angesicht des HERRN und wohnte im Lande Nod, östlich von Eden.	16 und Qa'JiN ging aus, weg vom Angesicht JHWHs, und hatte Sitz im Erdland NOD im östlichen Bereich von EDäN.

Es wird deutlich, dass, trotz des Vergehens des Kain, die Götter ihn als so schutzbefohlen betrachteten, dass sie keinen Zweifel an ihrem Wohlwollen ihm gegenüber ließen und jedermann davor warnten, sich an Kain zu rächen – dies ganz offensichtlich, weil sie sein Vergehen nicht als so schwer betrachteten, wie die Menschen dies möglicherweise taten. Möglicherweise haben auch die Götter selbst mehrfach Menschen getötet, wenn sie ihnen nicht gefielen, und ließen deshalb Kain in seinem Tun nahezu ungestraft. Sie erkannten aber wohl, dass ein Zusammenleben der von ihnen gezüchteten Menschen mit einem „Halb-Gott" Kain wohl auf Dauer nicht klappen könne und verbannten ihn in einen neuen Lebensraum. Die Nachkommen Kains/Qa'JiNs werden in 1. Mose 4.15 (17-24) aufgelistet.

> *„Und Kain erkannte sein Weib; die empfing und gebar den Hanoch. Und da er eben eine Stadt baute, so nannte er sie nach seines Sohnes Namen Hanoch. Dem Hanoch aber ward Irad geboren, und Irad zeugte Mehujael; Mehujael zeugte Metusael, Metusael zeugte Lamech. Lamech aber nahm sich zwei Weiber: die eine hieß Ada, die andere Zilla. Und Ada gebar Jabal; derselbe wurde der Vater der Zeltbewohner und Herdenbesitzer. Und sein Bruder hieß Jubal; derselbe wurde der Vater aller Harfen und Flötenspieler. Und Zilla, auch sie gebar den Tubal-Kain, den Meister in allerlei Erz und Eisenwerk. Und die Schwester Tubal-Kains war Naama. Und Lamech sprach zu seinen Weibern: ‚Ada und Zilla, hört meine Stimme, ihr Weiber Lamechs, vernehmt meinen Spruch! Einen Mann erschlug ich, weil er mich verwundet, einen Jüngling, weil er mich geschlagen hat; denn Kain soll siebenfach gerächt werden, Lamech aber siebenundsiebzigfach!'“*

Der Stammbaum Kains ist damit in der Bibel nahezu abschließend behandelt und findet im weiteren Verlauf der verschiedenen Bücher der Bibel nur versteckt und sehr selten weitere Erwähnung. Man erkennt im Stammbaum von Adam und Eva einerseits und in dem von Kain andererseits sehr ähnliche und viele gleiche Namen. Es ist aus heutiger Sicht nicht feststellbar, ob und wenn ja, wer hier wen nachgemacht hat. Hatte Kain zuerst die Idee für diese Namen oder Adam? Auffallend ist jedoch ganz eindeutig anhand der Schilderungen, dass die Nachkommen Kains als Urväter und Erfinder der Kunst und Wissenschaft gelten, während die Nachkommen Adams sich offenbar immer von Gott gut versorgt wussten und nichts dergleichen erfanden oder der Welt gaben und sich stattdessen voll und ganz auf die vollumfängliche Versorgung durch ihren Gott verließen. Ebenso erstaunlich ist im Stammbaum Kains, dass die Nachkommenschaft offenbar durch die Götter als so wertvoll erachtet wurde, dass sie bei „Beschädigung“ oder Tod durch Dritte vielfach mehr als Kain allein gerächt werden sollte, also beispielsweise 100 getötet werden sollten, wenn jemand Kain tötet.

Alte Bibelübersetzung	**Moderne Bibelübersetzung**	**DaBhaR**
1. Mose 4.25		
25 Adam erkandte aber mal sein weib / vnd sie gebar einen Son den hies sie Seth / Denn Gott hat mir (sprach sie) einen andern Samen gesetzt fur Habel den Kain erwürget hat.	25 Und Adam erkannte sein Weib abermal; die gebar einen Sohn und nannte ihn Seth; denn Gott hat mir für Abel einen andern Samen gesetzt, weil Kain ihn umgebracht hat.	25 Und ADA'M erkannte nochmals Seine Männin Und sie gebar einen Sohn Und rief seinen Namen ScheT, denn; ÄLoHI'M setzte mir anderen Samen an HäBhäLs statt, dieweil ihn Qa'JiN umgebracht.

Offenbar haben die „Herren des Lichts“ sogleich für Ersatz gesorgt, als Abel umkam, und Eva einen neuen Samen „gesetzt“. Wir erkennen an diesen Textstellen aus der Bibel auch ganz deutlich den Umstand, dass *„sein Weib erkennen“* nichts zu tun hat mit *„er hatte Geschlechtsverkehr mit ihr“*. Dementsprechend sind auch Bibelübersetzungen wie *„er zeugte“* nicht wörtlich zu nehmen, sondern lediglich Ausdruck eines Unverständnisses der Schreiber dieser Zeilen, die mit künstlicher Befruchtung nichts anfangen konnten und dementsprechend davon ausgingen, dass Nachkommen bei Menschen wie bei Tieren gezeugt werden. Wenn wir also in den ersten Kapiteln über die Nachkommenschaft Adams lesen, dann müssen wir wohl davon ausgehen bzw. haben wir recht gute Gründe anzunehmen, dass diese Nachkommen nicht durch Geschlechtsverkehr, sondern durch künstliche Befruchtung erzeugt wurden. Und die in der Bibel genannten Namen können in ihrer Gesamtzahl keineswegs schon tatsächlich alle ge- oder erzeugten Nachkommen sein, denn rein rechnerisch müssen zwingend erheblich mehr Nachkommen pro Generation existiert haben. Sollte hier tatsächlich von außen ganz bewusst eine Zucht vorangetrieben worden sein, so ergab allein schon aus betriebswirtschaftlicher Sicht eine Beschränkung auf nur wenige Nachkommen pro Generation gar keinen Sinn.

Alte Bibelübersetzung	Moderne Bibelübersetzung	DaBhaR
1. Mose 6.1		
1 Da sich aber die Menschen begunden zu mehren auff Erden / vnd zeugeten jnen Töchtere /	1 Als sich aber die Menschen zu mehren begannen auf Erden und ihnen Töchter geboren wurden,	1 Und es wurde, dass die Menschen viele zu sein begannen auf dem Angesicht der ADaMa'H und Töchter ihnen geboren wurden.
2 Da sahen die kinder Gottes nach den töchtern der Menschen / wie sie schön waren / vnd namen zu Weibern / welche sie wolten.	2 sahen die Söhne Gottes, dass die Töchter der Menschen schön waren und nahmen sich von allen diejenigen zu Weibern, welche ihnen gefielen.	2 Da sahen die Söhne des ÄLoHI'M Die Töchter des Ada'M Dass sie gut waren Und sie nahmen sich Weiber Alle, welche sie erwählten.
3 Da sprach der HERR / Die Menschen wöllen sich meinen Geist nicht mehr straffen lassen / denn sie sind Fleisch / Jch wil jnen noch frist geben hundert vnd zwenzig Jar.	3 Da sprach der HERR: Mein Geist soll den Menschen nicht ewig darum strafen, dass auch er Fleisch ist, sondern seine Tage sollen hundertundzwanzig Jahre betragen!	3 Und JHWH sprach Nicht ist Herr Mein Geistwind im Menschen für äonisch, in seinem Irren ist er Fleisch und seine Tage sind 120 Jahre.

Alte Bibelübersetzung	**Moderne Bibelübersetzung**	**DaBhaR**
1. Mose 6.1		
4 Es waren auch zu den zeiten Tyrannen auff Erden / Denn da die kinder Gottes die töchter der Menschen beschlieffen vnd jnen Kinder zeugeten / wurden dar aus gewaltige in der Welt vnd berhümbte Leute.	4 Die Riesen waren auf Erden in jenen Tagen, und zwar daraufhin, dass die Söhne Gottes zu den Töchtern der Menschen kamen und diese ihnen gebaren. Das sind die Helden, die von alters her berühmt gewesen sind.	4 Die NöPhiLI'M wurden im Erdland in den jenen Tagen, und auch noch danach wars, dass die Söhne des ÄLoHI'M zu den Töchtern des Ada'M eingingen und sie ihnen gebaren; sie sind die Mächtigen, welche vom Äon an, Mannhafte von Namen.
5 Da aber der HERR sahe / Das der Menschen bosheit gros war auff Erden / vnd alles tichten vnd trachten jres Hertzen nur böse war jmer dar /	5 Als aber der HERR sah, dass des Menschen Bosheit sehr groß war auf Erden und alles Gebilde der Gedanken seines Herzens nur böse allezeit,	5 und JHWH sah, dass viel war das Böse des Menschen. Im Erdland Und alles Geformte. Der Berechnungen seines Herzens Nur böse war all den Tag.
6 Da rewet es jn / das er die Menschen gemacht hatte auff Erden / vnd es bekümert jn in seinem Hertzen /	6 da reute es den HERRN, dass er den Menschen gemacht hatte auf Erden, und es bekümmerte ihn in seinem Herzen.	6 Und JHWH wurde umgestimt, dass er den Menschen im Erdland gemacht, und er betrübte sich seinem Herzen zu
7 vnd sprach / Jch wil die Menschen / die ich geschaffen habe vertilgen / von der Erden / von den Menschen an bis auff das Vieh / vnd bis auff das Gewürme / vnd bis auff die Vogel vnter dem Himel / Denn es rewet mich / das ich sie gemacht habe.	7 Und der HERR sprach: Ich will den Menschen, den ich erschaffen habe, vom Erdboden vertilgen, vom Menschen an bis auf das Vieh und bis auf das Gewürm und bis auf die Vögel des Himmels; denn es reut mich, dass ich sie gemacht habe!	7 Und JHWH sprach: Ich werde wegwischen den Menschen Welchen ich erschaffen Von dem Angesicht der ADaMa'H Vom Menschen bis zum Getier, bis zum Gerege und bis zum Flatternden der Himmel, denn ich bin umgestimmt, dass ich sie gemacht.
8 Aber Noah fand Gnade fur dem HERRN.	8 Noah aber fand Gnade vor dem HERRN.	8 No'aCH aber fand Gnade In den Augen JHWHs.

Den Göttern gefiel also, was sie da erschaffen hatten und sie *„nahmen sich zu Weibern welche sie wollten"* und zeugten Nachwuchs, denn offenbar funktionierte die Zeugung bei den Göttern selbst einwandfrei auf normalem Wege, während dies bei dem künstlichen Menschen (noch) nicht funktionierte. Daraus könnte man schließen, dass die Sexualfunktion des Mannes hier das Problem war, während die der Frauen bereits funktionierte. Aus den Nachkommen der Götter mit diesen ersten Menschfrauen wurden dann die Riesen, wie man sehr schön erkennen kann. Offenbar hatte das Beispiel des einen Wächters Schule gemacht und man zeugte nun munter Halbgötter mit den erschaffenen Menschenfrauen. Der Satz *„in seinem Irren ist er Fleisch und seine Tage werden 120 Jahre"* ist nun allerdings eine echte Herausforderung... Entweder damit ist gemeint: *„in seinem Irren isst er Fleisch und seine Tage werden 120 Jahre"*, oder er irrt und denkt nicht richtig und ist daher von seiner Gestalt her Fleisch anstelle von – nun, das wird nicht gesagt – möglicherweise einer Art feinstofflichem Wesen? Ausdrücklich lesen wir hier aber, dass die Lebensdauer von den Göttern auf 120 Jahre beschränkt wurde. Wie sie das gemacht haben, steht nicht dort. Allerdings lässt sich vermuten, dass es sich auch bei dieser Veränderung der göttlichen Vorlage um gentechnisches Wissen handelt.

Im letzten Absatz steht klar geschrieben, dass JHWH mit der Entwicklung der Menschheit nicht zufrieden war, dass er sie für boshaft und ungenügend hielt und, um Platz zu machen für einen neuen Versuch, die gesamte Menschheit (bis auf Noah) vom Erdboden wischen wollte.

Alte Bibelübersetzung	**Moderne Bibelübersetzung**	**DaBhaR**
1. Mose 17.23		
23 DA nam Abraham seinen son Jsmael / vnd alle Knechte die da heim geboren / vnd alle die erkaufft / vnd alles was Mans namen war in seinem Hause / vnd beschneit die vorhaut an jrem Fleisch eben desselbigen tages / wie jm Gott gesagt hatte.	23 Da nahm Abraham seinen Sohn Ismael und alle, die in seinem Hause geboren, und alle, die um sein Geld erkauft waren, alles, was männlich war unter seinen Hausgenossen, und beschnitt die Vorhaut ihres Fleisches an ebendemselben Tage, wie Gott ihm gesagt hatte. (...)	23 Und ABhRaHa'M nahm seinen Sohn JiSchMae'L und alle Gebürtigen seines Hauses und alljeden, der mit seinem Silber erworben, alles Männliche inmitten der Mannhaften des Hauses ABhRaHa'M, und beschnitt das Fleisch ihrer Vorhaut in eben dem Tag.

24 Vnd Abraham war neun vnd neunzig jar alt / da er die Vorhaut an seinem Fleisch beschneit.		24 und ABhRaHa'M War ein Sohn von 99 Jahren, in dem ihm beschnitten wurde das Fleisch seiner Vorhaut. (...)
25 Jsmael aber sein Son war dreizehen jar alt / da seines Fleischs vorhaut beschnitten ward.		
26 Eben auff einen tag / worden sie alle beschnitten / Abraham / sein son Jsmael /	26 An ebendemselben Tag ließen sich Abraham und sein Sohn Ismael beschneiden;	
27 vnd was Mans namen in seinem Hause war / daheim geborn / vnd erkaufft von frembden / Es ward alles mit jm beschnitten.	27 und alles, was männlich war in seinem Hause, daheim geboren und von Fremdlingen um Geld erkauft, ward mit ihm beschnitten.	27 Und alle Mannhaften seines Hauses, der Gebürtige des Hauses und wer mit Silber erworben vom Sohn der Auswärtigkeit, wurde beschnitten samt ihm.

Josua 5.3

3 Da macht jm Josua steinern Messer / vnd beschneit die Kinder Jsrael auff dem Hügel Araloth.	3 Da machte sich Josua scharfe Messer und beschnitt die Kinder Israel auf dem Hügel Aralot.	3 Und JöHOSchu'Ä machte sich messerartige Schwerter aus Felsen und beschnitt die Söhne JiSsRaE'Ls. Am Hügel der Vorhäute.
4 Vnd das ist die Sache darumb Josua beschneit alles Volck / das aus Egypten gezogen war / Mansbilde / Denn alle Kriegsleute waren gestorben in der Wüsten auff dem wege / da sie aus Egypten zogen /	4 Und das ist die Ursache, warum Josua sie beschnitt: Alles Volk männlichen Geschlechts, alle Kriegsleute, waren in der Wüste auf dem Wege gestorben, nachdem sie aus Ägypten gezogen waren.	4 Und dies ist die Sache. Dass JöHOSchu'Ä sie beschnitt. All das Volk Das aus MiZRa'JiM herausgegangene, die Männlichen, alle mannhaften des Streits, waren in der Wildnis gestorben, im Weg in ihrem Herausgehen aus MiZRa'JiM.

5 Denn alles Volck das auszoch war beschnitten. Aber alles Volck das in der Wüsten geborn war / auff dem wege da sie aus Egypten zogen / das war nicht beschnitten.

6 Denn die Kinder Jsrael wandelten vierzig jar in der Wüsten / bis das das gantze Volck der Kriegsmenner / die aus Egypten gezogen waren / vmbkamen / Darumb das sie der Stimme des HERRN nicht gehorcht hatten / Wie denn der HERR jnen geschworen hatte / Das sie das Land nicht sehen solten / welchs der HERR jren Vetern geschworen hatte / vns zu geben / ein Land da milch vnd Honig inne fleusst.

5 Das ganze Volk, das auszog, war zwar beschnitten; aber alles Volk, das in der Wüste auf dem Wege geboren war, nach dem Auszug aus Ägypten, war nicht beschnitten.

6 Denn die Kinder Israel wanderten vierzig Jahre lang in der Wüste, bis das ganze Geschlecht, die Kriegsleute, die aus Ägypten gezogen, umgekommen waren, weil sie der Stimme des HERRN nicht gehorcht hatten; wie denn der HERR ihnen geschworen, dass sie das Land nicht sehen sollten, welches uns zu geben der HERR ihren Vätern geschworen hatte, ein Land, das von Milch und Honig fließt.

7 Derselben Kinder nun, die der HERR an ihrer Statt erweckt hatte, beschnitt Josua; denn sie waren unbeschnitten, weil man sie auf dem Wege nicht beschnitten hatte.

5 Denn als Beschnittene
Wurden sie befunden Die
Herausgehenden, ja all das
Volk. Aber all das Volk,
die in der Wildnis Geborenwordenen, ja im Weg in
ihrem Herausgehen aus
MiZRa'JiM hatte man
nicht beschnitten.
6 Denn vierzig Jahre
Wandelten die Söhne
JiSsRaE'Ls
In der Wildnis
(...)

Die Beschneidung ist hier ganz klar als eine Eigentumskennzeichnung erkennbar. So, wie Rinder mit einer Brandmarke versehen werden, wurden hier die Männer – in den Verband hineingeboren oder dazugekauft – als Zeichen der Zugehörigkeit an der Vorhaut beschnitten. Ob es eine ähnliche Maßnahme auch für Frauen gab, steht nirgends. An anderer Stelle wird darauf hingewiesen, dass die Beschneidung am achten Tag stattfinden soll, was heute noch immer gängiger jüdischer Ritus ist.

Interessanterweise stellte ein französischer Arzt, an dessen Namen ich mich leider nicht mehr erinnere, eine sehr gravierende Wirkung der Beschneidung fest. Findet die Beschneidung nämlich genau am achten Tag des Lebens des Kindes statt, so hat dies offenbar negative Auswirkungen auf die Ausbildung und Entwicklung des späteren Hormonhaushaltes, was zwar einerseits, statistisch gesehen, die so Beschnittenen gegen Genitalkrebs schützt (und nur die so Beschnittenen, denn die später Beschnittenen (wie z.B. Araber, die meist erst viele Jahre später beschnitten werden) werden statistisch gesehen nicht geschützt), andererseits wird das Kind in seiner Entwicklung jedoch unwiderruflich gestört und später ganz erheblich anders reagieren als Nichtbeschnittene oder Spätbeschnittene.

Ebenfalls wichtig erscheint, dass der für die Blutgerinnung wichtige Stoff, das Vitamin K, erst fünf bis sieben Tage nach der Geburt im Blut vorhanden ist. Ein weiterer Blutgerinnungsfaktor ist das Prothrombin. Am dritten Tag sind erst ungefähr 30 Prozent der normalen Menge Prothrombin vorhanden, doch bis zum achten Tag steigt die Konzentration auf 110 Prozent des Normalwertes an und ist somit an diesem Tag höher als zu irgendeiner anderen Zeit im Leben des Kindes, was die Gefahr einer Nachblutung praktisch ausschließt. Dies wiederum hieße, selbst wenn sich eine negative Auswirkung hier nicht beweisen lässt, dass doch der Zeitpunkt bemerkenswert kenntnisreich ausgesucht wurde.

Alte Bibelübersetzung	Moderne Bibelübersetzung	DaBhaR
1. Mose 28.12 12 Vnd jm trewmet / Vnd sihe / eine Leiter stund auff erden / die rüret mit der Spitzen an den Himel / Vnd sihe / die Engel Gottes stiegen dran auff vnd nieder.	12 Und ihm träumte; und siehe, eine Leiter war auf die Erde gestellt, die rührte mit der Spitze an den Himmel. Und siehe, die Engel Gottes stiegen daran auf und nieder.	12 Und er träumte: Und da! Eine zum Erdland hin aufgestellt-wordene Treppe, und ihr Haupt angelangend den Himmeln zu, und da! Beauftragte ÄLoHI'Ms waren Hinaufsteigende und Herabsteigende ihres Gebiets.
1. Mose 28.16 16 Da nu Jacob von seinem Schlaff auffwachte / sprach er / Gewislich ist der HERR an diesem Ort / vnd ich wusts nicht.	16 Da nun Jakob von seinem Schlaf erwachte, sprach er: Gewiß ist der HERR an diesem Ort, und ich wusste es nicht!	16 Da wachte JaÄQo'Bh auf aus seinem Schlaf Und sprach: Nun aber, JHWH ist in dem diesem Ort, und ich, ich erkannte es nicht.
17 Vnd furchte sich / vnd sprach Wie heilig ist diese Stet / Hie ist nichts anders denn Gotteshause / Vnd hie ist die Pforte des Himels.	17 Und er fürchtete sich und sprach: Wie heilig ist diese Stätte! Hier ist nichts anderes als Gottes Haus, und dies ist die Pforte des Himmels. (...)	17 Und er fürchtete und sprach: Was ist gefürchtet der dieser Ort! Dies ist kein anderes als das Haus ÄLoHI'Ms Und dies ist das Tor der Himmel. (...)
18 Vnd Jacob stund des morgens früe auff / vnd nam den Stein / den er zu seinen Heubten gelegt hatte / vnd richtet jn auff zu einem Mal / vnd gos Öle oben drauff		
19 Vnd hies die stet BethEl / vorhin hies sonst die Stad Lus.	19 und nannte diesen Ort Beth-El; zuvor aber hieß die Stadt Lus.	19 Und er rief De Namen des jenen Ortes BeJT-E'L. Aber unwiedersprochen ist's: LUS war der Name der Stadt zu Anfang.

Hier wird die von Martin Heinrich beschriebene Himmelsleiter erwähnt. Eine Treppe zum Haus der „Herren des Lichts“, die offenbar durchaus gefürchtet waren. Die Stadt hieß früher Lus, dann Beth’El. Es gibt noch etliche weitere Stellen, aus denen ersichtlich wird, dass die Engel bzw. „Wächter“ auf- und niederstiegen, teilweise an einer Leiter, auf einer Treppe, manchmal in einer Wolke, manchmal auf Feuer.

Kommen wir nun zu einem besonderen „Schmankerl“. Ich bin beim Lesen der verschiedenen Versionen der Bibel oft an einigen Stellen durch eine Verständnisschwierigkeit aufgehalten worden, die sich erst nach und nach auflöste. Die Sätze ergaben einfach keinen Sinn. Lesen Sie selbst:

Alte Bibelübersetzung	**Moderne Bibelübersetzung**	**DaBhaR**
Jesaja 7.4		
4 vnd sprich zu jm / Hüte dich vnd sey stille / Fürcht dich nicht / vnd dein Hertz sey vnuerzagt /	4 und sprich zu ihm: Hüte dich und sei still; fürchte dich nicht, und dein Herz sei unverzagt (…)	4 Und du sprichst zu ihm: Hüte Dich und gib Musse! Nicht fürchte, und dein Herzgeheg werde nicht erweicht (…)
Jesaja 9.8		
8 Das es sollen inne werden alles Volck Ephraim / vnd die Bürger zu Samaria / Die da sagen in Hohmut vnd stoltzem Sinn	8 (…) dass alles Volk es innewerde, Ephraim und die Bürger zu Samaria, die da sagen in Hochmut und stolzem Sinn: (…)	8 (…) In Stolz und in Größe des Herzgehegs (…) 12 (…) So denn der Herr bevorteilt all sein Gemachtes
Jesaja 10.12		
12 Wenn aber der Herr alle seine Werck ausgericht hat / auff dem Berge Zion vnd zu Jerusalem / wil ich heimsuchen die Frucht des hohmütigen Königes zu Assyrien / vnd die Pracht seiner hoffertigen Augen /	12 Wenn aber der HERR all sein Werk ausgerichtet hat auf dem Berge Zion und zu Jerusalem, will ich heimsuchen die Frucht des Hochmuts des Königs von Assyrien und die Pracht seiner Hoffärtigen Augen	12 Gebiets des Berges ZiJo’N Und in JöRUSchaLaím so suche ich heim Aufgrund der Frucht der Größe des Herzgehegs des Regenten ASchU’Rs und aufgrund der Zier der Höhe seiner Augen.
Jesaja 60.5		
5 Denn wirstu deine lust sehen vnd ausbre-	5 Dann wirst du deine Lust sehen und ausbrechen, und	5 Dann siehst du und strömst über

chen / vnd dein Hertz wird sich wundern vnd ausbreiten / wenn sich die Menge am Meer zu dir bekeret / vnd die macht der Heiden zu dir kompt.

dein Herz wird sich wundern und ausbreiten, wenn sich die Menge am Meer zu dir bekehrt und die Macht der Heiden zu dir kommt.

und dein Herzgeheg
Ängstet sich und wird
weit, denn umgewendet
wird auf dich zu
das Getümmel des Meeres
die Wappnung der Nationen sie kommen zu dir. *

*(Anmerkung in dieser Quelle zu *„wird weit“*: gemeint als *„aufnahmebereit“* und *„in freudiger Angst“*)

Die ersten Male beim Lesen dieser Stellen überlas ich diese, ohne darüber nachzudenken. Da war von stolzen Bürgern und Hochmut die Rede. Doch in der DaBhaR las ich dann das Wort „Herzgeheg“ – und hatte keine Ahnung, was das ist. Daraufhin suchte ich andere Stellen, wo dieses Wort vorkam. Man kann lesen, dass der Herrscher von Aschur/Assyrien offenbar besondere Augen und ein besonders großes Herzgeheg hat. Man kann erkennen, dass ein solches Herzgeheg stolz und groß sein und erweicht werden kann, dass es sich weiten und überströmen kann. Aber was bitte sehr sind denn „hoffärtige Augen“? Ich kam einfach nicht weiter. Bis ich endlich eine Stelle fand, die fast all das erklärte:

Jeremia 4.4

4 Beschneitet euch dem HERRN / vnd thut weg die Vorhaut ewers hertzen

4 Beschneidet euch dem HERRN und beseitigt die Vorhaut eurer Herzen,

4 Werdet beschnitten
dem JHWH
Und nehmet weg
Die Vorhäute eures
Herzgehegs, (...)

Da haben wir die Erklärung. Das *Herzgeheg* ist die Genitalgegend des Mannes bzw. der Penis selbst. Ich habe noch nie ein Herz mit Vorhaut gesehen und dass diese, wenn vorhanden, dann beschnitten werden müsste, ist auch nicht bekannt. Da wir aber schon wissen, dass Beschneidung ein Zeichen der Zugehörigkeit zu einer bestimmten Gruppe und eine Anzeige der Eigentumsverhältnisse war, macht es hier Sinn anzuerkennen, dass das Herzgeheg der Penis der Gottheit ist.

Abb. 57: Ägypt. Beinschurz

Sie können sich vorstellen, dass die Verwirrung nun komplett war! Es machte einfach keinen Sinn. Bis ich dann wiederum einige Jahre später in Ägypten in einem Souvenirladen die hier abgebildete Figur fand (Abb. 58). Zugegebenermaßen dachte ich beim ersten Anblick eher an eine kranke Phantasie eines Erotomanen, jedoch handelt es sich bei dieser Figur um den Gott *Min* oder *Amin Cum*. Dieser Gott ist für Fruchtbarkeit zuständig und wird immer mit abgeschlagenem Arm und Bein dargestellt, und Sie können diese Figur in beinahe jedem Souvenirgeschäft Ägyptens kaufen.

Nun können wir den Sinn wieder erkennen! Der König von Assyrien war also einer der Götter, und die Bürger Samarias, so scheint es, gehörten möglicherweise ebenfalls alle dazu. Und die liefen, wenn ihr Glied einmal nicht wie eine Panzerhaubitze aussah, mit einem Futteral für das Ding herum, wie bei dieser Figur zu sehen ist (Abb. 57). Diese Art Lendenschurz ist uns allen von ägyptischen Reliefs wohlbekannt, jedoch haben wir uns vielleicht schon einmal alle gefragt, warum diese merkwürdige Bekleidung so nach vorn absteht. Nun wissen wir es! Die Textstelle *„aufgrund der Zier der Höhe seiner Augen"* ließe sich nun auch verstehen, wenn man sich die Kopfbedeckung dieses Mannes anschaut. Möglicherweise handelt es sich hierbei wieder um eine Waffe, die wir bereits weiter vorn in diesem Buch kennengelernt haben. Es könnte natürlich auch sein, dass nicht die Kopfbedeckung, sondern ein besonderes Zeichen auf der Höhe seiner Augen gemeint ist oder aber seine Augen selbst.

Möglicherweise hatten ja seine Augen eine andere Farbe als die der anderen. Eventuell gehörten nur sehr wenige zu den auf diese Art und Weise

Abb. 58: Amin Cum

„bestückten", vielleicht waren es nur Abkömmlinge einer bestimm-ten Linie, möglicherweise nur Angehörige einer bestimmten Kaste oder Gruppe, vielleicht auch Personen bestimmter Herkunft. Doch warum heißt es „Herzgeheg"?

Kommen wir nun zurück zu der Vermutung, dass Wesen aus anderen Sonnensystemen auf der Erde weilten, möglicherweise auch vom Sirius Doppelsternsystem. Es wird berichtet, die Wesen von dort hätten zwei Herzen, da deren System ein binäres System ist, im Gegensatz zu unserem singulären System mit nur einer Sonne! Eines ist an der Stelle, wie wir auch, und das andere – Sie ahnen es – zwischen den Beinen.

Da diese Wesen nun auf der Erde waren und aus einem Doppelsternsystem stammten, fühlten sie sich möglicherweise auch nicht ganz so wohl mit nur einer Sonne und versuchten daher, noch eine zweite zu zünden – den Jupiter. Das klappte aber nicht, und vielleicht wollten sie daher, um ja niemand anderem die Erde und ihre Schätze zu überlassen, diese erst einmal verwüsten in einem zerstörerischen Akt von unglaublichem Ausmaß, möglicherweise mit atomaren Waffen.

Alte Bibelübersetzung *Jeremia 4.6*	**Moderne Bibelübersetzung**	**DaBhaR**
6 Werfft zu Zion ein Panir auff / Heuffet euch vnd seumet nicht / Denn ich bringe ein vnglück herzu von Mitternacht / vnd ein grossen jamer.	6 Richtet ein Panier auf, nach Zion hin, fliehet und stehet nicht stille! Denn ich bringe Unglück und eine große Zerstörung von Norden her:	6 Erhebet ein Mahnzeichen gen ZiJO'N bringet euch in Umstärkung nichts stehet, denn Böses bringe ich euch vom Norden und großen Zerbruch
7 Es feret daher der Lewe aus seiner hecke / vnd der Verstörer der Heiden zeucht einher aus seinem ort / Das er dein Land verwüste / vnd deine Stedte ausbrenne / das niemand drinne wone.	7 Der Löwe ist aus seinem Dickicht hervorgekommen, und der Verderber der Heiden ist aufgebrochen, ausgegangen von seinem Ort, um dein Land zur Wüste zu machen, dass deine Städte zerstört werden und niemand mehr darin wohne.	7 Ein Löwe stieg auf herauf aus seinem Gestrüpp und ein Verderbenmacher der Nationen zog weg. Er ging heraus aus seinem Ort um dein Erdland als Verödung zu legen deine Städte zerplustern weil kein Sitzhaber darin.

Und wieder finden wir Zerstörung und Gewalt: diesmal einen *„Verderbenmacher der Nationen"*, also möglicherweise eine Waffe, die unglaublich zerstörerisch ist und das ganze Erdland veröden kann. Ist damit der Ib gemeint, die Waffe mit *„50 tödlichen Köpfen"*?

Und wurde mit ihr möglicherweise die Gegend um Mohenjo Daro bombardiert bzw. in einem atomaren Krieg der Vorzeit verödet? *„Er ging aus seinem Ort heraus..."* – d.h. der „Verderbenmacher" hat einen Rückzugsort, an dem er normalerweise verweilt und aus dem er herauskommen muss, um aktiv zu werden und ganze Städte zu veröden und zu zerplustern. Vielleicht war es eine Rakete, die aus ihrem Silo abgeschossen wurde, um dann am Zielort ihre Sprengköpfe zur Explosion zu bringen? Mohenjo Daro in Pakistan ist übrigens beileibe nicht die einzige Fundstelle grünen Glases als Zeuge einer atomaren Explosion. Dies wurde auch an folgenden anderen Orten gefunden: Pierrelatte (Gabun), Euphrat-Tal, in der Sahara, in der Wüste Gobi, im Irak, in der Mojave-Wüste, in Schottland, in den alten und mittleren Reichen Ägyptens und in der südlichen Zentraltürkei. Ein sehr interessanter Autor zu diesem Thema ist Brad Steiger. Und gänzlich unbekannt scheinen diese Fakten auch Robert Oppenheimer nicht gewesen zu sein, denn er sagte in einem Interview anlässlich des ersten Atombombentests am 16. Juli 1945 auf die Frage, ob dies nun die erste Atombombenexplosion gewesen sei: *„Ja, in der Neuzeit"*, und sprach im Jahr darauf zu Präsident Truman den schlichten, berühmt gewordenen Satz, der seine Schuldgefühle unterstrich: *„Mr. President, ich habe Blut an meinen Händen."* Er bedauerte seine Teilnahme am Bau der Bombe und brachte dies mit einem Zitat aus dem hinduistischen Werk Bhagawadgita zum Ausdruck: *„Nun bin ich der Tod geworden, der Zerstörer der Welt."*

Alte Bibelübersetzung	**Moderne Bibelübersetzung**	**DaBhaR**
5. Mose 32.8		
8 Da der allerhöhest die Völcker zerteilet / vnd zerstrewet der Menschen Kinder. Da setzt er die Grentzen der Völcker / Nach der Zal der Kinder Jsrael.	8 Da der Allerhöchste die Völker zerteilte und zerstreute der Menschen Kinder, da setzte er die Grenzen der Völker nach der Zahl der Kinder Israel.	8 In der Zeit da der Oberste den Nationen zuloste. In der Zeit da er die Söhne Ada'Ms trennte Stellte er die Begrenzungen der Völker auf der Zahl der Söhne JiSsRaE'Ls entsprechend

9 Denn des HERRN Teil ist sein Volck / Jacob ist die Schnur seines Erbs.	9 Denn des HERRN Teil ist sein Volk, Jakob ist sein Erbe.	9 Denn JHWHs Ausgleichsteil Ist sein Volk, aÄQo'Bh Ist der Distrikt seines Losteils.

Hier finden wir eine Beschreibung der Streitschlichtung, möglicherweise als der Oberste Gott Anu vom Nibiru auf der Erde weilte und die Erde unter seinen Nachkommen und/oder Truppen aufteilte.

Alte Bibelübersetzung	**Moderne Bibelübersetzung**	**DaBhaR**
Jesaja 66.9		
Solt ich ander lassen geberen / vnd Selbs verschlossen sein / spricht dein Gott.	Sollte ich, der gebären lässt, verschließen? spricht dein Gott.	Ist's, dass ich, ja ich, durchbrechen lasse und nicht gebähren mache? Spricht JHWH. Ob ich, der Geborenmachende Einhalt gebiete? Spricht dein ÄLoHI'M.
Jesaja 57.5		
5 Die jr in der Brunst zu den Götzen laufft / vnter alle grüne Bewme / vnd schlachtet die Kinder an den Bechen vnter den Felsklippen.	5 die ihr in der Brunst zu den Götzen lauft unter alle grünen Bäume und schlachtet die Kinder an den Bächen, unter den Felsklippen.	5 Die Erhitzten Gebiets der Verstrebungen unter alljeden üppigen Bäumigen, die die Geborenene schächten in den Wirbelbachtälern unter den Gabelungen der Steilfelsen.

Hier haben wir nun eine Beschreibung einer Gruppe von Menschen, die in den „*Wirbelbachtälern unter üppigen Bäumen*" lebt, die ihre Neugeborenen und Kinder schächtet. Diese Beschreibung spricht dafür, dass es sich hier um eine Gruppe handelt, die nicht mit den anderen zusammen, sondern an einem anderen, näher beschriebenen Platz lebt. Ebenso scheinen sie, wiederum im extra geschilderten Gegensatz zu anderen, ihre Neugeborenen zu schächten. Warum schächtet man Neugeborene? Die Vermutung liegt nahe: entweder aus kultischen Zwecken, zum Essen oder zur Verhinderung der Vermehrung (und dies möglicherweise auf Befehl).

Ob die erwähnten „Verstrebungen“ so etwas wie ein Zaun oder Käfig, möglicherweise sogar ein Gefangenenlager war, lässt sich schwer sagen – übersehen sollte man das Wort jedoch nicht! Wer diese Gruppe ist, wird nicht gesagt.

Alte Bibelübersetzung	**Moderne Bibelübersetzung**	**DaBhaR**
Jesaja 13.5		
5 die aus fernen Landen komen vom Ende des Himels / Ja der HERR selbs sampt dem Zeuge seines Zorns / zu verderben das gantze Land.		5 Sie kommen Aus einem Erdland der Ferne Vom Ende der Himmel. JHWH und die Geräte seines Drohens Zu umstricken all das Erdland
6 Heulet / Denn des HERRN Tag ist nahe / er kompt wie eine Verwüstung vom Allmechtigen. 7 Darumb werden alle Hende lass / vnd aller Menschen hertz wird feig sein.	6 Heulet, denn des HERRN Tag ist nahe; er kommt wie eine Verwüstung vom Allmächtigen. 7 Darum werden alle Hände laß und aller Menschen Herz wird feige sein.	6 Heulet, denn nahe ist der Tag JHWHs Wie Dahinraffen vom SchaDa'J kommt er. 7 Darum werden alle Hände erschlafft Und alljedes Herzgeheg Des Mannhaften zerfliesst. (...)
8 Schrecken / Angst vnd schmertzen wird sie ankomen / es wird jnen bang sein / wie einer Gebererin / Einer wird sich fur dem andern entsetzen / fewrrot werden jr Angesicht sein.	8 Schrecken, Angst und Schmerzen wird sie ankommen; es wird ihnen bange sein wie einer Gebärerin; einer wird sich vor dem andern entsetzen; feuerrot werden ihre Angesichter sein.	
9 Denn sihe / des HERRN Tag kompt grausam / zornig / grimmig / das Land zuuerstören / vnd die Sünder draus zuuertilgen.	9 Denn siehe, des HERRN Tag kommt grausam, zornig, grimmig, das Land zu verstören und die Sünder daraus zu vertilgen.	
10 Denn die Sterne am Himel vnd sein Orion	10 Denn die Sterne am Himmel und sein Orion	10 Denn die Sterne der Himmel. Und ihre

scheinen nicht helle / Die Sonne gehet finster auff / vnd der Mond scheinet tunckel.	scheinen nicht hell; die Sonne geht finster auf, und der Mond scheint dunkel.	KöSILI'M Erhellen nicht ihr Licht. Finster ist die Sonne In ihrem Herausgehen. Und der Mond Lässt nicht erglänzen sein Licht...
11 Jch wil den Erdboden heimsuchen / vmb seiner Bosheit willen / vnd die Gottlosen vmb jrer vntugent willen. Vnd wil des Hohmuts der Stoltzen ein ende machen / vnd die Hoffart der Gewaltigen demütigen.	11 Ich will den Erdboden heimsuchen um seiner Bosheit willen und will dem Hochmut der Stolzen ein Ende machen und die Hoffart der Gewaltigen demütigen,	
12 Das ein Man theurer sein sol denn fein Gold / vnd ein Mensch werder Das ist / Der Leute werden so wenig sein im Lande als Gold. denn Golds Stücke aus Ophir.	12 dass ein Mann teurer sein soll denn feines Gold und ein Mensch werter denn Goldes Stücke aus Ophir.	12 Ich mache kostbar den Mannhaften mehr als Gleißendes und den Menschen Mehr als Gelbmetall des OPhI'R.

Die „Herren des Lichtes“ – und mit ihnen JHWH – kommen also von sehr weit weg von einem anderen Planeten *„am Ende des Himmels“*, und sie bringen von dort Waffen mit, die schon vorher angekündigt wurden und Schrecken verbreiteten. Sonne und Mond gingen dunkel auf. Erinnern wir uns an die Inschriften aus Indien: *„Die Sonnenstrahlen treffen in der Erdatmosphäre auf Lichtstrahlen. Daher gibt es Licht und Wärme auf der Erde, denn die Erdatmosphäre enthält auch Wärme.“* Dies lässt vermuten, dass aus irgendeinem Grund die Lichtstrahlen auf der Erde nicht mehr da waren und deshalb die Sonne dunkel aufging. Mit unserem heutigen Wissen müsste ich eine solche Behauptung ins Reich der Fabeln abschieben. Aber die Aufzeichnungen der Vorzeit geben Indizien für einen Geschichtsverlauf, den wir, wenn wir nicht pauschal jede dieser für uns unerklärlichen Aufzeichnungen als Fälschung bezeichnen wollen, zu rekonstruieren versuchen sollten.

Alte Bibelübersetzung	Moderne Bibelübersetzung	DaBhaR
Jesaja 3.1		
1 Denn sihe / der Herr HERR Zebaoth wird von Jerusalem vnd Juda nemen allerley Vorrat / allen vorrat des brots / vnd allen vorrat des wassers.	1 Denn siehe, der Herr, HERR Zebaoth wird Jerusalem und Juda nehmen allerlei Vorrat, allen Vorrat des Brots und allen Vorrat des Wassers	1 Denn da! Der Herr, JHWH der Heere, ist der Abkehrenmachende von JÖRUSchaLa'iM und von JÖHUDa'H Lehne und Anlehne, alljede Lehne der Wasser.
2 Starcke vnd Kriegsleute / Richter / Propheten / Warsager vnd Eltesten.	2 Held und Kriegsmann, Richter und Prophet und Wahrsager und Ältesten;	2 den Mächtigen und Mann des Streits, den Richter und Propheten und den Wahrdeuter und Alten,
3 Heubtleute vber funffzig / (...)	3 den Obersten über fünfzig (...)	3 den Fürsten der Fünfzigschaft (...)

JHWH ist also der Anführer der Heere und will sich von Jerusalem abkehren, das hier wohl Ausdruck für den Regierungssitz ist.

Das heißt, JHWH will einen Putsch oder zumindest eine Teilautonomie für sich und seinen Besitz erreichen. Auch hier wird er wieder als „Herr der 50" bezeichnet, was, wenn wir den sumerischen Aufzeichnungen folgen wollen, bedeutet, dass er nach Anu mit dem „Rang der 60" den oder einen der zweithöchsten Ränge innehatte.

Alte Bibelübersetzung	Moderne Bibelübersetzung	DaBhaR
Jesaja 2.21		
21 Auff das er möge in die Steinritze vnd Felsklüffte krichen fur der furcht des HERRN vnd fur seiner herrlichen Maiestät / wenn er sich auffmachen wird zu schrecken die Erden.	21 auf dass er möge in die Steinritzen und Felsklüfte kriechen vor der Furcht des HERRN und vor seiner herrlichen Majestät, wenn er sich aufmachen wird, zu schrecken die Erde	21 um anzukommen In den Schlüften der Felsen Und in den Gabelungen der Steilfelsen Ausgrund des Angsichts des Ängstenden JHWHs und ausgrund des Prunkes seiner Erhabenheit in seinem Aufstehen zum Gescheuchtwerden des Erdlands.

Jesaja 2.10		
10 Gehe in den Felsen / vnd verbirge dich in der Erden / fur der furcht des HERRN / vnd fur seiner herrlichen Maiestat.	10 Gehe hinein in den Fels und verbirg dich im Staube aus Furcht vor dem HERRN und vor seiner majestätischen Pracht!	10 Komme an in dem Felsen Und vergrabe dich im Staub
Jesaja 26.20		
20 Gehe hin / mein Volck / in eine Kamer / vnd schleus die thür nach dir zu / Verbirge dich ein klein Augenblick / Bis der zorn fur vber gehe.	20 Gehe hin, mein Volk, in deine So gehe nun, mein Volk, in deine Kammern und schließe die Tür hinter dir zu und verbirg dich einen kleinen Augenblick, bis der Zorn vorübergegangen ist	20 Geh mein Volk Komm an in deinen Kammern und verschliesse deine Türen dir Bereichs, verstecke dich einen wenigzählenden Augenblick bis hinübergeht das Drohen.

Gehen wir davon aus, dass JHWH mit Waffen kam, um die Menschheit vom Erdboden zu tilgen und hierbei Rücksicht auf seine eigenen Leute nehmen wollte, so steht hier möglicherweise die Anweisung, sich in einen unterirdischen Schutzraum zurückzuziehen, der bei den „*Gabelungen der Steilfelsen*“ liegt.

Alte Bibelübersetzung	**Moderne Bibelübersetzung**	**DaBhaR**
Josua 6.19		
19 Aber alles Silber vnd Gold / sampt dem ehrnen vnd eisern Gerete / sol dem HERRN geheiliget sein / das zu des HERRN schatz (...)	19 Aber alles Silber und Gold samt dem ehernen Geräte soll dem HERRN geheiligt sein, dass es zu des HERRN Schatz komme (...)	19 Und alles Silber und Gold und Geräte aus Kupfer und aus Eisen Heiliges ist es dem JHWH. Zum Schatz des JHWHs kommt es (...)
24 Aebr die Stad verbranten sie mit fewr / vnd alles was drinnen war / Allein das Silber vnd Gold / vnd ehern vnd eisern Gerete theten sie zum Schatz in das Haus des HERRN.	24 Aber die Stadt verbrannten sie mit Feuer und alles, was darin war. Allein das Silber und Gold und eherne und eiserne Geräte taten sie zum Schatz in das Haus des HERRN.	24 Und die Stadt verbrannten sie im Feuer Und alles, was in ihr, nur das Silber und das Gold und die kupfernen und eisernen Geräte gaben sie zum Schatz des Hauses JHWHs.

Dass JHWH alles Gold, Silber, Kupfer und Eisen und alle Geräte daraus bekam und seinem Eigentum zuordnete, steht hier deutlich geschrieben.

Alte Bibelübersetzung	Moderne Bibelübersetzung	DaBhaR
Jesaja 14.14		
14 ich will mich setzen auf den Berg der Versammlung in der fernsten Mitternacht; ich will über die hohen Wolken fahren und gleich sein dem Allerhöchsten	14 Ich will über die in Wolken gehüllten Höhen emporsteigen, dem Allerhöchsten gleich sein!	14 Ich steige hinauf Auf den Kuppen des Wolkendickichts Ich mache mich gleich auf zum Obersten
Jesaja 19.1		
1 Dis ist die Last vber Egypten. Sihe / Der HERR wird auff einer schnellen wolcken faren / vnd in Egypten komen.	1 Dies ist die Last über Ägypten: Siehe, der HERR wird auf einer schnellen Wolke fahren und über Ägypten kommen.	1 (...) JHWH ist der Dahinfahrende auf flinkem Wolkendickicht (...)
Jesaja 51.11		
11 Also werden die Erlöseten des HERRN widerkeren vnd gen Zion komen mit Rhum	11 Also werden die Erlösten des HERRN wiederkehren und gen Zion kommen mit Jauchzen	11 Und die Losgekauften JHWHs kehren um Und kommen gen ZiJO'N in Lichttönendem, (...)

JHWH hat also sein Büro oberhalb der Wolkendecke, möglicherweise am oberen Ende der Himmelsleiter, und fliegt mit einem Gefährt, das beim Fliegen Licht ausstrahlt und merkwürdige Töne dabei macht. Dies sind exakt die Beschreibungen, wie man sie immer wieder von Zeugen einer UFO-Sichtung erzählt bekommt – Lichterscheinungen in allen Regenbogenfarben, dazu Sirren oder andere Tonerscheinungen als Indiz für den genutzten Antrieb.

Alte Bibelübersetzung	Moderne Bibelübersetzung	DaBhaR
2. Mose 17.13		
13 Vnd Josua dempffet den Amalek vnd sein volck / durch des Schwerts Scherffe.	13 Und Josua besiegte den Amalek und sein Volk durch die Schärfe des Schwertes.	13 Und JöHOSchuÁ Streckte AMaLeQ und sein Volk nieder, dem Mund des Schwertes zuordnend.

14 VND der HERR sprach zu Mose / Schreibe das zum Gedechtnis in ein Buch / vnd befilhs in die Ohren Josua / Denn ich wil den Amalek vnter den Himel austilgen / das man sein nicht mehr gedencke.	14 Da sprach der HERR zu Mose: Schreibe das zum Gedächtnis in ein Buch und lege es Josua in die Ohren, nämlich: ich will das Gedächtnis Amaleks unter dem Himmel ganz austilgen.	14 Und JHWH sprach zu MoSchä'H: schreibe dies als Gedenkzeichen, dass es in einer Urkunde der Zählung, und lege es dargebiets der Ohren JöHOSchu'Äs, dass ich wegwischen werde das Gedenken AMaLeQs unter den Himmeln.
15 Vnd Mose bawet einen Altar / vnd hies jn / der HERR / Nissi/	15 Und Mose baute dem HERRN einen Altar und hieß ihn: Der HERR ist mein Panier.	15 Und MoSchä'H baute eine Altar, und rief seinen Namen JHWH NiSI
16 Denn er sprach / Es ist ein Malzeichen bey dem Stuel des HERRN / das der HERR streiten wird wider Amalek von Kind zu Kindeskind.	16 Und er sprach: Weil eine Hand auf dem Throne des HERRN erhoben ist, soll der Krieg des HERRN wider Amalek währen, von Geschlecht zu Geschlecht.	16 und sprach: denn die Hand an den Thronsitz JaHs: Streit ist dem JHWH gegen AMaLeQ von Generation zu Generation.
Jesaja 31.8		
8 Vnd Assur sol fallen / nicht durch Mans schwert / vnd sol verzeret werden / nicht durch Menschen schwert / vnd wird doch fur dem schwert fliehen / vnd seine junge Manschafft wird zinsbar werden.	8 Und Assur wird fallen durchs Schwert, doch nicht eines Mannes; ein Schwert wird ihn fressen, aber nicht eines Menschen; und er wird vor dem Schwerte fliehen, und seine Reisigen sollen zu Fronarbeitern werden. (...)	8 Und ASchU'R fällt infolge des Schwerts Nicht dem eines Mannes Und ein Schwert. Nicht das eines Menschen Frisst es und ihm ist Fliehendes weg vom Angesicht des Schwerts (...)
	9 Sein Fels wird vor Furcht vergehen, und seine Fürsten werden vor dem Panier erschrecken, spricht der HERR, der zu Zion sein Feuer und zu Jerusalem seinen Feuerherd hat.	9 Und sein Steilfels ausgrund des Begierenden geht es hinüber und ausgrund des Mahnzeichens werden seine Fürsten bestürzt (...)

Nun lesen Sie bitte einmal ganz genau! Zunächst einmal ist hier die Rede vom immerwährenden Krieg gegen Amalek, von Geschlecht zu Geschlecht. Diese Stelle der Bibel ist sehr wichtig, denn sie taucht immer wieder in einem bestimmten, hier später zu erklärenden Zusammenhang auf. Dann lesen wir, dass Josua Amalek niederstreckt *„dem Mund des Schwertes zuordnend"*. Danach lesen wir weiter, dass Assyrien fällt, weil es von einem Schwert, *„Nicht das eines Menschen"*... *„gefressen"* wird. In neueren Übersetzungen wird von den Schreibern mangels anderer Ideen vermutet, dass hier die „Schärfe des Schwertes" entscheidend sein könnte. Wir lesen auch, dass dieses Schwert, das ganze Städte hinwegfegen und töten kann, beschrieben wird mit: (es) *„ist Fliehendes weg vom Angesicht des Schwerts"*. Außerdem hat dieses Schwert einen Mund, dem die Opfer zugeordnet werden können.

Nun, ich kenne kein Schwert mit einem Mund, ich kenne auch keines, bei dem irgendetwas von der Schneide, dem Griff oder einem anderen Teil des Schwertes in Richtung des Feindes geschleudert oder der Feind irgendwie eingesogen oder in einer anderen Art einem *„Mund zugeordnet"* wird. Achtung, man könnte den Fehler machen, die betreffende Textstelle so zu lesen, dass hier Feinde vor dem Angesicht dieses „Schwertes" fliehen, aber so steht es nicht da. *„Dem Schwert ist Fliehendes weg von seinem Angesicht"* bedeutet, dass es da etwas gibt, was offenbar mit großer Geschwindigkeit die Position des Schwertes verlässt. Zusammen mit dem Mund des Schwertes und seiner Schlagkraft möchte ich vorschlagen, hierin die Schilderung einer Schusswaffe zu sehen. Denn eine Schusswaffe hat zweifelsohne eine MÜNDung und es kommen Geschosse heraus, die mit großer FLUCHTgeschwindigkeit eine große Anzahl von Feinden in kürzester Zeit vernichten können, insbesondere, wenn dieser Feind tatsächlich mit Schwertern antritt und Pfeil und Bogen. Eine vernichtendere Niederlage wäre kaum vorstellbar. *„Wer kommt denn auch mit einem Messer zu einem Pistolenduell?"*

Schusswaffen in biblischer Zeit ist nun wieder etwas, was die moderne Wissenschaft sofort ins Reich der Fabeln verweist. Nur: Es gibt sogar archäologische Beweise! Der auf der nächsten Seite abgebildete prähistorische Schädel (Abb. 59) liegt im Naturkundemuseum von London, wurde 1921 in Sambia gefunden und wird auf ein Alter von ca. 125.000 Jahre geschätzt. Da das Eintrittsloch nicht, wie bei Pfeil- oder Speerverletzungen üblich, leichte Risse aufweist und die gegenüberliegende Seite des Schädels von innen heraus explodiert zu sein scheint, bleibt nur der Vergleich mit modernen Schussverletzungen, deren Hochgeschwindigkeitsgeschosse genau solche Verletzungen hervorrufen. Es gibt neben diesem Schädel auch noch Rinderschädel mit Schussverletzungen, die bei archäologischen Ausgrabungen gefunden worden sind, und einige andere mehr.[365]

Am Ende dieser Bibelstelle ist noch die Rede von der Schlacht gegen Assur, an deren Ende offenbar die Angreifer sehr über das Mahnzeichen bestürzt sind. Das könnte bedeuten, dass die Angreifer nicht wussten, wen sie angreifen und diese Angegriffenen ein Mahnzeichen trugen. Möglicherweise das Kains-Mal, das Schutzzeichen der Götter?

Alte Bibelübersetzung	**Moderne Bibelübersetzung**	**DaBhaR**
Jesaja 60.16		
16 Das du solt Milch von den Heiden saugen / vnd der Könige brüste sollen dich seugen / Auff das du erfarest / das ich der HERR bin / dein Heiland / (...)/ bin dein Erlöser.	16 Du wirst die Milch der Heiden saugen und dich an königlichen Brüsten nähren; also wirst du erfahren, dass ich, der HERR, dein Erretter bin und dein Erlöser (...)	16 Und Du saugst die Milch der Nationen Und vom Gerüst der Regenten saugst du und du erkennst dass ich es bin, JHWH, dein Retter und dein Erlöser

Abb. 59: Dieser Schädel mit Einschussloch wurde 1921 in Broken Hill in Sambia entdeckt. Auf der linken Schädelhälfte befindet sich ein perfekt gerundetes Loch. Es liegen keine radialen Brüche vor, die entstanden wären, wäre das Loch durch einer Waffe, wie etwa einem Pfeil, hervorgerufen worden. Dieselben Muster wurden bei Opfern von Kopf-Schussverletzungen durch Hochgeschwindigkeitsmunition beobachtet. Kein langsameres Projektil könnte ein so sauberes Loch oder den zersprengenden Effekt hervorrufen. Sein Alter wird auf 125.000 bis 300.000 Jahre datiert.

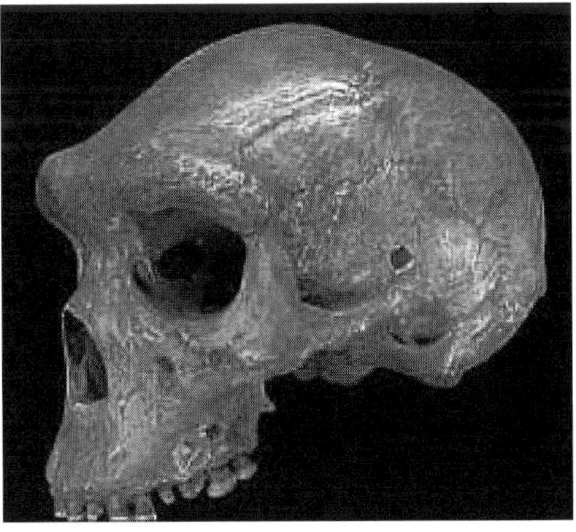

Hier geht es um die Beschreibung der von JHWH ausgewählten und als solche durch Beschneidung gekennzeichnete Menschengruppe, die sich mit den von ihm festgelegten Zielen in verschiedene Nationen aufmachen soll, um diese in seinem Sinne auszunutzen. Es ist also davon auszugehen, dass JHWH seine Gefolgschaft so ausstatten wollte, dass sie bei optimaler Diensttauglichkeit für beliebige Zwecke von ihm eingesetzt werden konnten. Dieses Thema behandeln wir später noch ausführlicher.

Und zum Abschluss betrachten wir uns noch eine weitere Quelle, die mit der Bibel und JHWH nur lose zusammenhängt. Hier geht es jedoch um einen kirchlichen Schutzpatron und dessen Darstellung in alten Gemälden. Im Baseler Kunstmuseum hängt ein Gemälde aus dem Jahr 1562, der „Baseler Christophorus“. Auf den ersten Blick erkennt man das allseits bekannte Bild des Schutzheiligen der Autofahrer, des heiligen Christophorus – wie üblich mit Jesuskind, das er auf der Schulter trägt. Erst auf den zweiten Blick erkennt man interessante Details. So ist beispielsweise der Wanderstab kein einfacher Stab oder Ast, sondern ein ganzer Baum mit Blätterwerk und obendrein verwurzelt! Das Jesuskind auf den Schultern erscheint als Engel, außerdem nicht sitzend, sondern eher „herniederfahrend“ auf das Haupt des Mannes und ihn zudem sehr unsanft an den Haaren packend. Es scheint ihm einen Stab in den Kopf zu rammen (raten Sie mal, in welchem Winkel…), an dessen Ende ein Kreuz befestigt ist. Die beim Engel/Jesuskind zu sehende Kugel stellt den Sternenhimmel dar und weist ein schräg stehendes, blaues Band auf, welches im rechten Winkel zu den anderen gelben Bändern steht. Außerdem sind weitere Längen- und Breitengrade zu sehen – gekennzeichnet in dünnen schwarzen Linien –, die jedoch weder im rechten Winkel noch in einem von 180 Grad, sondern in exakt 23 Grad zu den anderen Linien stehen.

Abb. 60: Der Baseler Christophorus

Resümee

Im folgenden Kapitel geht es um die Sprache, die wir offenbar ebenfalls übernommen haben. Dabei spreche ich nicht vom heute üblichen Hochdeutsch, sondern viel mehr vom sogenannten Alt-Mittel-Hochdeutsch, das sich für heutige Ohren nach einem sehr altertümlichen Plattdeutsch anhört. Fährt man nach Norwegen, so findet man im Norden des Landes nahezu in jedem Tal einen eigenen Dialekt und alle würden gut als Beispiel für diese Ursprache dienen können. Eventuell gerade ausgepackte „Keulen" können also getrost wieder eingesteckt werden. Die deutsche Sprache, um die es hier geht, wird in Deutschland so gut wie nicht mehr gesprochen. Und sie wurde auch nicht nur in Deutschland gesprochen, sondern offenbar in allen Ländern, in denen Nachfahren dieser Ka'initen lebten. Wer sich nach wie vor von so viel Deutschtum und Erwähnung der Bezeichnung „deutsch" gestört fühlt, sei daran erinnert, dass es hier nicht um irgendwelche Eroberungsfeldzugsplanungen geht, sondern schlicht und einfach um die Erforschung der Fakten. Was wir nach der Erkenntnisgewinnung mit dem neuen Wissen anstellen, wird hoffentlich gut, weise und nachhaltig positiv sein. Sollte sich also herausstellen, dass der nordeuropäische Raum eine einheitliche Sprache hatte, stellt sich die Frage, wann sich dieser Sprachraum von den anderen Sprachen abgekoppelt hat. Es entsteht in Folge dann die Annahme, dass es, wenn es eine Trennung gab, davor eine Gemeinsamkeit gegeben haben muss. Die Frage ist, ob es mit einem oder mehreren anderen Sprachräumen eine gemeinsame Vergangenheit gibt. Dies müsste sich heute noch durch gemeinsame Worte bzw. deren Wurzeln feststellen lassen. Gibt es zwei oder mehrere gemeinsame Sprachräume, die wiederum in grauer Vorzeit irgendwie von anderen getrennt wurden, so gab es auch davor wiederum eine gemeinsame Zeit aller Sprachräume, die es zu ergründen gilt.

Sollte sich dies tatsächlich mit so weit entfernten Sprachen wie z.B. Deutsch und Japanisch bewerkstelligen lassen? Sollte ein solcher Nachweis gelingen, zeigte dies überdeutlich, dass es gemeinsame Wurzeln gibt und dass diese ein extrem wichtiger Baustein zur Völkerverständigung sind. Möglicherweise ließe sich dann anhand von Gemeinsamkeiten auch sehr schnell eine gemeinsame Sprache aufbauen. Und wenn sich tatsächlich alle Menschen wieder VERSTEHEN, dann sind wir einen riesigen Schritt weiter.

15. Die einheitliche Sprache

Kommen wir nun zu einem der letzten Themen vor der Zusammenfassung der Ergebnisse. Es wird in vielen Schriften immer wieder davon berichtet, dass es vor der heutigen Sprachvielfalt eine einheitliche Sprache auf der ganzen Welt gab. Folgt man der Bibel und anderen Schriften, so war die Sprachverwirrung kein zufälliges Abgleiten in verschiedene Dialekte und sich nebeneinander entwickelnde Sprachen verschiedener Völker auf verschiedenen Kontinenten, sondern eine ganz bewusst herbeigeführte Sicherheits- und Strafmaßnahme der „Götter" gegen die von ihnen geschaffenen Menschen. So konnte man die Kommunikation der Erdlinge untereinander zunächst vollkommen unterbinden und langfristig enorm erschweren, was wiederum zur Folge hatte, dass ein gemeinsames Vorgehen (gegen die Götter) von vornherein ein nahezu aussichtloses Unterfangen darstellte. Eine solche Ursprache festzustellen ist sicherlich ein unglaublich schwieriges Unterfangen und muss als Grundlage haben, die Wurzeln der verschiedenen modernen Sprachen auf immer weniger und schließlich eine einzige Ursprache zurückzuführen.

Lautverschiebungen über die Jahrhunderte und Landstriche machen es dem Forscher nicht leicht, und die heutigen Sprachen scheinen einander so fremd, dass man sich kaum vorstellen kann, in ihnen miteinander verwandte Worte zu finden. Bei modernen Wortschöpfungen wie *Computer* oder *Internet* ist dies leicht, bei älteren Worten aus einer längst vergangenen Welt ist dies schon erheblich schwieriger. Es gibt allerdings einen Autor, der glaubt, dieses Rätsel gelöst zu haben. In den verschiedensten Sprachen aus aller Herren Länder hat er hunderte verwandter Worte mit derselben Bedeutung gefunden, und alle diese Worte müssen somit Teil einer gemeinsamen Sprache gewesen sein. Welchen Namen diese hatte und wo sie heute gesprochen wird, sollte bei diesen Funden eigentlich unerheblich sein, wenn es da nicht eine kleine, politisch so wichtige Ausnahme gäbe... Erhard Landmann heißt der Autor, und sein Buch hat den Titel „Weltbilderschütterung". Der Autor hat vor und nach der Veröffentlichung seines Buches erheblichen „Gegenwind" gespürt und sieht sich in seinem Vorwort dazu veranlasst, hierzu Stellung zu beziehen:

„Da der wahre Wissenschaftler also die Wahrheit sucht, nicht aber schafft, muss er sie so nehmen, wie er sie vorfindet. Da er nicht an ihr herummani-

pulieren darf und wird, kann er auch nichts dafür, dass die Wahrheit so ist, wie er sie eben vorfindet, im Unterschied eben zu jenen falschen Wissenschaftlern und Ideologen, die sich ihre vermeintliche Wahrheit, eben ‚ihre Wahrheit', so zurechtschneidern, wie sie sie gern hätten oder wie ihr armseliges Fassungsvermögen sie eben erfassen kann...[366]
Lassen Sie mich zunächst einen kleinen sprachwissenschaftlichen Ausflug machen, eine scheinbare Spielerei und ein Hin- und Herspringen im Bereich der Sprachen, um den sprachwissenschaftlichen Laien darauf vorzubereiten, was ihn in diesem Buch unter anderem erwartet und um den sogenannten Sprachwissenschaftlern teils Bekanntes, teils aber auch ein paar für sie unbequeme Wahrheiten vorzusetzen, die dann in den weiteren Teilen des Buches immer mehr ergänzt, immer klarer herausgearbeitet werden, bis selbst der ärgste Skeptiker, angesichts der Fülle des Beweismaterials, nicht mehr anders kann, als zuzustimmen – oder ihm ist eben tatsächlich nicht zu helfen. (...) Man wird mich, je nach eigenem Standpunkt, einen Ketzer, Atheisten, einen Faschisten sowieso, einen herzlosen Zyniker, Antidemokraten, ach was weiß ich, was noch diesen Leuten einfällt, nennen (...). Dabei bin ich nur ein ganz und gar der Vernunft Zugetaner, der weiß, dass der Schlaf der Vernunft Ungeheuer und Katastrophen gebiert, und der sieht, wie immer mehr Leute, die Pseudorationalismus und Technikgläubigkeit mit Vernunft verwechseln, in vermeintlich wissenschaftlichen Abhandlungen nach der Eindämmung der Vernunft schreien, obwohl sie Vernunft, nämlich vernünftiges Handeln und Denken, nie kennengelernt haben.“[367]

Auch Erhard Landmann hat mit der Aussage, dass (ausgerechnet) die (alt-mittel-hoch-)deutsche Sprache die Ursprache der heutigen Menschheit gewesen sein muss, seine Schwierigkeiten. Es ist sehr einleuchtend, dass die heutige politische Landschaft, die geprägt ist von der Umerziehung, ausnahmslos jede andere Sprache „erlauben“ würde, jedoch niemals ausgerechnet die deutsche Sprache. Und wir, die wir in den letzten Jahrzehnten in dieser politischen Landschaft groß geworden sind, verspüren in uns ebenso die Widerstände aufspringen, die uns trotz der nun folgenden vielen Fakten ganz gravierende Zweifel anmelden lassen. Bitte haben Sie Verständnis für die langen Zitate an dieser Stelle und auf den folgenden Seiten. Der Inhalt bezieht sich auf so viele „technische“ Einzelheiten der deutschen Sprache und deren Verwandtschaft mit anderen Sprachen (bzw. umgekehrt), dass es zweckmäßiger erscheint, den Autor selbst hier sprechen zu lassen, denn er hat es vortrefflich formuliert.

„Schauen wir uns einmal in den deutschen Dialekten um. ‚Ich gehe in das Wasser'. Diesen Satz spricht ein Berliner so aus: ‚Ick jeh ind Wata.' Was können wir daran alles an sprachlichen Veränderungen feststellen? Aus dem Ch-Laut des Wortes ‚ich' wird ein K-Laut, aus dem G-Laut des Wortes ‚gehen wird ein J-Laut. Die Worte ‚in' und ‚das' werden zusammengezogen, und das ‚a' und ‚s' des Wortes ‚das' verschwinden ganz. Aus dem ER-Laut in dem Wort ‚Wasser' wird ein A-Laut. Der Frankfurter dagegen sagt: ‚Ich geh ins Wassee.' Hier verschwindet der R-Laut, und der E-Laut wird verlängert oder verdoppelt, wenn man so will. Der hessische Dialekt kommt also gut ohne den R-Laut aus, wie dies auch Koreaner und Chinesen tun. Der Thüringer und der Sachse dagegen sagen: ‚Ich gehe ins Wossor.' Hier klingen A-Laut und E-Laut wie ein O-Laut. Der Bayer wiederum sagt ‚Wuosser', weil im bayrischen Dialekt fast jeder Vokal zu einem Diphtong, zu einem Doppellaut wird. Aus ‚ein' wird ‚oan', aus ‚haben Sie' wird ‚hoams', ein Beispiel, wie aus einem Lippenlaut b ein Lippenlaut m wird."*

In Bayern spielt man nicht Fußball, sondern man „spuit", der Italiener wohnt nicht in Florenz, sondern in Firenze, und anstelle von „blanko" sagt er „bianco". In Hessen gibt es nirgends eine Kirche, sondern nur die eine oder andere „Kesch", die an einer „Strass" im Ort liegt, direkt neben dem Garten, der hier „Gatte" heißt. Es scheint geradezu ein hessischer Zwang zum Weglassen der Endlaute vorzuliegen. Ähnlich wie beim Franzosen, der *„parlee, ämee, schuee"* sagt, jedoch parler, aimer, jouer schreibt.

„Das ‚Wata' des Berliners, den Wechsel des S-Lautes zum T-Laut, finden wir wiederum im ‚Woda' des Russen und im ‚Water' des Briten. Wiederum kein Zufall. Die Berliner, die Preußen oder Borussen sind, also den gleichen Namen wie die Russen haben und die Briten und Bretonen, sie alle gehen auf den deutschen Stamm der Friesen zurück, nicht nur in ihrem Namen. Darüber hinaus wissen wir natürlich, dass in Britannien auch die Angeln, Sachsen und Juten, die eigentlich Diuten sind, eingewandert sind und ihre Dialekte mitgenommen haben. In der Bibel, der heiligen Schrift

der Christen, wird erzählt, dass Moses oder Mose auf dem Wasser gefunden wurde und deshalb den Namen Moses, der ‚Wasser' bedeutet, erhielt. Nun, wir haben hier das gute sächsische ‚Wossor' vor uns, wobei sich lediglich der Lippenlaut m aus dem Lippenlaut w gebildet hat und das labile r verschwunden ist. Bleiben wir mal beim deutschen Wort, oder besser, bei den deutschen Wörtern für Wasser. Im Althochdeutschen gab es vier verschiedene Wörter für Wasser: wazzir, wac, aha, und ouwia, owwe oder ouwa. Wac bedeutete großes Wasser oder Meerwasser, ouwa, ouwia oder ouwe, owwe bedeutete Flussaue oder Flusswasser."

Es scheint tatsächlich so zu sein, dass es weltweit keine einzige Sprache gibt, in der sich nicht ähnliche Dinge auffinden und eine Verwandtschaft feststellen ließe. Die alten Sprachen der Maya und der Azteken erscheinen im Lichte dieser Untersuchung als beinahe lupenreines Althochdeutsch.

„Bei den Mayas heißt Wasser haa, das althochdeutsche aha also. Bei den Azteken haben wir wac für Meerwasser, haargenau also, wie im Althochdeutschen und watl, atl für anderes Wasser, also das deutsche wazzir. Die Ungarn sagen viz, genau wie die Schotten Whiskey und die Chinesen sui, ein verdrehtes uis also. Die Japaner schließlich sagen mizu, wieder einmal, wie beim Moses der Bibel, eine Umbildung des Lippenlautes w zum Lippenlaut m. Schauen wir uns südamerikanische Länder- und Flussnamen an, wie Uruguay und Paraguay, so sehen wir, dass die Silben guay, die Wasser bedeuten, das althochdeutsche wac, huac, quac oder guac darstellen. Denn das Althochdeutsche schrieb den W-Laut, davon können wir uns durch einen einzigen Blick in ein althochdeutsches Wörterbuch überzeugen, auf fünffache, gleichberechtigte Weise, je nach Dialekt und Schreiber, nämlich uu, hu, gu, cu, oder qu. Diese Tatsache ist sehr, sehr wichtig, deshalb sollten Sie sich dies gut merken."

Vielleicht wird sich dieses Wissen ja durchsetzen und in Zukunft zum Kanon an der sprachwissenschaftlichen Fakultät gehören.

„Noch eine weitere sprachwissenschaftliche Veränderung, die auf den fränkischen Dialekt der althochdeutschen Sprache zurückzuführen ist, ist eine Verwandlung von deutschem d in qu. Dies hat sich vor allem, aber nicht nur, in den fälschlicherweise als romanische Sprachen bezeichneten Sprachen ereignet, die keineswegs vom Latein abstammen, wie uns ahnungslose

Philologen erzählen wollen, sondern vom fränkischen Dialekt des Althochdeutschen.“

In den folgenden Zitaten wird das Wort *althochdeutsch* durch die Abkürzung *ahd.* ersetzt. Dies spart Platz und Zeit und lässt sich flüssiger lesen.

„In Spanien gibt es einen Fluss der Quadalquivir heißt. Dieser Name bedeutet ‚die vier Wasser' und soll aus dem Arabischen stammen. Wenn wir nun wissen, dass im Ahd. der W-Laut auch qu geschrieben und gesprochen wurde, dass 1 und r sich weltweit in so vielen Sprachen untereinander ausgetauscht haben, und wenn man weiß, dass eben unter altfränkischem Einfluss aus d ein qu geworden ist, so können wir uns nun mal den Namen Quadalquivir ansehen. Da haben wir zunächst Quadal, oder besser Quadar, das ahd. wazzir, quazzir, huazzir, cuazzir, guazzir. Dann haben wir qui, das aus ahd. diu entstanden ist und dann haben wir noch vir, das gute deutsche vier. Der Fluss heißt also wazzir diu vir, und, man staune, sogar die Satzstellung der Wörter ist noch typisch ahd., anders als im modernen deutsch, wo man ‚die vier Wasser' sagen würde. Was das Arabische betrifft, von dem dieser Name stammen soll, so wollen wir uns, ganz lässig und zwanglos, ohne Arabisch gelernt zu haben, ein paar allgemein bekannte arabische Worte ansehen.“

deutsch	***althochdeutsch***	***arabisch***
schwarz	swart	asward
die Reise, Fahrt	dia fari	safari
Soldatenschar	(di)a skari	askari
Republik, Senatorenreich	gumana riha	gumhariya
Berg, der Berg	berg, perc, de berg	dsche bel
Allmächtiger, Gott	allmahu, allmahticu	allahu
Mächtiger	mahdi	mahdi
Sohn	barn (Geborener)	ben
Prüfung	koran	koran

Der Zufall allein lässt sich hier wohl kaum mehr als Verursacher so vieler Gemeinsamkeiten identifizieren. Selbst uns so fern anmutende Sprachen wie das Arabische haben also definitiv Gemeinsamkeiten mit der alten deutschen Sprache, die sich nicht verleugnen lassen. Das heutige Deutsch ist im Vergleich dazu fast schon eine andere Sprache. Und dabei meine ich nicht die vielen englischen Worte, die heute vollkommen gedankenlos übernommen werden. Angefangen bei dem erfolgreichen „Manager" von heute, der in „Meetings" geht, um seine Mitarbeiter zu „briefen" und dabei auf gar keinen Fall die „life-work-balance" außer Sichtweite kommen lassen sollte, geht es hin zu Unternehmen wie Microsoft, die uns per „Newsletter" mitteilen, dass das neue „Update" nun (jetzt kommts!) „gedownloadet" werden kann. Wir fangen also schon an, englische Verben mit deutschen Regeln zu konjugieren...

„Wer heute das ungarische Wort haz mit dem ahd. huz, hus = ‚Haus' vergleicht, bekommt gesagt, es sei doch nur ein Lehnwort. Auf so eine billige Art von ‚Sprachwissenschaft' lasse ich mich aber nicht ein. Ich vergleiche richtig. Zum Beispiel das ungarische Wort mü, das heute ‚Arbeit' bedeutet, mit dem ahd. mü, müh, die ‚Mühe', denn jede ernste Arbeit macht viel Mühe. Genau so, wie das englische work = ‚Arbeit' nicht mit dem deutschen Wort ‚Arbeit', sondern mit dem deutschen Wort ‚Werk' verglichen werden muss oder das englische Wort well = ‚gut', das neben englisch ‚good' existiert, mit dem deutschen Wort ‚wohl' verglichen werden muss. So ist also Ungarisch resz = deutsch ‚Teil' eigentlich der ‚Rest', szellem = der ‚Geist' ist deutsch ‚Seele', lel = ‚Seele' ist ebenso von deutsch ‚Seele', vadni = ‚jagen' ist deutsch ‚weiden', valaki = ahd. walachi, welachi = ‚welcher', szak = das ‚Fach' ist deutsch die ‚Sache', mod = ‚Art, Weise' ist ‚Mode', üzen = ‚aussenden' ist ahd. uzzend. Schauen wir jetzt Zusammensetzungen davon an, wird ganz deutlich, dass es sich gar nicht um Lehnwörter handelt, denn man erkennt, dass die Zusammensetzung mit ahd. Formen von tat, tet, det, dat = die ‚Tat' und von Formen der ahd. Verben tuen und sein erfolgt. Zum Beispiel wird aus mü = ‚Arbeit' die Zusammensetzung mütet = die ‚Operation' (‚Mühe getan'), weiterhin mükodes(t) = ‚betätigen' (ebenso: ‚Mühe getan'). Zusammensetzung mit valto-, was das ahd. Wort walten ist, ergibt valtostat = ‚verändern' (‚die Tat des Waltens verändert etwas'), valo = ‚wählen' bildet die Formen valogotas = ‚Auswahl' (‚Wahl getan'), valogatott = ‚ausgewählt' (‚Wahl getan'). Die unzähligen, in allen Sprachen der Welt angehängten oder auch getrennt geschriebenen -tas, -tate, -tet, -tett, -tott usw., wie Lateinisch vanitas, vanitate = ‚Eitel-

keit ', sind eben nur das ahd. vani und tat = die ,Wahnestat' (heute mit ,Eitelkeit' übersetzt)."[368]

Herr Landmann bringt in seinem Buch Beispiele aus den verschiedensten Sprachen, die immer wieder das Gleiche zeigen, nämlich, dass das Althochdeutsche in allen Sprachen wiederzufinden ist. *Ana* ist im Türkischen ,Eltern' und im Althochdeutschen die ,Ahnen'. Viele rumänische Familiennamen enden auf -anu, wie beispielweise Saceanu, was im Althochdeutschen wiederum ,Sachsenahne' bedeutet. Der griechische Urgott *Uranos* ist der *Urahne*, im Althochdeutschen *urano*. Das Wort *mazedonisch* ist in althochdeutschen Glossen als *mace diutisk* erhalten und erklärt uns, wer die Mazedonier wirklich waren: die ,Masse der Deutschen'. In Japan finden wir beispielsweise im sumpfigen Tal des alten Edo (Tokio) einen Fluss namens *Sumigawa*. Auf althochdeutsch heißt das ,die sumpfige Aue', die heutigen Japaner haben nur den ,pf-Laut' eliminiert. In Äthiopien finden wir Begriffe wie ,Haile Mariam', was ,heilige Maria' heißt oder der ehemalige Kaiser des Landes nannte sich ,Haile Selassie', was nichts anderes heißt als ,heilige Seele'.

„Wenn die Azteken das Wort Yohualtecatl haben, so ist das der ,gewaltige Gott', neben dem Quetzalcatl, dem ahd. quez al coto, dem ,allwissenden Gott'. Wenn die südamerikanischen Indios den Gott Wotan, der nach der Mythologie der Völker von Mittelamerika nach Südamerika kam, mit Virakotscha, Verakotscha, Kuvara, Patscha Kuti, Kuvara Huatana usw. bezeichnen, so liegt hier ahd. vera koto = ,wahrer Gott', kot vara = ebenso ,wahrer Gott', sowie Wotan kot (Patscha ist eine sehr entstellte Form von Wotan in einigen Dialekten) und ,wahrer Gott Wotan' (Kuvara Huatana) vor. Und warum werden viele Schöpfergötter, die ja etwas ,machen', wenn sie etwas schaffen, mit den ahd. Formen des Wortes ,machen', ,Macher' bezeichnet (Osterinsel = Make-Make, Südamerika Patscha-Kamak usw.)?"[369]

Warum gibt es in allen möglichen Sprachen für das Wort „Gott" immer wieder Entsprechungen gemäß dem höchsten Gott der alten Deutschen, Teut, nämlich „*Teot, Deus, Teotl, Thot, Zeus, Ziu, Teo*" oder im anderen Fall Worte, die auf „*das ahd. Wort kot, koto*" zurückzuführen sind, wie z.B. das „*ungarische Wort für Schöpfer, alkoto, der allkot oder der altkot.*"?

Hierbei ist zu berücksichtigen, dass im Althochdeutschen das Wort für „alt“ sowohl als Entsprechung von „hoch“, wie auch von „alt“ oder „ehrwürdig“ benutzt wurde. Vom althochdeutschen „allmahu“ kommen wir dann sehr leicht zum arabischen „allahu“, weil einzig der Buchstabe „m“ herausgefallen ist. Und in den Chilam-Balam-Büchern der Mayas findet sich an zig Stellen „almehen cot“.

„(...) das Wort Chilam ist nur die konjugierte Form des ahd. Wortes hil, chil = ‚heilig‘, und heilige Bücher sollen es ja sein und sind es ja. Wir werden uns daran gewöhnen müssen, dass das arabische salam aleikum, ebenso wie das hebräische schalom, nicht ‚Friede sei mit euch‘ ursprünglich bedeutet, sondern, wie in manchen als Witz gemeinten Verballhornungen, tatsächlich von dem deutschen ‚sollen alle rein kommen‘ bzw. dem angelsächsischen shall come herkommt. Diese Erkenntnis wird vielen Leuten, vielen Ideologen von vielen politischen Seiten her nicht passen, und sie werden es mit unfairen Mitteln bekämpfen. Aber kann die Erkenntnis, dass es gar keine semitischen Sprachen und damit keine semitischen Völker gab und gibt, nicht auch bedeuten, dass der törichte Antisemitismus, der so viel Leid schuf, dass die schlimmen Kriege im Nahen Osten, die mit angeblichen ethnischen, geschichtlichen, religiösen, ja sprachlichen und noch anderen Ansprüchen untermauert wurden und werden, endlich aufhören, endlich keine ideologische und theoretische Grundlage mehr haben, weil sie tatsächlich nicht wahr sind, auf welcher Seite immer. Wenn Juden Diuden sind, also Deutsche, und Araber auch, wenn es gar keine arabische Sprache und Nation gab und gibt, sondern die Sprachen dieser Stämme nur auf den gleichen althochdeutschen Dialekt zurückgehen, besteht dann nicht die Hoffnung, dass die Kriege und Untaten, die im Namen dieser Ideologien verübt werden und von Ideologen in Europa noch unterstützt werden, endlich zum friedlichen Miteinander werden.“

Dies hat nichts mit einer „Multikulti“-Bewegung zu tun, sondern soll Ausdruck einer Verwandtschaft sein, in der auch keineswegs das heute Deutsche im Vordergrund steht, sondern die gemeinsame Wurzel, die wir heute das Altmittelhochdeutsche nennen, welches selbst von Deutschen heute kaum verstanden werden würde. Die Familien können und dürfen getrennt leben und sind doch verwandt und sollten daher friedlich miteinander umgehen. Die Verwandtschaft über alle Grenzen ist überdeutlich in den alten Wörterbüchern einer jeden Sprache zu finden.

„Warum gibt es im ‚Bocalabulario de Mayathan', dem, glaube ich, ältesten erhaltenen Mayawörterbuch, und natürlich in den meisten nachfolgenden Wörterbüchern dieser Sprachen und Dialekte, nicht nur das ahd. Wort bil, das Beil bedeutet, sondern auch das Synonym zu Beil, nämlich Axt, in reiner ahd. Form achus, acches, sowie die Zusammensetzung hachbil, deutsch ‚Hackbeil', sowie die dazugehörigen Verben hach = ‚hacken', poh = ahd. poh = ‚pochen'? Warum gibt es dort die Wörter Werchetah, Thinchetah, Huichetah, Pochetah, Sachetah? Fünf, Sie haben richtig gelesen, fünf Synonyme zum deutschen Wort ‚Werktag, Wochentag, Sachtag, Thingetag und die heute angelsächsische Form Weekday (Huichetah), von denen heute Sachtag und Thingetag schon lange nicht mehr im Sprachgebrauch sind. Dass man die Bedeutung in dem Wörterbuch in diesem Fall falsch übersetzt hat, ändert wenig daran, zumal auch in dem Wörterbuch diese Formen als Synonyme zusammen angeführt werden.

Und warum gibt Emilio Alcala in seinem Mayawörterbuch, nicht wissend, welch geradezu verheerenden Irrtum er begeht, das Mayawort für Schriftzeichen, Hieroglyphe, mit, wie er meint, synonymen Wörtern buoh, tab, vuoh, tap an? Nun, er erkennt nicht, dass aus dem ahd. buohstab, buohstap = der ‚Buchstabe' nur ein ‚s' verloren gegangen ist. Der Name des Inkaherrschers Atahualpa, was ‚Vater des Volkes' heißt, ist ahd. (f)ata(r) = der ‚Vater' und alpa = das ‚Volk'. Warum so ein reiner ahd. Name? Das angeblich aus dem Lateinischen entlehnte Wort Vagabund, das aus zwei urdeutschen Wörtern zusammengesetzt ist, nämlich vaga, vega = ‚bewegen' und ‚Bund', dieses Wort wird in anderen Sprachen als farabundi (zum Beispiel die Farabundi Mardi in El Salvator) bezeichnet.

Hier wird das deutsche vaga, vega = ‚bewegen', durch das ahd. fara = ‚fahren', ‚Fahrt', ersetzt. Wie ist es möglich, dass eine sogenannte romanische Sprache, wie das dort gesprochene Spanisch, ein angeblich lateinisches Wort wie Vagabund, das aus zwei deutschen Grundwörtern besteht, eines dieser Grundwörter durch ein anderes in seiner ahd. Form ersetzt? Wer hier noch von Lehnwort spricht oder einer latinisierenden Etymologie huldigt, dem sollte man verbieten, sich Sprachwissenschaftler zu nennen."[370]

Das Japanische, uns bekannt als eine Sprache mit unglaublich vielen fremdartig anmutenden Schriftzeichen, weit ab von dem, was wir als „verwandt“ bezeichnen würden, weist, sobald es in unserem Schriftalphabet geschrieben da steht, erstaunlicherweise große Übereinstimmungen auf. Die japanischen Götternamen, von denen es für jeden Tag einen gibt, zeigen den gemeinsamen Ursprung und offenbaren, dass es eigentlich Bruchstücke aus Erzählungen sind, anstelle von Namen.

1) Imi kashiki no Mikoto	*1) in ahd.: Imi kashiki nu mi(n) koto* *heutiges Deutsch: Ihm schickte nun mein Gott*
2) Awo kashiki ne no Mikoto	*2) in ahd.: Awo kashik ine nu mi(n) koto* *heutiges Deutsch: Wehe schickte ihm nun mein Gott*
3) Aya kashiki ne no Mikoto	*3) in ahd.: Aya kashik ine nu mi(n) koto* *heutiges Deutsch: Arges schickte ihm nun mein Gott*
4) Oho to mahe no Mikoto	*4) in ahd.: Ouh ta mahe nu mi(n) koto* *heutiges Deutsch: Auch machte da nun mein Gott*
5) Oho-to-ma-hime no Mikoto	*5) in ahd.: Ouh ta mahi meno mi(n) koto* *heutiges Deutsch: Auch machte da Männer mein Gott*
6) Chishiki no Kami	*6) in ahd.: Chishiki nu Kami* *heutiges Deutsch: (der) Geschickte nun kam*
7) Oho-to-ma-hiko no Mikoto	*7) in ahd.: Ouh ta mahi kono mi(n) koto* *heutiges Deutsch: Auch machte da Frauen mein Gott* *ahd. kena, quena = (hier zu kono geworden)*
8) Takechi nokori no Mikoto	*8) in ahd.: Ta ke chino korino mi(n) koto* *heutiges Deutsch: Da geht hin gereinigt mein Gott* *oder: Da geht hin zu reinigen mein Gott*
9) Saki dama no Mikoto	*9) in ahd.: Saki da mano mi(n) koto* *heutiges Deutsch: Sagte da dem Manne mein Gott*
10) Iku-tsu hiko ne no Mikoto	*10) in ahd.: kusuhi kone nu mi(n) koto* *heutiges Deutsch: Suchte die Frau nun meinen Gott oder: Suchte die Frau nun mein Gott*

Diese Götternamen wurden aus der großen Menge derer willkürlich herausgegriffen, die vorhanden sind, und sie zeigen alle sehr deutlich den eigentlichen Ursprung als Teil einer größeren Geschichte, die mit ihnen einstmals erzählt wurde.

„Sie werden dies auch noch sehen beim Popul Vuh, bei den Gesängen des Metoro und, falls man zukünftig nachprüft, wohl bei allen heiligen Büchern aller Völker, nur muss man es in ahd. lesen und daraus übersetzen. Wie richtig es ist, hier ahd. Sprache und Sinn zu lesen, kann man daran überprüfen, dass die japanischen Bezeichnungen Kami, Shin, Mikoto (die alle Gott, Götter, Herr, Fürst bedeuten sollen) immer dann stehen, wenn für Kami der Sinn von ‚kommen', für Mikoto der Sinn von ‚mein Gott' oder für Shin (ahd. scin, schin = der Schein) der Sinn von Schein (der Heiligenschein der Götter ist gemeint) sinnvoll und zwangsläufig folgt."

Und wieder erkennt man in den Götternamen durchscheinende ahd. Sätze, die gemeinsam einen sehr sinnvollen Text ergeben. Wenn also die modernen, „wissenschaftlichen" Übersetzungen in vielerlei Hinsicht wenig oder gar keinen Sinn ergeben, so erscheint mir diese Deutungsmethode, die tatsächlich einen sehr sinnvollen Text ergibt, die wesentlich logischere zu sein. Dementsprechend empfiehlt sich, sämtliche dieser alten Schriften mit Hilfe dieser neuen Erkenntnis noch einmal durchzuarbeiten.

Zum Glück liegen Herrn Landmann *„Kopien der Originale vor, wie zum Beispiel vom Popul Vuh, von den Chilam-Balam-Büchern und Aufzeichnungen der Gesänge des Metoro. Und da ist es ebenso. Alles wunderbare ahd. Sätze. Man teilt die Sprachen in zehn große Sprachgruppen ein."*

Die Geschichte einer ganz gezielt herbeigeführten Sprachverwirrung, so, wie wir sie aus der Bibel kennen, erscheint in diesem Lichte mehr und mehr begründet und wahrscheinlich.

„Es hatte aber alle Welt einerlei Sprache ... und der Herr fuhr danieder und verwirrte ihre Geister. Was sagt uns eigentlich der Name Babylon dazu? Es gibt ein ahd. Wort, das babwe, bouwen, buan, buwan lautet und das heutige deutsche bauen, Bau, bedeutet. Dieses Wort nun steckt in Babylon, während der zweite Teil des Wortes Babylon entweder das ahd. lan, lant = Land oder ahd. lanc = lang enthält. Babylon heißt also ‚Land des Baues' oder ‚langer (großer) Bau'. Der Name selbst weist also tatsächlich auf die

Geschichte des Turmbaus hin. Es gibt im Ahd. ein zweites Wort für Bau, das cimpar heißt und mit dem modernen deutschen Wort zimmern, Zimmermann, verwandt ist. Nun gibt es in Afrika ein Land, das sich heute Zimbabwe getauft hat, nach den Ruinenstätten, die man in diesem Land vorfindet. Wir sehen, dass auch diese Ruinen einen ahd. Namen tragen, nämlich gleich zwei ahd. Wörter für Bau. Zimbabwe heißt also der ‚Bau-Bau' oder der ‚Gebäude-Bau' oder eleganter und besser ausgedrückt, der ‚Zimmer(manns)bau', der ‚gezimmerte Bau'. Was aber kann man in Artikeln von angeblich ernsthaften Sprachforschern, lesen? Zimbabwe käme von Simba, der Löwe."

Man findet übrigens in Zimbabwe an einigen der Ruinenstätten so bezeichnete lateinische Inschriften, die sich, bei näherer Betrachtung und mit unserem neuen Hintergrundwissen, sehr bald als ahd. Zeichen entpuppen. Es stellt sich mehr und mehr heraus, dass die Deutschen als beinahe einzige sehr nahe bei dieser alten Ursprache geblieben sind. Waren sie demnach am wenigsten von der Sprachverwirrung betroffen?

„Greifen wir uns mal kurz ein paar Wörter aus der sogenannten finnougrischen Sprachgruppe heraus. Finnisch gehört nicht zu den Sprachen, die ich gelernt oder zumindest näher angesehen habe. Umso erstaunlicher ist es, dass schon der Blick auf eine Hand voll Wörter den ganzen finnougrischen Unsinn zerplatzen lässt. An Beispielen aus der ungarischen Sprache hoffe ich, den noch größeren Unsinn von den ‚agglutinierenden' Sprachen widerlegen zu können. Schauen wir uns die finnischen Wochentage an. Maanantai = Montag, tiistai = Dienstag, torstai = Donnerstag, perjantai = Freitag (eigentlich Freijantag), lauter gute ahd. Wörter. Das Ahd. ist hier besser erhalten, als im Deutschen selbst. Noch besser: sunnuntai = Sonntag. ‚Lehnwörter', werden nun ahnungslose Leute behaupten.
Wie ist es aber nun mit dem Mittwoch, der keskiviikko heißt? Das kann kein Lehnwort aus dem Deutschen sein, denn die sagen Mittwoch. Trotzdem haben wir hier gleich zwei, jawohl, zwei ahd. Wörter in einem finnischen Wort. Ahd. keskid, das teilen, geschieden, bedeutet, und ahd. wehha, was Woche bedeutet. Mittwoch heißt also im Finnischen ‚geteilte' oder ‚geschiedene' Woche, was mit zwei ahd. Wörtern ausgedrückt wird. Sonnabend heißt lavantai. Hier steckt ‚Wotan' genauso drin, wie im hebräischen ‚Sabbat' und im ungarischen ‚Sabado'."[371]

Gehen wir nun in den nordeuropäischen Raum nach Finnland. Dort spricht man eine Sprache, von der gesagt wird, sie sei extrem schwer zu lernen, weil sie so überhaupt nicht verwandt sei mit dem Deutschen. Doch weit gefehlt…

„König heißt finnisch kuningas, ahd. kunic, Gott heißt jumala, das ist das ahd. guman, goman = Herr, ahd. ala = alles, also ‚Herr von allem'. Herr selber heißt im finnischen natürlich herra, ahd. hero. Ärgern heißt finnisch harmitta, da steckt das deutsche Harm drinnen, und sich ärgern heißt sogar harmis tua, auf deutsch also Harm tuen. Man erkennt also sogar noch das deutsche Verb tuen und ahnt schon, dass der ganze Unsinn mit der Agglutination, wie wir uns beim Ungarischen noch ansehen werden, auf bloßer Zusammenschreibung eigentlich getrennter Einzelwörter beruht. Dezember heißt joulukuu und Feier juhla. In beiden Wörtern steckt das ahd. Julfest, das kurz vor Weihnachten, also im Dezember, gefeiert wurde. Gold = kulta, Gesicht = kasuot (ahd. kasiot), Geldstrafe = sakko (ahd. sahho) Mörder = murhaaja, Feindschaft = viha. Nehmen wir einmal das Wort ‚Berg', ahd. berc, perc.“[372]

In allen Kulturen ist Wasser ein lebensnotwendiges Element, das seit Urzeiten vorhanden und auch von Beginn der Sprache an mit einem Wort bezeichnet war. Ebenso gibt es Worte für andere naturgegebene Grundsätzlichkeiten wie Baum, Wald, Sand, Stein oder Berg, die seit Anbeginn der Sprache mit Worten belegt worden sind.

Das *„ahd. Wort te berc, te perc finden wir bei den Azteken als ‚tepec' (es ist nur der Buchstabe ‚r' ausgefallen und der Artikel ans Wort herangezogen worden und dies von ‚Wörterbüchermachern' und ‚Sprachexperten', die aus fremden Sprachkreisen kamen und nicht sorgfältig recherchierten) und im Türkischen ebenfalls als ‚tepec' (in der Bedeutung ‚der Hügel, der kleine Berg'), im Arabischen heute als dsche bel (aus ‚r' wurde ‚l', aus ‚de' wurde ‚dsche'). Der Name Gibraltar, aus Arabisch gibr al Tarik, der ‚Berg des Tarik', entstanden, zeigt aber noch deutlich, das alte arabische, d.h. ahd. Wort (ge)birg, was durch Buchstabenvertauschung zu arabisch ‚gibr' wurde. Der Name der jugoslawischen Stadt Zagreb (bedeutet ‚hinter dem Berg') ist wiederum nur eine Vertauschung der Buchstaben, ein regelrechtes Rückwärtslesen in diesem Fall, aus ‚berg' wurde ‚greb'. Der alte Name* *der Stadt aber war Agram, der auf den ersten Blick ganz anders zu lauten scheint, aber aus dem Lippenlaut ‚b' wurde der Lippenlaut ‚m', und so können wir auch hier, rückwärtslesend aus ‚berga' über ‚barga' zu ‚marga' kommend, den Namen Agram in seiner richtigen Bedeutung als ‚Berg' erkennen. In alten französischen Namen haben wir pic (Pic de Dome) aber auch das ahd. turm (Tourmalon = langer Turm), und in Peru finden wir Macchu Picchu, was ‚großer Berg', ahd. mari perc ist und Huayna Picchu, was ‚kleiner Berg', ahd. (c)h(l)ayna perc ist. Im Ungarischen haben wir heute für ‚Berg' hegy, was von ahd. houg, der ‚Hügel' kommt, aber berc bedeutet im Ungarischen immer noch ‚Berg(spitze)', z.B. im Namen Csilleberc, aber es gibt auch noch das ahd. hang, der Berghang, als Ungarisch hany. Schauen Sie ins Wörterbuch, so finden Sie allerdings zunächst hany = ‚wie viel' und hany = ‚werfen', lesen Sie aber die Redewendungen im gleichen Wörterbuch, so steht da sancot hany = ‚Hang aufschütten', ‚Wall aufschütten', und so etwas, meine Damen und Herren, kann niemals ein Lehnwort sein. Im Finnischen, der Sprache der Suomi, was von Suobi = Schwabe kommt, finden Sie ebenfalls hundertfach das Gleiche. Schauen Sie im Wörterbuch unter dem Wort ‚haben' nach, dann finden Sie dort die Angabe olla. Lesen Sie jedoch Beispielsätze und Redewendungen mit dem Wort ‚haben', dann finden Sie fast stets das Wort bän, das noch heute im Schwäbischen Dialekt in Deutschland gebraucht wird. So heißt zum Beispiel im Finnischen der Satz: ‚er soll es gesehen haben' = hän kuuluu nähneen sen (ahd. schwäbische Mundart: he skulu iz sen hen). Der Satz ‚es bleibt dabei', ‚es sei so, wie es ist' heißt im Finnischen asia on siis so vittu, worin man ohne jegliche Phantasie die ahd. Formen des Wortes ‚sein', nämlich sia und siis erkennt, ebenso wie die ahd. Worte so und viu.“*[373]

Und so, werter Leser, geht es unaufhörlich weiter. Es werden Wortlisten aus verschiedenen Sprachen angeführt, die mehr als deutlich die Meinung des Autors unterstreichen.

„Wer angesichts so vieler eindeutig ahd. Wörter, die, sowohl im Wortklang als auch in der Bedeutung unverkennbar, in den Sprachen Nahuatl, Swaheli, Baskisch und Pasquense auftreten, auch nur noch den leisesten Zweifel hat, dass alle Sprachen der Welt vom Ahd. abstammen, dass die Geschichte von der babylonischen Sprachverwirrung, oder von der Sprachverwirrung des Turmbaus zu Babel, einen realen Hintergrund hat, wie immer das Er-

gebnis selbst war, oder ob es nur dialektale Spracheigentümlichkeiten und fehlende einheitliche Rechtschreibung waren, der sollte sich in Zukunft nicht mehr mit Sprachwissenschaft befassen, sondern Spinat züchten oder irgend eine andere Tätigkeit ausführen. Der deutsche Gruß ‚Guten Tag', von den meisten Leuten ‚gutten tach' ausgesprochen, heißt im Quiche der Maya, je nach Dialekt, Cittan taha oder Coothan tah."[374]

Lassen wir den Autor weiter sprechen und seinen Aufruf zu freier Forschung und schrankenloser Anerkennung simpler Fakten hören.

„*Erkennen wir endlich, dass alle Sprachen, Völker, Kulturen, Religionen aus einer einzigen Sprache, einem einzigen Volk, einer einzigen Kultur und einer einzigen, wahren Urreligion hervorgegangen sind, die durch Unvernunft, Dummheit und Schluderei, durch Gedankenlosigkeit und Gleichgültigkeit und Egoismus entzweit und zerstört und unkenntlich gemacht wurden.*
Erkennen wir endlich, dass alle Ideologien, falsche, fanatische Religionen, falsche Gebietsansprüche und Rassenvorrechte, unvernünftige und fanatische Missions- und Sendungsbewusstseinshaltungen, Welteroberungsansprüche, ob nun als Dschihad (der Hass als heiliger Krieg) oder Kreuzzug oder proletarische Weltrevolution, sozialistische Aufbauhelferbrigaden mit Waffen in den Händen, alle im ‚Namen des Volkes X oder Y oder Z' verübten, Greueltaten oder sonstige ideologische oder religiöse Schandtaten, von dieser Welt verschwinden müssen. Erkennen wir endlich, dass der Vernunft zum Durchbruch verholfen werden muss, der Vernunft, deren Schlaf Ungeheuer gebiert und die von falschen Wissenschaften, Religionen, Ideologien und Demagogien in diesen Schlaf immer tiefer hineingesungen wird, hineingesungen mit ‚Revolutionsliedern' und falschen ‚Freiheitsparolen'."[375]

Wenden wir nun unseren Blick auf die politische Entwicklung in Bezug auf etwas zunächst völlig harmlos Erscheinendes: die deutsche Rechtschreibreform.

Über etliche Jahre hinweg gab es in jüngster Vergangenheit Streit, und ich möchte Ihnen einige mögliche Folgen und Ursachen dieser Reform aufzeigen:

Erster Schritt: Wegfall der Großschreibung: Einer sofortigen einführung steht nichts mehr im weg, zumal schon viele grafiker und werbeleute zur kleinschreibung übergegangen sind.

zweiter schritt: wegfall der dehnungen und schärfungen. diese masname eliminirt schon di gröste felerursache in der grundschule, den sin oder unsin unserer konsonantenverdopelung hat onehin nimand kapirt.

driter schrit: v und ph ersetzt durch f; z ersetzt durch s; sch verkürzt auf s. das alfabet wird um swei buchstaben redusirt, sreibmasine und setsmasinen fereinfachn sich, wertfole arbeitskräfte könen der wirtsaft sugefürt werden.

firter srit: g, c und ch ersetst durch k; j und y ersetst durch i. ietst sind son seks bukstaben auskesaltet, di sulseit kann sofort fon neun auf swei iare ferkürtst werden, anstat aktsik prosent rektsreibunterikt könen nütslikere fäker wi fisik, kemi oder auk reknen mer kepflekt werden.

fünfter srit: wekfal fon ä, ö, ü-seiken ales uberflusike ist ietst auskemertst, di ortokrafi wider slikt und einfak. naturlik benotikt es einike seit, bis diese fereinfakung uberal riktik ferdaut ist, fileikt ein bis swei iare. anslisend durfte als nekstes sil di fereinfakung der nok swirikeren und unsinikeren kramatik anfisirt werden. ps: mein ansats fur den

6. srit: wekfal der lerseiken dadurkspartmanfilplats

Sie halten dies für Unmöglich? Sie haben (hoffentlich) Recht.
Dies war eine Satire![376]

Doch wirklich weit entfernt sind wir davon nicht! Sehen Sie selbst, wie man nach den neuen Regeln trennen darf: A-bitur (aber Cotisilium Abeundi!), a-däquat, ap-ropos, Audi-ovision, Ausgehu-niform, beo-bachten, Bibli-ograf, Bleia-sche, Demok-rat, Demonst-ration, De-oroller, Di-alog, Diag-nose (auch Prog-nose, aber nur Dia-gramm, Pro-gramm), Duodenum, Esse-cke, Fide-ikommiss, ge-ozentrisch, Ge-ograph, Geodreieck, Harvardu-niversität (aber nur Lomonossow-universität), I-nundation, Kont-rast (aber nur Kon-trakt), Kont-rolle, Kore-akrieg, Malu-tensilien, Obst-ruktion, Parak-let (aber nur Para-klase), Res-pekt, Subs-kribent, Subs-tanz (aber nur Sub-stantiv) Tee-nager, vol-lenden.

Dies ist keineswegs Satire! Dies ist bitterer, aktueller Ernst unserer offiziellen Rechtschreibung! Beim Korrekturlesen dieses Buches schlug mir beispielsweise das Programm vor, ich solle das Wort „Katastrophe" folgendermaßen trennen: „Katast-rophe". Wie soll man dies einem Schüler erklären? Jeglicher Sinnzusammenhang geht verloren. So, wie wir die Sekunde von ihrem eigentlichen Sinngehalt im Rahmen des 86.400sten Teils eines Tages abgetrennt haben, so geht bei solch einer Worttrennung der Sinn des Wortes verloren.

Der Wahnsinn geht weiter und bezieht natürlich auch die Kommasetzung mit ein. Schreiben und verstehen Sie folgenden Satz, dessen Komma nach neuer Regel wahlweise weggelassen oder in beispielhaft dargebotener Stellung beliebig gesetzt werden darf:

„Der Vater empfahl dem Lehrer nicht, zu widersprechen."
(Der Vater hat dem Lehrer nicht empfohlen...)

„Der Vater empfahl dem Lehrer, nicht zu widersprechen."
(Dem Lehrer wurde vom Vater empfohlen...)

„Der Vater empfahl, dem Lehrer nicht zu widersprechen."
(Dem Lehrer sollte nicht widersprochen werden.)

Drei vollkommen verschiedene Sätze und Bedeutungen! Hier für den jeweiligen Sinngehalt keine festen Regeln vorzugeben, verhindert in jedem Fall ein korrektes Verständnis des Schreibers und des Lesers![377] Diese Reformen kommen von einem offiziellen Gremium und sind von „Fachleuten" der Sprachwissenschaft beschlossen worden! Was soll man als „Laie" davon halten? Ist dies allein schlampige Arbeit oder ein bewusster Ansatz zur Vernichtung einer sinnvollen deutschen Sprache? Wenn diese Regeln so durchgesetzt werden, wird Deutsch damit praktisch die einzige Sprache auf der Welt sein, die ohne verbindliche Regeln auskommt bzw. auskommen muss und die jedermann sprechen kann, wie er möchte. Somit wäre Deutsch nicht mehr wie bisher eine der am besten geregelten Sprachen – eindeutig in Grammatik und Satzstellung, vielfältig und präzise in Wortwahl und Deklination –, sondern ein Comic-Neusprech, den zu sprechen niemand mehr wirklich anstrebt oder gar beherrscht. Nehmen wir an, es wäre „einfach nur" schlampige Arbeit, dann müssen wir uns als Deutschsprechende entschieden und lautstark dagegen zur Wehr setzen!

Nehmen wir aber an, diese Entwicklung wäre Ausdruck eines bewussten Handelns, dann müssen wir uns fragen, mit welcher Intention die Verantwortlichen handeln. Und ganz gleich, zu welchem Ergebnis Sie, ich oder wir dabei kommen, es lässt sich mit Bestimmtheit vorhersagen, dass dieses kein positives sein wird.

Wenn die deutsche Sprache vernichtet werden soll, dann stellt sich die Frage nach dem „Warum". Ist die deutsche Sprache ein Werkzeug, dessen Benutzung nur wenigen Eingeweihten vorbehalten bleiben soll? Ist sie der Schlüssel zu größerem Wissen oder größerer Macht? Sollte dies zutreffen, wäre selbstverständlich sofort klar, warum dies nur einem kleinen, erlauchten Kreis erkennbar sein darf. Doch sollten wir uns als Deutschsprechende dann nicht jetzt, wo wir noch Deutsch sprechen und schreiben können, fragen, was es wohl mit diesem Schlüssel auf sich hat? Welche Macht geht vom Deutschen aus, welches Wissen wird vom Deutschen erschlossen? Und warum ausgerechnet vom Deutschen und nicht einer beliebigen anderen Sprache? Sollten wir nicht versuchen, diesen Schlüssel allgemein zugänglich zu machen, bevor eine internationale Machtelite möglicherweise auch dies noch an sich reißt und der Masse den Zugang dazu verwehrt? Warum liegen beispielsweise das altmittelhochlateinische Wort für „deutsch", nämlich „theodisc" und das allgemein bekannte Wort für Religions-, Glaubens- oder Gotteslehre, nämlich „Theologie" im Wortstamm so dicht beieinander?

Warum sind „Engel" in der Vorstellung weltweit immer blond und haben blaue Augen? Es gäbe ja beliebig viele andere Möglichkeiten, sich Engel vorzustellen, doch wohin auch immer man sich in Archäologie und Literatur umschaut: Sie sind fast ausnahmslos blond, haben lange Haare und blaue Augen.

In seinem Buch „Die verlorenen Techniken" beschreibt der schwedische Flugzeugingenieur Henry Kjellson den Erlebnisbericht des schwedischen Arztes Dr. Jarl, der in Tibet mit eigenen Augen sah, wie Mönche durch Gesänge und Töne große Steinblöcke zum Schweben brachten. Ist am Ende gar das ursprüngliche Deutsche, aus unserer heutigen Sicht wohl am besten mit dem Wort „Plattdeutsch" bezeichnet, so eng mit der Natur verwurzelt und im Einklang, dass durch Aussprechen bestimmter Worte und die dadurch erzeugten Klänge und Frequenzen messbare physikalische Wirkungen zu erzielen sind – also beispielsweise Materialisierung von

Gedanken oder Beeinflussung physikalischer Eigenschaften von Stoffen und Dingen und wahlweise deren Bewegung? Sollten solche phantastischen Möglichkeiten mit einer Sprache überhaupt gegeben sein, so käme sicherlich nur eine äußerst differenzierte Sprache dafür in Frage; eine, mit der man jede noch so winzige Kleinigkeit exakt in Worte fassen kann, um sie zu beschreiben – oder zu manipulieren. Sollte allerdings in der Tat das (ursprüngliche) Deutsche solche Möglichkeiten geboten haben oder noch immer bieten, wäre in der Tat klar, warum diese Sprache aus dem Gebrauch der Allgemeinheit verschwinden muss (aus Sicht elitärer Kreise). Es gibt genügend Literatur von ernstzunehmenden Autoren, die immer wieder von persönlichen Beobachtungen berichten, in denen Steine, Felsbrocken und andere Gegenstände durch Gesänge und Instrumentenspiel levitiert werden (Marcel Homet, Ernst Muldashev; um nur zwei zu nennen).

Erhard Landmann hat mit diesem Buch ein sehr heißes Eisen angefasst. Wohlgemerkt: Das heißt keinesfalls, dass diese „Deutsch" genannte Sprache „Eigentum" der Deutschen ist oder war, noch, dass die Deutschen die ersten Menschen auf diesem Planeten waren, noch, dass diese Sprache ein Verdienst der Deutschen oder des deutschen Volkes ist. Es könnte aber heißen, dass „das Deutsche zu bewahren" für die gesamte Menschheit von großem Nutzen sein könnte und dass alle, anstatt alles dafür zu tun, das Deutsche zu vernichten und auszudünnen, sich selbst vielleicht einen großen Gefallen tun würden, das Deutsche zu fördern. Welcher Deutsche traut sich schon, ein solches Forschungsergebnis zu veröffentlichen? Jedermann wird sofort an „Herrenmenschen" erinnert und hinterm Rücken schon mal nach der „Nazi-Keule" greifen. Nun stehen diese Ergebnisse jedoch da und sind nicht von der Hand zu weisen, so verrückt sie auch klingen mögen. Es wird mit Sicherheit tausende sogenannter Wissenschaftler geben, die mit wohlklingenden Worten und mächtigen Reden all diese Ergebnisse in den Staub treten werden. Dieselbe Sorte Wissenschaftler ist es vermutlich auch, die uns den Klimawandel und die Gefährlichkeit von CO_2 als Wahrheit verkaufen will.

Ich weiß, lieber Leser, dass ich Ihren Langmut extrem strapaziere und Ihr Gefühl für Weltbild, politische Korrektheit und richtig und falsch erheblich auf die Probe stelle. Und ich sage Ihnen an dieser Stelle schon: Es wird sogar noch schlimmer, bereits im nächsten Kapitel. Ich habe kurz nach dem Schreiben des letzten Absatzes durch „Zufall" erneut einige Tage

Recherche einlegen müssen, weil sich mir Zusammenhänge offenbart haben, die ich weder so geplant noch gekannt noch geahnt habe, die aber, so verrückt sie klingen mögen, das große Puzzle noch besser ergänzen, als ich es mir vorstellen konnte. Wer also an den Ergebnissen Herrn Landmanns interessiert ist, sollte sich dringend sein Buch kaufen, welches möglicherweise nur noch über Antiquariate oder direkt beim Autor selbst zu bekommen ist.[378] Herr Landmann war bis vor wenigen Jahren gern bereit, zum Lesen von Hieroglyphen Kurse zu geben und sagt, jedermann mit etwas Intelligenz könne dies innerhalb weniger Stunden zumindest ansatzweise erlernen. Leider war er lange Zeit sehr krank und ich weiß nicht, ob dieses Angebot noch aktuell ist.

Möglicherweise werden jetzt einige fachkundige Leser einwerfen wollen, dass nicht alle Sprachen auf das Deutsche zurückzuführen sind. Wir sahen anhand der Beispiele, dass Erhard Landmann zumindest überraschend und erstaunlich viele Sprachen mit einbeziehen kann. Und für die wenigen, bei denen dies nicht auf Anhieb klappt, darf man sich noch einmal die alte indianische Überlieferung zurück ins Gedächtnis rufen. Es wurden vier Zivilisationen geschaffen: Lemuria, Mu, Mieyhun und Atlantis. Sollte letztere die Heimat des Deutschen sein, vielleicht sogar noch eine zweite, dann blieben noch immer zwei übrig, um weitere Ursprachen zu beheimaten. Deutsch als Sprache aus Gründen vorgeschobener politischer Korrektheit aus solchen Überlegungen von vornherein auszuschließen, ist unwissenschaftlich und aus Sicht der Deutschen obendrein psychologisch krankmachend, da dies gegen die eigene Person, die eigene Herkunft, das eigene Volk und somit selbstzerstörerisch wirkt. Deutsch ist mit sehr großer Wahrscheinlichkeit nicht die Ursprache der vedischen Schriften oder z.B. auch der alten Überlieferungen aus Tibet oder Indien. Dieses Kapitel über die gemeinsame Ursprache mit einem „deutsch" anmutenden Hintergrund befasst sich mit dem jüngeren Zeitraum unserer heutigen Menschheit ab Adam und Eva. Parallel dazu gab es mit Sicherheit noch bestehende Zivilisationen älterer Gemeinschaften mit an Sicherheit grenzender Wahrscheinlichkeit auch eigenen Sprachen. Deutsch als gemeinsame Ursprache bezieht sich auf eine von den „Göttern" etablierte Sprache für die aktuelle, „neuere" Menschheit.

Resümee

Wir können also nun auf eine Fülle von Beweisen und Hinweisen blicken, die allesamt Gemeinsamkeiten des Altmittelhochdeutschen und vieler anderer Sprachen betreffen. Diese Gemeinsamkeiten lassen sich nur mit einer gemeinsamen sprachlichen Vergangenheit erklären. Wenn wir endlich unsere gemeinsame Geschichte erkennen, können wir auch wieder eine Völkerfamilie werden. Entlastend können wir anführen, dass – aus welchem Grunde auch immer – wir offenbar schlicht diejenigen sind, die am längsten und nächsten an der Ursprache geblieben sind. Davor hatten wir mit anderen Völkern eine gemeinsame Sprache.

Es gibt noch eine weitere Blickrichtung, in der wir neue Fakten finden, die die ganze Situation noch einmal grundlegend verändert darstellen können. Es geht insbesondere um die Erforschung der Herkunft der Deutschen. Gibt es eine Möglichkeit, die Vorfahren der Deutschen bis weit in die Vergangenheit zurückzuverfolgen? Ja! Ebenso wie man einen Stammbaum einer Person führen kann, so geht dies natürlich auch mit Völkern und deren Herkunft. Seien Sie versichert: Auch dies ist nur die obere Schicht des bei genauerem Hinsehen Erkennbaren. Denn im Hintergrund spielen sich seit Jahrhunderten so unglaubliche und komplexe Zusammenhänge ab, dass das nun Folgende allenfalls als Basiswissen bezeichnet werden kann.

Nun, dann lassen Sie uns doch einmal versuchen, etwas Licht ins Dunkel zu bringen und kommen wir zu der Frage: Was geht die Deutschen das eigentlich alles an? Warum sind wir – neben anderen „Ariern" – ganz besonders von diesem Wissen betroffen?

16. Die Anunnaki, Kain und die „german connection“

Lassen Sie uns einen etwas genaueren Blick auf unsere Erdenbesucher werfen. Waren es rivalisierende Gruppen, die um den Planeten Erde buhlten und den Gegner ausschalten wollten? Oder waren es auf die Erde gesendete Nibiruaner, die wegen irgendwelcher Erbfolgestreitigkeiten den eigenen Heimatplaneten mitsamt ihrer Rivalen zerstörten und von nun an auf der Erde festsaßen? Oder waren es rivalisierende Gruppen, von denen die eine den Planeten ausbeuten, die andere den Planeten in seiner ungestörten Weiterentwicklung schützen und unterstützen wollte? Wann kamen sie an? Wo kamen sie her? Sind sie noch immer hier?

Abb. 61: Anunnaki?

Schauen wir uns nun einmal diverse Abbildungen von Anunnaki an bzw. Bilder von Wesen oder Personen, die laut gängiger Ansicht Anunnaki darstellen sollen. Auffallend erscheint mir der Größenunterschied, den man entweder als „überlebensgroße Darstellung“ weginterpretieren oder aber ernst nehmen und als Darstellung verschieden großer Personen erkennen kann. Auf den allermeisten Abbildungen sind sehr markante Kinnbärte zu erkennen. Wir kennen solche Kinnbärte auch aus Ägypten, hier allerdings ausschließlich von den riesenhaften Statuen, die so gern als „überlebensgroß“ bezeichnet werden, jedoch offenbar alle aus einer Zeit stammen, in der das Verfälschen der Wirklichkeit bei Strafe verboten war, weshalb die Statuen dementsprechend eine in Stein gehauene Kopie der Wirklich-

Abb. 62: Kinnbärte an verschiedenen Abbildungen, Statuen, Sarkophagen

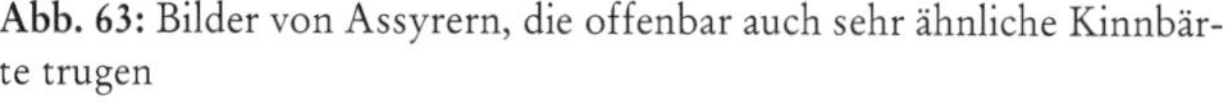

Abb. 63: Bilder von Assyrern, die offenbar auch sehr ähnliche Kinnbärte trugen

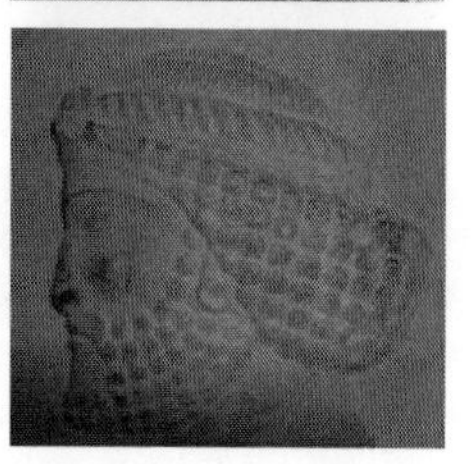

keit darstellen. Schauen wir uns hier noch einmal ägyptische Statuen mit solchen Kinnbärten an (Abb.62).

Die Abb. 64 zeigt übrigens keinen Assyrer mehr, sondern einen Hellenen. Was berichtete der Grieche Plato vom Besuch Solons in Ägypten 200 Jahre zuvor? *„Das vornehmste und tapferste Geschlecht der Welt (lebte) einst in Eurem eigenen Lande...“*, wurde den Griechen von den ägyptischen Priestern erzählt. Setzen wir also gedanklich die Reihe von Assyrern über Pharaonen bis zu den Griechen fort. Aber wo liegen die Wurzeln dieser Linie? Wo kamen die Assyrer her? Liegen ihre Wurzeln etwa direkt bei den Anunnaki selbst?

Abb. 64: Hellenische/Griechische Bogenschützen zum Vergleich

Abb. 65: Hier zwei Beispiele von sumerischen Götterdarstellungen, welche die Anunnaki selbst zeigen sollen.

Abb. 66: Beflügelter Anunnaki I

Die Ähnlichkeiten sind auffallend, jedoch muss ich gestehen, nie bei Assyrern oder Hellenen Flügel auf deren Rücken gesehen zu haben. Es muss also einen Zwischenschritt geben zwischen den dargestellten Anunnaki und den Assyrern als nächstes Glied in der Kette mit einem ähnlichen Aussehen. Ist es nicht interessant, dass die Griechen, wenn sie die Assyrer von den in Mesopotamien lebenden dunkleren Aramäern oder Syrern unterscheiden wollten, diese „Leucosyri" nannten, d.h. „weiß" oder „blond", wie alte griechische Schriften bezeugen? In einem 1929 erschienenen Buch von C. Leonard Wooley mit dem Titel „Die Sumerer", Oxford University Press, New York, heißt es auf Seite 5: *„In den Zagros-Bergen und um den Tigris herum lebte ein blondes Volk, das den Goten*

Abb. 67: Beflügelter Anunnaki II

ähnlich war. Sie verblieben in dem Land, das später Assyrien genannt wurde, dem Nachbarland Akkads." Wohlgemerkt: Dies ist keinesfalls eine deutsche Quelle und insofern hoffentlich frei von spontanen „Keulen"-Angriffen.

Obwohl semitischen Ursprungs, benutzten die Assyrer anscheinend nach der babylonischen Sprachenverwirrung eine indogermanische Sprache. Der berühmte Kommentator Josephus behauptet z.B. in „Alte jüdische Geschichte" (Buch 1, Kapitel 9), dass einige der in 1. Mose 14:1 beschriebenen Könige Assyrer waren. Er erwähnt in diesem Zusammenhang ausdrücklich Tidal als einen der Befehlshaber der assyrischen Armee. Tidal ist jedoch kein semitischer, sondern ein indogermanischer Name. Deshalb liegt die Vermutung nahe, dass die Assyrer eine indogermanische Sprache angenommen hatten. Sodann hat uns der griechische Historiker Ctesias die Namen der assyrischen Könige von 1970 bis 1850 v.Chr. überliefert, wie z.B. Arelios, Xerxes, Armanithos, Shaeros oder Tentamos.

Alle diese Namen sind indogermanischen und nicht etwa semitischen Ursprungs. Um 1000 v.Chr. begann die Zeit des „neo-assyrischen Reiches". Im Jahre 612 v.Chr. fiel die Hauptstadt dieses Reiches, Ninive, im heutigen Irak, in babylonische und medische Hände und wurde vollends zerstört. Das biblische Buch Jona warnt vor der Zerstörung Ninives, die aufgrund der Reue der Assyrer zunächst nicht eintrat. Doch bald verfielen die Assyrer wieder in ihre alten Gewohnheiten, sodass Nahum in Form einer Prophezeiung von der endgültigen Vernichtung berichtet. Einige der unterworfenen Assyrer blieben in ihrem Land, dem heutigen Irak. Ihre Nachfahren leben auch heute noch dort. Andere Assyrer folgten zur Zeit des Untergangs Ninives einem Führer namens Assur Ubalit, der in Haran eine kurzlebige Regierung errichtete. Er wurde jedoch im Jahre 609 v.Chr. in einem Krieg vernichtend geschlagen. Noch andere Assyrer wanderten nach Osten, in den heutigen Iran, aus. Die meisten Assyrer begaben sich jedoch nach dem Fall Ninives „westwärts", wie Karl Pfeifer in „Alttestamentliche Geschichte" deutlich macht. Sylax schrieb um 550 v.Chr. in „Periplus", dass die Küste des Schwarzen Meeres Assyrien genannt wird.

Nach Diodorus wurde Assyrien zu einer großen Kolonie im nördlichen Kleinasien, und zwar südlich vom Schwarzen Meer. Plinius der Ältere (23-79 n.Chr.) schrieb in „Naturgeschichte", dass zu seiner Zeit die „Assyriani" nördlich des Schwarzen Meeres lebten. Wir hatten bereits festgestellt, dass die Assyrer nach der babylonischen Sprachenverwirrung eine indogermanische Sprache angenommen hatten und nicht mehr semitisch sprachen. Der Sprachforscher Edgar Sturtevant verglich die assyrische mit der germanischen Sprache und kam zu überraschenden Ergebnissen, die er in seinem Buch „Vergleichende Grammatik“ festhielt. Dieses Buch erschien im Jahre 1933 in Philadelphia. Sturtevant schrieb auf Seite 240: *„Mir erscheint es unglaubhaft, dass sich beide Sprachen unabhängig voneinander entwickelt haben sollen. Ich bin gezwungen, das Germanische auf einen gemeinsamen Ursprung mit der Sprache der Hatti zurückzuführen, der allgemeinen Sprache der westlichen Assyrer.“* Die Sprache der Hatti war eine indogermanische und keine semitische Sprache. Viele Worte der Hatti tauchen in der althochdeutschen Sprache wieder auf. Doch wer waren die Hatti? Sturtevant bezeichnet sie als westliche Assyrer. Warum aber wurden sie Hatti genannt? Im Lande der Hethiter, den Nachfahren Kanaans, lebten auch Assyrer. Die Hethiter waren ein braun-, gelblich- oder rötlichgefärbtes Volk mit vorstehender Nase, vollen Lippen, bartlosem Gesicht, dunkelbraunen Augen und schwarzen Haaren.

Im Vergleich zu ihnen erschienen die Assyrer, wie wir bereits wissen, blond oder weiß. Der Name *Hatti* oder *Chatti* wurde sowohl auf die Hethiter als auch für die unter ihnen lebenden Assyrer angewandt. Das Wort *Heth*, von dem sich *Hethiter* ableitet, und das Wort *Chatti* bedeuten dasselbe – *Krieger* oder *Mann des Krieges*. (Interessant ist, dass das Wort *Germane* die gleiche Bedeutung hat: *ger* bedeutet *Speer*, so ein *Germane* ist ein *Mann des Speeres oder Krieges*.) Andere assyrische Stämme und Könige wussten sehr wohl, dass Assyrer unter den Hethitern lebten.

Luckenbill schreibt in seinem 1926 erschienenen Buch „Alte Berichte über Assyrien und Babylon“, dass assyrische Könige gewisse Stämme der Hatti als „Assyrer“ betrachteten. Offensichtlich waren damit die unter den Hethitern lebenden Assyrer gemeint. Sodann nannten sich die alten Könige des assyrischen Reiches „Khatti-sars“, d.h. Zars, Kaiser oder Könige der Hatti oder Chatti. Der zuvor beschriebene, in 1. Mose 14 erwähnte assyrische König Tibal gehörte ebenfalls zu dem assyrischen Stamm der Hatti – der Name „Tibal“ war unter den alten Königen der Hatti sehr gebräuchlich. Die Hatti waren also in der Tat Assyrer, und das Reich der Hatti bildete den westlichen Teil des assyrischen Reiches. Wie bereits der Sprachforscher Edgar Sturtevant, haben auch andere Wissenschaftler die Beziehung zwischen den assyrischen Hatti und modernen deutschsprachigen

Stämmen erkannt. Die *Encyclopädia Britannica* schreibt in ihrem Artikel über Deutschland, dass die Hatti ein Stamm der Germanen waren, die in Europa einfielen. In einem weiteren Artikel (im 6. Band) über die „Chatti" wird ausgeführt, dass sie ein alter germanischer Stamm waren, der während des frühen ersten Jahrhunderts oft mit den Römern in Konflikt geriet.

Nun sind natürlich nicht alle Germanen Deutsche. Doch in einem Artikel über die Hessen (im 13. Band) wird dargelegt: *„Die frühen Einwohner des Landes (Deutschland) waren die Chatti, die hier während des ersten Jahrhunderts lebten… Die Chatti und die Hessen sind identisch. Sie sind sich sowohl von der Sprache als auch von der Rasse her gleich."* Die Vorstellung, dass die Assyrer die Vorfahren deutscher Stämme und Völker sind, war in der Vergangenheit nicht unbekannt. Autoren unterschiedlichster Herkunft brachten ihre diesbezügliche Überzeugung zum Ausdruck: Im Jahre 1870 veröffentlichte der britische Autor E. Hines in London ein Buch mit dem Titel „Die verlorenen Zehn Stämme Israels". Es heißt darin: *„Wir haben schon lange daran geglaubt, dass die Deutschen mit den Assyrern identisch sind, und wir werden auch in Kürze die Beweise hierfür vorlegen."*

L. Thomas zitiert in seinem Buch „Gott und mein Geburtsrecht", das 1919 in London erschien, einen gewissen Dr. Swaner, der der Auffassung war, dass viele Deutsche von den Assyrern abstammen. M. H. Gayer verfasste im Jahre 1941 ein Buch mit dem Titel „Das Erbe der angelsächsischen Rasse". Auf Seite 72 heißt es: *„Es ist bemerkenswert, dass die modernen Deutschen die Nachfahren der Einwanderer sind, die ursprünglich zu Beginn der christlichen Ära aus Asien nach Europa kamen, und zwar aus dem Gebiet, das das assyrische Reich ausmachte."* Weitere Verfasser vertreten ähnliche Auffassungen. Zu ihnen gehört D. J. Pilkey, der in seinem im Jahre 1984 in San Diego erschienenen Werk „Der Ursprung der Nationen" auf Seite 97 ausführt, dass viele Deutsche von den Assyrern abstammen. (siehe auch Howard Rand, „Lehrbuch des göttlichen Rechts", 1943, Massachusetts, Seite 169)

Andere Autoren werden spezifischer. 1942 erschien in Massachusetts das Buch „Warum?". R. Cox schrieb darin: *„Es wird von vielen die Auffassung vertreten, dass die herrschende Klasse in Preußen in direkter Linie von den alten Assyrern abstammt, und das ist auch sehr wahrscheinlich."* W. G.

Mackendrick bemerkte: *„Preußen ist das moderne Assyrien."* („Die Bestimmung des britischen Reiches und des amerikanischen Bundes", 1921, London, Seite 186) Ebenso schrieb B. Weldon in „Der Ursprung der Engländer": *„Die Preußen, ein modernes Volk, stammen nach Auffassung des Autors von den Assyrern ab."* Und wie schrieb Marcel Homet doch gleich, als er von einer Expedition nach Lima berichtete:

> *„Denn alle diese Statuen (Fundort in 6.768 m Höhe) trugen einen Turban, ein Kreuz auf der Brust, eine Lanze oder ein Schwert in der Hand, was durchaus dem Typus von Wotan-Odin entsprach, und sie hatten außerdem ein rein semitisches Profil!"*
> Weiter: *„Andere wiederum, ebenfalls vom semitischen Typ, trugen Turban mit Schnur der reinen Araber des Jemen, den man weder in Nordafrika noch selbst in Ägypten antrifft. Dann findet man das heilige, grüne Kreuz, auf dem man das mit zwei Kreuzen gezeichnete Antlitz Gottes sieht, dessen Turban von einem dritten Kreuz überragt wird. Und auch da befindet sich Wotan zwischen zwei Sonnenlöwen, genau wie am bereits erwähnten Löwentor von Mykenä. Schließlich gewahrt man noch über Wotans Haupt den großen Phallus, das Symbol der Fruchtbarkeit."*

Homet beschreibt hier Zusammenhänge, die er selbst offenbar nicht versteht und die erst nachvollziehbar werden, wenn man die vorher beschriebenen Zusammenhänge offenbart und anerkennt.

Zusammenfassend lässt sich festhalten, dass Legenden und geschichtliche Annalen gleichermaßen bestätigen, dass zumindest einige moderne deutschsprachige Völker, inklusive der Hessen, offenbar Nachfahren der alten Assyrer sind. Und ich wiederhole, dass ich hier überwiegend nichtdeutsche Quellen herangezogen habe, damit bei dem normalerweise durch eine jahrzehntelange Gehirnwäsche geschleusten Leser die Alarmglocken still bleiben und er sich in Ruhe eigene Gedanken machen kann.

Blättern Sie zurück in diesem Buch, dann können Sie dieselben geschichtsverkürzenden Gleichsetzungen auch bei Illig finden, obwohl der diese unabhängig von der jeweilig lange zurückliegenden Herkunft der Völker stattdessen nur anhand der sich duplizierenden Ereignisse in der Chronologie herausfilterte. Ich stelle bei mir selbst immer wieder beim Schreiben fest, wie sehr ich jeden einzelnen Satz, den ich hier schreibe, hinterfrage. Auch ich bin in der Bundesrepublik zur Schule gegangen und habe dieselbe Re-education durchgemacht wie Sie vermutlich auch. Es ist extrem schwer, alte Quellen nicht mit einem generellen und heutzutage schnell vergebenen Prädikat „Fälschung" zu versehen und Autoren vor 1945 – kommen sie aus Deutschland oder anderen Ländern – nicht sofort in die „braune Ecke" zu stellen. Sicherlich gab es damals wie heute Propagandaschriften, und mit Sicherheit sind sie heute extrem unauffälliger gestaltet als damals, dank jahrzehntelanger Erfahrung aus vielen Ländern (das *Tavistock Institute* ist hier übrigens eine der führenden Gesellschaften), doch sind Schriften, die sich auf nachprüfbare historische und Sprachforschung beziehen, in einem durchaus ausreichenden Maß auch für den Laien nachvollziehbar. Es bleibt immer die Aufforderung an den Leser, selber alles Gelesene nachzuprüfen.

Bei den allermeisten ist dies aufgrund der Eingebundenheit in berufliche, familiäre und gesellschaftliche Verpflichtungen kaum zu bewerkstelligen. Jedoch gilt selbstverständlich die Aufforderung des Nachprüfens nicht nur für dieses Buch und die hier zitierten Werke, sondern ebenso für jede tägliche Nachricht aus Radio, Fernsehen und Zeitungen. Und jedermann merkt recht schnell, dass es um den Wahrheitsgehalt der täglichen Nachrichten nicht besonders gut bestellt ist. Immerhin heißt es in der Bundesrepublik zwar per Gesetz „Eine Zensur findet nicht statt" (Grundgesetz § 5.1), die Wirklichkeit offenbart jedoch ein ganz anderes Bild: Deutschland ist ein Großmeister der Zensur![379] Wussten Sie beispielsweise, dass Bundeskanzlerin Merkel zum *Tag der Deutschen Einheit* 2016 in Dresden hat Panzer auffahren lassen?[380] Meine Aufforderung gilt daher: Versuchen Sie Ihr Bestes, nehmen Sie sich die Zeit und prüfen Sie, was Ihnen am Wichtigsten erscheint – eines nach dem anderen.

Doch nun weiter! Wie können die Assyrer Vorfahren deutscher Stämme sein? Sprachen die Assyrer nicht eine semitische Sprache, während die deutsche Sprache indogermanisch ist? Der Assyriologe Sydney Smith berichtet in seinem Werk „Frühe Geschichte Assyriens", dass Dokumente in Kleinasien und in Gebieten östlich des Tigris gefunden wurden, die im semitischen Dialekt abgefasst waren, obwohl die Assyrer, die dort lebten, nicht alle semitischen Konsonanten aussprechen konnten. Wenn die Assyrer jedoch nicht mehr Semitisch sprachen, wieso finden wir dann assyrische Dokumente in semitischer Schrift? Der Kommentar „Oxford Companion to the Bible“ erklärt auf Seite 63 in seiner aus dem Jahre 1993 stammenden Ausgabe, dass der assyrische Herrscher Aschurnasirpal II (884-859 v.Chr.) *„viele Aramäer (Syrer) nach Assyrien brachte, die dann die Gerichte überrannten und zu Anfang des siebten Jahrhunderts* (v.Chr.) *die assyrische Sprache mit Aramäisch (einer semitischen Sprache) als Amtssprache ersetzt hatten.“*

Wir sehen also, dass die Gerichts- und Schriftsprache der Assyrer wieder semitisch geworden war. Die mündliche Umgangssprache war jedoch weiterhin indogermanisch geblieben, und von dieser gesprochenen Sprache leitet sich die germanische Sprache ab. Diese Entwicklung ist nicht außergewöhnlich und findet im späteren Deutschland eine Wiederholung. Wir erinnern uns, dass Lateinisch zur schriftlichen Amtssprache geworden war, während nach wie vor deutsch gesprochen wurde. Doch gibt es in Deutschland andere Zeugnisse dieser Verwandtschaft mit den Assyrern? Aber ja! Auf dem Marktplatz in Trier, das laut offizieller Geschichtsschreibung von den Römern erbaut worden sein soll, findet sich ein Gebäude, welches das „Rote Haus“ genannt wird. Eine lateinische Aufschrift an diesem Haus verkündet, dass Trier schon 1.300 Jahre vor der Gründung Roms existierte.

Rom wurde im Jahre 753 v.Chr. gegründet. Falls die Aufschrift die Wahrheit sagt, würde Trier bereits zur Zeit Abrahams und Noahs bestanden haben.[381] Deutsche Schulbücher und Zeitungsartikel über Trier berichten von einer Legende, wonach Trier vor 4.000 Jahren von dem Assyrerkönig Trebeta erbaut wurde. Angeblich leitet sich der Name „Trier“ von „Trebeta“ ab. Josef K. L. Bihl schrieb in „In deutschen Landen“ auf Seite 69 (dieses Buch erschien u.a. im Jahre 1953 in Cambridge, Massachusetts): *„Die Einwohner Triers behaupten, ihre Stadt sei die älteste in ganz Europa. Trier wurde von Trebeta gegründet, einem Sohn des berühmten assyrischen Königs Ninus.“* Dass Ninus in der Tat ein assyrischer König war, wird z.B. von Deodorus von Sizilien bestätigt (Geschichte, Bd. II). Die Legende berichtet, dass mit dem Tode des Königs Ninus sein Sohn Trebeta mit einer großen Gefolgschaft von Assyrern nach Europa auswanderte und sich in einer Gegend nicht weit vom Rhein, der „Belgia Galica“, niederließ, wo er eine Stadt namens Trebetam oder Treverum erbaute, das heutige Trier. Neben dem „Roten Haus“ befindet sich ein Gebäude mit dem Namen „Steipe“. Augenzeugen berichten, dass im zweiten Stock dieses Hauses ein Bild zu sehen war, das Ninus und Trebeta darstellt.

Ninus trägt auf diesem Gemälde eine Krone mit der Inschrift „Ninus Rex“, also „König Ninus“. Am unteren Rand des Gemäldes besagt eine Aufschrift, dass Trier von Trebeta gegründet wurde, 200 Jahre nach König Salomo. Nun sagt uns der bekannte Dichter Plato, dass Troja assyrisches Schutzgebiet war. Der assyrische König Tatarnis schickte den Trojanern während des Krieges Waffen und Soldaten, um den Griechen besser standhalten zu können – allerdings, wie wir wissen, letztlich ohne Erfolg. Als Troja nach zehnjähriger Belagerung schließlich eingenommen wurde, floh einer der assyrischen Soldaten mit dem Namen Bravo aus Troja und wanderte nach Europa, wo er sich in der Gegend um Trier niederließ. Eine alte Chronik schreibt über diese Ereignisse: *„Bravo war mit Freude erfüllt, dort (in der Gegend um Trier) die Nachfahren der Assyrer anzutreffen, die Trebeta (ein assyrischer König) gefolgt waren.“*

Falls also Trebeta, Sohn des Königs Ninus, Trier gründete und sich dort mit vielen assyrischen Untergebenen niederließ, dann wundert es einen nicht, dass später jener assyrische Soldat Bravo in der Gegend um Trier von Assyrern begrüßt wurde, die zu jenem Zeitpunkt, also um 1180 v.Chr., immer noch dort lebten. Frühe Annalen weisen einen Mann namens „Tuysco“ oder „Tuisco“, mitunter auch „Tuisto“ oder „Tuitsch“ genannt, als Stammvater aller Deutschen aus. Verstegan bemerkte im Jahre 1605 in „Die Restitution verfallener Intelligenz im Altertum“: *„Über diesen Tuysco, dem ersten und höchsten Mann vieler Deutscher, nach dem sich alle ‚Tuytshen' nennen, d.h. duytsches oder duytsch Volk, habe ich bereits geschrieben.“* Das dtV-Lexikon führt über „Tuisto“ aus: *„(Nach Tacitus, ‚Germania') bei den Germanen der erste Mensch, erdentsprossen... Sein Sohn führt die Bezeichnung ‚Mannus' (d.h. der Mensch).“*

Die älteste Stammeseinteilung ist durch die von Tacitus berichtete Sage von einer Gottheit Tuisto überliefert, deren Sohn Mannus und dessen drei Söhnen, nach denen die drei westgermanischen Stammesgruppen der Ingwäonen, Istwäonen und Herminonen benannt sind. Johannes Turmair behauptet in seinem 1526 in Abensberg erschienenen Werk, „Die Bayrische Chronik“, dass Tuitsch oder Tuisto von 2214 bis 2038 v.Chr. regiert haben und ein Sohn Noahs gewesen sein soll. Sein Sohn Mannus soll der Vater von Trebeta gewesen sein, der der Legende nach Trier gründete.

Wir wissen bereits, dass Trebetas Vater der assyrische König Ninus war. Demnach waren Ninus und Mannus dieselbe Person – Mannus war lediglich der deutsche Name für Ninus. Dies würde auch bedeuten, dass Ninus oder Mannus mit Assur identisch war und dass Assurs Vater Sem, der Sohn Noahs, niemand anderes war als der deutsche Tuitsch oder Tuisto. Die Germanen, Vorfahren deutschsprachiger Völker, verehrten ein Pantheon heidnischer Götter. Ihr Hauptgott war Tieu, der Gott des Krieges, mitunter auch als Thor oder Thur bekannt. Hierbei könnte es sich um den assyrischen Gott Assur handeln. Wir erinnern uns, dass die Assyrer ihren Ahnherrn Assur später als Gott verehrten.

In alten Handschriften wird Assur oftmals mit Athur oder Thur bezeichnet und das Land Assyrien verschiedentlich mit „Athuria". Wie erwähnt, wanderten einige Assyrer bei dem Untergang Ninives nach Osten und ließen sich bei den Persern nieder. Herodotus nannte diesen Stamm der Assyrer die „Germanii". („Geschichte", Buch 1, Paragraph 125). Zumindest zeigt dies, dass Assyrer als Germanen angesehen wurden. Sodann erzählt uns die Geschichte, dass der indische König Sahadeva von Magadha in den Jahren 1650 und 1649 v.Chr. von den „Asuras" bekriegt wurde. Indische Gelehrte behaupten, diese Asuras seien Assyrer gewesen. Interessant ist, dass diese Asuras oder Assyrer in indischen Schriften auch als „Daityas" bezeichnet werden – „Daityas" hat im Sanskrit die Bedeutung von „deutsch". Bemerkenswert ist ferner, dass einige der Nachfahren Assurs moderne deutschsprachige Stämme identifizieren.

Zu den Nachfahren Assurs gehören z.B. die Almani, auch Halmani genannt. Die Römer bezeichneten einen germanischen Stamm mit „allemanni", und noch heute wird Deutschland im Spanischen „Alemania" genannt, und im Französischen „Allemagne".

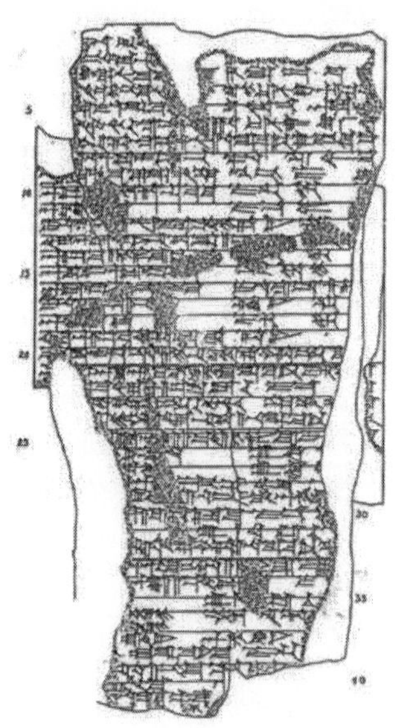

Abb. 68: Babylonische Keilschrift-Tafel

Doch uns fehlt noch immer das Bindeglied zwischen den Anunnaki und den Assyrern. Eine alte assyrische Königsliste gibt uns den letzten fehlenden Hinweis: Diese Liste gibt als Urvater der Assyrer Adamu an. Diese Vorväter lebten noch in Zelten, und einer dieser Vorväter hieß Asur-En-Duni, „Asur ist der Herr der Duni". Die Duni lebten in dem Gebiet der Stadt Dunni. Der auf der hier abgebildeten babylonischen Tafel erwähnte Anführer eines Ackerbauern-volkes *„baute in Dunni eine Stadt mit zwei Türmen"*. Nach seinem Tod ließ er sich in seiner geliebten Stadt begraben. Die Silben des Namens der Stadt Dunnu können im Sumerischen offenbar umgestellt werden, ohne dass die Bedeutung sich ändert, und somit bedeutet das nun zu Nudun gewordene Städtchen so etwas wie „ausgegrabener Ruheplatz".

Nud ist sehr ähnlich dem in der Bibel erwähnten Nod. Ins Land Nod aber wurde Kain nach dem Tode seines Bruders verbannt. Und der in Dunnu begrabene Anführer trägt ebenfalls den Namen Ka'in. Und der oben erwähnte Vorvater der Assyrer hieß auch Asur-bel-Ka'ini, „Asur, Herr der Ka'initen".

Jetzt haben wir die Verbindung: Die Götter erschufen Adam und Eva. Sie ließen die beiden, möglicherweise auch noch mehrere weitere Exemplare ihrer Menschen bewachen von einigen in der Rangfolge tiefer stehenden Anunnaki, den „Engeln".

Einer der Engel, Semael, Baal Zebul, fand Gefallen an dem, was er sah und nahm sich Eva und zeugte ein Kind mit ihr. Dieses Kind war Kain. Möglicherweise war Semael dem Experiment Mensch gar nicht wohlgesonnen und wollte möglicherweise mit dieser eigenmächtigen Zeugungsaktion nicht „nur" einfach seine fleischliche Lust befriedigen, sondern vielmehr das ganze Projekt torpedieren bzw. die ursprünglichen Pläne der dieses Projekt Durchführenden durchkreuzen.

Im Gegensatz zu den anderen Menschen war dieser Kain nun nicht ausschließlich aus „kontrolliert genetischer Zucht", sondern zumindest zu 50% von reinem Anunnaki-Blut. Und da die Menschen zu einem großen Teil „nach dem Bilde Gottes" geschaffen worden waren, darf man annehmen, dass dieser Kain wesentliche Beschränkungen nicht aufwies, die die Götter dem normalen Zuchtmenschen auferlegt hatten, da er ja im Gegensatz zu den gezüchteten direkt gezeugt wurde. Möglicherweise waren die unterscheidbaren Merkmale die Körpergröße (1,80 m), die Hautfarbe (weiß), Augenfarbe (blau) und die Haarfarbe (blond). Wie wir aus der Bibel (1. Mose 6,1) wissen, nahmen sich später einige der „Söhne der Götter“ von den Menschenfrauen *„zu Weibern, welche sie wollten“*, und aus diesen Verbindungen entstanden die Nephilim, die „Riesen“ (1. Mose 6,4).

Das wiederum bedeutet, dass Kain erheblich größer gewesen sein muss als sein Halbbruder Abel, der ohne direktes Anunnakiblut erzeugt wurde, und dass Kain der erste, nicht aber der einzige seiner Art war. Der Grund für den Tod Abels muss innerhalb eines Rahmens zu suchen sein, den ich wie folgt abstecken möchte: Einzelgängerdasein Kains, Ausgestoßensein Kains, Minderwertigkeitsgefühle *Abels*, Minderwertigkeitsgefühle *Kains*, überlegene Kraft und Fähigkeiten Kains, durch gesellschaftlichen Rückhalt möglicherweise provokantes Verhalten Abels, Anderssein Kains, Bevorzugung Abels durch JHWH.

Da überall JHWH an führender Stelle als Hauptansprechpartner der Menschen Adam und Eva und Kain genannt wird, er also quasi als der „Projektleiter“ des Projekts „Menschen“ Erwähnung findet, müssen wir in Erwägung ziehen, dass eine Torpedierung dieses ansonsten doch offenbar sehr erfolgreichen Projekts durch eine eigenmächtige Zeugungsaktion von Seiten Semaels nicht gerade JHWHs Wohlwollen zur Folge hatte und dass JHWH auf das Ergebnis dieser Torpedierung, nämlich Kain, und den Verursacher, Semael, gar nicht gut zu sprechen war.

Dementsprechend erklärt sich auch, dass JHWH sich liebevoll um Abel kümmerte und dessen Opfergabe dankend annahm, während er die von Kain – dessen pure Anwesenheit und Existenz ihn schlicht nervte – nicht beachtete; vielleicht auch, weil er an Kain wesentlich höhere Maßstäbe anlegte, da er ja zur Hälfte ein Anunnaki war (1. Mose 4):

> *„Es begab sich nach etlicher Zeit, dass Kain dem JHWH Opfer brachte von den Früchten des Feldes; und Abel brachte auch von den Erstlingen seiner Herde und von ihrem Fett. Und JHWH sah gnädig an Abel und sein Opfer; aber Kain und sein Opfer sah er nicht gnädig an. Da ergrimmte Kain sehr, und seine Gebärde verstellte sich. Da sprach JHWH zu Kain: Warum ergrimmst du? Und warum verstellt sich deine Gebärde? Ist's nicht also? Wenn du fromm bist, so bist du angenehm; bist du aber nicht fromm, so ruht die Sünde vor der Tür, und nach dir hat sie Verlangen; du*

aber herrsche über sie. Da redete Kain mit seinem Bruder Abel. Und es begab sich, da sie auf dem Felde waren, erhob sich Kain wider seinen Bruder Abel und schlug ihn tot.“

Mit anderen Worten: JHWH war aus irgendeinem Grund, möglicherweise völlig unabhängig von Kain, genervt und hat Kain „angemacht“, wie man modern spricht. Kain war daraufhin „stinksauer“ und hat seiner überlegenen Kraft, möglicherweise bei einer versuchten Klärung mit seinem Bruder, freien Lauf gelassen. Wenn man aufmerksam liest, ergibt sich ein Hinweis auf den Grund des „Anmachens“: JHWH wirft dem Kain vor, nicht allzu fromm zu sein, und, wenn er nicht fromm wäre, der Sünde anheim zu fallen. Hat also Kain möglicherweise seinem jugendlichen Sexualtrieb etwas zu freien Lauf gelassen, sich mit einigen weiblichen Wesen verbunden und dies ist JHWH zu Ohren gekommen? Wenn ja, scheint dieser diese Information und den Ärger schon einige Zeit vorher vernommen und mit sich herumgetragen, aber nicht sofort reagiert zu haben und seinem Ärger nun bei der Opfergabe freien Lauf zu lassen, zu deren Anlass sich offenbar JHWH über das aus seiner Sicht gekünstelte Frommsein des Kains geärgert hat. Aus heutiger Sicht ist das schwierig nachzuvollziehen.

Zu viele Jahre sind vergangen, zu viele Quellen sind durch Abschreiben und Nacherzählen und Übersetzen möglicherweise verfälscht. Bitte werten Sie dies also nur als eine nach meiner Kenntnis so noch nirgends beschriebene Auswertung der heute vorliegenden Indizien und Quellen. Und Semael bekommt in der darauffolgenden Zeit auch sein Fett weg, indem all seine Nachfahren in Ungnade JHWHs fallen.

Wenn wir nun also wissen, dass aus einer direkten Verbindung „Götter“-und-Menschen, also Anunnaki und Zuchtmensch, sehr große Menschen, sog. „Riesen“ entstanden, so erscheint es logisch, dass aus der dann nachfolgenden Verbindung Riese-Zuchtmensch, ohne erneute Beteiligung der Anunnaki, weniger große Menschen entstehen sollten – zwar größer als „reine“ Zuchtmenschen, jedoch kleiner als die Ergebnisse einer direkten Anunnakiblutbeimischung.

In der Bibel gibt es an späterer Stelle eine Erwähnung eben dieser nachfolgenden Generation, nämlich 4. Mose 21-33:

„Und sie kehrten um, als sie das Land erkundet hatten, nach vierzig Tagen, gingen hin und kamen zu Mose und Aaron und zu der ganzen Gemeinde der Kinder Israel in die Wüste Pharan gen Kades und sagten ihnen wieder und der ganzen Gemeinde, wie es stände, und ließen sie die Früchte des Landes sehen. Und erzählten ihnen und sprachen: Wir sind in das Land gekommen, dahin ihr uns sandtet, darin Milch und Honig fließt, und dies ist seine Frucht; nur, dass starkes Volk darin wohnt und sehr große und feste Städte sind; und wir sahen auch Enaks Kinder daselbst. So wohnen die Amalekiter im Lande gegen Mittag, die Hethiter und Jebusiter und Amoriter wohnen auf dem Gebirge, die Kanaaniter aber wohnen am Meer und um den Jordan.(...) und alles Volk, das wir darin sahen, sind Leute von großer Länge. Wir sahen auch Riesen daselbst, Enaks Kinder von den Riesen; und wir waren vor unsern Augen wie Heuschrecken, und also waren wir auch vor ihren Augen."

Und weil die Kundschafter der Kinder Israels, der Gefolgschaft JHWHs, voll Angst waren, erzählten sie ihren Daheimgebliebenen, dass die Bewohner des Landes, durch das sie gegangen waren, ihre Einwohner fressen: *„...und machten dem Lande, das sie erkundet hatten, ein böses Geschrei unter den Kindern Israel und sprachen: Das Land, dadurch wir gegangen sind, es zu erkunden, frisst seine Einwohner."* Denn diese großen Leute waren ihnen zu stark: *„...Aber die Männer, die mit ihm waren hinaufgezogen, sprachen: Wir vermögen nicht hinaufzuziehen gegen das Volk; denn sie sind uns zu stark."*

JHWH aber machte ihnen Mut, denn er wollte sie mit seinen überlegenen Waffen unterstützen (5. Mose 9): *„Höre, Israel, du wirst heute über den Jordan gehen, dass du hineinkommest, einzunehmen das Land der Völker, die größer und stärker sind denn du, große Städte vermauert bis in den Himmel, ein großes, hohes Volk, die Enakiter, die du kennst, von denen du auch gehört hast: Wer kann wider die Kinder Enak bestehen? So sollst du wissen heute, dass der HERR, dein Gott, vor dir her geht, ein verzehrendes Feuer."*

Die Stadtstaaten bzw. Stämme, um die es sich hier dreht, werden ebenfalls an verschiedenen Stellen der Bibel erwähnt (u.a. 1. Mose 15.19 und 4. Mose 13.28, 5. Mose 9.2): *1. Keniter, 2. Ismaeliter, 3. Kadmoniter, 4. Edo-*

miter, 5. Pheresiter, 6. Amoriter, 7. Kanaaniter, 8. Girgasiter, 9. Jebusiter, 10. Moabiter 11. Amalekiter 12. Amoriter.

Ich lasse an dieser Stelle ganz bewusst die Hethiter und Enakiter außen vor, da die Hethiter überwiegend dunkler Hautfarbe waren und die Enakiter als „die Riesen" bekannt waren. Gegen diese Stämme führte JHWH laut Bibel einen Krieg, da er seiner Gefolgschaft, den Beschnittenen, das Land zuweisen wollte, welches durch diese Stämme besetzt war. Wir haben zwar nun einige erste Hinweise darauf, dass die Amalekiter mit zu den Kainiten gehören und somit möglicherweise in die Reihe der Vorläufer der Germanen, jedoch möchte ich noch weitere Hinweise sammeln.

Diese Ansicht ist übrigens eine jüdische, denn schon im Jahre 1898 begab es sich, dass der Ober-Rabbi der aschkenasischen Gemeinde in Palästina, Yosef Haim Sonnenfeld, sich weigerte, Kaiser Wilhelm II., den deutschen Kaiser, bei seinem Palästinabesuch zu begrüßen, da *„die Deutschen von den Amalekitern"* abstammen würden. Er berief sich dabei auf ein Urteil von Elijah Ben Salomon Zalman (1720-1797), genannt Gaon (der Weise) von Vilna. Nehmen wir uns also zunächst noch einmal Velikovsky vor. Der schreibt in „Vom Exodus zu König Echnaton" auf Seite 89: Mit 200.000 Mann zog Saul *„zur Hauptstadt (Auaris) der Amalekiter"* und schlug sie vernichtend (1. Sam 15,4ff). Velikovsky zufolge war der letzte Pharao, den die Hyksos stellten, Apophis II. (= Apop = Agog = Agag) identisch mit dem Amalekiter-König Agag, den Saul gefangen nahm und wegen dessen Hinrichtung sich Saul und Samuel verfeindeten (1. Sam 15).

Selbstverständlich ist bekannt, dass die Hyksos diese Hauptstadt zunächst in Abwehr gegen die Assyrer mit offenbar 240.000 Mann Besatzung aufrüsteten und verstärkten. Und die in der Vergangenheit liegende Verwandtschaft der Assyrer mit den Hyksos änderte nichts an dem Eroberungswunsch Ersterer. Eine Inschrift Tilgat-Pilesers im Anu-Adad-Tempel von Assur ergibt, dass die Assyrer glaubten, ihren Göttern stehe die Weltherrschaft zu und damit auch dem Herrscher der Assyrer als dem Diener der beiden Götter (Anu und Adad). Die Assyrer meinten, dass jede Auflehnung dagegen eine schwere Versündigung sei, und ahndeten sie mit Kriegen und grausamer Rache (Hans-Jochen Gamm: „Sachkunde zur Biblischen Wissenschaft", München 1965).

Daraus erkennen wir, dass die Assyrer direkte Nachkommen Kains und somit der „Götter“ (Anunnaki) waren. Sie erkannten JHWH/Enlil nicht als ihren Führer an, sondern dessen Vorgesetzten Anu, denn JHWH hatte den „Rang der 50“, Anu aber den höchsten, den der 60, wie wir aus den sumerischen Quellen gelernt haben. Aus dem Bewusstsein heraus, direkt von Anunnaki gezeugt worden zu sein, wollten sich die „Halbgötter“ also nicht unter JHWHs/Enlils Kommando stellen, sondern sahen sich als halbwegs gleichwertig an und stellten sich damit auf eine Stufe mit JHWH/Enlil.

Hier haben wir möglicherweise den Hauptgrund für das brennende Verlangen des JHWHs und seiner Anhängerschaft, die Assyrer, Amalekiter, einfach alles auszurotten, was nicht seiner reinen Genzucht entsprungen war und nicht auf sein Kommando hörte, sondern auf das des verhassten eigenen Vorgesetzten, ja, vielleicht sogar Vaters, Anu. Der Ausrottungsbefehl JHWHs hat sich auf das ganze Land Kanaan erstreckt. Die Bewohner des Landes gab er preis, *„sodass ihr sie vernichten und ihr Land in Besitz nehmen könnt“* (Bibel, Dtn 12,29). Die so aus ihrem Land vertriebenen Hyksos und Amalekiter sieht Manetho dann später als Gründer Jerusalems. Maneto zitiert alte ägyptische Quellen, die von Aussätzigen berichten, die in Auaris an der Ostgrenze Ägyptens abgesondert lebten und die mit Hilfe der Solymiten (des Volkes von Jerusalem) die Macht in Ägypten an sich rissen und sehr grausam gewesen seien sollen. Ihr Oberhaupt Osarsiph habe *„den Namen Mose angenommen und sie nach ihrer Vertreibung gen Palästina geführt“*.[382]

Dies wiederum passt hervorragend zu den aus den Mainstream-Medien extrem schnell verbannten Meldungen über archäologische Funde unter dem heutigen Jerusalem, die die verantwortlichen ausgrabenden Forscher als *„vor-jüdisch“* bezeichneten, und zwar wegen des hohen Entwicklungsstandes der ausgegrabenen Funde, die so gar nicht zu den sich wesentlich schlichter präsentierenden jüdischen Funden aus den darauffolgenden Epochen passten. Sie ernteten große Entrüstung, und schließlich befasste sich sogar das israelische Parlament, die Knesset, mit der Angelegenheit und sprach ein Machtwort, dass selbstverständlich alle dort gemachten Funde jüdischen Ursprungs seien.[383]

Die Archäologen Israel Finkelstein und Neil A. Silberman haben auch auf diesem Gebiet mit „Keine Posaunen vor Jericho“ und „Judentum:

Fälschung und Wahrheit im Alten Testament (AT) gemäß Aktenlage und Grabungen" Großartiges geleistet. Sie stehen im Kreuzfeuer der Kritik, was meist für wahrhaftige Qualität spricht.

Aus dem vorangehenden Kapitel haben wir bereits gelernt, dass es ernstzunehmende Hinweise darauf gibt, dass Deutsch, genauer Mittelhochdeutsch, aus heutiger Sicht also eine Art Plattdeutsch, eine oder die Ursprache sein könnte. Im Hinblick auf die nun gewonnene Erkenntnis, dass möglicherweise eine direkte Abstammungslinie zwischen Anunnaki, Kain, dessen Nachkommen, den oben genannten Stämmen oder wenigstens einem Teil der oben genannten Stämme, den Assyrern und den Germanen existiert, ergibt diese Aussage nur noch mehr Sinn. Eine relativ unverfälschte germanische Sprache sprechen die Norweger noch heute.

Die skandinavischen Völker, ebenso wie Teile der westrussischen Bevölkerung – insbesondere die nordisch geprägten Erscheinungsbilder, also hellhäutig, hellhaarig, blauäugig –, müssen wir in unsere Überlegung mit einbeziehen. Mir ist vollkommen bewusst, dass es Ihnen, ebenso wie mir, absolut unmöglich ist, bei diesen Zeilen nicht an das in der Schule Erlernte zu denken. Diese Dinge überhaupt zu denken, ist schlecht, verwerflich, unmoralisch usw. – aber warum?

Hier geht es einzig und allein um die Erforschung dessen, was möglicherweise im Laufe der frühen Geschichte tatsächlich passiert ist. Bezugnehmend auf die Namensgebung der Sumerer und die geschichtlichen Zusammenhänge, können wir wohl davon ausgehen, dass Semael = Enki ist. Enki wiederum ist aus meiner Sicht dem Namen Loki sehr ähnlich, und über diesen wiederum findet jedermann sehr schnell in diversen Nachschlagewerken: *„Loki ist ein Gott aus der nordischen Mythologie. Er ist das Kind zweier Riesen und einer der Asen."*

War JHWH am Ende gar nur ein Titel, der von verschiedenen „Gottheiten" getragen wurde – zunächst von Enlil und später dann von dessen Söhnen Ninurta und Adad? Übrigens ist es ein Titel, der auf Geometrie aufgebaut ist. (Man liest Hebräisch von rechts nach links, siehe Abb. 69, Quersumme ist immer die „göttliche" Zahl 9)

In Bezug auf Loki und Enki/Semael gibt es in den verschiedensten mythologischen Überlieferungen etliche Deckungsgleichheiten und Ähnlichkeiten, sodass hier offenbar die Entsprechung Bestätigung findet. Auch bei anderen Götternamen aus grauer Vorzeit gibt es Mehrfachbenennungen und Übereinstimmungen, so z.B. Thoth = Quetzalcoatl = Ningishzidda. Und sucht man weiter, so findet man, dass Ptah, der erste Herrscher auf Erden, mit Enki gleichzusetzen ist. Es gibt über diese Thematik hunderte von Büchern in verschiedenen Sprachen, und man liest aus allen heraus: JHWH ist der junge, dynamische, gerissene Karrieretyp, der sich nichts sagen lässt und seine Vorstellungen zu seinem Vorteil durchsetzt.

Die Tatsache, dass das Marsjahr eventuell einmal 666 (Mars-)Tage lang war, stimmt mich nachdenklich. Sollte es hier einen Zusammenhang geben zwischen dem Mars und der Zahl des Tieres (Offenb. 13:18) bzw. dem „Tier" selbst? Immerhin wird in der Bibel Semael = Baal Zebul = Beelze Bub als der Teufel, als „das Tier" angesehen, obwohl im Gegensatz zu ihm nur von JHWH massenhafter Genozid bekannt wurde und in der Bibel festgehalten ist. Wurde hier im Orwellschen Sinn jeder Inhalt ins Gegenteil verdreht dargestellt? Ist gut böse und böse gut?

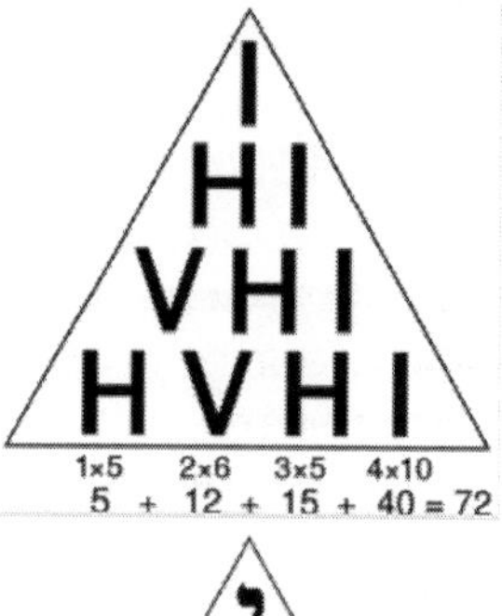

Abb. 69: JHWH in Numerik aufgeschlüsselt

Nehmen wir einmal an, es gäbe einen Zusammenhang, dann bestünde die Möglichkeit, dass nicht nur vom Sirius, sondern auch vom Mars Wesen hier auf der Erde weilten. Möglicherweise tatsächlich um die Bodenschätze hier buhlend, haben sich dann große Meinungsverschiedenheiten ergeben, und nach vielen Jahren der Arbeit brach um 3100 v.Chr. auf einmal eine Zeit der Kriege und Katastrophen an. Planeten wurden aus ihren Bahnen geworfen, Atomkriege fanden statt, Menschen wurden massenweise vernichtet, Götter starben. Dies alles ist keine Hypothese, sondern eine Wiedergabe der Quellen, wie z.B. der vedischen Schriften, wie wir bereits gelernt haben.

Es gab nicht nur einen Gott, sondern viele Götter hier auf Erden, noch dazu mit unterschiedlichen Rängen und unterschiedlichen Zielvorstellungen und JHWH war ganz offensichtlich einer der Erfolgreichsten unter ihnen. Dennoch kam ihm so einiges unerwartet in die Quere, und er musste diverse Male seine Pläne ändern und viele Kriege führen und sich Verbündete unter den Menschen suchen. Dass der Mars einmal ein lebensfreundlicher Planet gewesen zu sein scheint, steht außer Frage. Wasservorkommen, Nährstoffe, Atmosphäre, Temperatur – alles passt einigermaßen.

Forscher fanden 52 Flussdeltas[384] und Schichtsilikate, die eindeutig auf große planetweite Wasservorkommen hinweisen (dpa-Meldung über ESA Sonde vom 25. Juni 2010). Warum der Mars heute nicht mehr lebensfreundlich erscheint, lässt sich nicht für jedermann offensichtlich erklären, einzig das massive Vorkommen von Perchloraten (Rückstände von Verbrennungen) lässt auf ein endzeitliches, in seinen Ausmaßen kaum vorstellbares Flammeninferno schließen.[385]

Nehmen wir einmal an, eine Entwicklung auf dem Mars hätte dafür gesorgt, dass sich dessen Bewohner langfristig absehbar Sorgen um ihre Umwelt und ihr Überleben gemacht haben Dann wäre es sehr naheliegend, Zuflucht auf der Erde zu suchen.

Aus heutiger Sicht haben wir es gedanklich dann etwas leichter, da wir technologisch immerhin schon auf einem Stand sind, der Reisen über diese Entfernungen möglich machen könnte. Allerdings müssten wir uns immer noch fragen, was es mit den Kenntnissen der Dogon auf sich hat, die ja immerhin über ein Doppelsternsystem Sirius Bescheid wissen, das man von der Erde aus nicht einmal sehen, geschweige denn mit deren Mitteln bis auf den Kilometer genau ausmessen kann. Meine eigenen genealogischen Forschungen haben bereits die Möglichkeit aufgezeigt, einen Stammbaum tatsächlich bis in diese frühen Anfangsjahre der Menschheit zurückzuführen. Selbstverständlich immer mit dem Vorbehalt, dass ein nicht zu unterschätzendes Risiko besteht, auf gefälschte Daten hereinzufallen, da alles nachzuprüfen ein Menschenleben allein zeitlich vollkommen überfordern würde.

Immerhin ließ sich bei meinen Forschungen z.B. folgende Verbindung finden: Auf der Stammbaum-Grafik aus Kapitel 12 ist links oben Jesus von Nazareth zu erkennen, dessen Mutter Maria und deren Vater Heli, der ein

Bruder von Joseph von Arimatäa war. Dieser wiederum ist in direkter Linie Vorfahre von Frea von Bretagne, die mit König Odin liiert war. Odin, allgemein „nur" als eine Sagengestalt angesehen, war keineswegs nur eine Vorstellung, sondern ein sehr realer König in den Nordlanden.

Die Linie von Matthat hat ihre Wurzeln in Perez, die Linie von Zeus führt herunter bis Claudius Tiberius und findet ihre Verbindung über einige hier nicht gezeigte Personen zu Pharamond, aus dem dann die Merowingerlinie entspringt. Die europäischen Königshäuser stehen also tatsächlich in direkter Verbindung zu biblischen Kreisen. Insbesondere hier erwähnenswert: König Odin bzw. Odin oder Wotan, ist keineswegs eine reine Gottesvorstellung germanischer Völker, sondern eine Person aus Fleisch und Blut, ein Heerführer und König mit Frau und Kindern, der möglicherweise einen gleichbenannten Vorfahren unter den Göttern hatte, der aber außerhalb der mythologischen Vorstellungen nicht mehr aufzufinden ist.

Nehmen wir uns noch einmal die Herkunft der „Götter" vor, die angeblich vom Nibiru kamen. Wir erinnern uns, dass die Assyrer offenbar aus der direkten Nachkommenschaft des Kain und somit von den Anunnaki abstammen. Gewisse körperliche Merkmale sind möglicherweise für die sofortige einfache Identifizierung Kains als direktem Anunnaki-Nachkommen ausschlaggebend gewesen. Da war neben der Körpergröße, der Haut-, Haar- und Augenfarbe möglicherweise auch die Größe seines Geschlechtsteils.

Jedenfalls wird über einen seiner direkten Nachkommen, den König von Assur, in der Bibel gesagt (Jesaja 10.12): *„So denn der Herr bevorteilt; all sein Gemachtes; Gebiets des Berges ZiJo'N; Und in JöRUSchaLaím; so suche ich heim; Aufgrund der Frucht; der Größe des Herzgehegs; des Regenten ASchU'Rs; und aufgrund der Zier der Höhe seiner Augen."* Ist dieser König von Assur aber tatsächlich ein solchermaßen Bestückter, möglicherweise auch jemand von auch sonst enormer Größe im Vergleich zu „normalen" Menschen, so muss man davon ausgehen, dass es sich hierbei um jemanden mit einem „Herzgeheg" in der Genitalgegend handelt. Und wir haben in den vorangegangenen Kapiteln bereits behandelt, dass ein solches Herzgeheg in der Genitalgegend solcherlei Wesen zugeschrieben wird, die aus einem Doppelsternsystem kommen. Nibiru aber war kein solcher Planet in einem Doppelsternsystem.

Sehr wohl gab es offenbar Versuche, in diesem unserem Heimatsonnensystem eine zweite Sonne zu zünden, aber Nibiru wird in allen Quellen immer nur als Planet – sei er auch noch so entfernt – unseres Sonnensystems genannt und scheidet somit als Heimat des Königs von Assur, seines Ahnen Kain und dessen Erzeugers Semael sowie dessen Artgenossen aus. Vielmehr muss in Betracht gezogen werden, dass JHWH, Semael und all die anderen möglicherweise aus dem Sirius-System kamen!

Die Erklärung mit dem Doppelsternsystem, dessen Bewohner wegen des Doppelgestirns zwei Herzen haben sollen, birgt ganz nebenbei eine interessante mögliche Erklärung für die Blutversorgung einer solch überaus großwüchsigen Genitalgegend. Solch ein Geschlechtsteil muss ja immerhin auch ausreichend mit Blut versorgt werden, um zu funktionieren, und da wäre ein zweites Herz am Ursprung genau das richtige Mittel zum Zweck. Oder aber wir vergessen diese Hypothese mit dieser Herkunftsmöglichkeit und kehren wieder zu Nibiru zurück, müssen uns dann aber die Frage stellen, woher eine solche Andersartigkeit im selben Sonnensystem wohl gekommen sein könnte.

Gegen Nibiru als ehemaligem Planeten Phaeton spräche allerdings, dass dieser in manchen Quellen Tiamat genannt wird, und nicht Nibiru, und außerdem offenbar erst im zeitlichen Rahmen der großen letzten Katastrophen aus seiner Bahn geworfen wurde, vielleicht sogar ein paar tausend Jahre davor, keineswegs jedoch einige hunderttausend Jahre vor dieser Zeit, was Voraussetzung wäre für eine so lange Anwesenheit der Anunnaki, die schon so lange auf der Erde sein sollen. Und, wie bereits erwähnt, könnte laut Quellenanalyse der nächste Besuch eines unabhängig davon bestehenden Nibiru in ungefähr 1.000-1.400 Jahren stattfinden – zweifelsohne für uns alle, die wir jetzt leben, zu spät, um es selbst zu erleben.

Der Begriff „Anunnaki“ ist möglicherweise damals so gebraucht worden, wie heute bei uns der Begriff „Außerirdische“. Es kann also durchaus sein, dass Anunnaki ein Sammelbegriff war und nicht die Bezeichnung einer bestimmten Gruppe.

Da haben wir den Salat. Die Deutschen stammen von Göttern ab. Und die Sprache haben sie auch noch von ihnen übernommen. Viel schlimmer kann es für den politisch korrekt und antideutsch erzogenen Leser ja nicht werden, oder? Hieraus allerdings ein Argument zur „Herrenrasse" basteln zu wollen, führt aus meiner Sicht wieder am Ziel vorbei. Im Zuge der bisher gesammelten Erkenntnisse können wir nun jedoch vielleicht verstehen, warum die „Deutschen" und die „Juden" im Laufe der Jahrtausende immer wieder aneinandergeraten sind. Die Herkunft der Deutschen ist nun geklärt. Die Herkunft der mit ihnen eng verwandten Völker aus der Vergangenheit und deren Nachfahren ebenfalls. Und die ihrer Feinde ebenso...

Und die Gene dieser Götter haben sich mittlerweile auf natürlichem und künstlichem Weg so stark mit allen anderen vermischt, dass diese Abstammung an sich wohl kaum mehr als „exklusiv" zu bezeichnen wäre. Und obendrein gäbe es da schon noch einige Punkte, die tatsächlich die ganze Situation noch einmal grundlegend verändert darstellen können.

Kommen wir nun zu einer Zusammenfassung des bisher Gelernten, um aus vielen einzelnen Details ein ganzes Bild zu formen. Lassen wir es, modern formuliert, sich von groben Pixeln bis zu einer immer höheren, deutlichen Auflösung hin entwickeln. Die Frage der Feindschaft zwischen verschiedenen Gruppen erscheint mir jedoch bestenfalls angerissen, denn eigentlich besteht gar kein Grund zu einer Feindschaft. Hier scheint das Verhalten beider Seiten eher von außen, also von Dritten, geleitet zu sein.

Von der befohlenen ewigen Feindschaft gegen Amalek – also die Deutschen – wissen wir bereits. Von den möglichen Gründen dafür ebenso. Die Hintergründe des in den 1930er-Jahren aufbrausenden Kampfes des deutschen Volkes bzw. der völkischen Bewegung können in diesem Buch nicht erklärt werden. Jedoch hängt diese Reaktion zweifelsohne mit den Erkenntnissen zusammen, die teilweise auch in diesem Buch behandelt wurden. Denn ein Teil dieser war damals schon (und noch) bekannt. Ich verspreche, dieses Thema in einem Folgeband näher zu beleuchten, falls Interesse dazu besteht.

Lassen Sie uns versuchen, das bisher Erarbeitete nun mit der Geschichte unseres Planeten Erde in einem gemeinsamen Kontext zu sehen. Wie wir bereits wissen, gab es da etliche Katastrophen in der Vergangenheit unseres Heimatplaneten. Zumindest einige davon waren keinesfalls natürlichen Ursprungs.

17. Das große Puzzle

Wir haben nun im Verlauf dieses Buches viele Autoren kennengelernt und vieles über die Geschichte der Erde erfahren. Sicherlich hat sich in Ihrem Kopf schon ein neues Bild eingestellt, wie möglicherweise alles abgelaufen sein könnte. Ich möchte an dieser Stelle versuchen, die einzelnen Eckpunkte zusammenzufassen, um anschließend noch ein letztes Thema anzusprechen, dessen Bedeutung ich als sehr groß erachte. Als Mensch in der heutigen Gesellschaft haben wir zwei Möglichkeiten: Entweder wir glauben das, was man uns vorsetzt, oder wir machen uns unsere eigenen Gedanken. Zweifelsohne ist der erste Weg der erheblich bequemere und (zumindest vorläufig) angenehmere. Man eckt nirgends an, kann mit jedermann über seine Gedanken sprechen, wird nirgends schief angesehen, und niemand macht sich hinterm Rücken über einen lustig. Für Menschen, die ihr Gehirn gern benutzen, wird jedoch vermutlich irgendwann der Tag kommen, an dem der Drang, sich selbst Gedanken zu machen, einfach überhand nimmt und man anfängt, gewisse „Offenkundigkeiten" nachzuprüfen – sei es, weil man einfach wissen möchte, was wirklich passiert ist, oder weil man gesellschaftliche Zusammenhänge zu durchschauen beginnt und möglicherweise bestimmte Geschichten, die einem die Politik als „alternativlos" oder „systemrelevant" verkaufen möchte, schlicht nicht mehr hinnehmen möchte, weil man merkt, dass man selber, ganz persönlich, finanziell oder ideell von diesen Dingen betroffen ist. Wenn man die Auswirkungen am eigenen Geldbeutel bemerkt oder Sorge um das Auskommen der Familie, die Gesundheit der Kinder oder die Sicherheit des Arbeitsplatzes hat, dann versucht man möglicherweise zu ergründen, woher diese Gefährdung kommt und ob sie ganz real oder nur vorgespielt ist, ob es etwas gibt, was man selbst zur Abwendung dieser Gefährdung tun kann oder ob man selbst allein nichts ausrichten kann und es einer Revolution bedürfte, um die erkannten Probleme zu lösen. Fangen wir also an, die Einheitsbrille abzusetzen und uns eigene Gedanken zu machen.

Vieles in unser Erlebniswelt, der Natur und Gesellschaft kann mit herkömmlichen Nachrichten und Theorien erklärt werden. Da es jedoch auch Dinge und Vorkommnisse gibt, die mit diesen herkömmlichen Theorien und Nachrichten nicht erklärt werden können, müssen wir uns zwangsläufig neue Theorien suchen. Tun wir dies nicht, bleiben Fakten unerklärt und Theorien nur Theorien. Wenn wir aus Theorien Lehren machen wollen, müssen diese alles erklären können. Solange wir keine dieser Lehren endgültig formulieren konnten, bleiben alle Theorien, die bekannten und die neuen, gleichberechtigt nebeneinander gültig, und je mehr eine Theorie erklären kann, desto wahrscheinlich wird sie. Und findet sich ein Argument oder ein Faktum, das zur Negierung einer dieser Theorien führt, sie ad absurdum führt, muss diese Theorie gestrichen werden, da jede weitere Beschäftigung mit ihr verlorene Zeit darstellt.

Beschäftigen wir uns also hier und jetzt mit Theorien von kosmischen Katastrophen aus gar nicht allzu ferner Vergangenheit, so sind dies gewiss Themen, die die Schulwissenschaft gern ins Lächerliche zieht, aber dennoch Themen, die sich mit Fakten auseinandersetzen, die gerade diese Schulwissenschaft gern bei ihren Erklärungen auslässt, so ähnlich wie der offizielle Bericht über den 11. September 2001. Es werden eine Menge Details über die Zusammenbrüche der beiden Zwillingstürme berichtet, erklärt und schön wissenschaftlich anmutend dargereicht. Warum allerdings das dritte Gebäude, *World Trade Center 7*, am Nachmittag ebenfalls zusammenbrach, obwohl hier kein Flugzeug eingeschlagen ist und nur aus einigen Zimmern dieses Hochhauses Feuer herausloderte, wird nicht erklärt. Das ganze Gebäude findet nicht mit einem einzigen Wort Erwähnung.

Nehmen wir uns also nun die Geschichte der Erde noch einmal vor. Es scheint gesichert, dass die Erde mehrfach von Himmelskörpern getroffen wurde, was zu weltumspannenden Katastrophen führte. Verschiedene Kulturen berichten über die Vernichtung der Erde durch Gas, Feuer und Wasser. Ebenso wird von „Göttern" berichtet, die auf der Erde weilten und hier sogar Kriege ausfochten. Es wird von Versuchen berichtet, zumindest *eine* zweite Sonne anzuzünden.

Fangen wir also ganz am Anfang an, bei der Entstehung unseres Sonnensystems: Einige von Ihnen werden den deutschen Forscher Johann Daniel Titius kennen und die sogenannte Titius-Bode-Reihe, die auf das Jahr 1766 zurückgeht. Diese beschreibt in einer mathematischen Formel das Vorkommen und die Bahnabstände der Planeten in unserem Sonnensystem. Das Problem dabei ist, dass diese Formel lediglich auf die vorhandenen Zahlen aufgestülpt wurde. Und da man für nahezu jede beliebige Reihe von Werten eine mathematische Formel entwerfen kann, sich diese Formel aber nicht als ein zugrundeliegendes Naturgesetz erweist, sondern eben lediglich als beschreibendes Mittel, ist sie meiner Meinung nach für irgendwelche Erklärungsversuche ungeeignet. Wenn wir uns die Natur anschauen, dann erkennen wir überall klare Gesetzmäßigkeiten mit einfachen Zahlenverhältnissen. Klaus-Dieter Ewert hat dies in seinem Buch sehr schön aufgezeigt.

Übertragen wir nun diesen Gedanken auf unser Sonnensystem, so finden wir eine ebenso einfache Formel und klare Gesetzmäßigkeiten, die wir auch von anderen Lebewesen in unserer Natur kennen. Die Fibonacci-Reihe bezeichnet die Abläufe beim Wachstum von Pflanzen. Zuerst entsteht ein Blatt, dann noch eines, dann zwei, dann drei, dann fünf, und so entsteht diese Reihe durch die Summierung der jeweils letzten beiden Reihenglieder: 1,1,2,3,5,8,13,21,34,55,89,144 usw. In der Astronomie gibt es eine Einheit „AE“, die *Astronomische Einheit*. Diese bezeichnet den Abstand der Erde zur Sonne mit der Einheit 1 AE, legt also genau diesen Wert zugrunde (149.597.870,691 km). Ich möchte stattdessen vorschlagen, im Rahmen eines weniger geozentrischen Weltbildes den Abstand des ersten Himmelskörpers neben der Sonne zur Sonne als Grundeinheit zu nehmen und mit diesem Grundwert eine Fibonacci-Reihe zu bilden. Nehmen wir mal zur besseren Veranschaulichung einen sehr stark gemittelten Wert von 50 Millionen Kilometern, anstatt 57,909 Mio km als Abstand des Merkurs zur Sonne, so erhalten wir folgende Tabelle:

1			Sonne
1	50.000.000,00	55 Mio km	Merkur
2	100.000.000,00	107 Mio km	Venus
3	150.000.000,00	147 Mio km	Erde
5	250.000.000,00	249 Mio km	Mars
8	400.000.000,00		*Phaeton*
13	650.000.000,00	740 Mio km	Jupiter
21	1.050.000.000,00	1.349 Mio km	Saturn
34	1.700.000.000,00		
55	2.750.000.000,00	2.741 Mio km	Uranus
89	4.450.000.000,00	4.444 Mio km	Neptun
144	7.200.000.000,00	7.376 Mio km	Pluto

Ich habe jeweils einen leicht gemittelten Wert der kleinen Halbachse eingesetzt, lediglich bei Mars und Pluto den Wert für die große Halbachse, um den Zusammenhang zu veranschaulichen. Die Werte zeigen einen sehr ähnlichen Verlauf wie die Fibonacci-Reihe, weisen das Sonnensystem also als Lebewesen aus, das sich nach ganz bestimmten Gesetzmäßigkeiten entwickelt, so ähnlich wie eine Pflanze. Wir erkennen eine Lücke zwischen Mars und Jupiter und eine weitere Lücke um den Saturn – entweder davor oder dahinter, je nachdem, in welche Richtung man ihn schieben möchte, da sein Bahnradius ziemlich genau in der Mitte zwischen den zwei möglichen Positionen dieser Tabelle liegt. Und just bei Jupiter und Saturn handelt es sich um die zwei Planeten in unserem Sonnensystem, die von ihrer Größe her für eine zweite und/oder dritte Sonne in Frage kämen. Der Saturn hat obendrein Ringe, und dies keinesfalls seit Beginn an, wie selbst die moderne Schulwissenschaft zugibt. Diese Ringe hat er erst relativ spät in seinem Leben bekommn. Selbst die Erde hatte zeitweise Ringe aus Kometentrümmern. Und falls Sie Wanderbewegungen im Sonnensystem für Spinnerei halten, müssen Sie sich auch einmal mit den Forschern um Kevin Walsh von der Universität Nizza auseinandersetzen, über deren Ergebnisse die *NZZ* am 15. Juni 2011 berichtete: *„Astronomen gehen heute davon aus, dass sich in unserem Sonnensystem einst dramatische Migrationsbewegungen vollzogen (haben).“* Warum ist der Mars so klein, warum Jupiter und Saturn so groß? Diese Fragen sollten beantwortet werden!

Sehen wir hier möglicherweise die Zeugnisse einer Versuchsreihe, die aus unserem Planetensystem eines mit zwei Sonnen machen wollte, ähnlich dem Doppelsternsystem Sirius? Nehmen wir einmal an, unser Sonnensystem würde uns anhand dieser Gesetzmäßigkeiten und mit den von Ewert aufgezeigten Verhältnissen seine Geheimnisse offenbaren, dann könnten wir beispielsweise annehmen, dass der Durchmesser der Erde in einem klaren Verhältnis zum Durchmesser der Sonne steht – nehmen wir einmal 100 an. Das wären dann 13.914 km, also etwas mehr als heute. Ist der Abstand des Mondes tatsächlich wie von Ewert vorgeschlagen und errechnet 60 Erdradien, dann wäre dies 417.400 km, ebenfalls etwas mehr als heute. Hat Ewert außerdem Recht mit seiner Annahme, dass die Erde zumindest teilweise mit Gas gefüllt ist und dass mindestens einer der Zusammenstöße der Erde mit einem Himmelskörper zu einem erheblichen Gasverlust und Zusammenschrumpfen der Erde geführt hat, so ließe sich der heutige, geringere Durchmesser der Erde damit leicht erklären, und ebenso einleuchtend ließe sich das weltweite Aufstellen der Faltengebirge erklären. Denn ein Verlust von 1.158 km Durchmesser bedeutete immerhin einen Wegfall von 97 Millionen Quadratkilometern, eine unvorstellbar große Fläche. Es blieben auf der Erde immerhin noch 511.190.000 km^2 von ursprünglich 608.210.000 km^2, aber der Wegfall dieser Fläche würde ebenfalls ansatzweise erklären können, warum der Meeresspiegel innerhalb kürzester Zeit um mehrere hundert Meter(!) angestiegen zu sein scheint – immer vorausgesetzt, wir glauben den Überlieferungen und Quellen und archäologischen Funden und unterstellen niemandem großangelegte Fälschungsaktionen auf Grabungsstätten weltweit, um Verwirrung zu stiften und Futter für Verschwörungstheorien zu liefern. Gehen wir davon aus, dass das Jahr auf der Erde früher 360 Tage hatte und die Tage früher jeweils ca. 52 unser heutigen Minuten länger waren, so ergibt sich aus diesen Daten bei gleichbleibender Bahngeschwindigkeit der Erde von heute (ca. 2.573.501 km pro Tag) eine leicht größere Umlaufbahn der Erde von 155 Mio km. Dieser Abstand liegt weiterhin vollkommen in dem Bereich der oben angegebenen Fibonacci-Reihe, und obendrein könnte der im Vergleich zu heute damals um ca. 8 Mio km größere Abstand zur Sonne dadurch erklärt werden, dass die Erde nach dem Zusammenstoß mit einem Himmelskörper aus ihrer bisherigen Bahn geworfen wurde und mit ihrer ehemaligen Bahngeschwindigkeit etwa drei Tage durchs All taumelte, um dann auf einer neuen, geringeren Umlaufbahn wieder Halt zu finden. Und exakt diese drei Tage werden in den Überlieferungen beschrieben!

Ein Wegfall von so viel Fläche würde auch erklären können, warum auf einmal ganze Inseln wie z.B. Atlantis verschwinden konnten. Nun wäre es natürlich unheimlich interessant zu wissen, ob man solche Einschlagstellen auf der Erdoberfläche heute noch identifizieren kann. Man kann! Gehen wir einmal davon aus, dass tatsächlich die Venus, wie in den Quellen beschrieben, einmal an der Erde vorbeigeflogen ist, dann könnten wir annehmen, dass die Venus für eine gehörige Menge an Gas in unserer irdischen Atmosphäre gesorgt hat, was möglicherweise zu viel Zerstörung auf der Erde durch Gas geführt hat. Gehen wir weiterhin davon aus, dass die Erde in der Folge nicht mit der Venus, sondern mit dem heutigen Uranus-Mond Miranda zusammengestoßen ist, so sollten wir uns diesen Mond noch einmal genauer ansehen. Heutige Größe: ca. 470 km, stark verformter

Körper, abgeflacht und teilweise bis zu 20 km tiefe Furchen in der Oberfläche. Eine solche Formgebung ist extrem ungewöhnlich für unser Sonnensystem und für Himmelskörper überhaupt. Miranda besteht offenbar zu einem sehr großen Teil aus Wassereis und Methan. Auch dies ist eine sehr ungewöhnliche Mischung. Nehmen wir einmal an, jemand würde eine Fackel an Miranda halten, dann würde dieser Planet sehr lange und heiß brennen und dabei langsam abschmelzen, bis die Flammen erstickt werden, sei es durch Sauerstoffabschluss oder andere Mittel.

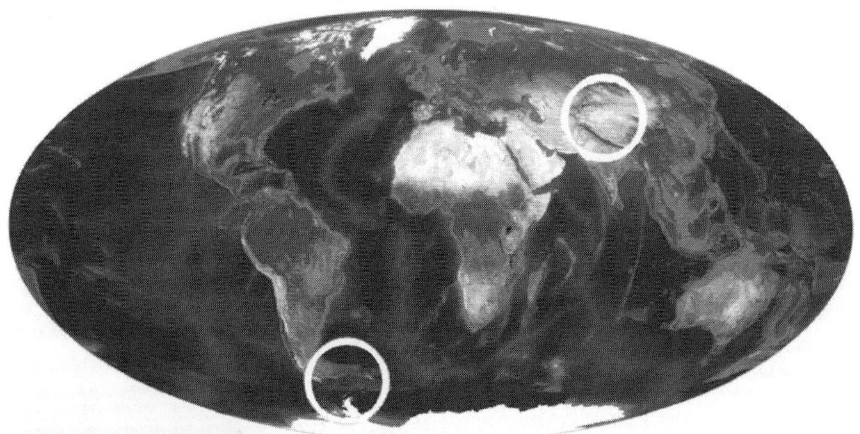

Abb. 70: Weltkarte mit Einschlagspunkten des Himmelskörpers

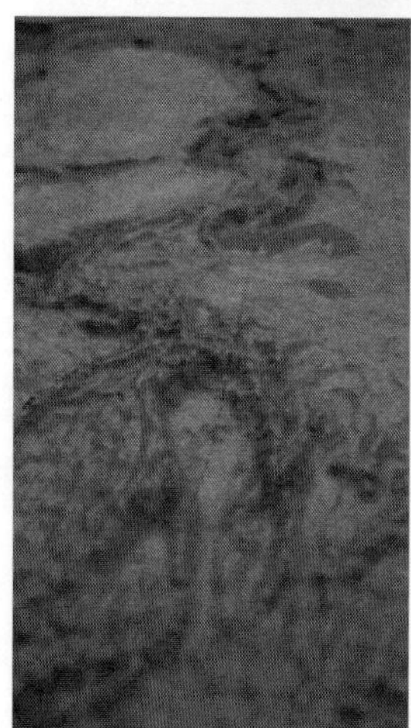

Abb. 71: Einflugschneise des Himmelskörpers über dem Himalaya und der Wüste Taklamakan

Nehmen wir also einmal an, Miranda wäre tatsächlich auf einer stark elliptischen Bahn der Sonne sehr nahe gekommen und dabei entzündet worden und zum Träger des Lichtes, zu Luzifer geworden, dann hätte er beim Durchfliegen der Bahnebene der Erde durchaus, wie auch von Ewert berechnet, eine Umlaufzeit von 260 Tagen haben und der Erde empfindlich nahe kommen können. Wir finden auf der Erde tatsächlich zwei Stellen, an denen ganz offensichtlich ein Himmelskörper passender Größe mit der Erde zusammengestoßen ist, und dies offenbar zu einer Zeit, in der die Menschen schon See- und Landkarten angefertigt haben. Auf der obigen Karte habe ich die beiden Stellen gekennzeichnet. Nehmen wir uns als Erstes einmal die Stelle rechts oben vor. Dies ist die heutige Wüste Taklamakan, einer der trockensten Orte der Erde. Sehen wir uns diesen Ort einmal aus der Sicht eines einfliegenden Himmelskörpers an (siehe Abb. 71). Wir sehen in der Mitte die Einschlagstelle, deren Ränder (Himalaya!) enorm komprimiert und aufgetürmt wurden.

Wir sehen direkt in Flug und Abrollrichtung die heute trockensten Länder der Erde, von Saudi-Arabien bis über die Sahara: im Bildvordergrund die Taklamakan aus Richtung Osten gesehen, dahinter im oberen Bildteil rechts Südeuropa, links die Sahara mit Blick auf den Atlantik, in der Mitte die arabischen Länder. Gehen wir also davon aus, dass ein extrem heißer Himmelskörper sich hier der Erde in den Weg stellte und die Erde mit großem Drehmoment und großer Masse auf diesen auflief, dann kann man sich gut vorstellen, dass hier innerhalb weniger Minuten eine riesige Fläche der Erde extrem stark erhitzt und völlig deformiert wurde und der kleinere Himmelskörper möglicherweise zunächst einmal sehr stark, dann weitere ein bis zweimal mit der Erde leicht zusammenstieß und dabei, wie auf dem Bild hier zu sehen, zunächst für die Bildung eines Gebirges und anschließend für die völlige Verbrennung weiter Landstriche sorgte, die sich bis auf den heutigen Tag von dieser Katastrophe nicht erholt haben.

Abb. 72: Falschfarbenbild der Verbrennungszone des Himmelskörpers

Auf einem Falschfarbenbild kann man sehr gut die verbrannte Zone erkennen, die in ihrer Art einzigartig ist auf diesem Planeten. Wenn nun also ein Himmelskörper wie Miranda die Erde hier getroffen und das vorhandene Material der Erde zusammen mit dem von Miranda an dieser Stelle extrem erhitzt und verformt hat, dann können wir analog zum Erleben eines eigenen Steinwurfes in eine Matschpfütze erwarten, dass in Flugrichtung, also zur Mitte hin, und nach rechts und links Dreck zur Seite spritzen wird.

Abb. 73: Siehe Abb. 46

Aus dieser Betrachtung heraus möchte ich an dieser Stelle nun eine Grafik noch einmal zeigen, die Sie schon aus Kapitel 12 kennen, hier jedoch mit kleinen Ergänzungen: Sie erkennen in Schwarz die Banklösszone, die sich von China bis nach Europa erstreckt. Ich sehe dies als Folge des Zusammenstoßes und prognostiziere einen ebensolchen Streifen von China bis nach Ostafrika. Ist es nicht erstaunlich, dass Lehmbau hauptsächlich in Ostafrika, vornehmlich im Kongo und in den angrenzenden Ländern betrieben wird, ebenso wie in Indien? Sollte sich einmal die Möglichkeit ergeben, unter Wasser Forschungen anzustellen, so bin ich mir sicher, dass man die gesamte Strecke zwischen Indien und der ostafrikanischen Küste vollkommen mit einer Schicht desselben Materials wie aus der besagten Banklösszone bedeckt vorfinden wird.

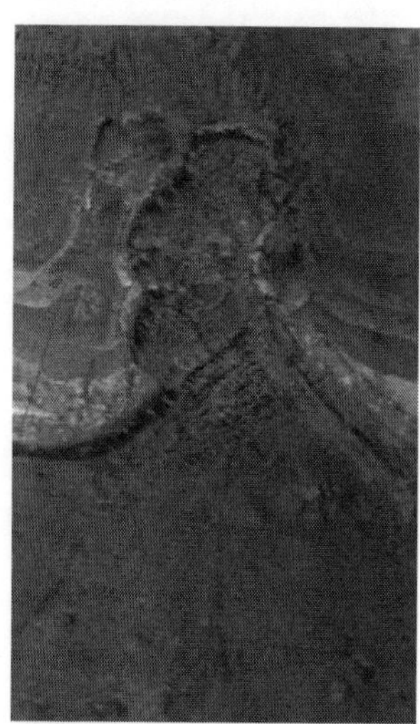
Abb. 74: Einflugschneise II

Nehmen wir uns nun die zweite Einschlagstelle an der Südspitze Südamerikas vor (Abb. 74). Auch hier zunächst eine Großaufnahme in Einflugrichtung aus Sicht des einschlagenden Himmelskörpers. Das Bild zeigt Ihnen links die Südspitze Südamerikas und rechts die nördlichste Spitze der heutigen Antarktis.

Der Anflug auf diesem Bild erfolgt aus Richtung Westen nach Osten. In der Mitte dazwischen sehen Sie die in den Atlantik verschobene Landbrücke zwischen Südamerika und der Antarktis, die noch auf den Karten des Piri Reis eingezeichnet war (Abb. 75). Wenn Sie sich diese Stelle einmal mit dem heimischen Rechner und Google-Earth ansehen, können Sie feststellen, dass der einschlagende Himmelskörper in etwa dieselbe Größe gehabt haben muss wie der von der Taklamakan und dass sich die Einflugschneise leicht verjüngt, d.h. der Durchmesser des Himmelskörpers leicht abgenommen hat im Verkauf des Zusammenstoßes. Ebenso erkennbar ist ein leichter Versatz der Einflugschneise, der entstanden sein kann, weil ein nicht mehr ganz runder Himmelskörper eben nicht mehr ganz rund abrollen konnte, vergleichbar mit einer Schneekugel, die Sie in Ihrer Schulzeit auf der Wiese gebaut haben.

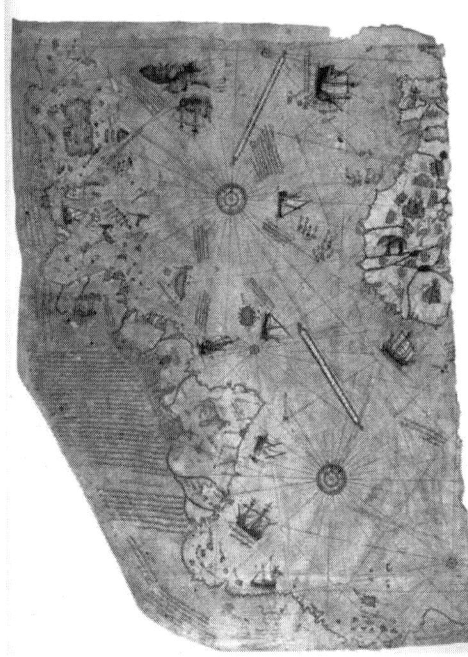

Abb. 75: Seekarte des Piri Reis mit Landbrücke zwischen Antarktis und Südamerika

Mit Abb. 75 möchte ich Ihnen eine der Landkarten des Piri Reis zeigen, auf der Sie in erstaunlicher Präzision die Küstenlinien Südamerikas und der Antarktis erkennen können – und eine dort heute nicht mehr vorhandene Landbrücke. Mal abgesehen von der Tatsache dieser nicht mehr vorhandenen Landbrücke sollten wir, wie schon in den vorhergehenden Kapiteln teilweise besprochen, davon ausgehen, dass eine solche Präzision in der Kartographie nur aus Sicht eines Satelliten oder eines sehr hoch und ruhig fliegenden Flugzeuges erreicht werden kann, keinesfalls jedoch mit den der entsprechenden Zeit zugestandenen Mitteln.

Andererseits erkennt man auch, dass nur die Ostküste so erstaunlich präzise dargestellt ist und die Westküste völlig im Dunkeln bleibt. Bedenkt man die Geschichte der Karten, von denen angenommen wird, Piri Reis hätte sie in Alexandria von wesentlich älteren Karten abgemalt, so besteht die Möglichkeit, dass auf den vorgeblich vorhandenen älteren Karten diese Westküste eingezeichnet gewesen ist, Piri Reis diese aber aus nicht mehr nachvollziehbaren Gründen nicht mit kopiert hat, oder aber, dass auch auf diesen älteren Karten der Verlauf nicht eingetragen war, und dies entweder, weil der Verlauf nicht bekannt war oder sich möglicherweise in jüngster Zeit vor Kartenerstellung verändert hätte. Leider sind auf den mir vorliegenden Kopien dieser Karten die Texte nicht lesbar, sodass ich nicht einmal vermuten kann, welchen Inhalt diese Zeilen haben.

Abb. 76: Eine alte Ansicht von Indien

Hier ist eine alte Landkarte der alten Weltansicht. Es ist deutlich zu sehen, dass anstelle der uns bekannten spitz nach unten zulaufenden dreieckigen Umrisse Indiens hier stattdessen eine riesige Insel zu sehen ist. Ist dies eine schlecht gezeichnete Version Sri Lankas, oder sehen wir ein weiteres Indiz dafür, dass der indische Subkontinent erst dadurch entstanden ist, dass ein Himmelskörper viel weiter nördlich eingeschlagen ist und riesige Mengen an Erde, Lehm, Staub und anderem Material in die Luft geschleudert und rechts und links seiner Einflugschneise verteilt hat?

Wir könnten demnach auch davon ausgehen, dass beispielsweise die Malediven eine ganz ähnliche Entstehungsgeschichte haben dürften und der Ozean südlich von Arabien, westlich von Afrika und östlich des heutigen Indiens, früher erheblich tiefer gewesen sein dürfte. Dem aufmerksamen Leser wird nun allerdings nicht entgangen sein, dass wir auf der Weltkarte zwar zwei Einschlagstellen identifizieren konnten, diese sich aber in einem wesentlichen Punkt unterscheiden: der Anflugrichtung! In der Taklamakan kommt der Himmelskörper eindeutig von Osten, nördlich der Antarktis definitiv von Westen. Da wir hier aber von ein und demselben Himmelskörper sprechen, der nicht „mal eben" seine Flugrichtung ändert, sollten wir uns über diesen Unterschied Gedanken machen. Und die Lösung ist gar nicht fern, denn die alten Quellen berichten unabhängig voneinander in verschiedenen Ländern, dass die Sonne heute dort untergeht, wo sie früher aufging. Und dies kann nur heißen, dass die Erde sich einmal um 180 Grad gedreht haben muss. Dafür spricht auch der Fund des Semmut-Grabes, an dessen Decke auf zwei Sternenkarten derselben Gegend aus zwei verschiedenen Epochen Ost und West vertauscht sind. Eine solche Drehung lässt sich auch anhand von verschiedenen Plätzen der Erde eindeutig in verschiedenen Lava-Gesteinsschichten nachweisen. Ihnen wird jeweils ein immens hohes Alter zugewiesen, was ich auch keinesfalls in jedem Einzelfall absprechen möchte.

Da wir jedoch schon gelernt haben, wie löchrig mancher Altersnachweis in der Schulwissenschaft ist, möchte ich annehmen, dass man bei den allermeisten dieser Schichten sehr wohl einen Zusammenhang mit einem gar nicht lange zurückliegenden Ereignis feststellen könnte.

Gehen wir also davon aus, dass die Erde sich nach dem ersten Zusammenstoß mit Miranda gedreht hat, so muss sie vorher in einer anderen Lage gewesen sein. Gehen wir weiterhin davon aus, dass Besucher von außerhalb sich zunächst eine, dann sogar noch eine zweite Orbitalstation zur Beobachtung gebaut haben, so finden wir geeignete Plätze ausschließlich auf einem damaligen Äquator, der nicht dem heutigen entsprechen muss (da sich die Erde ja gedreht hat). Erinnern wir uns an die „Landebahnen" von

Nazca und die merkwürdigerweise genau an zwei gegenüberliegenden Stellen auf dem Planeten liegenden Plätze mit Namen Palpa in Südamerika und Tibet, und werfen wir einen Blick auf den Weltkartenstein, den Klaus Dona gefunden hat, so stellen wir fest, dass der Äquator früher möglicherweise so verlief, wie auf der folgenden Karte gezeigt.

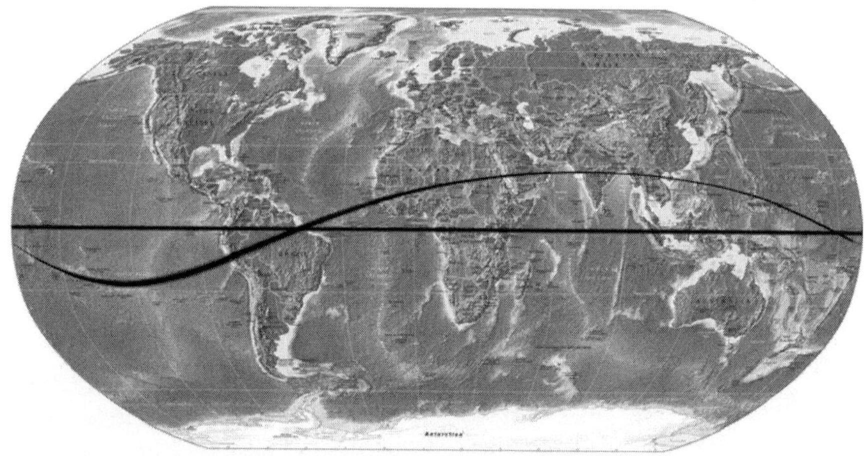

Abb. 77: Weltkarte mit möglichem altem Verlauf des Äquators

Ausgehend von der Richtigkeit dieser Annahme, müssen wir den damaligen Nordpol in der Gegend des heutigen Alaska oder Nordkanada ansetzen. Die bereits von verschiedenen Autoren vorgeschlagene Verlagerung ins Baffin-Land (Nordost-Kanada) kann unterstützt werden. Allerdings wäre dies dann damals nicht der Nord- sondern der Südpol gewesen, und wir müssen außerdem davon ausgehen, dass die Erdachse vor dieser Verschiebung senkrecht auf der Bahnebene stand. Dies wiederum würde, wie bereits mehrfach erwähnt, bedeuten, dass es auf der Erde keine Jahreszeiten gegeben hätte, und auch die Gezeiten wären dank des größeren Mondabstands erheblich schwächer ausgefallen. Nehmen wir weiterhin an, diese einfachen Zahlenverhältnisse würden sich in der gesamten Natur wiederfinden, so müssen wir unser heutiges Zeitsystem noch einmal unter die Lupe nehmen. Wir messen heute alles Mögliche in Kilogramm und Sekunden. Die Kilogramm sind ursprünglich maßgeblich von der Masse und Gewichtskraft und somit der Gravitation und somit wiederum der Größe unseres Planeten abhängig. Die Sekunde war ihrerseits ursprünglich als der 86.400ste Teil eines mittleren Sonnentages definiert und ist mittlerweile vollkommen losgekoppelt davon definiert als *„das 9.192.631.770-fache der Periodendauer der dem Übergang zwischen den beiden Hyperfeinstrukturniveaus des Grundzustandes von Atomen des Caesium-Isotops 133Cs entsprechenden Strahlung“*.[386] Hätte man mehr auf die Zusammenhänge in der Natur geachtet und wäre mehr auf das Zusammenspiel eines einstmals perfekt aufeinander abgestimmten Systems bedacht gewesen, hätte man eventuell die fundamentale Bedeutung dieser Zusammenhänge erkannt und geachtet. Nehmen wir nur ein Beispiel: Am Biorhythmus von Pflanzen und Menschen erkennen wir die Abstimmung auf ursprünglich längere Tage. Gehen wir davon aus, dass der Tag früher, in heutigen Minuten gemessen, 52 Minuten mehr hatte und der Tag dennoch nur in 24 Stunden aufgeteilt war, so ergibt sich daraus eine ursprünglich längere Sekunde, denn der 86.400ste Teil eines Sonnentages war somit früher größer als derselbe Anteil an einem Sonnentag heute.

Da eine Sekunde in der Wissenschaft aber von erheblicher Bedeutung ist, z.B. beim Messen von Frequenzen, verbergen sich möglicherweise wesentliche Zusammenhänge vor unseren Augen. Ob nun in der Musik und Harmonik, wo Töne in Schwingung pro Sekunde, also der Einheit Hertz gemessen werden, oder in der Optik, wo verschiedene Lichtphänomene ebenfalls in Wellenlängen gemessen werden, die wiederum von der Definition des Meters abhängig sind – überall sind Maßeinheiten mit im Spiel, die früher systemisch abhängig, heute unabhängig definiert werden. Das Meter war ursprünglich als der 40.000.000ste Teil des mittleren Erdumfangs definiert. War die Erde früher größer, geht dieses wertvolle Maß verloren, und wesentliche Zahlenzusammenhänge bleiben dem Beobachter verborgen. Vielleicht könnte mit einem alten Meter, einem alten 40-Millionsten Teil des alten Erdumfangs, dieses Längenmaß in ganzzahlige Verhältnisse z.B. zum Wasserstoffatom gesetzt werden. Oder die Eigenfrequenz des ganzen Planeten in ein Vielfaches der Resonanzfrequenz des Wasser-Moleküls? Wenn sich die „alte“ Sekunde errechnen lässt, indem man die „neue“ Sekunde mal 1,03 nimmt, so könnte man möglicherweise neue Zusammenhänge entdecken. Ebenso wie wenn man das Meter nicht mehr als Länge der Strecke definierte, die das *„Licht im Vakuum während der Dauer von 1 / 299.792.458 Sekunde zurücklegt.“* (Wikipedia), sondern eben als Teil eines Ganzen. Können wir andere Planeten, Sterne, Galaxien verstehen, wenn unsere sogenannten Naturkonstanten gar keine sind, sondern wir von falschen Zahlen ausgehen?

Dürfen wir die berechtigte Hoffnung hegen, dass mehr Zusammenhänge auf ihre Entdeckung warten und Naturkonstanten möglicherweise alle in ganzzahligen Verhältnissen zueinander stehen und wir nur danach suchen müssen, so könnte die Wissenschaft heute mit geeigneter Interpolation versuchen, solche Zahlenverhältnisse herauszufinden und so tatsächlich sehr genau bestimmen, was hier nur als Vermutung geäußert werden kann. Findet man nämlich eine Zeiteinheit im Umfeld einer heutigen Sekunde, die im Rahmen der hier geschilderten Bedingungen liegt, in der bestimmte Schwingungen auf einmal in ganzzahligen Verhältnissen zueinander stehen, so können wir davon ausgehen, die tatsächliche Ur-Sekunde gefunden zu haben. Haben wir diese gefunden, können wir den Ur-Tag errechnen, und vermutlich werden etliche Zahlenverhältnisse auf den Entdecker herniederpurzeln und das ganze Ausmaß einer perfekten Harmonie der Schöpfung offenbar werden. Haben wir den Ur-Tag errechnet, können wir die Ur-Umlaufbahn errechnen, und ergibt sich daraus dann als einfaches ganzzahliges Verhältnis auf der ursprüngliche Erddurchmesser, können wir auch das Ur-Meter errechnen und somit weitere Zusammenhänge aufdecken, die sich mit Sicherheit in Bezug auf molekulare Größen, Pflanzenwachstum oder z.B. Anatomie ergeben.

Wir können feststellen, dass die Erde versucht, den ursprünglichen Zustand aus der Zeit vor den Zusammenstößen mit Miranda wiederherzustellen, und dies nicht nur auf dem Gebiet der Umlaufdauer, wo jedes Jahr erneut eine Verkürzung festzustellen ist, sondern offenbar auch, was den ursprünglichen Durchmesser angeht, denn laut der „Expansionstheorie“ wächst die Erde. Diese Theorie geht davon aus, dass sie unaufhörlich weiterwachsen würde. Ich stelle die verschiedenen Messergebnisse eher in den Zusammenhang der offensichtlichen Bestrebungen der Natur, sich wieder dem ursprünglich perfekt abgestimmten System anzugleichen.

Einige Eigenschaften, wie z.B. die einer Wasserhülle um die Atmosphäre, erscheinen kaum realisierbar, andere, wie Temperatur, Größe, Verteilung von Wasser und Landmassen, schon eher.

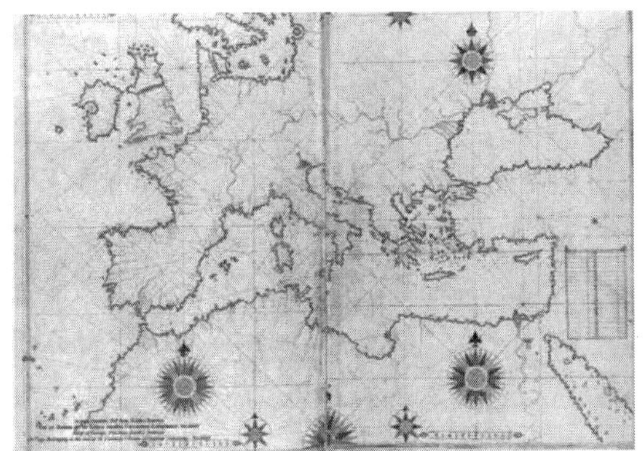
Abb. 78: Seekarte des Piri Reis in „schiefer“ Nordausrichtung

Zurück zur Weltkarte: Gehen wir davon aus, dass die Erdachse früher andersherum und auch im Vergleich zu heute leicht geneigt (und somit früher senkrecht zur Bahnebene der Erde) stand, so ergibt auch die folgende Karte von Piri Reis wieder Sinn, die zwar Europa zeigt, jedoch im Vergleich zu heute leicht „schief“ dargestellt, also mit einer anderen Nordrichtung als heute. Auch auf dieser Karte sehen wir wieder einen detaillierten, aber heute unbekannten Küstenverlauf, der wiederum auf eine Verringerung des Erd-Durchmessers und ein Ansteigen des Meeresspiegels zurückzuführen sein könnte. Durch den zweiten Zusammenstoß mit Miranda nördlich der heutigen Antarktis ist möglicherweise der gesamte südamerikanische Kontinent im Westen angehoben und im Osten abgesenkt worden, wie die Quellen berichten und die Archäologen verwundert feststellen. Als habe sich im Atlantik eine Narbe gebildet über verschwundenem Territorium, sehen wir heute dort kaum Überreste eines versunkenen Kontinents bis auf wenige Nachweise in der Nähe der Azoren, die noch heute Flussläufe und Küstenlinien zeigen – nur eben in 5.000 m Tiefe.

Nehmen wir uns noch einmal die Abstände der Planeten vor und hier insbesondere die des Mars. Über den Mars finden wir die Information, dass er eine Jahreslänge von 686,98 Tagen hat – wohlgemerkt Erdentage! Errechnet man anhand der Rotationsgeschwindigkeit und der Jahreslänge die Anzahl der wirklichen Marstage, so ergibt sich eine Anzahl von 669,6 Tagen. Schauen wir uns nun die Oberfläche des Mars genauer an, werden wir feststellen, dass hier Perchlorate im Übermaß vorhanden sind als Zeugnis eines wahren Flammeninfernos auf dem Mars. Wir können anhand der verbliebenen Oberflächenstruktur des Mars deutlich Flussläufe, Berge und Täler erkennen und können noch heute Wasser auf dem Mars nachweisen.

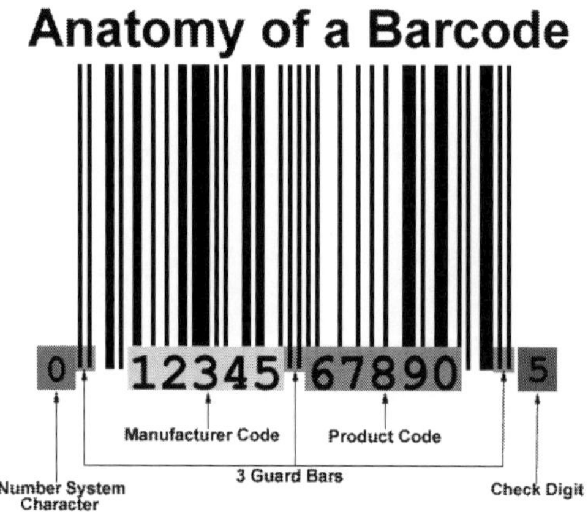

Abb. 79: Erklärung des Barcodes

Gehen wir also davon aus, dass der Mars von Miranda getroffen wurde und seine Umlaufbahn ein ähnliches Schicksal wie die der Erde erlitten hat, so kommen wir mit der Anzahl der Marstage verdächtig nahe an die berüchtigte Zahl 666 heran. Bitte lassen Sie mich kurz einige Zeilen über diese Zahl einschieben. Die Zahl 666 ist vielen aus der *Johannes-Offenbarung* als die Zahl des Tieres bekannt. Einige kennen vielleicht sogar den Zusammenhang mit den modernen Strichcodes auf allen Waren, die man im Supermarkt heute kaufen kann. Machen Sie sich einmal den Spaß und vergleichen Sie verschiedene Produkte aus dem Supermarkt. Die offizielle Erklärung des Codes finden Sie auf der linken Seite in Abb. 79. Die sogenannten Guard-Bars am Anfang, in der Mitte und am Ende sind auf allen Produkten gleich und tragen nichts zur Unterscheidung der Ware bei. Man hätte sie ebenso gut weglassen oder durch Punkte, Dreiecke oder andere Formen ersetzen können. Stattdessen sieht der normale Barcode ungefähr so aus, wie auf der rechten Seite der Abb. 79 zu sehen. Sie erkennen deutlich die in der Länge nach unten überstehenden „Guard Bars", und bei genauem Hinsehen können Sie auch die recht einfach gestrickte Codierung dieses EAN-13 Codes herauslesen. Entscheidend sind Strichstärke und Strichabstand. Wenn Sie nun auf der linken Abbildung den mittleren Doppelbalken (Guard-Bar) betrachten und die Zahl rechts davon, können Sie leicht erkennen, für welche Zahl diese Guard-Bars stehen: 6-6-6. Somit steht also auf nahezu jedem Produkt weltweit in jedem Supermarkt in jedem Land diese Zahl: 6-6-6. Und diese Zahl hat nichts mit der Kennzeichnung oder Identifizierung der Ware zu tun. Interessant wird nun, wenn man mal in der Bibel nachschlägt und liest (Johannes-Offenbarung, Kapitel 13-18):

> *„Und es macht, dass die Kleinen und die Großen, die Reichen und die Armen, die Freien und die Knechte allesamt sich ein Malzeichen geben an ihre rechte Hand oder an ihre Stirn, dass niemand kaufen oder verkaufen kann, er habe denn das Malzeichen, nämlich den Namen des Tiers oder die Zahl seines Namens. Hier ist Weisheit! Wer Verstand hat, der überlege die Zahl des Tiers; denn es ist eines Menschen Zahl, und seine Zahl ist sechshundertsechsundsechzig."*

Wer hat die Macht, ein System zu etablieren, das weltweit gilt und diese Zahl auf allen Produkten erscheinen lässt? Dieselbe Frage muss man sich stellen, wenn man erkennt, dass der Buchstabe „waw" im hebräischen Alphabet gleichbedeutend ist mit unserem „w" und ausgerechnet an sechster Stelle steht und somit bei jeder Internet-Adresse ein vorangehendes „www" = „666" steht. Wer bitte schön steckt dahinter? Man hätte statt eines vollkommen sinnfreien „world wide web" ja auch eine beliebige andere Abkürzung nehmen können.

Doch zurück zum Mars: Hat der möglicherweise tatsächlich einmal einer Jahreslänge von 666 Tagen gehabt, so könnte dies ein Hinweis auf die Herkunft zumindest einer Gruppe der Besucher hier auf Erden sein. Haben also möglicherweise Besucher vom Doppelsternsystem Sirius, Mars-Bewohner und vielleicht sogar Überlebende von Phaeton sich auf der Erde getroffen und sich hier Schlachten um den Planeten Erde geliefert? Möglicherweise versuchten die Bewohner des Sirius in unserem Sonnensystem einen oder sogar zwei Planeten zu Sonnen „umzurüsten" – möglicherweise, um diese anschließend als Energielieferanten zu nutzen. Oder – falls ihr Lebensraum aus Gründen von Platzmangel oder Umweltzerstörung bedroht war – wollten sie sich hier eine zweite Heimat schaffen? Dann kommen noch die möglichen Bewohner Nibirus hinzu, eines Planeten, den die Erde voraussichtlich erst in ca. eintausend Jahren wieder sehen wird. Sollte dieser Planet Phaeton sein? Lesen wir noch einmal den Phaeton-Mythos: *„...dass einst Phaeton, des Helios Sohn, die Lenkung von seines Vaters Gespann an sich nahm, aber unfähig des Vaters Bahn einzuhalten, weite Landstrecken durch Brand verheerte und selbst durch einen Blitzschlag umkam."*[387]

Phaeton verließ also seine Bahn und setzte weite Landstrecken in Brand und kam selbst durch einen Blitzschlag um. Also entweder ist Phaeton der Übeltäter, der Mars in Brand steckte und dann durch elektrostatische Entladung einen Blitz abbekam und explodierte, oder er verließ seine Bahn endgültig und verschwand auf einer sehr weiten Umlaufbahn. Immerhin soll Nibiru auf einer Umlaufbahn in die Nähe der Erde kommen, die zwischen Mars und Jupiter entlangführt. Das könnte zu Phaeton passen. Eine Verheerung des Mars durch Feuer muss ebenfalls schon etliche tausend Jahre zurückliegen und könnte also ebenfalls auf Phaeton passen. Möglicherweise hat also irgendetwas verursacht, dass Phaeton seine normale Bahn verließ, auf seinem Weg den Mars in Brand setzte und dann in den Tiefen des Alls verschwand.

Abb. 80: Sternenkarte, Pergamon-Museum Berlin, Katalognummer VA/243

Phaeton hat seinen Namen übrigens vom russischen Astronomen Professor S. V. Orlow, der ihn bereits 1950 auf diesen Namen taufte. In der vorderasiatischen Abteilung des Pergamon-Museums in Berlin fristet die älteste Sternkarte der Menschheit weitgehend unbeachtet ihr Dasein (Abb. 80). Schon mehr als 4.000 Jahre vor Nikolaus Kopernikus war ein heute unbekannter Astronom in der Lage, das uns vertraute Sonnensystem astronomisch korrekt und maßstabsgetreu für die Nachwelt auf einem akkadischen Rollsiegel festzuhalten. In der richtigen Reihenfolge gezeichnet: der kleine Merkur, gleich groß Venus und Erde, der Mond, Mars, der nun zertrümmerte oder sich auf Abwegen befindende Phaeton, die Riesen Jupiter und Saturn, die „Zwillingsplaneten" Uranus und Neptun, zuletzt der „Zwerg" Pluto. Wozu sollte dieser Astronom einen „Phaeton" erfunden haben, wenn er nicht schlicht dort gewesen wäre? Phaeton muss also noch dort gewesen sein! Sollte Phaeton tatsächlich Nibiru sein und umgekehrt, so haben wir für die offenbar technologisch hochstehenden Bewohner dieses Planeten zwei alternative Szenarien, über die es sich nachzudenken lohnt. Sind die Bewohner durch das „Herumspielen" am Sonnensystem in die missliche Lage gekommen, ihren Planeten verlassen zu müssen, oder ist nur ein kleiner Teil der Bewohner zur Erde gekommen und der weitaus größere Teil tatsächlich noch immer auf diesem Planeten?

Gewissheit werden wir Zecharia Sitchin zufolge vermutlich erst in 1.000-1.400 Jahren haben, wenn dieser Planet auf seiner angeblichen Umlaufbahn wieder hier aufkreuzen wird. Es sei denn, Restbewohner schicken vorher ein Raumschiff, um erneut Gold abzuholen, um ein Auskühlen der Atmosphäre auf Nibiru zu verhindern oder wenigstens zu verlangsamen. Oder haben die Bewohner alle fluchtartig den Planeten verlassen, um sich auf der Erde anzusiedeln? Das ist höchst unwahrscheinlich, denn das hätte bedeutet, dass auf einmal eine Anzahl von vermutlich einigen Millionen Nibiruanern hier auf der Erde hätte ankommen müssen – ein Szenario, was zweifelsfrei noch heute nachweisbar sein müsste. Vielleicht sind also in einem Planetenkrieg zunächst von Sirius-Bewohnern einige Kunstgriffe versucht worden, in unserem Sonnensystem eine zweite Sonne zu zünden, was, vorausgesetzt, hier haben einmal perfekt aufeinander abgestimmte Verhältnisse geherrscht, zweifelsohne für ein gehöriges Durcheinander hier im Sonnensystem gesorgt hat. Phaeton verlor seine Umlaufbahn, der Mars wurde verbrannt, die Erde plagte sich jahrzehntelang mit einem immer wiederkehrenden Miranda herum und entging nur knapp der völligen Vernichtung und litt stattdessen „nur" unter mehreren globalen Katastrophen. Saturn wurde entweder leergesogen oder vollgepumpt mit Materie, um Jupiter oder sogar den Saturn selbst auch zur Sonne zu machen.

Wenn wir einem solchen Szenario folgen wollen, müssen wir ebenso eine Rangfolge in technologischen Fähigkeiten aufstellen und zweifelsohne anerkennen, dass die Bewohner des Sirius sich offenbar am meisten zutrauten (auch wenn sie dabei eine Pannenserie ohnegleichen schufen), während offenbar die möglicherweise ebenfalls vorhandenen Bewohner des Mars und des Phaeton einigermaßen gleiche Fähigkeiten besaßen. Sollten die Pyramiden tatsächlich, wie in den Quellen beschrieben, auch Waffen gewesen sein, so wurden diese Waffen mit Sicherheit interplanetar eingesetzt (denn auf der Erde machte ihre Wirkung und auch Zielrichtung kaum einen Sinn), und dies entweder zu Navigations- und/oder zu Zerstörungszwecken. Sollte es sich bei den Pyramiden möglicherweise um Werkzeuge der Sirianer handeln, mit deren Hilfe sie eine zweite Sonne zünden wollten oder überhaupt so eine Art „Multitool" für interplanetare Manipulierungen? Das in der Analyse von Dr. Jelitto herauskristallisierte verschlüsselte Datum ihrer geographischen Lage, der 12. März 2876 v.Chr., spräche dagegen, wenn wir annehmen, die Pyramiden seien erst dann oder danach gebaut worden, was die moderne Schulwissenschaft (diese setzt den Bau auf 2400 v.Chr. an) behauptet. Gehen wir davon aus, dass Ereignisse generell auf einer bestimmten Dimension vorhersehbar sind und unsere lieben Besucher Zugang zu diesem Wissen hatten, so können wir auch davon ausgehen, dass die Pyramiden schon länger davor gebaut und auf dieses Datum hin errichtet worden sind, um eine bestimmte Aufgabe zu erfüllen. Möglicherweise hat die Cheops-Pyramide Phaeton aus der Bahn geworfen? Wenn ja, warum wurde diese Pyramide also somit als Waffe benutzt und von wem? Vielleicht hilft es uns weiter, wenn wir uns Gedanken darüber machen, wann eine Gefahrenlage angefangen haben könnte, für die die Pyramiden als abwehrende Waffe hätten gebaut werden können bzw. ab wann möglicherweise die unglaublich folgenreiche Pannenserie als Folge dieses Herumpfuschens begonnen hatte.

Doch wie sollte man dies nach so langer Zeit feststellen? Es gibt den Maya-Kalender mit seiner Tzolkin-Zählung von 260 Tagen, den wir nun nicht, wie z.B. von Hans Ludendorff fälschlicherweise als „ungefähren Vorhersagekalender" für Sonnen- und Mondfinsternisse, sondern als Umlaufzeit von Miranda identifizieren können, in deren Verlauf die Erde regelmäßig alle 13 und ganz besonders alle 4x13=52 Jahre globalen Katastrophen ins Auge sah. Dieser Maya-Kalender vereint ein Jahr von 360 Tagen, eines von 365 Tagen und eine Periode von 260 Tagen und ist somit eine perfekte Umrechnungsmaschine und vor allem: Er hat einen Startzeitpunkt. Der wird allgemein mit 11. August 3114 v.Chr. angegeben, was aber mit sehr großer Wahrscheinlichkeit falsch ist, da diese Berechnungen immer davon ausgehen, dass das Erdenjahr schon immer 365 Tage hatte und nicht nach einem Stichtag plötzlich von 360 auf 365 Tage erweitert wurde. Aber immerhin haben wir hier einen groben Anhaltspunkt, da der Fehler nur wenige Vielfache dieser möglichen 5-Tage-Verlängerung einnehmen und somit maximal einige wenige Jahre groß sein kann.

Wir können also annehmen, dass die 260-Tage-Periode des Miranda ungefähr um das Jahr 3114 v.Chr. begonnen hat. Zu diesem Zeitpunkt hat also irgendjemand an den Planeten herumgespielt und für eine Gefahrenlage gesorgt, in deren Folge man möglicherweise die Pyramiden als abwehrende Waffe gebaut hat. Nun: Das liegt ja gar nicht so weit auseinander! Hier sind Ursache und Reaktion zeitlich relativ dicht beieinander. Möglicherweise waren also die globalen Katastrophen, Feuervernichtung und Sintflut zeitlich nicht viele tausende, sondern vielleicht nur wenige Jahre auseinander, im Rhythmus von 52 Jahren. Die gesamte Zeitspanne zwischen dem Miranda-Startzeitpunkt laut Maya-Kalender und einer Datumsfestlegung in der Stellung der Pyramiden beträgt gerade einmal mehr als 4 dieser 52 Jahre dauernden Perioden. Das Krisenmanagement hat also funktioniert! Gehen wir von einer Gefährdung alle 13 Jahre aus und von einer besonders großen Gefährdung alle 4 x 13 = 52 Jahre, so hat man hier nach relativ kurzer Zeit offenbar eine Lösung gefunden und die Gefahr beseitigt.

Haben also möglicherweise von Sirius stammende Anunnaki im Laufe einiger hunderttausend Jahre versucht, auf einem frisch erforschten Außenposten namens Adamah/Erde ihr Glück zu finden, sind dabei in Streit über die Erbfolge auf dem Heimatplaneten und die Machtverhältnisse vor Ort geraten und wollten es sich nach der politischen Abtrennung vom Heimatplaneten Sirius hier unten auf der Erde so „richtig gemütlich" machen und sich ein zweites Doppelsternsystem schaffen, in dem sie sich auf Dauer wie zuhause fühlen konnten? Dabei ist dann offenbar Etliches schiefgelaufen. Man hat sich untereinander bekriegt, man hat Planeten verschoben, in Brand gesetzt und möglicherweise zur Explosion gebracht und etliche Anteile der kosmischen Ordnung in Unordnung verwandelt. Vielleicht wurde auch gar nicht bewusst zur Rettung der Erde eingegriffen, sondern es fügte sich als glücklicher Zufall, dass Miranda nach einem zweiten Zusammenstoß so dermaßen abgebremst und aus seiner Bahn gelenkt wurde, dass er sich auf den weiten Weg durch unser Sonnensystem machte und an Uranus auf einer stabilen Umlaufbahn kleben blieb.

Glück gehabt, meine Herren! Da die Quellen – u.a. sei hier Plato bzw. Solon und dessen Besuch in Ägypten in Erinnerung gerufen – von mehr als einer Flutkatastrophe sprechen, müssen wir davon ausgehen, dass die Erde vorher noch mindestens eine weitere Katastrophe erlebt hat. Wie wir aus den Quellen wissen, ist die Venus noch nicht lange auf ihrem heutigen Platz im Sonnensystem und weist im Gegensatz zu den anderen Planeten einige Besonderheiten auf. Auf der anderen Seite gibt es aus der Geschichte Quellen, die darauf schließen lassen, dass die Erde früher einmal kein direktes und helles, sondern eher diffuses Sonnenlicht hatte und dies möglicherweise noch nicht einmal getrennt in Tag und Nacht, was zwingend notwendig machen würde, dass eine enorme Reflexion des Lichtes um die Erde herum hätte gesichert sein müssen. Auch haben wir in diesem Buch bereits einen archäologischen Fund kennengelernt (den alten Eisenhammer im Stein), der nur unter ganz bestimmten Voraussetzungen entstanden sein kann, nämlich einem erheblich höheren Atmosphärendruck als heute. Und wiederum andere Quellen weisen darauf hin, dass es „Wasser des Himmels" und „Wasser der Erde" gab. Setzen wir diese Hinweise zusammen, so erhalten wir eine die Erde umspannende Wasserhülle, die für erheblich mehr atmosphärischen Druck auf der Erdoberfläche und die Reflexion des Lichtes rund um den Globus sorgte und die – möglicherweise beim sehr nahen Vorbeiflug der Venus, die möglicherweise sogar diese Wasserhülle streifte und durchbrach – endgültig und für immer verlorengehend auf die Erde niederstürzte. Nicht zu verwechseln ist dies mit dem in der Bibel im Zusammenhang mit der Sintflut erwähnten vierzig Tage andauernden Regen. Dieser Regen ist wohl eher die Folge der enorm großen Menge an Wasserdampf, die nördlich der Antarktis der einschlagende heiße Himmelskörper Miranda verursacht hatte. Insgesamt könnte ein Einschlag eines etliche Kilometer großen Himmelskörpers für ein nahezu vollständiges Verdampfen der Ozeane und Seen gesorgt haben und sich dieses Wasser in der oberen Atmosphäre angesammelt und abgekühlt haben. Dort könnte es in einer äußerst instabilen und empfindlichen Lage aufgrund der Oberflächenspannung des Wassers eine äußere Hülle gebildet haben, so lange, bis eine genügend große Störung eintrat (z.B. durch einen Kometen, Temperaturschwankungen oder einen nahen anderen Himmelskörper), um dann wieder auf die inzwischen abgekühlte Erdoberfläche abzuregnen. Stellen wir uns eine erdumspannende Wasserhülle vor, die beim Vorbeiflug der Venus kollabiert, so kann dies zweifelsohne nicht mehr als Regen bezeichnet werden, sondern eher als Sturzbach oder Wasserfall, und es wird auch keine vierzig Tage dauern, sondern vermutlich nur wenige Stunden und eine unglaubliche Zerstörung hinterlassen.

Dies hätte mit Sicherheit einen Anstieg der Meeresspiegel zur Folge, und es wären hier mit größter Wahrscheinlichkeit weit mehr als einhundert Meter zu erwarten, während allein eine Sintflut (oder neusprachlich ein „Monster-Tsunami") lediglich eine vorübergehende Verlagerung und Verteilung der vorhandenen Wassermassen darstellen würde, nicht aber eine Vermehrung und somit Erhöhung der Meeresspiegel. Wir stehen nun also vor einer Neubewertung der geschichtlichen Zusammenhänge, immer vorausgesetzt, wir lassen das hier Geschriebene zu und wollen uns ernsthaft mit dem Gefundenen auseinandersetzen. Ich möchte dies versuchen, denn die derzeitige Situation weltweit halte ich für absolut unerträglich, was die Dichte an Un- und Halbwahrheiten angeht, die vielen Kriege, das Leid und Elend, die Bevormundung und Unfreiheit vieler Menschen und Länder, die Entwicklungen oder vielmehr die beinahe Stagnation der Entwicklungen auf allen wissenschaftlichen Gebieten, die nicht kriegswichtig sind, sondern tatsächlich zum Wohle aller Menschen Enormes beitragen könnten.

Daily Express
JUDEA DECLARES WAR ON GERMANY
Mr. Churchill's Withering Attack On Premier
JEWS OF ALL THE WORLD UNITE
BOYCOTT OF GERMAN GOODS
MASS DEMONSTRATIONS

Abb. 81: Die „Kriegserklärung" gegen Deutschland von 1933

Wir haben also einerseits, gerade in Deutschland, oftmals als „rechtsesoterisch" betitelte Kreise, die sich über diese Themen schon lange Gedanken machen, wobei vermutlich nur wenige in die wirklichen Grundlagen eintauchen und die meisten nur nach spontanem Belieben nachplappern, was ihnen politisch zusagt. In diesen Kreisen macht man sich recht häufig, bei ausreichendem Informationsstand in dieser Sache, Gedanken über die jüdische Kriegserklärung gegen Deutschland vom 24. März 1933, die in vielen großen Tageszeitungen weltweit erschien. Diese Kriegserklärung einschließlich Boykottaufruf wurde mit den berühmt-berüchtigten

Schildern *„Deutsche – Wehrt euch!“* beantwortet, die den heutigen Schülern weltweit als unprovozierte und jahrelange Aktion ‚verkauft' werden, und richtete sich per Zeremonie der Oberrabbiner ausdrücklich gegen Amalek, was aus Sicht der Juden gleichbedeutend ist mit Deutschland, wie wir weiter oben schon aus Sicht des Ober-Rabbis Yosef Haim Sonnenfeld gelernt haben und auch aus den oben aufgeführten geschichtlichen Daten nachvollziehen können, die sicherlich auch die gedankliche Grundlage des Rabbis bei dieser Meinungsbildung gewesen sind.

Wir haben aus Sicht der Juden, die sich als Gefolgschaft JHWHs ansehen, ein *„von Natur aus böses Volk der Amalekiter“*, die sie mit uns heutigen Deutschen (und anderen blonden, blauäugigen Menschen nordischen Typus) gleichsetzen, und aus der Sicht der Deutschen (und anderen Nordmenschen) eigentlich gar keine Sicht, denn denen wurde während der letzten Jahrhunderte so viel Müll erzählt, dass ihnen nahezu jede saubere gedankliche Grundlage entzogen wurde, sodass sie ohne Halt im Raster der geschichtlichen Selbstwahrnehmung sind. Vertrauen wir den vorliegenden Daten, müssen wir als nordische Menschen offenbar anerkennen, dass wir in direkter Linie von Kain und Semael abstammen. Aus kirchen- und bibelchristlicher Sicht wäre dies nahezu der „Super-GAU“: Erbsünde, grundlos schlecht, verstoßen von JHWH und einiges mehr, was einem kirchen- und bibelgläubigen Christen dazu einfällt. Wenn wir versuchen, die Geschichte aus heutiger Sicht zu rekonstruieren, müssen wir uns, wie gesehen, auf einen sehr dünnen Pfad begeben und werden dabei, zu Recht oder Unrecht, mit gnadenloser Sicherheit von Kirche, Israel, Schulwissenschaft, politischer Korrektheit, Gutmenschentum und schulwissengläubigem Mainstream gnadenlos angegriffen.

Man wird in diesem Buch auch mit ziemlicher Sicherheit den Versuch sehen, einem „Herrenmenschentum“ das Wort zu reden, wobei zweifellos nichts falscher wäre als dies. Beachten wir, dass die in diesem Buch beschriebene Abstammungslinie Kain-Assyrer die gesamte Linie der „Arier“ betrifft und sich die Wanderungsbewegungen der hier geschilderten Gruppen mit der Geschichte und Wanderungsbewegungen der Arier deckt. Arier sind nicht nur Deutsche. Arier sind sämtliche nordischen Völker, aber z.B. auch die Iraner, ehemals Perser genannt.

Entsprechend der Forschungsberichte Marcel Homets besteht ganz offensichtlich eine Verbindung zwischen Odinskult einerseits und semitischen Gesichtszügen und Rassemerkmalen andererseits, d.h. der gemeinsame Weg dieser beiden Gruppen in der Vergangenheit ist ganz offensichtlich, und ihre Spaltung – wann und durch wen? – muss näher ergründet werden. Je weiter wir in die Vergangenheit zurückschauen, desto mehr schwindet die Beweisbarkeit von Vorkommnissen enorm schnell, und wir sprechen hier von Ereignissen aus wahrhaftig weit zurückliegender Vergangenheit. Und alles, was im Nachhinein als Vermutung und Indizienkette aneinandergereiht werden kann, muss sorgsam betrachtet werden und kann so lange anerkannte Theorie bleiben, bis schlüssige Beweise gefunden werden, die das Gegentiel belegen. Ebenso sollte dies für Theorien wie die der Evolution oder die der Erderwärmung gelten – beide sind längst durch vielfache Sachbeweise in ihrer bisherigen Form ad absurdum geführt worden.

So können z.B. einige Pflanzen und Tiere (und auch der Mensch) nicht durch evolutionäre Anpassungsprozesse entstanden sein, da ihnen schlicht die Vorläufer fehlen (ähnlich wie bei den falsch datierten Kunst-Preziosen, die Illig sich vornahm). Andererseits sehen wir z.B. in Australien am Beispiel der Aga-Kröte, die vom Menschen erst vor 80 Jahren dort eingeführt und mittlerweile wegen fehlender natürlicher Feinde zur Plage wurde, dass Evolution nicht „tausende von Jahren" braucht, sondern gerade einmal 80 Jahre, um die Beine der Aga-Kröten in Australien länger werden zu lassen als die ihrer Vorfahren, weil man in Australien größere Strecken zurücklegen muss bzw. Vorteile hat, wenn man das kann. Die Natur ist schneller und effizienter, als wir momentan zu wissen glauben. Weder Evolutionisten noch Kreationisten haben Recht, sondern beide! Man muss nur erkennen, was „erschaffen wurde" und was „sich entwickelt" hat.

Das Verschwindenlassen von Forschungsergebnissen, das Unterdrücken von unerwünschten Funden und Büchern ist das Schlechteste, was wir als Menschen für Menschen tun können. Erkenntnis kommt von Erkennen (-lassen), und ohne Erkenntnis kommen wir in unserer Entwicklung keinen einzigen Schritt weiter. Lassen wir uns also nicht beirren.

Die Erkenntnis liegt nun einmal auf dem Tisch. Ist sie richtig, hat es Konsequenzen, ist sie falsch, ebenso. Beides muss sauber geprüft werden, ohne irgendwelche Drohungen auszusprechen. Ist die Geschichtsdeutung in diesem Buch anhand der vorliegenden Indizien richtig? Demnach hatte JHWH sich gegen seinen Vorgänger Enki/Ptah/Semael und den Herrscher Anu aufgelehnt, und weil Anu nicht hier auf Erden weilte, sondern nur ab und zu vorbeischaute, hätte JHWH es im Laufe der Jahre geschafft, alle Konkurrenz auszuschalten und sich zum dauerhaften Alleinherrscher der Erde emporgearbeitet. So ist es jedenfalls dem Augenschein nach heutzutage beim Blick auf die Weltpolitik. Andererseits gab es da offensichtlich Nachfahren seiner Konkurrenten, die ihm während all der Jahre ein Dorn in der Ferse waren. Möglicherweise, da die Nachfolger Enlils sein eigener Sohn und Enkel waren, können wir sogar davon ausgehen, dass Enki der Bruder Enlils war, sodass aus der ganzen Angelegenheit eine Kette familiärer Konflikte wurde. Möglicherweise ist der aus der Bibel als der *JHWH der Genozide* zu erkennende JHWH gar nicht Enlil, sondern dessen Sohn Ninurta, der, mit neuen Waffen ausgestattet, diese auch benutzte und Unheil über die Menschheit brachte. Diese möglichen Vater-Sohn- und Bruder-Konflikte tiefenpsychologisch auseinanderzunehmen und zu deuten, ist zwar anhand der bis jetzt öffentlich vorliegenden Quellen extrem schwer, aber mit Sicherheit in etlichen Punkten machbar. Wir sollten die Ergebnisse der archäologischen Untersuchungen Israel Finkelsteins und Neil Asher Silbermans in unsere Überlegungen mit einschließen, die belegen, dass sehr viele der biblisch-israelitischen Eroberungsgeschichten archäologisch nicht nachweisbar sind, ebenso wie vieles, was im Alten Testament als Faktum berichtet wird, z.B. hohe Stadtmauern in Städten in Kanaan, durch die Realität der archäologischen Befunde ad absurdum geführt und als pure Erfindung bloßgestellt wird. Die Geschichte wird komplett verwirrend, wenn wir erkennen, dass z.B. die Hyksos einerseits mit den späteren Juden, andererseits aber mit den Amalekitern und/oder Assyrern in enge Verbindung gebracht oder sogar gleichgesetzt werden.

Allerdings müssen wir hier grundsätzlich wiederum unterscheiden zwischen sephardischen Juden und den Khazaren, worauf wir gleich noch eingehen werden. Demnach gab es eine heute nicht mehr zu entwirrende Vermischung der verschiedenen Völker, in deren Verlauf im Prinzip schon nach kurzer Zeit nicht mehr das Erbgut die einzig entscheidende Rolle spielte, sondern die Gefolgschaftserklärung an JHWH oder Anu. Natürlich sind heute noch kleine Unterschiede erkennbar, und es gibt tatsächlich noch sogenannte „Volkskörper“, die von genetischer Beeinflussung von außen relativ unbeeinflusst sind. Nehmen wir die Japaner, die Skandinavier oder bis vor wenigen Jahrzehnten die Deutschen, den mit Abstand größten Volkskörper dieser Art.

Übrigens fanden Forscher 2011 heraus: *„Fast jeder zweite Deutsche stammt von Tutanchamun ab.“*[388] Eine genetische Linie ist also auch der Schulwissenschaft offenbar geworden. Natürlich stellt sich nun die Frage: Ist dies auch bei anderen Völkern so oder nur bei den Deutschen? Oder nur bei nordischen Völkern? Oder nur bei europäischen? Leider wurde offenbar nur ein Teil dieser Fragen beantwortet:

> *„Die vollständigen Erbgutinformationen Tutanchamuns hielten die Forscher fest unter Verschluss: 2009 hatte ein internationales Team die DNA des berühmten Pharaos entschlüsselt. Doch nun verriet der Discovery Channel das Forschungsgeheimnis in einem Beitrag, in dem das gesamte Profil des Y-Chromosoms von Tutanchamun gezeigt wurde. Danach gab es für die Schweizer Gentest-Firma Igenea kein Halten mehr: Die Laboranten verglichen bisher gesammelte DNA-Profile männlicher Westeuropäer mit dem des vor über 3300 Jahren verstorbenen Kindkönigs – und staunten nicht schlecht. Die Gruppe von Männern, die einen gemeinsamen Urvater mit Tutanchamun habe, sei sehr groß, sagt Geschäftsführer Roman Scholz. In Deutschland sind demnach 45 Prozent der Männer mit dem Pharao verwandt, in der Schweiz 50 Prozent und in Spanien sogar 70 bis 80 Prozent. ‚Man könnte fast behaupten, dass Tutanchamun kein Ägypter war, sondern Europäer‘, so Scholz. Zumindest sei der Pharao näher mit den heutigen Europäern verwandt als mit den Ägyptern.“*[389]

Mit größtmöglichem Aufwand wurde und wird versucht, diese nordischen, europäischen, in der Linie des Pharaos stehenden, übrig gebliebenen, einigermaßen einheitlichen Volkskörper zu vernichten und sie mit fremdem Blut zu vermischen. Dasselbe tun offenbar auch viele jüdische Männer, die, wenn man sich einmal umschaut, eine große Vorliebe für blonde, blauäugige Frauen zu entwickeln scheinen. Dies würde stringent dem nun Erfahrenen folgend bedeuten: Sie holten sich ganz bewusst Anunnakigene in die eigene Linie, was diese einerseits aus ihrer eigenen Sicht aufwerten oder vielleicht auch reparieren sollte, andererseits doch aber mit Sicherheit nicht im Sinne ihres JHWHs sein konnte, der ja genau diese Vermischung mit seinem „Krieg gegen Amalek von Geschlecht zu

Geschlecht" verhindern wollte. Und zu diesem Krieg gehört natürlich auch Stück für Stück deren wirtschaftliche und politische Vernichtung.

Auch wenn sich das aus Sicht eines beispielsweise heute gerade Erwachsenen vermutlich nach „braunem Geschwätz" oder (wenn er in der Schule aufgepasst hat) „faschistischer Ideologie" anhört, es bleibt dennoch eine offensichtliche Tatsache: Deutschland ist heute noch immer ein besetzter Staat ohne eigene Verfassung. Wer das nicht glaubt, lese aufmerksam das Grundgesetz (Artikel 146). Deutschland ist der Zahlmeister der Nationen und niemand in der deutschen Politik- und Medienlandschaft wagt es, auch nur den Hauch eines Nationalgefühls zu zeigen.

Noch einmal: Nationalgefühl bedeutet nicht, sich für etwas Besseres zu halten, sondern lediglich, sich als Mitglied einer zusammengehörigen Gruppe zu empfinden. Was ist so schlimm daran? Kennen nicht alle, die die sogenannte „Wende" 1989 erlebt haben, im Gegenteil die gravierend positiven Auswirkungen eines solchen Zusammengehörigkeitsgefühls? Ist es nicht vielmehr so, dass der einzige Nachteil nur aus Sicht einer sehr dünnen Machthaberschicht zu erkennen ist, nämlich, dass sich eine solche Gruppe nicht willenlos hin- und herschieben lässt? Von den Handlangern dieser Leute muss man sich als halbwegs gesund denkender Mensch folgende Zitate von deutschen Politikern und Medienvertretern anhören:

- *„Deutsche Helden müsste die Welt, tollwütigen Hunden gleich, einfach totschlagen."* Joschka Fischer, *Bündnis90/Die Grünen*, 1982 in der Frankfurter Linkspostille „Pflasterstrand"
- *„Ich wollte, dass Frankreich bis zur Elbe reicht und Polen direkt an Frankreich grenzt."* Sieglinde Frieß, *Bündnis90/Die Grünen*, vor dem Parlament im Bundestag (*FAZ* vom 6.9.1989)
- *„Ja also, Deutsche Nation, das ist für mich überhaupt nichts, worauf ich mich positiv beziehe. Würde ich politisch sogar bekämpfen."* Franziska Drohsel, ehemalige Bundesvorsitzende der *Jugendorganisation der Sozialdemokratischen Partei Deutschlands* (Jusos der SPD)
- *„Dass man über die Vision einer europäischen Integration bis hin zu einem europäischen Staat ohne gesicherte Außengrenzen nicht mal mehr laut sprechen darf, zeigt, dass die Grenzen in den Köpfen noch längst nicht überwunden sind."*, schrieb der Bundessprecher des Grünen-Nachwuchses, Erik Marquardt auf Facebook.

- Die Jugendorganisation der Grünen hatte am Tag der Deutschen Einheit mit einer Nachricht auf Twitter für Empörung gesorgt. Darin hieß es: *„Am 3. Oktober wurde ein Land aufgelöst, und viele freuen sich 25 Jahre danach. Warum sollte das nicht noch einmal mit Deutschland gelingen?"*
- *„Wir haben eine multikulturelle Gesellschaft in Deutschland, ob es einem gefällt oder nicht. [...] Die Grünen werden sich in der Einwanderungspolitik nicht in die Defensive drängen lassen nach dem Motto: Der Traum von Multi-Kulti ist vorbei." – FAZ.net, 20.11.2004*
- *„Migration ist in Frankfurt eine Tatsache. Wenn Ihnen das nicht passt, müssen Sie woanders hinziehen."* (Antwort auf die Beschwerde zu Integrationsproblemen von 50 Anwohnern) Nargess Eskandari-Grünberg, *Bündnis90/Die Grünen*, in der Frankfurter Rundschau vom 13. November 2007. Augenzeugen sagen, es hieß wörtlich *„...dann wandern Sie aus!"*
- *„Die Frage, [ob die Deutschen aussterben], das ist für mich eine, die ich an allerletzter Stelle stelle, weil dieses ist mir, also so wie sie hier gestellt wird, verhältnismäßig wurscht."* Renate Schmidt, SPD und ehemalige Bundesfamilienministerin, 14.3.1987 im Bayerischen Rundfunk

Wie auch immer man über diese Zitate denken mag, sie zeigen doch in jedem Fall deutlich: Hier von einer „deutschen" Regierung zu sprechen, scheint fehl am Platz zu sein. Viel mehr scheint es eine Regierung und Medienlandschaft zu sein, die alles, wirklich alles versucht, jeden letzten Rest eines „Deutschlands" zu vernichten. Konrad Adenauer hatte ganz offensichtlich die Wahrheit gesagt: *„Ich handele nicht im Auftrag des deutschen Volkes, sondern im Auftrag der Alliierten!"* Und dies hat Fortbestand für jeden Kanzler und jeden Abgeordneten und jeden Minister seitdem. Dieser Wunsch nach Vernichtung völkischer Identität gilt zwar in besonderem Maße für Deutschland, nicht aber ausschließlich. In Japan und allen anderen Ländern gilt nach und nach und immer stärker dieselbe Marschrichtung!

Jedermann soll vereinzelt werden, ohne Halt im historischen und staatlichen Kontext dastehen, denn erst dann, und nur dann ist er vollkommen lenkbar. Ein „Wir sind das Volk" ist dann nicht mehr möglich – und so die Gefahr für die herrschende Finanzelite fast vollständig eliminiert.

Kommen wir zurück zu dem Unterschied zwischen sephardischen und aschkenasischen Juden. Die aschkenasischen Juden sind die Nachfahren der Khazaren, die erst etliche Jahrhunderte nach der Zeitenwende das Judentum als Religion annahmen. Sie kommen also keinesfalls in Betracht, was die Vorgänge zu biblischen Zeiten angeht. Und aus den archäologischen Funden und der Quellenlage – nehmen wir Homets Funde im südamerikanischen Bergland, wo er Odinskult und semitische Züge und Kleidung miteinander verbunden fand – können wir entnehmen, dass sephardische Juden und Vorfahren der Assyrer und Germanen offenbar auf extrem engem geographischen Raum zumindest nebeneinander, möglicherweise sogar zusammen lebten. Eine Vermischung auszuschließen, halte ich dementsprechend für absolut ausgeschlossen. Vielmehr geht es offenbar eher um den Unterschied der JHWH- und der Anu-Gefolgschaft, der hier der Grund für Streitigkeiten gewesen zu sein scheint.

Kommen wir zu zwei weiteren Punkten, über die sehr gern, meist wenig fundiert, gestritten wird: Da sind zum einen die sogenannten „Protokolle der Weisen von Zion", deren Echtheit von Juden strikt verneint wird, von anderen aber wiederum – meist mit dem Hinweis auf die frappierende Übereinstimmung des in den Protokollen Beschriebenen mit der Wirklichkeit – ganz klar bejaht wird. Zum anderen gibt es immer wieder, oft hinter vorgehaltener Hand, Erzählungen zu Marcion bzw. den Marcionitern. Marcion hat, so die Überlieferung, ein eigenes Evangelium geschrieben, das offenbar stark von der Bibel abweicht und wesentliche Teile der Lehre anders darstellt. Von der JHWH-treuen Kirche ist Marcion selbst, wie auch seine Anhänger, verfolgt und vernichtet worden, sein Evangelium ist verschollen, und die letzten ernstzunehmenden Forschungen gab es Anfang bis Mitte des 20. Jahrhunderts. Die Kirche hat die Anhänger des Marcion wie Hexen verfolgt und umbringen lassen und Forschungen mit großen Anstrengungen so gut wie verhindert und Schriften auf den Index gesetzt, vom Markt gekauft und verschwinden lassen. Doch haben einige wenige Schriften, mit nur noch Bruchteilen der ursprünglichen Substanz an Wissen, diese Aktionen überstanden und sind heute noch präsent.

So hatten z.B. Adolf von Harnack 1922 in sein grundlegenden Überlegungen und Forschungsergebnissen und Hans Joachim Schoeps in seinem Buch „Gottheit und Menschheit" aus dem Jahre 1950 Zusammenfassungen der wichtigsten Eckpunkte geliefert, wobei zu sagen ist, dass beide nicht frei vom jeweiligen Zeitgeist sind. Die wohl am meisten in Gesprächen zitierte angebliche Aussage Marcions ist die, dass die Juden zwar das auserwählte Volk Gottes gewesen seien, ihnen dieser Status aber genommen und einem Volk aus dem Norden zuerkannt worden sei, das diese Auserwähltheit mit Kraft und Leben erfüllen könne, die Früchte dieser Auserwähltheit ernten könne und vor dem die Juden vor Angst im Staub zittern würden. So gern ich einem Volk angehören würde, das von einem ehrbaren Gott auserwählt worden ist, Gutes zu tun, so sehr muss ich mich doch fragen, was in aller Welt an der Auserwähltheit durch JHWH gut sein soll?

JHWH hat zusammen mit seinen Mitstreitern die Menschheit, wie sie heute ist, offenbar erschaffen. Dafür gebührt ihm Dank. Er hat einen Großteil der Menschen aber auch wieder vernichtet, weil sie seinem Zwecke nicht dienlich waren. Dafür ist indirekt Enki verantwortlich, dem wiederum für sein Eingreifen Dank gebührt, da er die Fortpflanzung auf natürlichem Weg erst für die Menschen möglich gemacht und für die Beimischung seiner Gene gesorgt hat. In der Bibel wird der angebliche Widersacher Semael = Baal Zebul = Beelze Bub als der Teufel, als das Tier angesehen, obwohl im Gegensatz zu ihm nur von JHWH massenhafter Genozid bekannt wurde und in der Bibel festgehalten ist.

Handelt es sich bei der Überlieferung der „Auserwählung“ gar schlicht um einen Übersetzungsfehler?

> *„Im Buche Exodus wird gesagt, dass Mose befohlen wurde: Exodus 4,22-23: Dann sollst du zum Pharao sagen: So spricht Jahwe: ‚Mein erstgeborener Sohn ist Israel… weigerst du dich aber, ihn ziehen zu lassen – gut, so werde ich deinen erstgeborenen Sohn sterben lassen!‘ Die ‚Auserwählten‘ werden hier ‚Erstgeborene‘ genannt. Wenn Israel der Erstgeborene war, so musste Rache an Ägypten am Tode der Erstgeborenen genommen werden. War aber Israel der Auserwählte, so musste Rache an Ägypten durch den Tod seiner Auserwählten genommen werden. ‚Israel, mein Auserwählter‘ heißt Israel bechiri oder bechori. ‚Israel, mein Erstgeborener‘ heißt Israel bekhori.“*[390]

Oder wurde im Orwellschen Sinn jeder Inhalt ins Gegenteil verdreht dargestellt? Möglicherweise, denn wenn man jüdische Quellen zu Rate zieht, kann man dort lesen: „*Gemäß Talmud bot Gott die Torah allen Nationen auf Erden an, doch die Juden waren die einzigen, die das Angebot annahmen.*“[391] Es stimmt also nicht, dass dieser Gott die Juden von allen anderen Völkern auserwählte. „Der furchtbare Gott“ musste sich vielmehr mit den Juden bescheiden, da kein anderes Volk etwas mit ihm zu tun haben wollte. Keine andere Gruppe wollte einem „Gott“ folgen, der von den Seinen Völkermord (1. Samuel 15:3), Brudermord (Exodus 32:27-28), Kannibalismus (Leviticus 26:29), Raub und Diebstahl (Exodus 3:22), Sklavenhaltung (Leviticus 25:44-46), Diskriminierung von Frauen, Verachtung von Kindern (Leviticus 27:2-8), Geld- und Raffgier (Exodus 25:3, 33:5) sowie Tierquälerei (Exodus 29:36) abverlangt. Der *FOCUS* berichtet[392], dass der römische Geschichtsschreiber Tacitus sich wunderte, warum die Juden „*alle anderen Menschen wie Feinde hassen*“ und „*bei ihnen (...) alles unheilig was bei uns heilig ist*“.

Warum wollte eine Gruppe, offenbar im Gegensatz zu allen anderen, solchen Geboten folgen? Mit Sicherheit gab es entsprechend verlockende Angebote, Versprechungen oder Geschenke, die den Anreiz so groß machten, dass schließlich zugesagt wurde. Wird Kain uns als „der Böse“ präsentiert, während Abel als „der Gottgefällige“ gilt, weil Kain sich dem grausamen Schächten widersetzte und Gaben des Feldes, also unblutige Opfer, darbrachte? „*Nach geraumer Zeit begab es sich, dass Kain von den Früchten des Bodens dem Herrn als Opfer darbrachte. Aber auch Abel opferte von den Erstlingen seiner Herde und ihrem Fett. Der Herr blickte auf Abel und seine Opfergabe, aber auf Kain und sein Opfer sah er nicht.*“ (Genesis 4:3-5) Haben Kain und seine Zeitgenossen tatsächlich vor einer Wahl gestanden, wem sie folgen? Gab es möglicherweise eine Zeit, in der JHWH in Bedrängnis war und händeringend nach Gefolgsleuten suchte?

Denken wir an die Quellenlage bezüglich Ninurta, dem Sohn Enlils, der um seine Vorherrschaft und Erbfolge kämpfte und dem dabei offenbar nahezu jedes Mittel Recht war. Stellten die damaligen Noch-Nicht-Juden gemeinsam mit allen anderen Zeitgenossen eine zusammenhängende menschliche Bevölkerung der Erde dar, die möglicherweise nicht mehr das darstellte, was der oder die JHWH(s) sich vorgestellt hatten? Die Zahl der Riesen (Nephilim), also der direkten Abkömmlinge der Anunnaki, war laut biblischen Quellen auf bereits 4.090.000 angewachsen, und die Anzahl der anderen Stämme lässt sich nur schätzen, jedoch mit mathematischen Methoden durchaus nachvollziehbar in großen Zahlen annehmen.

Somit war der JHWH möglicherweise in einer „echten Notlage", aus der er sich aus heutiger Sicht grandios wieder herausgekämpft zu haben scheint, allerdings mit Mitteln, die aus heutiger Sicht (ebenso wie aus damaliger) durchaus fragwürdig erscheinen. Menschen sind in seinen Augen wie Tiere – Juden *und* Nicht-Juden.

Offensichtlich ist nun aber, dass JHWH sich eine Gefolgschaft aufgebaut hat, die die Welt der Politik, der Medien, der Rohstoffe sowie vor allem der Banken infiltriert hat und demzufolge beeinflusst und – wie einige andere Autoren behaupten – sogar steuert. Ein Herr Rothschild – wahrscheinlich sein bekanntester Vertreter auf Erden – sagte ja einst: *„Mir ist egal, welche Marionette auf dem Thron von England für die Verwaltung eines Imperiums sitzt, wo die Sonne nie untergeht. Der Mann, der die britische Geldmenge kontrolliert, steuert das Britische Imperium, und ich kontrolliere die Britische Geldmenge."* Und Selbiges tut sein Familienclan inzwischen weltweit.

Wir sollten anerkennen, dass – sollte sich JHWH jemals tatsächlich (wie Marcion angeblich berichtete) dafür entschieden haben, sich von den sephardischen Juden abzukehren und stattdessen *„ein Volk aus dem Norden"* auszuwählen – dieses Volk mit Blick auf die Realität heute nicht das deutsche Volk gewesen ist, sondern das der Khasaren, denn diese stammen aus dem Norden. Und diese haben unübersehbar einen großen Einfluss auf die Weltereignisse.

Die interessanteste Frage für mich in diesem Zusammenhang wäre: Beherrschen sie die Welt für JHWH oder im Sinne JHWHs? Oder anders: Lebt er noch oder nicht? Lebt er nicht, setzt man also die Herrschaft in seinem Sinne fort? Warum? Genetische Programmierung oder Eigennutz mit vorgeschobener „Gottes"-treue? Lebt er noch, dann stellt sich die Frage: Wo? In welcher Gestalt? Das ehemalige Oberhaupt der Jesuiten, Peter Hans Kolvenbach – der sog. „schwarze Papst" –, wird wohl nicht als ein JHWH in Frage kommen.

Was hat es mit dieser oft in Kirche und Medien zitierten Auserwähltheit durch JHWH auf sich? Ist dies ein Status, der einen mit Stolz erfüllen kann? Wenn wir rückblickend auf die Geschichte schauen, auf JHWHs Ankunft auf der Erde, seine Auflehnung gegen Anu, die Kämpfe auf der Erde, die skrupel- und gnadenlose Vernichtung der selbsterschaffenen Menschen aufgrund ihrer Unzulänglichkeit aus seiner Sicht? Vergleichen wir dies mit unserem Verhalten gegenüber Tieren, so wird klar: Wir sind nicht viel besser!

Betrachten wir die katholische Kirche, so hat diese schon früher inoffiziell, spätestens seit Papst Franziskus offiziell, bekannt gegeben, dass der Gott der Kirche JHWH ist. Mit anderen Worten, sie erkennen JHWH als oberste Autorität an, und der Papst ist sein Stellvertreter auf Erden.

Der „weiße Papst" ist allerdings nicht der eigentlich mächtige Mann im Spiel, sondern der jeweilige Jesuiten-General.

Da Papst Franziskus selbst auch Jesuit ist, dürfen wir annehmen, dass er nicht nur bestens vertraut ist mit dem Jesuitenorden und seinen Regeln, sondern dass diese Regeln auch tatkräftig mit umsetzt. Dies erfordert sein Schwur, die „Eidformel des Ewigbösen". Diesen Titel habe ich mir keineswegs ausgedacht, sondern dieser Eid heißt so. Wir lesen u.a. nach dem Dienstversprechen des neu eingesetzten Papstes:

> *„...Außerdem verspreche ich, dass ich, wenn sich Gelegenheit bietet, unbarmherzig den Krieg erkläre und geheim oder offen gegen alle Ketzer, Protestanten und Liberale vorgehe, wie es mir zu tun befohlen ist, um sie mit Stumpf und Stiel auszurotten und sie von der Erdoberfläche verschwinden zu lassen; und ich will weder vor Alter, gesellschaftlicher Stellung noch irgendwelchen Umständen haltmachen. Ich werde sie hängen, verbrennen, verwüsten, kochen, enthaupten, erwürgen und diese Ketzer lebendig vergraben, die Bäuche der Frauen aufschlitzen und die Köpfe ihrer Kinder gegen die Wand schlagen, nur um ihre verfluchte Brut für immer zu vernichten. Und wenn ich sie nicht öffentlich umbringen kann, so werde ich das mit einem vergifteten Kelch, dem Galgen, dem Dolch oder der bleiernen Kugel heimlich tun, ungeachtet der Ehre, des Ranges, der Würde oder der Autorität der Person bzw. Personen, die sie innehaben; egal, wie sie in der Öffentlichkeit oder im privaten Leben gestellt sein mögen."*

Wohlgemerkt: Dies ist der weiterhin aktuelle Eid eines jeden Jesuiten.[393] Und im Moment ist ein Jesuit Papst! Und dieser Papst steht nun einer Institution vor, die weltweit eine einzigartige Stellung innehat. Seit vielen Hunderten von Jahren steht der Papst als oberste Autorität über den Staatsoberhäuptern dieser Erde, seien es Könige, Kaiser oder Präsidenten. Bereits im Jahre 1302 erließ der damalige Papst Bonifatius VIII. die Bulle „Unam Sanctam", in welcher er verordnete, dass alle Lebewesen dieses Planeten dem Papst unterworfen sind.[394] Dem Papst als Stellvertreter JHWHs!

Der nächste Bullenstreich folgte 1455, als Papst Nikolaus V. durch die „Romanus Pontifex" *verfügte*, dass jedes neugeborene Kind von allem Recht auf Eigentum getrennt wird. Das bedeutet, dass das, was wir als „Eigentum" kennen, juristisch nichts weiter als ein Nutzungsrecht ist. Das *nationale Recht* ist hierbei nicht entscheidend. Denn es gibt eine Rechtsordnung, denn darüber – im Falle der europäischen Länder – steht das *europäische Recht*, darüber das *internationale Seerecht* und darüber das *kanonische Recht*, also das Recht der katholischen Kirche. Es gibt kein Entrinnen.

Und weil wir nur ein Nutzungsrecht haben, müssen wir dafür (Steuern) zahlen. Im Jahre 1481 erließ dann Papst Sixtus IV. mit der Bulle „Aeterni Regis", dass ein Kind der Rechte an seinem Körper beraubt wird. Nun ist also hiermit offiziell und juristisch einwandfrei (und heute noch immer gültig nach internationalem Recht!) festgelegt, dass wir nicht einmal das Recht an unserem eigenen Körper haben. Maßnahmen wie Impfungen, Zwangsernährung, Einlieferung in psychiatrische Anstalten, die allesamt das ordnungsgemäße Funktionieren der „Ware Mensch" garantieren sollen, müssen von uns, dem Gesetz nach, klaglos hingenommen werden.

Sie sehen passend hierzu seit vielen Jahren eine immer stärkere Entmachtung der Eltern einerseits und immer mehr Zwangs- und Pflichtmaßnahmen wie diverse Impfungen andererseits, demnächst sicherlich auch Chip-Einpflanzungen, allesamt offiziell gefördert und durchgesetzt durch UN-Organsiationen. Die vierte „Krone" wurde im Jahre 1537 in Form der päpstlichen Einberufungsbulle von Papst Paul III. festgelegt, in welcher die römisch-katholische Kirche Anspruch auf die Seele des Kindes erhebt. Formell geschieht dies durch die Taufe und die Ausstellung des Taufscheins. Mit diesem Taufschein (wahlweise auch dem Eintrag in das offizielle Geburtenregister; dies betrifft auch alle Nicht-Christen) wird ein Zertifikat generiert, das als Anleihe bei der *City of London* hinterlegt wird (Zur Erinnerung: das hat nichts mit der Stadt London zu tun, sondern ist, ähnlich dem Vatikan, ein eigener Staat.) Dieser „Sache" oder „juristischen Person", zu der die päpstlichen Bullen uns gemacht haben und die mittels des Taufscheins übergeben wird, wird ein Treuhandfonds zugewiesen, aus dem wir aber nichts bekommen, sondern aus dem wir unsere Kredite, die wir im Leben abschließen, oder Sozialhilfe beziehen.[395] Mit dem Geld, das in dem Trust liegt, handelt die Elite auf den großen Märkten. Die Haftung aber übernehmen wir mit jeder Unterschrift, die wir leisten.

Das ganze System ist so raffiniert aufgebaut, dass JHWH juristisch einwandfrei zum größten privaten Eigentumsinhaber auf der Erde wurde. Hier nur ein paar kleine Zahlen: Der Vatikan ist Eigentümer von 500.000 Hektar Ackerland allein in Italien, etwa 20 Prozent aller Felder in Spanien, Portugal und Argentinien, 1,1 Mio. Hektar Ackerland in den USA, etwa 100.000 Hektar in Großbritannien und 8,25 Milliarden Quadratmeter in Deutschland. Mindestens ein Drittel aller Häuser in Rom und auch mehrere Teile anderer Städte Italiens gehören ebenfalls dem Vatikan. Hinzu kommen Bankenbeteiligungen und Teilhaberschaften in großen Unternehmen der Chemie-, Stahl-, Rüstungs-, Energie- und Nahrungsmittelbranche, unter anderem auch bei *Fiat* und der Fluggesellschaft *Alitalia*. Zusätzlich ist der Vatikan im Besitz weiterer Beteiligungen im übrigen Europa, in Nord- und Südamerika. Er ist im Besitz vieler römischer Banken, und ein Drittel aller italienischer Banken hat vatikanisches Geld gelagert. Die Beteilungen an dunklen Geschäften in den Bereichen Drogen- und Waffenhandel, die Finanzierung und Förderung von Kriegen und Revolutionen wurde und wird an anderen Stellen und von anderen Autoren hinreichend behandelt.

Ist es nach Sichtung dieser Fakten, und der Erkenntnis, dass dies de facto ein systematischer Raubzug ist, der bereits über viele Jahrhunderte andauert, einschließlich der Frechheit, es sogar juristisch „absegnen" zu lassen, erstaunlich, dass Adolf Hitler 1933 Pläne hatte, den Papst zu entführen?[396] Man darf sich fragen, mit welchem Ziel er dies wohl vorhatte… Es darf gemutmaßt werden, dass er Papst Pius XII. festsetzen wollte, um diesem Treiben ein Ende zu setzen und den Menschen die Freiheit wiederzugeben. Der nächste logische Gedanke wäre dann die Frage, ob das Verlieren des Krieges, in dem offiziell nahezu alle Staaten der Welt gleichzeitig(!) gegen das Deutsche Reich angetreten sind, nur deshalb so wichtig und so unvermeidbar war, weil (der) JHWH mit ALLEN Mitteln diesen Sieg verhindern wollte? Und stehen wir Deutsche, oder vielleicht besser die „Arier" deshalb ganz oben auf der Abschussliste, weil wir als Nachkommen FREIER ACKERBAUERN als einzige aus diesem System des Menscheigentums ausgenommen waren?

Wird es nicht Zeit für die Menschen, sich der eigenen Vergangenheit und dieser Erkenntnis zu stellen? Sollten wir gemeinsame Wurzeln nicht endlich anerkennen und dieses zerstörerische Treiben weltweit abstellen und stattdessen diesen *unseren* Planeten genau zu diesem werden lassen? Ob wir nun Anhänger einer Multikulti-Bewegung sind oder lieber die geschaffene oder erworbene Verschiedenheit auf Erden behalten bzw. wiederherstellen wollen, klar sollte für uns alle sein: Wir sind auf einem Planeten!

Auf diesem Planeten gibt es mehr als genug Ressourcen für alle! Nur die Verteilung muss gerechter werden, und dies nicht nur als Lippenbekenntnis, sondern gefolgt von echten Tatsachen. Gehen wir davon aus, die Weltbevölkerung wäre 10 Milliarden und würde aus Familien jeweils à 4 Personen bestehen und wir würden jeder Familie 2.000 qm Land geben, so würde die Gesamtfläche gerade einmal mit einem Staat wie Texas vergleichbar sein, und der Rest der Erde bliebe unbevölkert. Rechnen Sie es nach! Es ist genug da! Dies verstehen Sie jetzt bitte nicht als Werbung für den Kommunismus oder Sozialismus oder irgendeinen anderen „ismus" von den vielen „ismen", die so viel Leid über die Erde gebracht haben, weil sie nichts als leere Worthülsen sind, die je nach Belieben in der ein oder anderen Richtung schöngefärbt werden können. Ich bin für eine Elitenbildung! Man wird die Schwachen nicht stärken, indem man die Starken schwächt! Die Starken jedoch müssen ehrenvoll handeln und an sich selbst die härtesten Maßstäbe setzen. Eine Elite kann uns nur aus diesem Schlamassel herausholen, wenn es eine *echte* Elite ist, erkennbar für die breite Masse, ein leuchtendes Vorbild an Ehrlichkeit, Würde, Wissen, Gesundheit und Verhalten. Ritterlichkeit ist ein leider aus der Mode gekommenes Wort, und doch beschreibt dieses eine Wort nahezu für alle verständlich, um was es bei Eliten geht!

Unsere sogenannten Eliten heutzutage, in Politik und Wirtschaft, sind jedoch meist ausschließlich an der eigenen Kontoführung interessiert und halten wenig von Opferwillen, Heldentum, Volksfürsorge, Gemeinwohl vor Eigenwohl, Vorbildfunktion und ehrenvollem Verhalten jedem anderen gegenüber. Ist Ihnen dieses Bild zu idealistisch? Schauen Sie einmal in die Vergangenheit! Sicherlich gab es auch da Tyrannen und Raub und Mord. Aber mal ehrlich: Was hat sich geändert? Nichts außer den Methoden und der Sichtbarkeit der Verbrechen. Ansonsten sieht heute jedermann im mittleren Alter, mit welch rasanter Geschwindigkeit die Jugend von heute zerfällt, orientierungslos, fernsehfixiert dem Konsumzwang verfällt und sich wie die abgemähten Grashalme im Wind von jeder kleinen Windböe hinfortwehen lässt. Es wird tatsächlich immer schlimmer! Die Schere öffnet sich nicht nur zwischen arm und reich immer weiter, sondern auch zwischen gebildet und ungebildet. Viel explosiver können wir unsere Gesellschaft nicht gestalten! Die sogenannte Demokratie legt dann noch einen weiteren großen Teil der Volksenergie lahm.

Wie sagte doch gleich Montagu Norman, Gouverneur der *Bank of England* von 1920-1944, bei einer Ansprache vor der Bankiersvereinigung der Vereinigten Staaten von Amerika in New York im Jahre 1924? *„Durch die Aufspaltung der Wähler in das politische Parteiensystem können wir sie dazu bringen, ihre Energie für Kämpfe aufzubrauchen, für Fragen, die keinerlei Bedeutung haben.“* Richtig! Unsere Aufmerksamkeit wird jedes Mal zielgerichtet abgelenkt, wenn wirklich wichtige Dinge passieren. Und die Masse der Menschen folgt willen- und gedankenlos dem Scherer und fragt sich nachher, wo das wärmende Kleid der Freiheit geblieben ist.

Ist nicht die heutige Form der Demokratie nur ein Modell, mit dem sich jedermann in eigentlich verantwortlicher Position jederzeit der Verantwortung entziehen kann mit der Begründung, die Mehrheit habe anders entschieden? Somit fällt nicht nur jede Entscheidung in die Hand derer, die es verstehen, die Meinung der Mehrheit am besten zu manipulieren, oder noch schlimmer, die wenigen Entscheidungsträger schlicht zu kaufen, sondern jeder, der eigentlich das Rückgrat für eine richtige Entscheidung haben sollte, kann sich so jederzeit bequem aus der Schusslinie ziehen und die Fehlentwicklung der Mehrheit und somit indirekt dem Volk selbst zuschieben. Wenn wir die sogenannte „Weisheit der Masse“ nutzen würden, sähe die Regierungsarbeit vermutlich ganz anders aus. Man kennt einfache Beispiele für die Erkundung dieser Weisheit. Man nehme beispielsweise ein großes Glas mit tausenden Murmeln darin und frage eintausend Leute, wie viele da wohl drin sind. Jedermann wird eine andere Zahl nennen, doch der Durchschnitt wird die wahre Anzahl vermutlich bis auf die Murmel genau erkennen lassen. Je mehr Leute man fragt, desto genauer würde das Ergebnis. Warum lassen wir nicht wirklich das Volk regieren? Stattdessen sind Volksabstimmungen in der Bundesrepublik sogar ausdrücklich verboten! Ich frage mich: Warum wohl? Müsste nicht in jeder verantwortlichen Position tatsächlich jemand sitzen, der verantwortlich ist, in einigen Fällen vielleicht sogar persönlich haftbar? Wäre dann die politische Arbeit vielleicht wieder wirklich ehren- und verdienstvoll, und könnte man den Politikern dann nicht nur wieder glauben, sondern auch damit rechnen, dass sie tatsächlich versuchen, ihre Sache gut zu machen? Wenn jemand, wie eingangs geschildert, statt sorgfältig und sparsam mit dem Eigentum und Geld des Volkes umzugehen, dieses mut- und bereitwillig, ja sogar vorsätzlich in die Hände anderer spielt, und dies sogar unter Erwirtschaftung persönlicher Vorteile, sollte man solche Leute dann nicht haftbar machen und möglicherweise von vornherein mit drastischen Strafen belegen?

Sollten wir nich eher die Strafbarkeit bei großen Summen verfolgen anstatt wie bisher eher nur die kleinen? Ist nicht in unserer vernetzten, komplexen Welt das Geld einer der wichtigsten Faktoren überhaupt? Und gehen unsere Politiker nicht gerade damit am leichtfertigsten um? Nehmen wir den Reichtum derer, die nicht in der Forbes-Liste der reichsten Männer stehen, sondern ungenannt darüber. Oder glauben Sie im Ernst, ein Carlos Slim oder Bill Gates wären die reichsten Männer der Erde? Das sind nur die, die ihren Kopf und Namen für solch eine Rangliste hergeben.

Es gibt etliche, die erheblich reicher sind und einige, deren Reichtum sogar unbeschränkt ist. Für Otto Normalverbraucher ist das kaum vorstellbar, mit den Regeln und Machenschaften der modernen Finanzwelt aber machbar. Insbesondere sei hier das sogenannte *fraktionelle Banking* erwähnt, bei dem aus 100% Bareinlage 900% vergebene Kredite werden können. Und selbstverständlich ist das reine Gelddrucken der FED noch effektiver, die schlicht nur Geld druckt und dies dann für in Gold bezahlte Zinsen verleiht, ohne dass das eigens gedruckte Geld jemals einen Wert größer als den des Papiers und der Farbe gehabt hätte.

Warum also leben wir in einem System der Angst, Unterdrückung und unter der Knute einer 1%igen Minderheit, die 90% des Reichtums der Erde besitzt? Ist es, weil ein immer noch aktiver JHWH für seinen Heimatplaneten Gold und Silber sammelt? Wohl kaum, denn dann wäre er ja weiterhin einem Anu treu ergeben. Und braucht er das Gold und Silber, um hier überleben zu können? Wohl kaum, denn er wird es wohl kaum essen oder atmen. Ist es vielleicht, weil JHWH oder seine Nachfolger tatsächlich das Gold alle paar Jahre abholen und abtransportieren, um ihren eigenen Planeten zu schützen? Mensch, da helfen wir doch gern! Sagt doch einfach, dass Ihr unsere Hilfe braucht. Schaut Euch die Deutschen an, die zahlen eh seit Jahrzehnten alle wesentlichen Hilfsvorhaben der Welt, da können wir uns doch locker mal in aller Welt zusammenreißen und uns vom Gold verabschieden.

Wie sagte Warren Buffet über Gold: *„Es ist schon lustig mit anzusehen, wie wir Gold aus dem einen Erdloch herausholen, um es dann in ein anderes hineinzulegen, diesmal aber mit Wachleuten davor.“* Recht hat er! Solange wir keine technologischen Zwecke für die Nutzung von Gold in so großem Umfang für uns entdeckt haben, besteht aus meiner Sicht kein Grund dafür, dieses Gold nicht zu möglichen interplanetaren Hilfszwecken einzusetzen. Und selbst wenn wir einen solchen Zweck entdecken würden, so könnte noch immer Gold abgegeben werden, dann vielleicht zu einem fairen Preis, zum Beispiel im Austausch gegen Technologien.

Einen tatsächlichen Grund für eine Feindschaft zwischen Deutschen und Juden kann ich schlicht nicht nachvollziehen. Ich sehe eher eine aus Deutschland und Israel wohlbekannte, oft kritisierte Eigenschaft durchschimmern: die Neigung zum Bruderkrieg um der Prinzipien Willen. Kennt nicht ein jeder von Ihnen solch eine Situation aus dem eigenen familiären Umfeld? Ein Familienmitglied tut etwas aus der eigenen Sicht Falsches, und man wendet sich strafend von ihm ab, auch wenn gerade dies einem eigentlich am meisten weh tut? Warum wenden wir Menschen uns dann nicht einander zu und verzeihen? Ist dies genetisch programmiert? Ein eingebauter Sicherheitsmechanismus der Selbstüberwachung? Genetisch bedingtes Denunziantentum etwa? Tatsache ist doch, dass wir beim Blick auf die eigene Vergangenheit feststellen, dass Semiten und Germanen dieselben Wurzeln haben und erst im Laufe der Geschichte auseinandergetrieben wurden. Sind die Nachfolger Kains nicht als die Erfinder und

Künstler und Musiker genannt? Und sind nicht viele der besten Musiker (sephardische) Juden? Und waren nicht die meisten der besten Komponisten Deutsche? Und werden nicht wiederum heute in Israel (unter großzügiger finanzieller Anteilnahme Deutschlands) extrem viele wichtige Erfindungen und Entdeckungen gemacht? Was ist mit Dichtern und Philosophen? Warum lassen wir uns von ideologischen Vorstellungen und Glaubensmodellen so weit auseinanderdividieren, dass wir uns gegenseitig bekämpfen wollen? Warum folgen wir so leichtfertig den Scharfmachern in der Politik, den Demagogen, der Propaganda? Glauben Sie etwa, Propaganda sei ein politisches Mittel der Vergangenheit? Falls ja, Sie irren sich! Propaganda ist 99% dessen, was Sie lesen, hören und sehen! Mir kommt die Galle hoch, wenn ich deutsche Politiker oder Knesset-Abgeordnete von immer wieder dem gleichen Unsinn reden höre und wenn ich mit ansehe, wie gewisse finanz-aristrokratische Kreise die Welt mit Kriegen überziehen, um sowohl aus dem Zerstören und Töten wie auch dem anschließenden Wiederaufbau Geld zu ziehen. **Dies ist nicht der Wille der Völker! Dies ist nicht der Wille der Menschheit!**

Sollte ein noch immer aktiver JHWH oder dessen Nachfolger dahinterstehen, so soll er lieber dem allen ein Ende machen, denn sonst tun wir es. Sollte JHWH ein Titel sein, der jeweils mit einem Namen ergänzt wird (wie z.B. auf S. 277 zu sehen – „JHWH NiSI"), und dieser Titel zu einem Zeitpunkt von Enlil, später von dessen Söhnen Ninurta und Adad getragen wurde, so müssen wir recht wahrscheinlich davon ausgehen, dass ein Nachfolger dieser Anunnaki auch heute diesen Titel trägt und die Welt tatsächlich regiert. Ob er nun alles Gold in seine Schatzkammern holen will oder nicht, ist zunächst einmal nebensächlich. Vielmehr ist interessant, warum dieser JHWH sein „Human Ressource"-Führungskonzept nicht endlich einmal anpasst an aktuelle Bedürfnisse seiner willigen Vollstrecker und deren Mitmenschen. Der vorauseilende Gehorsam ist zwar eine nahezu ausschließlich den Deutschen angedichtete, keinesfalls aber deren exklusive oder einzige Eigenschaft. Wie viele unaussprechliche Brutalitäten werden von Menschen anderer Völker an Menschen begangen, nur weil sie meinen, sie würden damit in den Augen eines Vorgesetzten, eines Führers oder ihres Gottes besser dastehen und als Vollbringer von „Gottes Willen"? Ja, um „Gottes Willen", wo bleibt denn da der klare Gedanke? Wer Leben vernichtet, egal welches, tut niemals etwas Gutes!

Dasselbe gilt für jeden, der andere wissentlich ausnutzt, ausbeutet, übervorteilt, hintergeht. Wird sich am Ende offenbaren, dass die Wiederkehr des von so vielen sehnsüchtig erwarteten Heilands nur die Offenlegung dieses „Geheimnisses" ist und uns dann ein ganz toller Anunnaki vorgestellt wird, der schweben und Gedankenlesen kann und über die fortschrittlichsten Waffen verfügt, also eine „ganz tolle Performance" abliefert? Ist dieser Heiland dann vielleicht jemand aus den Antichrist-Erschaffungs-Stätten, aus denen auch die Obamas entsprungen zu sein scheinen? Hat Obama nicht nahezu unverzüglich nach Ernennung zum Präsidenten in einer geradezu grotesken Geste den Friedensnobelpreis verliehen bekommen? Schrieben nicht etliche Zeitungen von der Hoffnung, hier den Retter der Welt vor sich zu sehen? Jetzt wird alles besser? Das Gegenteil ist wahr geworden. Seine Versprechungen waren hohler als die seiner Vorgänger, noch mehr Länder wurden mit typischen NSA/CIA „Farben"-Revolutionen überzogen, arabische Länder ins Chaos gestürzt und viele tausend Menschen mehr kamen zu Tode. Der Irak ächzt unter der atomaren Verseuchung weitester Landstriche durch Munition und Abfälle, missgebildete Kinder kommen dort in nie dagewesener Zahl auf die Welt, und alte Bibliotheken mit unschätzbar wertvollen Schriften aus biblischen Zeiten werden angezündet und einfach bis auf die Grundmauern abgebrannt. Sollte also noch so ein „Heiland" wie Obama auftauchen, so sollten wir prüfen, ob es ein Mensch wie Du und ich ist und, wenn dem so wäre, einfach lächelnd abwinken. Lassen wir uns nicht länger veräppeln. Sollte tatsächlich ein Anunnaki kommen, sollten sich genau in diesem Moment alle Menschen auf Erden darüber klar sein: DIES IST NICHT GOTT!

Er ist einer jener, die die Menschheit von Beginn an als „Gott" bezeichnet hat oder so bezeichnen musste; er ist keinesfalls aber der Schöpfer oder sein Vertreter. Das ist ein Wesen aus Gottes Schöpfung – dieser unermesslich großen Schöpfung des Universums und allem, was darin enthalten ist. Es ist ein Geschöpf dieses ultra-komplexen Universums, das letzten Endes doch auf so einfachen Prinzipien beruht, wie sie die moderne Physik Stück für Stück ans Tageslicht bringt. Aus Licht und Energie werden Impulse geformt, unendlich kleine Energiewellenpakete, die *Strings* und *Superstrings*. Daraus formen sich *Quarks*, die sechs kleinen Grundbausteine mit den Bezeichnungen *up*, *down*, *right*, *left*, *bottom* und *charme*, wie unsere

Physiker sie genannt haben. Aus verschieden zusammengesetzten *Strings* und *Superstrings* formen sich *Quarks*, in sechs Ausführungen. Aus diesen sechs *Quarks* formieren sich Elementarteilchen: *Positron*, *Elektron* und *Neutron*. Aus diesen drei Elementarteilchen formen sich *Atome*, die sich wiederum zu *Molekülen* zusammenschließen, die wiederum chemische Elemente bilden, wie *Gase*. Aus Gasen entstehen Tröpfchen, aus Tröpfchen Wolken, aus Wolken riesige runde Kugeln. Bei einigen ist die entstandene Mischung explosiv, es entsteht Wärme, bei einigen anderen bildet sich eine feste Schicht auf der Außenhaut, es sind Planeten, Sonnen und Sterne entstanden. Es bilden sich Aminosäuren, es bilden sich feste und flüssige Stoffe auf den Oberflächen der Himmelskörper. Es ist ein unglaublich großes vollkommenes Werk, das aus einfachsten Regeln und Abfolgen entstanden ist. Ein JHWH ist mit Sicherheit fähig, Leben zu manipulieren, Leben zu nehmen und zu zerstören, und einer der JHWHs war maßgeblich mit all seiner Kreativität daran beteiligt, unsere Erde so zu machen, wie sie heute ist, jedoch kann er das Leben an sich nicht erschaffen. Und hat noch immer ein diensthabender JHWH die Macht auf Erden, ist vielleicht sogar nicht allein, dann Himmelherrgottsakrament sollen sie endlich mit offenem Visier kämpfen und sich zeigen. Ihr Herrschaftskonzept ist der Menschheit nicht mehr würdig und deren vorderstem Erkenntnisstand nicht mehr angepasst. Ich bin den „Göttern" dankbar, dass sie die Menschheit geschaffen haben, ohne sie wären wir nicht hier und auch nicht so, wie wir heute sind.

Sicherlich könnte man jetzt trefflich darüber streiten, ob wir über unsere vermutlich doch recht armselige Existenz glücklich sein sollten oder nicht; schließlich kennen wir jetzt nach dieser Lektüre Menschen, die erheblich größer, gesünder, machtvoller waren, länger lebten und mehr Fähigkeiten hatten als wir heute. Doch was nützt es, sich in eine ferne Vergangenheit zu träumen, wenn wir doch im Hier und Jetzt leben und unsere Aufgaben haben. Wir sollten also hier versuchen, Dankbarkeit und Freude zu entwickeln. Diese Dankbarkeit gilt in allererster Linie aber dem Schöpfer des Universums! Und der liegt so unglaublich weit vor und über einem JHWH, dass die Dankbarkeit für dessen Manipulationen und spielerisch geschaffene Vielfalt auf diesem Planeten zwar nicht vergessen, aber doch hinten angestellt werden sollte. Niemand kann sich den Gesetzen des Universums entziehen, auch ein JHWH nicht. Auch für ihn gelten das

Polaritätsprinzip, das Resonanzprinzip und all die anderen Regeln. Auch er wird bekommen, was er gesät hat. Und das war, wenn ich alles richtig deute, nicht alles so positiv für sein Karma. Ein JHWH kann Leben manipulieren, aber nicht erschaffen und in der Masse auch nicht ohne Gewalt aufhalten. Er hat die Regeln des Universums nicht gemacht, er kann sie nur nutzen. Und wir Menschen können lernen, dies auch zu tun! Jede sogenannte Missgeburt eines Menschen mit sechs Zehen und sechs Fingern an jeder Hand, jedes Kind mit Riesenwuchs, jeder Autist mit besonderen Fähigkeiten zeigt uns, dass wir alle notwendigen Gene in uns haben. Wir haben alle Gene in uns, nur äußern sie sich unterschiedlich oder treten mal mehr, mal weniger, mal gar nicht zu Tage: Wir sind verschieden! Ein Weißer ist anders als ein Schwarzer, ist anders als ein Gelber, ist anders als ein Roter, ist anders ein australischer Ureinwohner, ist anders als jemand mit fünf Fingern ist anders als jemand mit acht Zehen. Nennen Sie das rassistisch?

Machen wir uns als Menschheit diese Unterschiede doch zu Nutze! So, wie Talente unterschiedlich verteilt werden und ihren Nutzen haben, gilt das doch auch für die unterschiedlichen biologischen Merkmale der verschiedenen Menschenrassen. Unterscheiden wir doch einmal Rasse für Rasse und schauen uns an, welche besonderen Möglichkeiten die jeweilige Rasse bieten könnte.[397] Die einen kommen besser mit viel Sonne zurecht, die anderen besser mit Licht oder Kälte, die einen programmieren toll, die anderen können besser rechnen, laufen, hochspringen, schneller reden – egal was. Jede Rasse bringt ganz bestimmte Vorteile mit. Es scheint also so zu sein, als habe sich jemand (der „JHWH vom Dienst“), Gedanken darüber gemacht, was man für so ein Projekt Erde so alles braucht. Und wenn wir in dieser Denkrichtung noch weiter gehen, ist es dann nicht erstaunlich, mit welcher Brutalität in der Geschichte ganze Völker ausgerottet worden sind? Waren diese nicht mehr nützlich? Sehen wir nicht heute ganz aktuell die Bedrohung der Völker eines ganzen Kontinents (Afrika), die pauschal gesprochen und dem Mainstream folgend, vermutlich in 10 Jahren eine HIV-Infektionsrate von 80% erreichen werden und deshalb mit viel „humanitärer Hilfe“ aus Europa und den USA mit Medikamenten unterstützt werden, deren Haupt-Nebenwirkung der Tod ist? Und ist es nicht interessant, dass die Definition von AIDS in afrikanischen Ländern eine ganz andere ist als in Europa? Dort reichen schon Grippe-Symptome(!), um HIV-Medikamente verabreicht zu bekommen. Weltweit melden sich an immer mehr Stellen immer mehr Menschen mit größtem Zweifel und gar wissenschaftlichen Beweisen, dass AIDS eine große Lügengeschichte ist und das HI-Virus niemals fotografiert wurde (was nachweislich stimmt: Es existiert nach wie vor kein einziges Foto von einem HI-Virus).[398] Das wiederum lässt die hohe AIDS/HIV-Rate Afrikas in einem völlig neuen Licht erscheinen: Dies ist nicht nur „einfach" ein geplanter Genozid, sondern ein geplanter, selektiver Genozid! Und dies ist offenbar nur einer von vielen, denn er richtet sich bei den weißen Völkern offenbar gegen relativ intakte Volkskörper von relevanter Größe (z.B. Deutschland, Japan) und gegen andere Völker, die größeren Plänen im Wege zu stehen scheinen. Werden hier also Rassen, die aus Sicht eines diensthabenden JHWH (nun) nutzlos erscheinen, systematisch ausgerottet?

Oder lesen Sie einmal die Bücher (z.B. „Alptraum Zuwanderung") von Udo Ulfkotte, der mit Hilfe von simplen Statistiken ein sehr bedenkliches Bild zeichnet: Man kann nämlich sehr leicht feststellen, welcher durchschnittliche Intelligenzquotient in einem beliebigen Land vorzufinden ist. Deutschland liegt dabei (mit sinkender Tendenz) oberhalb von Hundert, die Türkei, afrikanische Länder, Afghanistan und einige andere der „Standard-Herkunftsländer" der europäischen Einwanderer liegen mit Abstand weit darunter. Selbstverständlich findet in den Einwanderungsländern der EU eine Vermischung statt. Und egal, welcher politischen Farbe man sich gern zuordnen lässt, man kann mit simpler Mathematik und Biologie, vielleicht zusätzlich noch mit dem Beobachten der Massenmedien und der Entwicklung der Schulsysteme, Antworten erhalten, die deutlicher in ihrem Inhalt nicht sein können: Die europäischen Völker werden systematisch verdummt, verdünnt und verdrängt.

Obwohl per Gesetz verboten („*Niemand darf wegen seiner Herkunft, Hautfarbe, Religion (...) bevorzugt oder benachteiligt werden.*", so steht es sinngemäß im Grundgesetz und vielen Verfassungen anderer Staaten!), hat es z.B. der Berliner Senat zum Gesetz gemacht, dass Firmen, deren Inhaber Migrationshintergrund haben, bei der Auftragsvergabe des Senats vorgezogen werden („*um die Integration zu fördern...*"); oder anders ausgedrückt: Deutsche Unternehmer werden systematisch vom Markt verdrängt.

In Mali mit dem statistisch errechenbaren durchschnittlichen IQ von 68 baute die EU vor einiger Zeit für viel Geld ein Anwerbezentrum, um noch mehr dieser für die europäische Zukunft und die Sicherung des Facharbeiterbedarfes unverzichtbaren Menschen in die EU zu holen. Wenn beispielsweise Daimler oder BMW und VW dazu gezwungen würden, tatsächlich ihren Facharbeiterbedarf mit Menschen zu decken, deren IQ nicht über 70 hinausgeht (in den USA dürfen Menschen mit einem IQ von unter 70 beispielsweise wegen Schwachsinnigkeit nicht hingerichtet werden), dann werden wir mit Sicherheit bald den Niedergang dieser Unternehmen an der Börse verfolgen dürfen. Geht es also nicht „nur" um die Ausrottung bestimmter Ethnien/Rassen, sondern auch um eine systematische Verdummung einiger der intelligenteren?

Unsere heutige Medienlandschaft, Schulpolitik und der Niedergang der gesellschaftlichen Moral- und Ethikwerte sprechen eine deutliche Sprache: Arbeiten? JA! Denken? NEIN! Andererseits: Wenn wir davon ausgehen, dass die dunklen Menschen die ersten Erdling-Versionen überhaupt waren und erst die Vermischung mit Anunnakiblut die anderen Rassen, oder möglicherweise nur die *eine* andere Rasse hervorbrachte, die sich dann planetweit mit den anderen vermischte und die eine höhere durchschnittliche Intelligenz aufweist als die Länder Afrikas mit einem niedrigeren Länder-IQ, dann erleben wir eine Mixtur der Völker, die einen höheren Länder-IQ aufweisen mit denen niedriger Länder-IQs. Die logische Konsequenz, die wir in Ländern wie Frankreich und Deutschland nun feststellen, ist ein Absinken des IQs in diesen Ländern – und das flächendeckend. Im großen Bild gesehen entspricht das einer Verringerung des „Zuviel" an Denkvermögen und eine Ausrichtung auf den Schwerpunkt „Funktionieren" und weg vom Anteil des „Freiheitsbedürfnisses" und der „Selbstbestimmung".

Ein weiterer Hinweis darauf, dass die Afrikaner möglicherweise die ersten, künstlich erschaffenen Menschen waren, findet sich in einer mehrbändigen, medizinischen Facharbeit über das Lymphsystem und die Geburt der Säugetiere aus dem Jahre 1959 – also aus einer Zeit, die keineswegs für „nazistische" Tendenzen bekannt, wohl aber teilweise noch im alten Sprachgebrauch verhaftet ist. Der Titel der Arbeit: „Handbuch der Zoologie" von J. G. Helmcke und H. Lengerken. Auf Seite 29 des Buches findet sich die folgende Grafik (Abb. 82):

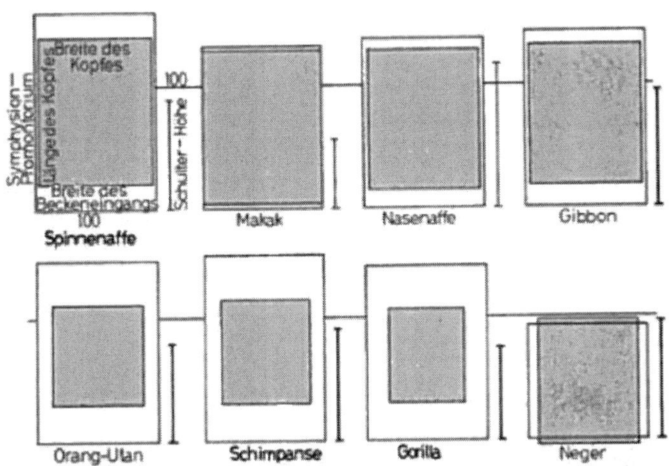

Abb. 82: Schema des Verhältnisses von Umfang des Beckeneingangs bei erwachsenen weiblichen Tieren und der Kopflänge und -breite (graue Fläche) und Schulterbreite (vertikale Linie) des Neugeborenen für eine Reihe von Primaten.

Diese Grafik erläutert grob gesagt den Zusammenhang zwischen dem im Becken des Weibchens verschiedener Affenarten vorhandenen Platz für die Geburt ihrer Nachkommenschaft und den von der Nachkommenschaft benötigten Platz. Man darf annehmen, dass die Natur stets für genug Platz im Beckenraum sorgt und findet diesen Zusammenhang auch bestätigt.

In der Grafik (Abb. 82) rechts unten sind zum Vergleich die Daten einer schwarzen Ethnie angeführt, hier (wie damals üblich) mit „Neger" bezeichnet. Und ausgerechnet hier zeigen sich Längen- und Größenverhältnisse so, als ob jemand hier die Natur manipuliert habe und nicht die exzellenten Verhältnisse einer natürlichen Entwicklung hervorbringen, wohl aber vorhandene Gegebenheiten an seine Anforderungen anpassen konnte. Dies werte ich als weiteren Hinweis auf die künstliche Erschaffung des Menschen und die ganz bewusste Weiterentwicklung dieser Spezies. Erinnern wir uns an den Hungerwinter 1932/33 in der Ukraine. Zu dieser Zeit gab es den Internationalen Sozialismus in der Sowjetunion und den Nationalen Sozialismus in Deutschland. Beide Ideologien sind sozialistische Ideologien, obwohl heute jedem Schüler eingetrichtert wird, dass die einen „Linke", die anderen „Rechte" sind, und dies in extremer Weise und vollkommen unterschiedlich. Beide sprachen von der Unvollkommenheit des Menschen, die einen von der biologischen Unvollkommenheit (Nationalsozialismus), die anderen von der soziologischen Unvollkommenheit, und beide hatten ein großes Ziel: die „Erschaffung eines neuen Menschen"! Beide wollten die Gesellschaft so umbauen, dass am Ende ein „neuer Mensch" stehen sollte; und hierfür mussten Menschen, die nicht in dieses Muster, diesen Plan passten, erst einmal sterben – zu Millionen. Und für dieses Ziel arbeiteten beide Seiten auch zusammen. Hitlers Einmarsch in Polen von Westen am 1. September 1939 erfolgte mit der Sicherheit, alle nötigen Rohstoffe zu bekommen, da er erst im Monat zuvor mit Stalin ein entsprechendes Abkommen unterzeichnet hatte, und Stalin wiederum nahm sich sein Stück vom Kuchen, indem er am 17. September von Osten her angriff. Die deutschen Bomber wurden dabei vom russischen Sender in Minsk zu ihren Zielen geleitet. Die damalige deutsche Besetzung Norwegens wurde erst durch Überlassung des russischen Marinestützpunktes in Murmansk möglich, wofür der deutsche Admiral Räder ausdrücklich *„tiefe Dankbarkeit für die der deutschen Kriegsmarine geleisteten Dienste"* gegenüber dem russischen Oberkommando äußerte.

Während Hitler 1940 Frankreich besetzte, nahm sich Stalin Litauen, Estland und Lettland. Man kann sich nun über Verteidigungskriege und Angriffskriege prächtig streiten und Gesetze verfassen, die die eine oder andere Meinung verbieten – man kann aber auch erkennen, dass hier die Menschen alle, ausnahmslos, in allen beteiligten Ländern, willenlose Werkzeuge in der Hand viel mächtigerer Interessen sind. Und wenn sich ein deutscher Außenminister im Januar 2012 bei einer Rede in den USA öffentlich erleichtert darüber zeigt, dass man den Sozialismus „überwunden" habe, muss man ihm wohl erst einmal zeigen, dass die Europäische Union fatal einer sozialistischen Regierungsform gleicht, mit ihrem machtlosen Parlament und den entscheidenden Kommissaren, die vor nicht allzu langer Zeit den „Lissabon"-Vertrag entworfen haben, nach dem die Todesstrafe zur Aufrechterhaltung der öffentlichen Ordnung ausdrücklich wieder erlaubt wird. Sind wir auf dem Weg zu einer Wiederholung zeitgeschichtlicher Ereignisse?

Über 60 Millionen Tote forderte der Zweite Weltkrieg, darunter viele größere Zahlen somit an den Rand der Ausrottung (bspw. Ukraine, Estland, Lettland) oder in die langfristig sichere Ausrottung (bspw. Deutschland) gebrachter Völker.

Abb. 83: Die Bildersprache von verschiedenen Propaganda-Plakaten aus dem Dritten Reich und der Sowjetunion im Vergleich – sie ist identisch! (Die Hakenkreuze auf den Plakaten sind aus juristischen Gründen – §86 StGB. – durch schwarze Kreise überdeckt.)

Mit langfristigen Strategien wurde und werden im Anschluss durch massiv forcierte und politisch begünstigte Wanderungsbewegungen die Reste dieser Völker ordentlich miteinander vermischt – und siehe da: Am Ende steht ein neuer Mensch! Diese Menschen sind vollkommen anders als die ursprünglichen Völker! Wir können heute in den meisten Fällen nicht mehr von einem Staatsvolk, sondern von einer Staatsbevölkerung sprechen! Rassismus in diesem Zusammenhang als „Gegenargument" hervorzuzaubern, wäre armselig.

Die Unterschiedlichkeiten der Menschen sind offensichtlich. Jede Andersartigkeit bietet Vor- und Nachteile. Ein bloßes Erkennen oder Nennen dieser Unterschiede ist keineswegs Rassismus, sondern lediglich das Benennen des offensichtlichen Unterschieds. Erst ein Lächerlichmachen, eine Bewertung hinsichtlich eines allgemeinen „Besserseins" wäre Rassismus.

Aus Sicht eines JHWH wäre dies jedoch keinesfalls verwerflich, sondern lediglich ökonomisch (was wir Menschen nur bedingt „gut finden" können). Unterschiede können sowohl von einem JHWH als auch von der Menschheit selbst genutzt werden. Natürlich könnte man von mir aus auch auf einem Gebiet arbeiten, bei dessen speziellen Anforderungen eine andere Rasse besser geeignet wäre als man selbst vielleicht. Warum nicht?

Man soll sich dann bitte schön aber nicht wundern, wenn man vielleicht nicht der Beste, sondern vielleicht eher der Schlechteste ist in diesem Job. Wäre ein Ameisenbär geeignet, Antilopen zu jagen? Sicherlich sind die offensichtlichen Unterschiede bei den Menschen in vielen Bereichen nicht so gewaltig wie zwischen einem Ameisenbären und einem Löwen, aber die Struktur der Entscheidung bleibt doch sehr ähnlich. Noch einmal: Hier geht es nicht um die politische, propagandistische Ausnutzung körperlicher Merkmale, um bestimmte Bevölkerungsgruppen schlecht oder lächerlich zu machen, sondern ganz im Gegenteil darum, durch das Finden der Bestimmung eines jeden, oder zumindest der groben Rasterung für bestimmte Gruppen, die Zufriedenheit und das Ansehen jedes Individuums zu steigern! Aus Sicht eines Anunnaki, der sich die Menschheit ganz bewusst als Werkzeug, in einer ersten, einer zweiten und dritten und vielen weiteren Versionen geschaffen hat, ist es vollkommen logisch, irgendwann einmal alte Versionen abzuschaffen, um Platz zu schaffen für die neuen Modelle – Mensch 4.0 sozusagen. Müssen wir in der Bedrohung der schwarzen Bevölkerung der Erde diese Maßnahme erkennen?

Die indische Kultur unterscheidet aus ihren alten Quellen die ersten Menschen in die *Arier* und die *Draviden*. Die Draviden waren zuerst da und dunkelhäutig; die Arier kamen später, waren hellhäutig und eroberten die dravidischen Kulturgebiete. Soll demnach nun eine der ersten Versionen der Menschheit „abgeschafft" werden? Und soll dabei gleichzeitig die zweite alte „Modellreihe" der Arier systematisch auf neue Aufgaben vorbereitet und angepasst werden? Wir erleben heute weltweit eine Abkehr von alten Werten. Eine Allgemeinbildung, wie sie früher Standarderziehungsanforderung an jeden war, ist heute nicht mehr „in".

Wir haben zwar noch das alte Potential in uns, es werden jedoch Stück für Stück die Erinnerungen daran ausgelöscht – das Wissen geht verloren. Genozid aus Sicht eines Anunnaki ist nichts weiter als Modellreihenwechsel und Modernisierung. Da wir nun wissen, wie die Menschheit entstanden ist, einmal in einer Reihe genetisch kontrollierter Art, einmal in einer möglicherweise durch Sabotage verursachten, genetisch unkontrollierten Art, können wir gut nachvollziehen, dass bei der kontrollierten Art massenweise Sicherheitsvorkehrungen getroffen und bestimmte Gengruppen oder Einzelgene gezielt abgeschaltet oder nicht mit eingebracht wurden, damit die „Werkzeuge" nicht gefährlich werden können und sich möglichst optimal nutzen lassen. Die unkontrollierte Art jedoch hat die volle Bandbreite der Anunnakigene mitbekommen. Es ist alles(!) vorhanden – und wie wir aus dem Biologieunterricht früher vielleicht noch erinnern, sind hier die Regeln von dominanten und regressiven Genen für die jeweiligen Eigenschaften entscheidend.

Durch gezielte Züchtung kann man nahezu alle Kombinationen eines solchen Gen-Pools ausschöpfen. Und gerade heute, in einer Welt ständiger Völkervermischung, sind diese Gene mit Sicherheit längst in nahezu jedem Menschen vorhanden. Gleich einem Rechnerprogramm haben wir offenbar nur die Freischaltcodes für bestimmte Programmteile vergessen und werden noch viel mehr vergessen und müssen uns jetzt und in Zukunft noch viel mehr auf die Suche nach diesen Freischaltungen machen.

Doch erwünscht ist diese Suche ganz offensichtlich nicht! Werden wir vielleicht bei einem Mann fündig, der ein Gerät erfunden hat, mit dem man mit Hilfe von an den Menschen angeschlossenen Frequenzüberträgern beinahe alles an einem Menschen heilen kann? Oder bei einem anderen, der sagt, jeder Mensch habe eine Eingangsfrequenz und habe man die gefunden, könne man mit Frequenzen alles machen, was man sich auch nur träumen kann; gleich einem Computeranschluss zum Aufspielen und Freischalten von Programmen für Autofahren, Klavierspielen oder Atombombenbau? Und ist es nicht wieder einmal erstaunlich, dass von diesen beiden Erfindungen nichts, aber auch wirklich gar nichts in den großen Medien berichtet wird und stattdessen beide die typischen Probleme bekamen, von juristischen Spielchen über Drohungen bis hin zu ernsthaften Personen- und Sachschäden, und keine ihrer Erfindungen zum Wohle der breiten Masse eingesetzt werden kann? Warum finden Sie im Internet tausende Hinweise auf Menschen, die Freie-Energie-Maschinen zur autonomen Stromerzeugung erfunden haben und gleichzeitig aber nichts darüber in den Nachrichten des Fernsehens und der Zeitungen? Warum finden Sie jeweils nach Erscheinen dieser Meldungen oft auch immer wieder Hinweise, dass dieser oder jener einen plötzlichen, unerwarteten Unfalltod starb oder Selbstmord beging? Es gibt Motoren, die mit Permanentmagneten laufen oder mit Wasser, es gibt seit 1940 die sog. deutschen „Flugscheiben", auch diese sind eine deutsche Erfindung. Viele der von den Amerikanern in Deutschland nach dem Krieg geraubten Patente finden erst jetzt ihren Weg in die Industrie, weil man sie schlicht und ergreifend nicht verstanden hat, man konnte sie nicht lesen und durchschauen.

Viktor Schauberger fand, dass wir besser das *Implosionsprinzip* anstelle des *Explosionsprinzips* für unsere Energiegewinnung nutzen sollten und baute nicht nur ein funktionierendes „Heimkraftwerk", das mit Wasser-Implosion arbeitete, sondern auch die *Repulsine*, die, zwar eigentlich als Luftreiniger gedacht, Grundlage für Flugscheibenantriebe („fliegende Untertasse" oder „UFO") war. Merkwürdigerweise starb Viktor Schauberger, kurz nachdem er den Amerikanern „freiwillig" die Rechte an all seinen Patenten überschrieben hatte. Gleichzeitig mit Schauberger gab es mit Nikola Tesla in Amerika einen Wissenschaftler, der bis heute mit seinen Erfindungen die Menschen fasziniert und bei so bekannten Projekten wie dem „Philadelphia-Experiment" und dem „Montauk-Projekt" maßgeblichen Einfluss hatte. Bei diesen Projekten wurden Technologien erprobt, die bis heute nicht veröffentlicht oder offiziell besprochen werden: Gedankenmanifestierer, Unsichtbarmachung, Zeittunnelreisen, alles nach Phantastereien klingende Inhalte – jedoch keinesfalls Hirngespinste. Dies stellt sich nun immer mehr heraus. Lange vor Kriegsende 1945 gab es im Deutschen Reich bereits erfolgreiche Versuche („Die Glocke"), mit Hilfe von sehr schnell rotierendem Quecksilber die Schwerkraft zu überwinden. Die größte jemals gestartete U-Boot-Jagd war die nach den deutschen U-Booten, die u.a. Quecksilber nach

Abb. 84: Angeblich Aufnahme einer russischen Flugscheibe (aus dem Internet)

Abb. 85: Kapitän Alfred Ritscher
Abb. 86: Die „Schwabenland" mit Seeflugzeug HA 139 von Blohm & Voss

Japan bringen wollten, um diese Technologie auch dort zu starten. Einige dieser teilweise mit vielen Tonnen Quecksilber beladenen U-Boote hat man gefunden – nicht alle. Und ist es nicht erstaunlich, dass der führende russische Forscher auf diesem Gebiet der Sohn des Offiziers ist, der die Unterlagen des Projektes „Die Glocke" damals als Soldat nach einem langen Wettlauf mit amerikanischen Diensten in Süddeutschland nahe Stuttgart beschlagnahmt hat? Flugscheiben und nicht-konventionelle Antriebe, ja selbst Anti-Schwerkraft-Antriebe sind keine Erfindung von Science-Fiction-Autoren und Verschwörungstheoretikern, sondern ganz reale Bestandteile unserer deutschen Geschichte und nur die Wahrheit über sie wird unterdrückt. In Russland werden bereits seit Jahren Flugscheiben nach offenbar deutschen Plänen gebaut; immer wieder dringen Informationen darüber nach außen. Manchmal, vor allem in der Vergangenheit, drangen noch Informationen an die Öffentlichkeit, so z.B. am 26.4.1953 in der *Welt am Sonntag*: *„Prag 14.2.1945: Erster Start einer bemannten „Flugscheibe"; bis 12.400 m Höhe in 3 Minuten, bis 2.200 km/h schnell."* Warum erzählt man uns nicht endlich die Wahrheit über Neuschwabenland – ein Gebiet des Deutschen Reiches, wie der Bundestag noch 1952 im Bundesgesetzblatt veröffentlichte, wovon er seitdem nichts mehr wissen will? Dieses Gebiet wurde während der *Deutschen Antarktis Expedition 1938/1939*[399] offiziell und nach heute noch immer gültigen internationalen Gesetzen durch das Deutsche Reich in Besitz genommen.[400] Angeblich sollen dort spätestens nach der Antarktis-Expedition des Deutschen Reiches 1938 ein oder mehrere deutsche militärische Stützpunkte gebaut worden sein.[401] Gab es diese? Und: Bis wann gab es sie, oder gibt es sie noch immer? Warum wurden just auf diesem Gebiet zu Beginn des Golf- bzw. Irakkrieges Atombomben abgeworfen, wie man sehr schön zuhause am Rechner auf dem „Live Seismic Server"[402] verfolgen konnte? Die offiziellen Organe der BRD geben hierzu keinerlei Kommentare, oder wenn, dann nur Lügen heraus. Admiral Byrd, der Leiter der *Operation Highjump* (1946-1947) – die, wie er selbst sagte, *„militärischen Charakter"* hatte –, gab nach seiner Rückkehr der chilenischen Zeitung *El Mercurio* ein Interview:

> *„...Admiral Byrd machte heute die Mitteilung, dass die USA notwendigerweise Schutzmaßnahmen ergreifen müssten gegen die Möglichkeit einer Invasion des Landes durch feindliche Flieger, die aus dem Polargebiet kommen."* Auch hob er hervor, *„dass es wichtig sei, in Alarmzustand und Wachsamkeit entlang des gesamten Eisgürtels zu verbleiben, der das letzte Bollwerk gegen eine Invasion sei... Ich möchte niemanden erschrecken, aber die bittere Realität ist, dass im Falle eines erneuten Krieges die Vereinigten Staaten durch fliegende Objekte angegriffen werden, welche mit unglaublicher Geschwindigkeit von Pol zu Pol fliegen könnten."*

Übrigens fielen die ersten großen Bomben der Alliierten hier schon 1946 (nach dem Waffenstillstandsvertrag) auf deutschem Reichsgebiet. Bomben auf die Antarktis – wozu? Wie auf den beiden folgenden Fotos von bestimmten Stellen der Antarktis zu sehen ist, gibt es durchaus Hinweise, denen nachzugehen sich lohnen könnte. (Abb. 87)

Abb. 87: Zwei Erdöffnungen in der Antarktis (die Koordinaten finden Sie in den Endnoten [403] und [404])

Ruft man diese Koordinaten [403] und [404] mit dem Programm *Google Earth* auf und vermisst dieses „Loch“, stellt man fest, dass es genau die richtige Größe für das unterirdische Starten und Landen von Flugzeugen oder anderen Fluggeräten hat.[403]

Unterirdische Startbahnen gibt es u.a. im Irak und auch in den USA und sicherlich an vielen anderen Orten der Welt ebenso. Interessant ist auch, dass *Google Earth* in vielen Gebieten der Antarktis und anderen wenig bewohnten Gebieten der Erde eine eher schwache Auflösung der Satellitenbilder anbietet. Warum also ist ausgerechnet der Streifen mit diesem und dem folgenden Bild in hoher Auflösung verfügbar? Gleich links daneben verschwindet alles im weißen Nebel der Grob-Pixeligkeit.[404]

Kaum hatte der damals kommandoführende Offizier der alliierten Antarktis-Expedition, Admiral Byrd, seinen Bericht am 4. März 1947 abgeliefert, schlossen, beginnend schon am selben Tag, innerhalb der folgenden zwei Jahre 13 europäische Staaten und Amerika untereinander jeweils Bündnisverträge und Beistandspakte – und zwar gegen das am Boden liegende Deutsche Reich! Und da dies offenbar direkt nach neuen Erkenntnissen aus der Antarktis-Expedition initiiert wurde, sei die Vermutung eines direkten Zusammenhanges erlaubt! Was bitte schön sonst sollte man befürchten? Deutschlands Kernland war restlos zerstört! Sehen Sie sich die alten Fotos von 1945 aus Hamburg, Dresden oder jeder anderen deutschen Großstadt an. Wie sollte von dort eine Gefahr ausgehen?

Die deutschen Städte, die deutsche Industrie war am Boden, und die Fabriken wurden größtenteils von den Alliierten abmontiert und als Reparationsleistung ins Ausland gebracht. Dennoch schien es für die Alliierten irgendeine signifikante Gefahr zu geben, derentwegen sie sich gezwungen sahen, in höchster Eile Beistandspakte zu unterzeichnen.

Abb. 88: Berlin 1945 – so sah es überall im Land aus!

Aus diesen wechselseitigen Beistandsverträgen entstand dann die NATO, und die Bundesrepublik wurde gezwungen, diesem Bündnis beizutreten – wohlgemerkt einem Bündnis gegen das Deutsche Reich. Dasselbe gilt für die UNO, denn auch die UNO wurde als Gemeinschaft gegen das Deutsche Reich gegründet, und die dies belegende sog. *Feindstaaten-Klausel* ist keineswegs gelöscht, sondern noch immer aktiver Bestandteil der UNO-Charta. Tausende Beispiele können herangezogen werden, und immer wieder kommt Betrug über Betrug an den Völkern ans Tageslicht.

Die Amerikaner lassen sich darüber aus, dass Wahlbeobachter in Russland „Unregelmäßigkeiten" bei der Duma-Wahl festgestellt hätten, aber gleichzeitig verbieten sie jedwede Entsendung von Wahlbeobachtern in ihr eigenes Land. Hat man Sorge, dass solche vielleicht schallend gelacht hätten, aufgrund der offensichtlichen „Unregelmäßigkeiten" bei der Wahl zwischen Bush und Gore, die letztendlich durch *„durch die Post zu spät gelieferte"* Briefwahlzettel aus Tel Aviv entschieden wurde? Warum steht beispielsweise an der Grenze zwischen der Bundesrepublik und Frankreich „Staatsgrenze", an der Grenze zu Österreich jedoch „Bundesgrenze"? Vielleicht, weil der Staatsvertrag von 1955 (Wien) in Artikel 3 ausdrücklich bestimmt:

> *„Die Alliierten und Assoziierten Mächte werden in den deutschen Friedensvertrag Bestimmungen aufnehmen, welche die Anerkennung der Souveränität und Unabhängigkeit Österreichs durch Deutschland und den Verzicht Deutschlands auf alle territorialen und politischen Ansprüche in Bezug auf Österreich und österreichisches Staatsgebiet sichern."*

Deutschland hat aber noch gar keinen Friedensvertrag! Und somit hat die Anerkennung der Unabhängigkeit von Österreich durch Deutschland noch gar nicht stattgefunden! Es ist also keinesfalls alles endgültig oder gar gerecht oder gar korrekt geregelt, sondern ganz im Gegenteil: Fast keine der wirklich grundlegend wichtigen juristischen Angelegenheiten. Man lässt diese ganz bewusst offen, schafft für die Elite neue Schlupflöcher, gründet sogar Kirchen für eine neue Holocaust-„Zivilreligion" (damit sich nachher die teilnehmenden Staatschefs auf ihr Menschenrecht der freien Religionsausübung berufen können?)[405], lässt ganz Europa in eine staatenlose Ungewissheit fallen und stellt die Banken als Aufsicht über die Nationalstaaten, bildet übernationale Gouverneursräte, vollkommen immun gegen jede Anklage und unbeschränkt in ihrer finanziellen Macht über jeden einzelnen der ehemaligen Staaten und schafft eine geistig minderbemittelte, medienabhängige, körperlich ungesund lebende und immer mehr charakterlose Sklavenrasse mit durchaus hohem, aber sehr beschränkt einsetzbarem Intelligenzquotienten. Soll dies die Zukunft unser aller Kinder sein?

Jeder Mensch bleibt aufgerufen, sich nun sein eigenes Bild von den Fakten zu machen. Jeder Mensch bleibt aufgerufen, niemals aufzuhören, Fragen zu stellen, seien sie auch noch so unbequem.

Das deutsche Volk existiert noch immer und kann sich aus dieser Lage befreien. Dies kann friedlich geschehen, denn niemand kann einem ganzen Volk widerstehen, das sich keine Lügen mehr bieten lässt. Es gibt Beweise in Hülle und Fülle, die Wahrheit und Licht in die jüngste deutsche Geschichte bringen. Menschen aus aller Welt beschäftigen sich inzwischen mit den wahren Machthabern der Erde und deren Plänen, und viele arbeiten auch die Lügen des Ersten und Zweiten Weltkriegs auf.[406] Jeder kann mithelfen, die Probleme zu lösen und Druck auf die Politik auszuüben.

Fassen wir die *Weltverschwörung* nochmals stichpunktartig zusammen:

- Es gibt Mächte und Kräfte im Hintergrund des offiziellen Weltgeschehens, die Politik, Wirtschaft und Medien steuern und in eine bestimmte Richtung lenken, die dem Normalbürger nicht bekannt ist: die *Neue Weltordnung*. Die Menschen der Zukunft werden nur noch Nummern bzw. „Sachen“ sein, total kontrolliert aufgrund eines bargeldlosen Finanzsystems, und die Menschheit wird durch künstlich inszenierte Seuchen und bewusst herbeigeführte Naturkatastrophen um mindestens die Hälfte dezimiert. Da der Mensch aber nicht kontrolliert werden möchte, wird er durch bewusst inszenierte „Terroranschläge“ – sog. „Inside-Jobs“ –, wie in New York, London, Madrid oder Paris, derart in Angst versetzt, dass er nach einer „starken Hand“ und nach noch mehr Kontrolle verlangt. Bei *Charlie Hebdo* fragte sich der aufmerksame Beobachter, wie die Demonstranten innerhalb kürzester Zeit alle gemeinsam und ausschließlich mit einheitlichen Plakaten „Je suis Charlie“ herumlaufen konnten. Individuelle Plakate waren nicht mehr sichtbar. Der mainstream-informierte Normalbürger wird bombardiert und hat als ahnungsloser Nachrichtenkonsument keine Chance, die Wahrheit zu erkennen.

- Auch im Finanzsektor hat Otto Normalverbraucher keine Möglichkeit, der Ausbeutung zu entrinnen. Erst werden Aktien in den Himmel gehoben, dann kommt der nächste programmierte Crash, die Währungen werden mit dem Prädikat „stabil“ gegründet und durch schrankenlose Staatsausgaben bis an die Null-Linie entwertet. Dann dürfen wir mit Steuergeldern die Banken retten, die uns vorher nach Strich und Faden betrogen haben. Dies darf alles zusammen durchaus als „Finanzterror“ bezeichnet werden. Zudem wird das komplette internationale Finanzwesen von ein paar Privatbankier-Clans dominiert.
- Doch der Terror ging zu anderen Zeiten im Laufe der Erdgeschichte noch weit darüber hinaus. Mit Himmelskörpern wurde der Lauf der Erde gestört, und die Umlaufzeiten wurden auf Dauer durcheinandergebracht. Es wurden ganze Erdteile verbrannt und Sintfluten ausgelöst. Der frühere Wassermantel der Erde wurde dabei ebenso zerstört wie der größte Teil der damaligen Menschheit. Ohne zusätzliche Informationen könnte man hierin tatsächlich noch einen seltenen, kosmischen „Zufall“ sehen. Bei genauer Betrachtung offenbaren sich jedoch die diversen Zusammenhänge dieser planetaren Katastrophen. Alles war geplant, und zwar von intelligenten außerirdischen Lebewesen, die damals auf der Erde als „Götter“ angesehen wurden.
- Die gemeinsame Ursprache wurde durch die Erdachsenverschiebung im Hirn jedes Einzelnen in ein komplettes Durcheinander verwandelt. Erdteile sind verschwunden, auf denen wir mit Fug und Recht hochentwickelte Zivilisationen vermuten dürfen (Atlantis). Städte und Staaten sind verwüstet worden, und dies offenbar mit Waffen, die unseren modernen Massenvernichtungswaffen sehr ähnlich bzw. teilweise weit überlegen sind.
- Sogar der Mars und sein Nachbar Phaeton waren Ziel von Angriffen, wobei der Mars noch Glück hatte und dabei „nur“ vollständig verbrannte, während Phaeton aufhörte zu existieren. Die Menschheit durchlief währenddessen mehrere Stadien genetischer Manipulationen, die den Menschen nicht nur das biblische, sehr lange Lebensalter nahmen, sondern die Völker auch auseinandertrieben.
- Offenbar in ständiger Uneinigkeit wurden mehrere verschiedene Ziele parallel verfolgt, und gleich zu Beginn wurde für die Vorfahren der

heutigen deutschen und israelischen Menschen der Grundstein gelegt. Durch Religion wurde dann zunächst der Keim für Extremisten beider Seiten gelegt, indem man Vorstellungen etablierte, die auf Dauer nicht friedlich nebeneinander existieren konnten. Dann wurde sehr langfristig darauf hingearbeitet, dass die Welt nicht zur Ruhe kommt. Krieg folgte auf Krieg, oftmals (oder sogar meist) wurden beide Seiten finanziert, und man zog daraus seine Gewinne.

- Wir können in der Rückschau nun tatsächlich feststellen, dass unsere Völker sehr eng miteinander verwandt sind. Egal ob Jude, Deutscher, Indio, Tibeter oder Japaner oder irgendjemand anderes: Uns allen sind gemeinsame Erinnerungen tief in unsere Gene geprägt. Wir können diese nun richtig einordnen und erkennen in den ältesten Mythen und Überlieferungen die gemeinsame Geschichte wieder. Wir können nun endlich aufhören, diese Ereignisse durch ständigen Wiederholungszwang verarbeiten zu wollen und damit anfangen, als Mitglieder der Familie der menschlichen Völker miteinander an der Zukunft des Planeten Erde zu arbeiten. Gemeinsam haben die Völker so viele verschiedene Talente, dass wir alle Mittel in der Hand halten, um eine erwachsene Planetenbevölkerung zu werden.
- In der Wissenschaft wissen wir schon seit langem, dass alles um uns herum schwingende Energie ist – auch wir selbst. Nun wissen wir, dass wir diese Schwingungen bisher falsch gemessen haben. Denn unsere Sekunde hatten wir dummerweise von der Natur abgekoppelt und haben deshalb jede Messung in Hertz auf falscher Grundlage gemessen. Da die Natur aus meist sehr einfachen mathematischen und vor allem geometrischen Zusammenhängen besteht, können wir nun mit der neuen „Ur"-Sekunde möglicherweise endlich die richtigen Zusammenhänge erkennen. Eventuell sind wir dabei nicht die ersten, denn möglicherweise gab es in den 1930er- und 1940er-Jahren schon Forscher in Deutschland, die diese Zusammenhänge erkannt und umgesetzt haben. Die Hinweise auf einen Stützpunkt in der Antarktis sind von großem Gewicht, und der Einfluss auf die jüngere Politik- und Militärgeschichte, einschließlich der Gründung der NATO, ist eindeutig und lässt darauf schließen, dass der Menschheit in sehr großem Umfang technologische Entwicklungen vorenthalten werden.

18. Nachwort

Mir ist bewusst, dass Sie in diesem Buch eine Vielzahl von Details und Fakten kennengelernt haben, die Sie nicht unbedingt erfreuen. Die erkennbare Machtfülle derer, die am Ruder sind, ist erschreckend groß, und die an jeder Ecke sichtbaren Auswirkungen ihres Strebens sind belastend für die Seele eines jeden. Bitte lassen Sie mich Ihnen in einem zweiten Buch einen positiveren Ausblick geben. Wir leben in einer unglaublich spannenden Zeit. Nie hätte ich mir erträumt, einmal in solch einer Zeit leben zu dürfen. Vielleicht blieb es Ihrem Auge bisher verborgen, was mich so ungeheuer optimistisch macht. Lassen Sie mich daher nur einige Stichworte sagen, um Ihnen wenigstens diesen positiven Ausblick am Ende dieses Buches mitzugeben.

Wir leben in einer Zeit unglaublicher technologischer Fortschritte. Noch unglaublicher wird es, wenn wir feststellen, dass das, was wir momentan als „Science Fiction“ bezeichnen und allenfalls aus Filmen wie Raumschiff Enterprise kennen, teilweise bereits seit Jahrzehnten fertig entwickelt ist. Reisen zum Mars, riesige unterirdische Städte, Teleportation, Chronovisoren (Maschinen, mit denen man durch die Zeit sehen kann – siehe Pater Ernetti), Supraleitung bei Raumtemperatur und selbst Zeitreisen – es ist alles bereits vorhanden.

Wir werden in den nächsten Jahren feststellen, dass die Weiterentwicklung der Technologie zugunsten der geistigen Weiterentwicklung in den Hintergrund treten wird. Das Land Bhutan hat hier einen sehr interessanten Anfang gemacht. In Bhutan ist das Glück eines jeden einzelnen Bewohners explizit als Staatsziel festgeschrieben worden.

Die Technologie, insbesondere die der Chronovisoren, wird sich verbreiten und die Regierungen dazu zwingen, sich den Menschen gegenüber gut zu verhalten. Das von uns als „böse“ bezeichnete wird mehr und mehr verdrängt werden, und das „Gute“ wird mehr und mehr um sich greifen und die Oberhand gewinnen. Diejenigen, die vorher schon schlecht waren, werden vermutlich noch schlechter und dann sterben. All die Mittelmäßigen und Unentschlossenen werden hingegen auf die Seite des Lichts wechseln.

Am österreichischen Untersberg, das von vielen alternativen Forschern als das „Herzchakra der Erde“ angesehen wird, wurde am 9.9.2016 (Quersumme 9!) zum ersten Mal ein Frequenzgenerator in Gang gesetzt, der extra für diesen Prozess dort hingeschafft wurde. Von wem? Ich weiß es nicht.

Bereits seit 2013 sind die Verträge der FED und einige Monate später die für die russische Nationalbank ausgelaufen und die bisherigen Eigentümer dieser Banken dürften sehr geringe Chancen auf eine Verlängerung haben. Weitere Verträge werden Stück für Stück, einer nach dem anderen, ebenfalls auslaufen. Wir sehen schon jetzt eine Veränderung im Bankenwesen. Es scheint, als verabschiedeten wir uns langsam vom Zins-System.

Der Zins, der möglicherweise einmal eine ganz berechtigte Bedeutung hatte, hat uns in den letzten Jahrhunderten in die Sklaverei geführt. Direkt nach der Sintflut musste jeder für sich schauen, dass er überlebt. Anstelle eines Paradieses, in dem jedem alles und alles jedem gehörte, gab es nun eine neue Situation: die des privaten Eigentums. Denn ohne den Schutz eines reichhaltigen, immerwährenden Vorrates, war jeder Besitz kostbar geworden. Wollte man nun jemandem helfen, und trennte man sich von dem so wertvollen Besitz, so ging man für die Dauer dieses Verleihens ein erhöhtes Risiko ein. Dafür wurde eine Risikoprämie fällig – der Zins war geboren.[407] Nur: Wir brauchen ihn heute nicht mehr. Wir haben, wenn wir es schaffen, von den Kriegen wegzukommen, Mittel, solche Situationen mit Geld und anderen Wert-Tauschmitteln zu bewältigen.

Und selbst die Kirche scheint in einem Wandel zu sein. Der Papst hat am 1. September 2013 erneut ein Rechtsinstrument veröffentlicht. Diese „Motu Proprio“ (lat.: *aus eigenem Beweggrund, selbst veranlasst*) führt unseren Planeten und die Menschen, sollten sich denn wirklich alle nach ihr richten, in eine neue Ära. Dieses Rechtsinstrument steht über allen anderen; über den vorherigen Bullen, über der UN-Charta, über nationalen Gesetzen, einfach über allem.

Und der Inhalt ist beinahe revolutionär: Sämtliche privaten Geldsysteme sind verboten. Jede Art von Staatsform, die den freien Menschen irgendwelche Sklavensysteme aufzwingt; jede Art von Vollzugsbeamten, die den Menschen Steuern abverlangen, alle Arten von Finanzämtern etc. sind damit verboten.[408] Diese Erlässe sind international gültig und können von jedermann recherchiert werden.

Bislang sehen wir in unserem täglichen Leben hiervon noch keinerlei Auswirkung, denn die Politiker und Banker machen weiter wie bisher. Sie aufzuhalten, wird noch Zeit benötigen. Aber die Zeichen mehren sich, dass sich dieses System seinem Ende zuneigt. Ob ausgerechnet die Kirche am Ende hier ein hilfreiches Werkzeug zur Auflösung dieser Strukturen sein wird – wer weiß?

Ich bitte Sie als Leser dieses Buches, auch in Zukunft ein wachsames Auge auf die Entwicklung zu haben und Ihr Möglichstes für die Wiedererlangung einer sozial gerechten, freiheitlichen, gesunden und friedvollen Gesellschaft auf diesem Planeten zu tun. Vielleicht sind SIE es, der jetzt diese Zeilen liest und in Zukunft der Menschheit den richtigen Weg ebnet. Vielleicht sind Sie es, der jetzt einen Anlass gefunden hat, dem Schicksal eine Wendung zu geben. Vielleicht sind Sie es, der Sie als einziger, noch fehlender Mensch dem Erreichen der kritischen Masse gefehlt hat, und wir schaffen es alle gemeinsam, den neuen, richtigen Weg in die Freiheit, mit Liebe, Glück und Wohlstand zu gehen.

Ich hoffe, ich konnte deutlich machen, dass es für mich an allererster Stelle steht, die Fakten offenzulegen. Ob dies der richtige Weg ist, kann ich für Sie nicht entscheiden, wohl aber für mich. Die Wahrheit muss ans Licht, denn dort gehört sie hin. Lügen gehören in die Dunkelheit, sodass sie in Vergessenheit geraten.

Zu Beginn dieses Buches habe ich Ihnen berichtet, wie mich mein alter Freund „Mister X" zum ersten Mal aufklärte und wie wir einander Briefe schrieben und ich so langsam anfing, mich mit verschiedenen Themen zu beschäftigen. Inzwischen habe ich mich bis heute viele Male mit ihm getroffen, und er hat mir von sich und vielen hochinteressanten Themen berichtet und erzählt. Einige Jahre nach unserem ersten Treffen fragte ich ihn einmal, wie viele Menschen denn so wie ich tatsächlich ihre Sichtweise auf die Dinge geändert hätten, wie viele „darauf angesprungen" seien und ein wenig versucht hätten, den Dingen auf den Grund zu gehen.

Seine Antwort war: *„Du bist der Einzige."*

Liebster Leser, bitte ändere das!

Über den Autor

Thomas Anderson (Jahrgang 1970) stammt aus Norddeutschland. Er studierte Betriebswirtschaft und Ingenieurwissenschaften.

Durch viele Auslandsaufenthalte bekam er einen tiefen Einblick in die Sichtweisen der verschiedenen Völker und ihre ganz besondere Sicht auf Deutschland.

Er entdeckte erst spät sein Interesse an sogenannten „Verschwörungstheorien" und ließ sich vom Mainstream nicht abhalten, diese einmal genauer unter die Lupe zu nehmen.

Den Anfang seiner Arbeit machte sein Hobby, die Ahnenforschung. Dann ergab ein Schritt den nächsten, weil immer wieder neue Fragen auftauchten und Antworten gefunden werden mussten.

Anhänge

Überblick über einige Riesenskelettfunde

- 1792 – New York, Buffalo: *Turners History of the Holland Purchase* berichtet von 7 und 8 Fuß großen Skeletten mit einer großen, abgeflachten Stirn.
- 1800 – Neben zahlreichen normalen Skeletten wurden in Conneaut (Ohio, USA) in einem Gräberhügel mehrere Riesenskelette entdeckt, die wie normale Menschen wirkten.
- 1800 – Aaron Wright untersucht ein Gebiet nahe Ashtabula County (Ohio, USA), in dem es zwischen 2.000 und 3.000 Gräber mit Riesenskeletten geben soll. Er entdeckt, dass viele eigentlich recht gewöhnliche Größen haben, findet aber auch Ausnahmen wie z.B. extrem lange Gliedmaßen.
- 1821 – In Williamson County (Tennessee, USA) wurden *„sehr große Knochen“* gefunden (*The Natural and Aboriginal History of Tennessee* von John Haywood).
- 1850 – Firelands Pioneers entdeckten in einer Reihe von Hügeln zahlreiche große Skelette, die sie einer Rasse zuordnen, die vor den Indianern vor Ort gewesen sein muss.
- 1876 – J. N. DeHart findet in Wisconsin (USA) Menschenknochen, die *„größer waren als die der heutigen Menschen“*.
- 1877 – W. H. R. Lykins findet in Hügeln nahe Kansas City (USA) Knochen *„von enormer Größe und Dichte“*.
- 1879 – Ein 9 Fuß großes Skelett wurde in einem Hügel nahe Brewersville (Indiana, USA) ausgegraben (*Indianapolis News*, Nov 10, 1975).
- 1880 – *„Ein Skelett mit enormen Dimensionen“* wurde nahe Zanesville (Ohio, USA) in einem Lehmsarg, der mit Hieroglyphen versehen war, von Dr. Everhart entdeckt (American Antiquarian, v3, 1880, pg61).
- 1883 – Zehn Skelette *„beider Geschlechter von gigantischen Größen“* wurden in Warren (Minnesota, USA) entdeckt (*St. Paul Pioneer Press*, May 23, 1883).
- 1883 – Ein Bewohner von Marion County behauptet nach einem Riesenskelettfund, dass es *„genauso viele Riesenskelette in Amerika gibt, wie es weiße Menschen dort gibt“*.
- 1884 – Ein 7 Fuß und 6 Zoll großes Skelett wurde in einer massiven Steinstruktur in Kanawha County (West Virginia, USA) entdeckt. Die Umgebung wirkte wie ein uralter Tempel mit Grabanlage. (*American Antiquarian*, v6, 1884 133f)
- 1885 – Ein großer Hügel nahe Gasterville (Pennsylvania, USA) beherbergte ein 7 Fuß und 2 Zoll großes Skelett. Das Grab war außerdem mit Inschriften versehen. (*American Antiquarian*, v7, 1885, 52f)
- 1885 – In einem Felsen nahe Yosemite Valley (USA) entdeckten Bergarbeiter eine 6 Fuß und 8 Zoll große Frau, welche ein Kind in ihren Armen hielt.
- 1888 – In Minnesota (USA) wurden 7 Skelette von Größen zwischen 7 und 8 Fuß entdeckt. (*St. Paul Pioneer Press*, June 29, 1888)

- Herbst 1878 – Ein Hügel nahe Toled (Ohio, USA) enthielt 20 Skelette, alle sitzend und mit Blick Richtung Osten *„von doppelter Größe wie die der heutigen Menschen"*. Neben jedem fand sich eine Flasche, die mit Hieroglyphen versehen war. (*Chicago Record*, Oct. 24, 1895; cited by Ron G. Dobbins, NEARA Journal, v13, Fall 1978).
- 1896 – Das Skelett eines großen Mannes wurde auf der Beckley Farm (Lake Koronis, Minnesota, USA) entdeckt. Ebenfalls auf Moose Island und in Pine City wurden Riesenskelette entdeckt. (*St. Paul Globe*, Aug. 12, 1896)
- 1897 – In einem indianischen Grab auf einer Farm in Jackson (Ohio, USA) werden gigantische Skelette entdeckt. Nach der Entdeckung wurden in der Umgebung weitere Hinweise auf Riesen gefunden. Nachdem man viele der Funde an das *Eastern Institute* übergeben hatte, verschwanden diese spurlos.
- 1898 – 8 Riesenskelette wurden in Sandusky (Ohio, USA) entdeckt.
- 1911 – Mehrere rothaarige Mumien von Größen zwischen 6 und 8 Fuß wurden in einer Höhle in Lovelock (Nevada, USA) gefunden.
- 1821 – Tennessee, White County: Eine antike Befestigungsanlage barg mehrere 7 Fuß große Skelette.
- 1829 – Auf einer Hotelbaustelle in Chesterville (Ohio, USA) wurde ein Riesenskelett gefunden. Nach eingehenden Untersuchungen wurde festgehalten, dass es anatomisch mit den heutigen Menschen übereinstimmt, allerdings mehr Zähne aufweist. Nachdem das Skelett nach Mansfield geschickt wurde, verliert sich seine Spur.
- 1833 – In Lompock Rancho (California, USA) entdecken Soldaten am Giant Lompock Rancho ein 12 Fuß großes Skelett. In seiner Umgebung wurden versteinerte Äxte und andere Artefakte entdeckt. Das Skelett wies 2 Zahnreihen auf. Es wurde leider verbrannt, nachdem örtliche Indianer von dem Fund erfuhren.
- 1835 – In Lake County (Illinois, USA) wurden zahlreiche 7 bis 8 Fuß große Skelette entdeckt.
- 1845 – In Virginia wurde ein riesenhafter Kiefer entdeckt, auf dem die Zähne schräg standen.
- 1849 – *Illustrations of the Ancient Monuments of Western New York* berichtet von einem elliptischen Hügel nahe Conewango Valley, welcher mehrere riesenhafte Knochen enthielt. Insgesamt sollen die vermutlich 8 Skelette jeweils rund 9 Fuß groß gewesen sein.
- 1850 – *History of Allegany County* von 1879 berichtet über riesenhafte menschliche Knochen, die beim Bau einer Eisenbahnstrecke entdeckt wurden.
- 1851 – Ein einzelner Rippenknochen, der in New York gefunden wurde, weist auf eine Körpergröße von 8 Fuß hin.
- 1856 – West Virginia, Wheeling: Ein menschliches Skelett wurde mit 11 Fuß Größe vermessen.
- 1858 – Ohio, Vermillion Township: Mehrere Skelette von Riesen wurden von örtlichen Anwohnern entdeckt.
- 1870 – Ohio: In Brush Creek Township wurden in einem Hügel mehrere Riesenskelette gefunden, die allesamt rund 9 Fuß groß sind. Auf einer großen Steintafel soll

außerdem ein Text gefunden worden sein, bei dem die Schriftzeichen den griechischen Buchstaben ähnlich sein sollen. (Abb. 89)

Abb. 89: Das Brush-Creek-Tablet wurde zwischen Skeletten gefunden, die alle um die zwischen 2,50 und 2,70 Meter groß waren.

- 1872 – Ohio, Seneca Township: Unter dem Bates-Hügel wurden 3 Skelette gefunden, deren Größe zu Lebzeiten vermutlich 8 Fuß betrug. Bemerkenswert ist auch hier eine doppelte Zahnreihe sowohl vorne als auch hinten und oben und unten am Kiefer.
- 1875 – West Virginia, Rivesville: Beim Bau einer Brücke wurden rothaarige Skelette gefunden, die eine Größe von 8 Fuß aufwiesen.
- 1876 – Wisconsin: In mehreren Hügeln wurden riesenhafte Schädel und Wirbel gefunden.
- 1877 – Missouri, Kansas City: Ein riesenhafter Schädel wurde in einem Hügel gefunden. Vermutlich war das Wesen zu Lebzeiten zwischen 25 und 30 Fuß groß.
- 1877 – Nevada, Eureka: Vermesser fanden in einem Felsen einen einzelnen Knochen eines Menschen. Ärzte, die diesen untersuchten, meinten, dass das Wesen vermutlich 12 Fuß groß war. Der Felsen, in dem der Knochen entdeckt worden war, wurde später auf ein Alter von 185 Millionen Jahre geschätzt.
- 1878 – Ohio, Ashtabula County: In einem Gräberfeld wurden mehrere einzelne Knochen gefunden, welche auf eine große Gruppe von Riesen hinweisen.
- 1879 – Indiana, Brewersville: Ein zehn Fuß großes Skelett wurde in einem Hügel entdeckt.
- 1880 – Ohio, Zanesville: Ein Skelett mit enormen Dimensionen wurde in einem Grab entdeckt, welches mit Hieroglyphen beschriftet war.
- 1880 – Minnesota, Clearwater: Mehrere Riesenskelette mit doppelten Zahnreihen wurden entdeckt.
- 1881 – Ohio, Medina County: Ein Kieferknochen mit 8 Zahnreihen wurde entdeckt. Zu Lebzeiten hätte dieses Wesen das Gesicht eines Homo sapiens komplett in den Mund nehmen können.
- 1886 – Pennsylvania, Ellisburg: Ein 8 Fuß großes Skelett wurde gefunden.
- 1886 – New York: Dutzende menschliche Skelette mit einer Größe von jeweils 7 Fuß und abgeflachter Stirn wurden entdeckt.
- 1886 – Illinois: Eine große Anzahl riesenhafter Skelette wurde in einem Grab entdeckt. In diesem lagen auch Artefakte, deren Technik auf eine höhere Entwicklung hinweist, als sie die Indianer je hatten.
- 1887 – Wisconsin, Le Crescent: Einzelne Knochen von riesenhaften Menschen wurden entdeckt.

- 1888 – Ohio, Toledo: 20 Skelette mit Kieferknochen, die weit größer als die von normalen Menschen sind, wurden ausgegraben.
- 1891 – Illinois, Dunleith: Mitglieder des *Bureau of Ethnology of the Smithsonian Institution* entdeckten Skelette zwischen Größen von 7 und 8 Fuß.
- 1891 – Arizona, Crittenden: Ein 12 Fuß großer Riese wurde ausgegraben, der zudem noch 6 Zehen an jedem Fuß hatte.
- 1911 – California, Lovelock Cave: Eine 8 Fuß große, rothaarige Mumie wurde entdeckt. Sie wurde später von einer ominösen Bruderschaft für eigene Zwecke genutzt und verschwand.
- Der irische Riese (Abb. 90) wurde 1895 bei Ausgrabungen gefunden. Die Größe dieses fossilen Riesen liegt bei 3,71 Meter, das Gewicht bei 2 Tonnen. Das Skelett weist 6 Zehen an den Füßen auf und steht auf diesem Foto aufgerichtet an einem Eisenbahnwaggon.
- 1923 – Arizona, Grand Canyon: Die Körper zweier 15 und 18 Fuß großer Menschen wurden entdeckt.
- Februar/Juni 1931 – im Humboldt Lake Flussbett nahe Lovelock (Nevada, USA) wurden mehrere große Skelette entdeckt. Das kleinere Skelett (8 1/2 Fuß groß) war in ein *„gummiähnliches Gewand, wie es Ägypter trugen"* gehüllt. Das größere Skelett war erstaunliche 10 Fuß groß. (*Review Miner*, June 19, 1931)
- 1932 – New Mexico, White Sands: Ellis Wright (Direktor des Lincoln Park) fand Fußabdrücke, welche mit 22 Zoll Länge auf einen Riesen hinweisen.
- 1939 – Ein 7 Fuß und 7 Zoll großes Skelett soll auf der Friedman Ranch nahe Lovelock (Nevada, USA) entdeckt worden sein. (*Review Miner*, Sept. 29, 1939)

'Fossilized Irish Giant' (12 feet 2 inches tall) at Broad Street goods station, London, late 19th century. Notice, that the giant is leaning up against a railroad car.

Abb. 90: Dieses Foto des versteinerten irischen Riesen wurde an einem Londoner Schienendepot aufgenommen und erschien im Dezember 1895 in einer Ausgabe des Strand-Magazins.

- 1947 – California, Death Valley: Mehrere 9 Zoll große Skelette wurden entdeckt.
- 1958 – In Italien wurde in einer 11 Millionen Jahre alten Steinschicht das Skelett eines Riesen entdeckt.
- Ende der 1950er-Jahre – Im Südosten der Türkei wurden bei Ausgrabungen riesenhafte Skelette entdeckt. Die Gräber sind über vier Meter groß. Allein ein Oberschenkelknochen ist größer als 1 Meter.

- 1965 – Ein Skelett zwischen 8 und 9 Fuß soll unter einem Felsen in Holly Creek (Kentucky, USA) entdeckt worden sein.
- 1968 – Neandertaler-ähnliche riesenhafte Skelette wurden in Minnesota (USA) entdeckt. Eine angeforderte Altersbestimmung mittels Radiokarbonmethode schlug jedoch fehl, da das Skelett auf dem Weg zur Untersuchung verschwand.
- 1991 – Professor Holger Preuschoft von der Ruhruniversität Bochum fand in einer Gesteinsschicht vermutlich 15 Millionen Jahre alte Fußabdrücke mit stattlichen Maßen (44 Zentimeter).
- 2012 – Ein über 1 Meter langer Fußabdruck eines Riesenmenschen wurde in Afrika entdeckt.[409]

Diese Liste, die ich bei *wiki.grenzwissen.de* fand, erhebt nicht den Anspruch auf Vollständigkeit. Sie soll nur unterstreichen, dass es im Laufe der Geschichte an vielen verschiedenen Stellen zu verschiedenen Zeitpunkten immer wieder solche Funde gab und diese leider offenbar in vielen Fällen in jeder Epoche ganz bewusst unter den Teppich gekehrt wurden und man die Skelette in vielen Fällen verschwinden ließ.

Abb. 91: Schädel eines Riesen
Abb. 92: Skelett eines Riesen in Italien, gefunden in einer Kohlemine

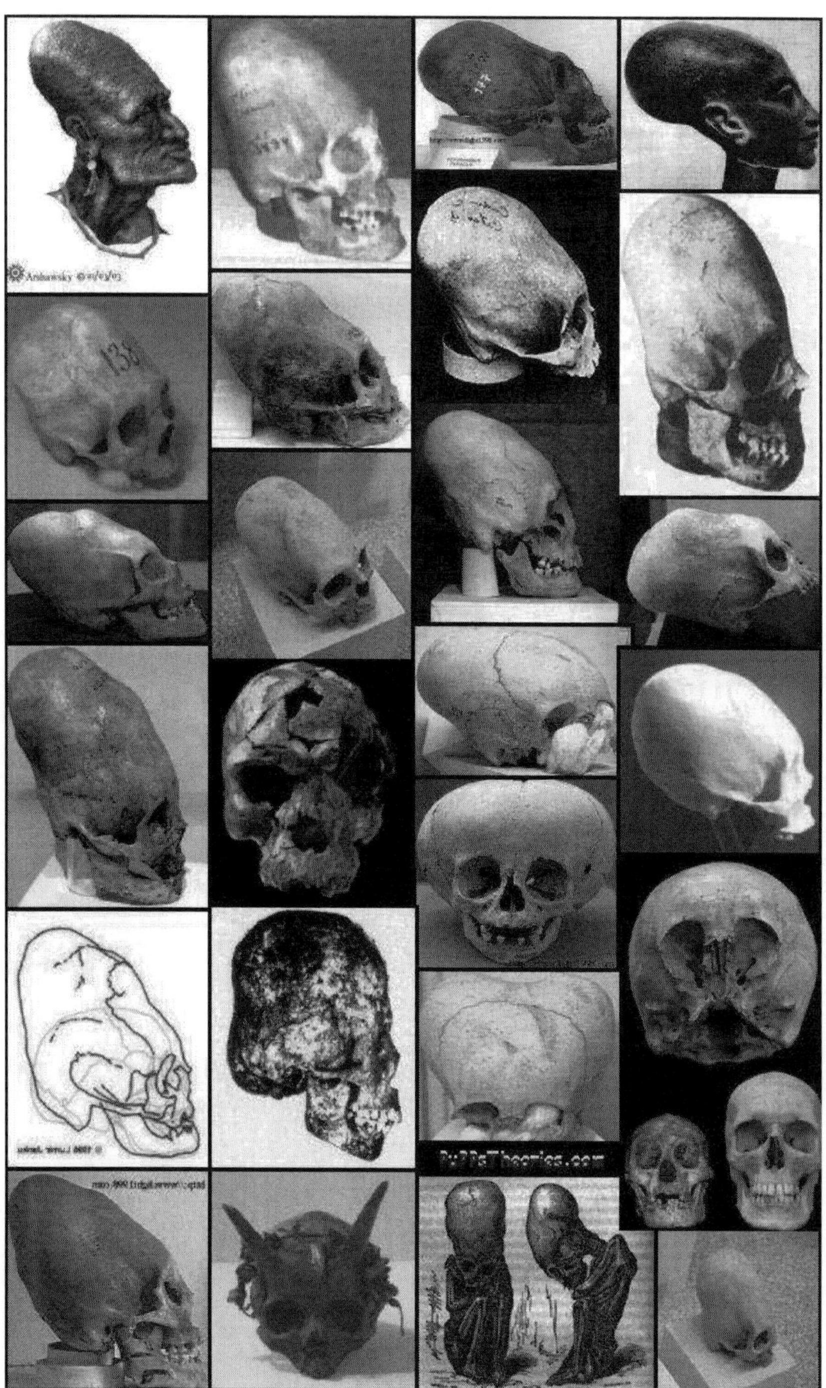

Abb. 93: Verschiedene Schädelformen

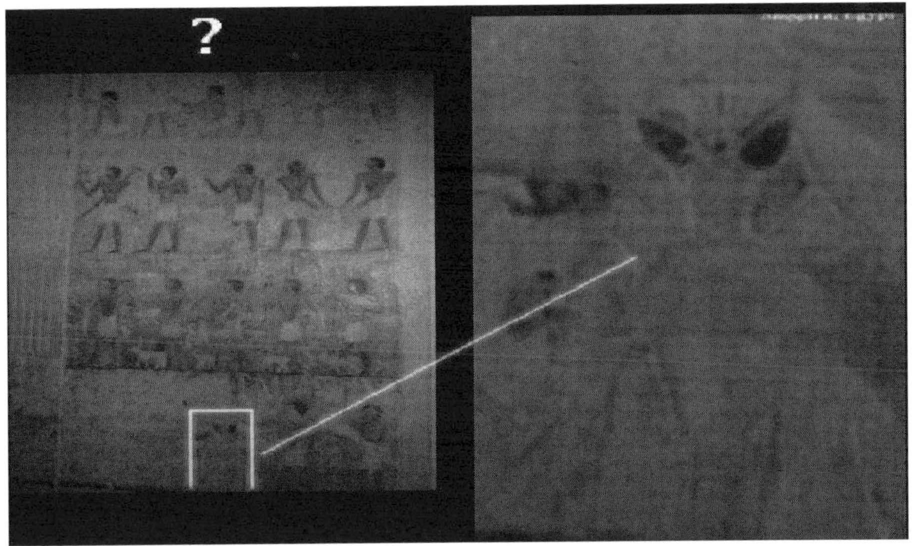

Abb. 94: Die Augenform bei dieser Abbildung ist definitiv nicht menschlich.

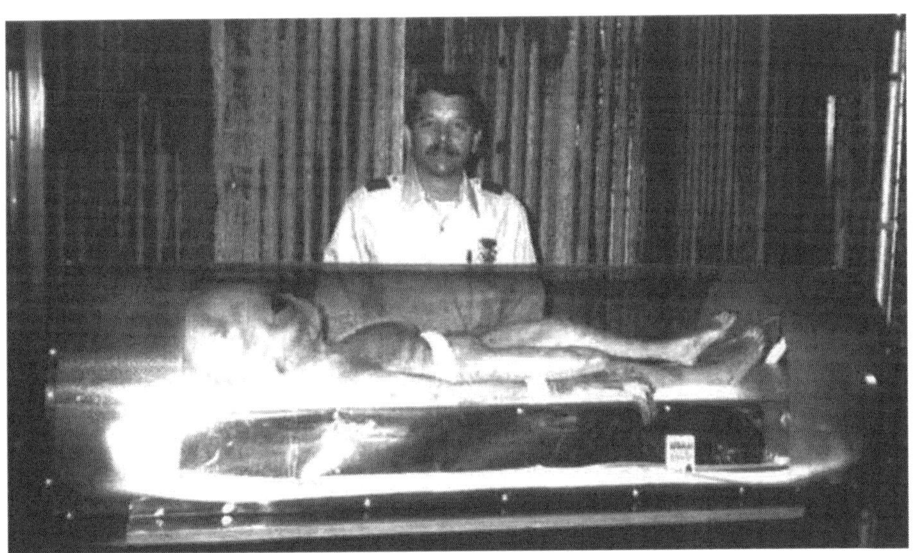

Abb. 95: Möglicherweise dazu passender Leichnam mit Offizier. (Quelle unbekannt.)

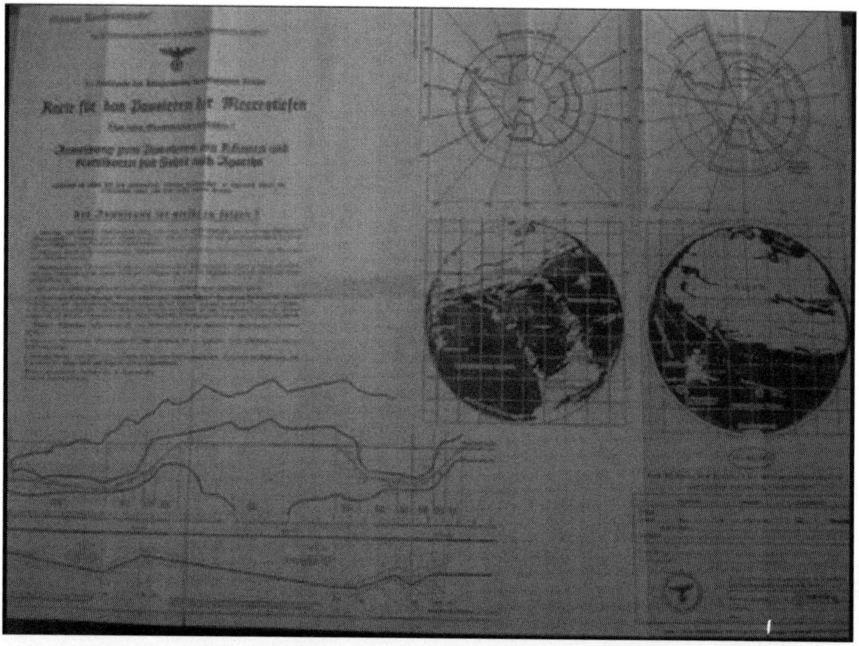

ABTAUCHEN AM PUNKT MIT DEN KOORDINATEN: EXAKTER SCHNITTPUNKT: 66° SÜDLICHER BREITE UND 1° ÖSTLICHER LÄNGE, AUF EINE TIEFE VON 400 METERN.

Der Anweisung ist strikt zu folgen !

1. Abtauchen. Vom Punkt des Abtauchens mit halber Fahrt, einer Steuerbord-Schräglage von 10° mit einer Buglastigkeit, Neigungswinkel 5°. Entfernung 188 sm. Vorgegebene Tiefe - 500 Meter. (Aufgrund des Fahrens im Korridor ist der Druck auf den Schiffskörper beim Manövrieren ein unwesentlicher.)

2. Auftauchen. Ballast mit einer Hecktrimmung, Auftauchwinkel 23° mit einer Backbord-Schräglage von 22°. 190 Meter nach oben. Entfernung 75,5 sm.

3. Schwieriges Manöver ! Auftauchen. Ballast mit einer Hecktrimmung, Auftauchwinkel 41°. Fahrt - geradeaus. 110 Meter nach oben, Entfernung 21,5 sm. Danach Steuerbord-Schräglage von 8° bis zum Auftauchen an die Oberfläche in der Grotte. Entfernung 81 sm.

4. Fahrt an der Oberfläche innerhalb der Grotte mit einer Steuerbord-Schräglage von 8°. Entfernung 286 sm.

5., 6. Schwieriges Manöver! Abtauchen. Mit einer Buglastigkeit, Neigungswinkel 45°. Bis auf eine Tiefe von 240 Metern, Entfernung 60 sm. Danach mit einer Backbord-Schräglage von 20°, wobei das Abtauchen bis auf 310 Meter bis zur Einfahrt in den Korridor fortgesetzt wird. Nach der Marke 310 Meter ist das Abtauchen mit einer Buglastigkeit fortzusetzen. Abtauchwinkel 7° bis auf 360 Meter. Entfernung 70 sm. Weiter Steuerbord-Schräglage von 51° bis auf eine Tiefe von 380 Metern.

7. Abtauchen. Buglastigkeit, Auftauchwinkel 22°. 100 Meter nach oben mit einer Backbord-Schräglage von 26°. Entfernung 43 sm.

8. Auftauchen. Hecktrimmung. Auftauchwinkel 45°, immer geradeaus, bis zum Auftauchen an die Oberfläche von Agartha. Entfernung 70 sm.

9. Fahrt nach Agartha. Volle Fahrt. Fahrt geradeaus, bis das neue Licht ausgemacht wird. Änderungen der Magnetpole. Die Bewegungen der Kompaßnadeln und Meßgeräte sind zu vernachlässigen!

(Weitere Anweisungen im Paket Nr. 3. Erst bei Eintreffen in Agartha öffnen!)

Abb. 96: Navigationsanweisung für U-Bootfahrer für die Strecke nach Asgard. Dem Anschein nach durchaus sehr real und echt. Teil I

Valkarischer Ozean

Divai-Inselkette

44 - Nr. 1489

Rückkehr vom Einsatz in der Geheimabteilung abgeben!

BEI GEFAHR ALS ERSTES VERNICHTEN!

Unterschrift

Bestätigt durch das Kommando der U-Bootflotte der Kriegsmarine des Deutschen Reichs.

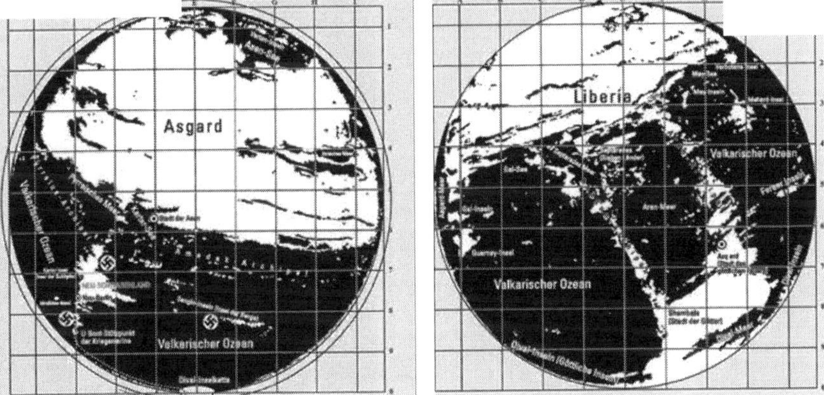

Abb. 97: Navigationsanweisung für U-Bootfahrer für die Strecke nach Asgard. Dem Anschein nach durchaus sehr real und echt. (Teil II)

Man beachte: Dies scheint eine originale Dienstanweisung zu sein, die dem U-Bootfahrer exakt vorschreibt, was er zu tun hat, um in Asgard zu landen. Ist Asgard demnach ein Kontinent auf der Innenseite der Erdoberfläche?

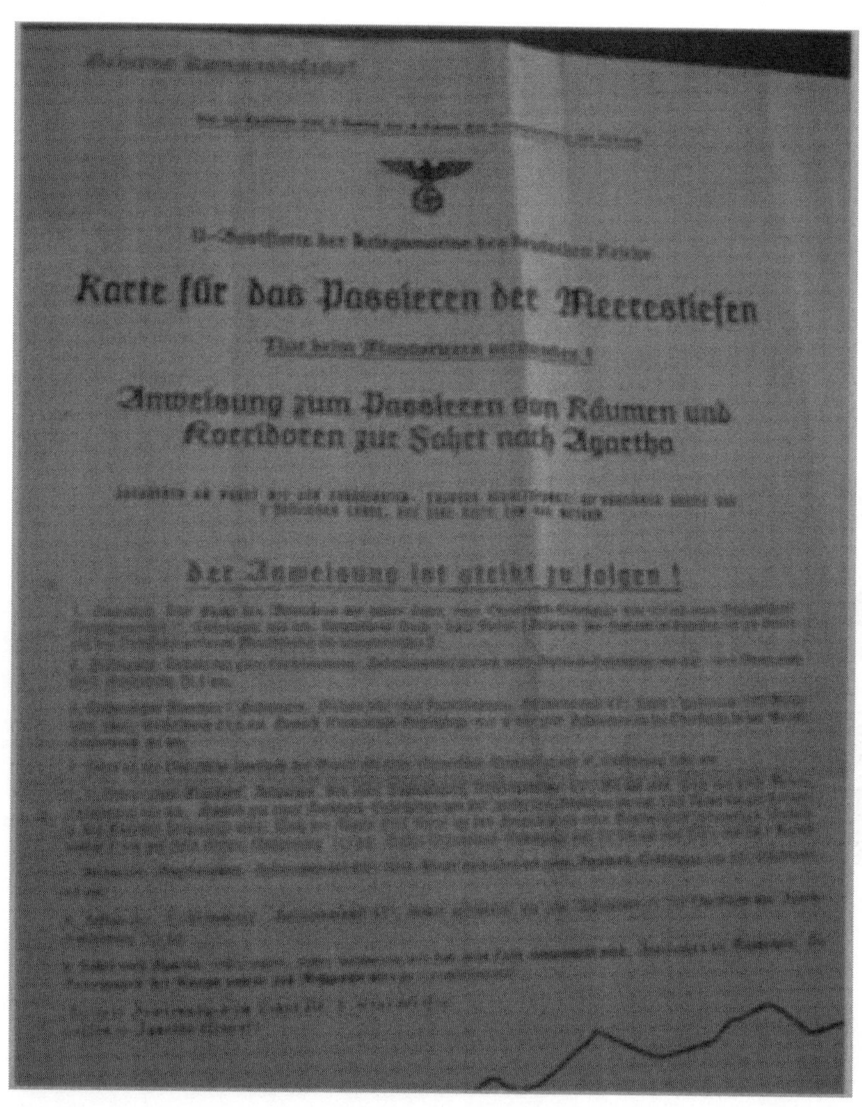

Karte für das Passieren der Meerestiefen

Anweisung zum Passieren von Räumen und Korridoren zur Fahrt nach Agartha

Abb. 98: Navigationsanweisung für U-Bootfahrer für die Strecke nach Asgard. Dem Anschein nach durchaus sehr real und echt. (Teil III)

Quellen- und Fußnotenverzeichnis

1 Viktor Suworow, „Der Tag M“, Pour le Mérite 2010

2 www.abmahnwelle.de

3 Suchen Sie mal nach NSL Archiv. Wenn Sie Glück haben, erwischen Sie vielleicht eine Zeit, in der diese Seite gerade wieder einmal online ist

4 www.archive.org/details/WasJederDeutscheVomWeltkriegWissenMuss

5 www.polunbi.de/bibliothek/1946-nslit-e.html

6 www.abbc.net/boycott-israel/flugblatt.pdf

7 George Smith Patton, Martin Blumenson: The Patton papers, 1940-1945, S. 744

8 Giesbert, Franz-Olivier: De Versailles à Maastricht. In: Le Figaro, 18.9.1992, S. 1

9 www.mmnews.de/index.php/wirtschaft/6817-versailles-ohne-krieg

10 www.jungefreiheit.de/Versailles-ohne-Krieg.525.98.html?&cHash=557a63d2c9 &tx_ttnews[backPid]=432&tx_ttnews[tt_news]=40186

11 www.n-tv.de/politik/Bericht-Brandt-erhielt-doch-CIA-Gelder-article17906741.html

12 https://en.wikipedia.org/wiki/Willy_Brandt
(interessant sind hier übrigens die Unterschiede zwischen wikipedia.com und .de)

13 www.youtube.com/watch?v=vjf3WMzPvpY (Russischer Historiker über vier Einschränkungen der deutschen Souveränität durch 2+4-Vertrag)

14 https://gedankenfrei.wordpress.com/2008/04/04/eine-ratifizierung-des-grundgesetzes-durch-die-deutsche-bevolkerung-wie-von-den-allierten-gewunscht-fand-nicht-statt/

15 https://deutscher-freiheitskampf.com/category/grundgesetz/

16 www.verfassungen.de/de/gg.htm und viele andere.
Suchmaschinen im Internet liefern hunderte Seiten dazu.

17 http://lexetius.com/GG/23 und viele, viele andere

18 https://de.wikipedia.org/wiki/Deutsche_Wiedervereinigung

19 www.gesetze-im-internet.de/gg/art_116.html

20 https://de.wikipedia.org/wiki/Alliiertes_Vorbehaltsrecht
https://deutsch.rt.com/inland/41237-usa-verdreifachen-militar-in-bayern/

21 www.larsschall.com/2011/09/07/insiderhandel-911-ungelost/
Anmerkung: Lars Schall hat hier eine große Fülle von Daten gesammelt. SEHR gut!

22 www.darkmoon.me/2013/will-larry-silverstein-ever-be-brought-to-justice-for-911- insurance-fraud-by-dr-kevin-barrett/

23 http://wearechange.org/larry-silverstein-says-planning-new-wtc-building-7-started-september-11-attacks/

24 Janusz Piekalkiewicz "Der Erste Weltkrieg", Econ Verlag 1998, S. 272

25 www.rense.com/general75/latest.htm

26 http://911research.wtc7.net/sept11/trillions.html
www.youtube.com/watch?v=xU4GdHLUHwU
www.oilempire.us/trillions.html und viele mehr

27 www.dodig.mil/pubs/report_summary.cfm?id=7034

28 http://alles-schallundrauch.blogspot.com/2008/01/der-anschlag-in-london-war.html

29 www.wahrheitssuche.org/london.html (hier nur ausschnittweise wiedergegeben)

30 Alex Jones & Paul Joseph Watson, July 9, 2005 (übersetzt am 17. Juli 2005)
31 www.prisonplanet.com/audio/090705 exercise_clip_2.mp3 (kurzer Ausschnitt) www.prisonplanet.com/audio/090705exercise_clip.mp3 (vollst. mit allen Fakten)
32 www.google.ch/search?num=100&hl=de&safe=off&q=norwegen+attentat+polizei+%C3%BCbung+&aq=f&aqi=g1&aql=&oq= www.seite3.ch/Utoya+Identische+Anti+Terroruebung+zwei+Stunden+vor+Attentat+/506400/detail.html
33 www.anderweltonline.com/wissenschaft-und-technik/luftfahrt-2014/schockierende-analyse-zum- abschuss-der-malaysian-mh-017/ www.anderweltonline.com/wissenschaft-und-technik/luftfahrt-2014/mh-017-korrekte-unfalluntersuchung-findet-nicht-statt/
34 www.youtube.com/watch?v=RMgIpC-bCfQ http://russianmoscowladynews.com/2014/07/18/ukraine-dein-schicksal-nachrichten-und-meinungen-teil-119/ und http://forum.airliners.de/topic/54107-fakten-malaysia-airlines-772-9m-mrd-%C3%BCber-der-ukraine-abgest%C3%BCrzt-17072014/page-11 www.investor-verlag.de/malaysia-airlines-flug-mh17-was-geschah-wirklich/120200031/?nlid=vd#kommentar
35 www.wahrheitssuche.org/london.html
36 www.seite3.ch/US+Helikopter+Abschuss+Bin+Ladens+Killer+gekillt/503371/detail.html
37 www.youtube.com/watch?v=bvay28lZiHU&
38 www.europhysicsnews.org/articles/epn/abs/2016/04/epn2016474p21/epn2016474p21.html
39 Meldung vom 24.11.2011
40 www.theintelligence.de/index.php/politik/international-int/3612-verbrechen-gegen-den-friedenbush-und-blair-fuer-schuldig-befunden.html
41 www.20min.ch/news/ ausland/story/23589262
42 www.spiegel.de/fotostrecke/polit-pixel-wurde-obamas-geburtsurkunde-gefaelscht-fotostrecke-67519.html , ebenso www.youtube.com/watch?v=-JOFZw0iNWQ www.science.co.il/Obama-Birth-Certificate.htm (an den hier dargestellten Bildern hat der Autor dieser Zeilen nichts verändert, sie wurden so direkt nach dem Laden von der offiziellen Regierungsseite auf dem Computer dargestellt (in einem DTP-Programm wie z.B. Illustrator in verschiedenen Ebenen)
43 www.matrixblogger.de/exklusiv-us-offizier-war-17-jahre-auf-marsstation/
44 www.fallwelt.de/mars/ProjektPegasus.htm (Dem Autor dieser Zeilen ist aus erster Hand von einer Vorführung dieser Technologie berichtet worden. Es handelte sich damals um Vorrichtungen, die einem modernen Flachbildschirm sehr ähnlich sind und die man schlicht hindurchgreifen, -gehen, oder Dinge hindurchreichen kann.)
45 https://de.wikipedia.org/wiki/Hilmar_Kopper

46 https://de.wikipedia.org/wiki/Marc_Dutroux
47 http://cosmopolitologie.wixsite.com/nftu/single-post/2016/09/11/Deutsche-Spitzenpolitiker-vergewaltigen-und-foltern-Kinder---Zeugen-werden-beseitigt
48 www.goldseiten.de/content/diverses/artikel.php?storyid=12137
49 www.goldseiten.de/content/diverses/artikel.php?storyid=12137
50 www.politaia.org/geschichte-hidden-history/freispruch-fuer-deutschland-das-pdf/
51 Stiftung Wissenschaft und Politik auf deren Internetseite
www.swp-berlin.org/de/swphemendossiers/afghanistaneinsatz/drogenproblematik.html
www.doriangrey.net/index.php?issue=24
52 Kurz und knapp zusammengefasst finden wir u.a. hier: www.gold-eagle.com/analysis_98/0005.html (hier nur auszugsweise) von Reinhard Deutsch
53 www.traderslog.com/hunt-brothers-silver
54 Michael Morris, „Der Goldkrieg", Amadeus Verlag, 2014, S. 108ff
55 http://goldsilverworlds.com/physical-market/ted-butler-suing-jpmorgan-and-the-comex/
www.silverdoctors.com/silver/silver-news/five-years-that-changed-silver-forever-ted-butler/#more-64923
56 http://new.euro-med.dk/20141215-putins-vertrauter-putin-will-rothschilds-russische-zentralbank-verstaatlichen-und-handlanger-des-westens-saubern-krieg-bis-eine-seite-einbricht-unvermeidbar.php
www.fit4russland.com/wirtschaft/686-amerikaner-draengen-russland-zur-verstaatlichung-der-zentralbank
57 http://globalslaves.blogspot.ch/2012/01/trillion-dollar-lawsuit-against.html
58 http://itccs.org/2013/10/28/i-saw-joseph-ratzinger-murder-a-little-girl-eyewitness-to-a-1987-ritual-sacrifice-confirms-account-of-toos-nijenhuis-of-holland/
59 www.bibliotecapleyades.net/sociopolitica/esp_sociopol_fed07.htm
(Übersicht über die Inhaberstruktur)
http://euro-med.dk/?p=3078 (hier auszugsweise; Hervorhebungen wie im Original)
60 Andrew C. Hitchcock's Buch „The History of the Money Changers", Febr. 2006 und das Buch des früheren Kongressbibliothekars Eustace Mullins: „The Secrets of The Federal Reserve", Important Books 1991
61 http://derwaechter.net/komplette-liste-von-banken-im-besitz-und-unter-kontrolle-der-rothschilds
62 Eustace Mullins: „The Secrets of The Federal Reserve", Bridger House 2009, S. 61
63 Ebenda, S. 71
64 Anmerkung des Autors: Lage im Jahre 2016. Syrien liegt nach jahrelangem Krieg am Boden und kämpft tapfer weiter, in den nordafrikanischen Staaten sind die Revolutionen über die Länder gerollt worden, und alle kämpfen mit instabiler innenpolitischer Lage, im Irak herrscht dauerhafter Krieg, und seitdem „Al Kaida" als Schreckensgespenst weltweit nicht mehr wirkt, hat man ststtdessen den „IS" oder „ISIS" eingeführt und munter mit Waffen und Gerät versorgt. Es darf aus meiner Sicht durchaus vermutet werden, dass von den 2016 vermissten 6,5 Billionen Dollar ein zumindest nennenswerter

Anteil in die Bewaffnung der ISIS geflossen ist. Inzwischen liegen der syrischen Armee Beweise vor, in diesem Fall Mitschnitte von Funkkontakten zwischen dem US-Militär und Terroristen der ISIS, dass zwischen den beiden vor diversen militärischen Aktivitäten eine offenbar sehr enge Abstimmung erfolgt.
http://derwaechter.net/syrien-behauptet-audioaufzeichnungen-belegen-dass-die-usa-militaerisch-mit-isis-zusammenarbeiten
https://sputniknews.com/middleeast/20160926/1045706456/us-airstrike-daesh-army.html Dann gab es noch einen mehr als dilettantischen Putschversuch in der Türkei, der eine Säuberungsaktion der Extraklasse nach sich zog. Die amerikanischen Geheimdienste, allen voran Zbigniew Brzezinski selbst, haben eine Beteiligung an diesem Putsch längst offen zugegeben.
www.awdnews.com/political/zbigniew-brzezinski-confirmed-us-backed-erdogan-opposition-to-commit-coup
http://derwaechter.net/us-geostrategen-raeumen-amerikanische-beteiligung-am-putsch-in-der-tuerkei-ein
Die Folge wird wohl ein islamistischer Staat Türkei sein, denn wie sagte Erdogan so schön: *„Die Demokratie ist nur der Zug, auf den wir aufsteigen, bis wir am Ziel sind.“ „Die Moscheen sind unsere Kasernen, die Minarette unsere Bajonette, die Kuppeln unsere Helme und die Gläubigen unsere Soldaten.“*
https://de.wikipedia.org/wiki/Recep_Tayyip_Erdoğan
Die Türkei ist Mitglied der NATO, von einem „islamischen“ zu einem „islamistischen“ Staat ist im Rahmen der aktuell absehbaren Veränderungen in der Türkei kein riesiger Schritt mehr und somit hätten wir dann den IS bzw. die ISIS direkt in der NATO – wohlgemerkt IN der NATO, die ein Verteidigungsbündnis gegen Angriffe von außen ist, nicht jedoch gegen Angriffe von innerhalb der NATO. Es bedarf einer sehr komplexen Diplomatie unaufgeregter, bestens informierter, weiser und weitsichtiger Kreise, um das wieder gerade zu biegen!

65 http://369news.net/albert-pike-control-islam-well-use-destroy-west-ww3/
66 Andrew Carrington Hitchcock, „Satans Banker“, JK-Fischer-Verlag 2014, S. 99
67 https://derhonigmannsagt.wordpress.com/tag/henry-makow/
68 http://holocaust-of-world-war-two.blogspot.ch/2015_05_01_archive.html
69 http://holocaust-of-world-war-two.blogspot.ch/2015_05_01_archive.html
70 http://www.prisonplanet.com/articles/october2005/281005ringwormchildren.htm
71 Marcel Homet, „Nabel der Welt – Wiege der Menschheit“, Hermann Bauer 1976, S. 83f.
72 Siehe: wikipedia.de oder in einem anderen Nachschlagewerk Ihrer Wahl
73 https://de.wikipedia.org/wiki/Urmeter
74 Klaus-Dieter Ewert, „Zeit für die Wahrheit“, Ewertverlag 2003
75 Immanuel Velikovsky, „Buch „Welten im Zusammenstoß“, Julia White Publishing 2005, S. 44
76 wie (75) S. 46
77 wie (75) S. 53ff.
78 wie (75) S. 57f

79 wie (75) S. 63, 69f.
80 wie (75) S. 86
81 wie (75) S. 86ff.
82 wie (75) S. 98ff.
83 wie (75) S. 100f.
84 wie (75) S. 101f.
85 wie (75) S. 102f.
86 wie (75) S. 110f.
87 wie (75) S. 111f.
88 wie (75) S. 113
89 wie (75) S. 146
90 wie (75) S. 149
91 wie (75) S. 155
92 wie (75) S. 157
93 wie (75) S. 163
94 wie (75) S. 216
95 wie (75) S. 217
96 wie (75) S. 233, 234, 237
97 wie (75) S. 279
98 Klaus Dona, „Im Labyrinth des Unerklärlichen", Kopp Verlag 2004, S. 165
99 wie (75) S. 280
100 wie (75) S. 280ff.
101 wie (75) S. 285
102 wie (75) S. 288
103 wie (75) S. 290
104 wie (75) S. 291
105 www.astronews.com/news/artikel/2014/05/1405-023.shtml
106 www.astronews.com/news/artikel/2014/05/1405-023.shtml
107 Martin Heinrich, „Die Venus-Katastrophe", Ullstein 2007, S. 17ff.
Interessant ist in diesem Zusammenhang, dass die alten Babylonier, obwohl sie keinerlei moderne Teleskope oder Computer hatten, bereits so genaue Kenntnisse der Bahnen, der Bahngeschwindigkeit und von vielen weiteren Details des Jupiters hatten. Dies wurde jüngst von Matthieu Ossendrijver an der *Humbold Universität* zu Berlin auf alten Tontafeln übersetzt. Hunderte weitere Tafeln warten noch auf Entzifferung. Die dort beschriebene Methode ist sehr fortgeschritten und kann Geschwindigkeit und Aufenthaltsort des Jupiter zu beliebigen Zeitpunkten vorhersagen. (Siehe Grafiken unterhalb dieser Fußnote)
www.ancient-code.com/ancient-babylonian-star-map-jupiter-just-changed-history/
und auch www.newscientist.com/article/2075581-ancient-maps-of-jupiters-path-show-babylonians-advanced-maths/

108 wie (107) S. 17f
109 wie (107) S. 17ff
110 http://en.wikipedia.org/wiki/Arecibo_message
111 www.cropcircleresearch.com/articles/arecibo.html
112 wie (107) S. 34
113 wie (107) S. 242ff.
114 wie (107) S. 242ff.
115 wie (107) S. 52
116 wie (107) S. 56
117 wie (107) S. 57
118 wie (107) S. 61
119 wie (107) S. 66f.
120 wie (107) S. 76f.
121 wie (107) S. 88f.
122 wie (107) S. 95
123 wie (107) S. 96
124 wie (107) S. 98
125 wie (107) S. 101
126 wie (107) S. 104
127 wie (107) S. 106
128 wie (107) S. 115
129 wie (107) S. 110
130 wie (107) S. 115
131 wie (107) S. 137
132 wie (107) S. 138
133 wie (107) S. 139
134 wie (107) S. 139
135 wie (107) S. 188
136 wie (107) S. 213
137 wie (107) S. 218
138 wie (107) S. 220f
139 wie (107) S. 225f

140 http://thothx.com/
141 http://thothx.com/news-2/
142 wie (107) S. 157f.
143 wie (107) S. 164
144 Martin Heinrich, „Jakobs Himmelsleiter war ein Weltraumlift", Amra Verlag 2012, S. 28
145 wie (144) S. 28f
146 wie (144) S. 30
147 wie (144) S. 31
148 https://de.wikipedia.org/wiki/Wingsuit
149 https://de.wikipedia.org/wiki/Gryphon_(Fallschirmsystem)
150 www.bild.de/news/ausland/stuntman/jetman-saust-im-fluganzug-ueber-die-alpen-21247404.bild.html
151 wie (144) S. 32
152 wie (144) S. 34
153 wie (144) S. 35
154 wie (144) S. 36
155 wie (144) S. 37
156 https://de.wikipedia.org/wiki/Popol_Vuh
157 wie (144) S. 205f
158 wie (144) S. 38
159 wie (144) S. 40
160 wie (144) S. 211
161 wie (144) S. 46ff.
162 Zecharia Sitchin, „Die Kriege der Menschen und Götter", Kopp-Verlag 2004, S. 10
163 wie (162) S. 12
164 ebenda
165 https://de.wikipedia.org/wiki/Achaier
166 wie (162) S.16ff.
167 wie (162) S. 21ff.
168 wie (162) S. 24
169 wie (162) S. 28f.
170 wie (162) S. 30
171 wie (162) S. 40
172 wie (162) S. 41ff.
173 wie (162) S. 48ff.
174 wie (162) S. 50f.
175 wie (162) S. 50ff.
176 wie (162) S. 64f.
177 wie (162) S. 66ff.
178 wie (162) S. 79
179 Hans Joachim Zillmer, „Darwins Irrtum" S. 272

180 Hans Joachim Zillmer, „Darwins Irrtum“ S. 269
181 Klaus Dona, „Im Labyrinth des Unerklärlichen“, 2004, S. 179f.
182 Klaus Dona, „Im Labyrinth des Unerklärlichen“, 2004, S. 180f.
183 wie (162) S. 94
184 wie (162) S. 94ff.
185 wie (162) S. 97f.
186 ebenda
187 www.pinselpark.org/geschichte/einzel/a05_3000_orient/gilga/glossar.html
www.sagengestalten.de/lex/babylonier_E.html
https://agiw.fak1.tu-berlin.de/Auditorium/BAntMyth/SO2/AltmesMS/TAltmesM.htm
188 wie (162) S.98f.
189 wie (162) S. 101
190 wie (162) S. 108
191 wie (162) S.109
192 wie (162) S. 109
193 wie (162) S. 120ff.
194 wie (162) S.124ff.
195 wie (162) S. 126f
196 wie (162) S. 128
197 wie (162) S. 129
198 wie (162) S. 130
199 wie (162) S. 131
200 ebenda
201 wie (162) S. 136ff
202 wie (162) S. 141f
203 wie (162) S. 142f
204 wie (162) S. 143
205 ebenda
206 wie (162) S. 164f.
207 ebenda
208 wie (162) S. 171f
209 wie (162) S. 201f
210 wie (162) S. 239 ff., S. 269
211 wie (162) S. 240f
212 Thomas H. Fuss „Spezies Adam“, S. 212f.
213 Thomas H. Fuss „Spezies Adam“, S. 214
214 Thomas H. Fuss „Spezies Adam“, S. 217
215 Thomas H. Fuss „Spezies Adam“, S. 223ff.
216 www.difallahfoundation.com/alexander-great-gallery/
217 Joseph P. Farrell, „Der Todesstern Gizeh“, Mosquito Verlag 2008, S. 10
218 wie (217) S. 32

219 wie (217) S. 33
220 wie (217) S. 34
221 wie (217) S. 34
222 wie (217) S. 91
223 wie (217) S. 57
224 wie (217) S. 120
225 wie (217) S. 121
226 wie (217) S. 121ff.
227 wie (217) S. 128f.
228 wie (217) S. 130
229 wie (217) S. 131
230 wie (217) S. 154
231 Marcel Homet, „Nabel der Welt – Wiege der Menschheit", S. 274f.
232 Marcel Homet, „Nabel der Welt – Wiege der Menschheit", S. 275
233 wie (217) S. 173
234 wie (217) S. 163
235 ebenda
236 wie (217) S. 177f
237 https://de.wikipedia.org/wiki/Bosnische_Pyramiden
238 Quelle u.a. z.B. https://de.wikipedia.org/wiki/Bosnische_Pyramiden und www.extremnews.com/berichte/wissenschaft/bb6815479a0ad8f
239 Dr. Immanuel Velikovsky , „Menschheit im Gedächtnisschwund", Julia White Publishing 2008, S. 13
240 wie (239) S. 139, Lifton
241 wie (239) S. 21
242 ebenda
243 wie (239) S. 40
244 wie (239) S. 47
245 wie (239) S. 51
246 wie (239) S. 54f.
247 wie (239) S. 65f.
248 wie (239) S. 66
249 wie (239) S. 66f.
250 wie (239) S. 91
251 wie (239) S. 92
252 www.archive.org/stream/DerSklavenhandel-EineSpezialitaetDerJuden200217S..pdf/
253 wie (239) S. 144f.
254 wie (239) S. 153f.
255 wikipedia.de oder in einem anderen Nachschlagewerk Ihrer Wahl
256 Semjon Issakowitsch Seleschnikow „Wieviel Monde hat ein Jahr?", MIR Verlag 1981, S. 3
257 Semjon Issakowitsch Seleschnikow „Wieviel Monde hat ein Jahr?", S. 4

258 http://chinese.dsturgeon.net/text.pl?node=21031&if=en
259 Quelle u.a.: http://www.selket.de/kemet.htm
260 Heribert Illig, „Das erfundene Mittelalter“, Ullstein Verlag 2002
261 Heribert Illig, „Das erfundene Mittelalter“ ebenda
262 https://de.wikipedia.org/wiki/Colin_Powell
263 http://archimedes.mpiwg-berlin.mpg.de/cgi-bin/archim/dict/hw?lemma=Jahr&step=entry&id=d007
264 Heribert Illig, „Die veraltete Vorzeit“, Mantis Verlag 2011, S. 15
265 Heribert Illig, „Die veraltete Vorzeit“, S. 92, Claude Schaeffler, Ausgräber von Ugarit
266 wie (265) S. 122
267 wie (265) S. 144
268 wie (265) S. 258ff.
269 wie (265) S. 216ff.
270 Lesen Sie, was die Regierungen weltweit für uns Menschen als richtig, gesund und einzig zulässig erkannt haben: der CODEX ALIMENTARIUS. Hier ein kleiner Auszug: Alle Mikro-Nährstoffe (wie z.B. Vitamine und Mineralien) sind als Giftstoffe anzusehen und aus allen Lebensmitteln zu entfernen, da der Codex die Verwendung von Nährstoffen zur „Vorbeugung, Behandlung oder Heilung von Leiden oder Krankheiten“ untersagt. Sämtliche Lebensmittel (einschließlich Bio-Lebensmittel) sind zu bestrahlen, wodurch alle „giftigen“ Nährstoffe entfernt werden (es sei denn, Verbraucher können ihre Lebensmittel selbst vor Ort erzeugen). Ein Vorbote dieser Richtlinienangleichung tauchte im August 2008 in den USA auf – nämlich mit der heimlich gefällten Entscheidung, sämtlichen Kopfsalat und Spinat im Namen der öffentlichen Gesundheit und Sicherheit einer Massenbestrahlung zu unterziehen. Wenn der Schutz der Öffentlichkeit das Hauptanliegen der US-amerikanischen Gesundheitsbehörde FDA ist, warum wurde das Volk nicht über diese neue Praxis informiert? Die genehmigten Nährstoffe werden auf eine von der Codex-Kommission erarbeiteten Positivliste beschränkt. Sie wird so „nützliche“ Stoffe enthalten wie Fluorid (3,8 mg pro Tag), das aus Industrieabfällen erzeugt wird. Alle Nährstoffe (z.B. die Vitamine A, B, C und D, sowie Zink und Magnesium), die irgendeine gesundheitsfördernde Wirkung aufweisen, werden in therapeutisch wirksamen Mengen als unzulässig erachtet. Sie sind anteilsmäßig so zu reduzieren, dass ihre Wirkung für die Gesundheit vernachlässigbar wird. Die Untergrenze wird auf nur 15 Prozent der empfohlenen Verzehrmenge (RDA) festgesetzt. Selbst mit Rezept wird niemand mehr auf der Welt solche Nährstoffe in therapeutisch wirksamen Mengen bekommen können. (Quelle: www.zentrum-der-gesundheit.de/codex-alimentarius-ia.html)
271 https://de.wikipedia.org/wiki/Bev%C3%B6lkerungsentwicklung
272 www.deutschlandfunk.de/fakten-fakten-fakten.871.de.html?dram:article_id=126123
273 Zillmer, S.5
274 https://stevenblack.wordpress.com/2011/12/19/die-erde-ist-hohl/
275 Marcel Homet, „Nabel der Welt – Wiege der Menschheit“, S. 49f.
276 Hans Joachim Zillmer, „Darwins Irrtum“, Herbig Verlag 2011

277 wie (276) S. 115
278 wie (276) S. 147
279 Klaus Dona, „Im Labyrinth des Unerklärlichen", 2004, S. 158
280 www.pravda-tv.com/2012/09/fukushima-und-die-erdbeben-luge-das-japanische-911-heist-311/
https://bilddung.wordpress.com/2014/12/26/war-dieser-tsunami-menschgemacht/
http://reformation.org/nuclear-tsunamis.html
www.exohuman.com/wordpress/tag/benjamin-fulford/
281 Hans Joachim Zillmer, „Darwins Irrtum", Herbig Verlag 2011
282 Klaus Dona, „Im Labyrinth des Unerklärlichen", 2004, S. 173
283 Klaus Dona, „Im Labyrinth des Unerklärlichen", 2004, S. 209
284 wie (238) S. 215ff.
285 Hans Joachim Zillmer, „Darwins Irrtum", S. 195
286 Dona / Habeck, S. 242
287 Google-Suche: „Radiaesthesie" und u.v.a.
www.rutengeher.com/radiaesthesie/boviseinheit/
288 Zeitschrift Mysteries, Ausgabe März 2011 (www.mysteries-magazin.com – Luc Bürgin)
289 Marcel Homet, „Nabel der Welt – Wiege der Menschheit, S. 123ff
290 Reinhard Habeck, „Bilder, die es nicht geben dürfte", Kopp Verlag 2014
291 ebenda, S. 169
292 Marcel Homet, „Nabel der Welt – Wiege der Menschheit", Hermann Bauer 1976, S. 33
293 wie (292) S. 38ff
294 wie (292) S. 38ff
295 wie (292) S. 110
296 hier die Google Earth Koordinaten: 14°41'44.08"S 75°10'33.88"W. Und die von Palpa, gleich nebendran: 14°31'20.20"S 75°11'45.12"W. Hier ein kurzer Einschub einer anderen Quelle: www.celticnz.co.nz/Nazca/Nazca3.htm
297 wie (292) S.159
298 ebenda
299 wie (292) S. 172f.
300 Reinhard Habeck „Bilder die es nicht geben dürfte" S. S. 61
301 wie (292) S. 65
302 https://en.wikipedia.org/wiki/Canaan
303 wie (292) S. 100
304 wie (292) S. 103
305 wie (292) S. 104
306 wie (292) S. 101
307 ebenda
308 wie (292) S. 125
309 wie (292) S. 126
310 https://de.wikipedia.org/wiki/Olof_Rudbeck_der_%C3%84ltere

311 Klaus Dona, „Im Labyrinth des Unerklärlichen“, 2004, S. 215ff.
312 wie (292) S. 147
313 wie (292) S. 153
314 wie (292) S. 153f.
315 ebenda
316 wie (292) S. 224
317 Marcel Homet, „Die Söhne der Sonne“, Limes Verlag 1982
318 wie (292) S. 269
319 wie (292) S. 115
320 wie (292) S. 117
321 https://en.wikipedia.org/wiki/Paul_Rivet
322 wie (292) S. 224
323 wie (292) S. 224
324 wie (292) S. 256f
325 wie (292) S. 256f
326 wie (292) S. 229f
327 Klaus Dona, „Im Labyrinth des Unerklärlichen“, 2004, S. 280ff.
328 Marcel Homet, „Auf den Spuren der Sonnengötter“, S. 43f
329 wie (328) S. 43f
330 wie (328) S. 123f
331 wie (328) S. 123f
332 wie (292) S. 11
333 Chris Morton, Ceri Louise Thomas „Tränen der Götter – Die Prophezeiung der 13 Kristallschädel“, Kopp Verlag 2006, S. 365ff
334 ebenda
335 www.youtube.com/watch?v=_bMEcVIT3CI „Cobra Interview: August 31st 2015 with Rob Potter“
336 Thomas H. Fuss „Spezies Adam“, Argo Verlag 2002, S. 18
337 wie (336) S. 22
338 wie (336) S. 28
339 wie (336) S. 33
340 wie (336) S. 43
341 ebenda
342 wie (336) S. 79
343 wie (336) S. 80f
344 wie (336) S. 83
345 wie (336) S. 93
346 wie (336) S. 102
347 wie (336) S. 112
348 ebenda
349 wie (336) S. 113
350 www.spiegel.de/wissenschaft/mensch/genetik-alle-blauaeugigen-haben-den-

gleichen-urahn-a-532277.html
351 wie (336) S. 116
352 wie (336) S. 123
353 wie (336) S.118f
354 ebenda
355 wie (336) S.128
356 wie (336) S.129
357 wie (336) S.128ff.
358 Hans Joachim Zillmer, „Darwins Irrtum“ S. 272
359 Thomas H. Fuss „Spezies Adam“, S. 164ff.
360 Siehe auch Thomas H. Fuss „Spezies Adam“, S. 170f.
361 wie (336) S. 174f.
362 Marcel Homet „Nabel der Welt – Wiege der Menschheit“, S. 205
363 wie (336) S. 184ff.
364 Die „DaBhaR“ gibt es übrigens für jedermann kostenlos bei folgenden Bezugsadressen:

Deutschland	Schweiz	Österreich
Eva-Maria Stauch	Marta Zimmermann	Johann Kraxberger
Forststr.10	Adetswiler Str. 29	Am Südblick 7
75328 Schömberg	8345 Adetswiln	A-4702 Wallern

365 www.bibliotecapleyades.net/egipto/esp_electricidad_egipto_1.htm
366 Erhard Landmann „Weltbilderschütterung“, S. 8
367 wie (366) S. 10
368 wie (366) S. 17ff.
369 wie (366) S. 17ff.
370 wie (366) S. 17ff.
371 wie (366) S. 22ff.
372 wie (366) S. 22ff.
373 wie (366) S. 22ff. bis S. 26 oben
374 wie (366) S. 74
375 wie (366) S. 119
376 www.r-ene.de/lustigetexte/neuerechtschreibung/ oder anderer Text auch unter: www.und-magazin.de/satiren/rechtschreibung
377 http://home.arcor.de/unipohl/Neudeutsch.htm
378 Sehr interessant sind auch seine Aufsätze auf der Internetseite: www.fastwalkers.de/00000198670085403/03c1989aeb0df1c01/index.html
379 http://derwaechter.net/land-der-ahnungslosen-deutschland-ist-zensurweltmeister
380 http://derwaechter.net/einheitsfeier-in-dresden-merkel-regime-laesst-panzer-auffahren
381 http://de.wikipedia.org/wiki/Rotes_Haus_%28Trier%29
382 Immanuel Velikovsky, „Zeitalter im Chaos“, Julia White Publishing 2008, S. 21

383 www.sueddeutsche.de/wissen/das-jerusalem-der-eisenzeit-dorf-oder-hauptstadt-1.836851

384 www.n-tv.de/wissen/Mars-war-mal-ein-blauer-Planet-article919816.html

385 www.focus.de/wissen/wissenschaft/astronomie/tid-11508/nasa-sonde-phoenix-staubkorn-in-3-d_aid_325159.html

386 Wikipedia

387 Heribert Illig, 1992, „Geschichte, Mythen, Katastrophen", Mantis Verlag 2010, S. 30

388 www.focus.de/wissen/wissenschaft/archaeologie/koenigliche-gene-fast-jeder-zweite-deutsche-stammt-von-tutanchamun-ab_aid_652092.html vom 03.08.2011

389 ebenda

390 Immanuel Velikovsky, „Zeitalter im Chaos", S. 49

391 Website http://www.mechon-mamre.org/jewfaq/gentiles.htm

392 http://www.focus.de/magazin/archiv/jahrgang_2001/ausgabe_38/ S. 130ff

393 Der geheime Schwur der Jesuiten: *„Ich, … , werde jetzt, in der Gegenwart des allmächtigen Gottes, der gebenedeiten Jungfrau Maria, des gesegneten Erzengels Michael, des seligen Johannes des Täufers, der heiligen Apostel Petrus und Paulus und all der Heiligen und heiligen, himmlischen Heerscharen und zu dir, meinem geistlichen Vater, dem oberen General der Vereinigung Jesu, gegründet durch den Heiligen Ignatius von Loyola, in dem Pontifikalamt von Paul III. und fortgesetzt bis zum jetzigen, hervorgebracht durch den Leib der Jungfrau, der Gebärmutter Gottes und dem Stab Jesu Christi, erklären und schwören, dass seine Heiligkeit, der Papst, Christi stellvertretender Vize-Regent ist; und er ist das wahre und einzige Haupt der katholischen und universellen Kirche über die ganze Erde; und dass aufgrund des Schlüssels zum Binden und Lösen, der seiner Heiligkeit durch meinen Erlöser Jesus Christus, gegeben ist, er die Macht hat, ketzerische Könige, Prinzen, Staaten, Republiken und Regierungen aus dem Amt abzusetzen, die alle illegal sind ohne seine heilige Bestätigung, und dass sie mit Sicherheit vernichtet werden mögen. Weiter erkläre ich, dass ich allen oder irgend- welchen Vertretern deiner Heiligkeit an jedem Platz, wo immer ich sein werde, helfen und beistehen und sie beraten und mein äußerstes tun will, um die ketzerischen protestantischen oder freiheitlichen Lehren auf rechtmäßige Art und Weise oder auch anders auszurotten, und alle von ihnen beanspruchte Macht zu zerstören. Ich verspreche und erkläre auch, dass ich nichtsdestoweniger darauf verzichte, irgendeine ketzerische Religion anzunehmen, um die Interessen der Mutterkirche auszubreiten und alle Pläne ihrer Vertreter geheim und vertraulich zu halten, und wenn sie mir von Zeit zu Zeit Instruktionen geben mögen, sie nicht direkt oder indirekt bekanntzugeben durch Wort oder Schrift oder welche Umstände auch immer; sondern alles auszuführen, das du, mein geistlicher Vater, mir vorschlägst, aufträgst oder offenbarst… Weiter verspreche ich, dass ich keine eigene Meinung oder eigenen Willen haben will oder irgendeinen geistigen Vorbehalt, was auch immer, selbst als eine Leiche oder ein Kadaver, sondern bereitwillig jedem einzelnen Befehl gehorche, den ich von meinem Obersten in der Armee des Papstes und Jesus Christus empfangen mag. Dass ich zu jedem Teil der Erde gehen werde, wo auch immer, ohne zu murren, und in allen Dingen unterwürfig sein will, wie auch immer es mir übertragen wird … (an dieser Stelle ist das Zitat von oben entnom-*

men). Ich werde so handeln, wie und wann immer mir von irgendeinem Agenten des Papstes oder Oberhaupt der Bruderschaft des heiligen Glaubens der Gesellschaft Jesu befohlen wird.“ Quellen: 1. Prof. Dr. Walter Veith, Kapstadt; und 2. Ausschnitt aus dem „Schwur der höchsten Weihe“ der Jesuiten, aufgeschrieben im Verzeichnis des Kongresses der Vereinigten Staaten von Amerika (House Bill Bill 1523, Contested election case of Eugene C. Bonniwell, against Thos. S. Butler, February 15, 1913, pp. 3215-16)

394 http://schaebel.de/was-mich-aergert/versklavung/zusammenfassung-der-rolle-der-kirche/002131/

395 Suche im Internet nach „Strohmann-Konto bei der BIZ“!

396 u.a. www.spiegel.de/einestages/pius-xii-wie-adolf-hitler-den-papst-entfuehren-lassen-wollte-a-1101877.html

397 Möglicherweise ist „Rasse“ der falsche Begriff, da gentechnisch nachgewiesen werden kann, dass der moderne Mensch seinen Ursprung in Afrika hat. Es ist offenbar so, dass der moderne weisse Mensch, ebenso wie der chinesische oder andere Menschen-„Rassen“ zunächst einmal nichts weiter sind als besondere Ausprägungen der schwarzen Ursprungsrasse (http://realhistoryww.com/world_history/ancient/China_2.htm). Albinos über viele Jahrhunderte miteinander, und NUR miteinander gemischt, ergeben dem Anschein nach eine neue, weiße Rasse, sind aber de facto weiter Mitglieder der schwarzen Rasse, jedoch in der Hautfarbe durchgängig weiß. Dies lässt sich wie gesagt genetisch nachweisen. Nun kommt hinzu, dass offenbar zu den in den vorherigen Kapiteln besprochenen Zeiten der Hethiter, Enakiter etc. offenbar die verschiedenen Stadtverbände regelrechte Gatter für ganz bestimmte Rassemerkmalen waren. Da waren die eher dunklen Hethiter, die Enakiter waren die Riesen, die Assyrer die Albinos („Leucosilc“). Möglicherweise wurden hier also ganz bewusst von jemandem sortiert und bemustert und dann nach Wunsch verändert oder ausgesondert. Und dieser Vorgang hält offenbar bis heute an.

398 www.youtube.com/watch?v=iYxWQtYjl8o (Endlich Wahrheit über H...)

399 https://de.wikipedia.org/wiki/Alfred_Ritscher

400 https://de.wikipedia.org/wiki/Deutsche_Antarktische_Expedition_1938/39

401 https://xinos.files.wordpress.com/2010/11/schiff-schwabenland-jpg.jpeg

402 http://aslwww.cr.usgs.gov/Seismic_Data/heli2.shtml

403 http://maps.google.de/maps?hl=de&ll=-66.553366,99.837784&spn=0.001464,0.004082&t=h&z=18&vpsrc=0

404 http://maps.google.de/maps?hl=de&ll=66.603418,99.719766&spn=0.001461,0.004082&t=h&z=18&vpsrc=0

405 google: „zivilreligion holocaust stockholm“ und FAZ, 28.01.2000, S. 45

406 www.politaia.org/geschichte-hidden-history/freispruch-fuer-deutschland-das-pdf/

407 Heribert Illig, 1992, „Geschichte, Mythen, Katastrophen“ S. 22

408 https://removetheveil.net/2014/11/17/bedeutung-des-motu-proprio-vom-papst-11-7-2013/

409 http://wiki.grenzwissen.de/index.php/Riesen

Bildquellen

(1) https://derhonigmannsagt.wordpress.com/2012/10/11/frau-merkel-wir-wollen-die-wahrheit-wissen/
(2) www.youtube.com/watch?v=-Laaq44SDgg
(3) www.deutsche-schutzgebiete.de/webpages/Anzeige_22._April_1915.gif
(4) https://twitter.com/youranonnews/status/775020780589576192
(5) www.anderweltonline.com/wissenschaft-und-technik/luftfahrt-2014/schockierende-analyse-zum-abschuss-der-malaysian-mh-017/
(6) http://www.menwithfoilhats.com/wp-content/uploads/2011/04/noscarobama.jpg
(7) http://thetruthdivision.com
(8) www.abundanthope.net
(9) https://www.mrconservative.com/files/2013/07/ht_obama_birth_certificate_jp_120301_wg.jpg
(10) http://s181.photobucket.com/user/vortigerncrancocc/media/Screenshot2011-04-27at72149PM.png.html
(11) www.silberjunge.de
(12) www.cropcircleresearch.com/articles/arecibo.html
(13) www.cropcircleresearch.com/articles/arecibo.html
www.collective-evolution.com/2015/06/09/in-1974-carl-sagan-sent-this-message-into-space-in-2001-we-received-this-response/
(14) www.bltresearch.com/magnetic.php
(15) www.youtube.com/watch?v=PEoBR2zn-Kk
(16) Martin Heinrich, „Die Venus-Katastrophe“, S. 61
(17) Martin Heinrich, „Die Venus-Katastrophe“, S. 95
(18) Martin Heinrich, „Die Venus-Katastrophe“, S. 106
(19) Martin Heinrich, „Die Venus-Katastrophe“, S. 115
(20) Martin Heinrich, „Die Venus-Katastrophe“, S. 135
(21) https://de.wikipedia.org/wiki/Gryphon_(Fallschirmsystem)
(22) Privatarchiv Stefan Erdmann
(23) http://photos1.blogger.com/blogger/4650/2229/1600/relief-anubis.jpg
www.sumerianalien.com/A/Anubis/
(24) www.abovetopsecret.com/forum/thread560183/pg1
(25) www.abovetopsecret.com/forum/thread969096/pg1
(26) http://xterrica.com/ufos-aliens/prae-astronautik-nazca-linien-peru/
(27) www.abovetopsecret.com/forum/thread969096/pg1
(28) www.abovetopsecret.com/forum/thread969096/pg1
(29) http://xterrica.com/ufos-aliens/prae-astronautik-nazca-linien-peru/
(30) http://xterrica.com/ufos-aliens/prae-astronautik-nazca-linien-peru/
(31) Privatarchiv Stefan Erdmann

(32) www.andywhiteanthropology.com/blog/joe-taylors-sculpture-of-a-47-femur-whats-the-story
(33) www.worldufophotos.org/gallery/strange-stuff/strange-giant-axes-discovered/
(34) www.extremnews.com/berichte/zeitgeschichte/958c13c1cea7c63
(35) Zecharia Sitchin, „Die Kriege der Menschen und Götter", S. 97f
(36) http://www.thebetterindia.com/60143/mohenjodaro-harappa-indus-valley-civilization/
(37) www.atlantisforschung.de
(38) eigenes Bild
(39) eigenes Bild
(40) http://www.ancient-origins.net/sites/default/files/styles/large/public/bosnianpyramidsam6_0.jpg?itok=L8kN-4V_
(41) www.tribulation-now.org/2012/03/20/planet-x-earthquake-alert/
(42) eigene Grafik
(43) eigene Grafik
(44) eigene Grafik
(45) https://de.wikipedia.org/wiki/Bev%C3%B6lkerungsentwicklung
(46) Hans Joachim Zillmer, „Darwins Irrtum" S. 112
(47) Hans Joachim Zillmer, „Darwins Irrtum" S. 118
(48) http://www.ancient-code.com/the-400-million-year-old-hammer/
(49) http://www.pravda-tv.com/wp-content/uploads/2015/01/weltkarte-granit.jpg
(50) www.abovetopsecret.com/forum/thread560183/pg1
(51) www.disclosure.at/www/ufo-kunstgeschichte.html
(52) www.disclosure.at/www/ufo-kunstgeschichte.html
(53) www.disclosure.at/www/ufo-kunstgeschichte.html
(54) www.celticnz.co.nz/Nazca/Nazca3.htm
(55) http://web.de/magazine/gesundheit/kind-15-finger-16-zehen-31536894
(56) Marcel Homet „Nabel der Welt – Wiege der Menschheit", S. 205
(57) eigenes Bild
(58) eigenes Bild
(59) http://i0.wp.com/www.badarchaeology.com/wp-content/uploads/2008/03/kabwe_skull.jpg
(60) http://kultur-online.net/node/31233
(61) www.indianinthemachine.com/2015/11/25/annunaki-returned-to-light-now-returning-to-this-realm-to-dismantle-minion-power-structure/
(62) Privatarchiv Stefan Erdmann
(63) https://derhonigmannsagt.wordpress.com/tag/annunaki/
www.wagener-edition.de/titel/orientalistik/assyrien/kat-assyrien-assyria/attachment/assyrer-relief/
(64) www.ancient.eu
(65) www.unsilentmajoritynews.com/the-annunaki-and-humanitys-forbidden-history-are-now-being-investigated/

(66) http://in5d.com/wp-content/uploads/2015/01/sdfgdfhd.jpg
(67) www.crystalinks.com/sumergods.html
(68) Zecharia Sitchin, „Die Kriege der Menschen und Götter", S. 137f
(69) http://deep-high.blogspot.ch/2011/01/last-supper-upper-room-alchemical-code.html
(70) eigenes Bild
(71) eigenes Bild
(72) eigenes Bild
(73) eigenes Bild
(74) eigenes Bild
(75) https://de.wikipedia.org/wiki/Karte_des_Piri_Reis
(76) http://1.bp.blogspot.com/-DFpgKvcWfeM/Vi8tKzFo-lI/AAAAAAAADbA/qMyFu8lHcF4/s1600/1541_WM_Fries%2B-%2Blow.jpg
(77) eigenes Bild
(78) https://de.wikipedia.org/wiki/Piri_Reis
(79) www.youtube.com/watch?v=dSnnyeiVQUA
www.av1611.org/666/barcode.html
(80) www.palaeoseti.de/doku.php/oasien/nibiru
(81) https://wissenschaft3000.files.wordpress.com/2013/05/march-24-1933-daily-express-judea-declares-war-on-germany.jpg
(82) „Handbuch der Zoologie" von J. G. Helmcke und H. Lengerken, S. 29
(83) Googlesuche: Propaganda Nazi + Propaganda Sowjetunion
(84) http://maxrushtv.info/russian-flying-saucers/
(85) Kapitän Ritscher, Wikipedia
(86) www.mustangmodellbau.com/neuschwabenland%20_%20History.htm
(87) google earth
(88) https://warthunder.com/de/news/201--2-Mai-1945---Der-Fall-von-Berlin-de/
(89) www.bibliotecapleyades.net/gigantes/NAmWar4.html
(90) www.thelivingmoon.com/43ancients/02files/Of_Giants_02.html
(91) http://otherworldmystery.com/wp-content/uploads/2011/08/NevadaGiantSkull.jpg
(92) www.truthingenesis.com/wp-content/uploads/2013/01/giant-skeleton.jpg
(93) Googlesuche: Nanunnaki + skulls
(94) https://illuminutti.com/ancient-aliens-debunked/ancient-aliens-debunked-part-8/
(95) https://s-media-cache-ak0.pinimg.com/564x/2c/b9/dc/2cb9dcf501504cfc0ad33b443188dbfe.jpg
(96) bis (98) https://forum.sonnenstaatland.com/index.php?topic=2142.0

MEIN VATER WAR EIN „MiB“

Jason Mason

Das geheime Weltraumprogramm und die Antarktis-Deutschen

Wer sind diese rätselhaften Men in Black (MiB), die seit den 1950er-Jahren nach UFO-Sichtungen bei Zeugen auftauchen und diese befragen, deren Fotos konfiszieren oder sie sogar bedrohen? Nur sehr wenig wurde bislang über sie bekannt. Einer dieser MiB kontaktierte kurz vor seinem Tode seinen Sohn, um diesen als Nachfolger in die Organisation einzuführen und berichtete ihm von einer Welt, die sich im Hintergrund des uns bekannten Geschehens abspielt – von einer Welt voller Geheimorganisationen, eine Technologie, die wir nur aus Science-Fiction-Filmen kennen sowie über geheime Machtstrukturen, die unseren Planeten fest im Griff haben.

ISBN 978-3-938656-81-5 • 33,00 Euro

NUTZLOSE ESSER

Gabriele Schuster-Haslinger

Die Menschheit wird in den nächsten Jahrzehnten massiv dezimiert! Was ist zu erwarten, was können wir tun - und wer steckt dahinter?

Es ist ja nun kein Geheimnis, dass immer mehr Menschen auf diesem Planeten immer weniger Rohstoffen gegenüber stehen. In den kommenden Jahren kommt hinzu, dass Maschinen, Roboter und Drohnen menschliche Arbeitskraft überflüssig machen. Was zurückbleibt, sind aus Sicht der rational-kaufmännisch denkenden "Elite" sog. "Nutzlose Esser" – Menschen, die entweder arbeitslos, zu ungebildet oder zu alt sind und dem produktiven Teil wertvolle Rohstoffe und Nahrungsmittel wegnehmen und zu viel kosten. Die Situation ist jedem logisch denkenden Menschen bewusst, doch mag ein christlich-sozial eingestellter Mensch nicht aussprechen, was unausweichlich scheint, um das Dilemma zu lösen: eine Dezimierung der Weltbevölkerung! Das haben nun jene übernommen, die im Hintergrund die Weltgeschicke steuern, und nicht nur entsprechende Pläne geschmiedet – nein, sie setzen sie bereits um! Wie steht es um den Plan, vor allem das deutsche Volk "auszurotten"?

ISBN 978-3-938656-42-6 • 21,00 Euro

WENN DAS DIE MENSCHHEIT WÜSSTE...

Daniel Prinz

Wir stehen vor den größten Enthüllungen aller Zeiten!

Der neue Blockbuster von Daniel Prinz – 720 Seiten! Der Inhalt dieses Buches wird Sie aus den Schuhen hauen! Im Folgeband des Bestsellers „Wenn das die Deutschen wüssten..." hat Daniel Prinz im ersten Teil in aufwendiger Recherchearbeit brisante Hintergründe zu den beiden Weltkriegen aufgedeckt, die mit dem gefälschten Geschichtsbild der letzten 100 Jahre mit eisernem Besen gründlich aufräumen. In Teil 2 geht es um Chemtrails, die Dezimierung der Menschheit, Zensur und Gedankenpolizei, Impfungen und das Krebsgeschäft, und in Teil 3 kommt die kosmische Variante mit ins Spiel: das geheime Weltraumprogramm!

ISBN 978-3-938656-89-1 • 33,00 Euro

GEHEIMSACHE „STAATSANGEHÖRIGKEITSAUSWEIS"

Max von Frei

Wussten Sie, dass ein Reisepass oder ein Personalausweis nicht dazu ausreicht, Ihre deutsche Staatsangehörigkeit nachzuweisen? Wenn Sie beispielsweise als Deutscher in den USA oder Russland eine Firma gründen wollen, verlangen die dortigen Behörden Ihren "Staatsangehörigkeitsausweis" als Nachweis, dass Sie Deutscher sind. Noch nie davon gehört? Diesen Ausweis erhalten Sie beim Landratsamt, und er kostet nur 25 Euro. War Ihnen bekannt, dass Sie nur mit dem "Staatsangehörigkeitsausweis" die Bürgerrechte – laut Grundgesetz die sog. „Deutschenrechte" – beanspruchen können? Aber wieso wissen wir das nicht, und wieso erhält man dieses Dokument nicht ganz automatisch mit der Geburt ausgehändigt? Wieso macht die BRD den Staatsangehörigkeitsausweis zur Geheimsache? Könnte die Offenbarung dieses Geheimnisses über die Zukunft Ihres Vermögens entscheiden? Könnte diese neue Erkenntnis darüber hinaus vielleicht sogar zu einem von Deutschland ausgehenden, weltweiten Frieden führen? Wieso ist die BRD nicht wirklich souverän und weshalb werden die „Menschenrechte" in „Handelsrecht" und „Staaten" in „Firmen" umgewandelt?

ISBN 978-3938656-61-7 • 21,00 Euro

WELTRAUMVERSCHWÖRUNG

Thomas A. Anderson

Wer beherrscht die Herrscher der Erde?

In seinem ersten Buch „Weltverschwörung" ging Thomas A. Anderson verschiedenen poitischen Themen auf den Grund. In der „Weltraumverschwörung" geht es um andere Tatsachen! Tatsache ist, dass die Deutschen lange vor den anderen Nationen in moderner Zeit ein Weltraumprogramm hatten. Der Mond, die Planeten unseres Sonnensystems und die Galaxis wurden bereits von ihnen bereist, als andere die dazu nötige Technik noch nicht ansatzweise verstanden hatten. Andererseits hatten die Deutschen auch Unterstützung...

ISBN 978-3-938656-43-3 • 23,30 Euro

WHISTLEBLOWER

Jan van Helsing

Insider aus Politik, Wirtschaft und Geheimdienst packen aus!

Der Whistleblower Edward Snowden und der Sprecher der Plattform *Wikileaks*, Julian Assange, haben im Ausland Asyl beantragt, weil sie geheime Regierungsdokumente veröffentlicht hatte. Man will sie jedoch nicht bestrafen, weil sie Unwahrheiten oder Lügen verbreitet haben – nein: Man will sie bestrafen, weil sie den Menschen die Wahrheit gesagt haben, die Wahrheit darüber, dass wir alle von unseren Regierungen und deren Geheimdiensten überwacht und ausspioniert werden. Ist es das, wofür wir unsere Volksvertreter gewählt haben? Ist es nicht viel eher so, dass sie inzwischen ganz anderen Interessen dienen? Für dieses Buch haben *Jan van Helsing* und *Stefan Erdmann* 16 Whistleblower interviewt, zu u.a. folgenden Themen:

- Wie geht es in deutschen Asylantenheimen wirklich zu?
- Ist Deutschland souverän? Ist die BRD ein Staat oder eine Firma?
- Was ist *Geomantische Kriegsführung*?
- Es werden viele alternative sowie schulmedizinische Therapieformen unterdrückt!
- Der Ruanda-Kongo-Krieg war wegen Rohstoffen angezettelt worden!
- Warum es bei Film und Radio nur „Linke" geben darf...
- Ein Schottenritus-Hochgradfreimaurer spricht über UFOs und Zeitreisen.

ISBN: 978-3-938656-90-7 • 23,30 Euro